此书献给

中国医生 高耀洁

（1927 年 12 月 19 日—2023 年 12 月 10 日）

中国医生 王淑平

（1959 年 10 月 20 日—2019 年 9 月 21 日）

中國醫生高耀潔

陳珪建敬題

妈妈！敬爱的妈妈！

待以时日，我们一定"带您回家"！

——高耀洁医生长女　郭竞先

救治病患也会变成异见者，而异见者唯有逃亡，这是高耀洁故事的另一个政治面向，人们很少提及或议论。而一个医生流亡，恰是中国民间社会严重萎缩和崩解的征兆，这也与西方对中国的绥靖主义有关。所以，高耀洁终老他乡、最终不能回家，毋宁是对西方的一个讽刺。

——《河殇》主要编导　苏晓康

每次见到她，我总会听到愤怒的话语从她的胸腔里连连爆出，看到愤怒的眼泪在她那布满皱纹的脸上纵横流淌。这位年逾八十的老人已经成了一个随时会爆发的愤怒炸弹。

——前《大河报》主编　马云龙

她不是卫生部，却走遍十五个省、访查一百多村庄、救助过近一千个艾滋家庭；她不是出版社，却编写、印刷、寄送、散发艾滋教育读物上百万册；她不是信访办，却收到过艾滋病相关的求助信一万五千封，封封她都回复；

她不是孤儿院，却亲自安排救助艾滋孤儿一百六十四名；

她不是慈善机构，却为防治艾滋病倾注了自己几乎全部积蓄。

——前自由亚洲电台主持人　北明

高老师知道我们带儿子往返北京看病、取证打官司等花费很大，入不敷出，她还把一笔两百美元的稿费给了我。这是我第一次看到和得到的美元钞票。

——一位想念高老师的郑州人　孙亚

【当代华语世界人文历史丛书】

中国医生高耀洁

王淑平 —— 她为苍生吹过哨

Chinese Doctor Gao Yaojie

Wang Shuping-She Blew the Whistle for the People

依娃 编

Edited by Eve Song

博登书屋
Bouden House
New York

【当代华语世界人文历史丛书】

学术顾问：黎安友、郭汤姆

主　　编：荣　伟

副 主 编：罗慰年

Academic Adviser:　　Andrew J. Nathan, Tom Kellogg

Chief Editor:　　　　David Rong

Deputy Editor:　　　 William Luo

Published by Bouden House, New York

ISBN:　979-8-90257-001-1 (Paperback)
　　　　979-8-90257-998-4 (eBook)

Chinese Doctor Gao Yaojie
Wang Shuping-She Blew the Whistle for the People
Edited by Eve Song

中国医生高耀洁
王淑平——她为苍生吹过哨
依娃　编
封面题签：　陈维健

出　版：博登书屋·纽约（Bouden House New York）

邮　箱：boudenhouse@gmail.com

发　行：谷歌图书（电子版）、亚马逊（纸质版）

版　次：2026 年 1 月　第 1 版　第 1 次印刷

字　数：410 千字

定　价：$50.00 美元

编者介绍

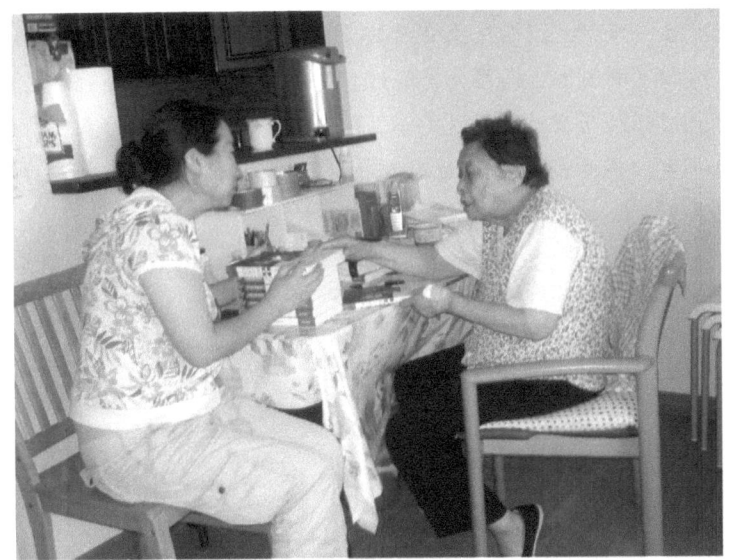

编者依娃和高耀洁医生交谈

依娃，本名宋琳，作家，大饥荒口述历史工作者。为高耀洁医生生前好友之一。出版有《我的乡村》《寻找大饥荒幸存者》《寻找逃荒妇女娃娃》《寻找人吃人见证》《走陕西》等。

2015 年夏和高耀洁医生相识，平均每年三到四次从波士顿到纽约拜访老人家，帮助她修改文稿、回复信件、取药、做饭等。写下数篇记录高耀洁医生的文字，发表于《世界日报》《纵览中国》等媒体。

"先天下之忧而忧，后天下之乐而乐""唯愿人皆健，何妨我独贫""人，不能说假话""我是个医生，看到病人就走不动了""我少吃点，少穿点，帮助那些可怜的人"是高耀洁医生一生的真实写照。

满怀对高耀洁医生的怀念和敬仰之情，多方联系作者，网海打捞，沙里淘金，整理出这本包括苏晓康、金钟、余杰、章立凡、北明、艾晓明、高燕宁、刘倩、林世钰、庞皎明、孙亚、杨喜成等著名作家、学者、普通艾滋病患者和家属或深刻尖锐或感动人心佳作的书。书中包括《王淑平——她为苍生吹过哨》一辑，以表达对这位第一个发现河南艾滋病疫情，因而失去工作失去家庭远走它乡悲壮英雄的敬意！

编辑《中国医生高耀洁》的过程，是与她重逢，与她作伴。希望此书能够让经历战乱、遭遇文革、见证艾滋、客死它乡的高耀洁医生莞尔一笑，感受到来自四面八方身份不同的书写者对她永久的思念和爱戴！

高耀洁医生远去了，但高耀洁精神将永远感召我们！感召后代！

序：与她重逢，与她作伴

罗慰年

她和她的孩子们

高耀洁逝世后第一年，我曾经为博登书屋编辑过一本《高耀洁画传》。那时，我第一次系统地整理她的影像与文字，把一个"新闻里的高耀洁"还原成一位有父母、有子女、有脾气、有倔强个性的老人。如今，又有机会为这本《中国医生高耀洁》写一篇序，对我来说，更像是在同一个问题上继续追问：在今天的中国，我们到底应当怎样记住一个叫"高耀洁"的人。

这本书的编者依娃，是大饥荒口述史的记录者，常年在底层行走，习惯于在废墟和尘埃里寻找人的故事。2015 年，她与高耀洁结识，此后每年三四次，从波士顿去纽约的小公寓看望老人，帮她改稿、回信、拿药、做饭，在世俗意义上既是晚辈，也是照护者。她说，编辑这本书，是"与她重逢，与她作伴"，希望高耀洁在天之灵能在书页里微笑，感受到来自各方的思念。

这本书的结构，其实已经暗示了一种记忆的方式。目录从"请记住这个名字——高耀洁"开始，把许多熟悉的名字聚拢到她的身边：北明、邵燕祥、章立凡、苏晓康、金钟、余杰、艾晓明……既有公共知识分子，也有普通患者和家属；既有国内的记者、学者，也有海外的见证人。后面几章，又加入了女儿、妹妹、弟弟的回忆，加入了胡佳、曾金燕、马金瑜等人记录的"近况"，再加上生平、获奖、著作的附录，和编者依娃那篇朴素直白的跋。整本书像一座用很多人手搭起来的纪念碑，每一块石头都有姓名，有来历。

中国农村的现实，在本书里其实是一个非常沉重的背景。许多作者都不是"旁观者"，而是一度在现场或接近现场的人。有写河南卖血村庄的，有写艾滋孤儿的，有写因为输血感染的妇女，也有从新闻现场退出来的记者，回头看自己当年的报道空白。对他们来说，"高耀洁"不只是一位医生的名字，更是一个拆穿了官方叙事的缝隙。在这个缝隙里，读者能看到的是：艾滋病并不是从"生活方式"开始说起，而是从一次次看似"现代化"的采血、输血、卖血，从一次次国家与农村、权力与贫穷的交叉口开始说起。书里有文章用"血祸"来形容这场灾难，这个词简洁，也残酷。

这本书有几组数字，任何读者都应该记住——高耀洁不是卫生部官员，却跑了十五个省、一百多个村庄，救助过将近一千个艾滋家庭；她不是出版社，却印发上百万册防艾小册子；她不是信访办，却收到了大约一万五千封求助信，而且一封一封亲自回；她不是孤儿院，却帮一百六十多个艾滋孤儿安排生活。这些数字并不抽象，书中许多文章后来都用不同的场景，把这些数字填上了脸、眼睛和活生生的人的气息。北明在"请记住这个名字——高耀洁"那篇文章里说，她是"中国血祸的天敌"，也是"受苦人的天使"。这两句话，几乎为全书定了基调：这一切不是为了造一个"圣人"，而是为了说明，在一次人为制造的灾难中，有一个人选择站在了最艰难的位置。

这就是为什么高耀洁的一生，坎坎坷坷。胡佳的那篇《高耀洁医生近况》，把时间线梳理得很清楚：1927年她出生在山东曹县，战火中长大，医学院毕业后在河南郑州行医一辈子，做过妇科主任，做过教授，接生过无数孩子，也为很多重症病人做过"最后一次尝试"的手术。等到1996年四月，她已经接近古稀之年，却在一次会诊里敏锐地意识到，一个"怪病"病人可能是艾滋病感染者，于是建议做HIV检测。那次检测的结果，像一根线，把她的人生拉进了另一条轨道——从那之后，她开始追根溯源，开始跑村庄，开始走田埂，开始用她的那双缠足后又放开的"解放脚"在河南农村摸索"血祸"的路径。希拉里在她的回忆录谈到高耀洁："高耀洁医生身材矮小，已经八十二岁了；当我第一次见她的时候，我就注意到了她的小脚，这双脚被缠过，并为她的事迹感到惊讶。"

书中多篇文章提到，她为了这些调查，贴上了几乎全部积蓄，耗尽了老两口攒了一辈子的家底；为了给村民寄科普小册子，她把家当挪出去，把能卖的都卖掉。她的那句口头禅，"我少吃一点，少穿一点，帮那些可怜的人"，在编者简介里被反复引用。和这句话靠在一起的，还有"人不能说假话""我是个医生，看到病人就走不动了""唯愿人皆健，何妨我独贫"——这些不是用来装点门面的格言，而是在她晚年的选择里一条一条兑现的誓言。

也正因为她不肯"说假话"，这条路几乎注定是一条与体制对撞的路。书里有几篇文章集中讲到她被监控、被围堵、被限制出行的那些年。有文字写到，她的电话被监听，出门有陌生人跟着；每逢国外有人要给她颁奖，家门口就多了一圈警察和便衣。到了2009年，她八十多岁，只能带着装有调查资料的硬盘匆匆出走，从河南到北京，再到四川、广东，最后到了美国。这本书在引文中用了她自己的话："因为我要把真相告诉全世界。"后来，哥伦比亚大学请她做访问学者，她住进一间普通公寓，由护工照顾，继续写书，短短几年又写了好几本关于中国艾滋疫情的书，还写了一本诗词。

这里有一个很重要的细节：高耀洁离开中国的时候，带走的不是金银细软，而是那块硬盘。那块硬盘里的，是村庄的名字，是人的名字，是化验单，是病历，是信件，是她不肯"说假话"的证据。这些东西后来散落在不同的出版物里，也散落在本书各个作者的笔下。你在这本书里读到的，不只是对一个医生的赞美，也是对那块硬盘的一个个侧面描绘。

家庭视角，是本书另一条很亮的线。第二辑"妈妈 我带您回家"里，女儿、弟弟、妹妹轮流出场。他们写童年的大姐，写作为母亲的"高医生"，写兄妹七人在墓地最后一次一起扫墓，也写年老时她的固执、她的节俭、她对子女情绪的忽略。这里的高耀洁，不再是媒体镜头里那位瘦小、戴眼镜的"抗艾斗士"，而是一位河南口音浓重、记性逐渐变差、会埋怨子女不够孝顺，又会在下一句话里替他们辩护的老人。这些细节，很宝贵，因为它们让"伟大"落回了人间。

书里那篇《天上那颗最明亮的星星》，从一个很美的象征讲起：天文学家曾以她的名字命名一颗小行星。作者把这颗星，和她在河南村庄里的脚印、她在纽约小公寓里的孤独，放在一起写。读到这里，很难不想到一个反差：一边是外面世界给予的道义褒奖，一边是她在自己国家里遭遇的围堵与冷落。附录里还有她的生平年表、奖项列表、出版著作一览，和一篇关于王淑平医生的附录。依娃还特别安排"王淑平，她为苍生吹过哨"一辑，把另一位"最早发现河南艾滋病毒"的医生王淑平也放进了这个记忆场。这样安排，很妥帖，也提醒我们，讲高耀洁，并不是在塑造孤立的"英雄个人"，而是在勾勒一群人的背影，包括和高耀洁一道奔走在中原土地上的桂希恩教授、高燕宁教授、孙永德医生、张可医生、陈秉中先生、杜聪先生和艾滋病的吹哨人王淑平医生。

也正是在这一层意义上，王淑平的名字显得格外重要。她比高耀洁更早在献血员人群中捕捉到艾滋疫情的蛛丝马迹，以周口临床检验中心负责人的身份，收集几百份血样、一遍遍复核，写成那份后来上报卫生部的调查报告，推动了1996年"3·14"整顿血站行动。代价却落在她自己身上：调查结论得不到河南省卫生厅的承认，检验中心被关停，她被开除公职，婚姻破裂。只能在2001年独自离开河南，远赴美国，在盐湖城重新开始医生与研究员的生活。2019年，她在峡谷间徒步时突发心脏病去世，像一盏一直吹响警哨的小灯，忽然在风口熄灭。把她和高耀洁并置起来，我们看到的，不只是两位个人的遭遇，而是同一场血祸中，两种相互呼应的勇气。

这本书的扉页的编者简介有几句引用："先天下之忧而忧，后天下之乐而乐""但愿人皆健，何妨我独贫""人，不能说假话""我是个医生，看到病人就走不动了""我少吃点，少穿点，帮助那些可怜的人"。这些话在今天的语境里，已经被用得很滥，常常挂在机关墙上，也印在标语牌上。可是在本书里，它们有了具体的重量。读完整本书你会发现，这些话在高耀洁身上，没有被职业化、口号化，她是在用一辈子把这几句放在自己身上试，有时候试得很狼狈，有时候也试得很笨拙，但她没有退却。

作为一个研究中共党史与关注改革以来制度变迁的人，我读这本书的时候，心里其实一直有平行的两条线。一条线，是对体制的分析和思考：如果没有那种粗暴的"以血养政"的政策，没有那样的宣传话语，没有那样严密的封锁与否认，就不会需要一个老医生在七十多岁时背起调查和揭露的任务。另一条线，是对个体的凝视：我们很容易把一切归咎于一个抽象的"制度"，然后忘记，在这个制度的缝隙里，总还会生长出一个个具体的人——有人沉默，有人妥协，有人自保，也有人像高耀洁那样，选择让自己变成那根刺眼的针。

这本书没有替读者做结论。它只是把很多年的文字放在一起，让不同年代、不同立场、不同职业的人围着同一个名字说话。有的文章写得很激烈，有的写得很哀伤，有的很平实，有的甚至有点琐碎。但合在一起，构成了一种我很在意的东西：一种"慢慢积累起来的共识"。这种共识不是一夜之间形成的政治口号，而是很多人用自己的经验换来的判断——我们需要记住这位医生，不是因为她完美，而是因为她在一个不完美的时代里，守住了最简单的底线。

对我个人来说，编辑这本书是我和高耀洁的第二次"对话"。第一次是在做《高耀洁画传》的时候，那时我更多是在和图片打交道，试着在一张张黑白照片里寻找她的表情变化，寻找她在不同历史阶段留下的痕迹。那本画传是从视觉进入的，这本《中国医生高耀洁》则是从文字进入的。前者像是一部缩微影像，后一部更像是一部口述史与见证文集。两者加在一起，给了我一个比较立体的"高耀洁全貌"。高耀洁不是只一个名字，她是医生，是母亲，是一个"麻烦分子"，也是一位普通的中国老太太。

我与高耀洁医生有一面之缘。有一年，我跟来自南京的陈教授去她在曼哈顿上城的公寓拜访她。我们到了门前，在门外听到屋里有人大声说话，但怎么敲门都没有人应门。电话也打不通。足足等了十几分钟，高耀洁终于听到敲门声，才过来开门。原来，高耀洁耳朵不好使，我们到时她正在跟人通话，讲话声音非常大，盖住了我们的敲门声。那天，她送给我和陈教授每人一本签名的自传。在我写这篇文章时，她给我签名的书在书架上，默默地注视着我，陪着我写完这篇小文。好像与她重逢，如同有她作伴。司马迁说，人固有一死。然而，人死去的只是肉体；高耀洁的灵魂不灭，变做量子，充满宇宙；高耀洁的精神不死，变成文字，写满天空。天上有一颗名叫"高耀洁"的恒星，正看着我们。

写到这里，我想起书末的一段细节。有人记述她在纽约小公寓里接受采访，她一边翻着自己已经出版的书，一边念念不忘讲述她救助过的中国艾滋病人。那间房子并不宽敞，窗外是曼哈顿的街景，她嘴里念叨的，还是黄河、是河南、是村庄、是孩子。她在遗嘱里说，希望死后火化，不留坟墓，把骨灰撒进黄河。这个愿望，本身就是一种返回：她把自己的一生献给了和疾病、和贫困、和乡村打交道的那片土地。她最后的愿望，也是回到那片土地。

为这本书写序，我更愿意把它看成是一个邀请。邀请读者暂时放下对"英雄"的既定想象，跟随这些作者的文字，重新拼起一个人的人生；也邀请读者把这本书当作理解当代中国农村、理解公共卫生、理解国家与个体关系的一份材料。如果有一天，我们不再需要靠一位八十多岁的退休医生，来揭开一场血祸的真相；如果有一天，一个医生说"我少吃一点，少穿一点，帮那些可怜的人"，不会再显得那么"稀罕"；如果有一天，像她这样的人不再需要远走它乡，才能说出自己想说的话——到那时候，再来翻开这本《中国医生高耀洁》，也许我们会有一种更轻松的心情。但在那一天到来之前，把她的名字记下来，把这些文字留在身边，仍然是一件必要的事。这本书，就是为了这件事而存在。

2025 年 12 月 1 日国际艾滋病日

注：作序者为美国罗切斯特理工大学心理学硕士，博登书屋总编，著有《法拉盛传》《六度空间看美国》《上帝、信仰与政治制度》等著作。

目　　录

第一辑

请记住这个名字——高耀洁

2023 年 12 月 10 日清晨九点，
您闭上了明亮的双眸，轻轻地飞走了，
变成了天上最 闪烁的那颗星星。
那天，纽约飞起了雪花为您送行，
人们送来鲜花、挽联、还有诗歌……
人们都在吟诵一个人的名字……

请记住这个名字——高耀洁

北 明

作者北明和老妈妈　2014.07.05

多年前，
美国天文学家在太空中发现的第 38980 号小行星，
以她的名字命名。
多年后，
她撒手人寰，
魂归太空。

她不是卫生部，
却走遍十五省、访查一百多村庄、救助近一千个艾滋家庭；

她不是出版社，
却编写、印刷、寄送、散发艾滋教育读物上百万册；
她不是信访办，
却收到过艾滋病相关的求助信一万五千封，封封她都回复；
她不是孤儿院，
却亲自安排救助艾滋孤儿一百六十四名；
她不是慈善机构，
却为防治艾滋病倾注了自己几乎全部积蓄。

她因此遭受当局迫害，流亡海外，
从此她奋笔疾书，
倾力披露中国血库污染、医院血浆传播艾滋病的真相。
她是中国血祸的天敌，
老迈孱弱、形单影只而不退；
她是中国受苦人的天使，
守死善道、历尽横逆而不悔。

为了扛住中国血祸之灾，
她先是在安享天伦的时候，
奉献了自己后半生。
接着在叶落归根的暮年，
离开了故土。
最后在踽踽独行的途中，
切断了退路。

请记住这个名字——高耀洁，
苦难中国的母亲，
黑色大地的星光。

她有太浓的爱，太软的心

——高耀洁教授剪影

刘家骥

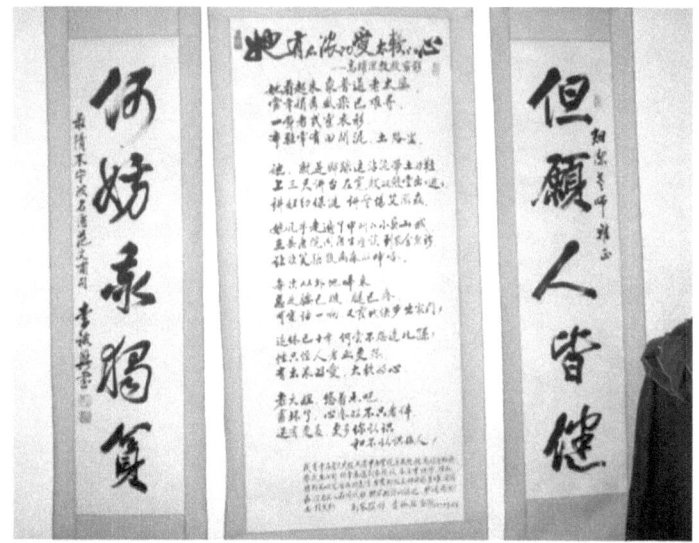

这副字挂在高耀洁医生郑州家的客厅

她看起来像普通老太婆，
当年娟秀风采已难寻。
一身老式旧衣裳，
布鞋常有田间泥，土路尘。

她，就是脚踩这沾泥土的鞋，
上三尺讲台，在宽敞的讲台出出进进。

讲妇幼保健，讲警惕艾滋病。

她几乎走遍了中州的小县山城，
在县医院和医生座谈，到农舍急诊。
让欢笑驱散病床的呻吟。

每次从外地归来，
总是腰已酸，腿已疼。
可电话一响，又霍地快步出家门。

退休已十年，何尝不想逗儿孙？
怪只怪人老血更热。
有太浓的爱，太软的心。

老大姐，悠着点吧。
累坏了，心疼的不只老伴。
还有更多、更多你认识
和不认识的人。

　　诗作者注：我有幸在省文史馆同中医学院著名教授高耀洁结识。虽岁至七旬，仍常应邀到各院校、各县市讲学、治病。特别关心艾滋病的危害，自费印刷多重医药著作、宣传品，深为其人品所感动。特写此诗以志之。抄送耀洁同志，请笑纳。

刘家骥诗 李裕兴书

1999 年 5 月

致高耀洁老师的一封信

苇 剑

高老师，你好！
郑州已经是寒冬了
又是风雨敲窗，彻夜难眠
我坐在东福民街 14 号院
一间陋室给你写信。此夜
太平洋波涛翻滚，找不到明月
怎么把这一封信寄给你啊？

你知道吗？在你离开的日子里
义人们纷纷聚拢，以你之名
在纽约中央公园接生了一条长椅
他们散居于地球，如同种子
在各处传扬你的故事
"我们失去了一个慈祥的奶奶
一块民族的压舱石"

你知道吗？在你安息的日子里
世界依然不得安宁，依然病得不轻
刚刚从噩梦醒来，又坠入
癌症的深渊。眼看着巨轮沉覆
眼看着零魔挥刀向弱者
眼看着春天大面积塌方
人们握不到你春风一般的手

你知道吗？在你返回星辰的日子里
我的诗句又被黑洞吞噬了不知多少
我的麦子都烂在迷幻的地里
我的笔在苟延残喘
但是，我怎么也不会忘记你的话
你说：没有梦的星星就会变成
地上的一块黑石头了

高老师呀，我们坐在
人类苦难的博物馆里
坐在没有你护佑的悬崖边上
哭泣、祈祷，走投无路
一个个看似健全的我们
一个个衣着得体的我们
和当年你牵手的艾滋孤儿有何区别？

那时，当人们像看待臭虫一样
远离艾滋孤儿，令其自生自灭
你走进他们残破又黑暗的屋子
把手心放在他们的额头
又把他们抱在怀里
把他们接到自己的家中
为他们煮面条、换新衣

那时，你死死按住惊涛骇浪
用一封封信，一本本书
去撕开那罪恶滔天的黑幕
你跌跌撞撞行走在中原大地上
你要揭穿那血里的事实
多么漂亮的一座血污海

太阳吸着这大饮料冉冉升起

你早早就立下遗言
要魂归故土，骨灰撒在黄河里
可是，故土无言，黄河无声
何时何日才能如你所愿？
神啊
请把黄河之水洒在
这位母亲的骨灰里吧

你告别了窗台那绿油油的植物
告别了氧气瓶、轮椅和书籍
你告别了曼哈顿的一场雨
告别了心心念念的儿孙们
神啊
这位失望透顶的老师
只会把鞭子抽打在自己身上

你要未来的孩子看见
你没有看见过的曙光
你再也不用爬到电脑前给孩子们回信了
因为一代人正在逆风而起
神啊
请在女儿的心头
点亮这盏浸满泪水的明灯

2024-12-04

最后的飞鸟

——纪念高耀洁

怀 斯

她走后下雪了
旷世的白耗尽飞鸟一生的羽毛
她瘦得很小很小
回不去的故乡比她还小
坐不下 30 万孤儿，很多孩子坐在她怀里
她坐在《中国艾滋病调查》里
无告的血
罪恶的白
飞鸟从第 38980 号行星
俯瞰她挚爱的人间

流浪的天使

——致敬高耀洁医生

吴称谋

八十二岁的高耀洁医生，
被迫弃家逃离，
三十六计，走为上计。
她上演了中国历史上
最年迈女性的亡命天涯记。

高耀洁医生在河南农村
那名有着良知和勇气
防止艾滋病毒传染的天使，
享寿96周岁于纽约逝世。
如今她的灵魂流浪天堂，
乡愁越过重洋。
高耀洁的遗愿竟然是：
万里飘零归航，
骨灰撒入黄河九九湾。

随着时间的消遁，
那颗在浩瀚太空运行的小行星，
NO：38980的高耀洁之星，
终有一天会在神州的夜空闪耀。
伴随岁月的流逝，

高耀洁和王淑平的名字，
必将被世人更加珍视，
当作良知和勇气的标杆，
成为爱心与正义的灯塔。

2023 年 12 月 18 日

十二月的白雪

——献给高耀洁医生

梅 朵

十二月，
你的体温渐渐降低，
最后，抵近了死亡的温度。
生命的尽头冷却了你的心脏，
一颗晶莹剔透的寒星坠落在冰雪大地。
你的枯萎之身，
却化成了柔软的雪花。
一片一片，自由自在，
落在 2023 年深冬的土里。
你热爱又痛恨的人间屏住呼吸，
仰望这具百年的身体：
矮小，柔弱，衰老，
脚被缠过；
胃被切过；
满身伤痕。
可是那颗心啊！
那颗不朽的魂灵！
整个世界都听见了它的心跳！

在枯败村庄的泥泞；
在贫穷困顿的小屋；
在濒临死亡的额头上；

在枯瘦如柴的身体旁；
在失去母亲的孩子身边；
你破碎的脚步，孤独的身影，
你的同情，温柔悲伤的询问，
就是这些痛楚生命的最后安慰。
苦难的人们，记住了你——
高医生，高奶奶。
长夜里的星光，
中国的母亲。

十二月的白雪
在飘飞，降落。
不久它还会和渗透土壤，
与万物融为一体。
茫茫大雪啊！哑默丰盛的雪花，
那是死神对你的迎接，天空对你的款待。
款待一位古老中国的贵族，
历尽艰辛，受尽折磨的白衣天使，
那么多苦难卑微生命的朋友和恩人。

想到你，我会哽咽，泪水盈眶。
我知道你不愿轻易讲述自己的痛，
善良，坚守，超越凡人的付出才是你的语言，
只有它们才能说出你的悲哀。
你是一位真正的东方儒士，
延续了为义而活的士的人生，
似乎这样，所有的苦才转换成了内心的幸福。

白雪纷纷扬扬，遮盖了黑色土壤，
一棵幼嫩的小草簌簌发抖，从冻土里伸出头来。

漫天的雪花，
仿佛春天的第一个音符。
落在它的睫毛上，
初生的眼睛热烈地期盼着：
干净的血液，
健康的生命，
真实丰盈的语言——
一个爱的国度，善良公义的国度。
我知道
那就是你永恒冬眠里的永恒梦想

2023 年 12 月 15 日于波尔多

悼念高耀洁医生

廖保平

纪念一个吹哨人
一个因吹哨而漂泊的人
需要一点攀爬的姿势
感觉是屏住一段呼吸冲出雾霾
因为她的哨声带血，稀薄的血
贫穷的血，张着嘴巴的血
救命又要命的血，狂奔乱走
像烧红的铁穿过乌云
阳光顺着铁直射到汩汩流动的血上
这鲜红的恐惧具有唯一性
不恐惧于事实
而恐惧于事实被脱掉沾血的外衣
还有什么比这更为恐惧？
这恐惧鉴定了哨声的良药品性
顽疾克星的价值
这恐惧为吹哨人的脚下垫起
足够高的荣耀与圣洁
与一颗小行星媲美
用笑容照耀人间
递给世人一个仰望的角度
一个人远行，行囊空空
唯哨声清丽地传来
回荡在历史中

与命运对应并辨识我们的面孔
每一个人都该
停下匆匆的脚步肃然站立
默默地聆听
会听到身上的血点起柴禾
温暖寒风中的身体

2023 年 12 月 11 日

高原的风吹过

——写给高耀洁医生

向 莉

高原的风吹过
耀眼夺目的星辰
洁净无暇
地上的人们啊
忙着耕种着地里的高粱
背朝苍天
苛税让农人瘫坐在地
卖了血浆
供娃娃上学吃饭
低矮的村庄里
孤儿在风中哭泣
刺破黄昏的血色残阳
女娲扯来五彩祥云
用怀抱
温暖哀伤脸庞
第八十二个春秋
她在美利坚奋笔疾书
今天　终于数完九十五个寒暑
仰望天空
那颗属于她的星星
依然照耀着东方生灵

2023 年 12 月 10

向抗艾英雄高耀洁致敬

林 泉

面对人民她有满腔的慈悲，
面对恶徒她有满腹的义愤，
她是一个八十岁的老奶奶，
她是一个裹过小脚的女人。

她艰难地走在抗艾黑夜里，
走男人大脚也惧怕的畏途，
要撬开魔鬼守卫的地狱门，
营救官瘟双重受害的难民。

风烛残年毅然走进暴风雨，
耸起一座顶天立地的昆仑，
她是母性刚强善良的化身，
她是中华民族骄傲的灵魂。

悼高耀洁女士

张宝林

一

黯夜如盘见耀星，微光未许化无形。
血殇骇世神皆默，人祸惊心妪独醒。
救弊憾殃亲骨肉，匡时甘做老蓬萍。
特雷莎后谁臻此，洁节高风照汗青。

二

去也艰辛滞也愁，八荒虽大不堪留。
欲祛僻壤千家魅，开罪中原万户侯。
我洒白乌太子泪，伊怀赤县黍离忧。
平生烟雨天边去，聚作星芒回故丘。

2023 年 12 月 11 日

注：作者为《华夏时报》前总编

悼高耀洁医生

力 刀

浣溪沙·悼高耀洁医生

冬夜难眠五更天，忽闻噩耗泪无言，
默哀先生终祭圆。

神州横行尽大白，又见病魔舞翩跹，
文革恶风更无前。

七律·又迎瘟神

绿水青山病魔多，　老天无奈小虫何？
千村民血染艾滋，　万户人绝唱鬼歌。
贪官污吏钱流水，　平民病患泪成河。
毛邓欲问瘟神事，　"江湖"一笑逐逝波。

2023 年 12 月 13 日

高妈妈，让我们再见一次面

——献给 2023 年 12 月 10 日仙逝的高耀洁妈妈

依 娃

小行星 38980 以高耀洁命名

高妈妈
天快黑了
你就会出现吗
你就会和我见面吗
我们就会手拉着手叙话吗
有人说　你已经变成了天上的一颗星星

高妈妈

昨天护工熊打来电话
说您 9 点走了
说您昨天还一切如常
只差九天就九十六岁的眼睛
闪亮地望着远方

高妈妈
这一次我真的有点生气
你也没有打个假条
我也没有通过审批
没有一点点心理准备
你就飞去了我找不到你的地方

高妈妈
许多次　许多次
四只手相握
我望着你　你看着我
你说
我如果走了　你还来看谁啊

高妈妈
许多次　许多次
我在你年老失聪的耳朵边大喊
我还来哩　我还来哩
我还要来看你哩
总觉得　你永远都会在这里等我

高妈妈
让我们再见一次面
带上我做的包子和馍

还有你童年最馋嘴的芝麻盐
还有我种植的千娇百媚的花儿
还有急匆匆想见到你的心情

高妈妈
波士顿——纽约
认识你的八年我走了近三十趟
总是在中国城选购上新鲜的活蹦乱跳的蔬菜
沉甸甸地穿梭在大城市黑古咙咚的内脏
去看望你竟和去看望恋人一样甜蜜

高妈妈
我想再次按响你的门铃
在门口就看见你坐在电脑前的背影
走进你狭小的卧室兼书房
叫到 高妈妈 俺来了
然后拥抱你 嗅闻你发间好闻的味道

高妈妈
我想和你一起坐在电脑前打开文稿
充当你的手指听你发号施令
你说怎么修改就怎么修改
你说怎么编辑就怎么编辑
一如往昔许多美好的时光

高妈妈
我想再给你做顿家常饭
你说吃饺子还是吃烩面片
咱打几个鸡蛋好不
咱放点绿油油的菠菜好不

咱坐在一起吃顿热乎乎的饭好不

高妈妈
我多想再坐在你的病榻对面
听你说话　回忆过往沧桑
你说　你来了　我才能说说心里话
那怕不说话　只要把你包含在我的眼睛里
阅读你满脸的皱纹就像阅读一本厚重的历史书

高妈妈
我想再一次拥抱你
脸贴着您的脸
太矫情的话我说不出来
让我的脸贴得久一点　久一点
这时候　你就像一个需要疼爱的孩童

高妈妈
从昨天到今天
我总是看到你的模样
我总是听到你和我说话
可是　我握不住你的手
盛开双臂　我的怀抱里是空荡荡的

高妈妈
我没有哭　没有哭
我不愿意在你面前掉眼泪
让我们再见一次面
让我再拥抱你一次
让我握紧你的手

高妈妈
我盼望着天快快地黑暗下来
我将扬起头来寻找你
我一定会很快找到你
那颗微笑的　闪烁的　说一口河南话的星星
就是俺最爱戴的高妈妈

　　注：感谢老天的安排让我和高耀洁老妈妈认识相交，这些年，我多次去纽约看望她，无所不谈。和老人家在一起的时光是我一生最幸福且充实的时光，受益匪浅。
　　眼含热泪写下几句，就好像和天堂里老人家说话。

2023 年 12 月 11 日

第二辑

妈妈，我带您回家

您不是十全十美的人，
您不是传统的贤妻良母。
没有时间给孩子们做饭，顾不上照顾丈夫，
做一个好妻子好母亲？还是做一个好医生？
这是个难题。
难的您时常哭泣。

终老它乡倍思亲

——高耀洁诗三首

高耀洁

有国归不得，有家回不去

忆老伴

共同生活五十二年旅程，
是鲜花伴着幸福吗？
不！不是！
是运动与劫难，
贫困和疾病。
恐慌弥漫，心情凋零。
满目荆棘，遍地陷阱。
他无心欣赏那"歌舞升平"。

高耀洁注：写于 2006 年中秋节。与老伴共同生活的时间，时逢毛泽东时代，政治运动一场接一场，人与人之间只有斗争和自保，没有快乐生活，连平安时日都难友。特别是我本人，出身不好带来种种压力，日子更难过。在这种非人性时期，老伴对我不离不弃，实属难得。现在他被癌症夺去生命，给我留下许多回忆、痛苦和寂寞！

梦亡夫

经常梦中会音容，
醒来孤身泪冲冲。
同舟共济半世纪，
留得忆念在心中。

高耀洁注：写于 2006 年中秋节。2004 年老伴病重，住进河南省人民医院，日夜由我陪伴，此时病变已至晚起，急转肿瘤医院放射治疗，一切都太晚了。我很难过。2006 年春节以后，他已经出于昏迷状态，偶尔会说："我死了，你怎么过？"我永远不会忘记他说过的这句话。

思念

我的夜晚是你的白天，
当我思念时你们进入睡眠。
九十二岁的我思念无定时间，
回想着你们幼年的小脸，

活泼无暇的行动，
奶声奶气的呼喊，
这是当年的乐景，
如今留在梦幻之间。

高耀洁注：写于 2019 年除夕夜。回忆半个世纪前的家庭情景，年幼的子女，活泼可爱的行为，幼稚自然的笑容，全家其乐融融。如今家庭团圆唯在梦中实现，不禁心怀忧伤。

注：摘自《诗词札记 200 首》高耀洁编著

妈妈，我带您回家

郭竞先（长女）

孩子们小时候的全家福

妈妈：

2009 年 5 月 7 日，是年高八十二岁的您，身负使命启身流浪余生的前一天。在郑州明晖小区一间陋室，平日坚毅果敢的您，神情无比柔弱彷徨。小姨带着我们陪伴在您的身旁，笔谈相勉，那分分钟钟的情节都保存在我们共同的记忆里。

十四年后，2023 年 12 月 10 日，这厉寒的冬日，您辉耀并顽强的生命凋谢于这暂栖的异乡。此刻，我们来到了您的身旁，可对您啊！依然是归途崎岖，路远迢迢……但您高洁的魂灵永远属于那片您念兹在兹，无日或忘的家乡故土；您那无尽的爱，人们都会永远感受的到！

妈妈，我带来了你喜欢的绣花鞋，你爱写，还有你喜欢的书……妈妈！敬爱的妈妈！

待以时日，我们一定"带您回家"！

注：郭竞先，妇产科医生，为高耀洁医生的长女。

难忘的 2004 年除夕夜

郭竞先（长女）

SARS 大灾之后的 2003 年年底，那堵困住艾滋病患治疗和艾滋病孤儿救助的大墙在人们的合力冲击下，摇摇欲塌，关注艾滋病事情的干部、大众、志愿者们，相互祈福，等待着那个官宣的时候到来！

妈妈却心事重重的有了几天，家里人紧张无措，不知道她遇到什么问题了。2004 年元旦那天中午，我和我先生（丈夫）到经三路父母住处过节，饭后妈妈讲："天寒地冻，这腊八已经过去了，很快就是二十三小年了，那些被收养的、那些集中被救助的艾滋病孤儿孩子们，都严重的缺乏温暖的感觉，性格孤僻，不喜欢与人交流，我和杜聪等几位先生商量过，把他们中几个心理创伤重的孩子带郑州来家过年，改变他们一些认知，好适应社会，更好的学习、生活。"

在包括兄弟姐妹的大家庭中，在父母面前我们夫妻俩属于少说话只干活的小团体。我们都是手术科室医生，工作特点，越是到年底病人越多，要做的手术要赶着安排，才能在除夕前做完，需要全身心的投入。顾不上和她老人家论长短，过往一旦反对她的行动，结果是数月都不再理你，临了还得我们投降哄她完事。在外面对人们她特有耐心，和善的让儿女们嫉妒。这么多年她弄出不少大动静让家人目瞪口呆，我们只能被动跟着护住她不出现生命安全问题。掌握一条准则，她要求做什么事，顺着就是，不然被这位快八十还特有主见的老人家拿捏的感觉很是不好！

此时，我和我先生对视了一下，回她话"好吧！您有啥使唤的想起就说啊！"然后，就起身回小家的窝去了。这老人家只要是为艾滋病人、艾滋病孤儿的事，你答应下来，得把你使死不心疼！为安全护送来访者，寄取宣传材料你再忙都不能推辞，邮局里有二位姑娘因此成了熟人朋友，什么时间去都是优先处理。

父母的住处八十多平米，小区锅炉房烧的暖气兔子出气样温度上不去，十六七平米的客厅矗了个蜂窝煤炉子助暖，和妈妈自费印制的二大堆几万册艾滋病宣传品，显得客厅促狭的很！把书往高处垒成一堆，解放了一堆的占地面积，拆了炉子去省委省军区西边的新通桥进口家电行，买了个大功率壁挂式大金空调，加了个五米长的管子装在客厅墙上，试试制冷制暖的效果很好，经过一周时间的折腾，客厅容纳十个人活动没有问题了。对家人，你做的事再尽力，老人家从不表扬，这次也不例外，习惯了，也不争这一次。

还好，打扫房间，郑州来家的志愿者干得很认真。事前事后中国香港智行基金会主席杜聪先生，北京的李丹，胡佳等对来郑州过春节的孩子们做了很多安全、交通、生活等方面大量的保障工作，我俩都没有参与。

腊月二十八上午，我和我先生带着在外地读书回郑州过春节的儿子到父母住处，将门楣上2003年春联拿了下来，贴上妈妈特意请河南一位书法名人写的新春联，"智慧如星照学海，勤奋似桨渡书山"；横批："智慧勤奋"，鼓励即将到来的孩子们。

妈妈待她外孙可好了，拿出一大盒孩子姨妈自加拿大寄回来的巧克力——罗杰的巧克力(Rogers' Chocolates)，儿子看着英文说明说："这是款维多利亚奶油巧克力，巧克力裹着枫糖、桃子等口味的奶油，正宗的加拿大货。"儿子打开包装，让姥姥吃了二颗后才把盒子放在了自己的背包。孩子打小就读于他姥姥家附近的小学，六年里中午吃饭休息都在这里，上学放学都是姥姥或姥爷接送，生怕被坏人拐跑绑架。我们的父母对这个孩子倾注了太多的心血。孩子读三年级时，姥姥偶然机遇开始一步步走近艾滋病病人、艾滋病孤儿，待被一个个病例，一个个家庭的悲剧及背后那些罪恶所震惊后，为救助那些病患，那些孤儿奉上了后半生近三十年的全部精力。那以后做饭接送照护孩子的事大都落在孩子姥爷身上。

这时候，我们谈到了接艾滋病孤儿来家过春节的准备事情，看到妈妈总有一副若有所思的神情，我先生问道："除夕夜团圆饭后，给孩子们安排了什么活动？"妈妈答道："看春节联欢晚会。"我们家儿子说："这天黑的早（河南口语化的简单明了的语言组合），你们团圆饭早点进行，我们七点种接他们，到不远处的金水大道，自中州宾馆向西到紫荆山回转，郑州最宽敞，最高档的建筑，最漂亮的灯饰就在这段路上，火树银花的夜景大人小孩都会喜欢的。"我讲："这个时间人们都聚在年夜饭的桌子上，那里会很安静，一个多小时就可以回来，让小朋友们看春晚节目。"妈妈坐在桌旁，拿起记号笔，写下了"安全！！！"二个字三个惊叹号，占满了一张 16 克纸。我先生讲："我带着孩子们，掌握好时间、节点，你们二个保持距离跟在后面左右方向，注意观察着周围情况，手机开着，一个手机锁定一个志愿者号码，有情况就马上拨出，让他们及时赶过来。"好家伙，为了让这群孱弱无助的孩子们愉快些，对生活有些信心，有些期待，让人这样竭力操心高度紧张真真是无语啊！

除夕夜七点钟，我们三人早早吃了年夜饺子后，准时敲开了妈妈的住处屋门，七个孩子们刚刚吃过饺子，正在穿上志愿者提供的新棉衣，翘首以盼的迎着我们。

楼外，天格外的黑，格外的冷，看着孩子们都带好帽子口罩手套，一个大的孩子当我先生的助手，其他俩俩一组，相伴着照护着，不长时间就来到了 200 多米外的金水大道经三路对面中州宾馆，这座建造于 1959 年的河南最豪奢，接待国家领导人国际友人的苏式建筑，西临的国际饭店是接待商务、旅游的外宾酒店，位置绿化俱佳，除夕夜装饰的金碧辉煌，霓虹灯闪烁，电线杆上、树的枝桠上布满一串串的星株灯。那时郑州处在最严厉禁放（鞭炮）期间，整个城市除了马路上汽车发动机轮胎声和照明灯光，安静极了。孩子们在这个美轮美奂的地方流连忘返，被乡村环境封闭，失去双亲，陷于困顿，无处无人求助的孩子们，对世界的认知会在此时有新的开始！好好的学习吧！人们会关助你们的，社会很快就会开始接纳你们的！SARS 大灾之后，许多人都在伸出手，要把那堵困住您们命运的墙推倒！

走出中州宾馆大堂，告诉孩子们这门外的大路就是金水大道，咱们要沿着它向西一直走，400 多米外那个拱起的地方就是紫荆山立交桥，到那里咱们返回，路上注意不要走散，如果谁落单，一定记着就回到这个大堂里等着，那里 24 小时都不关门，工作人员不会赶你们出来，不见到我们千万不要离开。在任何地方求助别人时，就说："到中州宾馆大堂。"郑州人都知道这个地方。"

然后沿金水大道路南人行道西行，过紫荆山公园北门，来到建于 1994 年，位于花园路紫荆山路人民路金水路五个路口交汇（金水路在此被立交桥分成东西两段）的紫荆山立交桥——当年河南最大最雄伟的高架桥。立交桥东北方是建于 1978 年的河南人民会堂；正东方向桥下金水路北是成立于 1949 年的黄河水利委员会（全流域）办公区，东南方是建于 1958 年植物繁茂、湖泊蜿蜒的紫荆山公园，商代古城遗址，还有建于 1955 年的苏式黄河博物馆；正南方是建于 1983 年的紫荆山百货大楼；西南方是建于 1961 年的河南省博物馆；西北方是建于 1952 年的河南饭店。这里是河南政治经济文化商务中心，站在它们面前，它们好像集群的能量场，给予孩子们以好好学习，立身立业传家的鼓励，告慰苦难逝去的双亲！孩子们听着介绍，不由得双手合掌，喃喃低语，应该是在为去世的爸爸妈妈祈祷，也在为自己的未来加油祝福吧！

距立交桥金水路方向桥东端向北 200 米远，西端 100 米远路北，是两所河南省最高权力机构的办公区，这些日子从这里要做出的一项决定和这些孩子的当下、未来息息相关。

沿金水路路北向东折返，疾行 300 多米，刚刚走过紫荆山宾馆（河南省军区招待所）门口，儿子大步冲到孩子们那八个人的人群前面，大家惊诧间，儿子说："刚才向西走时，看到这里的蛋糕甜品店开着门，好像在营业，这里的冰激凌特别的好吃，妈妈！让大家一起吃冰激凌吧！"儿子从小就在这一带生活学习，周围什么地儿都门儿清熟络，距家不足 300 米啦，我们允诺。儿子带着七个孩子进店里，值班营业员迎上来，好幸运，他们为了春节几天继续营业，置办了不少冰激凌备品，儿子领着七位孩子挑选了每个人中意的品种。为安全起见，大家不再停留，赶路边吃边回家！

这一个半小时，被兴奋的孩子们的情绪传染，一点也不觉冷，不觉已经走到爸妈的住处，爸妈和后来赶到的志愿者们开门接住孩子。

八点半，孩子们看春晚节目吧！我们要回自己家了，明天我先生还得值班呢！

一个月后，河南省救助艾滋病的官方活动启动了，那堵立了七、八年困住艾滋病患和艾滋病孤儿救助的大墙终于被推倒了！那么多的病患和这样的孩子们有救了，还有那些许许多多伸出援手、发声的人，会感到曾经的努力值得！

2025 年 12 月 19 日

（为纪念妈妈高耀洁诞辰 98 周年而作）

那年我六岁多

郭炎光（小女）

文革开始的时候，我才六岁多。

很多事情就发生在自己身边。就像在文化大革命，我很小，我父母特别忙。我的手生冻疮烂了，露着白碴碴的骨头，他们没时间给我包手，手碰一下就出血。有一天，我母亲说得带我到门诊把手包一下。

她每天早上都要出门，不知去哪儿，好像不是在上班。她不出门就得挨斗，人们天天都围着她。

那天她带我去门诊，比平常走得晚了，因为八点开诊，开了门包完手就被人围着了，逮住她说这说那。我也不知道他们在说什么。她就往外走，人越围越多。当时我在人群外边，她在人群中间。人围着她吵，我就往里头够着看她在干什么，也看不见。从八点多吵到中午一、两点。人堆挪动到互助路跟纺织路交叉口。慢慢可能大家累了散去以后，我母亲跟我到旁边一个餐馆喝馄饨，当时这种饭店都是国营的，那个职工好像是我母亲以前看的病人，特别感激她，对她挺好的。给我印象很深，因为有一个人竟然对她这么好，是个非常大的反差。

吃饭中间，我母亲吐血。大概过了半个月或一个月的样子，她就在人民医院做了胃切除。这事情让我非常后悔，我当时很小就一直在自责，觉得是我错了，要不包手，她那天走了，不至于被人围攻，也不至于到这种吐血的程度，胃出血，最后把胃切了。

还有一件事，我家住在市中医医院，当时抄家，我姐和我在家。一圈人进了屋，就叫我们俩出去。我姐扯着我出去站在门口，在院子里看着他们。我当时记得家里最值钱的就是一个台灯，他们把那台灯给摔了,家里翻得乱七八糟,院子里也有几家被抄家的。

我也记得十三岁的哥哥被判刑之前离开家那天。那天我在家,一个军代表带着他,他要骑自行车,得跟军代表一起走,他很不高兴,我不知道为什么,看着他骑车跟军代表走了,没回来。两、三天以后,自行车又回来了。过了一段,就说他写了什么"反动标语",是"现行反革命"。没多久,八中(哥哥所在学校)开宣判大会,邻居告诉我"你去看看你哥吧,要不好长时间都看不到他"。我吓得不敢去看,因为大街小巷的标语都写着"打倒现行反革命"谁谁谁。

后来我母亲北京上访,晚上就睡天安门洞。我现在回想起来,那时候上访的人肯定很少吧。我爸爸给我妈凑了点钱,我妈就去上访了。几天后她回来了,我爸就很关切地看着她问:"你把信递给谁了?你见到谁了没有?怎么说的?"希望解决问题的那种心情,我印象很深。

我想到现在很多人在上访,如果不遇到特别难的地方,他们也不会做到这地步。每个家庭、每个人都希望到北京上访能把问题解决,但后来什么也没发生似的。我妈每次回来都神神秘秘地说:"你们不要出去说啊!"

我要跟小朋友玩,人家家长就问"你是谁的孩子?""你们出身不好"。有时候我找人家玩,人家就会把孩子"捞"回去,说"我们有事,我们不跟你玩。"我填表填简历,就不愿意去写我的家庭出身,我就不敢说有个哥哥,这种心态维持了很长时间。我的小朋友范围很小很小,人家都不愿意跟我玩。所以,在我的性格形成中一直很压抑,什么都怕。

我母亲是个工作狂。我们从小……我跟她说过"家里像旅店"。她从来不做饭,也没时间做饭。晚上,人家只要在外面一喊:"高大夫!"她一蹦就起来走人了。过年过节,我父(也是医生)母都没在家过过。

母亲不做饭也就算了,哎呀,她把农民病人领到家里来吃饭,这是常有的事,弄得我们很尴尬。刚把饭碗端到锅上盛饭,她回来了,带了两、三个人来吃饭,你说这个饭还够不够?当着客人的面我不敢发牢骚，她还叫人家"吃！吃吃！"，（往碗里）"倒！倒！"经常干这事。

她这种精神啊，她的一个学生说："高耀洁对病人的态度现在医生很少有了，病人住在这个床上，她就住在另一个床上，她可以二十四小时陪这个病人。"她就这么敬业。

现在我站的位置，跟我的利益没有冲突的情况下，我会说："她艾滋病工作做得对，应该这样做。如果大家都不去说的话，死的人会更多，社会也会更糟糕，来来回回的造假。你说那些家庭，那些艾滋病人他们招谁惹谁了？为什么遭了灭顶之灾？你不说谁去说？

注：根据张敏女士采访整理。

高耀洁女儿的故事

郭炎光（小女）

我叫郭炎光，生于 1960 年 7 月。1985 年秋，毕业于河南医科大学，被分配到河南省职工医院任医师工作。1995 年，晋升为皮肤科主治医师。当时皮肤科是个小科室，只有我一名医生。

1997 年 12 月 4 日，河南省职工医院把皮肤科承包给福建莆田的性病游医陈某。陈某没有行医执照。承包后，陈设立了独立的诊断室、药房、化验室、收费处、注射室。他在各种媒体上发布广告招揽病人，以开辟他的生财之道。陈某承包了皮肤科后，坑骗就诊者，引发了不少纠纷。其中有一对新婚夫妇，被查出"性病"，在诊断室里抱头痛哭。等他们冷静下来不哭了，新郎说："我不可能得性病的。"两天之后，新郎拿着其他医院的诊断证明来到皮肤科找游医吵架。同时负责注射的一位护士告诉我说："陈老板嘱咐了，如果淋病病人开两支'菌必治'，只注射一支；第一天来治疗者只注射 10mg 的地塞米松，不添加任何抗生素。"陈某给了我一个药物清单，要求我按照清单开药方，并叮嘱我留住每一个就诊者，让来看病的人都做化验，要把没有病的人说成有病，把小病说成大病。

作为一名医生，这叫我良心不安，于心何忍？，决不能欺骗病人。

陈某恼怒我不配合，于是给了我一个单独的诊断室，很少让我接触病人，并限制我与其他人接触。后来又要求我不要再去上班了，每月可以照发工资。我不同意陈某的决定，找到院长梁伦富，梁院长非常生气地对我说："你来找我干什么？你们自己内部商量好了，不用给我讲。"（意思是：你和游医陈某商量就可以了）。本人回答："我是河南省职工医院的职工，我没有与陈某签订任何协议。我不找院长找谁？"梁站起来就走……为避免矛盾，我只好要求去北京协和医院自费进修一年。办妥了手续，后来医院无故不允许我去学习。

在此期间，社会上性病游医因诈骗就诊者的钱财，给就诊者造成很大伤害，有就诊者到最后没有办法，企图通过自杀来解脱，如就诊者李某无病却被诊断成三种性病……《河南日报》记者以求诊者的身份来医院调查，被诊断患"性病"，《河南日报》报道了此事。《半月谈》杂志报道了社会医院把科室承包给无证性病游医经营的问题，当时无证性病游医承包医院科室，诈骗病人是普遍社会现象。这一现象被媒体披露后，给那些承包科室的医院带来了很大压力。

1998年2月23日，性病游医陈某停诊。2月27日院务会议上，院长说："有的人，比如马某不给单位捅事，就辞职；而有些人为了点个人利益，就向上捅，给省长写了三封信，不管大家有没有饭吃，那捅事的人还反过来问医院要饭吃。"其实1998年元月23日河南省文史馆的茶话会上，我母亲（高耀洁，是一名医学教授），把没有执照的游医租赁社会医院科室、欺骗病人的情况已面对面的向省长马忠臣反映过。次日，马省长说："人命关天……"批评了公安厅和省卫生厅的领导（河南省文史馆存有批示）。院方取消了皮肤科，把我调到内科二病区，告诉门诊工作人员："我院没有皮肤科，如果有病人点名找郭炎光，就说郭已不在医院；倘若问她的去向，就说不知道去哪里了。"院方把我调到二病区后不久，就不让我管病人了。每当别的大夫去查房，我只能站在走廊上或者看护心电监护机（一般情况下，此工作由护士担当）。

1998年6月27日院务会议上梁伦富院长说："我院皮肤科大夫的家属（皮肤科只有我一个大夫）给省里领导写了三封信（实际情况是，我母亲当面和马省长谈的，针对此事一封信也没有写过）。第一封信把联合医疗（指把皮肤病科承包给没有行医资格的陈某）的性病科给赶走了；第二封信说人家（性病科游医）三个月后再回来；第三封信向纵深发展，说做CT和药物提成等。我院好多项目是联合办医，以后怎么办？是向前走，还是保守发展？联合收入少了二、三十万元。联合医疗不仅没有钱了，反而对方向我们讨损失费。职工们讨论，建楼拿不出钱来，还差五十万。中央已经下文件医院百分之十下岗，发不了钱安置下岗职工。"

梁伦富院长唆使不明真相的人为难我。不少同事吓得都不敢和我说话了。后来院方让我去学习急诊内科，我学成回来后在医院门诊上班。院领导三番五次地找到当时的门诊主任问我什么时候走，要撵我离开医院。我不得不另外找接收单位。河南省中医一附院同意借调我，而河南省职工医院门诊主任避着我，不给我办调动手续。说如果我要求外调就必须写一个书面说明，内容是我就算进不了对方单位也不准回河南省职工医院了，要不然不放我的档案走。这种情况下，我按主任的要求写了一个书面说明。

那时我的母亲高耀洁公开揭露河南艾滋病高流行的情况，受到河南省政府某些人的敌视和压制。原本已经谈妥同意调入我的河南省中医学院第一附属医院改变主意，学院以无指标为名，两年未能办成调动手续（1998-2000 年）。在此期间中医学院党委书记的老婆和女儿调进该单位。我失去了工作，并处处受到敌视和排挤，2000 年底，不得不流落加拿大。和我同样命运的不止一个。2004 年，河南省职工医院成立联合科室："内病外治科"。有一名主管护士豫封被安排到游医联合医疗的诊室。主管护士豫封不配合游医欺骗病人，她实话实说："告诉病人，点穴治疗法不能治愈糖尿病。"游医把她的言行告诉医院领导，梁院长把她分配到眼科，眼科承包者为了缩减成本，迫使豫封提前内部退休。因为主管护士的工资高，抵得上几个临时护士的工资。

2006 年 4 月，我父亲去世本人奔丧回国。4 月 21 日，我去河南省职工医院，有关人员说："谁逼你走啦？当年医院科室很多都是承包的，院长也是为了发展医院。"那么，医院把科室承包给游医，合法吗？医院为什么要把科室承包给游医？建议有关部门追查医院，尤其是院长梁伦富与游医的经济问题等内幕，并予以处理，赔偿我一切损失。

2006 年 7 月 7 日

注：出走加拿大的郭炎光医生今年初不幸去世，年六十五岁，在此致哀。

我的大姐高耀洁

高世洁（弟）

当年中共大搞"血浆经济"导致艾滋病泛滥，在河南形成很多艾滋村。这些村被中共当局封闭起来，任其自生自灭。从 2001 年我被卷入高耀洁的事情后，至今都受到国安的骚扰。我亲眼目睹了艾滋病患的悲惨境地。我担忧艾滋病患留下的大批孤儿将酿成新的社会问题，这些孤儿对社会充满仇恨。当时河南当局打压、阻扰高耀洁赴美国领奖时使用了卑劣手法。

被誉为"中国民间防艾第一人"的高耀洁是我的大姐，她原是河南中医学院的教授、妇科肿瘤专家。1996 年 4 月 7 日，她第一次接触输血感染艾滋病的病人巴秀英，是年秋已开始宣传防艾工作，2000 年 3 月 18 日正式进入艾滋村，运药、送物、送宣传单书籍全自费。她撰写了多本有关艾滋病方面的书籍，描写了艾滋病患家破人亡的悲惨结局，同时揭示中共政府推动"血浆经济"才酿成艾滋病在中国大陆大规模的蔓延。但十多年来政府拒绝承担责任，并对高耀洁进行百般打压。

这次悉尼赠书的主要目的是想把国内艾滋病的现状公布于世，让更多的人知道中国国内现在还有几千万这样需要救助的人。这些人多数生活在社会最底层，非常、非常可怜。我大姐是做了几十年这样的工作，她现被迫离开了国内。现在我在里面做一些这方面的工作。

那些人，你看他们烂的，最后就像解剖图的骨头架子一样，每个人都如此。他们家里穷得啥都没有啊，连养一只鸡、养一只猪的钱都没有。我现在就是希望能够叫更多的人了解真实情况，因为电台上老是说这好、那好，坏的它不报。

中共河南省艾防办曾在 2013 年 10 月 31 日有一个通报："全省累计有 5.9 万人感染艾滋病。"

远不止这个数字，五万？即是增加十倍，真实人数比这还多很多。河南那里一个村、一个村的人都是这样，相当严重。现在他们当地政府把村都封起来，外面的人进不去，里头的人出不来，叫他自生自灭，当地政府这样做的。中央十台的记者武卿到访过河南一个艾滋村，在拓城县双庙集村，被以假记者之名捆绑七个半小时。

政府应该给这些艾滋病患者提供救治措施，虽说是治不好的病，但是应该减少他们的痛苦，让他们在最后死亡的时候别那么痛苦。人的生命是最宝贵的，能够让他的生命延长就让它延长一些也是好的。但是现在我看到他们当地政府就是封村，让你自生自灭。

我赞同高耀洁长期以来的工作，我一直认为我大姐做得非常对，有利于中华民族的兴旺。这么些病人需要及时救助，所以我从内心帮助她做了一些事情。

在高耀洁的书中有一段关于她出国领奖遭遇麻烦的描述，书中写道："2007 年，美国为我颁发'生命之音'奖，当局阻扰我前往美国领奖，动用五十多名警察，把我软禁在家半个月。由于时任美国国务卿的努力，中国放行了。"

美国邀请她去领奖，那次我又被牵扯进去了。2 月 1 日我被开封市龙津区的区委书记带到郑州，交给我的任务就是到她家去做工作，要她自己说不去美国。那十三天简直是太离奇了。

她家的门口就有三个便衣，楼梯拐弯的地方有两个，楼底下那是更多。还有各种监控车对着大姐的窗户玻璃，想知道里头的说话情况。所以我们在家里就不说话，拿纸写，看完以后就撕了，放到马桶里头冲走。

2 月 1 日、2 日，河南省副书记、省长、妇联主任都轮番去做工作，每天上下午排班做我大姐的工作。

5 日中午突然有两个外国记者来。我打开门看，一圈的便衣警察排成人墙，不让他们靠近门，当时他们手里拿个纸举着。后来我就把门全打开了，我大姐就站在我边上，他们看到了，非常激动喊："高老师！高老师！"我大姐还摇摆着手跟他们说了几分钟。后来我才知道，这两个是澳大利亚的记者。他们回去以后把这个事情公布于世了，这样才让我们的压力小多了。

公安局长、政法委书记等这些人轮番做工作到2月11日。我大姐就是不松口，她说："你要叫我说不去，我不说；但是你要不让我去，我也没法去。"

最后政府来了一招真绝，河南省卫生厅一个副厅长把我大姐儿子（郭锄非）带来了，她儿子是个公职人员，来了没说话就往她跟前一跪。当时那个情况是真让人难受，我大姐也哭了。当她哭一阵停下来时，卫生厅副厅长就把准备好的笔和纸递给她说："你写个声明吧，我身体有病不能前往去美国领奖。"结果我大姐说："我不照这个写。"我大姐就写了几个字："因故不能前往领奖，由我妹妹代我领奖。"结果写完以后，他把这个纸就拿走了，到现在算是他工作做通了。

当时我大姐要不写这几个字，有可能重翻我那外甥四十年前的冤案。我外甥四十年前，还只有十三岁时曾判了三年劳教，说他在厕所写了反动标语。这一次就因为这个，我大姐算是退了一步。

写过条子后到2月16日，我突然听说，让她去美国了。我想怪了，前面费了那么大的精力、那么多人，结果怎么放行了，肯定有大人物出面。后来我慢慢知道了是希拉里给胡锦涛写了两封信，最后胡锦涛放行了。危机算是这样结束了。

当年的2月13日，一直被困在大姐家的我回了开封自己的家。这些年来我的手机一直都在被监控之中。有一个姓刘的安全局的人，专门负责跟踪监视我，也常去我家。自从2001年被卷入后，我心里每天都是七上八下的，好像身后边老有人在跟着我、盯着我。

当高耀洁去美国领奖时，国安还老不放心多次问我："你姐还回不回来？"后来恰巧我大姐在美国生病，多住了两个月，这下他们慌了，安全局的人一直找我问："高耀洁回不回来？"我说："我姐她肯定回来。"

一直到今年初，国安的人还去我那，逼我去美国，说服我大姐回来，我不干。

当年因血祸染上艾滋病的患者很多都去世了，因为艾滋病毒最长潜伏期是15年，他们留下了很多孤儿。现在艾滋病那个情况并不是政府说的那个样子。特别是孩子，孩子没有饭吃、没有人照顾，他们太可怜了。

这些孤儿心里头有一种仇恨感，对社会有一种仇恨，他老想要杀人。你看这里头有个照片，他胳脖上就刻了一个"仇"字，说我长大要报仇。要报谁的仇啊？只能对社会报仇，造成社会的不稳定。因为这个事情，我大姐也做了很多工作，把好多孤儿都分散到山东、其它一些地方，包括给香港的杜聪很多，他救助了九千多艾滋病人。

这些孤儿有的是艾滋病毒携带者，他母亲得了艾滋病才生了他，这样就是有问题，但大多数都不是。姐姐高耀洁做了这些得不到政府支持，还因此受到打压。

血祸导致的艾滋病泛滥，一般外界想到的多是河南。其实其它省都有，我大姐去过山西、云南、贵州，哪里都有。那时候，血浆经济是全国性的。如果那时候，按照规定抽血的话，一人一管不回输，还没大问题。但他把人的血抽得太多，人都起不来，这样他把血浆再回收事就大了。十个人一组，这里头只要有一个人得了，这九个人跑不了，而且还有好多是黑血站，不在政府挂号。

现在中国人都不敢输血。除非人要死了才输，一般现在都不敢输，不知道哪一个人血里头带着问题。

前不久中国疾控中心指，近5年大中学生艾滋病病毒感染者年增35%。因为艾滋病患者的范围太广了，基数太大了，这个有病的人基数太大了，这个传染起来就太多了。再一个现在这些大中学生，有些人生活不检点，还有一些农村女的，可能在城里来打工就把这些问题带出来了。

我大姐高耀洁现在在美国仍在写有关艾滋病方面的书和做这方面的宣传，她最大的心愿就是："让大家都知道，国内还有这么些艾滋病患者，如果能够救助他们的话是最好。"

大姐高耀洁令我非常感动。她一边受那么大的迫害，一边还是在兢兢业业地、认认真真地去做每一件事情。河南省那些县，当年她几乎跑遍了。

我大姐八十七岁岁高龄了，长期患病，她说自己这一生要把中国艾滋病的历史留下来了："中共最大的问题是造假、说谎。中共要我撒谎，我死也不回去。"

我大姐希望自己死后骨灰能送回中国，连同姐夫（郭明久）的骨灰一齐撒入黄河，不要放入坟墓，以免被中共利用来成立基金会骗钱。

注：根据高世洁采访整理编辑。

大姐高耀洁的往事两则

高明凤（妹）

一、大姐带我看飞机，我带大姐坐火车——在高耀洁葬礼上的发言

1945 年初夏，天气比往年同时期要热。当时传言要打仗，我们全家都在院子大门的门洞里，听到一直有轰轰的飞机声音，那时的飞机不是现代人能想象得来的，轰了半天还看不见飞机影子。听到飞机的声音越来越大了，大姐拉着我往外跑，父亲在里面急得大喊："不能出去，飞机丢一个炸弹皮你俩就没命了。"这时我俩已经到院子的荷花池旁，看见飞机从我们头顶上唰一下飞过，大姐喊："我们国家的飞机，是国军的。"我抬头望去，飞机翅膀上有一个标记，那时我只有四岁多，什么也不知道，长大后知道的中华民国的国徽。飞机转了三圈，越飞越低，瞬时间开封南关火车站变成一片火海。大姐高兴地跳起来了。我不懂是为啥，但这件事在脑海里留下了深刻印象，后来听大人说：是国军反攻，先炸断陇海铁路。开封当时是陇海铁路上的重镇。炸断陇海铁路后就断了东西运输。

这件事情太古老了，在座的各位听了没兴趣。

再说一件近期的事。

2009 年 5 月 8 日，我在大姐家已经住了近一个月，帮她整理照片。已经订好了 10 日返蓉的机票，我突然决定带她离开，这不是故事的开头，就从这里说吧。我问她："有什么东西必须带的？衣服不用带。"她答："我的计算机里有东西，必须带。"这真把我吓着了，她用的是台式机，让我背一台台式机，对我来说也是个大负担。我答："我给你取出硬盘，带上方便。"她问："怎么取？"我答："我会，

给我一把起子。"她答："家里没有。"我思考片刻，口袋里有一把小钥匙，是我旅行箱上的。就这样趴在地上打开了机箱，取出硬盘，包好，给她。

我俩决定乘出租车到东郊汽车站，坐在出租车上请司机从小区的另外一个门离开。到了长途汽车站，我去买票。到了售票窗口。我说："买两张最早开车的票。"卖票的问我："老太太，你去哪里？往东？往西？"我说："往东往西都行，哪一个车先开我就买哪一个的。"卖票的说："你这老太太是有精神病吧？"我答："我不是精神病，探亲访友，东西边都有亲属。"卖票的说："去洛阳的车马上开，还有两张票，给你吧！"就这样我买到了两张去洛阳的汽车票。慌忙走到车上，还没有坐稳，车就开了。

在长途汽车上她跟我商量去哪里，让我送她到北京一位朋友那里。我不同意，我告诉她只有一条路，先去成都。四点钟到洛阳火车站，我把大姐安顿到火车站附近的一个小旅馆里，给她买了几个茶叶蛋，打了一瓶开水。这时我们还没有吃午饭，我让她先吃，我去买西行的火车票。真是天无绝人之路，七次特快还有两张软卧票，买到了，很高兴。七次是北京开往成都的，正合我的意。又一看票，心中有点发毛，是午夜一点半开。没办法，只有硬着头皮不睡觉了。一个六十九岁的带着一个八十二岁的半夜赶火车，还是挺有意思的吧！

那一夜一分钟也没有睡着。天亮后我借火车上一位旅客的手机给我在成都的丈夫打一个电话，请他晚上八点接七次，我现在在七次列车上。并且退掉我十日的飞机票，如果不能退就算啦。他回答："明白，我按时接站。"我们下车后，接站的见到大姐，第一句话就说："大姐，我猜到你来啦！"次日他出差走了。我开始打电话，首先打给成都的一位朋友，第二个打给香港的朋友，这是高耀洁旅美生活开始的序曲。在此谢谢二位朋友的帮助，后来的故事在座的有不少人都知道了。谢谢大家。（2023 年 12 月 18 日）

二、高耀洁住的是公寓，不是贫民窟。

2010 年三月高耀洁以哥伦比亚大学访问学者的身份来到纽约，

十多天后就住进了曼哈顿区 Broadway 大道上的一幢公寓里。这间公寓是租来的，当时租金每月 1800 多美元（现在已超过 2000 美元），含煤气费。是一室一厅，四个火头的炉子、烤箱、冰箱，盥洗室里有浴缸、马桶，设备齐全，纽约地区出租房不配备空调。

这幢公寓大楼马路对面是一个湖边公园，高耀洁很喜欢这个地方。离哥伦比亚大学不远，门前有五路公交车通过，还有地铁，交通方便。一直住到现在。

有不少人问过我房租怎么解决？谁来支付这笔费用？网上的说法很多。实际上是这样的，开始两年，是高耀洁支付的。那么她哪来的钱？高耀洁是逃亡出来的穷光蛋，当然没有钱。她到达纽约之前已经有两个基金会共为她提供八万美元，作为申请到美国绿卡前的费用，按照两年时间估算。有关人士问我够不够用？需要说明的是医疗费不需要用这笔款支付。我做了预算，包括安家费、房租以及日常生活，怎么都够用了。这与中国以及中国留学生没有丝毫关系。就这样她开始在这里安家落户了。

申请到绿卡前这段时间医疗费哪里来？有关人士为她购买了医疗保险。美国的医疗费用很贵，没有保险是不行的，尤其是对于老年人，医疗保险更加重要。

然后开始申请政治庇护绿卡，在哥大黎教授的帮助下找到了纽约的大律师，为她提供义务服务，顺利拿到美国绿卡。从此她的医疗、护理、生活费用；纳入了美国社会保险中。

美国的社会保险能支付这房租吗？能支付房租，但是这幢大楼不属于这个范畴。她提出离开这里。黎教授认为住这里习惯了就住下去吧。从 2012 年开始高耀洁的房租一直是一位不愿意透露姓名的人士支付的，而且承诺无限期支持。若有读者难于理解，说明你对于美国社会知道的太少。还是中共的宣传中使你毒太深。我相信大家对此赞不绝口。

注：标题为编者所加。

七兄妹最后一次扫墓

高明凤（妹）

我们同胞兄弟姐妹八人，生于民国时期，多人终于中共统治的中国。经历军阀割据、抗日战争、国共内战、中共统治下的各种运动。明瑜姐因难产于 1959 年去世。其他七人好不容易熬到了毛泽东时代结束，中国人迎来了改革开放，算是中共建政后的黄金时期。2001 年我们七人一起到"开封炎黄公墓"祭拜父母，却被中共当局跟踪了。

事情的经过是这样的：2001 年 3 月底我从美国回到成都，一天我打电话给耀洁姐，问候并表示准备去郑州看望她。听到她急促的声音"家里的电话刚刚接通，可否回来一次，我们几人去开封扫墓？"她停顿一下又说："我还有事让你帮忙。你赶快联系一下其他人，我们去开封扫一次墓吧！这可能是最后一次了。"听后我呆住了，她怎么啦？发生了啥事？放下电话后，我就去世廉兄家，他家离我家很近，同住一个居民小区，只隔三栋楼房。与世廉兄商定好时间，回到家里给世正兄打电话，说明我们俩到开封的具体时间，问他是否可以？他答："没有问题，按时到开封。"并说他联系耀洁和明云两位姐姐，然后我又联系两个弟弟，他俩都在开封，他们表示提前准备好供品，等待你到来。

我为这次联络大家快而顺利感到兴奋，很快购买了机票，我与世廉兄同时到达开封，到世洁家看到他们五人都到了。世正兄说："你电话上说的那么清楚，人物、时间、地点，如果出人为制造车祸怎么办？所以我提前从洛阳带一辆车，把两位姐姐接到开封。"听了他这几句话，我感到茫然，不知道出什么事了，以为他过度小心。接着大姐就给我讲述了她因为调查艾滋病起源，与政府意见不同，2001 年开始对她的电话监听，不时掐断电话，她的行动被跟踪等等。既无法律依据，又不讲人道。

我们非常珍惜这次团圆的机会，小弟弟们准备的供品，有苹果、香蕉，父母生前爱吃的点心——密角、桃酥、鸡蛋糕；以及供盘和冥币。所有这些都是两份。

人都到了，次日扫墓按计划进行。这是一次平平常常的清明扫墓，中国许多家庭都是这样做的，这次活动却出现了意外。

兄弟姐妹最后一次合影

我们分乘两辆车，一辆车是洛阳来的，由拖拉机厂的司机开车，车上有世正、耀洁、明云，后面一辆车上是世廉、世洁、世豫和我。世洁开车，一前一后上午八点许从世洁家出发，车子出开封北城门之后，沿着开封到黄河的公路急驶。三弟发现了异常，他从后视镜看到了有两辆车尾随我们的车子之后，提醒大家有尾巴，世廉兄说："看到了。""尾巴"始终与我们的车子保持一定的距离。三弟家距离炎黄陵园十余公里，我们的车子快，跟踪者的车子也快，我们慢下来，它也慢，真是"不辞劳苦"。

我们继续前进。世洁的行车速度一会儿快，一会儿慢，为的是看看不速之客是不是真的跟踪我们。很快下了公路，到了通往炎黄公墓

50

的小路上，我们几人商定今日的行程必须改变。到了炎黄公墓的停车场，我们下车，世正他们三人已先到达，我们一行七人，看到尾随我们的两辆黑色轿车也同时到达，停在不远的地方。本来祭拜先人心情就沉重，被跟踪更使大家不安，可以肯定是来"保护"我们的。

进入墓园后，先到父母墓前祭拜，然后祭拜二姐明瑜。1959 年明瑜去世后，葬于开封北门外的公共墓地，后来开封搞什么开发，整个墓区被推平了，也没有发布任何通知。1995 年为了追葬她，就搞了一个衣冠冢，里面是她生前喜欢看的《三国演义》，还有她去世前喜欢穿的衣服，都是赝品。父亲也是衣冠冢，里面是他生前的扳指、拐杖，也是赝品。真品随葬于原来的墓中，原葬于商丘某处，早已找不到踪影。只有母亲的墓中骨灰盒内有真正的骨灰，这样的遭遇我们已经够心烦了，今天又遇上被跟踪。

扫墓结束后，我告诉世正兄，后面有尾巴，不能去开封第一楼就聚餐了。随即三弟开车把世廉兄送到郑州机场，他到沈阳出差去。世洁、世豫他们俩返回开封游梁祠街家中。我跟随洛阳那部车到郑州，先到河医大把明云姐送到家门口，然后把耀洁姐送到她家。车子停在一个公交车站，我下了车，二哥乘车返回洛阳。我又乘坐公交返回开封，傍晚来到世洁家，世豫他俩在等我，当晚与他俩畅谈到午夜。由于过度敏感，还出现了一个小插曲，大约 11 时左右，院子里出现一响声，三弟闻声跳了出去，原来是一只猫。我们七人最后一次见面就这样结束了，以后再也没有机会，永远、永远失去了团圆的机会。

后来我们七人再也没有聚到一起过。2015 年冬世洁移民澳洲，那时他已经是肝癌晚期，身上背着自己在开封挑选的骨灰盒上的飞机。一年多后他去世，安葬于澳洲的大洋之滨。

世洁的肝癌，源于上山下乡：

1966 年文化大革命开始时世洁高中三年级学生，离高考只差一个多月，中共发出 516 通知，标志着文革开始，大学停止招生。他当然不是"红卫兵"，而是黑五类（地、富、反、坏、右）子女，整日提心吊胆怕出差错。他经历了这类人独特的成长道路。

1968 年底至 1969 年初，随着毛泽东一声令下，全国掀起了又一次上山下乡高潮。仍旧滞留学校的"老三届"学生，被这股无法抗拒的狂潮卷向农村、边疆。

1968 年 12 月 22 日《人民日报》传达毛泽东的"知识青年到农村去，接受贫下中农的再教育很有必要"的最新指示，立即在全国引起一片狂热。许多地区出动了大批毛泽东思想宣传队，深入基层宣传毛的最新指示。不少地区举办了知识青年、街道居民、革命家长的毛泽东思想学习班，认真学习毛泽东的最新指示。世洁是此时被卷到农村的。全中国变成了"东方疯人院"。

世洁到农村半年，就染上了乙肝，农村生产队不敢再留他，就把它退回开封。自此他开始了回城生活。乙肝在体内一直没有消失，好好坏坏几十年，到 2016 年转化为肝癌，随即夺去了他的生命，享年 73 岁。他感到欣慰的是在人生的最后阶段，2015 年冬他走出了国门，脱离了中共的统治，成为澳洲新移民。

耀洁姐 1996 年开始在艾滋病这个领域展开调查、宣传、救助工作，揭开了血祸的问题。其观点不同，与当局发生了矛盾，实质上这是学术问题。她认为国内艾滋病的传播是输血卖血引起的，当局认为是嫖娼卖淫引起的。两方面对于艾滋病的传播原因认识不同，本可以经过调查研究达到共识。事与愿违，当局认为这是政治问题，对她采取了多种压制手段，让其闭嘴。学术观点不同，变成政治上的你死我活。进而使其在国内没有立足之地。2009 年，她在百般无奈之下远渡重洋来到美国，成了年龄最大的逃亡者。十多年的旅美生活，完善的医疗、护理，但解决不了她的孤独、寂寞。本来她与平常人一样有儿有女，三位儿女各有一个幸福家庭、三个孙辈。而她的晚年只能在梦中与儿女团聚。她的护工告诉我，每天傍晚她拿着电话，等待我给她打电话。真让人心酸。

耀洁姐于 2023 年 12 月在美国纽约去世，享年 96 岁，长眠于纽约威斯特彻斯特郡的芬克里夫墓园（Ferncliff Cemetery and Mausoleum）。如今一切都成为历史，再过二十多天就是她两周年的忌日。人死如灯灭，历史翻过去了这一页。然！她的骨灰回归故里的遗愿并没有实现。是她的儿女不愿意办理吗？非！她们办不到。至少是当前不行。

世廉兄数十年繁重工作，积劳成疾，于2024年冬病逝于成都，享年92岁，安葬于"成都凤凰公墓"。

如今还在世的：明云、世正、世豫和我四人。也都到了耄耋之年。

这次聚会没有留下合影，上图是1995年我们安葬父母时的合影，也是七人最后一张合影。前排中是耀洁姐，那时她不到70岁，好年轻啊！

照片的背景是世洁家里。这个院子是1941年春，父亲用"日伪联合票"三千一百元元买下的，地点在开封市游梁祠东街。当时院内共有房屋二十二间，大门楼及小道座半间，包括上房西屋后面的空地，我们称它为家后，占地九分多，那时购房是有房权和地权的。经过父亲整修成为一座两进四合院，进二门有影壁墙。前院后院直接是用篱笆墙隔开，篱笆墙上爬满了爬墙虎。开始几年我家是独门独户。整个院子都是自家住房，后院西屋三间，门前有石墩和石头台阶，还有一个木质门槛颇有气派，是上房，父母亲住。后院南屋、北屋各三间我们兄妹几人住。前院南屋、北屋各三间是客房、父亲工作室及花房，小东屋两间是柴房，大东屋三间是磨坊，磨卖面是我家这段时间生活的来源。其中一间用来养拉磨的驴子。前院还有荷花池、四大缸金鱼、小花园、枣树、石榴树。是父亲留给我们的栖身地，我辈的根。母亲一直在这里生活到终老，享年85岁。

1958年中共搞私房改造，我们家又经历一劫，就给留下三间西屋，巴掌大一块地方。这座院落的今夕，述说着上世纪五十年代中国社会的变迁。

11/21/2025

注：高明凤，电脑工程师，为高耀洁医生的小妹，多年协助姐姐整理文稿和图片，关心姐姐的日常生活。

第三辑

中原血祸挺孤身，国难临肩许一人

农民那么穷，怎么会嫖娼吸毒？

到哪里我都说是卖血、输血感染的，对吴议也这么说。

你自己亲眼去看看！我对李克强这么说。

你的孩子是孩子，人家的孩子就不是孩子吗？

那一家一家死的都是壮年人，新坟连成一片。

我走这条路，是被逼出来的。

　　　　——高耀洁

中国艾滋病蔓延的最主要途径：卖血和输血

高耀洁

同大学生谈论艾滋病预防问题

大家好！

我现在身体很不好，请允许我坐下来和大家讨论一下中国的艾滋病问题（高医生患有严重的高血压、低血糖、心肌缺血、肺空洞等疾病，胃在文革时遭武斗打伤被切除了四分之三，同时双脚时常浮肿，行动不便）。再过 48 小时，我从事艾滋病预防工作就整整十年了。这十年的岁月，令人不敢回想。

今天，我本来不能来，也不应该来。我老伴郭明久得的是晚期咽喉癌，这一年来我一直住在医院里陪护他。他已经不能说话和吞咽了，因为呼吸困难，今天我来之前，都把气管切开了。他都是八十岁的人了，我是七十九岁，我今天是掉着眼泪离开病房的，我很难过。到去年 12 月 29 日我们结婚就整整五十二年了。我之所以还是决定到这里来，就是为了让更多的青年人了解中国艾滋病的真相，避免那些本来完全可以避免的感染和死亡。

我今天想谈三个问题，第一个问题，目前中国艾滋病蔓延的最主要途径是卖血和输血感染，感染的源头至今还没有断绝。

大家看看这个小孩（手指着一个在现场跑来跳去的约五六岁的小女孩），她一家四口有三口感染艾滋病，都是输血感染的，她才那么小（指着小女孩），也是一个感染者。由于卖血和输血导致艾滋病的感染，这绝对不是个例。同样，这也不是河南一个省的问题。只是因为河南出了个高耀洁，把河南的盖子揭开了，所以河南当官的那么恨我，也是有情可原。其他省份，比河南更加严重的比比皆是。比如河南的邻省××，在九十年代中期，很多河南农民都是跑到那里去卖血的。去年年底，报纸揭露黑龙江北安农场医院非法采血，一个卖血者感染了十九个。吉林省德惠市一个姓宋的艾滋病感染者，在一年半的时间内，连续到政府血站卖血十七次，造成二十一个人感染艾滋病。这件事情《焦点访谈》也播了。目前中国艾滋病蔓延的最主要途径就是卖血和输血感染，而不是某些人说的吸毒传播、性传播。

我最反对片面强调艾滋病的性传播，现在安全套好像成了防艾宣传的"法宝"，一到艾滋病日没有别的宣传，就是发放安全套。我不否认艾滋病的性传播和吸毒传播，但是我走过十几个县市、几十个乡镇、几百个村庄，见过几千个艾滋病感染者和病人，那么多由于贫困而去卖血的农民怎么会是性乱、吸毒感染艾滋病的呢？

2003年12月1日的世界艾滋病日，有一个安全套生产厂家给我打电话："高老师，你能不能出来帮我们发安全套？你要多少万？你开个价。"我的答复很简单："高耀洁不能出卖灵魂！"钱没有人命重要！艾滋病是一场民族的灾难！大家想一想，艾滋病感染者在确诊前不会只卖过一次血，他卖的血不会倒到垃圾箱，肯定会被人买去，输入艾滋病感染者的血液感染的几率是几乎百分之百。直到现在，血液传播的源头尚未断绝，非法血站依然存在。

如果不是为了向大家澄清这个问题，我今天根本没法来，我马上就得回郑州到病房去照顾老伴。

第二个问题，长期以来的防艾宣传中，总是把艾滋病和嫖娼、卖淫、吸毒这些坏事搁在一起，先给病人戴一个道德败坏的"脏帽子"，由此造成公众对艾滋病的普遍歧视，病人不敢暴露自己的身份。

某些所谓的专家，我看就是为了讨好某些当官的，今天说艾滋病的吸毒传播占 70%、80%，明天又说占 50%、60%。因为宣称性乱和吸毒传播为主要途径，就似乎是感染者咎由自取了，相关部门的责任就要小得多了，而一旦承认中国艾滋病蔓延的最主要途径是卖血和输血感染，相关部门在管理上就有了不可推卸的责任。在 2003 年 12 月 18 日，吴仪副总理找我谈过一次话，她问我说，某教授说中国的艾滋病绝大部分是吸毒传播，你为什么一口咬定主要是血液传播？我说那是他骗你呢。

我估计现在中国有三分之二甚至五分之四的艾滋病人隐藏在人群中不敢暴露身份，这种状况对艾滋病防治工作的开展是非常不利的。因为时间关系，我今天只举两个例子。

第一个例子，我在 2004 年 5 月，雇车拉了几十箱方便面到登封县××乡一个艾滋病村去送给艾滋病人，快到村口突然看见一个人在路边晒太阳，我觉得像艾滋病人，我要司机停了车，下车问她是不是有病，她说："没事没事。"我说你的嘴都溃烂了，口腔溃烂是艾滋病的症状之一。她说："我一直都这样。"说着说着她就跑了。等我进了村正在发方便面，她又歪歪扭扭地跑出来了，说："我也是，你给我吧。"我说："你不是说你没病吗？"她从兜里掏出一张揉得烂烂的化验单，在郑州化验的，她确实是艾滋病人。我给了她一箱方便面，一箱二十包，我都能掂得动，她却掂不动。我问她为什么不敢承认自己是艾滋病人，她说："老丑，老丑。"这就是歧视艾滋病人造成的。

第二个例子，今年 11 月 27 日，一个大男孩找到我的病房，对我说："高奶奶，我找你找了半个月了，现在终于找到你了，我是来给你干活的。"我说你会干啥活啊？他就哗哗掉泪，我说你哭啥啊？他说他哥刚死，今天刚过"三七"。中国的习俗，死了七天算"一七"，

"三七"是才死二十一天。就是在河南省医学院第×附属医院输血得了艾滋病，死了。他说："如果当年政府就支持你的工作，整顿卖血市场，俺哥就不会死。你说叫俺干啥就干啥，俺妈说了，她也给你干。"我笑了，说你妈能干啥？他说："给你洗衣裳，给你打扫卫生。"一边说一边哭。我说："孩啊，你的好意我心领了。你给我一个地址，我以后给你点宣传资料你帮我去发吧，你现在先回去吧。"他就住在我家附近，他不敢暴露自己是病人家属的身份。我说要帮他找电视台曝光，他说："我不敢，我害怕。人家说你哥有艾滋病，你肯定也有艾滋病，你全家都不是好人。"这就是对艾滋病的无知导致的歧视。

第三个问题更是不可思议，那就是打着防艾旗号的诈骗愈演愈烈。

上海市检察院主办的《检察风云》半月刊今年第六期刊登了我的一篇文章《艾滋陷阱面面观》，这篇文章是我去年年底写的，除了《检察风云》，竟然没有其他任何报刊敢登。这篇文章就是讲艾滋病防治领域的诈骗问题。利用救助艾滋孤儿、救助艾滋病人诈骗，已经是非常严重的问题。最早出现的是各种所谓能治愈艾滋病的"神医"，自称在全世界第一个攻克了艾滋病，是"神州艾滋病克星"之类。我收到的上万封来信当中，有十分之一都是这类信件。就在前两天，还有个人不知道从哪里得到我的电话号码，打电话过来说自己是祖传中医，"八代专治艾滋病"，要和我合作，你说好笑不好笑？艾滋病进入中国才二十年不到，他家就有八代？他家的人大概都是蜉蝣（蜉蝣为一种昆虫，寿命极短，成虫仅能存活数小时左右），二十年时间就有八代，一代是几年？

这几年骗子也变高级了，不再用"包治艾滋病"这种低劣的骗术了。有一个姓王的农民发现"艾滋国难"有财可发，摇身一变号称自己是"艾滋病人和艾滋孤儿的救星"，自称"北京关心下一代协会艾滋病青少年健康教育研究所主任"，多次打电话给我反映当地的艾滋病人和孤儿得不到救助的问题。我当时对他不了解，提出先给他寄上几百本书和小报，让他在当地宣传防艾，他竟然说他们不需要防艾资料，只需要钱。后来我和人雇车去调查，除了装修一新的楼房外，一个病人和孤儿也没看见。听说他现在已经把他的研究所搬到了北京房山区，发邮件、打电话向北京各个高校募捐，还跑到各国大使馆去要钱。

我从 2001 年春开始，在调查中逐渐注意到艾滋孤儿问题，即艾滋病患者去世后留下的未成年子女。与"艾滋病孤儿"不同，他们并未感染艾滋病。他们的处境十分悲惨，连基本生活都无法保证，于是我一直呼吁全社会来关心他们、救助他们。但我现在发现，现在最迫切的问题根本就不是艾滋孤儿问题，最迫切的一是我一开始就说的第一个问题，血液传播的源头尚未断绝，非法血站依然存在，艾滋孤儿源源不断产生，怎么救得完呢？另一个就是诈骗问题。有一对姐妹，父母都因为艾滋病去世了，我一年汇给她们一千一，后来我去村里看她们，竟然走不动路。"我没吃过盐。"我非常吃惊，我给她们的钱完全足够她们在农村的生活了，怎么会没吃过盐？"钱全被俺叔拿走赌博了。"钱都到骗子口袋里去了，艾滋孤儿能得到什么？有些人就是以抚养孤儿为名，把孤儿当摇钱树千方百计骗钱！

防艾领域的诈骗问题已经影响了整个艾滋病救助工作！现在应该告诉所有人，尤其是有爱心但缺乏社会经验的大学生，绝对不能盲目地捐钱！这些骗子根本就没有人味，借了救助艾滋病的名义骗老百姓的钱，这些骗子都该杀！更可怕的是，这些骗子之所以这么明目张胆，都是后面抱着棵大树，有地方官员支持。现在很多正规的防艾组织被骗过钱，但他们就是被骗了也不敢承认。怕一承认，就是他们工作做得不好，国外就不捐钱了。我就不怕承认，我就被上蔡县检察院的一个检察官骗走了三千块钱。

我这十年时间，大致算一下花在防艾上面的钱超过一百万了。我曾经得过两次国际大奖，一次是联合国给我的健康与人权奖三万美金，一次是菲律宾给我的拉蒙•麦格赛赛公共服务奖五万美金，我的态度是，把这些钱花光算完。我的胃被切除了四分之三，所以不能吃水果，不能喝牛奶，我也不买衣裳，我都快八十岁了，我已经是年龄倒计时了，我要钱干什么？艾滋病是一场国难，我们每一个人都有责任，我只是尽一个中国人的责任。

现在最缺乏的，是正确的艾滋病预防知识。不信你去找几个大学生来问，"我不会得艾滋病，我不吸毒不嫖娼不卖淫，我咋会得艾滋病呢？"所以以为艾滋病和自己无关。实际上，目前中国艾滋病由高危人群向普通人群蔓延，卖血输血这类医源性感染是主要因素，而不是性传播。这是三月份我收到的来信，都是跟我要书的，说明现在这方面的资料太缺乏。这是湖南的、这是许昌的、这是甘肃的。但我现在也很困难，第一个我身体很不好，原来我经常往下面跑，但这一年因为我老伴的病，我哪里也去不成了。第二个我不敢接受捐款，××网曾经找到我，愿意捐给我十万块钱，我非常感激他们对我的信任，但我没收。因为我要是敢收五块钱，就会有人造谣说我收了五十万。防艾圈子里太复杂了。有些钱退不掉，我就直接交给出版社，我光收出版社印出来的书，书我都全部免费赠送出去了，我又没背着书跑到街上卖。一分钱没经过我的手，全部用于宣传防艾了，这是我比较聪明的一手。这次我的《中国艾滋病调查》加印一万一千册，很多组织和个人捐了款，我非常感谢。

现在很多人给我打电话，说中国的艾滋病问题解决地很好，说×××说了，中国的艾滋病感染者统计数据过去是八十四万，现在是六十五万。我说中国的艾滋病实际感染人数，恐怕永远都搞不清了。从八十年代末开始各地陆续发病死人，当时死的时候都不知道是艾滋病，有时候死的前一天才知道是艾滋病，还有人埋了都不知道是不是艾滋病。我刚完成一本讲述我十年防艾历程的书《十年防艾路》，很快就会出版，书里有一个例子，有一家人全部死光，前面三口死了都不知道是艾滋病，最后一口快死了才确诊是艾滋病。在这样的情况下，你能知道中国艾滋病实际感染人数到底是多少？

我很赞成武汉的桂希恩教授，他最大的优点就是从不说瞎话。他说："他们叫我别说我就不说了，我等有机会再说。"他跑到俺家就这样告诉我的。我说："你比我小十岁，你以后还有说的机会，而我已经倒计时了，现在不说，将来就没有机会说了。我就要拼上命和他们干架！"还有曾毅教授，他因为有院士的身份不能随便说话，但他在中国艾滋病问题上从来没有说过假话。现在能够做到绝对不说假话，这就是高级的人了，我非常赞成他。

我更赞成的是那些有社会正义感的媒体，像《中国新闻周刊》揭露内蒙古清水河县医院违法采血造成艾滋病扩散，《财经》杂志揭露山东的非法单采血浆站，《中国经济时报》揭露河北邢台多家医院长期违规采血造成艾滋病感染，《中国青年报》揭露安徽一个艾滋村 42% 人口曾参与卖血，央视《焦点访谈》、新华社、《华商晨报》揭露吉林德惠市输血导致艾滋病，央视《东方时空》《公益时报》揭露黑龙江北安农场医院非法采血导致艾滋病，《南方周末》揭露那个自称"艾滋妈妈"的安徽阜阳的女人。我尤其非常赞成《华夏时报》，他们揭露河南上蔡县防艾存在黑洞，连温家宝总理都敢骗。2004 年新年，文楼村支书虚报人数，向温家宝总理多要了八千块压岁钱。我很感激十年来一直支持我的这么多媒体，否则我也很难坚持到今天。但是也有某些记者，很能受某些当官的驱使。这本《中国艾滋病调查》在去年 5 月份刚出版，北京的《××报》就发表署名文章攻击这本书，说高耀洁早就是个过时人物，这本书没有价值，和我以前的书都是重复的，都是防艾知识。但这本书不会因为他的这几句话就被攻倒的。

我今天早上五点钟就起床，给我老伴输了营养液就往这里跑，我最大的希望就是大家都来关心艾滋病，艾滋病是一场国难！关注艾滋，人人有责！

我就谈这些，谢谢大家！

注：2006 年 4 月 5 日，于清华大学，在《中国艾滋病调查》免费赠送高校启动仪式上的讲演，周筱赟博士据现场录像整理。

标题为编者所加，原题为《中国艾滋病防治工作的现状与困境》。

揭露发 "艾滋财" 的骗子

高耀洁

文楼村防艾只是蒙骗公众的形象工程，打着防艾旗号发不义之财，比捂盖子更可恨。我提醒大家别再给文楼村捐款捐物。

一说起河南省上蔡县文楼村，我就来气。我都有半年没再去文楼村了。你不问我都不愿提起，告诉你们的朋友和读者，别再给文楼村捐款捐物了。那只是欺骗舆论、蒙骗公众的形象工程。他们连温家宝总理都敢骗啊。你捐多少都没用，那是个"黑洞"是令人莫测的陷阱。这样的"黑洞"在河南还有好几个。

文楼村干部的话，千万不要相信。他们说假话、做假事都家常便饭了。当年林彪说，不说假话办不成大事。文楼村干部就信这一套。早些年，他们捂盖子，那么多人患艾滋病不让外界知道，如今又打着防治艾滋病的旗号发不义之财。这比捂盖子更可恨。

六年前，我第一次进入文楼村后，始终关注文楼村防艾状况。现在的话，文楼村缺少诚信。这些年来，文楼村虚假、蒙骗的东西太多。做人最起码要有诚信。那个大贪官黑龙江省前政协主席韩桂芝刚刚被判死刑，缓期执行，在河南又何止一个"韩桂芝"？

文楼村只是个缩影。我防艾（艾滋病）的这几年，也是和骗子周旋的几年。从一九九九年八月到现在，六年多时间里，我共接到上万封来信，其中骗子的信有近千封。他们借行医之名，用尽各种伎俩，比如找"名人"题词，胡编乱吹什么"祖传秘方"，宣称自己"已经攻克了艾滋病，自制的药 100%有效。""得了艾滋病后，坐上他发明的椅子，摇几下子就好了。"有一个连行医资格都没有的人却自称"国宝"，说他发明了能治愈艾滋病的药酒，还写信给我，要与我合作赚大钱。实际上，喝他药酒的病人反而加速了死亡。我公开揭露他大发

"艾滋财"的骗人把戏，他却告我侵害了他的名誉权。他败诉后专门建立了一个网站，天天骂我。

我衡量来信是否骗子有如下标准：一，凡是自制（没有国家药字批号）专治艾滋病的药物，让病人服用者；二，称艾滋病最好治，自制药品有 100%的疗效，治疗了若干例艾滋病病人者；三，祖传中药秘方专治艾滋病，其疗效得到了"名人"的肯定"签名"或"题词"，甚至"获奖"等。以上三项，只要来信中含有其中一项，他一律视为骗子信而不予理睬。

在庞大的撒谎群体中，有公然敲诈来救助他的人上万元的 HIV 感染者，还有借收养艾滋孤儿骗取社会捐助的收养家庭。有个孩子，我每年都给他寄钱，以为他上了中学，结果发现寄给他的钱都让叔叔领走赌博了，孩子却在河里挖沙，背都驼了。还有个叫高丽的女孩，被山东一对夫妇领养，原本以为可以过上安定的生活，没想到领养家庭却把她当成了摇钱树，到了冬天，她每天吃的花费不到四块钱。更高明的陷阱是利用艾滋病人和艾滋孤儿成立某些组织骗取公众同情。我希望国家能立法保护好的组织，取缔坏的组织。我说过，我自己不搞社团，就一个人做防艾滋病事业。我在防艾滋病的道路上艰难地行，使我最头疼、最不能容忍的是骗子们对我的骚扰、对病人的伤害，而我却无能力制止。

中国的艾滋病疫情正从高危人群向一般人群扩散，中国正处于艾滋病防治的关键时期。截至零五年九月，中国新增艾滋病毒感染者十三万五千多例，其中艾滋病患者二万八千七百八十九例。据专家估计，中国感染艾滋病毒的人数可能已超过八十四万，其中艾滋病患者八万。专家警告说，到二零一零年，中国感染艾滋病毒的人数可能会达到一千万人。自零一年以来，中国已进入艾滋病发病和死亡的高峰期。零二年全年报告艾滋病病例比零一年增长四成四，零三年中国政府宣布的艾滋病患者人数已跃居亚洲第二位。

我已经出版了《一万封信：我所见闻的艾滋病、性病患者生存现状》《中国艾滋病调查》等六部书，目前正在写作新书《十年防艾路》。

平坟后春节孤老孤儿们的心情

高耀洁

艾滋病灾难，民众受害之重、死亡之多，迄今仍未杜绝传播，故不次于 1960 年中国的大饥荒死亡人的人数。但因艾滋病病程时间长至十到二十年、给政府官员大力掩盖的好机会，知道的人寥寥无几。当年真正下农村调查者不多，对死者人数也缺少文字记载，只有河南省社会科学院研究员刘倩写的《血殇》一书，第一章、之一、坟墓包围了村庄。坟墓多证明死者多，这是政府强制平坟的主要原因，为了消减艾滋病灾难死亡人数的依据。

平坟！平坟！谁出的怪主意？平了民间的坟，给谁带来利益？政府公开说平坟为了恢复耕地，有人说为了卖地，说真的话是官方的面子工程，为了掩盖艾滋病死亡人数。他们平坟从河南艾滋病疫区开始，进一步证实艾滋病死亡的人数多——新坟多，有失政府官员的政绩，平了坟墓就无证据了。真的吗？"六四天安门母亲"丁子霖找到了二百零二具尸体（编者注：六四遗属和死者身份、经历等。）；我在平坟地区之外，找到两万零两千个因"血祸"死于艾滋病病人的坟墓。不过这些人因为没文化而冤死，外人不会知道真实情况。政府不敢承认"血祸"的事实。奈何？奈何？

河南农村的周边很多坟墓，特别是在艾滋病疫区更明显。据本人所知，铲平坟墓活动本世纪初就已出现。春节将来临按中国民俗要到先人坟前祭祀、供品、烧纸等活动，现在坟墓被平了，后人们特别是艾滋病死者的遗孤们内心是如何难过！

铲平坟墓的事情吵了十多年，近来又成了平坟运动。仅河南周口等艾滋病疫区，在六个月内铲平坟墓三百万座。很清楚平坟的目的是为了消灭"血祸"引起艾滋病的罪证，更是为了彻底地掩盖艾滋病疫情。大家应该知道河南因为卖血、输血感染艾滋病的受害者众多，他们群起上访是生存的艰辛、特别是无钱治病逼出来的。只有少数能活动的人、有条件的人才群起上访。能够上访的还是极少数艾滋病受害者，有重病的病人卧床不起不能来，贫穷的病人无钱付路费不会来，文化程度低下的病人不敢来。

近几年中国艾滋病受害者上访事件很多。据我所知，2012年六月份、八月下旬、十月下旬几次赴郑州上访人次有三、四百人。上访者到河南省政府门口游行，要求赔偿损失、公开道歉、依法处理"血祸"肇事者。八月下旬一位上访人员被警察殴打，十月下旬上访人员的领导者被警察抓了，第二天又被放了。山东等地也不断出现艾滋病受害者上访的现象，2012年艾滋病日，河南艾滋病受害者一百余人在北京王府井大街游行、请愿。

而多年来艾滋病受害者无奈，赴北京上访的人数更多，但是被抓回当地、拘留、投入监狱者大有人在。以上的众多艾滋病受害者的抗议，惹恼了官员们，招来强制的平坟运动！

以下有四个真实的故事昭示着：铲平坟墓，平不了孤老孤儿的心。

一、艾滋孤老们的心

故事1：2004年一天，老太太说："俺儿子媳妇都很孝顺，为了给我老俩口治病去卖血，染上了艾滋病。老伴的病没有治好，他走了。儿子和媳妇因为艾滋病，也走进了另一个世界，留下我这个七十多岁的半病人和十五岁正上学的小孙子相依为命，谁也无力干农活，生活十分困难。每逢最痛苦的时候，我们一老一小就去他们的坟地上痛哭一场。这次平坟运动，把儿子和媳妇的坟地铲平了，我到哪里找他们呢？我哭干了眼泪，只能等到夜里，看到他们发出来的'鬼火'，说明他们还没有忘记这个家，他们没有忘记老娘，也没有忘记他们的儿子。"

故事 2：2003 年我在河南尉氏县发现当地干部强行要求死者家属铲平坟墓，理由是死人占用了活人的田地。有个老人的儿子因卖血死于艾滋病还不到一年，当地政府就要把坟墓铲平。老人不同意，经过几番争吵，最后留下比人头大一倍的一个小土堆。老人说："孩子才二十多岁，政府官员骗他卖血致富，赚钱盖房子、娶媳妇。房子盖了，媳妇娶了，但是他得了艾滋病。后来他死了，媳妇带着孩子也改嫁了，房子丢在这儿没有人住了，现在他连一个坟墓也留不住……"老人哭着说。

艾滋病冤死者最后留下的痕迹就是坟墓，若全部铲平，河南艾滋病死亡的人数又少一项证据。

二、平坟平不了孤儿的心

故事 3：河南某村一艾滋孤儿说："因为我兄妹俩上学花钱，我爸爸妈妈到血站卖血，他们染了艾滋病。他们在病中很喜欢吃苹果，其他食品吃不进去，害了二年多，家里的钱也花完了，他们的病也没有治愈。他们走了，留下我俩人。因为他们死于艾滋病，这是个传染病，周围邻居和亲戚们，谁也不敢来往，都怕艾滋病传染，日子真难过。在纪念的日子里，还要去爸爸妈妈的坟墓前祭祀。院里苹果熟了，挑几个又大又红的，送到他们坟前，扒开坟土，埋进去，就表示让他们吃了。

"现在他们的坟墓被政府强制铲平了，我们今后祭奠也找不到地方了，苹果也无处可埋了。我们白天为了这个平坟的事情，不知哭了多少次，直晚经常在做梦，梦中到爸爸妈妈坐在野地里哭着说：我无家可归。"

故事 4："我们祖祖辈辈以农业为生，生活过得很贫穷。爸爸妈妈从十几岁就开始在田野里劳动，因贫穷没有上过学，两人目不识丁，只知劳动，早出晚归；晴天顶着烈日，雨天全身是泥。他们在贫困中勤劳一生，活了三十多岁，为了致富，让我们姊妹俩上学，他们去血站卖血染上了艾滋病，他们病了一年多，家也花穷了，他们走向另一个世界，留下我们姐妹二人，生活靠好心善人们救济，学也上不成了，真是度日如年。

在他们走后，每逢节日我还要到他们的坟前祭祀，给他们上香，烧纸钱，供奉食物，以表示女儿的心愿。这样的日子不到十年，坟墓被政府强行铲平了，他们一生也留不住这个坟头，俺俩很难过，一直哭了几天。平坟是政府的命令，谁也不敢反抗，哭也是晚上偷着哭。哭完了，站在坟地边上，等到深宵可以看见'鬼火'，说明爸妈还在想念我们。"

写于 2002 年清明节

我希望《一万封信》能突破读书界

邵燕祥

把大奖颁给高女士我投赞成票。她的书可以说是第一本揭示中国艾滋病患者痛苦经历和遭遇的书。高女士年事已高，身体不好，还坚持在第一线，单枪匹马地投入救治艾滋病人、救助艾滋孤儿的斗争中去的。为推动中国预防艾滋病工作的开展做了极大的贡献。

我觉得这本书部分显示了她的工作。艾滋病群体是一个被漠视的群体，这个群体从来没有完全表达自己的权利。《一万封信》第一次把艾滋人群自己的声音置于公众面前。面对这些最原始和直接的文本，每一为读者都不可能不感动。

我希望这个大奖能够帮助《一万封信》这本书突破读书界和文化界，被更多的读者关注和阅读。我甚至建议，中国预防艾滋病部门和组织应该督促这本书的加印，不仅仅让预防艾滋病的一线人员看到它，还要让更多地方的卫生部门的领导读到这本书。

另外，我要说得是中国的艾滋病问题不仅仅是医疗卫生问题，它更是一个社会问题。

关注艾滋病问题不仅仅是医疗卫生工作者的职责，它同时也是每个有良知的公民不能回避的，有关部门和每一个公民都不应该在危害着人类的艾滋病问题面前移开脸去，或者闭上自己的眼睛。

《新京报》2005 年 3 月 7 日

注：作者为著名诗人，已故。《一万封信》（中国社会科学出版社）获得"首届华语图书传媒大奖"之 2004 年度图书大奖。

高耀洁向我讲述"提腿倒血"

阎连科

当时，我在高耀洁老人家里，听完这个细节，长时间哑口无言，为中原农民生存的艰难、辛酸。就在那一瞬间，我觉得我必须"写一点东西"，这就是《丁庄梦》写作的最早起因。

说来话长，我的每部长篇都没有低于八年的构想。《丁庄梦》这部小说的写作也同样。1996年，艾滋病在中国如原子弹样轰然炸响，之后它通过各种渠道、各种消息而开始广受关注。人们聚焦的重点是中原地区，是古时候人们说的中国的心脏之地。中原，就像它历史上所经历的众多灾难一样，艾滋病又让这块土地成为灾难中的灾难，焦点中的焦点。

在历史上无数次的自然灾害面前，中原腹地都是重灾区，如"三年自然灾害"，今天我们已经无从考察它究竟饿死了多少人，这个灾害到底是天灾还是人祸；有多少成分的天灾、多少成分的人祸，我们都难以弄得明白。

一个作家没有能力，也没有必要搞清楚这些问题。但有一个问题我们必须认真思考，那就是这个震惊世界的"大饥荒"，它不仅是河南的问题，而是整个中国、整个人类所面临的问题。在这次漫长的饥荒面前，人们在饥饿和死亡面前的情感历程，以及他们那时的生存方式和内心世界，这些都是作家有能力也有责任去考问、思考、记录的。可惜，到了今天，这些却几乎是一片空白。虽然在不同的时期，我在写，莫言也在写，好多人都在写这些历史上的饥饿，但都是片断的回忆和想象，并没有一部完整、系统的作品出现。

几十年过去了，艾滋病同样又在中国大地上蔓延开来。毫无疑问，艾滋病的问题和饥饿的问题一模一样，甚至更为严重，它不仅是中原地区的问题，也不仅是我们民族所面临的问题，而是我们整个人类必须面对的灾难性窘境。这个问题是长期的、复杂的，不像"三年自然灾害"，三年时间，主要就是饥饿。艾滋病的问题不是一二十年，它可能是几十年、上百年的问题。作为一个作家，一个文字工作者，一个文字情感的专业工作者，应该对这个问题有所了解，应该给我们后人留下"一点东西"，让他们知道这样一大批艾滋病患者是如何生病的，又是如何面对死亡的；他们在艾滋病面前的生存方式，内心世界，他们是如何看待生命，又是如何看待这个世界的。我想我应该去了解这些，并以自己细弱无力的笔，去抒写这些。

1996 年，艾滋病刚曝光的时候，我通过一个友人与"民间防艾第一人"高耀洁老人取得联系，听她介绍了中原地区艾滋病的蔓延情况。那天，我在高耀洁老人家里见到了一对父子，他 12 岁的儿子连续低烧不退，父亲带着儿子去郑州检查究竟是感冒了，还是染上了艾滋病。那是我第一次接触艾滋病患者，我给了他们 400 块钱。就是那一次，高耀洁老人给我提供了几个艾滋病孤儿名单，要我和我的朋友每个月按地址给他们寄钱，供他们读书。但不久以后，就有一个孩子不需要这种帮助了——因为他人不在了，一个活生生的生命就这样消失了。另外一个念小学的女孩，后来也失去了联系……这些生命的消失，给我带来了巨大的震撼。

那天高耀洁老人还告诉我一个非常惊人的细节，她说当年农民卖血的时候，他们在田间种地，血头会到田头采血，种种卑劣的行径，如《丁庄梦》中写的那样，他们说采 500cc，实际上采了 600cc、700cc，给的仍然是 500cc 的钱。被采完血后的农民，因为卖血过量而头晕得不能动弹，正如我小说里写的，血头提住这些农民的双腿，头下脚上地抖来抖去，待血又回流到了头上，农民们的头不那么晕了，他们又接着下地干活去了。当时，我在高耀洁老人家里，听完这个细节，长时间哑口无言，为中原农民生存的艰难、辛酸。就在那一瞬间，我觉得我必须"写一点东西"，这就是《丁庄梦》写作的最早起因。

现在大家看到的《丁庄梦》，也不是我原来最初写作的构想，原来我想虚构一个国家，这个国家有自己的语言，有自己的生活方式，因为贫穷等，国家从成立开始，就组织全国人民卖血，一直卖到这个国家屹立在世界。种种原因，我没有写出那个构想，写成了现在这个样子。

注：阎连科，著名作家，著有艾滋病题材的小说《丁庄梦》，后来改编为电影《最爱》。顾长卫导演，章子怡、郭富城主演。

论高耀洁廿年防艾之"三部曲"

高燕宁

高耀洁之问：

"是谁把那第一个艾滋病患者送到了我的面前？"

"我到底做错了什么？"

1996年4月7日，军医院请会诊，可患者临终前的那一句乞问："医生，我怎么只输了一次血，就没救了？"竟让高耀洁不慎卷入"中原血祸"的漩涡，深不可测，一发而不可收拾。

输血染病的农妇巴秀英，骨瘦如柴，拉着高耀洁的手不放："高大夫，救救我吧，我不想死。家里需要我……"可曾经救过那么多人的高耀洁，这回却救不了巴秀英。她被确诊为"艾滋病"，河南首例"污血案"从此横空出世，浮出水面。

这一诊断的确没错，而且将永远正确，却不料，当地朝野一片哗然，"哪有那么多艾滋病！""大惊小怪"。而临床，却是她一生安身立命之本，"不容质疑"。

同年9月，高耀洁开始自费编印她的第一期"防艾小报"。这原本是一项再标准不过的公益行动，可她却从此踏上了漫漫征程，一走就是廿年，而不复返。

如果说廿年后，当高耀洁承认自己是个"失败者"时，那当年的这份小报不过是大洲彼岸的那只蝴蝶，扇了几下薄薄的翅膀而已，无异于"飞蛾投火"的那只飞蛾。如果历史不这么看，还认可什么"国家兴亡，匹夫有责"之言话，那这期小报则是一场壮举，那只蝴蝶翅膀的几下颤动，进而引发千万里之外的中原，来了一场大风暴。

高耀洁、高燕宁、杜聪"三剑客"会聚上海　2005年

第一部曲：防艾宣传

如果将高耀洁的防艾轨迹做一个总体梳理，则主要体现在三大部分：一是防艾宣传，二是艾滋减灾，三是疫情揭示。其防艾之路正是沿着这一"大趋势"而逐一展开，即以防艾宣传起步，从艾滋减灾着手，直指揭示疫情。三者交替往复，跌宕彼伏。

防艾宣传主要包括防艾小报、防艾专著与防艾演讲三大方面。

一、防艾小报

从1996年11月30日刊印第1期起，到2005年10月1日第20期止，高耀洁自己一人主办、自费编印的防艾小报共29期，总印数124万份。"从1996年至2009年，我先后发出了128万多份的宣传单。"

以下仅就笔者能罗列出的其中25期，对史料先做描述，后再归纳：

（一）小报细目

高耀洁1996年编印了第一期小报时，离她2000年首次踏进艾滋村还有四年之久，但从那些小报中，人们不难看出，她对即将到了的河南艾滋疫情忧心忡忡，不惜动用自己仅有的那一点养老金，自费编印那年头基本上还停留在书本上的"防艾知识"，向民间发送之。

1996年：第1期《艾滋病知识》（前言；艾滋病的预防；艾滋病今日无药可治；艾滋病病人的家庭护理），印数：1.2万份。

1997年：第2-3期……

1998年：第4期《艾滋病知识》（一、艾滋病；二、艾滋病与妇女；三、艾滋病与儿童；四、各种消毒方法，第5期……

1999年：第6期《防治性病/艾滋病知识》（艾滋病；警钟已经敲响；倡导安全行为，预防艾滋病；亲吻可能传性病；腐败会得性病；一个艾滋病病人的忏悔；为了挣钱害了艾滋病；警惕"三陪女"会传播性病/艾滋病；治性病别轻信广告）。

第7期《性病/艾滋病防治宣传》（艾滋病病人及感染者管理有章可循；怎样与艾滋病病人相处；马路上的艾滋病；艾滋病的特殊表现——卡波氏肉瘤；1998年五十万儿童死于艾滋病；一个艾滋病病人的哭诉；性骚扰使她跌进了艾滋病的魔窝——一个艾滋病青年女性的启示；警惕色情中毒症——会传播性病艾滋病；警示遗书——腐败害死了她；谁在传播性病）2000年。

第8期《艾滋病防治知识问答》（1.何为艾滋病；2.哪些人容易感染艾滋病；3.艾滋病病毒怎样进入人体的；4.艾滋病病毒携带者会感染他人吗；5.艾滋病有哪些症状；6.艾滋病发展分几期；7.为什么女人传染艾滋病的机会比男人多；8.儿童艾滋病的特点是什么；9.输血为什么会感染艾滋病；10.吸毒会感染艾滋病吗；11.避孕套能抵御艾滋病吗；12.蚊子叮咬能引起艾滋病吗；13.游泳池会传播艾滋病吗；14.怎样发现艾滋病；15.怎样隔离消毒艾滋病病人的生活用具。

第9期……

2000年3月18日，高耀洁一脚踏进艾滋村。从那一刻起，她的防艾小报便告别了一般书本意义上的防艾知识，并一直追随着主人奋不顾身的足迹。随着她对艾滋村的探寻愈发深入，她对中国艾滋病问题的理解也就愈发沉重，于是她的小报主题便随着这番沉痛而不断变迁与重新聚焦，摸索着向前冲。

2001年：第10期……第11期《预防艾滋病的知识》（关注艾滋，付诸行动，扉图：怀抱双胞胎，插图：吴拢母子，内容有"诈骗艾滋病病人的钱财罪该万死""艾滋病对人们的影响"等13主题。

前10期为八开两面，从11期起改折叠型，32开新闻纸四页八面）

2002年：第12期《预防艾滋病的知识》（关注艾滋，付诸行动，扉图：曹献来家吃饭，插图：孤儿来家过节，内容有针对天津扎针事件的"恐艾症病因之我见""为什么会恐慌？"等13主题，印数3万+2.5万，总印数44万）（日期：估计为02年中）。

第13期《预防艾滋病的知识》（预防艾滋，人人有责，扉图：农村宣讲，插图：大学生自学《大眼睛》，内容有"一个艾滋病人的真挚爱情"，"你诈骗艾滋病病人的钱财不感到羞愧吗？等7主题，印数2万，总印数46万，日期：2002年国庆）。

第14期《预防艾滋病的知识》（为艾滋孤儿呼救特刊：反羞辱，反歧视，扉图：三孤儿来家过节，插图：1.李家老少三孤，2.孔家老少三孤，3.孤儿要杀血头，4.救救我妈妈，5.骆家四口，6.母子无恙，7.遗孤抱毛主席像，内容有"老老小小太可怜""吴家与孔家见闻""呼吁！救救孤儿吧""失去父母的孩子太可怜""你为何这么怕艾滋病""艾滋孤儿游科技馆"等7主题，印数3万，总印数49万2002年艾滋病日）

2003年：第15期《预防艾滋病的知识》（如果你对别人的痛苦无动于衷，你就不配称为人——萨迪，扉图：梅杰合影，插图：1.又抱双胞胎，2.井宝宝遗像，3.张老太登门致谢，4.首抱艾滋患儿，5.六孤曹县合影，7.张夏近影，8.村头乱坟，内容有"夫妻间艾滋病传播机率：10%""呼吁制止中国艾滋病经医源性传播的危害""四岁宝宝惨死于艾滋病""艾滋孤儿上学难""与众不同的期盼""五岁艾滋病儿童的遭遇""受苦受难的艾滋孤儿们""张夏的遭遇""寂静中的无奈"等10主题，印数2万+3万，总印数56万，日期：2003年6月1日、8月1日）。

第16期《预防艾滋病的知识》（如果你对别人的痛苦无动于衷，

你就不配称为人——萨迪，扉图："亚洲诺贝尔奖"合影，插图：1.
邸沆沆近影，2.与央视编导下乡，3.四孤曹县合影，4.曹县同学合影，内容有"非典和艾滋""艾滋病的十怪""艾滋病侵袭了邸沆沆""诈骗比歧视更可怕""艾滋孤儿为何心态变异""艾滋孤儿分散抚养有利于社会稳定"6主题，印数5万，总印数61万，日期：2003年国庆），外加特刊一期：非典特刊《AIDS与SARS——世界卫生组织考察河南艾滋村纪录》（日期：2003年5月底，）

2004年：第17期《预防艾滋病的知识》（相互关爱，共享生命，扉图：孤儿正常上学，插图：1.卖血染艾夫妻，2.清华与会交流，3.怀抱邸沆沆，4.北大节目合影，5.与周孝正做节目，7.邸母抱儿，8.遗孤真可怜，内容有"艾滋患者要勇敢站出来""我国艾滋病人正处于发病和死亡高峰""新的三座大山""艾滋病人犯罪是社会恶性互动""艾滋病日：请关注职业卖血者"等15主题，印数5万，总印数67万，日期：2004年1月22日）。

第18期《预防艾滋病知识》（相互关爱，共享生命，扉图：上大法学院发言，插图：1.与李宗陶研读防艾资料，2.孤儿正常放学，3.怀抱孙小宇，4.艾滋患者揭谎话，内容有"比歧视更可怕的药物试验""对艾滋孤儿抚养之我见""检讨艾滋疫情信息失真""邀请国际组织参与防艾是进步"等7主题，印数10万，总印数77万，日期：2004年6月1日），外加特刊二期：个人特刊《我的防艾道路》（日期：2004年元旦，印数待补），安全套特刊《不能一切"向钱看"》（日期：2004年12月4日，印数待补）

2005年：第19期《预防艾滋病知识》（歧视艾滋=歧视自己，扉图：与夏黎明看望孤儿，插图：1.孤儿上课，2.邸沆沆母子，3.给孤儿发学费，4.为患者开处方，5.高闯抱外甥，7.《一万封信》签售致辞，8.《一万封信》签售，内容有"艾滋病示范区为何要求隐名报道""艾滋病的家庭内传播""种种事件令人忧"等11主题，印数18万，总印数95万，日期：2005年1月1日）。

第20期《预防艾滋病知识》（歧视艾滋=歧视自己，扉图：义工抱艾滋患儿，插图：1.太平村宣讲，2.与五孤曹县合影，3.疫区小学生，内容有"日记两则""艾滋诈骗调查"等 7 主题，印数 5 万，总印数 100 万，日期：2005 年 10 月 1 日），外加特刊二期：个人特刊《阿聪的艾滋工作录》（日期：2005 年 1 月 5 日，印数：1 万），个人特刊《复旦大学高燕宁教授为研究生讲课：那又怎么样？——且说艾滋遗孤的社会化》（日期：2005 年 1 月）

（二）小报纵观

应该说，最具开拓性的小报是前五年，在佐证编者的非凡预见之"愈行愈近"，而重头戏却在后五年，即从 01 年开始将一般科普性的防艾知识转换成编者自己的现场实证案例后，小报的重心便愈发沉实，内容则愈发生动、切实和直观，活生生而具有冲击力，情戚戚而富有感染力。

1. 主题变迁：后五年小报主题重心的不断调整，正好反映了编者本人对艾滋村疫情及问题认识的不断深化，一直与其防艾足迹的不断前移相吻合。如将本时期的小报按编印先后次序而分成三个时段的话，不难看出，其前 1/3 关注的是艾滋患者的生存或生活问题，及对其生存直接影响的诈骗问题。中 1/3 的现实主题最为丰富，先痛陈患者身后的孤老与孤儿问题，再聚集孤儿生存而倡导反歧视、引荐分散抚养，并在卖血感染问题的默认主线之外，又开辟了一条新的主线：输血感染问题。后 1/3 的主题主要是反思性的，对"新三座大山""职业卖血者""药物试验""疫区疫情失真""示范区隐名报道"等相当多议题，都亮出了小报意义上旗帜鲜明的观点。

有两个主题一直贯穿着小报始终，一是编者深恶痛绝的医骗子，二是对艾滋村民的人文关怀与反歧视。在该时期的后半段，小报开始加印特刊"与时俱进"，其中两个是主题性的，谈非典与安全套，三个是人物性的，即编者本人的防艾路、杜聪的进村助学与高燕宁对遗孤社会化的解析。

2. 送报方式：大致分为三个阶段，一是开始时，她主要通过传统媒体、网络媒体，甚至动员媒体人员传播出去，把疫情信息印成"小报"和几种书籍，不断地在汽车站、火车站向来往的旅客散发，告知广大民众艾滋病疫情及预防方法；二是逐步摸索出经验后，她又借助妇联、疾控、图书的管道途径向下发送，同时以个人之力向外派发，如包括亲自到机关单位去派送和通过自己的防艾演讲在现场发送等。由于自 2000 年以后她在省内的防艾演讲每年都在七十场以上，而每场演讲她都可以赠送小报几百甚至几千份，所以演讲现场发送小报的方式相当有效。

三是通过各种渠道向全国各地发送，这主要包括她在全国各地演讲时，总要事先大包小包地往演讲地寄材料（小报和书），甚至为了省钱而托亲友捎带，或托防艾社团帮带。二者数量均相当可观；再有就是高校、社团、防艾志愿者等自己登门索取带走，经常是一车一车的运走；还有一种"涓涓细流"的方式，即通过回信送报（外加寄书）。这一方式看似简单，但工作量浩大。她总共将近收到 1.5 万封信，且除其中 1/10 的骗子信外，逢信必回。按一封信只夹带一份小报计，发送小报数已远远过万。另外，按 1/3 的信索书，平均每次寄二本讲，仅从回信寄书一项，就可以赠书近三万册了。

3. 持续时间与各年期数：共持续了整整十个年头（只差 2 个月），期间共刊印有序号的小报 20 期，即平均 2 期/年，其中第一年只印了一期，而 2002 年却印了三期，故"通常每年编印两到三期"。以此 25 期小报为例，十年间除 96 年只印一期外，最多的两年各印了四期（即最后两年，04、05 年时），次多的两年各印了三期（即 02、03 年时），其余各年皆为两期。于 2003-2005 年间加印无序号的特刊 5 期。

4. 各期印数：除第 1 期外印数较少（1.2 万份）和第 19 期印数较多（18 万份），一般各项印数都比较平稳，"每期都印 3 万至 5 万份"仅由于收到"突然性"捐款而偶有小报某期印数与累积总印数的"跳升"（高跳 1 万、2 万各一次）情况。

5. 工作量：对后人来说，高耀洁编印那么多防艾小报的期数印数，不过是些数字符号的加加减减，很难理会当初忙里忙外的她那份不可开交。这一份"差事"，对任何一位七十多岁的老人来说，着实是太"充实"不过了，不累着、不累倒就已经很不错了，然而对当年的高耀洁来说，那不过是她忙乎着的全部功夫的大约 1/5 而已，且为最"风平浪静"的一部分。

二、防艾专著

（一）专著名录

高耀洁目前已出版中文防艾专著十二部，译著一部，总印数约五十万册，且绝大多数均无偿赠送读者与图书馆。以下按先后顺序，将这十三本专著的书名、出版社、出版时间与地点、版次及印数，悉数罗列如下：

（二）获奖情况

在十二本中文防艾专著中，有五本获得了国内外图书奖或"好书评"，其中有三个图书大奖，有两本获得了译成外文的机会，虽然最终只有一本成行。具体是，《艾滋病、性病的防治》2004 年获第二届河南省优秀科普作品二等奖，《鲜为人知的故事》2004 年获第十四届中国图书奖，《一万封信》2005 年获首届华语图书传媒大奖之 2004 年度图书大奖，《中国艾滋病调查》获 2005 年《文汇读书周报》"全国最新十大好书"之首，及席殊书屋 2005 年度人文学术类十大好书，2006 年《健康报》属下的《健康文摘报》精心连载了该书共十周，《高洁的灵魂》增订版 2011 年获第四届香港书奖，且随后译成英文。

（三）出书脉络

这十二本中文防艾专著的出版脉络相当清晰，先是郑州（两部），后是北京（一部），然后南下两广（各一部）。之所以走出中原，绕道京城而南下，是因为在郑州出的《鲜为人知的故事》差一点点就因"涉黄"出事，仅因查处前夕意外荣获"中图奖"而命悬一线，再度遭遇不测。而到北京出的《一万封信》却遭遇了苛刻的"限售令"，使原本信心满满印了 1.5 万册的出版方一筹莫展，与其让余下的四千册图书从此"冬眠"，不如回赠作者"同舟共济献爱心"，到广西出的《中国艾滋病调查》"现在（2006 年 4 月第 2 次印刷后）也停止再版了"，到广东出的《我的防艾路》原名是《十年防艾路》，定于 2006 年出版，因责编之故一拖再拖至足足五年后才出。不难看出，以上事件均指向一个时点，即最迟于 2006 年下半年，高耀洁在内地出书的最后路径已被全部"封死"。

另一个旁证是，阎连科的《丁庄梦》于 2006 年 1 月出版，当时人们还能在书店买到该书，但过不久便遭遇了"禁售令"。弄得高耀洁当时还托人"收购"散落民间的《丁庄梦》，再转赠给其他读者。显然，这一禁令不仅针对高耀洁，任何有关艾滋村及采供血疫情的书，无论是大作家、其他学者还是艾滋村民自己写的，统统都在"违禁"之列。怒不列举。故而可推断，大约从 2006 年下半年起，内地进入了对艾滋村疫情信息传播的"传媒封锁期"，或"全面封杀期"。

她立足于港台出书，如火山爆发一般喷薄欲出，2008 年一年出两本，2009-2011 年三年间一年一本（共三本），2012-2015 年四年间两年一本（共两本），又一气呵成了七本中文书，旨在为人世间留下她的系列证词，从而成就了她迄今十二部防艾中文专著的全面举证。

高耀洁已嘱咐孩子，"死后由三本获奖书随葬"，即《鲜为人知的故事》《一万封信》和《高洁的灵魂》，将永远与她同在。

三、防艾演讲

高耀洁举毕生之力，在国内外省内外做防艾演讲至少七百场以上。以下分而述之。

（一）在河南之外的防艾演讲

据不完全统计，高耀洁在国内外 13 个城市（国内 7 个，国外 6 个）共做过 62 场防艾演讲，其中在 40 所高校（研究机构或研讨会，国内 35 所，国外 5 所）共做了 58 场演讲（国内 50 场，国外 8 场），即其绝大部分演讲都在高校进行。

具体是，在中国内地以外的 3 个国家和地区（美国、菲律宾、香港）的 6 个城市（纽约、华盛顿、芝加哥、布鲁明顿，马尼拉，香港），共做过 12 场演讲。其中在四所大学共讲了 7 场，具体是：美国国会 2 场，即国务院、亚洲协会。乔治城大学、哥伦比亚大学、卫斯里大学、菲律宾大学，第 19 届国际艾滋病大会，防艾社团 2 场。

在内地 7 个城市（北京、上海、南京、天津、济南、长沙、西安）的 35 所高校共做了 50 场防艾演讲，按城市记：

1）五进京城：5 所大学（研究机构或研讨会），共 10 场。具体是：清华大学 3 场，北京大学 3 场，北京师范大学 2 场，北京外国语大学 1 场，北京科技大學 1 场。

2）五赴上海：12 所高校（研究机构或研讨会），共 20 场，另有一场被取消。具体是：复旦大学 5 场，上海交通大学 3 场，华东师范大学 2 场，华东政法大学、华东理工大学、上海大学、上海电力学院、上海电机学院、上海社会科学院、上海市社会学会、团市委各 1 场。

3）三下南京：14 所高校，共 16 场。具体是：东南大学 3 场，南京晓庄学院、金陵科技学院、南京航天航空大学、南京医科大学，南京广播电视大学、中国药科大学，河海大学、南京林业大学、南京信息工程大学、南京工业大学、南京三江学院等 13 所高校各 1 场。

4）其他 4 个城市：4 所大学，共 4 场。具体是：天津的南开大学、济南的山东大学、长沙的湖南大学及西安的西安医学院。

对此媒体报导颇多，网络仍有详述，且听她自己道来："自 2002 年至 2007 年，给高校讲座。我在……十几个城市、几十所大学讲了，全是讲艾滋疫情和预防知识。听讲的学生很多，不但有本校学生，而且外校学生也赶赴现场，有时一场达千人以上。因听众太多，只得更换到礼堂讲座。"（近期来信）

（二）在河南省内的防艾演讲

将高耀洁在本地的防艾演讲，放在她退休后所做科普演讲的大背景中来看，会更真切。现按主题变迁分为四个时期，依次如下：

1990-1993 年：讲妇女保健、怎样防止性骚扰；

1994-1996 年 4 月：讲预防性病，这时把艾滋病当作性病的一种，包括在性病中一起讲；1996 年 5 月-1999 年：主讲防艾，省内环境相对宽松；

2000-2006 年：主讲防艾，省内环境比较"吃紧"。

以下由近到远依次分述，以突出其防艾演讲之重点：

1. 2000-2006 年在省内的防艾演讲

由于高耀洁在河南省内各地及高校所做的防艾演讲，次数实在多，根本无法一一枚举。故只能由她本人做一个"保守估计：2000 年至 2004 年每年至少 70 多场，演讲多在地市、县、乡、妇联、工会、共青团或厂矿、企业等单位。有几次大学演讲被取消，所以大学演讲次数较少。2005 年之后演讲次数每年递减，2007 年美国赴领奖之后再没有讲课了，总数应在几百次以上，也可能有千次"之多。

也就是说，在 2000 年至 2004 年这五年里至少有 350 场，如 2005 年至 2006 年这两年里仅按 50 场合计，即 2000 年以后高耀洁河南省内的防艾演讲至少在 400 场以上。

高耀洁在省内的演讲，有一个谁也想不到之处，那就是"艾滋黑洞村"（"村里已经流行艾滋病，但官方还没有来得及控制，外人可以随便出入的地方。"）"我还经常去艾滋黑洞村做讲座……在那里可以找关系进行讲座，老百姓很欢迎。一次我通过妇联在一个黑洞村讲座。那里组织得很好，不但本村人全出动，外村也有人来了。在一个广场上人山人海……密密麻麻都是人，听众足有千人以上。摄像师无法拍摄，只好上树拍了照片。"高耀洁如是说。

由此可见，高耀洁在省内的防艾演讲可谓"无孔不入"，其"钻空子"的天赋果真非凡。试想若要"防止"她的"涉艾骚扰"，诸位看官除了将其"关起来"，还有什么别的办法吗？

2. 1996 年 5 月-1999 年在省内的防艾演讲

本时期高耀洁在省内的防艾演讲数，至少在 110 场以上。这是按 30 场 / 年保守估算出来的。（已经本人初步核实）幸有两个数据可支撑这一估计，一是高耀洁在 1996 年、1997 年全年的科普演讲数分别为 47 场、67 场，二是其中的防艾演讲数分别为 20 场、44 场可见，1996 年的后半段是高耀洁科普演讲的关键转折点，越往后，预防性病和性骚扰的演讲就越少，而防艾演讲就越多，且很快居于主导地位。

"自 1996 年后，我把艾滋病知识加入于讲课内容中，同时在课堂上向听众发放防艾资料。每次发出几百张到几千张。""河南省高校讲（艾滋病）课不到 15 次。多是在其他地方基层讲妇幼保健加上预防艾滋病、性病的知识。"

前者的演讲是收费的，而后者防艾的演讲则是免费，属于公益演讲。用她的话说是："你给钱也讲，不给钱也讲"这两种演讲在公益性质上的根本区别，足鉴其防艾用心之良苦。

3. 1994 年到 1996 年 4 月在省内的预防性病演讲

本时期高耀洁在省内的预防性病演讲数，至少在 100 场以上。仍按 30 场／年计，但 95 年则了个取峰值即 70 场。

之所以把这个时段单列出来，是因为"从 1994 年开始，我就到（河南）各处去演讲，去做宣传。1995 年的半年里，我就讲十几个大学，仅是三八节那天我就在三个大学里演讲（上午在郑大讲，下午在工学院讲，晚上在农学院讲，一天讲了 9 个小时），宣传预防性病知识。那时还不懂艾滋病，所以就把艾滋病和性病放在一起讲了。"

4. 1990-1993 年在省内的妇保演讲

"1990 年前后，我持续干……对外讲座工作，平均每月讲十多场……给妇女讲卫生知识、保健常识，还要讲如何防止性骚扰。这是最受群众欢迎的一课。""听众最欢迎我讲防止性骚扰。总次数可能会在百次以上。

"讲课开始是马淑娥病例出现后。也就是八十年代末九十年代初，我讲课最多。"那时"河南省妇联经常请去我演讲，河南的银行系统也请我去河南各地演讲，出去半个月，讲了 15 场。每场听众都在千人以上。"她补充道。（近期来信）高耀洁于 1986 年为马淑娥看病，马父拒绝为女儿治疗让其回家等死，而高耀洁则通过省地县三级妇联一起发力，硬将马淑娥活生生地拽回病房救其一命，从此开启了她首先与各级妇联合作的演讲之路，而此时离退休还差好几年呢。

当记者李彦春根据本人当年的演讲记录逐一汇总出，高耀洁于 1986 年至 1999 年在河南各地的科普演讲在 500 场以上，本文的一个重要结论即可得出：在 1986 年至 2016 年这卅年间，高耀洁所做的科普演讲总数在一千场以上，而其中防艾演讲足有七成之多，即她在 1996 年至 2016 年这廿年间的防艾演讲数不下七百场。

这足以看出，退休前的高耀洁已经拉开了自己后半生不断演讲的序幕。她总归要讲点什么，而且场次、听众都不会少。至于讲什么——没有艾滋就讲性病，没有性病就讲性骚扰，没有性骚扰就讲妇女保健，故讲艾滋显然是一个终极"演讲大爆发"。

（三）防艾演讲分析

1. 功能属性

高耀洁在不同地方的防艾演讲具有不同的功能定位，这一特征一直未被外人所觉察，而对她本人来说，则是不言而喻的事情，再清楚不过了。其功能定位主要体现为，在省内的防艾演讲侧重于防艾宣传（即知识属性），在省外的演讲则侧重于疫情提示（即疫情属性）。用她自己的话来说，前者是"在基层农村进行防艾滋宣传"，后者是"揭发中国艾滋病的演讲"。

这种在防艾演讲中的差异性功能定位，虽不能说举世罕见，却很难有人能像她那样在实践中运用得淋漓尽致。这种由所处防艾处境所决定的演讲属性，充分体现出她本人在不利防艾处境中的分寸把握，及在微观中忍让而在宏观中求全的进退有度。夏国美是最早看出其大局谋略的国内学者。

2. 影响力大小

在"全球传播影响力"方面，以在国外的演讲为大，主要体现为更新了老外对中国艾滋疫情的整体认识，即知识性的影响，但对全球意义上的防艾影响未必那么大，因为人家并不以采供血传播为主。

在"国内防艾影响力"方面，以省外高校的演讲为主，省内各地的演讲为辅。很难想象仅凭高耀洁在本省内的演讲，其对国内防艾的全局影响会那么大。也就是说，她在省外高校的大几十演讲至关重要，而在省内各地的演讲尽管大几百场之多，对国内的影响力并非同步放大，却对其在省内开展防艾工作带来了诸多益助，或反之。

3. 演讲地"排名"

以城市计，高耀洁演讲最多的国内城市是：上海、南京和北京，分别是 20 场、16 场和 10 场，国外城市是纽约，为 5 场。（遗憾的是，如将高耀洁在省内各地的演讲场次给考虑在内的话，以上"城市排名”将都“不靠谱”。）

以大学计，高耀洁演讲最多的国内外高校的“前三甲”是：复旦大学（安排 6 场实讲）5 场，哥伦比亚大学 4 场，并列第三的有：清华大学、北京大学、上海交通大学、南京东南大学，均为 3 场。

初稿于 2016 年 1 月 27 日修订于 2016 年 2 月 15 日

注：高燕宁，复旦大学教授、艾滋病研究中心副主任。是高耀洁医生多年好友。著作有《艾滋村——中国单采浆危机三维举证》。

话说高耀洁 "败走" 艾疫 "麦城"

高燕宁

高耀洁与"省厅"之争，与其说是"学术性"或"技术性"的，不如说是立场性或原则性的，即根本性的。

虽然高耀洁与省厅面对的是同一轮疫情，但人家知道是干巴巴的数字，高耀洁知道的是活生生的人。面上的疫情人家比高耀洁懂得多，点上的疫案高耀洁比人家见得多。人家关心的是干巴巴数字背后的"四舍五入"与利弊权衡，高耀洁却永远着眼于活生生人们心中的慈悲冷暖与人性情怀。二者截然不同。人家对当地疫情的了解程度，比我这个"局外人"要清楚百倍；人家对当地疫情的"过敏"程度，比高耀洁这个"局内人"要敏感万倍。高耀洁发小报、送医药到底是冲着什么去的，彼此当然心知肚明。哪壶不开揭哪壶。人家又不傻。

若论艾滋疫情，人家比高耀洁懂的要多得多，早得多，全得多。高耀洁所见所闻的，永远是人家的一个局部，一小部分。高耀洁所认为的与"省厅"分歧的那两个阶段，不过是人家早已布设好了的两道防线，守不住第一道就退守第二道罢了。若再加上后来人"调侃"过的"另类疫情"，则其据守的"三道防线"可以是：

第一道防线：咱们这儿压根就没有什么艾滋病（2003 年及以前在此设防）；

第二道防线：咱们这儿的艾滋病以诸如性传播之类的为主要传播途径，即便有也属于"低水平"（2004 年及以后在此设防）；

第三道防线：咱们这儿的艾滋病即便是所谓的"血液传播"为主，也是吸毒共针那玩艺儿给整（闹）出来的（2008 年及以后在此设防）。

这三道防线，一而再、再而三地横在了世人面前，其共性是，开口闭口绝不提及"采供血传播"这个词。于是，这个敏感词就成了当年顺民要跪着低头"回避"，绝不许抬头正视一眼的那个皇上。然而毕竟有人不怎么相信，现代社会哪儿还有什么封建皇上，于是两位"孤胆英雄"率先单枪匹马闯关破阵，王淑平于 1995 年将该防线撕开了一个不小的缺口，桂希恩于 1999 年将该防线捅破了一个天大的窟窿，虽然最终防线仍先后合拢，但调兵设防却愈发力不从心。

从 2000 年起，高耀洁"伙同"一帮子媒体人，主要是记者和编导，再加上志愿者和艾滋村民，向这一道道防线发起了一轮又一轮的冲击。前赴后继，里应外合，大举"冒犯"，一举突破了对方的头两道关键防线。连老外记者与评委也扛着洋枪洋炮前来助阵，一鼓作气将防线撕裂得体无完肤。于是，以高耀洁为代表的"被国外反华势力所利用"的老调，又再次重弹起来。可说到底，是谁"被利用"了呢？至今也没个说法。至于那第三道防线，原本就是"伪命题"，不攻自破。

一方面，突破防线方面的进展，似乎比高耀洁所预想的要快一些。记得她很早以前就曾说过，自己可能看不到河南艾滋疫情大白于天下这一天了。"桂（希恩）教授比我年轻十岁，他还有希望看到这一天。"高耀洁如是说。可周筱赟却认为，高耀洁应该有机会看到这一天。不愧是学历史的，他的预言已经"兑现"。从王菊梅承认河南艾滋疫情九成以上是血液传播所致的那一刻起，高耀洁就已经看到了真相大白的这一天。从自费印小报的那一天起，她不正是冲着这一天来的吗？高耀洁的防艾"三部曲"的终级阶段，不就是冲着"揭穿疫情"去的吗？所以说，她至少已经分享过两三回的"突破性"胜利了。

另一方面，突破对方防线后的困境，仍然比高耀洁所料到的要大得多。本来，事情从"真相大白"那一刻起，就应该结束了。处理历史罪人，全力以赴赈灾，历史翻开新的一页，这就完了。可谁都没想到的是，这不过是虎口拔牙，与狼共舞。防线倒是都突破了，可原本让人"回避"的那个"皇上"还在。你捅破到哪儿了，别人就退守到哪儿。凡是你捅不到的地方，皆无疫患。而所有胆敢不从者，一概秋后算账，开刀问斩。你要是省内的，那就直接收拾你，不费吹灰之力；

你要是省外的，也有办法收拾你，有请如来佛用"五指山"压住你，让你动弹不得。看你还敢造次吗？

防线攻破后，各路兵马相继撤离。省外的"班师回朝"，省内的"三十六计走为上""惹不起，躲得起"。高耀洁是省内的，可她既不走，也不撤，正所谓"艺高人胆大"。于是，若大一个中原腹地，几乎只由她一人在那横刀立马，孤军奋战，不时引来外界的道义策应。让人大跌眼镜的是，她与具有压倒性优势的"省厅"之争，竟然会演变成了一场"拉锯战"。尽管最后，历史罪人还是把高耀洁"收拾"得够呛，就跟当年收拾王淑平的一模一样。

收拾虽有先后，难易却未相同。想当年王淑平，可谓一"败"涂地，一"走"了之，"虽败犹荣"可能就是这么来的。而如今的高耀洁，"败"是佯败，"走"是真走，"败走麦城"远未尽然。

二者之所以有得一比，可从三方面加以分析：一是地利，高耀洁人在郑州，王淑平远在周口，分处中原之中心与边缘，地缘政治上的官场影响力即使在相同条件下也是不同的；二是人和，这不仅在年资与辈份上差别较大，还与两人的工作性质有较大关系。王淑平做的是临床检验，人来人往，来去匆匆，流水随缘。高耀洁乃一方名医，主攻绒癌和不孕症，而后者则得到传统文化的强力支撑，故此她的人脉不仅深厚，还盘根错节。事实上，她的不少帮助正源于这层关系，顺境如此，逆境也如此，只是显现有别，从未作鸟兽散。

三是天时。从主要发力时空来看，王淑平是在1995年底至1996年初，基本一个来回持续三个月，限于国内；高耀洁是在2000年到2009年，持续十年几十个来回"接地气"，一直让影响力不断溢出国界。二者在"可持续性"上的区别如此之大，与各自的发力方式有很大关系。王淑平做的是单纯流调，学术力量不可谓不强大，但仅凭"学术上书"毕竟游离社会而像"空中楼阁"，但高耀洁则借助独到的防艾宣传、强势的艾滋减灾与持续的疫情揭示，形成"三部曲"式的社会渗透与深度动员，立足中原，感召中华，享誉天下。

如果"事后诸葛亮"还在，那高耀洁的三大功夫显而易见。一是"慈善功夫"，二是"⊥"字功夫"（或"倒T功夫"），三是"媒体功夫"。慈善功夫是扎根底层、深在民间的扎根力，其根基之牢连最不喜欢她的省厅，也"无可奈何花落去"。"⊥"字功夫的那一"—"其实就是慈善功夫，以平面化去科层化，以网络化去中心化，那一"｜"则是把慈善功夫向上拉的上行引力，体现先下后上、自下而上的哲学精神，一横一竖呈现一种上天入地的贯通力。如果仅有这一横，那你可以说高耀洁就是一般意义上的"草根阶层"或"草根精神"，但那一竖则不然，或许带来了某种区别。不知道是否因为这一竖，想当年"一位大学生盛誉她是草根阶层的代表，老人有些茫然地看着对方。"（《中艾调查》p288）当然还有另一种解读，那就是她对"代表"一词一直不以为然。

高耀洁其实很孤傲，自认"没有朋友"。但她从未生活在世外桃源里，阳春白雪孤芳自赏，"桃花源里可耕田"。她的媒体功夫是在社会的天空里驰骋，进行传播式动员，形成了广泛有效的社会动员力。三者合一，成就一个"工"字格局，顶天立地。这种与民生血脉相连，牵一发而动千钧的向上贯通与横空动员，有如神助。这不仅廿一年前的王淑平未曾企及，当今学仕风光无限仍无人可及。

假设将王淑平、高耀洁分别放在历史的天平上，以"成败论英雄"，那二者的"可比性"仍有不同。如果王淑平与历史之间有一个失败者，那是体制之失败；如果高耀洁与历史之间也有一个失败者，那是社会之溃败，道义之惨败。高耀洁之所以认为自己也"失败"了，那是她误将"历史问题"揽到个人身上——她对自己"要求太高"，以至不惜"陪太子读书"。该管的她都管了，不该管的她也管了，还要怎么着？历史不幸被劫，那是她老人家能管的吗？

这不怪高耀洁，怪历史。

无论如何，由这三道防线所引发的攻守冲突，让高耀洁出人意外地撼动了中国官场，还将撼动世间学术。在可以预见的将来，不知后人何以超越。她不仅是"三寸金莲"的历史"准化石"，还是一位被缠了足的历史巨人。

如此历史气象，史书会等闲视之吗？

于 2016 年 2 月 7-15 日

留得清白在人间

——和高耀洁相处的日子

刘 倩

同道人，惺惺相惜

我和高耀洁先生因为河南艾滋病相交相识，从此结下不解之缘。高耀洁在整个中国抗击艾滋的行动中具有旗帜的意义。这面旗帜不单是一个虚指的符号，还成为一个实在的"点"：联络点和据点。无论当年在中国还是之后在美国，几乎所有关注中国艾滋病的人，只要有机会都会去拜望高耀洁，从她那里出发奔向抗艾第一线。人们更多地看到的是高耀洁正义刚强的一面，而我还更切近地看到了她柔情率真的真性情。

我们最初一次见面，是在 2003 年春季，"非典"戒严，路断人稀，难得的清静。马云龙先生等几个朋友一起请了高耀洁老师聚谈。郑州升达艺术馆，窗外春日的太阳暖暖的照着，坐在我旁边的高老师打开一个随身携带的小布包，里面装着几粒水果糖，她取出一粒含在口里，"我低血糖，我低血糖"，她说。非典型性肺炎的爆发，从隐瞒到公开，中国政府超常规的防治策略，使人不由对艾滋病政策的改变也抱有种种充满希望的猜测。传闻当时的卫生部长吴仪发话，"非典"之后将开始解决艾滋病问题。朋友们都认为，对此我们应当有所准备有所作为。聊起来高老师很希望我能够到河南疫区现场做调查，建议我以她的亲戚的名义住进她在农村的亲戚家。她说："我看你扮成农村妇女，不用化妆。"我很高兴地接受了她的建议，并准备付诸行动。但是临行朋友们打电话阻止了我："情势紧张，无名无姓进艾滋病疫区，真消失了我们连找都没法找，太危险了。"终未成行。那天有人说到当时刚刚发生在省政府门前的自焚事件，高耀洁突然落泪，说道："他们迫害我不说，还迫害我的孩子，迫害我的小女儿，逼得她失去工作，不得已到国外去讨生活。我想到单位（中医学院）自焚……"老人哭得很伤心。我看到了她坚持正义的刚正绝然，还看到她慈母的柔软的心。

随后我去家中看她，当时高老师还住在经三路那栋尚未拆除的旧单元楼房里。她拉着我的手说："今天老头儿不在家，我请你到楼下吃烩面，不知道哪里寄来五十元稿费。"高老师揭露艾滋病疫情的文章常常被转载，那高兴劲儿就像一个小女孩。我们吃完后，高老师用带来的饭盒盛一份带回给老伴，说："余下的钱先存这儿，下一回我们还来。"高耀洁天性中的率真和真诚袒露无遗。快乐的高耀洁很美。一次我们在出版社的电梯上巧遇，她用刚刚得到的一笔奖金来加印《鲜为人知的故事》，她相信知识的力量，说："知识是防治艾滋病的最佳良药！"那是夏天，高耀洁纱衫长裤，一个老旧的布书包斜挎胸前，就像过去年代的女学生，她真的很美。她也很懂得审美，她不止一次批评我的头发，但是很婉转，她说："我看某某发型很好，适合她的年龄，短发利索，你的头发太长。"其实我一直短发，但那时候总是奔忙着，难得上理发店，常常把自己搞得披头散发，头发长了就胡乱在脑后扎起来，再长索性辫起来不伦不类。已经很少有人关心我的头发，高老师的细心体贴使我感到温暖。

2004 年 10 月我参加省课题组赴艾滋病疫情高发区驻马店做调查。临行前访高耀洁，希望听取她的意见。不料高老师不赞成我参加省里课题组，她的话直截了当："跟他们一起只有说假话，落一世骂名！"她不相信我能够坚持不说假话只说真话，"跟着他们你能不说假话？不说假话办不成事，他们就是专门说假话的！"高老师也不赞成我去驻马店上蔡："驻马店已经嚼过几百回了，无脑儿才去上蔡哩！"她建议我去南阳镇平"打黑洞"。"黑洞"，是指被隐瞒着的艾滋病村庄。

高老师的老伴郭明久大夫是一位宽厚善良的老人。郭老师问我："你有四十岁了吧？"答："五十多了。""家里还有什么人？"告诉他。郭老师很坚决地跟我说："那你别插手这事了！她是疯了，你不要跟她一起发疯。五十多岁了，好好等着退休吧！"

我笑望着他们："我听谁的？"我知道他们很相爱，郭老师对高老师又担心又无奈，一边说着不赞成的话，一边和她一起用自行车拖了大包小包的防艾资料到邮局去邮寄。

一向谦让的郭老师这次抢说："听我的！她忘了她作过多少难了！"为了说服我，郭老师找出一本书《中国艾滋病调查报告》，向我指看其中一段文字："第 55 界联合国大会主席霍尔克里面对全世界新闻媒体赞誉一位中国人：知识是艾滋病的最佳疫苗。在中国河南，就有一位倾尽心血义务宣传预防艾滋病知识的人，她的故事跌宕起伏，她的精神令人钦佩不已……"

"看到了吧？不要跟着她发疯，你跟她不一样！"老人很真诚很急切地跟我说："她背后有联合国！联合国保护她，联合国派人化妆过来调查情况，通过核实信了老太太，还发了报道。这边一有点什么事，安南都会替她说话，现在他们不敢拿她怎么样。你就不同了，你比不了她。你不懂得这事多复杂，他们什么办法都使得出来，整了你还让你说不出，到时候谁帮得了你？太苦了，还会害了孩子！"郭老师很坚决地劝阻我："不要插手艾滋病这件事！"

两位老人说得都很恳切很实在。

我没有听郭老师的劝告，我无法阻止自己不去做这件事，我请郭老师放心："我会小心谨慎行事。"我也没有听高耀洁的话，还是参加了课题组，那是我进入现场的机会，我向高老师保证："只说真话，绝不说假话。"

就是在他们家，高耀洁说："你五十四岁，我六十九岁，开始接触艾滋病这个事。这个事是全民族的悲哀，抗艾像林则徐禁烟一样。"我永远地记住了她这句话。

从此开始一段艰难的跋涉。苦难比想象得还要苦难，压力比想象得还要令人窒息。但是，我从无反悔，这是我心甘情愿的选择。和高耀洁这样正直善良的人站在一起，我心里踏实。

我深入疫区做田野后，高老师很担心我的安全，总说要保护我。一次我在村里接到她的电话，她说："圈子里情况很复杂，你进入的晚不了解，我得提醒你……"那时候我刚刚帮助村里联络关爱之家建成孤儿院，同时想请高老师帮助联系杜聪解决孩子们的学费问题，她担心同时找两家资助会不会引起矛盾争纷？又一次她电话给我："北大一个教授带一帮学生来调查艾滋病呢，一问三不知，你快来吧！我得保护你，你现在太危险了，得把真实情况叫他知道，不然他来一趟啥也了解不到，回去还是说瞎话，反而好像我们在说瞎话了。一定要来！唱歌也得来！"当时恰逢"七一"党的生日前夕，各单位组织歌唱共产党歌唱新中国合唱活动。"你明天一早就来，在我这里吃早饭。"她又叮嘱。高耀洁为到处弥漫的谎言忧心如焚："都说血（传播）过去了，得到救助了，以吸毒、性为主了，不知道血传播最厉害，都在撒谎……"她说："如果都不说真话，说真话的人就更危险，我知道，就是打死你你也是坚持血传播的，我得保护你！"

那时候我们的每一次见面都是这个沉重的话题。她总是急切地告诉我有关艾滋病的种种信息，担心我太天真太简单难以应付复杂的局面；她常常很悲观，说："没有人了，都不干了……"她不止一次告诫我要小心谨慎，"要保护自己，要保存实力。"

我想也许没有人比我更能体察高耀洁这些年的艰难艰辛与内心的伤痛。2006年5月，我从疫区回来去看她，才知道令人尊敬的郭老师已于4月10日去世。

高耀洁一下苍老了许多。"再过三天就四七了，五七过后我要回老家住一段。"她跟我说。当时她正在把她的书和一批批防艾资料邮寄往全国各地市图书馆。她把艾滋病病人为郭老师吊唁的钱全部买了《丁庄梦》，这是一本描述河南艾滋病村庄的小说，作者阎连科，当时这本书在河南的书店已被下架。面对这样一场人生的大变故，她如此坦然镇定，这是怎样一种人生境界和情怀？

当时我要赶赴境外访学，未及多谈匆匆作别。一个多月后归来即刻赶去看她，"现在对艾滋病的防治套在'套'里了，两个'避孕套先生'都撒谎！"一见面她就批评学界一些论调，才又知道，郭老师去世后刚刚五天，她就飞往北京参加艾滋病论坛。"运城卖血依然，山西是根源。"她边说边拿出当地人们排队卖血的照片；"现在输血感染显出问题了，我正在收集输血感染的案例。"她跟我讲述男孩周枫林不幸的故事；"打黑洞！把不敢露头的呼唤出来，最重要的是要让社会民众知情！"高耀洁家中依然堆满了要寄往各地的书，我们一起包书，边说边干，五、六本一捆，把用过的旧信封拆开反过来写地址做包裹，她说："寄这么多书买新纸得花多少钱！"节俭也是她的本色。一件必定要对整个中国整个世界产生强烈影响的惊天动地的大事业，对于高耀洁来说，做起来如此从容自然。

2007年春节前夕，我在艾滋病村里得知高耀洁遭软禁的消息。我尽快结束手头调查，赶回郑州往老人住处探望。当时高耀洁获得美国"生命之声"奖，出境领奖再次受阻，并于2月2日至16日被软禁在家中。只见小区门口街边游弋着正装便装的警察，出入小区的人遭到盘查。我不甘自投罗网，便约见一位朋友打探，除了感到紧张的气氛只了解到一点简单情况。知道滞留无益，便抓紧处理一些必须的事务，尽快离开了郑州，再次消失掉。

我无法了解究竟发生了什么，眼前一片黑暗，我看不清自己处境。我不知道自己的敌人是谁，甚或有没有敌人，我一向很小心很谨慎地在尽我的一份职责本分，没有成为敌人的道理。但是时刻感觉敌人或者说把我当作敌人的人就在身边如影随形。他洞悉我一举一动随时可以命令我从调查地"回来"或者"离开"，但是我永远看不见他无法问询他是不是敌人，也无法告诉他我不想与任何人为敌。现在他软禁了高耀洁，一位年逾八十岁高龄的老人。在我完成我的写作之前，我不能失去自由。

在我消失的那段日子里，最令我不安的是，我不断收到的来自"圈内"的一种信息。万延海抗议软禁高耀洁然后又撤销抗议的声明；在全球基金类别选举中，男男性行为者、吸毒者、因输血感染艾滋病或血友病艾滋病感染者、性工作者，都有各自的归类，唯独"因卖血感染艾滋病者"，这数以千计万计十万计的一大群，只能算作"其他"；一份"应对艾滋病战略规划"开宗明义：随着艾滋病在我国流行模式的转变，政府和国际社会加大对 MSM 人员预防和干预工作的力度，给以更多的投资……

我不是对以上"类"心存偏见，而是感到我们的因为卖血感染艾滋病的农民弟兄们，在"艾滋病"这个"圈子"里也越来越被挤压。这使我比对官方主流声音对这一人群的无视蔑视装聋作哑还要感到……心寒。官方为了逃脱罪责，社会民众不知情，国际社会闭目塞耳难察就里，大批因卖血而感染艾滋病的农民是最遭鄙视歧视打压打击最被妖魔化的一群。我不知道，这已经处于社会底层的底层、边缘的边缘、苦难最深重的一群，如果再被"圈内"挤压到"无"，哪里还会有他们的容身之地？

"血"的一页真的要翻过去了吗？难道一场"血祸"就这样被掩盖搪塞"过去"了？

河南农民感染者，最弱势最苦难的一群，要想透过重围发出自己的声音，实在太难太难。

在这个时候，我格外想念高耀洁。我完全明白高耀洁执拗地坚持"血传播是中国艾滋特点"的道理。好像只有她才有能力能量把这个声音传递出去。把重任和希望系在一位耄耋老人身上，我不知道该为高老师骄傲，还是为我们民族悲哀。

高耀洁终于得以出国领奖。2007年2月，那是她第一次出国。之前，高耀洁有多次出国领奖的机会，但都受阻未能成行。软禁期间，河南当局千方百计企图说服高耀洁以身体不适为由再次放弃这次机会。高耀洁回答："我不能这样做，不说假话是我的原则。"后来她笑着告诉我："谁知道希拉里比我还'拧'，她致信胡锦涛，说如果高耀洁因身体健康的原因不能赴美，我将到中国去看望她。"致使胡锦涛特批高耀洁赴美领奖。这次到美国，高耀洁获得了两个奖项，除了美国妇女组织"生命之音"颁发的"全球女性领袖"奖，联合国艾滋病组织也为高耀洁颁奖。在美国的一个多月里，高耀洁就中国艾滋病防治问题作了八场演讲，其中在美国国务院一场，在美国国会两场。希拉里在美国国会单独会见高耀洁半小时。高耀洁在美国所到之处，都受到热烈欢迎。不过，高耀洁说："我还是很担心回国后的情况，因为我不可能按当局的要求去讲他们喜欢的话，不能去讲瞎话呀。"在美国作演讲时，高耀洁很注意分寸，尽量以图片而不是稿子说话，她手上的照片"都来自第一线，没有假的。"高耀洁在美国遇到很多热心人士愿意资助她从事预防艾滋病的工作，其中有人要每年给高耀洁十万美金。高耀洁统统没有接受："我婉拒，是因为收了以后，回来的日子会更难过，这些钱如果花不到病人手上，还不如不收。"也有不少人劝高耀洁留下，她也一律婉言谢绝，她热爱自己的祖国，那是生她养她的土地，她一心要回去继续那里的民间防艾事业。

一个多月后，4月2日，许多人都以为不会再回国的高耀洁回来了。高耀洁从芝加哥直飞上海。在上海，她特意做了一件事，就是找律师备案，不允许用高耀洁的任何名义"募钱"。高耀洁强调了她的"三不"原则：一是不接受捐款；二是不成立组织；三是不同官员合作。

回国后的高耀洁很兴奋，她跟我讲述美国之行，说："收获很大，对美国人真实了解中国的艾滋病情况有很大的帮助。美国人第一次真实了解到这些问题，反响很大，以前都没有听说过，以前谁敢讲呢？"她还告诉我，在她出国临行之前，河南地方政府以红十字会的名义要求与她合作向国内外募款，被她一口回绝。"现在对我施加压力，也是为钱，如果我肯跟他们合作就没事了，但我不跟他们合作。"

她从上海悄悄回到河南，不想惊动当局和媒体，在亲戚家隐居了一段时间才回到郑州的居所。但是，她没能躲开监控。家中电话失灵，她的秘密手机号也被测出取消报停。

我最后一次见到高耀洁，她多次说到想自杀，"我死了，都安心，一了百了。""但我要让大家知道，我是被这些腐败官员逼死的。"她很担心："自己年事已高，万一脑子糊涂会被人利用，我要趁着现在头脑清醒把该办的事情办了。"她忧心忡忡："连家中小保姆也成了官方耳目，现在出门也不知有多少人跟着。"她流着眼泪叹道："生不如死。"她把写好的遗嘱拿给我看，可以感受到老人精神的高度紧张，被掐断与外界联系的高耀洁，感到孤独和惊恐。

最终，高耀洁不得不选择了出走："我要把艾滋受害者的真实情况整理成书出版，作为历史的一页留给后人，否则我死不瞑目。我决定出走。"她悄悄地回来了，又悄悄地离开了。自己的家国，已不容自己存身。

苍茫中国大地上，已经没有了高耀洁的身影。

现在的高耀洁，独自一人居住在纽约曼哈顿西区离哥伦比亚大学不远的一处小小寓所，她的生活依然清贫节俭。她跟生命赛跑笔耕不辍，五美元一副的眼镜，守护着最清澈的瞳眸，她将多年的资料和照片一一整理出版。她写信给我，说其中《高洁的灵魂》她最满意。老人在这些书中回到了中原的艾滋村。她书写着一幕幕发生过的悲剧：那些失去父母的孤儿，那些失去儿女的老人，那个拽着上吊的母亲的裤脚哭喊着"妈妈！你快下来呀！"的孩子……仿佛是要逼使人们瞪大眼睛看清这个世界。

她在信中还谈到国内继续发生的山西、甘肃的血站的非法采血问题，她过去就经常说："哪儿血站猖獗，若干年后哪儿就是艾滋病的重灾区。"谈到四川南充八岁的艾滋病患儿坤坤事件，她写信到处为坤坤寻求救助，说智行基金会杜聪先生已去四川南充探望坤坤和他爷爷奶奶；谈她新近又写作出版的新书《高耀洁回忆与随想》，书中关注的重点依然是艾滋血祸，揭露艾滋病疫情根源在于腐败官员开办血站的事实，以及她对艾滋病患者和艾滋孤儿提供的救助工作。去国离家多年之后的高耀洁，依然对国内艾滋病问题忧心忡忡，对贫弱多难的艾滋病病人们关心救助一如当年。

高耀洁当年毅然踏入"中原血祸"揭露阳光下的黑暗，为那些因卖血输血而感染了艾滋病的人们呼吁呐喊。至今依然言辞犀利："几十年过去了，没有一个官员对'血祸'负责，假如有关人员不为钱权；假如有关部门不这么麻木不仁；假如有一点民生意识；假如不想尽方法捂盖子，艾滋病不会泛滥到这个地步吧？你政府官员的面子再重要，也重要不过人命！"她容不得生命面前的谎言。同时尖锐指出："但是在这里打着批判共产党旗子的，都是好人吗？现在出国来的中国人渐渐多了，鱼龙混杂，国内的小混混，甚至贪污犯，跑到国外摇身一变就成了英雄。""有人借着做公益事业、关注艾滋病人的名义，在国外招摇撞骗，更甚者披着宗教外衣、打着救人的幌子，干着捞钱的勾当。""防艾圈太大、太乱了。政府官员、地方官员、基金会、NGO、专家、医院、制药厂、江湖游医……这些年艾滋病问题上，多少人说了多少假话呀！"高耀洁坚守着自己的真实。历尽艰辛磨难岁月风霜，老人目光如炬，依然头脑清晰思维敏捷，对许多人事对许多人事有着自己的见地。

有来自四面八方的支持援助，有一些青年学生的照顾，如今高耀洁生活得简单平静。"人们给我的钱，我要省着花。""活不了多久了，我准备把家电什么都卖掉，好把之前搜集的材料照片都出成书，给人们留下来。"她什么也带不走，一心想留下更多。

"高祖提剑入咸阳，炎炎红日升扶桑……"这位高洁睿智的老人，说到兴起，会像小孩子一样笑起来，背诵着儿时背诵的三国诗句。但是，听朋友如此这般跟我谈起独居异国他乡的高耀洁，我却笑不出。一位饱读经书浸润着深厚中华传统文化道德理念，深深热爱自己祖国民族的老人，在生命的晚年，却不得不离家去国，就像一株年岁久远的老树被连根拔起。那会是怎样的一种孤寂与悲哀？她不思念她的故土家园吗？她不牵挂她的儿女亲人吗？我想到老人低血糖出门总是用小手帕包几颗水果糖，文革中遭迫害胃被切除大半，体弱多病的高老师，您能够适应远隔千山万水大洋彼岸的饮食起居生活习惯吗？

出身于旧时代礼仪之家的高耀洁，非常看重名节，非常顾惜自己生前身后名。她很郑重地写信给我："告诉你一个消息，这于我非常重要，你听到后不要难过。"接下来是两份《严正声明》，一份中写："本人高耀洁，今年已 90 岁了，体弱多病，来日无多。忆昔日工作的奋斗，反换来今日的悲伤。因此，留下严正声明，以免我身后再出意外。我死后，我想通过这个声明让世界上的朋友们都知道：我生前的建树和去世，不应该成为他人沽名钓誉的工具。"

在另一封信中写道："时下房里只有我一个人了，不是我怕，我住的是 135 街，在 100 街公楼中一六十多岁的老太太二年前被抢杀了……太可怕了。"却突然话题一转："我真为我国艾滋病疫情担忧，我写了一文章预防，你设法在农村网上发出，国内农民需要这类知识，发国外无用，但不要暴露我们的关系，对你不利。"老师心心念念惦记的还是国内受苦受难的农民艾滋病病人，还在顾忌我的安全。九十岁的高耀洁，情怀依然。

感谢命运让我与高耀洁相遇，由此去见证书写人间一段悲惨的历史。时下社会，一头扎在艾滋村与艾滋病人为伍，遭人非议也许不足为奇。除了怀疑政治思想有问题或者追名逐利的不良动机之外，有人在散布我精神有病不正常，还有人放话"弄死她，一个车祸就解决了。"当然也有溢美之词的赞誉。而我是多么希望人们能够知道，我只不过是在做我职责份内的事，尽一个做人的本分。也许到了人们把我做的这件事看作是平常人出自平常心做平常事的时候，这个社会才是正常的社会。当今社会是一个病态的社会，我们的社会真的出问题了。

　　每当遇到困境，我就会想到高耀洁。我非常怀念和高老师相处的日子。我翻阅过去的田野笔记和照片还有录像，那时的高耀洁是多么可亲可近啊！高老师家中堂条幅写着清末名医范文甫的名句："但愿人皆健，何妨我独贫。"那是她一生的践行；墙壁镜框里那些照片中，高耀洁和那些艾滋遗孤孩子们在一起，目光忧郁深沉，悲悯仁慈。

　　在我的笔记本中有高耀洁写给我的话："你应当消极，甚至缓干，处境太困难。及陷乎罪，然后从而刑之，要警惕！历史评价是真实的！能干多少干多少，要留得清白在人间。"

　　如今我所能做的就是，不管身处何种境地，信守我们彼此的承诺：在艾滋病问题上，永远只说真话，要留得清白在人间。

2009 年 10 月初稿，2023 年 12 月修订。

　　注：作者为河南省社会科学院研究员，曾提着锅碗瓢盆驻扎艾滋村六年，调查、采访。著作有《血殇》《中国艾滋》。

先行者巍巍屹立，后来者不敢倒下

刘倩

2023 年 12 月 11 日

　　按：这篇文章，原本是《中国艾滋》（美国昆仑出版社·世界华语出版社 2019 年 10 月出版）的"开篇"，原标题是《先行者站在那里，后来者不敢倒下》，意图交待为什么继《血殇》（台湾唐山出版社 2012 年 3 月出版）之后，我又写作《中国艾滋》。但是高耀洁先生说，为了不影响这本书在国内传播，尽量少涉及她。她太想更多的人知道真相，对这本书寄予太大的希望，她要求我把这本书运回国内，送往各大图书馆和有关部门。其实我心下明白，无论是否涉及高耀洁，这本书都很难在国内传播。但面对病榻上的老师，这话我不忍出口。更何况，书写中国艾滋病事件，怎么可能不涉及高耀洁？可我还是尊重了高老师的意见，出版时撤下了这个"开篇"。果然，《中国艾滋》刚一面世，我所在单位河南社科院党委书记就向我严肃转达"上面"指示，说：发现《中国艾滋》在美国已经造成很大不良影响，这件事国家和河南省委很重视，"国家将全力阻止这本书入境"。省委书记亲自批示，责令院里要我配合阻止《中国艾滋》流入国内。又说："事情很严重。如果你可以配合禁止入境，这事就与你无关。"我回答说："写作者的名字就印在封面上怎么可以无关？我知道自己在做一件对的事情，否则就不会去做，做了就当负责。我只是一个写字的人，尽我一份该尽的职责本分。这本书能不能流入国内，不是我能够控制的。假如有人把这本书送到我面前，我会很高兴。"又被明确告知：《血殇》和《中国艾滋》，都被列为禁书严格禁止入境。果然，出版方辗转邮寄给我的两本《中国艾滋》，如期被扣；作为出版酬劳的几十本《血殇》，先是被海关"扣压审查"，如今已经"上缴"不会再归还给我。第一次知道，中国有一个"邮路安全监管领导小组"。权力很强大，他们说到做到。

必须说明的是，对河南艾滋病事件的调查研究，是我承担的一项经国家社科规划评审组的专家们评审，国家社科规划办正式批准的国家社科规划课题。我认真完成了这一课题，提交给国家社科专家组和规划办的学术研究报告，在业内学界备受赞誉。可是，由于宣传部门的强力干预，我的这项国家级学术研究项目，至今不予结项；这项针对国内重大事件的学术科研成果只能在海外发表出版，国人看不到，作者本人也看不到。作为一介学人，我为我们国家的学界感到悲哀。

我未能完成高耀洁老师的嘱托。我有许多话要说。我已无话可说。今天，老师走了，走得很安详，去了鲜花盛开没有苦难的地方。那边朋友告诉我，18日将举行葬礼，她会替我送上一份告别的心意。我把这份没有发出的文章奉上，作为献给老师的祭文——

先行者巍巍屹立，后来者不敢倒下
没有高耀洁先生，不会有《中国艾滋》这本书的出版。

我因为职业的缘故涉足河南艾滋病领域，多年疲于奔命身心交瘁，完成田野报告《血殇》。写作难出版更难。虽然在我做田野时即有数家出版社争相约稿，一是国内学界做田野的人已经不多，二是他们认为这种题材有"卖点"。但是终究无一家能出。其中一家很权威的出版社拖得最久，为出版这本书可谓绞尽脑汁费尽心机，但最后回复我：书稿很好，信息量很大，但太真实太敏感，震撼力太大，出版社承受不了出版之后的"后挫力"。算是国内出版界对这本书不能出版命运的最后判决。"上边"，则软硬兼施，一遍遍追逼我承诺书稿不出版，说"条件你可以提"。我只有含糊应付，当然不可能以任何"条件"承诺不出版。最终台湾学界同仁鼎力相助，《血殇：河南艾滋病田野报告》由台湾唐山出版社出版。

《血殇》出版后，我告诉自己：这件事做完了。可以安心了。但是，高耀洁的存在使人无法心安。这件事至今没完没了。

高耀洁、刘倩、和艾滋病感染者孙爱玲参加中国艾滋病国际论坛
2006 年 9 月

刘老师：

你的文章又发给《纽约时报》有关人员，对她要求往报纸杂志上发。我不忍心发那些网络，这么好的文章发出来十几天就推下去了，发报纸会流传多年。在 2001 年、2016 年《纽约时报》出我事迹的文章，如今还有影响。昨天下午从波士顿开车来了一对姐弟，因为她们父亲看到《纽约时报》对我的报导，我不认识他，看到你的《老歪正传》，她哭了……在我处很久才走。由此我想起你应该以老歪文之形式写一本艾滋病正传，我的病情维持这个状态可以帮你出版，我肺上有瘤子，很难预料后果？（2018-11-25 高耀洁邮件）

病中的高老师又在下指令了。这是第几次了？为我的书出版。此前刚刚收到高老师两份邮件，字里行间透出急切：

刘老师：

我现在清醒，真不知给你说什么！世界各地太乱了，个人只有独来独往，艾滋病日快到了，我无力接受采访。让记者采访你，被阻止了……（2018-11-20 高耀洁邮件）

103

刘老师：

这里至少有六个记者想见你，就是过不去。你快把文章用附件转给我，你不知道我不会下这样的来文，快！快！！快！！！（2018-11-22高耀洁邮件）

我当即回复：

"高老师好：世界艾滋病日又要到了，我明白您的意思。去年我没有说话，找我谈话的人太多，麻烦太多，文章发不出去。今年，我先整理两篇，再试试。不知道能不能发出去，当然只是寄希望于网络。先发给您，算是交作业。我也发给其他朋友，看谁有机会帮助发出去。

老师保重身体为要，保重保重！"

这些年由《血殇》开启了我们纽约—郑州"两地书"，我们的通信交流就围绕一个主题：写文章、写书，发表、出版，"揭示真相昭告天下，要把真实历史留下"。从拟推介、再版《血殇》，到计划出版"照片集"，再到这次出版《中国艾滋》，高耀洁先生运筹帷幄费尽心血。

《血殇》出版问世，先生早已出走美国。她在美国看到这本书，立即写文章《血殇：一部跨越两个世纪的中国血祸与艾滋病的惨痛历史》，向社会各界推介。高耀洁先生没有学界的"文人相轻"，她写了许多艾滋病方面的书并获得各种著作奖，但是她写信给我："你写的比我写的好。"我很惶然也很感动。我很尊敬高耀洁先生做人的纯粹。

高老师很看重《血殇》："你这本书的资料和内容，都是一流的，很全面很有说服力，要大力宣传推出去。"她写信给我："我看到这本书以后，几次为农民的生活流泪。一星期看完了第一遍，现在我正在看第二遍。""昨天周日我又让学生发了三十二家，多是北京、上海、广州采访过我的记者，推介这本书。"后来又在她的新作《回忆与随想》中辟专节评价《血殇》是一部信史。

高耀洁要亲自推广这本书，她写信给我："我有一个要求，我想能搞到一点捐款，购买一批你的书。放到美国纽约东亚图书馆，让他转发全世界的图书馆。不知你的意见如何？""让全世界都知道中国艾滋病真相。"高老师行动迅速，紧接着来信："我已经电话约了东亚图书馆，具体跟他们商谈……""今天东亚图书馆的馆长和主任都来了，他们都同意把这本书往外发。我弄到三本，给他一本，他们觉得这本书很好，有往世界各大图书馆发的必要。我现在要尽量想办法弄钱买书……这不是个容易做的事。"这件事高老师做得很辛苦。"我个人不接受任何人的捐赠，现在我要为你筹款。"高老师写信说。许多人主动捐款给她，但是一听说要转赠，便没有了下文。有人要出钱为她装假牙，她也马上为我募捐，她写信说："在美国按牙是很贵的，所以钱不会很少，够买一些书。我跟这人说我个人是不会接受你的捐赠的，我向你介绍另外一位防艾人士，她比我还……你可不可以把钱……人家再也不来了。"甚至病中也念念不忘："明天上午手术。今天有留学生来看我，帮我写信告诉你，我对这本书一直没有放松，就是身体原因……但我还是要继续努力。"每每收到高老师这样的信，我总是感动又难过。我写信给高老师："谢谢老师的良苦用心。我知道自己人物太小，这件事做起来不易。我们都是用心做自己该做的事，顺其自然吧。老师您这样待我，我已经很知足了。我更在意的是您的身体。老师保重！"

高老师立即回复我：

你不用感谢我，事情出于无奈。据我了解真正深入艾滋病疫区者，只有四人，一人身体不行了，一人不动了，目前在内地只有你掌握有大量真实的资料，我在异国……隐藏疫情，隐不了病情……如此下去，我们祖国"不唯无可畴之晌，亦无可練之兵。"每想到此，本人如热油洒心！！！我因年岁已高看不到了，中华民族去向何方，不是你和我之间的事情，我们要从大局着想，你说对吗？（2015-01-18 高耀洁邮件）

而我不能不心存感激，为了"从大局着想"的民族道义和大义，也为了孤独行走中的一份支持和情义。

募款购书未果。

高老师索性筹划再版《血殇》。她信心满满联系出版社，这是香港当时名望很大的一家出版社，曾经出版过高耀洁先生的书。高老师提出具体设想："建议这本书用大三十二开版，平装，分成上下两集，一至三分成上集，四至六分成下集。为了这本书的问世，定价应该偏低，不能偏高，这样它才会畅销。"甚至还亲自筹划市场营销："关于这本书的市场营销，我想先从大杂志开始，不行，再发网站。时间可能会长一些。现在网站约我稿件的人很多，我发出去用不了半天就能登出来。"种种因素，再版计划，依然未果。高老师不甘心。她又写信敦促我编辑出版"照片集"。她说《血殇》中照片太小模糊不清，"照片最能说明真相！"还说："这和上一次不同，上一次我是求别人帮助（指募款购买《血殇》送世界各大图书馆，未果），这一次是我自己的奖金，很有把握。""准备付出两千多美金……按以往经验可以拿到两百多本书，我会在美国各处送，会扩大这本书的影响，你的意见如何？"这两千多元美金，是老人获得的 2014 年度"刘宾雁良知奖"的奖金，奖金还没有颁发，老人就写信告诉我，共一万元美金，除了出版运寄她自己的书需要大约八千美金，"还有两千美金一直给你存着……"多么率真无私可敬可爱的老人啊！我很感动也很惭愧。感觉自己很无能。

我唯有听命，从手头上万张照片中选出数百张，配了文字，编辑照片集《见证——中国河南 HIV/AIDS 现场摄影》，一批批发给高老师审阅。也许高耀洁没有想到会有那么多"真材实料"，她看到我那些更多的现场照片时，是震惊的。她写信给我：

"你确实材料多，比我好，只是没出来的，……现在我们要大力对外宣传你深入农村的事迹，让更多人知道刘倩，让希拉里（她忙于竞选总统）知道比高耀洁更强大的是刘倩……我要大力宣传你的防艾事与路，这是第一步，我找记者，你同意吗？我躺在床先搞出一文。让你看，你同意再发……"（2015-08-18 高耀洁邮件）

我也没有想到高耀洁反应如此强烈，可这么高的赞誉我不敢当。赶紧回复高老师：我这算什么"事迹"啊？平常人平常心做平常分内的事情罢了。怎么能跟老师您相比呢？更谈不上"更强大"。老师言过了，我承受不起，千万不可以这么说了！宣传我干吗啊，不如宣传我们正在做的那本书。

我说的都是大实话，我一个社科院做社会学的人，遭遇这样的重大事件不做还能做什么呢？

高老师回信："你知道医务界四位揭露艾滋病真相的医生吗？我认为你功盖这四位。"这也是高耀洁的风格，一旦信任你视你为同道，溢美夸赞都挡不住。我当然不可能这么认为。四位医者我在《血殇》中都写到过，对他们我非常敬佩。而其中的高耀洁先生，我更是高山仰止。高耀洁老师这么说更加证明她做人的纯粹，胸怀博大品格高尚，只能使人更加敬重她。高老师说已经挑选了两位她最信任的学界中人为这本照片集写序，还说："如果让希拉里题字，会不会给你找麻烦？"又特意嘱我："你不要管，不要影响你的安全，我想办法。"高耀洁先生就是这样，从她开始推介《血殇》，筹划购书、再版，到计划出版照片集，每次都会特意嘱我"你不要管，不要影响你的安全。"每次又都会征询我的意见"你意下如何？会不会给你惹麻烦？"处处替别人着想。

高老师信中称这本照片集为"相集"，寄予很大希望。她频频写信给我："我希望有生之年能看到你的《相集》，买书的钱我留着哩，我希望你的书也能送到高层，行吗？""你要赶快，如果我一旦去世，我给你准备的那两千美金，恐怕你连一分钱也用不了。"殷殷之心之意之情，溢于言表。

她对《血殇》未能"大力宣传推广出去"耿耿于怀，屡屡说："一流的材料，一流的内容，没能送到国内外各大图书馆，没能起到应有的作用，我很惋惜！"这时，她决意要把这本"相集"打造成最漂亮的："此书独立保持四百页左右，用大三十二开本，彩印，压倒一切，后来者居上！我无力写，要说的话很多。"高老师在信中这样写，出版似乎已成定局。

"后来者居上！！！"高老师不止一次写信重复着这句话，还特意用加粗黑体字，后边跟着一长串感叹号，好像盼望着自己被超越。

但是，"相集"《见证——中国河南 HIV/AIDS 现场摄影》依然未能出版。

这次高老师不单意外还很有些气愤了。她的失望憾然也溢于言表："出版社和陈总编开始很热情，你见过出版社主编的信，是怎么回事突然如此……""出版社开始那么欢迎，后来为什么拒绝？陈总编不是开始那么欢迎？一切的一切，原因在何处？""世界上想做成一件工作真难！！！"大约是为了安慰我，高老师又写道："你第一文在8月11日发了，我打开《纵览中国》看了一字没改。出版社拒绝了，我再找出版社。"

我这些年总是被"拒绝"，已经习惯了，真心不忍高老师受如此打击。赶快写信安慰她："老师千万不要着急，您的身体最重要，您这一向为这件事费尽心力，刚好，现在可以好好专心治病调养身体了。机会总会有的，我们耐心等待。"又特意说："文章发表了，好事！还是有好消息嘛，很高兴。很受鼓舞……"

出版屡屡受挫，高老师开始要求我写单篇文章，由她推介发表。

高老师焦虑我手中大批一手资料不能公诸于世，还焦灼于人生苦短来日无多。"如果我能活到下半年……""如果我死了……"从不断收到的高耀洁先生的来信中，可以感受到她的焦虑焦灼与不安。我们之间的关系也在这种焦虑焦灼的交流中潜移默化。她的许多话都直接触动我心——

"我不该再啰嗦，你烦吗？我最后再说一次……为了冤死的艾滋病病人。你不高兴吧？我已精疲力尽了！"

就像自家老人训斥自家儿孙，恨铁不成钢那种。她恨我那么多材料没本事发表出来。我听到的背后的话是：写！写！写！就像有人在背后用鞭子抽着。"我只是一个写字的人，出版发表全凭老师安排……"我回答着高老师。我痛恨自己很无能。

"你不只是一个写字的人，写字的人那是过去，几十年前你还是一个小姑娘……"

我分辨不出高老师这话是夸奖还是训斥，只是倍感沉重倍感压力，只有遵嘱写文章一篇篇寄给她。

"你的文章特别是照片，发在博讯上影响很大！""你的文章在博讯发的很好，我每天在查看。"就像老师或者家长检查作业。"你看到已发文的点击率吗？一天不到点击率一千多次，有一篇已经两千多次！我高兴极了！""文章在明镜发出来了，而且十二个大、小电台转播，喜出望外！我不能再多说，你翻墙查吧。"

我从不翻墙，只为了这个高兴这个"喜出望外"，我拼命写写写！我只是一个写字的人，在哪里发表是高老师的事。

"艾滋病日快到了，可能轰动性更大。我后悔，应该早点这样做。你这么多材料，放在那里不往外发也没有用。别人谁知道你呢？""我实在无力写了，很难过。"高老师说："希望你继续发文章。"我可以感受到老人的孤苦无助与无奈。我也很难过。我只有写写写。哪怕只为了高耀洁不太孤独不太难过。走在这条路上的人不多，应当相互陪伴扶持。

有几天我的电脑出故障开不了机。及至修复开机，看到邮箱里躺着高老师的好几封信，其中一封写道：

我的病不会好，我要安排本人身后的事情。为了你今后出书，一连给你写了两封信，介绍，你不理我，我以为你失去自由了，弄得我日夜不安！咳嗽又重了……（2018-12-02 高耀洁邮件）

赶紧回信："老师的身体一定会好起来的！有老师在前面站着，我们才心里踏实……"一边担心高老师身体，一边感觉，被人这么惦记关心，真是温暖真是好！

"你要保护好自己，保护好那些资料。"高老师再三叮嘱。

"我已经发现，有人盯着你……佼佼者易染，佼佼者易折。"好像她真的看到了什么。

"我总希望你能平安地生活着，美国也不是天堂……"

"希望你保重！！！不要步我的后尘！！！"

"我希望你能安稳地在郑州生活下去，不要学我，避地只身流亡海外，在言语不通的地方困难重重。俗话说，在家千日好，出门一时难。因我不会打字，很多情况我没法告诉你。""你要听我的话……"

就像母亲叮嘱孩子。这些话给人太多的想象空间，我似乎看到了老人家孤身一人独处陌地的种种艰辛困苦难过忧伤，看得我流泪。

"刘老师，我病了！"有时候会收到这样一句话。这时候的高耀洁就像一个向大人求助的孩子。

有一次高耀洁写道："刘老师：我很想念你，近二年我害了三次大病，心脏手术，二次血栓，快不会走了，什么也干不成，昨天在医院看病直至六时半……我有很多话想说，就是写不成……我不会打字……"又有一次高耀洁写道："夜里是我孤苦伶仃一个人。有时候，我会在马桶上睡着几个小时。你想想我的处境有多么想家。"

夜深人静，收到这样的来信，我会非常非常难过，常常会突然悲从中来失声痛哭泪流满面。不知道是因为孤独委屈还是紧张疲累压力太大，不知道是为了高老师还是为了自己。我给老师回信："亲爱的高老师，保重身体，为了那些爱您需要您的人们。我们要做的是：活得比强权的生命更长久。"

这话不是我的原创，是国外著名戏剧家布莱希特的一句名言。

在高老师的力推下，文章在一篇篇发表，但是成书的出版真的是越来越难了。国外的朋友告诉我："现在连海外的图书也完全'塌方'，这是出版业人用的词汇，因为香港完全没有出版的自由，整个运作都'完蛋'了。"

这时候高老师写信给我："我现在是日落西山，我真是后悔，当初在国内没有帮助你。以前我总认为你是政府人员，害怕你不敢信任你，那一次北京开会我表现出来了，你不知道吗？"也就是高耀洁先生才会坦诚坦白得如此率真可爱。

我回信说："我怎么不知道呢？我又不是木头。那是您不了解我。可是我了解您啊，无论怎样，我都不能不尊敬您。况且，我更多的感到的是，您对我的支持和帮助。"

这件事我只在《血殇》中隐约提起："常常会有一种绝望从心头升起，向四周弥漫开去，我就被这绝望包围着。压力来自四面八方，来自你最意想不到的地方，令人透不过气来。"那时正是我处境最困难的时候。

事实上，高耀洁的确一直在帮助我。在艾滋病这件事情上，自始至终她是对我帮助最大的人。这是真的。那时候我独自一人猫在艾滋病村里做田野，两耳不闻窗外事。每次去见高老师，她都是急切地告知我艾滋圈里的许多信息，提醒我注意安全，总有说不完的话。她常常留我吃饭，边吃边谈。高老师很节俭，她的饮食也很简单，有一次她很高兴地跟我说："今天咱们吃面鱼儿！"就像小孩子盼望年夜饭。"面鱼儿"就是加了菜进去煮的面疙瘩汤。我知道老师低血糖，会带一些甜品或者牛奶给她，她却常常要我带回去："我吃不着这些，不要乱花钱！"有时吃着说着，她会突然放下饭碗，起身向我指看墙壁镜框照片中那些艾滋病病人，讲述他们不幸的遭遇。

简单吃点

　　高老师说的那次会议，是 2006 年 9 月在北京召开的关于中国艾滋病政策的国际论坛。会议邀请高耀洁先生与会，高耀洁要求带两个人参加，她希望在大会上"展示真相"。这两个人，一个是河南艾滋病感染者孙爱玲，她在这次会议后去世。另一个是我。

　　会议主办方竟然把高耀洁先生安排在远离主会场，正在装修施工的一座破旧楼房里，没有电梯，出入十分不方便。那座设施齐全条件优越的宾馆大楼，住着各级领导、专家教授、大报记者以及其他与会代表。

　　高耀洁却毫无怨言。高老师被人搀扶着下楼上楼开会用餐，有时

111

索性就在房间里吃一份方便面，然后坦然接待各路慕名而来的访者和国内外媒体，向世人揭示河南艾滋病真相。无论何时何地何种条件，高耀洁都可以当作是"防艾"的战场。自从发现艾滋病，"防艾"成为她终其一生的使命。

我正是因此而敬重高耀洁。并且越来越敬重她，也越来越喜爱她。我为她的人格所折服所感动。高耀洁做事做人的勇敢坚定与纯粹，令我敬佩。她是一个很真实的人，理性又很性情，严厉又很率真。嫉恶如仇爱憎分明，大悲悯大情怀。感谢命运让我们走到一起，由此去见证人间一段悲惨的历史，让生命附着一层深厚的意义。

高老师这次为我运筹新的写作出版计划，也是像以往每次一样，郑重说明："不只是为你，是为了艾滋病病人。""我不只是为了帮你出书，而是为了很多艾滋病人，他们太可怜了。如今并没有很大好转，只是捂盖本领比过去高明，喊不出声音，一切白费了。看到你的这么多照片，我一直想哭。""我希望你各例报道能写五十个，二十万字，就是一本书。把书能送到世界各大图书馆那是一个成功。希望你考虑这个问题。""书出版困难，但是必须出版，不出版，写得再多，谁也看不到。你现在写这本书我会托人帮忙，给你出版，一部分发到美国各地，一部分运到国内。"

为我出版书，高老师可谓呕心沥血殚精竭虑。自从最后计划出版《中国艾滋》，她更加频繁地说到死，却没有了以往的焦灼焦虑，但是催促越发紧了："你知道我是一个不会起床的病人，现在我最担心的是我的寿命不足以让我完成你的任务。"

她平静地预算着自己的寿限，然后下达指令："我身体特别不好，不定哪天没有我了，这本书就会泡汤。所以，如果我病重，你去和出版社联系。"说到"哪天没有我了"，就像说一次午睡。高耀洁已经视死如归。"你的艾滋病资料，我或其他人望尘莫及。我不客气说一句，你比我多了十几倍。但是由于你发不出去，在大网上提到刘倩这个材料的很少，太可惜了。否则我不会做这么大的努力。"只要有人去看望高耀洁，她便请人写信催我："今天有学生来，我给你发一封我要说的话。你写书的速度应该加快一点，我怕我的寿命支撑不到你的稿子出来。因为我现在咳嗽，闷气，全身又起红斑。我给你寄去照片，你看看。"真的随信附件发来病情照片，高老师病得很严重。

"如果我不在了，没有人能代替我这个工作。我希望你稿子写的快一点。""现在你要静心下来，专搞这一个工作。"一遍遍催促。我只有继续写写写。不论收获只管耕耘。我能做到的，就是要把一段亲身经历的真实历史写下记下。

老师在做最后的嘱托：

刘老师：

为了你这本书出版，我反复多次想，稿件、出版社、印刷、费用、一百本书发出，全无问题。最大难度是往国内运这批书，我无安置能力，生命也不一定有这么长时间，若书出来了，运不出去，等于零了！最近外表看我精神还好，我日亦消瘦，体重只有七十多市斤，毕竟肺部有肿瘤，医生说是良性肿瘤，我九十二岁了，不会良性肿瘤。

因此，我要求你先把书的运输安排妥善，也可让国内有关图书馆领取。为防万一，今天下午我把两千美元交给……你的责任是把这本书运去，也是我最后为艾滋病事业出了最后一个力！！！（2019-04-23高耀洁邮件）

看到这封信我不由眼睛又湿了。我回信——

"亲爱的高老师：您的话我记下了，我会努力去做。尽最大努力。"

写！写！写！只为留下真实的历史，只为历史不再发生悲剧。

我依然相信布莱希特那句话"我们要做的是：活得比强权的生命更长久。"高耀洁先生虽然离开我们了，但精神永存。

写！写！写！先行者巍巍屹立，后来者不敢倒下。

2019 年 10 月初稿，2023 年 12 月修订。

合力推倒困住救助的那堵墙

海 天

SARS病毒狂虐华夏那年春天，那疫情传播如飓风狂飙，势不可挡，奇高的死亡率使的人心惶惶。随着天气越来越热，四月份这病毒悠忽间没了踪迹。

此间，宣传救助艾滋病的工作停顿了几个月，对艾滋病病人的病情和艾滋病孤儿们的境况失去了解，高耀洁心急如焚。待疫情缓解后的5月中旬，就和北京来的爱知行团队的李丹和胡佳等志愿者，还有提供大量资金赞助并总是亲力亲为的做工作的杜聪先生一起，进艾滋病高发区查看解困，看望几年里收养在志愿者家里的艾滋病孤儿们，好进一步照料这些孩子们的生活和学习。感觉艾滋病孤儿除了吃饭穿衣读书，身心健康随着年龄增长问题愈加突出，亟待解决。

可这时候，志愿者民间公益组织在SARS后密不透风的社会管控状态下，工作愈加艰难。2003年5月14日，高耀洁和杜聪、高燕宁3人在柘城县王岗乡双庙村探访被救助的一批艾滋病孤儿时，遭到一批有组织的人员围追堵截，紧张刺激的场景让复旦大学公共卫生学院的高教授和毕业于美国哥伦比亚大学哈佛大学，做过瑞士法国银行高管又投入巨资救助艾滋病患、孤儿的中国香港智行基金会杜聪主席既惊惧又不解！两位学识渊博地位尊贵的绅士哪见过这场面！

那些时，人们见到高耀洁从外地回郑州，平时坚强达观的她总是长吁短叹，不思茶饭。

SARS惨烈的教训，也警告人们对于艾滋病这么大的社会问题，只民间力量面对，其行为方式还常常与政府政策相悖，需要权力者改变过去对艾滋病的漠视，在极度管控状态下，让其随时间消亡的态度成为解决问题的唯一选择。

人们对艾滋病情况纷纷发声，声势愈来愈强大，社会的强烈关注，决策层无法对此继续严防死守不予改变成为大趋势。

此时，国内一线城市的教育界、宣传口，社科院等研究机构，包括央视一些主流媒体思想还活跃，不间断刊发报道高耀洁和有关艾滋病防治、艾滋病孤儿救助的信息。其中许多著名大学，公共卫生教育研究机构因着 SARS 疫情对社会生命的巨大破坏力，痛后思动，主动邀请高耀洁做演讲宣传，如到访复旦大学、上海大学、上海社科院演讲、交流，研讨对艾滋病患救治、艾滋病孤儿养育，及引致的社会问题家庭问题的解决。

2003 年 9 月 22 日 10:35 中央电视台一套"面对面栏目"播出主持人王志对谈高耀洁，介绍词：

"她倾心救助的是一个特殊的群体。她努力实践的是一个特殊的模式。作为一个妇产科医生，她如何走上了一条救助艾滋孤儿的道路？作为孤儿们的老奶奶，她又怎样牵着那些小手，帮他们从绝望走向希望？面对面，为您讲述一位七旬老人的拳拳爱心……"

2003 年 9 月，中国卫生部常务副部长高强在联合国出席关于艾滋病问题特别会议时承认："艾滋病防治工作仍面临着严峻的形势，艾滋病在中国还没有得到有效遏制。"

2003 年 10 月 20 日，中央电视台十套"公益行动栏目"记者武卿到商丘市柘城县双庙村采访，被当地动用武力扣押，用七个半小时押解至北京的中央电视台，被央视怒斥。武卿女士三天后勇敢地返回柘城，用二天时间完成了《艾滋孤儿跟我回家》的拍摄，该片于 2003 年 12 月 1 日艾滋病病日由央视向全国播放。

2003 年 11 月 10 日，清华大学和许多有识之士借助 SARS 疫情爆发的危机举办了"艾滋病和 SARS 国际研讨会"，美国前总统比尔·克林顿作为国际艾滋病防治基金会主席发表演讲并和艾滋病患者宋鹏飞握手对话。高耀洁受邀出席。11月8日在郑州提前二天动身，摆脱了有关组织的监控阻止到达北京，10日被北京志愿者护送入场时，在入场口，被连夜进京追赶来的二个厅级干部拼命纠缠，以劝返名义阻止她入场，引起许多参会人士和现场的国内外媒体记者围观。她被护送入场后，二人竟硬闯会场，被会场安保人员呵斥：持邀请函能够入场，没有邀请函强行入场，扣押！

这时那些恶贯满盈的始作俑者，那些为了乞求官位利益的帮凶还在嚣张跋扈，他们从未去怜惜这些病患、这些孤儿是一条条生命！过去伤害了他们的身体，污名化他们名誉，现在还在继续围追堵截把他们严密的封控起来，让社会永远抛弃他们，随着时间逐个消亡灭失，好继续自己的官位辉煌财富暴涨！

这么多人的努力被阻止后激起更大的合力，事情的解决终于到了临界点……

2003年12月1日世界艾滋病日，国务院总理温家宝选择在这一天来到北京地坛医院，他胸佩象征关爱艾滋病患者的红丝带与几名艾滋病患者一一握手、攀谈。

2003年12月18日晚上，吴仪（2003年3月任国务院副总理，4月23日兼任新成立的国务院防治非典型肺炎指挥部总指挥。4月26日兼任卫生部部长，2004年2月任新成立的国务院防治艾滋病工作委员会主任）到河南驻马店等地艾滋病高发区后，在郑州会晤高耀洁，河南省主管文教卫生副省长王菊梅离场后，两人谈话二个半小时，畅所欲言，高耀洁向吴仪汇报了许多掌握、亲身经历过的和众多干部、媒体从业者给她提供的大量艾滋病实情与不法官员恶行信息，吴仪则通告了领导们掌握的许多令人震惊的情况。俩人虽然只有这一次见面，但吴仪的坦诚、务实，信任尊重人的人格魅力，深深打动了高耀洁。因为吴仪还给了特别的嘱咐，她与人谈话和文章里就很少提起吴仪，但人们一旦提到，她的神情立马肃然。

2003年12月25日三联生活周刊登载《人道主义者高耀洁》：

"中国严峻的艾滋病疫情，曾被国际社会普遍担忧坐在即将爆发的火山口上。2003 年，中国政府宣布的艾滋病毒感染者为 84 万，发病人数为 8 万，中国的艾滋病患者人数已跃居亚洲第二，仅次于印度。"

"实际上，自 2001 年以来，中国已进入艾滋病发病和死亡的高峰，2002 年全年报告艾滋病病例数比 2001 年增长 44%。有学者警告说，艾滋病病毒感染者至少有 80%生活在中国农村，如果不能加大防治力度，就会由于病情恶化马上变成艾滋病病人。而由于医药负担沉重，一个病人会使两三名人口变成赤贫。"

"世界银行发表的报告也指出，如果继续对艾滋病采取不闻不问的态度，艾滋病就会在三代人的时间里毁掉一个社会。已到了亡羊补牢的最后时刻！此前不少专家这样大声疾呼，艾滋病甚至被广泛地提升至国家安全危机的高度来谈论"

"民间的防艾力量也许微不足道，但高耀洁作为这支特殊队伍中的一个特殊符号，推动了有关部门对艾滋病现状的认识及决策的决心。""那些经历苦难的人会永远铭记她、感谢她。"

2004 年 2 月，纪实摄影家卢广的《艾滋病村》摄影（2001 年 11 月始，卢广多次到河南省一个村拍摄了一组照片，这个"后杨行政村 900 多户、4000 余人口，90%都卖过血，其中又有 90%感染艾滋病毒"，当时已经有 200 多人死亡）获得国际摄影最高奖荷赛当代热点类组照一等奖。

CCTC.com 消息：2004 年 2 月 24 日上午，高耀洁接通知来到省委办公厅会议室，迎接她的是中共河南省委书记李克强。李书记首先代表省委、省政府对她荣获"感动中国"2003 年度人物表示祝贺，接着与她一起探讨今后进一步做好防艾工作的举措。原定 30 分钟的谈话时间延长到一个半小时。今天给大家实话实说，高耀洁见到李克强，不仅有官方报道里那些片汤话，还有痛斥这地儿的艾滋病血祸，是始作俑者也是主政者及利益团伙的恶行，发起"血浆经济"是出台了文件的，是开会作了报告发了号召。那些疫情高发区各行各业办

117

血站，后台老板投资人上上下下利益勾连，犯下滔天大罪，还否认是血祸来源，这病还能有多少其它传染源？这不就是竭力把患者污名化向卖淫嫖娼吸毒性乱上引，其心可诛！害惨的病人家庭失去工作能力陷于绝境，可他们对这些无辜的艾滋病患者只干一件事，安排专班力量，强力封控，阻止救助。就好像放了火，不救火，还阻止别人救火，谁救火谁有罪！七八年了，抗战能够胜利，可患者的命运只有一人一人的，一户一户的灭失消亡。李潸然以听，不住的颔首作应。

高耀洁一离开省委很激动的大发了一通感慨："李克强是个好人，明白人，我们知道他已经给他们擦了不少屁股上的屎，还得天天拿瓦片盖他们那肮脏的屁股，李能不嫌臭吗！"高耀洁还说："艾滋病祸端不是李克强，他到河南七八年了，不是一把手，无法左右艾滋病这么大问题的处理，可现在新晋坐在书记位置上，就应该担责把工作做好，仅这一年里河南因艾滋病发生了这么多事，说他几句一点都不过分！吴仪副总理无私就可以无惧，独立人格干净磊落，能做好该干的事情。李克强不得不为培养拥立他的系统负责，该干的事情他不得不去回避，一些人得罪不起，不敢清算，不能彻底解决问题。哎！这个人受钳制太多，只愿他把那些人拒绝了八年的救助工作做好！"

此前六天的 2004 年 2 月 18 日，河南省 26 名厅级官员带领各自厅局组成的工作队，带着资金、药品、生活用品走进全省 6 市 13 县 38 个艾滋病疫情高发村，开展为期一年的驻村救治工作。

SARS 灾难发生一年后，那堵困住艾滋病患、艾滋病孤儿救助八年的墙终于被这一双双手的合力推倒了！

事情后续概述：李克强 2004 年 12 月调离河南到辽宁任职。而艾滋病的始作俑者权势盖了天，纵帮凶们更加恣意妄为升更高的官，发更大的财，他们不但至今没有人因此事被追责，还为了保护他们的"基本盘"，动用公权力对"血浆经济"是艾滋病"血祸"之源要封口灭迹，对高耀洁利诱挖坑打棍子，逼其不再说这地方的艾滋病主因是"血祸"。高耀洁对朋友们说："面对那么多死去的无辜患者，那么多被毁灭的家庭，为了他们的伤痛，为了他们的名誉，我坚守不说假话！"他们用心险恶，一旦从了他们，否认艾滋病"血祸"说法，他们就会诬陷你过去对艾滋病患和孤儿做的事是寻衅滋事，抓你刑法伺候时，你已经自证其罪了！"高耀洁一次次的拒绝，惹得他们恼羞成怒，做事被阻止，外出被封控，把对待艾滋病患者的那般手段变本加厉的无底线使用，高耀洁孤身与他们缠斗了五年不屈服，精疲力竭，处境愈加艰难，2009 年八十二岁出境生活，2023 年 12 月 10 日病故于纽约。

"卑鄙是卑鄙者的通行证，高尚是高尚者的墓志铭。"人类文明史上常常有对北岛先生这首诗句的佐证事情发生。回首近三十年来，高耀洁为了坚持这人道良善的事业自我"献祭"，读着它不觉悲从中来……欣慰的是那堵墙终究倒下了！

于北美呈祭高耀洁逝世二周年

注：作者为高耀洁医生多年好友，原标题为《SARS 大灾之后，人们合力推倒了困住艾滋病患艾滋病孤儿救助的那堵墙》。

高耀洁 "生命之音"最耀眼的星

曾慧燕

被称为"中国民间防艾滋第一人"的退休妇产科医生高耀洁，是给中国无数艾滋病患者带来希望的德兰修女，也是自称"误入歧途"的唐吉诃德。这位传统典型、曾经缠过足的中国老太太，十一年来步履蹒跚地在抗艾滋的道路上踽踽而行，纵使一路风刀霜剑，却万难不屈。

3月14日，高耀洁冲破重重阻力，从河南农村走向国际瞩目的美国首都华盛顿甘迺迪中心的领奖台，成为"生命之音"（Vital Voices Global Partner-ship）颁奖典礼上最耀眼的一颗星，但"名人效应"对她丝毫不起作用，在光环围绕的背后，她不但"快乐不起来"，甚至有"生不如死"之感。

她讨厌政治，一生却在政治的漩涡中挣扎；她深爱子女，但出于医生救死扶伤的责任感和对弱者的同情，在大爱与母爱之间，她将大爱放在第一位，结果被子女怨恨；她希望利用这次来之不易的出国机会，把真实情况告知世界，没想到来到美国后仍不能畅所欲言，某种压力如影随形，为了"顾全大局"，有时甚至言不由衷。她觉得非常痛苦、矛盾及烦恼。

"我这是第一次出国，也是最后一次出国了。"即将满80高龄的高耀洁在接受《世界周刊》专访时表示。

邻家老奶奶为穷人发声

高耀洁蜚声中外，外表看来跟邻家老奶奶一样朴实慈祥，说话率真，操一口浓重的山东口音。她是性情中人，说到高兴处哈哈大笑，伤心处激动落泪。

在纽约接待高耀洁的友人，指着她身上穿着的一件黑底白花的上衣说："这件衣服她走到那穿到那，那天出席'生命之音'颁奖典礼，还要见该组织的荣誉主席希拉里（美国前总统柯林顿夫人），一位朋友拟为她添置新装上台'露脸'，但她坚持要穿这件衣服，因为这是代表中国弱势族群的下岗工人为她亲手缝制的衣服，此行她是为了要替中国最穷的人来说话的！"

"我干嘛要穿那么好的衣服？"

高耀洁掀掀身上的衣服说："这件衣服不差嘛，这是我的弟妇为我缝制的，她是下岗工人，一次我们外出逛街，我一眼就看中这块布料，花了不到两美元扯回家。这次我特意穿出国，一来是为了替中国最穷的人说话，让大家知道中国艾滋病的情况；二来是为我老伴守孝三年。"

高耀洁与老伴郭明久鹣鲽情深，相濡以沫。不幸的是郭明久因患晚期咽喉癌于去年四月去世，他一直默默支持她，老伴的去世令她伤感孤独，难以承受折翼之痛，不到一年衰老了不少。"自从老伴去世后，我脑子越来越糊涂了，真希望早点结束生命，老伴百日那天，我看完骨灰回来，独自一人在空荡荡的屋子里，真想自杀算了。"

她本人也是重病在身，严重的高血压、低血糖、心肌缺血、肺空洞等，被切除四分之三的胃，还有儿时被裹成三寸金莲的双脚也时常浮肿，而高耀洁三个字，已经是一块"金字招牌"，各种各样的组织和各式人等都在"打她的主意"，她心力交瘁，这也是让她活得"生不如死"的原因之一。

她感觉生命之烛在闪耀最后的光亮，但她是中国民间抗艾滋事业的一面旗帜，不能轻易倒下。

她目前悲观厌世的情绪，部分原因与她担心家人受连累有关。河南省当局为了阻挠她出国，曾将她软禁半月，切断与外界的联系，期间她体验到前所未有的恐慌。"其中有四天，我觉得好像就此从人间蒸发，外界也未必知道，所以我一度非常恐惧。"后来由于希拉里写信给中国国家主席胡锦涛，胡对此作了专门批示，高耀洁才得以成行。

慈母泪千行　　儿是心头痛

她说，出国前夕，2月18日，备受压力的儿子跪求她改变主意，以对外界称病的理由取消美国之行，但她不为所动，决心排除万难亲自来美领奖。她表示，自己快满八十岁了，已经是年龄倒数计时，她是为了关心艾滋病疫情，为了中国人民才去领奖的。但作为一位母亲，她一直觉得对不起子女，内心非常自责难过，尤其儿子更是她一辈子的心头之痛。

她说，由于出身"黑五类"的关系，文革时她遭批斗，胃被打伤，导致切除了四分之三；她曾喝药自杀，人没死，但毒药导致了她的肝硬化。

1968年文革期间，十三岁的儿子因为画了一幅画，被无限上纲上线，因受她所累，被定为"现行反革命"。为了把他投入监狱，儿子的年龄被改为十九岁，最后服刑三年零两天才刑满释放。"儿子其实是受我牵连，我对不起儿子啊！"讲到伤心处，高耀洁忍不住失声痛哭，老泪纵横。

她的两个女儿也受牵连。1998年高耀洁上书河南省委，呼吁整治那些只看重商业利益而忽视职业道德的游医们。承包她女儿所在科室的游医被赶走后，女儿被报复下岗，以致回到家中闹着要自杀。

她的艾滋事业没有得到子女的支持，三个子女一度怨恨母亲，认为"她和这个社会太格格不入了"。身为某大学系主任的儿子哭着对她说："我这一生中从你这里得到的只有灾难。"他并对媒体说"她不是合格的妈妈"。她本人自觉带给儿女们的，也是苦难多于幸福。

高耀洁说："他们还给我的子女施加压力，叫我说有病不能去，我说我不能欺骗全世界人，我没病嘛。我儿子跪在我面前两天，因为他的压力太大，要我放弃出国，但我不能说假话。"在中国，说真话总要付出代价。对于未来，她感到惘然，"我现在进退两难哪

她对小女儿也感到愧疚，小女儿因为她失去在卫生系统的工作，一气之下，一度与她断绝母女关系，随丈夫远走加拿大。不过，如今已裂痕弥合，小女儿还专程从加拿大来美参加母亲的颁奖礼。

高龄厚德　为民族承担苦难

当高耀洁终于站到"生命之音"的颁奖台，接受颁发本年度"全球女性领袖"奖时，她成为整个会场最耀眼的一颗星和媒体争相采访的亮点。由美国前总统柯林顿夫人、参议员希拉里 1997 年建立的"生命之音"奖项，是为了表彰在经济扶贫、维护妇女权益和捍卫人权等方面做出杰出贡献的女权活动人士，本年度得奖人包括印度、孟加拉、中国、苏丹和危地马拉（瓜地马拉）的八名女权活动人士，高龄厚德的高耀洁因揭露中国艾滋病实情而受到当局软禁和骚扰，最受瞩目，全场人士起立鼓掌向她欢呼致敬。

由于心系在大陆的儿子安危，同时由于她带了一大批揭露河南艾滋病情况严重的照片，以及自己在美国期间的言论，她担心"河南回不去了"，她不讳言现在对回国有"恐惧感"。防艾滋的工作虽然让她获得各种各样的荣誉，但改变目前局面非常艰难，回国后不知道是什么样的命运等待自己，所以她领奖时表情呆滞，"快乐不起来"。即使是在接受《世界周刊》访问时，她仍坦承"心情很乱"。

"此行我是非常矛盾的，讲假话我做不到，讲真话又怕他们报复我儿子，我觉得非常痛苦。"

在北京的艾滋病工作者曾金燕指出，高耀洁医生为民族承担苦难，如今她处于困守之境，几乎独自抗争。"不能不说是我们艾滋病工作者的悲哀。"

一位作家也指出："一个民族防艾滋工作的万里长城，多年来竟然只能仰仗一个病弱交加的老太太。救千万人于水火的大业，居然那么长时间不能成为一个正式的事业，而仅仅是一种半地下的个人行为，这不仅是高耀洁的悲哀，更是我们整个中华民族的悲哀。"

直到现在，高耀洁深恶痛绝的卖血感染艾滋病的问题还未获得解决。她举例，买卖血利润大，农民被抽 500 毫升的血，仅获 50 元人民币报酬；有的地方 800 毫升的血，穷人只能卖 5 元，而医院卖血给病人，100 毫升收费 100 元。一买一卖之间，从中赚取 10 倍利润。

她指出，在中国血源极度缺乏的状况下，怎么可能制止非法采血？这么高的利润，血头怎么可能放手？她警告，如果政府不正视这个问题，就会像当初不肯正视中国存在艾滋病的威胁一样，将犯下难以弥补的过错。

高耀洁 1954 年从河南大学医学院毕业后，长期从事妇科肿瘤、不孕不育症的治疗和研究工作，是河南省最好的妇产科医生之一。也因此，1996 年 4 月 17 日她应邀参加一名叫巴秀英的病人的会诊后，发现中国艾滋病传染的源头是输血，而非像一般西方国家经由性交或吸毒传染。自此开始长达 11 年的宣传预防艾滋病和救助艾滋病患者的艰难历程，"打黑洞"（对各地艾滋病患者的情况进行摸底）成了她日常的工作。

高耀洁与政府的矛盾，主要是在对中国艾滋病传播途径的看法上有很大分歧。她认为输血是艾滋病在中国感染和蔓延的主因，而政府则认为性传播和毒品是主因，"原因是有人想推卸政府在血站管理上的严重失职"。

她反复强调，不要说瞎话；不要做假事；不要做假货。有人跟中国国务院副总理吴仪说，中国艾滋病传播的主要途径是吸毒传播和性传播。高耀洁认为这是蓄意掩盖血传播的事实，她直截了当跟吴仪说："他们在骗你。"

高耀洁收集大量第一手资料，揭露艾滋病在中国主要透过血液传播快速蔓延的严峻事实。她曾披露说中国的艾滋病 90% 都跟有偿献血和输血有关，起因在于河南省在九〇年代大搞"血浆经济"，透过鼓励农民卖血的方式来致富，结果采集血液失控，献血者交叉传染，很大比例的人感染了艾滋病。这些携带艾滋病毒的脏血又经由输血方式感染更多的人，从而使艾滋病在全国多个省份迅速蔓延。河南省政府成了这场灾难的始作俑者。

"误入歧途" 要留清白在人间

她长达 11 年被河南地方当局打压排挤，她说自己搞艾滋防治，不是因为她多么勇敢，而是"误入歧途"。"我是不小心陷进去的，看见死的人太多，就再也拔不出来了。"

她又说："我不知道这么复杂，这么多黑幕。我感到悲观，许多人还在说假话，这是中华民族的悲哀、国家的灾难。我是医生，不能说假话。要留清白在人间，因为人的生命只有一次。"

自 2001 年第一次获得国际大奖以来，她成了"获奖专业户"，奖金和荣誉纷至沓来。十一年来，她用于防艾滋宣传上费用，至少 100 万人民币，包括她先后三次得奖的 8 万美元奖金、几本书的稿费及大部分退休金，国内一家电视台给的 5.7 万元，还有"华语传媒图书奖"等奖金。"这些奖金，我自己一分钱没花，花了会觉得罪过。渴了连矿泉水都没舍得买一瓶，全部投在了防艾滋宣传和防治上。"

她曾救助 164 名艾滋孤儿，免费赠送 24 万册艾滋病防治宣传资料；冒着被抓被打的危险，一次又一次的来到河南艾滋村，给村民们送药送钱送食物（乡政府曾发告示，谁举报高耀洁来访，谁就可得到 500 元的奖励，但她从来没被举报过）；她曾迈着蹒跚的步子，用自行车拉着免费送人的书籍，一次又一次的到邮局寄发；她曾把近万名读者的来信汇编成书《一万封信》，让全世界听到中国这些最弱者发出的声音……

由于她的杰出贡献，2001 年她荣获联合国全球健康理事会颁发的"乔纳森·曼恩世界健康与人权奖"，2002 年被美国《时代周刊》评为"亚洲英雄"；2003 年获得有"亚洲诺贝尔奖"之称的"拉蒙.麦格塞塞"公共服务奖。这几次获奖，高耀洁都被河南当局利用各种藉口阻拦，无法亲自前往领奖。

高耀洁澄清，有媒体报导她这次来美接受"生命之音"颁奖，奖金两万美元，与事实不符，这只是一个荣誉奖。

2003 年，在领取"拉蒙·麦格塞塞"公共服务奖的 5 万美元奖金后，高耀洁拿出一部分钱，请了 15 个高校学生和志愿者，与他们"签了生死合同，到死都不能说出他们的名"。

她安排他们分别去了贵州、云南、四川、广西等省份的十多个地市，调查了各地因卖血、输血感染艾滋病的情况，调查最后集中到她手中，结果印证了她以前的猜测。

高耀洁对中国未来防艾滋工作的前景感到悲观。她说："我巴不得早点死掉，我太累了。"疾病缠身固然影响她的心境，最重要的是形形色色的骗子使她愤怒焦虑，那些"吃艾滋饭、发艾滋财的骗子"，是她最大的心理创伤，她是"心累"。

高耀洁喜欢引用在河南流传颇广的打油诗："乡骗镇，镇骗县，一骗骗到国务院。"她并引用"木秀于林，岂止风必摧之"之句，纵然没有风的摧折，那么多的寄生虫，咬也要把大树活活咬死呀。

悲天悯人　知我者谓我心忧

高耀洁自觉"来日无多"，有一种紧迫感。此行她被问得最多的一个问题是，"你需要什么帮助？""我们能为您做什么？"她最后两件未了心愿是要再出版两本书《艾滋殇》及《十年防艾路》，本来这是 2004 年以前大陆某出版社承诺出版的，但迟至现在仍未出版。

她说，因这两本书对防治艾滋病有一定帮助，她不是为了个人出书。她希望以出书的形式，呼籲大众关注艾滋病人的生存问题。

此前，她曾出版《一万封信》，她从自己收到的一万封信中选出200 多封出版成书，并附加几十张人物照片，把一个真实、残酷的中国艾滋病人的生存景象呈现在读者面前，相当令人震撼。

她说正在为自己料理后事，从去年开始，她陆续将自己的出版物整理出来，分别送往各地的图书馆，她已经写好了遗书。

前不久，她透过自己的博客（http://blog.sina.com.cn/gaoyaojie），公开了遗嘱："高耀洁死后，任何人、组织、机构不得以高耀洁的名义开设基金会和类似机构……"她说，她从小深受儒家思想影响，重视名节，"多少年的名节都守住了，活到最后，更要纯粹一些。"

问高耀洁悲天悯人、乐于助人的情怀是如何形成的？这就要追溯到她的出身。

1927 年，高耀洁出生于山东曹县一个祖上 13 代都是地主的大户人家，小时一度被缠足。她的世界观、人生观的形成，与两件事不无关系。一是她从小目睹家中富有，家人乐施好善，每当天灾为祸、农民颗粒无收时，高家都会开粮仓赈灾。直到现在，当地老一辈的人对此仍印象深刻。

抗日战争爆发，高耀洁随家人逃难到河南，家道中落。做过翰林大学士的外祖父忧国忧民，时常吟诵《诗经王风》中的"……知我者，谓我心忧；不知我者，谓我何求。悠悠苍天，此何人哉？……"高耀洁自幼受外祖父影响，这段"诗经"对她的人生观影响深远。

另一件事是因自己的儿子 13 岁就成了"现行反革命"，那时陷于叫天不应、叫地不灵的绝望境地。高耀洁爱子心切，曾为之奔走呼号三年，最后自己也成了反革命。由此奠定她同情、帮助弱者的世界观。

高耀洁自从老伴去世后，心情陷于低潮，很想就此撒手不干，但却欲罢不能，当初她下乡到处找艾滋病人，现在是艾滋病人主动找上门来。"我要不管吧，艾滋病人哭着找我托孤，好像找到救星，要我在他们身后照顾遗孤。我怎么管啊，实在无能为力。我是 80 岁、一身病的老人，如何照顾七、八岁的小孩子？"

问她是否后悔过这些年来的付出，她斩钉截铁表示："我是义无反顾，没有后悔过。"

北美世界日报《世界周刊》2007 年 4 月 4 日

注：作者为北美《世界日报》著名记者。主要著作包括：《外流人材列传》《在北京的日日 夜夜——中英谈判我见我闻》《一蓑烟雨》等。

又见抗艾第一人高耀洁：我现在日子真难过

石 破

"我怕我活不到今年冬天了，所以要赶紧把衣服送走。"

"我要能活到 7 月份就好了，7 月份我的《十年防艾路》就出来了。长江文艺出版社出的，在上海编辑。"

"我现在一个孩子（艾滋病致孤儿童）也没有，都交给杜聪了，因为我已经奄奄一息了，我要死了，谁给孩子饭吃，谁给他们交学费？"

"我现在日子真难过。能不能东山再起，再去搞艾滋病的事情，我现在是个疑问。"

在医院照顾病危的丈夫期间
周筱赟摄

"我现在还有十二万个人存款，但是不敢动了，因为每天要吃三十块钱的药。如果解决了吃药问题，我还敢动！"

"现在我没有负担了，老头儿也不用害怕了。我的儿女怕我死到外头……我即便死到外面，也要给老百姓争这口气！"

2006 年 4 月 18 日，星期二，晴，风，有浮尘

早上九点，致电高家。高耀洁接的电话，声音苍老、悲凉，一开口就说老伴郭明久大夫去世了，4 月 10 日的事，15 日火化。去世时，

郭大夫的心、肺、肾都坏了，医生要电击抢救，她说不用了，老头儿的生命已经耗尽了，即使抢救过来，让他多痛苦一阵子，又有什么意义呢？火化时，在老伴的肾里，发现一块鸡蛋大的石头……

　　我默默地听了会儿。"我去看看你吧，高老师。""……你来吧。"她说。

　　因有保安通报，走到高耀洁家门口时，她已经把防盗门、木门全都打开了。她坐在门内的小凳上，神情黯然，容颜衰老了许多。

　　家里只她一个人。以前每次去高家，有郭大夫，有保姆，还有川流不息的客人们，总是很热闹。每次都是保姆或郭大夫开门，然后高耀洁从堆着稿纸、信件的餐桌前站起来，迎着我说："哟，你来了，我可好长时间没看到你了！"

　　我把在门口超市买的麦片放到桌子上。高耀洁说："你买这个干啥？他又不能吃……"她还不习惯老伴已经去世这个事实。

　　"我们结婚五十二年多了，儿子都五十一岁了，今年元旦是结婚五十二周年。"年近八十的高耀洁一提起老伴就哽咽。来高家之前，一个朋友让我多跟高耀洁谈谈艾滋病，转移她的注意力，她就不会太伤心了。"但是，"这个朋友又说："过一会儿她就又会与你提起伯伯，又哭起来了。"

　　刚落座，还没等我开口，高耀洁就主动跟我谈起了艾滋病。

　　"这些衣服，今天都要送到开封去。"高耀洁指着客厅里堆着的七八包衣服、玩具说："我让我弟弟找了车，拉到开封一个朋友那里，让他们分送给下面三四个县里的艾滋孤儿们。我跟朋友说，不能让村干部们发，他们会把好衣服都捡出来，自己留下。"

　　"我怕我活不到今年冬天了，所以要赶紧把衣服送走。"这句话，在她与我一个半小时的谈话里，说了三四遍。

　　"我有骨质增生，现在浑身都疼。要不是跟你说话，我就躺到床上，没有力气动弹了

　　除了"骨质增生"，她还患有低血糖、肺空洞、慢性结肠炎。"文革"期间，因为"出身不好"，高耀洁遭到批斗，致使她的胃被迫切除了三分之一；喝药自杀虽未死成，但药物中毒导致了肝硬化；2004

年，高耀洁的老伴住院时，她比老伴血压还高；由于心肌缺血，她不能长时间坐汽车，否则她那"三寸金莲"就会浮肿起来，一摁一个坑。

今年春节过后，郭大夫病情一天比一天重，时而清醒，时而昏迷。清醒时，两个人各自躺在床上说话，郭大夫跟高耀洁说："要不是放心不下你，我就不治了，早点死了算了。"高耀洁回答说："你要死了，我也不想活了。"

郭大夫是个一生谨小慎微的党员干部。由于高耀洁退休后先"打"游医，后"打"艾滋"黑洞"，郭大夫一直在惊恐中度日。但他却是高耀洁最早的支持者。那时高耀洁没有名气，也没有成群结队的志愿者来帮助她。她唯一的志愿者，就是老伴郭明久。每次他们用自行车，将成摞的防艾滋宣传页送到邮局，都是七十多岁的郭明久推着车子，小他一岁的高耀洁在旁扶着，蹒跚而行。到了邮局，郭明久将这些资料取下，搬到高高的柜台上。

"4月14日给爷爷开追悼会，13日我们见到了高老师，"北京的民间公益组织"东珍纳兰"负责人李丹说，"本来准备陪她哭呢，但老师表现得特坚强，还一个劲儿跟我们讲艾滋病。第二天，到了追悼会上，向爷爷遗体鞠躬时，老师哭了，哭得像个小姑娘一样，那么无助……"

很多人劝高耀洁，说郭大夫八十多岁去世，应该是喜丧。高耀洁说她也明白这个道理，但她还是伤心。

"我要能活到7月份就好了，7月份我的《十年防艾路》就出来了。长江文艺出版社出的，在上海编辑。"高耀洁平静的语气，像是在讲一个旅游度假计划。我说，您别这样讲，您要保重，要好好活下去。之后，在我们一个半小时的谈话里，内容几乎全部与艾滋病有关。

"为什么我要拼命地写书、赠书？"

"我现在忙着处理书。"高耀洁说。跟以往一样，她家里的书和宣传册堆积如山。

高耀洁说，昨天一个朋友来看她，她托来人带走了六百本书和两千份宣传页，送给几名艾滋病感染者组织起来的小团体。这个小团体的成员，虽然无法继续正常地工作、生活了，但他们每天去给别的艾滋病患者送资料，劝他们坚强地活下去。2004年初，得知这些志愿者的情况后，高耀洁跑去访问，跟他们共住了一天一夜。

从1996年至今，高耀洁自费印刷了一百二十多万份预防艾滋病宣传页。有一个常来高家的志愿者说："她的家里，完全成了个宣传品的集散地。我们每次去她家，感觉那些书堆就像海浪一样，去一次，可能快没了；再去一次，高高地又起来了。"

很多防治艾滋病的书籍已经包扎好了，但高耀洁没有力气把它们运到邮局。"我想等大批人马来，譬如来一群学生志愿者，身强力壮，一个人掂三两捆没问题，给我送到邮局。我要自己雇车送，来回得花十二块钱……"

高耀洁告诉我，现在她正往河南、四川、湖北的图书馆发书，发的是她编著的《中国艾滋病调查》和《艾滋病与性病的防治》，下次准备发往青海、宁夏、甘肃、新疆，然后是山西、陕西，均是市级以上图书馆。

"县一级图书馆很差劲，我给一百五十个县图书馆发去联系信，只有十五个图书馆回了信。"以多病的、年近八旬的身体，在最近三年内，高耀洁居然又编写了五本书，其中《鲜为人知的故事：艾滋病、性病防治大众读本》《一万封信》和《中国艾滋病调查》三本已出，《艾滋殇》和《十年防艾路》待出。

《艾滋殇》写于2004年，出版社拿走了书稿，却又在某种压力之下出不了书。高耀洁跟对方说，出不了书，不怪你们，你把书稿退给我好了。"我给她去一封信，她给我寄一袋木耳；我又给她去一封信，她又给我寄一袋蘑菇。"高耀洁笑说，"就是不给我书稿，我也没办法。"

今年春节后，原来的压力消失了，出版社编辑急着要出书，电话一个接一个，催高耀洁审稿。这时候，高耀洁正在医院日夜陪护着病重的老伴。夜深人静，等老伴呼噜、呼噜睡着后，高耀洁关了卫生间的门，坐在马桶上审稿。

后来，实在支撑不住了，高耀洁用红笔在书稿上写道："这些地方你多加工吧。我是泥菩萨过河，自身难保了……"

在《艾滋殇》压着出不来的时候，广西师范大学出版社发行的《中国艾滋病调查》只用三个月就推出来了，首发一万五千万册。今年春天，北京东珍纳兰文化传播中心募捐加印了一万一千万册，准备捐赠给全国千余所大学、高中图书馆及市、县图书馆。募捐的钱，主要来自"清华—拜耳公共健康与媒体研究室"等团体及个人。2006 年 4 月 5 日，《中国艾滋病调查》一书的加印捐赠高校活动也在清华大学启动，接到邀请的媒体，都问高耀洁能不能来？高耀洁不来就没有新闻点，他们就也不来了。

那是高耀洁老伴去世的前五天，老头子已经不能进食，也不能自主呼吸了，身上插着四根管子。"你去吧！"老伴跟高耀洁说，"就是我死了你也要去！"

北京"东珍纳兰"的负责人李丹打电话来说："高老师，我们商量好了，准备派来个男生，专门伺候爷爷大小便；再派来个心细的女生，陪着爷爷说话；然后再派一个人，陪您乘飞机往返这一趟。"

高耀洁的儿子否决了这个安排，他是一位大学教师，决定自己调课，抽出时间来陪护父亲。

6 月 5 号早上七点半，高耀洁从新郑机场起飞，去清华大学紫光阁参加活动。这一天，是高耀洁从事防艾工作将近十周年的日子。在清华大学的学生面前，高耀洁哽咽着说："再有四十八小时，我接触艾滋病就有整整十年了，我所做的，是让更多人知道经血液传播艾滋病的真相。"那天演讲中，高耀洁大声疾呼："目前中国艾滋病蔓延的最主要途径就是卖血和输血感染，而不是某些人说的吸毒传播、性传播！"

她直言不讳："我最反对片面强调艾滋病的性传播，现在安全套好像成了防艾宣传的'法宝'，一到艾滋病日没有别的宣传，就是发放安全套！我不否认艾滋病的性传播和吸毒传播，但是我走过十几个县市、几十个乡镇、几百个村庄，见过几千个艾滋病感染者和病人，那么多由于贫困而去卖血的农民怎么会是性乱、吸毒感染艾滋病的呢？"。

"老太太那天倍儿有激情！""东珍纳兰"的负责人李丹说。

跟李丹坐在一起的热心听众是"清华－拜耳公共健康与艾滋病媒体研究室"主任华威濂，他也是拜耳公司大中华地区负责企业公关传媒事务的总经理。这个美国人已经在中国生活、工作了二十多年。他以前听说过高耀洁的名字，那天是第一次见面。"就像见到了明星一样！"华威濂笑着跟我说，"她很了不起！我们都要向她学习……活到老，学到老。"

启动仪式结束后，华威濂宴请高耀洁，并为她送行。航班预计七点半回到郑州。但因为机场方面的原因，飞机降不下来，一直在空中盘旋。医院里，郭大夫见高耀洁还不回来，心里不踏实，硬逼着儿子去找她……一直到晚上九点多，高耀洁才回到老伴身旁。

在中国，没有哪个人比高耀洁更热心宣传预防艾滋病。她写的书，出版社要给她稿费，她不要，让人家给书；出版社给的书发完了，她自己再掏钱买。志愿者们给她捐款，出去演讲主办方给她报酬，她统统不要，都是把出版社的账号、联系人告诉对方，让他们汇款去买宣传防艾的书。有人不赞成她的做法："高老师有这么多买书、赠书的钱，直接送到孤儿手里，不是更好吗？她送出去的那些书，有的人家也不看。"

事实确实如此。高耀洁每次去大学演讲时，都带着自己印制的宣传页，每个学生发一份。演讲结束后，有的学生把宣传页撂在座位上，甚至扔到地上了。她看到以后，就很痛心。有的单位主动向她索要宣传材料，当她把书寄去之后，该单位却把这批书当成"废品"成捆卖掉了。高耀洁听说后，气得哭了。她在一篇文章里写道："决定把这批书当成废纸卖的领导，你就这么缺钱花吗？你不缺德吗？"

"为什么我要拼命地写书、赠书？"高耀洁跟我说："因为这样的书太少了，现在中国人最缺乏的，是正确的艾滋病预防知识。不信你去找几个大学生来问，看他们知道不知道艾滋病的三个感染途径？我经常接到这样的电话：'艾滋病究竟啥症状呀？艾滋病人长什么样呀？''我接触了艾滋病人，会不会被感染呀？'许昌一个接生员，接生时产妇的羊水溅到她眼睛里了，这个产妇有艾滋病，但她没事儿。她还是害怕，给我打电话，哭得要死。她想找点儿艾滋病的资料看看，遍地找不到。我就给她寄了两本书。"

我问高耀洁："如果你把花在书上的这些钱直接给了艾滋孤儿，效果会不会更好？"

高耀洁说："我以前最多的时候救助了一百六十四个艾滋孤儿，给他们寄钱，但后来发现这些孩子太小，钱都被他们的亲戚抢走了，孤儿们还是没有饭吃，没有学上。我也不赞成建孤儿院的方式，他们的父母都因为艾滋病去世，对他们的心理有阴影，他们更需要一个健全的家庭。后来我把一部分孤儿介绍到我的老家山东曹县高新庄的农户收养，让这些孩子重新有了家庭的温暖，又有学上了。但也发现有的人是借收养孤儿为名敛财的……""而且，最迫切的问题根本就不是艾滋孤儿问题，如果血液传播的源头尚未断绝，非法血站依然存在，艾滋孤儿源源不断产生，怎么救得完呢？"

"如果现状不好改变，那我们就做未来吧！"防艾志愿者胡佳说，"我们想解决艾滋病的全部问题，但是从资源、能力来讲，我们是没有可能全部解决的。高老师孤军奋战，就是把她的奖金全部拿出来，也帮不了多少孩子。需要大家一起做。"

"如果解决了吃药问题，我还敢动！"

2006年5月5日，星期五，春雨潇潇。

今天又去看望高耀洁。她的女儿后天就要回加拿大了，家里只剩下她一个人，会不会更孤独了？

没想到，高耀洁的精神好得很。这两天，有人把她在清华大学的演讲贴到了关天茶舍，引发许多跟帖，大多是询问关于艾滋病问题的，也有人对高耀洁"中国艾滋病主要是血传播"的观点表示反对，高耀洁每天都兴致勃勃地上网论战。她的手已颤抖，也不能久坐，就躺在床上口授，由一个懂得电脑操作的朋友将她的答覆贴上网页。

这天上午九点钟，我到高家时，高耀洁正坐在餐桌前，整理着一堆药费单。因为高血压和心脏病，她每天都要吃药。"我现在还有十二万个人存款，但是不敢动了，因为每天要吃三十块钱的药。如果解决了吃药问题，我还敢动！"她的神情，是一副迫不及待地要重新出山的样子。

"1996年4月7日，我见了一个输血感染的艾滋病人，七八天以后就死了。"高耀洁说。她的记忆力惊人地好。"我还不敢相信，以为是个别病例……那时我不知道艾滋病里头的问题这么大，要是知道，我不会钻到里面出不来。"类似的话，我已经听高耀洁说过多次了。为什么她要这样说呢？难道她是一个胆怯的人吗？

"世界上没有乔峰那样的大英雄。""东珍纳兰"的李丹说，"知道害怕，仍然去做，这需要多大的勇气呀！就像当你站到火场门口时，以为里面的火很小，有勇气进去救火。但你越往里走，火势越大；而且你往火场多走一步，退回来也要多走一步。这种情况下，老师仍在往里面走，要去救火……有的人做一件了不起的事，有名、有利后就不再做了，就背离了他的初衷。老师的名也有了，钱也有了，但她仍然在做这些事。"

这次，高耀洁也亲自回答了我的疑问。"我本身是个医生，从小受的曲折很大，哪有勇气去顶那么些人呀？但我现在已经下了水，而且是倒计时的年龄了，为何不顶到底，要为那五斗米折腰啊？现在顶到底是肯定了，谁说也不行！"

高耀洁的女儿去住处收拾东西，11点钟，她从外面回来了。她本来是个很有前途的医生，十五年前，因为母亲举报游医，她所在医院的领导就整她，把她和游医安排在一个科室，让游医领导她，她不干，领导就把她调到急诊部，急诊部的主任三天两头跟她说："你快走吧，你怎么还不走？你再不走，领导就要找我们的事儿了！"全院职工都知道领导对她不公平，大家都不敢吭声，看见她都躲着走。领导还在职工大会上公开说：如果咱们医院垮了，就是让高耀洁的女儿给整垮的！

领导以为游医的情况是她提供给母亲的，实际上不是，而且她反对母亲"打游医"、打艾滋病"黑洞"。她说："我妈一直都是爱管闲事。在楼道里看见担架上躺着病人，她都要让抬到她的科室里，给人家看病。"

将近十年的时间里，这位年轻的医生在极度压抑中度过，把美丽的青春消耗殆尽。她申请借调到另一家医院，在那里也是度日艰难。她跟丈夫商量出国，因为她的英语不行，而丈夫比她强。丈夫不太情愿地答应了，到现在仍为这个选择而后悔。

她是医生，但在加拿大不获承认，无法行医。她已年过四十，学什么都嫌晚了。在地球的那一边，她什么脏活、累活都干过；她的丈夫在国内有正高职称，到加拿大干的也是体力活。他们的生活压力很大，现在靠申领社会救济金度日。丈夫很想回国看看，但从加拿大来回一趟，路费就要一万多元人民币。他们没这么多钱。他们本指望着父亲能熬过今年夏天，等他们回来看他。但是，父亲在春光明媚的时候就走了。她一个人回来奔丧，丈夫和孩子都在大洋彼岸望穿秋水。

说了一会儿，她就开始哭了，不停地抹泪。她说，她没跟老娘吵过架，但心里跟她吵了许多次。但她又说，这次回来，她已经理解母亲，不再怨恨她了。

"那些艾滋病人，特别是输血感染的病人，你说他们招谁惹谁了？弄得命都要丢了。我吧，起码我还活着……"说着，她又抹起眼泪。我听说，自从女儿一家出国后，高耀洁表面很要强，但提起女儿，她哭了好几次，说自己唯一对不起的，就是这个小女儿。

我问："你以后会经常回来吗？"

她摇摇头，说："……我们没钱回来。"

自从郭大夫去世后，很多朋友都为高耀洁今后的生活担心。高耀洁告诉我，家人正在给她找保姆，麦收以后保姆就会过来。在这之前，一个女大学生会来家里陪她；等到夏天《十年防艾路》出版之后，她还要重新出去演讲、搞艾滋病调查。

"我是个医生，不能没有同情心。"高耀洁说，"……我搞了十六年的癌，有时候看见病人的妻子儿女，一跪就是一大片，农民别的没有啥，只知道这样求救。我到一个艾滋病村，看见四五岁的孩子啃着他妈的脚趾头，可他妈已经上吊死了，夫妇两个卖血，都是被穷逼的呀！都是人哪，为什么不能对人有点儿同情心呢？另外，艾滋病是个传染病，如果不下大力气制止，传染下去，中国的国力就完了。国力可不是吹起来的。"

"2004 年起，老头儿有病住院，我身体也不好，一年多没下去了。现在我没有负担了，老头儿也不用害怕了。我的儿女怕我死到外头……我即便死到外面，也要给老百姓争这口气！"

2006 年 05 月 19 日

高耀洁医生近况

胡 佳

高耀洁医生 1927 年 12 月 19 日生于山东曹县高新庄，1939 年 5 月随父母迁居到河南开封，在抗日战火中度过童年和少年时代。1953 年 12 月河南大学医学院毕业后，在河南郑州工作，直至 1990 年 7 月退休。作为河南省中医学院第一附属医院的教授和妇科主任，高耀洁医生是河南省专业技术最优且医德广受赞誉的妇科大夫，接纳过许许多多走投无路的重病人、实施过无数的手术、让许多不孕的家庭有了可爱的孩子、培养了一批妇科骨干……即便是在退休后，她依然活跃在医疗一线。

1996 年 4 月 7 日，高医生敏锐的建议一位身染怪病却无法确诊病因的孕妇去做 HIV 检测，最终果然证实该孕妇感染了当时在河南乃至在中国都非常罕见艾滋病病毒。由此拉开了高医生以近古稀之龄追根溯源调查并揭示艾滋病的序幕。在之后长达十年的过程中，高医生和她的家人子女，尤其是与爱人郭明久老先生，承受着巨大的压力艰难前行，河南艾滋病的黑洞被一个一个揭开。她的慈悲与良知领跑了中国大陆民间艾滋病工作。有人赞誉她是中国的德兰修女。

小脚的高医生步履蹒跚踏着泥泞考察河南各地许多艾滋病村庄，结识数以千计的感染者和病人，逐渐发现河南是中国艾滋病最集中的地区，而且以有偿献血感染艾滋病和因医疗事故及医疗腐败输血感染艾滋病为主，河南政府与各级基层卫生部门都负有不可推卸的责任。有别于海外以性和吸毒传播艾滋病的途径，中国中原地区两类原因导致的艾滋病大范围集中爆发，及政府长达八年的掩盖和极力压制，成为中国特色的艾滋病蔓延模式。高医生开始不遗余力的奔走呼号。

尽管高耀洁医生的专业不是治疗艾滋病，但最早给艾滋病感染者提供减轻症状药物的是她，时至今日，中国政府已经开始为贫穷的艾滋病人提供免费的抗病毒药物。尽管高耀洁医生已是该享受天伦之乐的高龄，但最早收留并牵线在家乡收养艾滋病家庭年幼遗孤的是她。随后香港智行基金会、北京爱源、台湾关爱之家等等孤儿教育支持及分散寄养机构纷纷建立起来。城市里的热心白领们给孤儿提供生活费用，爱源的大学生志愿者们 2004 年更启动和孤儿们通信的笔友俱乐部，推进双方心灵成长。尽管高耀洁医生不是记者、作家、心理学家，但用拿手术刀的手，用那支写处方、病历的笔耕耘不辍的依然是她。她几乎从各个层面阐释艾滋病及它对社会的影响，一个个案例变成生动的故事直指人心，为老百姓播下知识培养意识，以达到预防艾滋病的医学目标，和预防歧视艾滋病乃至关爱受艾滋病影响人群的社会目标。

高医生简陋的家里有一幅对联非常醒目："但愿人皆健，何妨我独贫"。这正是她心愿的真实写照。在 2001 年之后，冲破政府部门重重压力，高老师的努力开始为世人所知。几项艾滋病和公共服务领域的重要国际奖项接踵而至。而高老师把这些资源都用于调查未被发现的黑洞，救助儿童及感染者，最大的部分用于编辑、出版、印制、寄送上百万份的艾滋病宣传资料。高医生已经有《鲜为人知的故事：艾滋病、性病防治大众读本》《一万封信》和《中国艾滋病调查》等多本书籍出版。其中《一万封信》获得"首届华语图书传媒大奖"，成为 2005 年度登上出版类第一名的书籍。堪称高医生同时也是民间艾滋病领域多年来的首部代表作。而高医生把自己从麦格塞塞奖中获得的奖金提出了两万元人民币，自费购置了一千七百本余册，通过北京爱源赠送给了各地公共图书馆、高校图书馆、以及关注艾滋病的各界媒体、研究机构、民间组织和海内外政府部门。八年由各地汇聚的一万封信件，勾勒出中国艾滋病的真实图景，写了一部浓缩的人间悲剧。

在高医生最近的出版进程中，还有完稿近两年，仍处于出版社最终审稿阶段的《艾滋殇》。另一本是总结高耀洁医生历程的《十年防艾路》，目前正在充实书中各历史阶段图片，将有望于 7 月份出版。此书将是高医生的第二本代表作。并且仍将按照《一万封信》的模式捐赠图书馆，甚至包括海外华人聚居区的公共图书馆。以使海内外的中国人通过高医生的视野了解我们民族面临的艾滋病危机。

一年半以前，高老师因多年积劳的高血压和肺空洞住进河南省人民医院，老伴郭明久老师开始时照顾她。而后郭老师也身体状况不好，老两口一起住在医院相互照料。这期间医院成了高医生的办公室。每天电话、信件、来访者接连不断。之后高老师和郭老师曾经短暂的出院一个阶段，而郭老先生的病情时而稳定时而恶化，其中几次垂危，高医生全心的看护渐渐无法生活自理的老伴儿，直至郭爷爷仙逝。两年来，本已衰老并疾患缠身的高老师更苍老了。现在相伴五十二年的爱侣离去，高医生孤独哀伤不能自己。告别的那一天，她最后抚摸着宛若安睡的老伴儿额头，泣成泪人。相伴相随，今朝一人独归。她伤感地叮嘱子女，如果自己病危，谁也不要让医生抢救，她好去找郭爷爷相聚。然后两人的骨灰撒入黄河。听闻者莫不垂泪。

近两个月来，亲朋和志愿者们都来陪伴高医生，疏解老人家的思念和悲伤。但我们都发现，只要探讨艾滋病问题，只要是发表真实观点，高医生必是精神饱满话语铿锵的，那样的底气绝不像 80 岁的病人。来河南的一周，陪着高老师工作是难以体验到片刻闲暇的。第一天我们就随老人家寄送了一千余本书给中国各地的公共图书馆，邮包堆放满了邮局的桌台，各项手续办理了一个多小时。来做半天志愿者的一位北京女孩和一位美国女孩，感动之余捐赠了六百元的邮票给高老师寄书。之后的每一天我们都会和高医生一道忙碌到夜里 11 点才能回旅馆。整理各方捐赠的书籍、文具、衣物，打包和分发要寄往各地的艾滋病书籍，接待来访者，忙得不亦乐乎，老人家也每每赤膊上阵。

5 月 29 日，高医生一早起来感觉身体不适，我们找不到她精神很差的原因，后来高老师才点明这一天是郭老先生的七七祭日。我们立即去郭爷爷生前住的小屋内灵堂上香磕头。今天是端午节了，每逢佳节倍思亲。高老师告诉大家："我确实身体不好，但还不是病重。我的老伴是 2006 年 4 月 10 日去世的。自从我的老伴去世，我的精神也不太好。现在我正忙着把书出版，把艾滋病防治资料、书籍和给孩子的衣服邮寄出去。谢谢大家对我的关心，救助艾滋病病人和孤儿是一个医生的责任。"

出版并赠送《十年防艾路》是高医生近期最重要的愿望，她做好这本书出版之后不久在河南甚至在全国被禁的准备，因为那说明她讲出了真话，点到了某些势力的痛处。

将来真的有一天走不动了，高医生就到父母原来的老宅去，和弟弟一家住在一起，颐养天年。那时中国民间艾滋病事业就要全面由年青人担当重任了。下一个十年防艾路，由我们来走下去。

2006 年 05 月 31 日

注：胡佳，社会活动家，早期协助高耀洁医生艾滋病的救援和宣传工作。

高耀洁医生痛失终生伴侣

曾金燕

高耀洁医生相伴五十二年的爱侣郭明久老人因病医治无效，于 2006 年 4 月 10 日凌晨两点告别人世，享年八十岁。高耀洁医生家人和亲友于 4 月 14 日上午为郭明久老人举行了遗体告别仪式。台湾关爱之家、香港智行基金会、北京爱源、爱知行、东珍纳兰文化传播中心、河南康乐家的艾滋病工作者、艾滋病组织送来花圈致哀，美国爱心基金会打来电话，中国艾滋援助基金会（美国）等艾滋病组织、艾滋病工作者转达哀思。

高耀洁的老伴郭明久大夫
2006 年 4 月 10 日去世

高耀洁医生的丈夫郭明久老人也是一名医生，被艾滋病志愿者、工作者敬称为郭爷爷、郭老师。1996 年，身为当地著名的妇产科大夫的高耀洁医生，退休在家但坚持为病人看病、编写妇科知识书籍，当时她敏锐地注意到艾滋病患者的困境，开始全身心投入艾滋病工作。郭爷爷是一位共产党员，他一方面深深担忧高耀洁医生的安危，极力反对高耀洁医生"从事危险的工作"；另一方面又默默地支持高耀洁医生的工作，从 1996 年到 2004 年他生病住院前，坚持不懈地帮助高耀洁医生把沉重的书籍、宣传资料一捆一捆地搬到邮电局，免费邮寄给全国各地需要艾滋病防治资料的地区。高耀洁医生和郭爷爷两人的家，就是一个艾滋病资料仓库、艾滋病工作办公室，志愿者的中转站。

从 1996 年到现在，高耀洁医生亲自编辑印刷了一百零二万份宣传小折页，二十二万份 A4 折页，出版了三十七万本《艾滋病与性病防治》，一万七千本《鲜为人知的故事》，最近两年又出版了两万六千本的《中国艾滋病调查》，一万五千本的《一万封信》。宣传折页印刷完毕后几乎全部存放在高耀洁医生家里，再由高耀洁医生和老伴运送到邮局分批发送。高医生说：那小手推车不知用了几次了。

我们这些艾滋病工作志愿者去河南的各个艾滋病疫区，一般会提前给高耀洁医生打了电话，早上一下火车，往往先去高耀洁医生家里。高耀洁医生一边和我们说话，告诉志愿者村庄里面最新发生的事件，商讨全国艾滋病工作最新的动向；一边让志愿者打开电脑，给新来的邮件打字回复，或者打字录入新写的文章，或者给新印的资料打包。就连中国艾滋病援助基金会的理事会成员来访也不例外，让大块头的小伙子给捆新印好的折页准备邮寄。而这时候，郭爷爷已经准备好了早饭，招呼我们吃早餐。不知有多少个志愿者在高医生家里吃过早饭、中饭、晚饭了，来来去去，郭爷爷准备的都是鸡蛋、蔬菜、咸菜、面条或者杂粮熬的米粥，不丰盛，但营养足够。要是女志愿者去了，晚上就住家里，郭爷爷和高医生都说："嘿！这孩子，住在家里就省下钱了，可以做好多事。"高医生老两口非常勤俭，一块破旧的抹布也舍不得扔。积蓄却全部给用来印刷艾滋病资料了，郭爷爷也毫无怨言。两位老人曾经请过保姆，发现小保姆年龄小渴望读书，结果自己花钱送小保姆去上学去了，家里仍旧两位老人相依相伴。

4 月 13 日，几位志愿者听闻郭爷爷去世，从外地赶到郑州。和高医生一起吃饭时，胡佳和 L 忍不住在饭桌上眼泪流。胡佳说，每一次都是爷爷给我的饭盛好了等我来……胡佳还不知道，在他失踪的日子，郭爷爷重病中，吃不了东西饿哭了，解不了小便尿哭了，可是还不忘问高医生：胡佳找着没有？胡佳找着没有？这个孩子怎么不听话啊！郭爷爷老两口疼爱每一个见过面的志愿者，更疼爱自己的孩子。当年高医生勇敢地站出来公开说河南有艾滋病，结果家人受各方面的政治打击。高医生的小女儿原本也是位杰出的医生，因为母亲高耀洁医生公开谈论艾滋病，就被医院解雇、被排挤，不得不远走它乡重新寻找谋生之路。此次郭爷爷去世，我在高医生家里看见她美丽憔悴的样子，听说她四十多岁的年龄，在加拿大不被承认医生资格、英语不好、无工作的艰难状况，我非常心痛。深感我们生活在中国的人，是亏欠她的，她无辜地被牺牲了，背井离乡，失去继续行医的机会。高医生心痛，但是她不说。

痛哭，高医生一次次痛哭不能言。可是和我们坐在一起，又开始镇定地谈艾滋病工作问题。她一再坚持，认为中国现在的艾滋病主要传播途径是血液。"我和老伴以前和政府的看法是一致的，先是吸毒然后是性然后是血液。可是现在我发现，血液才是第一位啊！太可怕了，要打黑洞！"高医生认为还有很多艾滋病地区没有公开，病人没有得到照顾。她说："别光去上蔡了，到别的地方去！"郭爷爷走了，高医生的房子里剩下满满的书，和高医生自己一个人。我们希望她来北京，或者和孩子们一起，她不肯："我要死守住我的老窝，还有很多事情要做。"高医生两年前编写的书《艾滋殇》终于突破压力，正在印刷。"这书死了两年了，又复活了。但是这本书很普通，真正重要的是《十年防艾路》，今年6、7月份要出（版）。"

2006 年 04 月 15 日

注：曾金燕，博士，作家，早期协助高耀洁医生艾滋病的救援和宣传工作。

在此特别纪念高耀洁医生背后默默无闻的跟随者、支持者郭明久医生！

初见高耀洁医生

万延海

2000 年夏天，爱知行发布了一份韩国统一教会及下设国际教育基金会在华与中共多个党政部门合作开展禁欲教育和道德教育的报告，批评中国党政部门推行未经科学证明的性禁欲教育和反安全套推广的教育。那年夏天，我先后接受了美国《纽约时报》和《中国新闻周刊》记者采访，谈中国艾滋病防治工作。事后，记者们在揭露河南血液污染艾滋流行灾难时和我有了更多的合作。

8 月下旬，我在北京一家精神科医院讲课，介绍中国艾滋防治和性教育。《中国新闻周刊》的一名记者朋友来电，讲述河南的艾滋问题，说当地农民卖血，一个村子里很多人染病，人都快死光了，政府不管，而当地一个女医生自费防治艾滋，却遭遇当地政府打压。随后，采访案子的记者把高耀洁医生的电话给了我。

我本来以为自己会是最后一个因艾滋防治而受到政府迫害的人呢。出于对这个和自己有相似命运的医务人员同情，我决定去看望她。

当天晚上，我给高耀洁医生拨通电话，介绍了自己，表达去看望她的意愿。她同意我去看她，并说，《纽约时报》记者罗林来河南采访艾滋问题，要采访她。但河南省外事办称找不到高耀洁，阻止罗林采访高耀洁，阻止高耀洁讲述艾滋流行真相。

我于是给罗林打通电话，把情况给她说了，告诉她高耀洁的电话。两个月后，《纽约时报》关于河南血液污染艾滋流行的报导震动全球，高耀洁医生也成为全球社会关注的一名伟大的医生。而八月底《中国新闻周刊》题为"新国难：艾滋病"的报导，让河南血液污染艾滋流行的情况为大陆人民所知。

两天后，我到达河南郑州。已经是晚上，高医生晚上不接待陌生来客，害怕有人害她。我第二天一早就去到她家里。他老伴郭大爷和高老师在家里。在她家里吃完早饭，高医生就拿出自己的本子和上面的剪报，其中有一篇年初《长沙晚报》转载《华西都市报》关于河南上蔡县文楼村艾滋流行的报导。

来自武汉的传染病专家桂希恩教授"在该县文楼村第一次提取了十一个人的血样，有十例检疫呈阳性；第二次提取了一百四十人的血样，有八十多例呈阳性。"我被报导中的这组数字震惊。

我说明来意，给高医生带去一些艾滋防治的书籍和捐款。高医生坚持捐款要有人证明，她不会贪污他人的钱。于是，我们一起来到支持高医生工作的河南省文史馆，李馆长接待了我，并见证我的捐款。

随后，我带高医生去银行办理了可以处理外汇的账号。有朋友愿意进一步资助我关于统一教会的研究，我建议他当务之急先支持高耀洁的工作。在我们的支持下，高医生有了计算机、银行账号、电子信箱和传真等。她不再孤军奋战！

一年后，高医生获得曼恩全球健康和人权奖。她用奖金归还了我的捐款。她害怕钱！

注：作者为北京爱和行研究所长、国立清华大学当代中国中心访问学人。后流亡美国，仍持续关心大陆艾滋病人权议题。

高耀洁星常照

庞皎明

高老师去国流亡，我最终流落港岛。中国之大，我们一老一少，竟然只能被迫放逐。或许，这也是我和高老师十几年来保持密切联系的原因之一吧。我们，有许多可以交心的话。

（一）

我步入新闻江湖时，高耀洁老师已名满天下。在其他人的口中，高老师有许多称呼：高医生、高教授、高先生、高妈妈，高奶奶等等。我以"高老师"称呼高耀洁女士，高老师最初叫我为"庞先生"，见面后，我成了她口中的"小庞"。

未去国之前，高老师因宣传防治艾滋病而广为人知。她真正"开挂"一般的人生，是在退休之后。退休前，高老师是名妇科肿瘤专家，较少介入社会公共生活。于 1990 年代退休后，她揭露了河南一些地方政府推行"血浆经济"。在近乎疯狂的非法卖血及不正规采血的过程中，不少卖血民众因此感染了艾滋病毒。而进入河南各大医院血站、血库的血浆，也因此受到了病毒污染。地方医疗系统乃至整个政府体系，对此几乎熟视无睹而疏于管治，艾滋病人、艾滋病孤儿、艾滋病村，悄然成为河南一道隐密的残酷景观。高老师看不得如此"血祸"继续横行中原，出于医生的良知，出于对苦难的不忍人之心，她勇敢地撕开了这暗幕一角。也正是高老师等医生的勇气，让世人看到了河南艾滋病问题之严重。因积极介入艾滋病防治，给"艾滋病恐惧（症）"祛魅，高老师获得了"中国民间防艾滋病第一人"等殊荣。

2007 年，香港天文学会前会长杨光宇（BillYeung）先生发现了

38980 号小行星。杨先生敬重高老师对防治艾滋病的努力，将新发现的小行星冠以"高耀洁"之名。

中国社会的吊诡处，是一个人就算誉满天下，但如果得不到权力垂青，在官员眼里便不值一文。高老师常年揭露、抨击河南地方当局对艾滋病蔓延的失职渎职，得罪地方官员自然在所难免。而随着国际媒体介入报道，中国各级政府部门对艾滋病防治的疏忽也成为国际丑闻，就如河南当局对最初艾滋病泛滥漠不关心一样，对地方官员监视、骚扰与打压高老师，更高级别的官员同样放任行事。经年的打压与骚扰，让高老师在河南郑州都无法拥有一张安静的书桌。子女甚至也因此受到牵连，最终导致母子断绝关系。为了保存及整理艾滋病患者的资料，2009 年 5 月，已 80 多岁高龄的高老师匆匆告别了河南。几经辗转，于当年 8 月抵达美国。

流亡海外一年后，高老师得到美国哥伦比亚大学政治学教授黎安友（Andrew. J. Nathan）相助，终于在哥伦比亚大学附近寻得一处公寓。寓居纽约十余载，高老师最终还是没能重返她深爱的祖国。

（二）

2012 年 6 月，我在美国旅行时经停纽约。不少师友希望我去探望高老师，并代为送上他们的问候。6 月 24 日，晚上八点半分，我收到了高老师的邮件：

庞：

我很想见你，我 26 下午三时，看医生，你六、七时来可以吗？来时不要吃饭，我给你下饺子吃，已准备了，行吗？很快，高老师又发来了一封信：

我在门上拴个椅子，若你六时来了，（我）还没有回来，你坐下等着。

看着信件，我既感激又觉得可乐。高老师一生为他人着想，竟然担心我站在门外等候，她都于心不忍。

下午六时，在曼哈顿哈林区，我准时敲开了高老师在百老汇 3333

号公寓的房门。"高老师，我是小庞呵。"

"请进，请进。"高老师招呼我到屋里，她抬起手摸了摸我的手，"太瘦了，太瘦了。"我真是太激动了，只是咧着嘴笑，"是有点瘦，有点瘦。"见面头一天，高老师不慎摔了一跤，但跟我相见时，心情无比爽朗。她穿着格子衬衣，外面套了件紫色薄毛衣。看得出来，为了这次见面，她特地梳妆了一番。

公寓房间不大，屋内简陋但极干净，书籍及杂物堆放得随意。笔记本计算机、书籍、记事本歪歪扭扭的摆在宜家风格的台面上。一个红色的塑料袋敞开着，袋里装着许多胶囊药丸，那是高老师日常所需的药品。

高老师请我和随行的友人坐下。房间略显拥挤，我和高老师坐下聊天时，同行的朋友只好站在旁边。那些托付代为向高老师问候的朋友，我一一说出了他们的姓名。高老师很高兴，又让我代为问候这些师友，并询问朋友们的近况。

小庞，你写得真好！2016 年 6 月作者和高耀洁医生见面

高老师拿出一本记事本。"小庞，你来签名。"她指着记事本说，她要记住谁何时来探望过她，何人托我问候她。"我的身体很坏，这

也可能是我们最后一次见面。"签完名，高老师拿出她的自传《高洁的灵魂：高耀洁回忆录（增订版）》送给我。那是一年多前在香港出版的自传。以83岁高龄踏上流亡路，高老师希望在不受审查之下，讲述她的人生故事，她的所见所闻。

我跟高老师说，我也写了一本小书，暂定名叫《邵氏弃儿》。书中披露的，是湖南等地的计生部门，抢夺农民的"超生"小朋友送入福利院，再被外国家庭收养的故事。这时候，高老师才知道，她一直关注的报道的作者"上官敫铭"，就是她认识的"小庞"。

早在我们见面前，2011年5月21日，高老师曾给财新传媒写了封信：

> 读了贵刊发表的《邵氏婴儿》报道，深为震动，也为你们的勇气和社会责任心所感动。你们终于揭开了中国一些地方计划生育和儿童福利院的黑幕之一角，这是每个有天良的人都无法容忍的。但是，这仅仅是"一角"而已，实际上的问题要严重得多，范围也广得多。……
>
> 感谢你们的报道，希望这个报道能继续深入。我在美国继续关注你们有意义的工作。

提到我的书稿，高老师来了兴致，她鼓励我早点将书稿出版，好保留下一份历史档案。那天，高老师给我准备的，是从华人超市买来的速冻饺子。她早早就将饺子解冻，水滚后，她麻利地往锅里倒。"我叫你不要吃饭，留着肚子多吃一点。"

三盘水饺，还有一小碟醋，一盘红皮的"心里美"，成了高老师招待我家宴的全部。我并不喜欢吃水饺，但那却是最难忘的一次水饺餐。高老师将她盘里的饺子夹给我，"太瘦了，你要多吃一点！"

饭后，高老师给我倒了杯水。我们又闲聊了许久，她谈了对一些时事的观点，对几个人物做了点评。她又交代我回国之后，要帮她联系一些人，办一些事。我一一记下后，依依不舍向高老师道别。

那是我终生难忘的一餐。

（三）

2012 年 7 月初，我自美国返回北京。回到家，打开计算机查看邮件，即收到了高老师的数封未读邮件：

小庞：你平安到家了？

小庞：可惜我们谈话太少了……

小庞：前天你往我老邮箱发了一封信说：寄往我博客内的三篇文章，我当即回信说，博客已停 3 年多了，请你把文章寄往此邮箱。四十八小时过去了，未见（你）回音我很不安!!!

高老师的老邮箱是在 Yahoo 注册的。我和她此前在雅虎的邮箱通过信，而现在常用的邮箱则是 Gmail。我没有给高老师的 Yahoo 邮箱发过信，我知道发生了什么事——我和高老师的若干通信，肯定是被某些"有心人"看过了。高老师此前已经提醒过我，万事小心，特别是重要的数据不可贸然通过网络传送。这也是数年前，她只好带着装有艾滋病调查资料的硬盘，匆匆离家出走的原因。

"小庞，你太天真了。我有七十年可怕的经历!!!"高老师使用了三个感叹号，想必她真的生气了吧。秘密通信的自由被侵犯，我心里不是滋味。

高老师说她有"七十年可怕的经历"，这绝非虚言。1927 年 12 月 19 日，高老师出生于山东省曹县高新庄，本名高明魁，字耀洁。高家在当地乃是望族。幼年，高老师过继给寡居的大伯母徐氏。徐氏是清末政治人物、光绪十八年五月授翰林院编修的徐继儒长女。童年时，高老师即进私塾，因外公是当地大儒，她接受了传统的儒家教育。虽已进入民国，但高老师却是个缠过小脚的女人。

1939 年，因当地兵灾，高父不得不携带家人举家逃亡，最终迁居河南开封。1950 年，高老师考取国立河南大学医学院，毕业后，正式成为一名医生。

"你年轻，不了解。文革给我留下多处伤痕。"高老师给我讲述她的人生故事时，总喜欢强调我太年轻。

抗日战争及国共内战相机结束，和平之后的中国，迎来的却是各种运动。在文革期间，高老师遭到红卫兵多次毒打，被列为"阶级敌人""官僚地主家庭的孝子贤孙"而遭受攻击。高老师的丈夫、儿子也都受到牵连，被下放到五七干校劳动改造。

高老师被毒打，被游街，被关进医院的太平间，和尸体同处一室。在红卫兵的一次武斗中，她的胃被打伤后大出血，后来切除了大部分胃部才保住了性命。时年十几岁的儿子郭锄非也受到牵连，由此埋下了此后儿子"磕头断亲"（指儿子在压力下，磕头请母亲不要赴美领取美国人权组织 Vital Voices 颁授的年度人权奖项）的心结。实际上，高老师母子并未真正断绝亲情，儿子也曾赴美探望她。所谓的断亲，只不过是特殊情境下的特殊表达而已。

文革进入尾声时，高老师的冤案得以平反。1977 年 8 月，在中国共产党第十一次全国代表大会上，党中央正式宣布"文化大革命"结束。翌年，曾经迫害高老师一家的郑州市委和市政府，以及卫生局等相关部门的领导，陆续登门道歉。当局期待以此对文革时期的癫狂行为一笔勾销。

文革结束后的中国，百废待兴，在"经济建设为中心"的指引下，中国也走上了一条逐渐正常化的发展道路。然而，在 1990 年代，在中原大地，在华中、华北等多个省区，竟悄然兴起以卖血牟利的灰色产业，链条上有农民等民众、"血头"中介、医院血站及血库等。介入对艾滋病问题的调查及防治后，特别是揭发河南的"血浆经济"是艾滋病在农村迅速扩散的元凶，以瞭望者的姿态毫不畏惧的"吹哨"，让高老师获得了极多荣誉，不但得到了中国官方及民间的褒扬，事迹也被国外媒体广为报道。

2003 年初，高老师获选中央电视台评选的"感动中国 2003 年十大年度人物"之一。她"以博爱感动中国"，颁奖词写道：

这是一位步履蹒跚的老人，但她在实现"但愿人皆健，何妨我独贫"的人生理想的道路上却迈着坚定的脚步。她以渊博的知识、理性的思考驱散着人们的偏见和恐惧，她以母亲的慈爱、无私的热情温暖着弱者的无助冰冷。她尽自己最大的力量推动着人类防治艾滋病这繁重的工程，她把生命中所有的力量化为一缕缕阳光，希望能照进艾滋病患者的心间，照亮他们的未来。

这种体制内外的良性互动，被一些人士称为中国政治生态的"小阳春"。中国人喜欢取整数。在 2008 年之前，从 1998 年至 2008 年期间，是中国社会氛围最为开明宽松的政治"小阳春"时期。实际上，它跨越的时间更长，可笼统概括为"江胡时期"，即江泽民主政后期及胡锦涛掌权初期，这也正是中国媒体的"黄金十年"。

2004 年 11 月 30 日，在"世界艾滋病日"前夕，时任中共总书记胡锦涛在北京佑安医院考察，与艾滋病患者亲切握手。这是中共建政后首次，这也是经过近十年光景，在高老师等专业人士，在媒体不懈的连续报道下，官方与民间的互动。鼓呼十年，才获得官方正视，可见做事之难！鲁迅先生曾说："可惜中国太难改变了，即使搬动一张桌子，改装一个火炉，几乎也要血；而且即使有了血，也未必一定能搬动，能改装。"十年呼吁换得一次握手，这也算是进步吗？

这种所谓的官民"良性互动"，在高老师获得"感动中国"年度人物之后，也得到体现。当年年初，时任河南省委书记、后来升任国务院总理的李克强邀请高老师到省委办公厅叙谈，除了对她获得殊荣表示祝贺，也探讨了进一步做好防治艾滋病工作的举措。当年年底，国务院副总理吴仪在河南考察艾滋病防治工作时，也与高老师畅谈两个多小时。吴仪还特地嘱咐，她从此就是高老师的朋友。

然而，体制如野兽一般，在短暂放开利爪之时，也趁机磨尖了獠牙。高老师虽然获得"感动中国"的殊荣，但那"黄金十年"也是"维稳体制"构建时期，一切让当局认为可引发不稳定的因素，都必须消灭在萌芽状态。

高老师记录、揭露河南艾滋病蔓延的真相，为艾滋病人的权益鼓呼，包括接受海外媒体采访等行为，在体制的眼里，这都是造成"不稳定"的行为，地方官员对高老师的监控、打压，在权力逻辑中，这是必然的。2008 年北京奥运会落幕，当局享受了万邦来朝的荣光之后，对不同立场、不同声音的打压，不需要再顾及颜面。在遭受了多次羞辱式的监控及管束后，2009 年初，既然邦无道，高老师毅然决然去国远游。

（四）

回到北京后，我继续与高老师保持密切联系。由于时差的关系，我们多是通信。密则一周数封，疏则月余一封。寓居纽约，除了写作自传等文字，高老师并未放弃对中国艾滋病问题的关注。她经常给我发送有关艾滋病问题防治的文章，大部分是她对防治艾滋病的观察及建议。高老师希望我把她的观点，让更多的中国人知晓。在多年的通信中，她不时来信：

我把文章寄上，你 10、11 月发出，因艾滋病日时间才有人看，对吗？

马上艾滋病日来了，更多人能够了解防治艾滋病的知识，也是为了那些鲜为人知冤死的艾滋病人，让他们的故事能给更多的人知道。希望你能把这些传给更多的人。

再发去一个了解和预防艾滋病的文章。

我把高老师的文章转发给更多的朋友，贴到了网络。虽然远在他乡，因时常有署名文章出现在网络等各种载体，高老师在中国的存在感并未消退。

2013 年 6 月，在信件中，我向高老师简要汇报了近况。"上官"阵亡了，我换了一个新的笔名。"总之，国内新闻界现在真是风声鹤唳，言论尺度一再被收紧。"

2014 年初，高老师再次问到我的书稿是否出版。我给高老师回复了邮件。我说，准备移居香港。我问高老师能否给这本小书作序。2013 年初，我到香港参加一个研讨会，听闻我写作了一些书稿，明报出版社的总编辑等朋友，表示有兴趣出版。朋友们请我吃饭时，恰逢出版社安排的编辑是高老师自传《高洁的灵魂》的编辑 Nancy 女士，如此，大家觉得让高老师给这本小书作序，实在是太合适不过了。

高老师欣然接受了委托。她在准备写序言时，曾给我来信：

我把原稿调出来，把字放大打印，躺在床上细看了一遍，现在基本看完了。这本书写得很好，在很多地方，教我伤心流泪得看不下去。

又说：

我越看你这本书写的越好。如果你要是能加上更多照片，也让人们看到。以后，会和《血殇》那本书一样，读着流泪。

高老师的泪点或许是太低了。关于这部小书，我并没有跟高老师说太多。她最初半开玩笑的说我"太天真"，预言果然实现了。虽然签了合同，出版社已经排版并印出样书，取了书号也做了发行广告，但这本书并没有顺利面世。这其中的原因，我当然清楚。

我最终离开了生活了十几年的北京，移居到了中国的"境外"。高老师去国流亡，我最终流落港岛。中国之大，我们一老一少，竟然只能被迫放逐。或许，这也是我和高老师十几年来保持密切联系的原因之一吧。我们，有许多可以交心的话。

在书信中，因疾病困扰，高老师常常显得悲观。我鼓励她说："请您多休息，乐观一点！政治环境那么糟糕我们都可以克服，战胜病魔是小事情。"

（五）

远隔重洋，她的健康状况时刻牵动我心。

小庞：近期我在害病，又一个血栓……你还没忘记我，希望在艾滋病日前你在网上多发几次防艾知识，谢谢！！！祝中秋快乐！！

小庞：因为我一直生病，很久没有给你写信。

小庞：我病一年多了……

小庞：我近来病了，差一点死了。我把住医院的情况寄给你看。

小庞：我早应该给你回信，因为我的左耳孔出血多日，取了两次取不完，因此我的左耳失灵。你知道我右耳根本就不好，所以等学生来才给你回信。已经很多天了，可能你着急了。

小庞：近两天我的病情有好转，勿念！

有一次，高老师在信件中写道：

小庞：很久没有通信了。……告诉你一个不好的消息，在12号，我去医院，医生告诉我4月17号的CT检查中发现我右侧卵巢有个囊肿，从我十六年妇科肿瘤的经验看，囊肿也不是绝对不会恶变的。现在正联系进一步检查和处理办法。我怕麻烦更多人，所以只告诉你。

读完这封信，内心五味杂陈。高老师身体不好，我又无能为力，而那句"我怕麻烦更多人，所以只告诉你"，更让我觉得肩上有泰山顶般的压力。我委托在美国的朋友，在哥伦比亚大学留学或当访问学者的朋友，希望他们在方便的时候，帮我去探望高老师。哪怕什么忙都帮不上，跟她讲讲话，把她的近况告诉我也好。

高老师的日常，就是吃药（看医生）、写作和回信；除了这三件事，偶尔会客、主动或被动参加一些公开活动及散步，则是非日常的三件事。

旅美之前，高老师已经是誉满天下的知名人士。有人的地方，就有江湖。高老师寓居美国，也成了一些人士及团体试图拉拢的目标。这些人及团体，要么想给自己脸上贴金，要么希望高老师给他们站台以获取更多资源。高老师对这种人极度厌烦。她在发送给我的文章说，她不想沦为工具：

这群人很多、很多、分布很广、很广，以中国留学生的名誉（义），（其实多数人并非真正的留学生，靠学生签证在国外逗留。）他们表面上支持我、帮助我的工作与生活，如，帮我复（覆）信、打字、看医生、安排生活等等确有此事，取得我的信任，他们大力在多处宣传对我的帮助的事宜，甚至在某些方面自称是我的监护人。2013年的一天，吴姓男生以送照片为名，盗窃我计算机中的材料，被我发现后，当即制止没有盗完，当时我以为是个人问题，没有更多想法。时日久了原形毕露，监视我的行动，是利用我拿我当玩具，宣传他们的工作成绩。

在美国，如美国前国务卿希拉里（Hillary Clinton）就很敬重高老师，或许也是这一缘故，高老师也成为一些人士希望接触的目标。高老师与希拉里见过数次面，在希拉里访华，以及高老师 2007 年到美国领取美国维护世界妇女权益的组织"重要之声"环球合作伙伴关系颁发的"2007 年环球领导奖"时，她们都相谈甚欢。2019 年 3 月，希拉里还曾到纽约探望高老师。在中国，高老师虽然不回避政治，但对政治话题及政治人物并没有兴趣。远走他乡，她自然也不想被政治人物利用。

在通信中，高老师告诉我许多从未公开的事：

小庞，国外有很多中国人，绝大多数不是君子，他会想法拉你……利用你作棋子……很可怕！国内情况你清楚，不用我说。

小庞，你知道吗？中国人造假之多，手法之妙，令人望而生畏！

今年有一个突如其来的消息，我不得不告诉你……我不得不开门接待，我知道 X 来找过我很多次，就是要求我见 XXX。但是这个家伙我说啥也不能见。今天当场拒绝，而且表态很坚决。……为了叫我见这个家伙，各种人攻击了我半年多。

高老师厌恶一些人，她性格直爽言语直接；但很多时候，在接人待物时，她都是慈祥的。

小庞……这伙人不少是……一次以寄书为名，骗走我几十美元，他不是一般人，我孤身流浪在外 4 年……见闻！不可思议……泪水不让再写。

小庞，你不会感到我麻烦吗？我孤苦伶仃……无奈！前天那伙人来说，要来看我……还是不见……这伙人在干什么？

我不知如何安慰高老师，只叮嘱她不想见的什么？不见，不想参加的活动，最好就不要参加。高老师反倒过来提醒我，"一切的一切，你小心……防坏人害你，我内心话"。

同是天涯沦落人，有些人，为何要为难一位心怀大爱的老人？高老师不会使用键盘，她是在计算机手写板上输入文字，那些省略号及感叹号，我知道是高老师在颤抖、愤怒，高老师在哭泣。

2016年初，她在信中充满悲苦：

> 小庞：

> 最近我的情绪很不好，我三弟肝癌去年六月做了手术；我小女儿也患了肺癌，已到晚期失去手术机会了。我为了防艾滋病弄了一批书，是往内地赠送的。可恨！被我大学同班同学的侄子骗走三百本卖了。

我并不认识高老师的其他亲人，高老师把如此隐秘的情绪告诉我，或许，她真的是把我当成亲人了吧。在亲情伦理中，有"隔代亲"的现象。高老师年纪与我祖母相仿，高老师是将我看成是她孙儿辈的朋友——高老师以朋友之礼待我，从未显示过一些功成名就誉满天下的人偶尔会显露的轻慢。

高老师被人骗走的三百本书，是她寓居纽约写作的八本书之一，《镜头下的真相》。这本书凝结了高老师十七年的心血，记录了中国艾滋病的真实情况。书中收录了三百三十张照片艾滋村病人的病情，包括艾滋孤老、艾滋孤儿等生活现状，这是一部记录艾滋病人血与泪的书。

2015年2月，高老师获颁"刘宾雁良知奖"，这是流亡海外的中国民间人士组织的重要奖项。评奖委员为以此奖项，表彰高老师"持守天良、悲悯苍生之人道精神和伟大母爱"。当时，高老师获得了一万美元奖金。她当着众人的面，表示这笔奖金还要用到对艾滋病的防治上。高老师用奖金买书，原本打算全部寄回中国，赠送给各大图书馆以期为历史留存真相。

令人愤怒的是，书却被人骗走了。高老师只能无奈对我感叹："（我）遭遇的何足如此？""唉！做人太难了。"

（六）

2018 年初，高老师来信说：

小庞：我病一年多了，近来已重，正在检查，找到癌细胞，便可确诊是肺癌。无力写信了，请谅。

我担心高老师的病情，担心她的眼睛，担心她的健康。我不忍她颤颤巍巍的拿着手写笔，在计算机写字板上给我写信。为了她的健康，我逐渐减少与高老师的交流。

2021 年底，在高老师 94 岁生日来临之际，我又没忍住，还是给高老师写了信：

尊敬的高老师：

您好。我是小庞。祝您生日快乐！

此前，自您说眼睛不大好，回信吃力后，我就暂停给您写信了。在网络上，也陆陆续续看到您有关的消息，都是去探望您或与您联系的朋友，他们在网络上告知您的近况。

疫情也不知何时能结束，世界何时才能如往常一样自由沟通。我在香港，也两年多没有返内地了。国内的境况，似乎也没有变得更好，世界也是纷纷嚷嚷。

希望您在纽约，一切都好。请放宽心，社会的进步还有后来者，您现在只需要健康、快乐就好。

祝冬安。

小庞，于香港

2022 年 1 月 3 日，高老师终于给我回信：

小庞：近日信特别多，忘记回复，抱歉！再见！

这是高老师给我的最后一封信。我期待疫情尽快结束，世界的正常交往只要恢复，我要买一张机票飞赴纽约。疫情仍在肆虐。内地的"清零"政策还未放开时，我失去了两位交心的北京师友。失去师友的悲恸暂时消散，2023 年 3 月初，祖母又不幸仙逝。我还是没有买好机票飞去纽约，2023 年 12 月 10 日，在"世界人权日"，我永远失

159

去了敬爱的高老师。

2016 年 10 月 2 日，高老师给我来信：

小庞，告诉你一个消息，这于我非常重要，你听到后不要难过。

我又怎能不难过！那是当年 9 月底，高老师再次申明此前早就写好的遗嘱。高老师说，藉她名义以她为工具的事例，各式各样多不胜举，"因此，我不得不写出我身后事情的安排。为避免我死后，缺德分子藉我之名做工具，谋名谋利。"

在遗嘱中，高老师严肃宣告："我希望自己去世后被火化，不留坟墓……在我死后尽快将我的骨灰撒入黄河，不举行除此之外的任何仪式，我生前的建树和去世，不应该成为他人沽名钓誉的工具。"

高老师去国后，有关她的消息从未断绝。她不但是"感动中国"的良心，也曾被一些媒体评为"亚洲英雄""亚洲之星"。高老师效仿儒家的"道不行，乘桴浮于海"，在人生早已接近完满之际踏上流亡之路。

今日之中国，是世界第二大经济体。中国人在为了伟大的民族复兴而奋斗，但不知道正在成长起来的年轻人——"九〇后""〇〇后"们，有多少人知道高耀洁，又有多少人认同这位伟大的女性，肯定她为了促进中国的人权而作出的努力？

旅居美国后，高老师时刻通过网络关注中国的动态。她曾向我回忆，揭露"假医假药"害人的事迹，"时至今日，假医假药害人的事例有增无减。医骗子甚至进入了公立医院的科室，冒充医生，行骗危害病人。自（20）07 年开始，一个姓李的，一个姓张的，结合河南省厅级的官太太，要与我合作，多次纠缠，让我无法处理。这也是我外出离国的原因之一。"

2012 年，河南省官方以增加耕地面积、均衡城市建设用地面积为由，大规模在全省多地展开"平坟运动"。官方挖坟掘墓的行为激起民愤，对此，高老师分析称，"艾滋病冤死者最后留下的痕迹就是坟墓，若全部铲平，河南艾滋病死亡的人数又少一项证据。""铲平坟墓的事情吵了十多年，近来又成了平坟运动。仅周口太康县等地艾滋病疫区，在三个月内铲平坟墓 200 万座，很清楚平坟的目的是为了消灭'血祸'引起艾滋病的罪证，更是为了彻底地掩盖艾滋病疫情。"

民众权利的拓展与保障，仰赖的是对官员权力的压缩与限制。在中国官场中，官员的升迁却更多仰赖上级领导的喜好。在时局宽松之时，高老师得到嘉奖，实际上，在暗地里，自介入艾滋病的防治调查与揭露后，河南历届主官并不喜欢高老师。"血浆经济"造成的"血祸"并不独发生在河南，但因为河南有了高耀洁，不但让官员们颜面尽失，也阻滞了如走马灯一样走过场的党政主官们——戴上更高级别的顶戴花翎。2020 年底，中国国家卫生健康委发布数据称，截至当年 10 月底，中国报告的现存艾滋病感染者 104 万例，性传播比例在 95% 以上，其中异性传播占 70% 以上。对于艾滋病绝大多数的传播途经是因为性传播的说法，高老师曾怒斥那是"说瞎话"，是当局试图以此掩盖 1990 年代"血祸"造成艾滋病蔓延的历史事实。

如今，那个曾让官员们提心吊胆的老人，已经不在了。不知纽约的冬天是否寒冷，每年冬天，我都要嘱咐注意保暖的高老师，已回到了天上。

愿天上的高耀洁呵，星常照。希望你照耀高老师和我都热爱的这片土地，照耀我们热爱的人们及子子孙孙——继续走向更自由更文明的光明未来。

2023 年 12 月 17 日凌晨于香港岛

注：作者庞皎明是新闻人，现居香港。著作有《邵氏弃儿》。

高耀洁老师和我们同命运

孙 亚

高奶奶和孙亚感输血染艾滋病的儿子

12 月初，2023 年 12 月 11 日，几天前还温暖如春的郑州突然下了一场大雪，寒风呼啸，整个城市笼罩在皑皑白雪之中！

网络上此时传出了高耀洁教授在美国去世的消息，我一遍遍反复辨别真伪，心中的悲痛逐渐取代了周围的阵阵寒意，我习惯叫她高老师的高耀洁教授，她真的离开了我们，这就是山河为之悲鸣变色的原因吧。

我们全家与高老师相处的点点滴滴，再次浮现在脑海。今天写出这些往事，希望大家更多地了解这位曾与我们同命运的勇士和亲人，纪念灵魂高洁的高老师。

一、 高老师帮我们打官司

2002 年 8 月，我年仅六岁的儿子在北京大学口腔医院做手术，术前检查 HIV 抗体阴性。接着，他接受了输血，当时输入的是浓缩血小板，然后手术。

2003 年 11 月，儿子因严重的肺部感染，在本地医院治疗。验血时被确诊，感染了艾滋病病毒。

从此，我们一家人的生活就被彻底改变了；我们也正是因此认识了高老师。高老师了解了我们的遭遇，她非常同情。她亲自拜托杨绍刚律师，又联系了河南《大河报》副总编辑马云龙，请他们帮我们打赢这场医疗官司。

北京的一位律师曾明确地对我说，你的官司赢不了。我当时很不解，孩子那么小，术前验血确定是 HIV 抗体阴性，我们做父母的身体健康，孩子就输过这一次血小板，怎么就打不赢官司呢？

不幸的是：他说中了。我们再努力也是徒劳，在长达三年的时间内，我们走遍法律程序，从起诉到北京市海淀区法院，再到北京市一中院、北京市第一检察院和北京高院，结果得到的是六份败诉的判决书或裁定。

二、 我帮高老师邮寄艾防资料

因为都在郑州，我便常到高老师家里去。她家里到处是各种艾滋病防治书籍和她自费印刷的防治资料。为印刷、邮寄这些资料，她用尽了自己所获国际奖项的一百多万元奖金。她一批接一批地印资料，家中资料堆积了大半个客厅，只留出一条进入卧室的过道。这些书籍资料都是她亲自去邮局，寄往全国的各个医疗机构，还有外省市的大学和中学。她也寄给了公安部门和她所能查到邮件地址的各相关单位。

面对一摞摞的印刷品，她要先把各种书籍和资料分成一份份的；再仔细地包好，用塑料绳捆扎，然后到邮局去再贴邮票发走。每次她攒够一定数量，就和老伴郭老师一起，用自行车推到附近的邮局去。

老伴总抱怨她，不仅花了自己的奖金，把家里的钱也花光了。郭大夫就把家里的钱管起来。老人家心疼高老师，也抱怨邮寄资料费时费力。可说归说，做归做，他老人家一直是高老师最忠实的帮手。

高老师做研究极具专业素养，干这些体力活也非常认真。待寄出书籍和资料，她总是包得整整齐齐，绳子捆扎得规规矩矩。邮寄后的凭证，她都一一保留下来，密密麻麻地贴在一个本子上。

有一段时间，我内心有些纠结：要不要去高老师家里？去吧，高老师看到有人来帮忙，就会一刻不停地工作。我都感到有些吃不消，可她老人家却仍然精神抖擞地干着，实在是辛苦。我知道，她是想趁着有人帮忙多干些活。可我不去吧，高老师就需自己和老伴慢慢干。结果我还是决定去，一有空闲，我尽量帮高老师干活。毕竟我多干些，高老师就能少干些。

三、高老师接济我们

高老师家里经常有各种各样的访客，有些人会给老人家带些礼品，以营养品类居多。

还有些人会捐款，礼品不好拒绝，捐款高老师坚决不收。这些人中，也有一些人令高老师不胜其烦。高老师最欢迎的人，是过来帮她干活的朋友，她需要人打包寄资料，检索和登记收件单位的名称和地址。各种物品中，邮票、绳子、信封、包资料用的纸张最受欢迎。

所以，很多真心想帮高老师的，就捐邮票。

像我这样的家属或病人，总是能从高老师家里拎些东西回去，那是高老师硬要送给我们的。高老师知道我们带儿子往返北京看病、取证打官司等花费很大，入不敷出，她还把一笔两百美元的稿费给了我。这是我第一次看到和得到的美元钞票。

四、高老师拧我

那时，我儿子因感染艾滋病病毒，神经系统受到侵害，有难以治愈性癫痫。有时在一天里大大小小的发作有十数次，甚至有多达上百次的。

高老师总劝我再生个孩子，她担心我们的养老问题，担心我儿子的生存问题。

我总是推脱说，我们精力和经济条件都有限，要集中力量照顾这个孩子。高老师就找机会游说我妻子，她还开出了悬赏条件：有了孩子，她每月赞助我们五百元生活费。见我们不为所动，高老师急在心里。有一次她抱怨我不听话，就拧我！

后来我们去香港求医问药，终于找到了能控制癫痫发作的药物，儿子服用后有明显效果。我们的生活和心情才逐渐安定下来。

五、高老师的战场和武器

每次见到高老师，除了安排寄书，她就是在写文章和书稿。有一段时间，她还要写博客。我只要有时间，也会尽量帮她录入一些文字。高老师的手稿总是改了又改，她还会把稿纸粘接成长长的一张。她是在用笔和文字做武器，在舆论战场上战斗。

老人家对我带去的因输血感染艾滋病的案例非常感兴趣，我也总是把走访的案例写成文字，发表在高老师的博客上。这些都是艾滋病经输血传播的证据，因而深深地刺痛了一些人的痛点。有组织的谩骂和谣言开始如附骨之蛆一样，出现在评论和回信中。高老师通过志愿者，固定了这些卑鄙的谩骂者的 IP 地址，却没想到，有些地址竟然来自庙堂。

六、高老师讲述的故事

我在高老师家，常常会待一整天，中午和晚上就要吃上高老师亲自做的两顿饭。那时高老师家有个十八九岁的小保姆，高老师安排她到卫生厅下属的卫校学习，她白天不在家，晚上才回来。

那段日子里，高老师对我讲过很多过去的故事。这使我了解到，高老师的斗争精神和慈悲胸怀源自她的人生经历。

1. 高老师的身世

高老师出身山东曹县的世家大户，大伯母的父亲是前清翰林。高老师直到晚年还能流利地背诵大段古文，来佐证她的看法和观点，这与幼年时受到大伯母的教导有关。

抗战时期，高老师成为流亡学生，过着辗转流离的生活，也曾因为学籍问题参加过学潮。

高老家中地上地下的财产都捐给了八路军，有一本小人书叫《三打高二穷种》，打的就是高老师的二伯父。那书中说他十恶不赦，勾结日伪，抓捕残害二十多名八路军及家属。我判断这笔血债是夸张的说法，高老师一家1949年后没有一人被清算就是最好的证明。她的两个弟弟和一个妹妹也都受到良好的教育，成为高级知识分子。高老师本人还是九三学社社员和河南省文史馆馆员。

2. 仁心仁术遭迫害

高老师是妇科肿瘤疾病的专家，业务水平精湛。我记得看过两篇报刊杂志上的文章，标题分别是《白衣战士》和《爬坡的人》，其中介绍了高老师忘我工作的情景和成绩。她是女性、母亲和婴儿的守护神，她也是被称作万婴之母的林巧稚治丧委员会的成员。

文革中，高老师受到残酷迫害。施害者不择手段，炮制虚假罪名，要置高老师于死地。她曾被关在她所工作的医院太平间里很长时间，她的胃被打爆，切除了四分之三。她痛不欲生，曾经想到过自杀。

据说最终在周总理办公室的干预下，高老师才得以脱险。平反后，高老师就搬个小板凳，坐在公安局门口，她要求公安局道歉。

3. 可怜天下父母心

高老师自称她不是合格的母亲，由于忙于工作，而少了对孩子和家庭的照顾，曾被老伴郭老师抱怨。儿子和小女儿，受她牵连，吃了不少苦，自然也有些不满。高老师为此感到愧疚，她也抱怨他们过于懦弱。我知道，这不是儿女的过失，高老师是为了我们的受难而付出。她牺牲了个人的家庭生活，而待我们亲如一家，情同慈母。

高老师对我讲过的故事，还让我看到过去年代的荒诞。那时，一个医生、尤其是妇产科医生，多么勉为其难。有一段时期要宣传中医麻醉有效，做剖宫产时，高老师成为电视直播手术过程中主刀的不二人选。

手术圆满完成，主抓卫生的孙副市长问："高老师怎么做到的？"

高老师脱口而出："手术时用的擦血止血的纱布，都浸过麻药！"

在计划生育的年代，高老师的一项主要工作是给育龄妇女做结扎绝育手术，她技术好，用时少，经常带队下乡，整村、整乡地给妇女做手术。老百姓骂她们是屠夫、刽子手，朝她们坐的汽车扔石头。高老师不能不服从，但作为妇科医生，她也万般不忍，曾冒着巨大风险救下婴儿。她说，对于一些足月的引产手术，有的婴儿生命过于顽强，有的婴儿实在可爱，她们会把婴儿"偷走"，送给信得过的家庭养育。

高老师家中有很多病人和孩子的照片，找高老师治疗不孕不育的人很多。高老师就像送子观音一样给这些家庭提供诊疗建议，这些人有了孩子后，往往跟高老师保持很久的交往。说起这些往事，高老眼睛里闪着光，面带微笑。她太理解那些求助者们的心情了，为了帮助他们得到一个后代，她也是倾尽全力。

我们听得有些目瞪口呆，这老太太，忒调皮可爱了吧！

六、血站污染与中原血祸

高老师本可以安享晚年，含饴弄孙；1996 年，一个来自农村的女病人开启了她的防艾之路。这位患者因在武警医院输过血而感染，高老师敏锐地判断出：血站、血库的血被艾滋病毒污染了，问题严重，迫在眉睫。

1. "血袋子下面连着手铐子"

人类的血液静置后会分层，上层是澄清的血浆，含有各种凝血因子、免疫蛋白、丙球蛋白和血小板，这些都是血液中最宝贵的成分。血液下层是红细胞，没多大用途。而获得血浆，就成了重要的一步。

血浆单采术的推广和血液学专家刘隽湘的努力分不开。据网页资料显示：刘隽湘在改革开放年代到来时，为解决原料血浆的供应问题，引进了血浆单采术，并在国内大规模推广应用。这对推动中国血液制剂工业的发展起了关键性的作用。

但刘隽湘深知这里的风险，他经常告诫自己的同事和学生："血袋子下面连着手铐子"。这意思是说，血制品安全极端重要，人命关天；如果造成任何安全事故，就要受到法律制裁。

晚年的他奔走在全国各地，到处讲解单采浆术的技术规范，培训操作人员。然而在各方利益的驱动下，刘隽湘这一位科学家却无法掌控事态的发展。

2. 血站的实际操作

为了降低成本，河南当年的血站从很多献血员身上采血，再将采集的血液混在一起放在离心机里。有用的血浆被分离出来，剩下的红细胞血液则被丢弃。这时有"聪明人"又发现，如果把剩下的红细胞再输回献血员的身体，不仅能减少支付献血员的费用，还能提高献血员献血的频次。

总之，怎么节约成本怎么干。采血器具、离心机、回输的红血球……采血和回输的各个环节都发生了交叉感染。一人有病，一同献血的都得病，一个血站的人都得病。原本身体健康的献血员体检不合格了，就会被淘汰，剔除出献血员队伍！

3. 揭露血站乱象

中国最早发现的本土艾滋病患者是浙江的血友病患者，该患者因使用进口的凝血因子而感染。于是，国家禁止进口血液制品，想拒艾滋病于国门之外，生产本国的血液制品。

单采血浆站，最初都是毗邻生物制品研究所而设立的。

早在 1980 年代末，河北省的孙永德医生发现，中国的血浆站有献血员感染艾滋病。而在那时，中原大地的血浆站已经如雨后春笋，遍地开花。卫生部门和红十字会都在争取获得血站的设立审批权。

血浆经济发展到高峰时，河南的血站有二百多家，地下黑血站数不清。周口的王淑平医生发现，那时当地的黑血站里，一个会计、两个护士，没有任何卫生资质，再加上几个针管、几瓶酒精，随便找个地方，这里就成了人们趋之若鹜的"采血点"。

由于安全问题频出，政府也数度要求整顿。从1993年开始，血浆站关停又开张，献血员在这里被淘汰又去到别的地方、别的血站。血浆站盈利的运营模式停不下来，一个直接的后果就是，感染了艾滋病毒、乙肝病毒和丙肝病毒的献血员，四处外溢，灾难不可避免地发生了。

据2013年的统计，中国有一亿多的乙肝病毒感染和携带者。据2015年的统计，全国有四千万人感染丙肝病毒。这两种疾病共同的传播途径之一就是经由血（包括输血、使用血制品）传播。更严重的是，国门虽然关上了，但艾滋病毒已经进来了；而且还遇到了不设防的温床！

1994年，王淑平医生发现了因输血带来的艾滋病感染。她从收集到的血液样本中发现，有超过百分之十的样本含有艾滋病毒。她把报告和检测数据上报卫生部，结果却被开除公职。她在2001年独自去了美国，2019年在美国猝然离世。

1996年河南大规模关停、取缔了本地的单采血浆站。

4. 到底有多严重？

艾滋病疫情到底严重到什么程度？

1995年前后，国家在全国血站进行了数次艾滋病的普查，结果非常不乐观，普查结果未公布。

河南省进行过数次献血员的艾滋病普查，对外公布的结论都是发现少量感染者，未造成大面积的流行。此后有感染数据流出，河南卫生厅的马士文副处长因为涉嫌泄露疫情数据，被审查了很长时间。

卫生部的曾毅院士到河南，河南接待的任凭他拍桌子骂娘，好吃好喝好招待，就是不让下基层，不让看真实疫情数据！曾毅院士不可能不知道问题的严重，苦于没有具体数据，他也只有拍桌子的份。

正是这一切，激起了高老师超乎众人的斗志：不揭开艾滋病血传播的黑幕，誓不罢休！

七、高老师挺身而出

1. 明察暗访艾滋村

高老师比王淑平医生在河南坚持了更长的时间,她大声疾呼,绝不妥协,在国内外产生了巨大的影响。

高老师的呼吁基于她的实地调查,她顶着压力走村串户。有一次,她带香港智行基金会的杜聪先生同行,刚到村子,就被给盯上了。高老师对杜聪说:"不好,暴露了,撤退!"杜先生还不明就里,直问:"为什么啥都没做就走了?"

高老师一行假装离开当地,躲过视线。他们住进当地一家小旅馆里,第二天再折返回来,悄悄进村。每到一处村庄,高老师总是访贫问苦,发放艾滋病防治知识资料。她同时给村民发放一些缓解症状的药品,又收集采供血感染的证据。患者的病痛和家庭的苦难,深深地刺痛了她的内心,也坚定了她揭开黑幕的决心。

不仅在本省调研,高老师还花费了数月的时间,一行人几台车,跨省调查了十几个血站血浆站。调查结果触目惊心,以至于这份调查被高老师的老伴郭老师给烧了。对历史悲剧心有余悸的郭老师,他是要保护高老师的性命,可这也成了高老师深深的遗憾之一!

2. 两位领导支持

2003 年 12 月,吴仪副总理到河南;她一定要见高老师。见面后吴副总理问高老师最近在忙什么?高老师回答说,在写有关处女膜的文章,吴仪副总理听了很好奇。高老师说最近很时兴处女膜修复手术,跟割双眼皮一样,都是造假。副总理哈哈大笑,两人相谈甚欢。

其间,吴副总理对秘书说:"思路很清晰啊!"高老师说:"他们一定跟您说我不正常,是神经病,只会胡说八道!"

高老师也谈到过跟时任河南省委李克强书记见面的情景,李书记见她说:高老师,我调查过,情况是"通稿"。高老师那意思是,李书记说的话跟报上的通稿差不多。高老师用了一段古文回答书记,她对我背诵的时候,吧啦吧啦一长串,我也记不住。大意很明确:过去，别人说什么，我信，现在，别人说什么，我也不信。现在礼乐崩塌……高老师说，李克强没有生气，只是说："你说得对，我要亲自去看看。"

2004 年，河南省政府派遣了七十六名省直干部，进驻到三十八个艾滋病高发村。随后也公开了献血员艾滋病大普查的数据：全省范围内既往有偿供血人员达二十八万，其中检测出艾滋病感染者两万五千名。

2005 年，河南省政府提出：对艾滋病人及其家庭实行了"四有一不"的救助政策（即让艾滋病患者有房住、有衣穿、有饭吃、有基本医疗保障，不使一名适龄儿童失学），这是中国政府后来出台"四免一关怀"政策的前身。

令人惋惜的是当年的李克强书记，后来的李克强总理，也于今年10 月 27 日逝世了。

3. 河南只是缩影

其实中原几省的情况基本一样，单采血浆站，如前所述，最初只是存在于卫生部直属的生物制品公司周边地区，继而扩散到河南及中原数省，再扩散至西南地区乃至全国。

以我儿子的案例而言，当时在北京，医疗资源集中，全国疑难重症病人都会赴京求医，用血量十分巨大。由北京居民义务献血来保障用血，自然困难很大。

因此，献血指标就成为各单位负责人的一个硬性任务。有些单位为完成指标，会给予献血的职工以假期和较高的营养费。

这时，就有被称之为血头的人，组织外部人员代替单位人员献血，收取不等的费用，而这些费用对于代替者们是一笔可观的收入。

单位献血人员既有假期，还能留住大部分的补偿，单位也完成了任务。那段时间，经常有关于北京打击血头的报道，外地支援北京用血的新闻报道也时常见到。

我的儿子就是在这种情况下，2002 年，在北京输的浓缩血小板而感染。

2004 年以后，河南的艾滋疫情数据一下子高居全国第二，成了风口浪尖。有关部门人员对高老师的忌恨，可想而知。

当时还有一篇文章标题，大概是"假如广西也有高耀洁"。地下黑血浆站也开到了广西某地和贵州某地。此后，广西某地的艾滋病疫情数据每年一大步，步步高升。

重庆某地的艾滋病病例数据也是噌噌往上涨。

同一片蓝天下，这种做法似曾相识，不足为奇。不幸的是，他们那里没有高耀洁教授。

现在，河南省的艾滋病感染率已经退居全国排名第十二位了，是悲？是喜？而河南已无高耀洁，是喜？是悲？

八、远离故土

2004 年，高老师当选中央电视台"感动中国"年度人物，其实这背后还有一场和时间的赛跑。河南有人一路追到北京，试图要求取消对高老师的提名，只是到最后关头没有成功。

2007 年年底，高老师获联合国艾滋病组织和美国妇女组织"生命之音"的嘉奖，高老师应邀去领奖。

之后，家中的电话打不通，甚至不允许她二女儿去看她。高老师的二女儿豪爽有胆气："我妈做的事，没错，我坚决支持！不让看我妈，天理难容！"

那时，每天来看望的一拨接一拨，有市里的，有省里的；有政府口、公安口、卫生口；还有妇联的、总工会的，热闹非凡。郑州市某领导担心高老师不见他，拉着我一起去高老师家。我因此得以在这期间还能进到高老师家门。高老师只是基于礼貌接待了他。

去高老师家最多的是时任河南省卫生厅厅长刘学周，刘厅长在高老师面前行学生弟子的礼仪，哭得稀里哗啦的，他是在哭自己官位快保不住了。但高老师不为所动。这位厅长大人多年后，因贪腐而不是艾滋病相关问题坐了牢。

高老师写了一封信，表达了想要去领奖的意愿和自己的处境……这样一来，引起外界的广泛关注。有关方面下不了台了，他们一方面阻止外界来看望高老师，一方面又想营造没有限制高老师的样子。

我也被利用，有人建议我天气好的时候，带高老师下楼晒晒太阳。那几天真有好天气，我也真的想陪高老师下楼晒太阳！但高老师知道其中的奥妙。她偏就待在家里，不出大门一步。有关方面接了她弟弟、弟媳去，家中充满欢声笑语。

后来，报上登了一个新闻：河南省委领导春节前，看望慰问几位老专家。实际上只登出了慰问高老师的照片，算是给自己找台阶吧！

他们又非让高老师五十多岁的儿子，给母亲下跪，恳请母亲不要去美国。这再次深深刺痛了一个母亲的心。高老师写下两句话，希望撇清自己与家人的关系："儿子曾因我受害坐过三年狱，本人行为本人负责，一切与我儿子无关！"

我还记得，她去北京参加艾滋病相关活动，察觉到有人想利用她，就从会场逃了。她带着小保姆躲在绿化带，避开了相关人员，可这时却买不到当日的火车票。结果，她们只能坐过路的大巴车返回郑州。那夜，我担心极了，早早就守在高速公路出口。凌晨四五点的时候，终于接到了高老师，这才如释重负。

2009年春天，我也见不到高老师了，我知道她又不得不躲起来了。这以后我得知高老师入境美国的消息。从此，时不时地我就会在网络上搜寻高老师的点滴信息。这已成为一种习惯、一种割舍不去的牵挂。我知道高老师还在辛勤笔耕，她要和时间赛跑，用文字和图像把真相留给后人。

九、《中原纪事》：十六年后

2006年春，艾晓明老师拍摄纪录片《中原纪事》时，准备拜访高老师。她们下了火车，先在高老师家附近的宾馆住下。当时，高老师的老伴病重住院，高老师要在医院照顾老伴，很是疲惫。

她问我了解艾老师吗？我也没见过艾老师；从网上知道艾老师一直在关注黄静的案子，于是就告诉了高老师。高老师非常重视维护妇女权益的工作，也曾介入多起相关案件。黄静案高老师是知道并关注的，只是没将这个事件和艾老师联系起来。

高老师听我说到后，肃然起敬，对我说："不好，怠慢了。"那时，高老师腿关节有病，上下楼走路都非常不方便。但她却一定要坚持到宾馆去见艾老师。高老师对我们说："骡子马架子大了有用，人架子大了，没用！"我们就搀着高老师慢慢下楼，慢慢走到宾馆，再慢慢上楼。

艾老师得知年迈的高老师亲自来了，深感不安。她马上迎出房间，和高老师紧紧拥抱在一起。高老师生前最不愿意别人盗用她的名义，艾老师是高老师和我都信任的。我写下这些，希望大家看到一个有血有肉、活生生的高老师。

艾老师是在河北邢台拍摄《关爱之家》过程中到郑州来的。在邢台，由于公民社会、媒体和法律援助的广泛介入，政府最终出台了救助政策，并对艾滋病特殊人群中的感染者及其因此引发感染的家庭成员或病人，给予一次性生活救助 7 万元。而在河南省的同类人群中，尚未有同等的救助措施。

现在，河南省感染艾滋病的幸存者，大多到了退休的年龄。农村患者没有退休金，只有低保（2023 年每月人均补助水平在两百二十元以上）和微薄的生活补助每月两百元。也就是说，低保加上补助，每月大约四百四十。免费的抗艾药物已经吃了 20 年了，毒副作用严重，患者急需更换新的抗病毒药物。

新的治疗药物毒副作用很小，但需要通过医保购买。医保外个人支付费用在 400 元左右。对于缺乏现金收入的农村贫困人群，加重了他们的负担。

没有了高耀洁老师的庇佑，河南的感染者人群还有多长的路要走？

以此长文缅怀高老师，纪念这位为苍生呐喊奉献了一生的人。

2023 年 12 月 15 日凌晨于郑州

注：孙亚，一位想念高老师的郑州人。儿子在北京一家医院因输血感染艾滋病毒。

高老师，你在哪里？

李喜阁

2007年2月4日，河南警方不仅仅在郑州出动五十名警力封锁高耀洁教授家。而且也把我这个远在商丘宁陵县的艾滋病人再次软禁起来，并切断我家里的电话。软禁我的理由是阻止我维权上访，但实际上也是同时防范我有任何可能性因高耀洁教授被软禁而前去闯关看望老人家。

艾滋病感染者李喜阁和高耀洁

看到朋友发来的信息，高耀洁教授她老人家被河南政府软禁了，我很难受，眼里和心里都在流泪。一个多星期前，我与高老师在通电话。在电话里她只要有好的消息她都给我说，我们在电话里一说话就是半个小时。她老人家希望我能到她那儿住几天，我们有四个多月没有见面了，如果我没有取保候审的话，我是每个月都要到高老师那儿住几天的。她老人家需要有人能理解她做艾滋病的事业，她说的话都是老百姓说的实话。

在 2005 年 3 月 8 日，我第一次到高老师的家。她老人家是一个非常慈善的老人，她在为中国的艾滋病事业在呼吁。我简单给她说了一些我的情况，我的大女孙迎晨因母婴感染艾滋病在 2004 年 8 月 12 日晚上因查出太晚了，已经死了。小女儿也是艾滋病。我是因生大女儿孙迎晨时在 1995 年 6 月 22 日晚上，在河南省宁陵县妇幼保健院做剖腹产手术时，医生孙文玲为了血浆利益私自采血浆给大量妇女输血感染艾滋病。当高老师听到河南省宁陵县有三十多个家庭，因在 1993 年到 1999 年在河南省宁陵县妇幼保健院；因生孩子输血感染艾滋病时，妇女不但感染了艾滋病，而且有的孩子也感染了艾滋病时，她老人家痛苦地哭了起来。她说她没有想到输血和卖血一样厉害，这是民族的灾难；这是国家的灾难；这是子孙后代的灾难。

高教授她老人家从 1996 年开始做艾滋病调查的工作，她和老伴郭老先生一边下乡搞艾滋病调查，一边救助感染艾滋病家庭困难户。从 1996 年到现在给艾滋病孤儿寄去了八万人民币。在这十多年里，她用自己的退休金和奖金印预防艾滋病资料花费了上百万人民币。她一直在说："如果政府不及时采取措施，艾滋病可以把一个国家一个民族灭亡。这是人类的灾难。"她因做艾滋病宣传工作，她不断接到恐吓的电话，她经常被政府监视。一直到 2004 年，中央政府对河南执行了"四免一关怀"政策，政府对高老师的态度有所改变。高老师她有一个腿不好，膝盖里长了一些带刺的小骨头，但是她一直用药物维持自己的身体。她对艾滋病的工作一直不停地做调查。

高老师从 2005 年 3 月份以后对于输血感染艾滋病人群比较关注。她原是一名妇产科大夫，她知道如果妇女因生孩子输血感染艾滋病，这个群体感染艾滋病人说是非常可怕的。她说中国的艾滋病，90% 都跟有偿献血和输血有直接关系，血灾在威胁中年人和孩子的生命。

在九十年代初期河南曾经流传了一个非常响亮的口号："要想奔小康，赶紧卖血浆。"然而在血浆的背后，因管理血浆不严，河南卫生部门为了大搞血浆经济，采集血液失控，参与有偿献血的人大比例感染了艾滋病。因政府和卫生部们管理血液失误，导致了艾滋病在河南蔓延。在 90 年代后期，医院为了血浆经济私自违规采血给生孩子的妇女输血感染艾滋病。

现在艾滋病不是河南的专利，在全国三十多个省市地区都出现了。在九十年代有偿献血感染艾滋病、输血感染艾滋病、儿童母婴感染艾滋病。在 2004 年 12 月 1 日中国感染艾滋病人数是八十四万人，这个数字是估计的，并不是政府和卫生部门完全排查的数子。到了 2005 年 12 月份，政府发布艾滋病感染者人数是六十四万人。政府一直没有及时排查过艾滋病人群，造成了很多人死亡。

艾滋病是国家的灾难，是民族的灾难。没有人对这场艾滋病灾难负法律责任，艾滋病给人民给儿童带来了痛苦。

高老师在整理输血感染艾滋病病例，她已经查到了八十多个人因医院输血感染艾滋病。她要查到一百例时，她要出一个调查报告，中国仍然是血液感染艾滋病蔓延人类健康身体。

在 2006 年年末，她已经收到原美国克林顿总统夫人希拉里女士将颁发给她老人家人权奖的通知，请她在 2007 年 3 月份到美国。

当高老师原定在 2007 年 2 月 4 日坐飞机到北京时，她突然被河南政府软禁了。有些人为什么害怕高老师出去领奖，可能有些官员害怕高老师在国际新闻媒体面前说在九十年代政府部门和卫生部门管理血液不严，造成了无法弥补的严重后果。有多少官员该判死刑拉出去枪毙？！有多少官员该坐大牢？！历史不会忘记 2007 年 2 月 4 日，河南受艾滋病影响的老百姓不会忘记。是谁给我们国家带来了灾难？是谁给我们民族带来耻辱？是谁给我们和我们的子孙后代感染了艾滋病？

我给高老师已经打了十几个电话，一直没有打通。高老师你现在在哪儿？我们都在盼望你早一点到美国领奖。请希拉里女士代表妇女给你付出的那么多心血以褒奖。

我代表输血感染艾滋病人群向你鞠躬，道一声：谢谢。

2007 年 2 月 6 日

非"贤妻良母"的高耀洁

社　群

　　高耀洁与老伴郭明久在年轻时是经人介绍，相识、结婚、生子的。两人育有一子两女。今年七十八岁的郭明久是东北人，毕业于沈阳的中国医科大学，二十四岁那年随"四野"进关，从此扎根河南，但至今还保留着纯正的东北口音。

　　离休前，郭明久在河南省委做保健医生，是对"纪律"和"保密"要求颇强的单位。时间长了，便也造就谨慎、不愿惹事的性格，偏偏遇上这么位老伴。家里人都说，高耀洁在外面"闯祸"，天塌下来也不管不顾，可苦了这位生性温和的老伴，替她担着心，也是"一晚上一晚上地睡不着觉"。"我这个老婆子是山东人的倔脾气。"郭明久老人一边说，一边笑眯眯地看着身旁的老伴，"我不怕你笑话，家里的洗衣服、买菜、做饭，哪一样都是我的事。她身体也不好，在外面压力也大，我尽量给她减轻负担吧。我再不帮她，她不就毁了嘛！"老人语调平和地说。

　　"年轻时俺很差劲，一星期不洗脸，十年都用一块钱的雪花膏。"那时，她甚至一个星期都不回家，以至于孩子到现在进门只喊爸不找妈，"我咋回家？天天忙得跟驴子一样，不是病房就是手术室。一忙就忙到天明。"有时候太忙，高耀洁干脆就住在医院，"瞪眼看产房"。那时她负责 47 个病床，"今天这个生不下来，明天那个出事了，多少命在我手里啊！"高耀洁也替自己作小小辩护："不是我不管家，是我顾不上管。我觉得自己的事业是第一位的。"

　　高耀洁家里至今没有洗衣机。直到今年冬天才找到一个小姑娘，帮做做饭、洗衣服，快八十岁的郭明久老人才算暂别自己洗衣服的历史。平时高耀洁要向外地寄书、寄材料，都是老人用自行车一点一点驮到邮局，帮着发出去的。寄书所需邮票都是索书人自己寄过来的，所以经常是邮局的人帮了半天，而他们"连一张邮票钱都不让人家赚"。一次、二次下来，对方脸色便有些难看，常常把他晾了很长时间再过来。在机关里多少受人尊重的老人脸皮薄，下次再换另一家邮局，路远也得换。但再怎么换，寄这么多、这么频繁总是要轮回来的。以后再去，老人索性"豁出去"低头不看对方，"办理完后连说几声谢谢，人家都不吱一声"。儿女们都心疼："我这个老爸，可让我老妈折腾完了！"

"我跟老婆子说，咱不干这个行吗？咱安安心心地在家里呆着挺好的。她说，'见死不救，咱学医的可不这么干'。"郭明久对老伴的态度也很矛盾。一些艾滋病人经常上家里找高耀洁，说句老实话，老人心里也有点怕："特别是已发病的那些人，脸色很难看，眼睛也都是黄色的，一上门就要钱。"上门的艾滋病人，如果没药吃了，老伴一句嘱咐，郭明久得上街替他们买药。留这些病人在家吃饭，做饭的也是郭明久。吃完饭有些人还不走，"你给二三百，高兴地走了，不高兴的，还在这儿。"

从 2001 年，家里的财权被郭明久老人收回，因为家里的钱都被高耀洁花在艾滋病人身上。每月高耀洁两千元左右的退休金归郭明久管，再"发"给高耀洁五百左右零花钱。"她有时花得手痒痒了，跟我说，老伴儿，再给我点钱吧。我也心疼她，有时再给她几百的。"郭明久说主要是担心两人的"保命钱"都存不下。

"平心而论，我真希望我的母亲是那种传统的贤妻良母。"郭锄非是高耀洁与郭明久的大儿子，谈起自己的母亲，听得出，郭锄非充满了复杂的情感。不久前，高耀洁接受了中央电视台《面对面》的一次采访，一旦成为公众人物，家中的私事、琐事也意味着进入了公众视野。在那期节目里，高耀洁说自己将"艾滋孤儿"领回家过春节，儿子嫌弃、不回家过春节的事。问起这件事会不会让儿子不高兴，高耀洁毫不在意："没事，他不在乎！"郭锄非说："举反面例子，说别人不太好，说自己家人挺合适的。"

"她啊，是我的 bigtrouble（大麻烦）！"郭锄非叹了口气，转而有点戏谑地说，言语里更多的却是无奈。高耀洁在"文革"中的境遇并不好，被戴高帽，胃也被打坏，后来切除了四分之三。因为"不说软话"，她被断续关到太平间里八个多月。为了整高耀洁，当时只有十三岁的郭锄非被逼着承认"反革命"举动，"他们让我咬她我不咬"。结果，只有十四岁的郭锄非被改了年龄，判了三年。"我也破了河南的纪录了——年龄最小的犯人。"

"她年轻时就是这样，从来不顾家，什么事都按照自己的想法做。"郭锄非说，"如果说'慈母'，她离得很远。"郭锄非记得，小时候自己在外边玩，母亲下班回来，手里抓着几个卫生棉球，把脸、脖子、手擦成黑的一扔，孩子又野得不知哪里去了。

"你不理解她给我、给这个家带来的麻烦，你不会体会到把一个人置到有些人的对立面的那种压力，这种压力是难以承受的……"郭锄非有些激动，"她八十了，怕啥？她从来不替孩子想。""父亲是个大好人，跟着她，承担太多太多的压力。"听得出，郭锄非十分心疼自己的父亲。"我对她谈不上钦佩。"郭锄非坦率地说。

高耀洁与小女儿关系紧张。因为女儿也在医院工作，受她牵连工作受到很大影响，最后选择移民到加拿大生活，至今与高耀洁关系紧张。女儿埋怨她不为子女考虑，她说女儿"懦弱"。问她难不难过女儿对她的隔膜，老太太不假思索地说："不难过！人家好多艾滋病人过得比她还惨哩！"高耀洁对子女的态度似乎也不能理解，"他们跟着我倒霉，但艾滋病人比他们更倒霉哩！"

"《面对面》的王志曾问她：'你先把自己的事办好了没有？'我觉得这话问得对。按说我爸是解放前参加革命的老干部，他们俩晚年应该过得很好，你看现在，家徒四壁……随她吧，终究是我的母亲，摊上了，没办法……"郭锄非说。

一个人的战斗

在高耀洁家采访的最后一天是 12 月 19 日，因为第二天，高耀洁将赴济南，作为嘉宾参加一电视台元旦晚会的录制，讲述她和几位被安置到山东的艾滋孤儿的故事。

从 2001 年起，高耀洁开始将更多的时间和精力放在救助艾滋孤儿上，她至今不能忘怀的一个场面是：大冬天，八岁左右的孩子光脚拖着一双破鞋，一崴一崴地走着。连冻带烂，脚后跟都露出里面的骨头来。这孩子倒也不笨，抹了点锅底灰敷在上面，原来他是一个父母都因艾滋病去世的孤儿。高耀洁一直遗憾后来再也没找到那个孩子，没把他"救"出来，"问题是不止是一两个孩子这样，太多太多了！"经她联系的孤儿有一百六十四个，以前高耀洁经常给孩子们寄钱寄学费，但后来她不得不改变了策略。

2002 年 7 月 31 日！老人有点气冲冲地回答改变她决定的那个日子。那一天，她发现一个孤儿的叔叔把她寄过去的一千一百元钱用做赌博。此前，她给了一个叫冯团伟的十三岁小男孩三个学期的学费六百元钱，结果发现孩子一天学都没上，在河沟里挖沙土挣钱。钱都被孩子的大伯领走。"一个冯团伟就把我气得够呛！"因为钱和生活用品都落不到孩子手里，高耀洁于是决定不再给那些孤儿寄东西。

高耀洁的老伴郭明久老人说："艾滋病是个太复杂的大问题，吃饭、穿衣、住行，哪一样听起来都很简单，但哪件事情都很大。心都是好的，但如果没有政府支持，仅凭个人的力量，太难了！"

高耀洁还是决定尽自己的力为孩子做点什么。经她介绍，6 个艾滋孤儿落户到她的老家山东曹县。其中一个孩子刚到山东时，身上脏得被妈妈放在澡盆里洗了几个钟头才洗干净，他的小手却死死抓住脏衣服不肯放松，怕扔掉后没有衣服穿。煮熟的鸡蛋剥皮后放在面前也不知道如何吃，因为以前从来没吃过。另一个孩子因为有馍吃，便觉得到了天堂，每个孩子背后的故事都令人心酸。

12 月 18 日中午，一位台湾商人辗转打电话找到高耀洁，表示想捐 30 万元，请她帮助，为艾滋病做点事情。高耀洁拒绝了。从某种角度说，"高耀洁"已形成了一种品牌效应，她振臂一呼，至少也是应者甚众。但越是这样，她越是小心地观察着，不轻易出让自己的名声。她谢绝了不同派别的邀请，推掉了一笔又一笔无条件信任她而捐出的钱。在旁观者看来，这种拒绝简直就是一种资源的浪费，但老人对这一点毫不动摇。虽然她也承认单个人的力量远远没有组织起来形成的力量大。

"我没办法啊，我也很矛盾，又想帮助人，又怕受骗上当。"老人坦率地承认自己的难处。当自己的防艾战争打得越来越有成果的时候，高耀洁也对周围的各种各样"防艾"团体或个人，保持着充分的戒心和警惕，有时候甚至令人感觉太过敏感、太过谨慎。但毕竟，我们无法理解和体会她八年来所面对的压力。

"你一味地排斥跟团体合作，是不是太绝对了？"忍不住向她提出这样的疑问。"没办法，矫枉必须过正。"老人毫不动摇，"跟一些团体走，我不知道他们到底想为艾滋做点什么；跟财迷走，我遗臭万年。你没跟他们打过交道，你不知道这里面有多复杂……我不如就现在这样。"

"我快八十岁的人了，要留得清白在人间。"高耀洁不止一次这样说："我就是担心这些东西以后交给谁，交给谁我都不放心。"老人家一次又一次以审慎而挑剔的目光巡视周围可能的人选，掂量这个"贪不贪"，那个牺牲精神够不够。自然，无论在哪一点上，都没有几个人能再超过她的高度。

此次去郑州采访高耀洁之前，曾在清华大学举办的防艾滋研讨会上见到高耀洁。一个大学生盛赞她是"grassroot（草根阶层）"的代表，老人有些茫然地看着对方。

今年，高耀洁遭遇了一场官司，因为在她的宣传品中有一篇《你诈骗艾滋病病人的钱财不感到可耻吗？》文章，湖北襄樊退休工人、"气味学专家"李德敏认为高耀洁是在贬损自己，因而起诉高耀洁。一审被判败诉后，原告李德敏在上个月不服判决，又将判决法院告到检察院。虽然在旁观者看来，对方无论从知名度还是影响力来说，都与她相差悬殊，但老人受到的伤害却是旁人难以理解的。她留心"对手"每一篇对她的反击文章，气愤地反驳，她甚至怀疑这起诉讼案背后有些别有用心："他赢得了、赢不了，都是分散我的时间，我在世的时间有限了……"

"我的智力、我的能力，有时真的应付不了外面的环境，那真是四面楚歌啊……"谈及这场官司，不知触动了高耀洁哪一棵脆弱的神经。本来表情很坚定的老人突然神情怆然，一行清泪缓缓流下满是皱纹的脸。

普通的两天

2003 年 12 月 18 日，星期四

10：00，开过门后，高耀洁转身走到茶几前戴上假牙。"霞——倒水！"喊高耀洁"奶奶"的罗新霞跟高耀洁无任何血缘关系。几年前，高耀洁在河南省的一些大专院校为学生开讲座，罗新霞是听她讲座的一个。

"她比俺亲奶对俺还好。"小霞跟这个家很融洽，她听完课后就找高耀洁。"奶奶让我星期六、星期天到她家，吃完饭再拿一袋子东西回来。我字写得不好，她让我练字。她就是这样，看不得人受苦。"几个月前，她把表妹介绍过来，帮这对老人干点家务，郭明久老人这才结束洗衣服的历史。

10：30，电话响了，原来是有两个从西安来的妇女，到郑州找了一天才找到她。其中一位说自己丧夫，老来无负担，"看了高老师的先进事迹"，想过来收养一个艾滋孤儿。怕不信她，矮个的带来了封介绍信给大家看。觉得遇到了知心人，高耀洁很高兴地聊起来，中午留她们吃饭。但吃完饭，老人才弄明白原来上午的高个妇女是某医药研究所的，想借高耀洁帮助，说她的药能治好艾滋病。老人将这类人都定义为"骗子"："这两个坏家伙，耽误了四个小时，真可恨！"

15：15，新一期《预防艾滋病的知识》校样送过来了，高耀洁戴上老花镜，一字一句地看。电话再响起。记不清这是多少个电话了，电话那头很急促的声音："高教授，我的男人被人打了，你说咋办哩？"打电话的是高耀洁曾接济过的一位艾滋病人的妻子。老人实在没什么好办法，安慰片刻挂下电话。

18：00，电话又响。是一个四川的小伙子打来的，说是希望帮高

耀洁建自己的网站，又花了很长时间介绍自己。老人不知如何处理，想来想去让他去找另一位知名的反艾人士胡佳。

19：00，开始编辑《一万封信》书稿。小霞帮她打印出来，老人在纸上写写划划改得很认真（记者20：00离开，高耀洁次日告知，这天晚上她一直工作到12点）。

2003年12月19日，星期五

10：30，小霞的表妹取信、取报纸回来了。清点后共33封，"算是中等"。

高耀洁戴上老花镜，打开信，一边看一边低声叨着："我有一个女儿……想领养一个孤儿。"再把信小心翼翼地叠好，放回信封。在信封背面写上两个大字"领养"，"要孩子的也得回啊，安慰安慰人家吧！"

另一封信一打开，三张邮票滑下来，老人吃力地欠身捡起，放在一个盒子里，里面全是用于赠书的邮票。

一封特殊的信老人选择放在最后看，信写在以蓝天白云做底的信纸上，是老人救助到山东曹县的一个女孩，曾经的苦孩子高丽，现在叫王媛媛。信上这么写：

"亲爱的爷爷奶奶：

我好想好想您和爷爷……天凉了，应多注重身体。我知道您内心的忧伤和焦虑。也许您正为和我一样的孩子担忧，为了我们，您不惜时间、精力，用慈善的火焰点燃了一盏盏希望之灯，让我再次拥有亲情……"

处理完这些信已小半天过去。老人说："今天真不错哩，这么多信，没一封是骗子信！"（中午高耀洁说有点累了，让我下午两点半以后过来。）

15：00，高耀洁坐在餐桌前，和罗新霞一起给上午来信的人回信或寄资料。看得出，老人对这三天抽出整段时间接受采访有点心疼，她执意坐在餐桌前，边拿着小棍子抹浆糊边说："就在这儿说吧！"

客厅那头，郭明久老人正在颤巍巍地往信封里塞宣传品，他塞了几次，厚厚的资料总是塞不进。"老婆儿，你是不是要五十份？"

"对啊！"两位老人的说话声音都很大，因为都有些耳背，"老头有点糊涂，一般不用他，今天忙不过来了，让他帮装信封。"高耀洁说："有时把地址写错了，给退回来，寄一次四块，一来一回就浪费我八块钱。"

16：00，前天来找高耀洁看病的一个妇女，又回来了。她有些不好意思地说她得的是梅毒，因为她"男人在外边跑"。高耀洁告诉她去防疫站再检查一遍，千万别信那些性病诊所医生的话。

17：05，珠海一中学生打来电话说，他节省下几天的早点钱，想捐给"高奶奶"，请他代转给那些艾滋孤儿。像那天拒绝掉一笔三十万元捐款一样，老人坚决辞谢。

19：00，晚饭过后，老人又坐在电脑前做例行的功课——改书稿。

这普通的两天，有欣喜、快乐、愤怒，更多的是平凡、琐碎而具体的小事。

高耀洁：八十岁这一年

马金瑜

"你们记者写我没有意思，要写，就把这些骗子都写出来，这些吃艾滋饭、发艾滋财的骗子，还有那些还在组织农民卖血的。要是我死了，你们不要写我，多揭发那些骗子、血头！"

老伴走了

屋子里很暗，到处是成捆的书，冬天的阳光本来就少，加上窗台和桌子上的花挡着光线，客厅就更暗了。已经八十岁的高耀洁摇摇晃晃地走在书堆间的空地上，到厨房去热上顿吃剩的稀饭和馒头。老伴郭明久在照片上笑着，静静地看着她。

"等我把这些艾滋病的资料寄完，就该走了……我巴不得早点死掉，我太累了。"她说完，继续趴在桌子上喝稀饭。假牙托泡在杯子里，不戴牙托，老人的嘴周围已全都塌陷去了，馒头掰得很碎。

高耀洁现在很少出门，只订了好几份报纸，每天要看中央台的《焦点访谈》，还看《新闻调查》，书和杂志堆在一张大床的一侧，另一侧被子掀开着，屋子里暖气不热，飘着股浓重的药味。每隔几个时辰，高耀洁就要从袋子里各种瓶瓶罐罐中摸出一大把药吃下去，"每天都得定时吃药，活一天是一天，一个月药钱得一千多，太贵了。"

2006年，越来越多的时间，高耀洁都是一个人呆在家里。这一年的四月十日，老伴郭明久走了。去世时，老伴的心、肺、肾都坏了，当时医生说动手术抢救，高耀洁说，不用了。她用手在喉部、腹部比画，这么大岁数了，再全身开刀，多活几天，有什么意义呢？

"2004年底，老头病了，我就很少出去。原来手头有钱，自己下乡或者雇人下乡。2005年以后，我更不能离开病房，手头也没钱了。"高耀洁以前读过《孝经》，老伴去世之后，她辟出了一个房间，设了灵堂，要守孝三年。很多人劝高耀洁，说老人八十多岁去世，是喜丧，高耀洁说她也明白这个道理，但她还是伤心。

老伴在的时候，总是坐在客厅的沙发上看电视，帮高耀洁寄资料，写信封。一个摄影记者还曾拍下两个老人一起推自行车去邮局寄资料的照片，老伴推在前面，高耀洁慢悠悠地跟在后面。那还是哪一年的夏天呢？老郭还穿着遗照上那件白色的短袖衫。

照片前面插着新鲜的菊花，"十年了，我都没有好好照顾过家里。我的学生跟我说，要是她，家里肯定都有第三者了，都离婚了。"高耀洁看着老伴的照片，"他在家好看电视，老坐在那个沙发上……就是我花钱花厉害了，他要说我。"

对吴仪："他们在骗你"

"好多人盼着我死，那些吃艾滋饭的人，怕我说话的人，都恨死我了！"

还有那么多骗子缠着她。一个村里的老支书，自己的孩子得艾滋病去世了，高耀洁去村里看他，给他钱，他还管着村里的一群艾滋孤儿，一给高耀洁说起艾滋病来，就老泪纵横……看着是个多么善良淳朴的人啊！可是今年村里的艾滋病人给高耀洁写信，她才知道，这个人就是当年组织村里人卖血的"黑血站"的"血头"，而且不断从艾滋病人收到的捐款中刮钱，现在甚至在村里以自己的名义建立了艾滋病救治协会。

"我曾这样想，苍天如此无知，今后我敢相信谁呢？"

她又说起老搭档桂希恩，"那是个老好人，心眼太好，太老实啦。那些骗子能骗得了桂希恩，她（他）不敢来骗我，我斗争经验比桂希恩丰富。"

"文楼村马深义现在找了一个对象，是他们村里的一个女病人，我不去村里，可是我消息灵通得很，有人给我说。"高耀洁露出孩子般狡黠又得意的笑容，"我有线人，啥也瞒不过我。"

墙上还有那么多艾滋病人的照片，"我这把年纪了，那些孤儿我都交给杜聪了，要不我死了，他们就没人管了。"

她还想继续去村里，还有那么多人她想去看看，还有好多资料她想发给村里人。"我还没有被举报过，我值五百块钱！记者值五十块钱。"

为什么呢？原先在有艾滋病患者的村子里，如果有人举报高耀洁来了，村干部会奖他五百元钱，举报其他的生人会有五十块钱。

"我还没有被举报过呢，穷人都对我好，所以现在还没有人拿到这个钱。当地有人给我送信，还有农民会早早把我藏在玉米地里，谁也找不到我。"

她还记得前些年，河南有的村子里，房子东面的窗户全都堵死了，问为啥呀，说是害怕艾滋风；村东的麦田麦子全烧焦了，一问是怕有艾滋味；东面菜地里的菜全烂了，说是有艾滋气；就因为村东有个艾滋病人去世了。"就为这，要是能动，俺还得去。"

"某些人"是她认为的"相关机构的御用文人"。前一段时间，有人写文章称，一个妓女能感染多少例艾滋病，并附有相关数据。高耀洁就按照数据统计了半天，得出结论，全中国人很快都会感染艾滋病。她说："这种文章的目的，就是强调性传播，来掩盖政府失职的责任。"高耀洁喜欢引用在河南流传颇广的打油诗："乡骗镇，镇骗县，一骗骗到国务院。"2003 年 12 月，吴仪会见高耀洁。吴仪说："有人告诉我，中国艾滋病传播的主要途径是吸毒传播和性传播。"高耀洁说："他们在骗你。"

她坚持认为，在中国当下，由于卖血输血产生的血液传播，仍然是中国艾滋病的主要问题。她在新浪博客里写："关于艾滋病血液的传播问题，不是又有抬头，而是根本没有解决。"在她看来，非法血站并没有销声匿迹，只是由公开转为地下。"在中国血源缺乏的状况下，怎么可能制止非法采血？800CC 的血，只卖五十元，这么高的利润，血头怎么可能放手？"高耀洁说。

她还认为，"艾滋病并不是河南的专利，血液传播是个全国性的问题。""我走过了全国十几个县市、几十个乡镇、几百个村庄，见过几千个艾滋病感染者，那么多由于贫困而去卖血的农民，怎么会是性乱、吸毒感染艾滋病的呢？"

高耀洁手头有许多活生生的例子，很多来自河南以外的省份。她博客上刊登过一个叫周洪强的家长的来信，其子周枫林 2004 年 10 月 22 日出生，次年 8 月 23 日、9 月 1 日因病在医院输了两次血小板，染上了艾滋病，2006 年 6 月 9 日死亡。

"这两年卖血感染艾滋病的病人一茬茬地死，艾滋病被中国人理解成脏病，吸毒或者作风淫乱才得病，艾滋病人被歧视，要还艾滋病人清白。"高耀洁说。

让她遗憾的是，一些专家和学校对艾滋病表现得很冷漠。高耀洁曾将一些防艾材料寄给中科院一位知名院士，没几天，材料被原封不动地退回。她给河南、湖北、江苏等地的图书馆发书，发的是她编辑的《中国艾滋病调查》和《艾滋病与性病的防治》，写明了是免费赠阅，后来有图书馆将书退回来，认为她是"先发书再要钱"。

"接班人"、遗嘱

书堆里还有 2006 年春节没有寄完的贺年卡，那是高耀洁自己印的。在五只狂吠露着白牙的狼狗边，写着："撕吃那些'发艾滋财'的'冷血坏家伙'们！诈骗艾滋财者该死！贪艾滋财的家伙死完！"

从 1996 年至今，老人自费印发了一百二十四万份预防艾滋病宣传页，2001 年，她用世界卫生组织颁发给她的"乔拉森·曼恩世界健康与人权奖"的两万美元奖金，和福特基金会的一万美元捐款，加印成《艾滋病性病的防治》。近些年外出讲课的收入，也多半被她用少至五十元多至五百元转给了那些艾滋病患者和孤儿。

她身体却是越来越差了。现在每天中午，她都得躺在床上睡个午觉。因胃病住院时，香港的医生朋友来看她，"非要给我请个小保姆，我不让她请，花那些钱干啥呀？我死了就死了，我都累得不行了，死了还轻松。"

"你们记者写我没有意思，要写，就把这些骗子都写出来，这些吃艾滋饭、发艾滋财的骗子，还有那些还在组织农民卖血的事情，这还有作用。要是我死了，你们记者不要写我，多揭发那些骗子、血头！"一激动，老人不停地咳嗽起来，声音也哑了。

自 2003 年以来，不停涌现"神奇"的"接班人"，他们给高耀洁来电话，跑到高耀洁家里，要求来接班："您老年事已高，防艾工作需要年轻人来干，我想本人是最适合的人选，我将继承和发扬您老人家的事业。"尤其是今年，高耀洁病重住院的消息传出后，这样的电话和信件更是络绎不绝。

"防艾圈太大、太乱了。"高耀洁说，"政府官员、地方官员、基金会、NGO、专家、医院、制药厂、江湖游医……太多了，这些年艾滋病问题上，多少人说了多少假话呀。"

老人在新浪上开了博客，字字句句都与艾滋病相关，"10 月 19 号博客出来，10 月 23 号在河南大学的演讲就被迫停了，他们害怕我在博客上公布的第一手资料。"高耀洁说。

高耀洁害怕的是那些"大发艾滋财的人"：曾有人"拿"去她所著的《一万封信》的书稿；有建筑工人给高耀洁来信，说是一起合作开艾滋病医院；有人打广告宣称"八代中医专治艾滋病"。高耀洁公开打假，最后被告上法庭，官司赢了，她却身心俱疲。

"我有时候想隐退，不想再声张了，不能辛苦十年，最后却晚节不保。"高耀洁说。

老人已提前写好了遗嘱，是托人帮忙写到博客上去的，就算戴上眼镜，她也看不清键盘敲字了。遗嘱中这样写道："由于晚年从事'防艾'和'救孤'工作，引来了不计其数的骗子和政客来找麻烦，如那场离奇的官司……我死之后，不留骨灰，把骨灰撒黄河激流处，永远销声匿迹，以免任何人、任何组织或官员利用我的名字成立组织，如'基金会''教育中心'等，搞行骗或闹剧，让那些'能人'获利，危害他人。"

"孙亚，你帮我打开博客，看看有人留言没有？"她叫着学生，学生一个一个给她念着，念到讽刺那些反对她的人的话："这是谁家的孩子，没教好放出来了？"她拍着手"嘿嘿嘿"笑起来，笑着咳嗽着，"这都是谁呀？写得有意思。还是支持我的人多。"

"高奶奶，你一定要保重身体，要是你不在了，就更没有人敢说真话了。"学生念着，高耀洁什么也没有说，靠在床边上，闭了闭眼，居然就睡着了，她发出沉重的呼吸声，只有这时候，她似乎才像一个八十岁的老人。

下午出了太阳，高耀洁起床下楼散步，街上的行人来来往往，只有小区门口的保安说："高奶奶，你出去啦？"

"哎！"这个戴着老花镜的普通的老太太弯着腰，走得很慢，没有人认得出她来。阳光很好。

2007 年 1 月五日

注：作者为媒体人，曾任职于《新京报》《南方人物周刊》等媒体，多次获得新闻奖项。

但愿人皆健，何妨我独贫

——高耀洁老人在沪上七所高校宣传抗艾

乐梦融

高耀洁，人称"中国民间防艾第一人"，今年80岁。退休前她是河南中医学院教授、妇科肿瘤病专家。1996年至今，她自费进行艾滋病防治和救助工作。2000年开始，她将主要精力放在救助艾滋遗孤上。

今年"世界艾滋病日"前后，连续数天，她在助理的搀扶下，走上沪上七所高校的演讲台，宣传抗艾。"随风潜入夜，润物细无声。"

红丝带洋溢着一片暖意

12月8日下午，华师大理科大楼的演讲厅里人头济济，连第一排前的空地上都坐满了热情听众，"高奶奶来了！"一些慕名而来的社会人士也跟着大学生一起欢呼。掌声持续了将近一分钟，高耀洁的精神顿时振奋起来，推开助理的手，摸索着坐到了话筒跟前。

"有个姓王的艾滋病患者想向我求助。几天后我到了村头，别人说，小王出来了，我一看人已经躺在棺材里，是被抬出来的，他就这么死了，悲伤啊。"操着浓重的河南口音，老人激动地说了整整一个半小时，语调始终透着自信和坚定。有人发问时，老人总凝视着对方，由于耳聋严重，主持人小任不得不贴在高耀洁的耳边做她的"助听器"，毕竟八十岁的耳朵有些不听使唤了。

从1996年接触的第一例艾滋病患者，到资助艾滋孤儿的近况，老人感慨万端地讲述了自己这十年年的曲折经历，幻灯片中艾滋病患者和艾滋孤儿的悲惨遭遇，让在场的每个人都唏嘘不已。"这男人是河南上蔡的。""这女人是输血感染的。"记忆力很好的老太太脱口而出每张图片的幕后故事，具体地点、日期也记得十分准确。老人的言辞常激起热烈反响，一句原本只属于高耀洁的抗艾座右铭，从台下人口中不约而同地说出："但愿人皆健，何妨我独贫。"

高耀洁就这么悄悄地来，默默地走。媒体没有过多关注，却在上海高校里刮起一阵抗击艾滋病的旋风。她的心声说不完道不尽：要宣传、写书，抓紧时间解决艾滋孤儿的生存问题、教育问题和心理问题。校园网上如同被点了一把火，学习高耀洁，为奶奶分忧的主题帖在很多高校论坛上甚至压倒了超人气的游戏和明星。有很多学生听了讲座后，立马参加了校园防艾宣传队。高奶奶赠送给高校图书馆的新书一上架，就成了抢手货。

交大亲青关爱青年学会会长徐晟宇欣喜地说，这正是他们当初邀请高奶奶来沪巡回演讲的初衷。学会本来只想请她来交大交流，高耀洁却坚持去各个高校走走。

高耀洁所到之处，每个学校的演讲厅都"站无虚席"，派发的红丝带标志洋溢着一片暖意。

相差 60 多岁的"战友"

那天下午六时左右，艺海剧院内真情激荡。高耀洁老人也在等待上海学子"感动校园人物"的揭晓时刻。

当主持人宣布邓贝西的名字时，高耀洁沧桑的脸上露出了欣慰的神采。她小步紧走到小邓身边，为他送上奖品，整整六十一岁的年龄差距好像没了丝毫间隙，两双平素握住"抗艾"大旗的手紧紧握在一起。聚光灯下，男孩对高耀洁轻轻道了声："奶奶，谢谢您。"获奖背后的辛酸劳累，也许只有高耀洁才有最刻骨铭心的体会。

2004 年暑假，小邓去郑州拜访高耀洁，两个相差近六十岁的陌生人，初次接触就谈到了一起，不久成了忘年交。高耀洁要来上海高校演讲，小邓早就打听到了，但当前一天被告知，老人结束演讲后会亲自来到颁奖现场，多少令他有些意外的惊喜。

这个稍显稚气的男孩邓贝西，三年内五赴艾滋村考察，持之以恒地帮助艾滋孤儿多年。在上海中学他带动了一批有爱心的学生，创立了"同一社"。如今"同一社"已经成为上海中学最大的社团之一，举办了多次大型抗艾宣传活动，在社会上产生了积极的影响。

尽管高三功课很忙，小邓总在关注抗艾活动和高耀洁近况，高耀洁也不断给小邓写信，告诉年轻人要坚持住，这对小邓的鼓舞很大。在工作上遇到困难时，小邓的脑海里总会浮现出高奶奶站在抗艾第一线的身影。三年没有见面，高奶奶还是立马认出了他。或许话题太沉重，而那天又是领奖的好日子，小邓没和老人继续抗艾话题，只是拉拉家常。小邓知道，从老人开始抗艾事业起，舒心的日子就几乎远去了。

"您已经八十高龄，有没有想过要找个接班人？"听罢记者提问，高耀洁连连摆手，压低嗓门回答，不找，这条路走起来太辛苦了。话是这么说，其实对于抗艾的后继者，老人总是看在眼里，喜在心里。

"老人家虽然嘴里常常强调这是一条布满荆棘的路，但心底里还是希望我能坚持走下去。等高三毕业，我还会在大学里继续这份事业的。"男孩邓贝西，决心很坚定。

博客是一块抗艾新阵地

高耀洁每次演讲完毕，总会在大屏幕上显示自己的博客。看过的网友都说，高耀洁博客的更新速度，哪怕在新浪名人博客里都算快的。从今年10月22日开设博客至今，已经有了四十八篇文章，每篇都是洋洋洒洒数千字，她口述，助理帮她整理输入，主题只有一个——抗艾。

"但在您的博客里，有的网友似乎不太同意您的一些观点。您认为安全套并不是百分之百保险，洁身自好才最重要。网友们则认为，目前很重要的是宣传安全套的安全意义。"记者开了个头，不想老太太较真起来："他们说得不对，8月到现在，又有四十六个病例落在我手里，这趟回家后，我要一例一例贴上去，给他们看。"老人腰杆挺得很直，有了博客，就多了块抗艾阵地。

谈到自己的博客，老人的脸突然菊花般地绽放开了，笑得很孩子气："我已经把博客地址印在了名片上呢，好多人见我就说，'高耀洁，你好时髦。'"

好多热心网友都劝高耀洁，在网络上不要太顶真，老太太却偏偏不信这一套："有些网友不清楚实际情况，所以我要和他们论个明白。"分歧归分歧，即使对艾滋病防范手段持不同意见的网友，对高耀洁的工作和付出同样表达了崇高敬意。

"诈骗艾滋财者死，贪艾滋财者亡"

2005 年年末，上海同济大学影视专业的沈一亭收到了高耀洁的贺卡，卡上印着：诈骗艾滋财者死，贪艾滋财者亡。写的倒是恭贺新喜，落款高耀洁贺。老太太寄贺卡都这么顶真，小沈觉得有些好笑，但回想起拍摄《与高耀洁同行》的日日夜夜，又有些笑不出来了。

"很多人没有办法理解，她拍摄之前我也不能。"这部 DV 作品获得人民网与汕头大学联合主办的 DV 大赛一等奖，作为纪录片导演，沈一亭按着高耀洁的作息，每天七时准时起床，晚上九时多才就寝。剧组里，跟拍的编导个个喊累，但看到高耀洁每晚默默地归档当日走访对象的材料，谁的心头都会升起一份敬意。

谈起拍摄过程，小沈心情很沉重，镜头里高耀洁总是踮着脚在农村泥泞路上慢慢地挪着，她要挨家挨户地去走访艾滋病患者。"没有设身处地的体会，永远想象不到，一件棉衣对艾滋孤儿意味着什么！"

获奖后几天，高耀洁饶有兴趣地看了片子，看完以后又较真了一番，说这纪录片很普通，有些地方连个解说词都没有。"老太太还挑剔着呢！后来想想，估计我们看来很难得的场景在她的眼睛里，太稀松平常了。"

老伴跟她说，"我死了你也要去！"

从 2003 年起，高耀洁获奖不断：亚洲拉蒙.麦格塞公共服务奖，表彰她在防治艾滋病的事业中作出的巨大贡献；"感动中国"年度人物称号；明年她可能将接受美国前总统夫人希拉里授予的"年度十大杰出女性"奖……好多奖项的外文名称，高耀洁说记不清，对于名利，老太太已经很淡了："拿奖拿名气，意义不大，之后遇到的困难一样都不会少。不要以为获奖了，困难就会通融。"

从涉入这项浩大的工程开始，高耀洁至今投入已高达 100 万元人民币。高耀洁的老伴生前常说，这些钱都够在河南买上几套大房子了。每次到手的奖金还没捂暖，高耀洁就又揣着跑去书店，抗艾书籍能买多少就买多少，不够了再去印刷厂，把自己的著作加印几万册，然后拉着老伴和助手跑去公共场所发放。

拿回获奖后几天，两万美金就没有影子。钱不够的时候，高耀洁还会动用夫妇俩的养老金，去给艾滋孤儿们添置生活必需品。老伴一开始有些微词，高耀洁一赌气跟他划了条"三八线"：今后把每个月的工资都给他，至于额外收入，就别管她如何支配。赌气归赌气，老伴还是用自行车把一捆一捆的书拉去邮局，邮局的工作人员总是疑惑不解，这么大年纪为什么买这么多书？究竟要寄给谁？

今年 4 月，相濡以沫多年的丈夫离开了人世。那几天，高耀洁正在筹备清华大学演讲。老伴去世的前 5 天，已经不能进食，也不能自主呼吸了，身上插着 4 根管子。老伴跟高耀洁说："我死了你也要去！"

老伴走后一阵子，复旦大学公共卫生学院副教授高燕宁，也是高耀洁的"战友"，曾目睹过老人伤神的样子——一个人静静躺在椅子上，看着窗外自言自语："我也不知道中什么邪了，我原来是妇产科医生，原来治疗不孕症时能给别人带去欢乐，老来却跟这么让人悲伤的绝症打交道。"当时高燕宁冷不防地问了一句："如果知道情况这么复杂，还会不会做？"

"肯定不会！当然不会！"高耀洁说得很干脆。可话音刚落，她又提起邮包去邮局寄抗艾书了。

2007 年 2 月 24 日

高耀洁：我不能对他人的痛苦无动于衷

周　筱

一位七十九岁的老人，用她那双小脚走过中原大地的十余个县市、数百个乡镇、村庄，面对严峻的艾滋病疫情她拒绝沉默。她的正直和勇气赢得了全世界的尊重，成为中国民间抗击艾滋病的知名人士。

每天的生活费只有十元，但用于救助艾滋病患者和艾滋孤儿、印制艾滋病预防宣传资料和书籍已花费近一百万元；高耀洁医生，一位七十九岁的老人，在防艾路上走了已近十年。

高耀洁花费的一百万元包括她获的几个国际大奖的奖金八万美元和全部个人积蓄。截至 2005 年 11 月，她自费编印的宣传小报"预防艾滋病知识"已出二十期，累计印数一百零二万份。所有书籍和小报，只要来人或来信到河南省文史馆索取（高是文史馆馆员），一概免费赠送，如果对方没有附上邮票，高耀洁还得倒贴邮资。

"这些书和小报只有全送出去才是胜利！"高耀洁用她浓重的开封口音说。从 2004 年 10 月至今，仅《艾滋病与性病防治》就送出去四万册，很多地方举办艾滋病预防培训班，专门派汽车来拉。尤其让她高兴的是，邻省的几个县乡政府也专门派人向她来要书。但也有让她极为生气的事：某省级图书馆向她要了两万册书，答应逐级发给下属的各市县图书馆，但结果竟是被经办人骗了。"他们发不下去也应该退还给我，我辛辛苦苦印的书怎么能去卖了废纸！我被他们骗了一次，不会再被他们骗了！"

"这些骗子都该法办！"

提到防艾领域的骗子，高耀洁立即怒气冲冲："现在真是诈骗成灾！想在我身上打主意的骗子太多了，真让我伤心！老天爷啊，怎么会这样？"

仅从 1999 年至 2003 年的四年间，高耀洁收到八千多封来信，就有八百多封属于骗子信，都是自称发明了百分之百包治艾滋病的中药制剂要求合作之类。但从 2004 年开始，随着国家出台各项艾滋病救助政策，社会各界也更加关注这一问题，骗子就不再满足于这种低劣的骗术，转而纷纷成立"孤儿学校""艾滋病救助协会"等机构敛财。

有一个姓王的农民成立"艾滋病青少年健康教育研究所"，多次打电话和上门向高耀洁反映当地的艾滋病患者和孤儿得不到救助的问题。由于当时手头正好没钱，高耀洁提出先给对方寄上几百本书和小报，希望他在当地宣传防艾，不料竟被对方拒绝，表示不需要防艾资料，只需要钱。这使高耀洁起了疑心，随后和香港智行基金会的杜聪先生雇车前往调查，在王某家里从中午等到傍晚，也没看见一个艾滋病患者和孤儿。此后，听说王某的研究所搬到了北京郊区，发邮件、打电话向北京各高校募捐钱款，还跑到各国大使馆去要钱。不少大学生信以为真，北京地质学院的一些大学生就每人每天省下一块钱捐给王某，但后来实地调查的结果是除了装修一新的楼房外，一个患者和孤儿也没有。

还有一位农民丁老汉，自称他的二儿子、五儿子和两个侄子都因卖血感染了艾滋病。高耀洁对他很同情，每次他从村里到郑州，都要从高耀洁处取走几百本书和几千份小报去作宣传，高也不时接济他。2004 年秋的一天，他带着两个艾滋病患者家属提着五斤芝麻油来拜访高耀洁，说是让她尝尝自家新打的油。高耀洁给了他们每人五十元共一百五十元表示感谢。直到今年 8 月 31 日，高耀洁才获悉丁老汉在上世纪九十年代就是当地黑血站的头目，他从村里的艾滋病患者的政府补助款中扣除了一百元，说这钱是那次给高耀洁送礼了。此后他拿着"艾滋病救助协会会长"的名片上门，就再也不要宣传资料和旧衣物了，张口就只要钱。

有一个村官，高耀洁募集了一车的旧衣物委托他送到村里，不料他一回村，就把其中的好衣服挑走，看不上眼的就全扔了。"一个农村基层干部，为了钱怎么可以这样！他们是人来了说人话，鬼来了说鬼话，人鬼都来了说胡话。"

近年来高耀洁的防艾工作都围绕艾滋孤儿展开，按照高耀洁的定义，艾滋孤儿即艾滋病患者死后留下的遗孤，与艾滋病孤儿不同，他们并未感染。高耀洁曾多次强调当前防艾工作的"关键是孤儿，中心是孤儿，第一位的是孤儿问题"。但现在她发现，比孤儿问题更急迫的是诈骗问题。"钱都到骗子手里了，孤儿能得到什么？诈骗问题已经影响了整个艾滋病救助工作！""现在应该告诉所有人，尤其是有爱心但缺乏社会经验的大学生，绝对不能盲目地捐钱！骗子们根本就没有人味，借救助艾滋病的名义骗老百姓的钱，这些骗子都该法办！"每每说到骗子的可恶和艾滋病患者的境遇，高耀洁常常激动得落泪。

记者：为什么会有那么多骗子来打您的主意？

高耀洁：总有骗子在我身上打主意，我总结了有三个原因：一我是个老人，"一个老婆子还不好哄？"其实我不好哄；二我是个女人；三我是中医学院教授，来找我的很多人自称是中医，其实根本就不是中医，竟然说有包治艾滋病的祖传秘方。艾滋病传入中国也才二十年，哪里来的"祖传秘方"？他们想不到我有分析能力，我还会派人去调查，我绝不会为了钱和他们同流合污的！

仍是"不受欢迎的人"

高耀洁用她那双脚走过了中原大地的十余个县市、数百个乡镇、村庄，调查所见的数以千计的艾滋病感染者和患者，几乎全是非法卖血和输血导致的。面对严峻的艾滋病疫情她拒绝沉默，从而揭开了当地血祸导致艾滋病流行的真相。她的正直与勇气赢得了全世界的尊重，成为中国民间抗击艾滋病的知名人物。2001 年在全球健康理事会"乔纳森·曼恩世界健康与人权奖"颁奖仪式上，联合国秘书长安南称赞高耀洁为"第一位在中国农村从事艾滋病预防宣传的女性活动家"，并向未出席的高医生表示"崇高的敬意"。2003 年 12 月 18 日晚，在河南考察艾滋病防治工作的吴仪副总理点名要求见高耀洁，并与她在下榻的宾馆单独长谈近三个小时。

尽管如此，在很多基层干部看来，高耀洁仍然或多或少是一个"不受欢迎的人"。一些基层干部为了所谓的政绩，怕一旦暴露当地病情会影响招商引资的形象，怕公布了真实情况，国家就会要求当地加大防治的投入，这是某些贫困地区的基层官员不愿看到的。

高耀洁的新著《中国艾滋病调查》一书中收录了一张华北某地非法血站的照片，照片上的农民争先恐后排队抽血，至今仍然在营业。"卫生部对单采血浆站有严格的规定，他们说自己是正规的，那为什么要在半夜和凌晨抽血？一个人一星期抽两次能行吗？一个人一次抽 800 毫升能受得了吗？"高耀洁这样质问。当地一个村支书指着高耀洁的鼻子大骂："你想断我们财路啊！"高耀洁义正词严地回答他："你要考虑民族的兴亡，不是光你一个人发财！"

不再是"一个人的战斗"

作为 79 岁高龄的老人，高耀洁非常担心在她身后，其子女可能被人利用成立以高耀洁命名的基金会等组织诈骗。所以她专门写下遗嘱，独家授权《中国青年》杂志首发，并再三对记者说，"我这个遗嘱一定要公布于众，我不能让自己身后的清白不保！"

遗 嘱

本人年近八旬，既老且病，在世之日有限了。由于晚年从事"防艾"和"救孤"工作，引来了不计其数的骗子和政客来找麻烦。如 2003 年 9 月那场离奇的官司，2005 年又招来所谓"108 名中国妇女争评诺贝尔和平奖"活动的闹剧，我不能和他们同流合污，骗害他人，给中华民族丢脸。我死之后，也不能让这些家伙们在我名下行骗获利。

我死之后，不留骨灰，把骨灰撒在黄河激流处，永远让她销声匿迹，以免任何人、任何组织或官员利用我的名字成立组织，如"基金会""教育中心"等，搞行骗或闹剧，让那些"能人"获利，危害他人。我死之后，（你们）不能再受骗上当！切切！

高耀洁写于 2005 年 10 月 1 日国庆节

现如今，高耀洁进行的已不是近十年前的"一个人的战斗"了。根据 2004 年全国艾滋病防治工作会议上公布的数据，中国现有艾滋病病毒感染者近八十四万人，其中百分之八十以上在农村，且已呈现从高危人群向普通人群蔓延的趋势。在这样的严峻局势下，更多的人开始投身到这场关系民族存亡的战斗中。用高耀洁的话说，他们就像"七七事变"后投身抗日洪流的爱国青年，比如她经常提到的有香港智行基金会的杜聪和北京东珍艾滋孤儿救助项目的李丹。

高耀洁戏称自己现在是"用技术换劳力"，她有助手、中文秘书、英文秘书、打字员、电脑维修员、印刷工、搬运工……都是她曾经治疗过的病人。高耀洁是治疗妇科癌症和不孕不育症的专家，1990 年从医院退休后，单位领导的意思是希望她回去开专家门诊，但她拒绝了。高耀洁说，现在专治不孕不育症的医院遍地开花，但许多都是骗子。"如果为了名利，我也去开不孕不育门诊了，那些不能生孩子的夫妻都愿意大把大把地拿钱出来啊。但我能推就推，因为我实在太忙了。"国庆期间，高耀洁张罗着要把一批募集来的旧衣服送到疫区去，她找汽车站站长帮忙，站长马上爽快地答应让她的司机专程跑一趟。"站长生了个儿子，司机的老婆吃了我开的药也怀孕了，买药只花了三十块钱，所以给我干活可卖力呢。"

在高耀洁家中，记者看到她将书拆包后的包装纸一张张叠好，将塑料打包带撕成一条条连起来做绳子用，觉得她不免过于节省了。高耀洁说："我这不是抠啊，我是能省就省，因为用的这些东西都得用钱去买，又没有地方报销。我的钱都要用到艾滋病人和艾滋孤儿身上。"尽管如此，高耀洁却固执地拒绝一切现金捐助，她担心上当受骗，也不愿沾钱后成为某些人造谣的口实。台湾歌星姜育恒到洛阳演出，辗转打来电话，愿意捐三十万人民币，高耀洁答复他不要说三十万，三十块也不敢收。新浪网打来电话要捐十万，也被高耀洁拒绝。有一对年近七十的香港老夫妇专程到郑州找了半个月，才找到高耀洁家，坐着不走一定要留下两万块钱，高耀洁后来只得叫来印刷厂厂长当场开具发票，将这笔钱用于印刷小报。

记者：您为什么一直不愿去开专家门诊呢？这也是救死扶伤啊。

高耀洁：我认为用技术挣钱是挣不完的，一个人活在世上，应该多为别人着想，多为民族着想！中国缺少的不是妇产科医生，但愿意做防艾工作的人却太少了。

两个医生的"不健康生活"

高耀洁的胃在文革时遭武斗打伤被切除了四分之三，她还患有高血压、心肌缺血、肺空洞等疾病，双脚时常浮肿得厉害。胃留不住食物，所以随时要吃东西。高耀洁出门时随身带着一盒糖果，这倒不是她贪嘴，而是患有严重的低血糖。高耀洁的老伴郭明久比她大一岁，离休前是保健医生，曾担任过医院门诊部主任。他的高血压比高耀洁厉害得多，还患有严重的肾病。

从 2004 年 11 月至今，几乎都在病房里度过。高耀洁也住在医院里陪护，因为郭明久性格内向，穿衣、如厕只有高耀洁服侍才安心。严重的高血压使得郭明久翻来覆去睡不着觉，高耀洁也整夜无法入睡。老伴的病让高耀洁的体力和精神大不如前。

两位老人平时生活上极为节省，一天的伙食费一般不超过 10 块钱，通常就是咸菜、馒头、玉米糊糊，有客人来时会多一盘炒鸡蛋。

趁着老伴睡着了，高耀洁悄悄告诉记者，在这次出院前，郭明久突然被发现咽喉部有白斑，而白斑是癌变的典型症状。"我怀疑老头儿得的是咽喉癌。老头儿这一病，我什么事情也干不成了。但我的《十年防艾路》快写成了，可能是我最后一本书了，一定要完成。如果他真是癌症，我的精神也全垮了，到今年 12 月 29 日我们结婚就五十二年了，我不能不管他，实在不行我要带他到北京看病。我如果垮了，以后会怎样实在不敢想……"

郭明久被确诊为"晚期咽部高分化率鳞状上皮癌"，已从省人民医院高血压病房转入省肿瘤医院。

感动中国

——高耀洁 我们都想去搀扶她

佚 名

也曾站在 CCTV "感动中国"的奖台上 2004 年

　　高耀洁，女，七十七岁，河南大学医学院毕业，河南中医学院第一附属医院退休教授。1996 年始，她接触到一例女艾滋病患者，从此开始了艰难漫长的"防艾"工作……

　　这是一位步履蹒跚的老人，但她在实现"但愿人皆健，何妨我独贫"的人生理想的道路上却迈着坚定的脚步。她以渊博的知识、理性的思考驱散着人们的偏见和恐惧，她以母亲的慈爱、无私的热情温暖着弱者的无助冰冷。她尽自己最大的力量推动着人类防治艾滋病这项繁重的工程，她把生命中所有的能量化为一缕缕的阳光，希望能照进艾滋病患者的心间，照亮他们的未来。

第一次与艾滋病病人离得那么近

也许她真的是太忙了。又或者，是需要她帮助的人太多了。当我那天把电话拨到老人家里，高耀洁第一句话说的就是："时间不够用啊，我心里明白，到了我这个岁数，马上就干不动了，我只希望在有生之年，能够看到有更多的人参与到'抗艾防艾'的工作中来，因为艾滋病病人也是人，他们需要社会的理解和帮助……"谈话间，老人家一直在喘。

1996 年 4 月 7 日，一个普通又普通的日子。

河南某医院接诊了一位高烧不退的四十二岁疑难病人，邀请已经退休的高耀洁教授前去会诊。一眼望去，此女极度消瘦、皮肤出现暗紫色斑点。高教授想起在一本书上看过有关"艾滋病"的介绍，当时就觉得病人的症状极为类似，难道她感染的是……？高耀洁的观点刚一提出，立刻就遭到一些年轻医生不假思索地否定。那时候，不要说患者，就连医生也觉得"艾滋病"这三个字离自己太远太远。但不幸的是，最后的诊断结果出来，一切正如高耀洁所料，这个病人是一位艾滋病患者，因子宫肌瘤手术输血而感染上艾滋病。

二十一天后，患者撒手西去。临终前，她用枯瘦如柴的手拉着高教授说："高大夫，我不过就输了一次血，怎么就没治了呢……"这句话，高耀洁每每想起，心里都会像针扎一样的疼，要知道，她输的，可是医院血库中的血啊。

上个世纪八十年代末开始，有人到河南省偏远贫穷的农村地区收购廉价血浆，用来制药。而灾难也恰在这急功近利的"血浆经济"中降临。在最鼎盛时期，整个河南的血站就有 230 多家，它所意味的是，只要有一个卖血人体内带有艾滋病病毒，就会迅速在所有可能人群中蔓延开来。

直到 1995 年 3 月，已经泛滥成灾的血站才被大规模取缔，只可惜悲剧已经酿成。原本艾滋病就不是一种只通过性交和吸毒才会感染的病毒，但是在中国，它最大的感染途径，不是吸毒，不是不正当性生活，而是通过血液。这也就决定了，我国的艾滋病患者，大部分是在不知情的状况下被感染的无辜人群。高耀洁意识到问题的严重性，同时也更意识到这项事业"非己莫属"。于是她谢绝了给病人看病的机会，结束了自己从 1990 年以来一直从事的妇幼保健工作，而走上一条艰难的"防艾"之路。她希望通过自己的努力，让全社会的人能够正确了解艾滋病，关注艾滋病，从而最终远离艾滋病。当然那时的高耀洁，并没有想到这条路竟是如此难走。

竟会有这么多人死于艾滋病

1999 年 8 月，高耀洁收到河南某县一位检察官寄给她的信，信上明确告诉她一个信息：最近在上蔡县文楼村里，有很多艾滋病人。出于一种本能，她立刻就警觉起来。其实早在两个月之前，武汉大学医学院教授桂希恩已经"注意"到了文楼村。他的一个河南籍学生告诉他，家乡流行一种怪病，夺去很多人生命，桂希恩后来确认，这"怪病"实际上就是艾滋病。接到信后，高耀洁马上找了一位记者，于 1999 年 9 月第一次去文楼村。一个叫吴拢的二十八岁女子扯了扯她的手："俺给你煮花生吃吧。"然后一拐一拐地进屋了。等她下个月再去的时候，才知道吴拢已经死了。她和丈夫是在卖血时认识而结婚的，小两口、老两口，家里的两个孩子都是艾滋病病毒感染者。人来一世，同样是命，为什么有的人会过得这么悲惨呢？高耀洁真是越想越不明白，回到家躺在床上，一晚上一晚上地睡不着觉。

同年 11 月，高耀洁联系了十二位艾滋病病人，过春节前，她给其中的八个人每人各寄了一百元钱，让他们好好过年。谁知半个月后，她收到四张退款单，上面写的都是"收款人已死"。

2001 年 3 月，四十二岁的艾滋病患者王有志给高耀洁写信，希望能和她见上一面，高耀洁去了，结果当她赶到村子里的时候，村子里正在出殡，走到棺材前一打听，才知道死的人正是王有志，高耀洁当时就哭了。她的泪水，既是为了写信给她的王有志，也是为了那些没有写信给她的孙有志、李有志、张有志……她深切感受到，对于艾滋病村而言，死亡实在是太平常的事了，几乎是每时每刻随时随地都在发生的一幕。最多的一次，老人看到光一个村一天就有九户艾滋病病人出殡。"人死多了，难免就有些麻木了。只是有时心里会堵得难受，就像压着块多大的石头似的……"老人长吁了一口气，陷入好一阵的沉默。想想最早认识的那拨艾滋病病人，她一口气能说出几十个名字，"现在那拨人都不会找我了，死喽，成一把黄土喽……"

老人至今都记得，那些濒临死亡的艾滋病病人最后拉着她的手说出的话："您老替我想想办法吧，我死了，今后我的孩子可咋办？我的孩子可咋办？他可是没有病的呀……"

因为艾滋病病毒是通过血液传染，所以大部分艾滋病病人的孩子，都不会感染上艾滋病病毒。只可惜，这一常识，很多人都不了解，所以很多父母死于艾滋病的孤儿，只能流浪街头，没有人敢把他们领回家去收养。

最可怜的还是他们的孩子

一年冬天，高耀洁看到一个八岁左右的孩子光脚拖着一双破鞋，一拐一拐地在风里走着。连冻带烂，孩子的脚后跟显然已经露出了骨头，最后只得自己抹点儿锅底灰敷在上面，权当是治疗了。不然又能怎样呢？就因为他是一个父母都因艾滋病去世的孤儿。所以村里的人都害怕他，躲着他。最令高耀洁遗憾的是，后来她再也没能找到那个孩子，没把他"救"出来。他现在好吗？脚上的伤还在么？是不是会被好心的人收养？

还有一次，高耀洁到豫南的一个村子去，看到了极为震惊的一幕：一个女人上吊了，一个两岁模样的男孩正抱着妈妈的脚后跟，边哨边喊，"娘，你下来啊！你下来啊！"旁边人说，孩子的爸爸十六岁时开始卖血，后来感染上艾滋病病毒死了……听到这儿，高耀洁的眼泪立刻就流下来了。也就是从这一刻开始，她要将自己更多的时间和精力放在救助和关心"艾滋孤儿"上。尽管她知道，与需要帮助孩子的数量相比，自己明显力薄。但她还是要尽力去做。

以前，经她联系的孤儿就有一百六十四个，高耀洁会时常从家里给孩子们寄钱寄学费，直到 2002 年 7 月 31 日，她发现一个孤儿的叔叔把她寄给孩子的一千一百元生活费全部做了赌款。此前，她还给过一个叫冯团伟的十三岁小男孩寄了三个学期的学费六百元钱，结果却发现孩子不仅一天学都没上，反而还要在河沟里挖沙土挣钱。至于她寄去的钱，竟都被孩子的大伯领走……因为钱和生活用品都落不到孩子手里，高耀洁决定不再给那些孤儿寄东西，而是改用其他的方法。经她介绍，六个"艾滋孤儿"落户到她的老家山东曹县。其中一个孩子刚到山东时，身上脏得被妈妈放在澡盆里洗了几个钟头才洗干净，他的小手却死死抓住脏衣服不肯放松，怕扔掉后没有衣服穿。煮熟的鸡蛋剥皮后放在面前也不知道如何吃，因为以前从来没吃过。另一个孩子因为有馍吃，便觉得到了天堂……这里每个孩子背后的故事都令人心酸。

在高耀洁家的客厅墙上，挂着她与艾滋病孤儿的十五张合影，其中有的已经有了新家，但绝大多数孩子仍在艰难中生活。高耀洁在照片上写了一句提醒所有人的话："请正视、善待、关心、同情艾滋病病人，救助艾滋病病人遗孤。"

将所有收入和奖金用于艾滋病病人身上

高耀洁与老伴郭明久在年轻时经人介绍相识，然后结婚、生子。两人育有一子两女。今年七十八岁的郭明久是东北人，毕业于沈阳的中国医科大学。

离休前，郭明久在河南省委做保健医生，平时高耀洁在外面忙，家里大事小事，包括洗衣做饭，全都是老伴儿在一点点撑着。老伴儿疼惜她身体不好，1967 年的时候又做手术切除了五分之四的胃，所以就尽量从家里给她减轻负担。老人的晚餐，经常是一碗玉米粥，一份土豆丝，两盘咸菜，外加一盘馒头。要是来客人的话，惟一的奢侈品就是一碟炒鸡蛋。

虽然前不久，她刚刚在国际上获得了一笔五万美元的奖金，但这些钱，全被她印成了宣传艾滋病的免费书籍。"这儿、这儿，都是我的钱!"老人打趣地指着房间里挨着几面墙、码到一人高的书。它们是高耀洁几年来为宣传艾滋病知识而付出的全部心血,整个房间都弥漫着一股淡淡的油墨味道。这些读物全部免费赠阅,一有来信索书,老人马上记下地址,以最短的时间寄出去:"咱不能拖着不办,人家以为赠书是假赠咧。现在骗子太多,咱不能再让人以为遇到骗子了。"

吃完晚饭,高耀洁赶紧戴上老花镜,一头钻进小屋,开始修改书稿。别看快八十了,老人还有自己的电子信箱,发邮件需要别人帮助,但自己可以收信打开看。从今年夏天开始,高耀洁主要忙于将几年来收到的群众来信结集出版,暂定名为《一万封信》。高耀洁一篇篇地看,不时念念有词,放下稿件,再一个字一个字地改。

渐渐的,一些艾滋病病人通过各种渠道知道了高耀洁。于是,上门拜访的艾滋病病人络绎不绝。"那会儿我当家,钱都大把大把地花出去了。他们一来、一哭,至少给五十元、一百元,刚走一拨又来一拨,几千块钱转眼就没了。"她这些年在外面挣的稿费、讲课费之类的,也全都贴了进去。至于近几年在国际上获得的几笔奖金,也都用在宣传艾滋病知识小册子的印刷上,全然不顾自己现在还住在儿子的房子里。原来像"贫民窟"一样的旧房拆迁了,要再迁回去得拿出十七万元,老伴很是发愁,但高耀洁压根儿就不想这些事。不仅不当回事,她还庆幸地说,也幸亏自己住在一个要拆的楼里,所有邻居都搬光了,否则艾滋病病人天天到这里来,那邻居们还不得天天和我打架。

上门的艾滋病病人,如果没药吃了,高耀洁一句嘱咐,郭明久得上街替他们买药;留这些病人在家吃饭,做饭的也是郭明久。吃完饭有些人还不走,"你给二三百,高兴地走了,不高兴的,还在这儿"。平时她要是想向外地寄书、寄材料什么的,也都是老伴儿郭明久用自行车一点一点驮到邮局,帮着发出去的。

从2001年,家里的财权被郭明久老人收回,他每月和高耀洁各有两千元左右的退休金,按说应该可以生活得相当不错了。但这些年,家里的钱全被高耀洁用在了艾滋病病人身上,直弄得现在两个人一把年纪，却依然家徒四壁，于是郭明久也只得勉为其难地管起钱来。

2001 年，高耀洁用世界卫生组织颁发给她的"乔纳森·曼恩世界健康与人权奖"的一万美元奖金和福特基金会一万美元赠款，加印了《艾滋病性病的防治》。她想把这些书全部免费发给最需要的人。此外，她还把书送到有关机构委托发放，不过高耀洁最担心的是，这些书会被堆在仓库里或被当废品卖掉。

她感动的不仅仅是中国

2001 年，高耀洁获全球健康理事会颁发的"乔纳森·曼恩健康与人权奖"。

2002 年 3 月 10 日，高耀洁被美国《时代》周刊评为 25 位"亚洲英雄"之一。

2002 年 7 月，被美国《商业周刊》评为 25 位"亚洲之星"之一。颁奖晚会在人民大会堂召开，英国前首相梅杰为高耀洁颁了奖。

2003 年 8 月，获"拉蒙.麦格塞"奖，此奖被称为"亚洲的诺贝尔奖"。2003 年的获奖者有 7 位，高耀洁获得的是"公共服务奖"。

2004 年 2 月 20 日晚 8 时，历时 3 个月的中华轿车杯"感动中国" 2003 年年度十大人物评选落下帷幕，高耀洁榜上有名，位居第四。

当主持人白岩松念出这个感动过无数人的名字，这个母亲的名字，这个战士的名字——随着大幕的开启，我们终于看到她了。

她是这么瘦小，瘦小得使舞台显得如此空旷；她又是这么慈祥，慈祥地让人忍不住想要上前搀扶一把。老人终于从台阶上一步步向我们走来。当白岩松走过去想要搀扶一下老人的时候，她却友好地对他摆了摆手。

此时此刻，雷鸣般的掌声再次响起，她是不需要别人去搀扶的，这个叫高耀洁的老人，这个一生都在为"救助他人生命而付出劳动"的老人，这个从来都不会在威胁利诱前低头，总是在为他人的痛苦而奔走呼唤的老人，看着她的脸，我们无法不被她做的事所感染，无法不为她的坚持而肃然起敬。

因为她一直都相信，我能行。

这恐怕就是，我们经常会忘了，她只是一个已临耄耋之年老人的原因。

2004 年 2 月 23 日

注：《感动中国》2003 年度人物：高耀洁

颁奖辞：这是一位步履蹒跚的老人，但她在实现"但愿人皆健，何妨握独贫"的人生理想的道路上却迈着坚定的脚步。她以渊博的知识、理性的思考驱散着人们的偏见和恐惧，她以母亲的慈爱、无私的热情温暖着弱者的无助冰冷。她尽自己最大的力量推动着人类防治艾滋病这繁重的工程，她把生命中所有的力量化为一缕缕阳光，希望能照进艾滋病患者的心间，照亮他们的未来。

去纽约看望高耀洁医生

谭 松

两年前，2018 年 9 月，依娃告诉我，高妈妈身体很不好，已经卧床不起，希望我能去看看她。

早在国内时，就了解了高耀洁医生的感人事迹，在这个犬儒弥漫、道德沦丧、金钱至上的时代里，高耀洁医生真是如一颗孤独的明星，闪耀在黑沉沉的天庭。

能去看望这位伟大的女性，是我的渴望，也是我的荣幸。我当即从洛杉矶出发，赶赴纽约。

10 月 16 日，依娃带领我和小丁来到了高妈妈的小屋。高妈妈躺在床上，吸着氧。我望着床上虚弱无力的老人，突然有一种很独特的感受，眼前这个虚弱苍老的身躯里，蕴含着一种巨大的能量和力量。她迈着那双曾缠裹过的小脚，在古稀之年奔走在那片苦难的、沾满了血污的大地上。那是一段多么艰难的行程，一路上，苦难加苦难、泪水加泪水。那个抱着上吊妈妈的脚，一声声叫着"下来！下来！"的男童悲啼，成为她心中永恒的悲与痛。十多年里，她负重独行，心灵，承受着一个又一个悲剧的折磨，精神，受到一次又一次当局的打压……

依娃在《高耀洁妈妈——撒向人间都是爱》一文中写道："年轻时候的她，听说一位产妇难产面临危险，她连夜骑上毛驴到农村抢救下了这位母亲和孩子的生命。如今已经不能走路的她要以老病之身乘车去看望患病的老朋友。'我是医生，一看到病人，我的腿就迈不开了，就想治好他。'"

这段话我读了好几遍，心中的情感仿佛已经不是"感动"一词能够描述。眼前这个虚弱身躯里为什么储藏着那么巨大的能量和力量？原因是：她心中充盈着巨大的爱和对人类苦难的悲悯！

高妈妈看到依娃，非常高兴，白发微颤，慈祥满面，那神情像是母亲见到久别归来的爱女。依娃伏下身，握住高妈妈的手，脸贴近她的头，双目含笑，满面幸福。这一对不是母女，胜似母女的相逢情景深深印在我脑海中。

依娃在本书中有很多关于她与高妈妈的情感描写，比如她在《高耀洁妈妈——撒向人间都是爱》一文中写道："我上前拥抱住我的高妈妈，她也抱住我。人们常说母女之间的关系是最亲密的，但我和高妈妈不是娘俩，感情比娘俩还要好。嘻笑怒骂，无话不说。""感谢上帝的美意！让我和高耀洁妈妈这位年纪相差将四十岁的人相识交往……她高尚的人格、坚毅的精神、渊博的学识、待人的真诚和宽厚更是成为了我今生学习的榜样，做人的楷模。我对这位老人已经有了深深的爱和感情，她已经是我没有血缘关系的亲人。""每次离开高耀洁妈妈家，我都是依依不舍，在屋里拥抱过她，出了门再拥抱……原来世界上并非只有男女之间的爱情能让人品尝甜蜜和美好。"（《我的高耀洁妈妈》）

我站在高妈妈的卧床前，望着这一对幸福的"母女"，不禁想到：高妈妈是不幸的，在耄耋之年远离故土儿女，孤身流亡异域它乡；高妈妈又是幸运的，在茫茫人海中遇到了一个待她如亲生母亲的爱女——依娃女士。

说到高耀洁医生在八十二岁高龄被迫流亡，心中又涌起另一种强烈的情感——悲愤！在那片"神奇"的土地上，当局可以肆意制造种种灾难，但却不准任何人去揭露灾难；在那片"神奇"的土地上，当局可以肆意编造弥天谎言，但却不准任何人去调查真相！依娃在文中写道："她对我说：'是我无意中遇到那个艾滋病人，才知道灾难那么大，我是被逼的。'一路走来，同行人有的被开除工职，有的人被打得头破血流，有的人'泄露国家机密'被关监狱。高妈妈说：'如果我不是有些名望，早进监狱了。'"

朱学勤先生说："九百六十万平方公里有'血祸'在地下蔓延，却容不下地表上一个站着说真话的老人！"

在站在高妈妈床前之前的大半年，我也流亡到美国。当时，居住的陋室没有网络，我便天天到一个公共图书馆上网阅读。一天，突然读到一篇关于高耀洁医生流亡美国后的文章，文章说，高医生不得不在 82 岁高龄时孤身流亡海外。离开故土后，她说："我还是要回来的，我死也要死在回中国的飞机上。"

永远记得，这句话让我浑身一震，一股压抑的悲情排山倒海涌上心头，刹那间，双眼泪水迷蒙，——这是我到美国后短短十余天的第二次泪水。（第一次，是为送别我的母亲，她与高妈妈同年。）

同高耀洁医生一样，我也是被迫流亡异国他乡。高医生因为揭露卖血感染艾滋病的黑幕，受到当局的打压；我是因为调查中共土改运动的真相，受到中共的迫害。

正因为是被动的、无可奈何的出走，因此，对那生活了数十年的故土，我们有一种更深沉、更厚重的情感；正因为曾多年在那片土地上奔走采访，因此，对那故土上的苦难和遭受不幸的同胞，我们更有一种刻骨铭心和魂牵梦萦的感怀；正因为对那片生养了我们的故土有无限的热爱，因此热切渴望为她付出我们有限的生命时光。

依娃在《我的高耀洁妈妈》一文中写道："'我想回郑州！'郑州是高耀洁妈妈的家，是她生活工作过五、六十年的地方。孤独的时候，忧伤的时候，她会突然这么说。"

相同的遭遇和相同的经历，使我对"我想回郑州！"感受极其深沉。高耀洁医生是一个怀揣着大爱的斗士，也是一个生命不息奋斗不已的英雄。2015 年，她得知，四川凉山因艾滋病死亡，天天埋人，根本没有人去管。当时她已经 88 岁，她表示，如果她年轻十岁，会马上奔赴该山区。我读到这一段时，在感佩之余，也突然觉得她给我日渐衰老的身躯注入了一股强劲的生命活力和一种提升我心灵的精神感召。

"我想回郑州！"绝不仅仅是对那片生养了她的土地的乡愁。

可是，注视着卧床不起的老人，我知道，那已经是一个无可奈何的梦了。

这自然是一个巨大的悲伤。但是，令人感到宽慰的是，高妈妈已经在她有限的生命里，给那黑沉沉的世界留下了一束永不熄灭的光——那是在这个沉沦的时代里，昭示着精气神的民族之光；那是在这个扭曲的社会里，展示出真善美的人性之光。

抬起头，向那浩渺的苍穹望去，那儿，闪耀着一颗以她的名字命名的小行星。

她说："我知道，人在做，天在看，即使我的生命结束了，我的躯体化成尘埃以后，这颗小星星还要高高地在太空中注视着地球，注视着艾滋病这场世纪灾难的结局，注视着造成这场血祸的罪人们走上历史的审判台……这一切我是看不见了，但是它能看得见！"

依娃说："她的爱就像天上那颗 38980 高耀洁行星，不停地闪亮着，永远挂在天空。"荣获 1979 年诺贝尔和平奖的德兰修女一生信奉"全心全意为最贫苦的人服务"。我们的高耀洁医生不就是中国的德兰妈妈吗？

2020 年 10 月 11 日

注：谭松，教授，作家，纪录片导演，著作有《长寿湖》《血红的土地》等。

214

第四辑

中国医生高耀洁，让世界知道真相

"我出来，是为了把这几本书写出来！"
展读高耀洁医生一系列有关艾滋病的书，
不仅会为其揭示的内容震撼，
同时也将洞悉一位医者高洁的精神世界，
分享灵魂的救赎与升华。
高耀洁医生——一位生命的保卫者。

——章立凡

打破"艾滋病长城"里的沉默

高耀洁

中国艾滋病患者的代言人

女士们、先生们、兄弟们、姐妹们：

你们好！

我是高耀洁，一名中国河南省的妇科医生。今天能够得到 Jonathan Mann 全球健康和人权奖，我感到非常荣幸和激动。为此，我要感谢Jonathan Mann全球健康和人权奖评选委员会对我的恩爱和对我防治艾滋病工作的鼓励。并且，请允许我向 Jonathan Mann 的家人问候。

1988 年，当 Jonathan Mann 博士领导世界卫生组织成立"全球艾滋病规划"项目和设立世界艾滋病日的时候，我们的国家正在设立自己的"艾滋病长城"。这也是 Jonathan Mann 博士当年来中国访问时对我国卫生领导人与同行提出的问题：你们要建立中国的"艾滋病长城"吗？

这个想法非常天真，要把艾滋病拒之国门之外，这对于长期封闭的中国社会来说，非常具有诱惑力。我们国家自从 1980 年代中期和后期，开始禁止进口血液制品，并对外国来华者与长期生活在国外的中国居民进行艾滋病病毒检查。然而，来自中国本地的血液及其制品长期来却缺乏严格的筛查和选择。

1996 年，我开始注意到艾滋病在河南省的流行，并开始我长达五年的艾滋病防治教育工作。1996 年，我的一个病人死于艾滋病。这个妇女两年前在手术中接受输血感染了艾滋病病毒。输的血来自血库，这令我非常震惊：我们的血液不安全，不知道还有多少人受到感染？

1999 年 11 月，桂希恩教授检查了河南省某村中一百五十五名卖血者，发现其中九十六人感染艾滋病病毒，感染率高达 60%。

作为一名医生、医学院教授和人民代表，我有责任告诉人们：行动起来，预防艾滋病！我们的血液不安全！我自己组织了一些资源，在朋友们的帮助下，编印了艾滋病教育的简报和小册子，在学校、妇女组织、公共场所、乡村和酒吧里发放，并动员了媒体的参与。在世界艾滋病日这一天，我们总要组织一些活动，提醒人们关注艾滋病的存在和关心艾滋病人。

我们的行动是自发的，因为艾滋病在我们身边蔓延，然而我们的行动也是全球艾滋病行动的一部分。如果没有 Jonathan Mann 博士发起的全球艾滋病行动，我们可能要遭受更大的痛苦才能知道我们面临问题的严重性。

然而，我们还是晚了。在我们的地区，已经有许多人死于艾滋病，并留下许多孤儿。我特别希望人们关注中国河南省艾滋病孤儿的情况。

遗憾的是，许多地方官员依然想掩盖艾滋病流行的情况，特别是血液传染艾滋病的情况，害怕承担责任。

我们的"艾滋病长城"已经失败，但是我们的"政治长城"依然发挥效率。有人指责我"被国际反华势力利用"，从而我不能亲自来领奖。我知道还有一些为艾滋病工作的人们被指责为"被国际反华势力利用"，并因此受到歧视、失去工作和不能表达自己的意见。

我想说，艾滋病是我们人类面临的共同问题，这是一个全球问题，它超越国家、宗族、文化、政治和意识形态，我们需要团结一切可以团结的力量和资源，迎接艾滋病对我们河南省、我们中国和我们人类大家庭的挑战。如果 Jonathan Mann 博士今天能够来到这里，我们一定可以分享这个思想。

注：2001 年 5 月 31 日，高耀洁获颁世界卫生组织"乔纳森·曼恩健康与人权奖"。当年未能赴美领奖的她，请人在晚会上代读她的发言——《打破长城内外的沉默》。

中国艾滋病问题主要是卖血

高耀洁

我是替穷人来领奖的。2007年高耀洁在華盛頓肯尼迪中心
接受美國"環球女性領袖獎"

我觉得走出来对艾滋病人有好处，能把整个中国的艾滋病状况告诉外界。中国的传染途径与外国不同，中国主要是卖血。我想公布事实，让更多人知道，让外界听到我的声音，这个很重要。

他们（会议组织者）给我建立了一个健康档案，帮我买了一份保险，正在给我在一座大医院进行详细的身体检查。这两天记者的采访一拨一拨的，够累的，我的声音都有点嘶哑了。检查结果现在还不知道，检查可细（致）可细（致），跟中国医生一点都不一样，要是我在这里看病，可急死了。

来到之后休息了几天，然后就是去华盛顿领奖，开了一个发布会，各个方面的会见，国务卿和夫人会见，希拉里也是个别会见了我，然后就是采访，我都不知道见了多少个电台、电视台。接下来我检查完身体，就要去我妹妹家住几天。她已经在美国定居了。

跟希拉里见面的时候，这个人很家常，我们都坐在沙发上，一开始她就问我的工作，问我在美国习惯不习惯。我看她还是不像大家评论的那个样子（强悍），她很同意我在防艾工作上的一些看法，包括提倡性道德、洁身自好等等。我还跟她说中国防治艾滋病的情况，她对中国情况很了解，是个中国通。我说谢谢你的信，才能让我来到这里。我们谈了半个多小时，她亲自把我送出来。

我八十岁了，还能跑到北京上海的大学去讲演，证明我的身体还是不错的。这次到美国来领奖没有奖金，但是待遇非常好，也有很多人捐款被我拒绝了。连机票都是头等舱，组织也很隆重。

发奖的时候，你没有看到我在台上的表情，我心情非常复杂。一个是非常乱，另一个我也很高兴。现在中国比过去开明，胡锦涛总书记和温家宝总理、吴仪副总理，能亲自关注这个问题，这是很了不起的事情，也是中国一个进步。我能来到美国，落实了改革开放的思想，也落实了和谐社会，现在国家更民主，有人提意见可以接受。在艾滋病防治方面，我来美国之前的2月23日晚上，卫生部主管艾滋病的副部长王陇德来看我了，我们在谈话中间，他跟我谈了三个问题。如果这三个问题能落实的话，就是中国艾滋病人的幸福，也是中华民族的幸福，所有问题将迎刃而解。

第一就是王陇德部长承认，中国的艾滋病主要是"血传播"，卖血和输血导致的；我并不否认有"性传播"和"吸毒传播"、"母婴传播"。看来现在是"母婴传播"比"性传播"还多。但是主要是因为穷，卖血，因为有病输血。第二个他承认宣传力度不够，他给我举了个例子，有个大学四年级的学医学的学生，怀疑自己得了艾滋病，打电话向卫生部求救，卫生部后来派人给他检查，却发现他得了恐艾症。他都学了四年医学了，还不知道艾滋病是何物，王副部长也觉得很奇怪；第三个，他承认救助不普遍，少数病人得到救治了，多数病人没有得到。他们不敢暴露身份。

我当时就和王陇德说，我老婆子八十了，就图一句真话，如果都像你这样说话的，就真的不会有那么多矛盾了。这个王陇德是我近年来见过的几十个卫生官员里面态度最好、最诚恳的一个了。他是代表吴仪来的，承认这几条是非常了不起的，但是能不能落实还让人担心，因为很多时候，上令不能下达。下面的情况又反映不上去。我在接受记者采访的时候说，我感谢希拉里的努力，感谢胡锦涛主席温家宝总理的批示。不过我也对艾滋病在中国的情况感到很沉重。

我压力很大。那天在记者会上我也说，我觉得我很惭愧，而且我是个失败者，我并没解决多大问题。我希望做更多的努力，我们的国家也应该付出更多的努力。

中国的传艾途径，主要是卖血。如果中国不从治理血源着手，继续卖血继续输血，继续死人，艾滋病还会继续增多。

我觉得走出来对艾滋病人有好处，能把整个中国的艾滋病状况告诉外界。中国的传染途径与外国不同，中国主要是卖血。我想公布事实，让更多人知道，让外界听到我的声音，这个很重要。现在（国内）大家都只知道防治艾滋病要用避孕套。卖避孕套的可发了洋财了。我最想表达的是，中国如果这样卖血、这样输血下去，血液问题不能断绝，艾滋病继续传播，继续死人，孤儿不是继续增多吗？你光说"救孤儿"，救得了吗？你不从根源上解决问题，艾滋病人能断绝吗？

大家还是认为艾滋病主要是靠性传播，这是一种误解。现在各地还在卖血，比如你们广东。在二月份，一月份，山西和广东还有两个大的"黑血站"卖血。有人卖，就有人输。最近见到（的一个例子），一个小孩 2004 年 10 月 24 日出生，2005 年 8 月 23 日从沙发上摔下来，头上摔了个包。是个男孩子，（家里）比较娇，到医院去看，医院给他输了一袋"血小板"。到了 9 月 1 日，又给他输了一袋，孩子从这以后就发病了。2006 年 6 月 9 日，这个孩子死了，得艾滋病死了。（这孩子才）十九个月。这是我亲眼看见的。妇女情况比他们更严重。第一，是剖腹产、子宫手术、宫外孕手术，输血感染比较多。我名片上有我的博客（https：//blog. sina. com. cn/gaoyaojie）。在我那博客上，我老伴去世这半年，我收到因为妇科手术感染的四十多例，而且发生在一个县。还有人工流产，还有一个上（避孕）环出血也感染了……你们可以把博客上这些东西看看，看看这些情况。有一家四口人就感染三口，已经死掉一口了，都是艾滋病。如果中国不从治理血源着手，继续卖血继续输血，继续死人，艾滋病还会继续增多。这是民族问题，不是我的问题，不是你的问题，这是全民族的问题。

在这里，我去看望了艾滋病组织，他们送给我好多小礼品，还有他们自己画的画，他们这边的艾滋病（人）跟正常的其他病一样，没有什么不能公开的。他们这边的病人主要是同性恋等性传播。他们还有杂志。把他们找到的无家可归的艾滋病人都收到一起，管吃管喝。一些情况好的还在那个组织做一般的事务性工作，帮助那些发病者。他们还建了一个面包房，卖面包赚钱，来养活这些无家可归的人，弄得挺好的，光是员工就四百多人，规模特别大。

在中国大家都不肯承认自己有艾滋病。其实少林寺底下有三个乡都很严重。我去过一个居民点，三十八家，四十多人都有（艾滋）病。一进村，我就发现一个女的在晒太阳，嘴巴都烂了，明显是有病，我说，你是不是身体不好。她说没事，说不到三句话，就跑了。最后我给病人发方便面，她又歪歪扭扭来了，我说你不是没病吗？她说："丑"！

其实艾滋病问题，不只是河南的问题，实际上是中国的问题，好多地方比河南还要严重。现在政府也承认，每年艾滋病人以 30%到40%的增长率在增加。

我觉得国际组织不了解真正的情况。这一次我见了好多议员，女议员。她们对我说的这情况觉着好像是天方夜谭一样。我都拿着东西呢，我会把照片照出来。我希望让大家能知道真实情况。能促进中国政府对腐败官员加以处理。起码说，将来中国能走向真正富强。有一个议员，他跟我说，他去过中国，去过中国一些打工者聚集的地方，说发现了成堆的几百个丢弃的针管，他说那是注射吸毒扔下的，我说不可能，可能是医院的医疗垃圾。你想想，中国的打工者，哪有钱去吸毒，哪有钱聚集在一起成堆吸毒？

中国的艾滋病问题其实主要是卖血，利润太高。第二个是宣传力度不够，王陇德也承认这一点，第三个问题更可怕，是发艾滋病财的人。有人利用网站募捐，以养活艾滋孤儿的幌子来骗钱。其实艾滋病问题，不只是河南的问题，要只是河南的问题也好，实际上是中国的问题，好多地方比河南还要严重。情况越来越严重。包括我自己，我原来还以为是个别的病例，是局部的，现在发现是全国的问题，比如新疆，而且都是血（问题）。

新增的病例很多，贵州二十五个县还在卖血。那时候都以为云南贵州的艾滋病人是因为吸毒，实际上我 2003 年就知道主要是卖血。那里比河南卖得还凶。

政府方面，如果能真正落实王陇德谈到的这些问题，就非常好。但是我觉得很难。孔子说，始吾于人也，听其言而信其行；今吾于人也，听其言而观其行，我还要看看，下一步的情况会是怎么样。首先要清除地方上的腐败。

我在上海高校的演讲中反复说：不要说瞎话；不要做假事；不要做假货。要是都做到这三句，民族就有希望。但是许多人还在说假话，这是全民族的悲哀、国家的灾难。

刚开始我也不知道这个艾滋病的背后是这样复杂，有很多人干一二年就不干了。我是欲罢不能。你也知道，我老伴不在了，我没有那个情绪再干。可是，老是有人把孩子送给我，说："你老人家行行好吧，我们快离开这个世界了，你看看怎么样把孩子给我养起来。"老是有人跟我反映情况。

我也干不久了。你听我的声音，自从去年十二月份开始，就开始嘶哑，慢慢加重，至于是什么病，还要检查结果出来才知道。能干多久，也要看检查结果才知道。我最后的愿望就是把那两本书（注：《十年防艾路》《艾之殇》）出版，我出书不是为了钱，而是为了要把真实的情况留在人间。

　　注：2007年3月14日晚在美国首都华盛顿举行的颁奖典礼上，被誉为中国"民间防艾第一人"的八十岁女医生高耀洁接受了世界妇女权利组织"生命之音（Vital Voices Global Partnership）"的年度"全球女性领袖"奖。来自五个国家共8位杰出人士获奖，其中有四位中国妇女：高耀洁、王行娟、谢丽华和郭建梅。

　　前美国第一夫人、美国总统候选人希拉里·克林顿是该组织的名誉主席之一。她说："我觉得中国有这四位坚强的女性在这里得到承认是件非常好的事情。"颁奖典礼前，她专门接见了高耀洁医生。

让世界知道真相

高耀洁

女士们，先生们，大家好！

今天我来介绍一下中国艾滋病疫情，我所见所闻的真实情况。

远在 1982 年有专家已发现艾滋病病毒进入中国。1984 年北京中科院院士曾毅报导了医院血库的存血"被艾滋病病毒污染"；一九八八年河北省防疫站主任医师孙永德先生发现库血中存有艾滋病病毒之后，他大力呼吁，但河北省卫生厅，河北省委，直至中央卫生部和国务院等有关部门负责人民生死的父母官们，都置若罔闻。更没有采取对艾滋病控制的措施，反而为了致富，大搞"血浆经济"。

当局大搞卖血致富 不管人民死活

九十年代"采血浆站"像春笋一样，仅河南一个省，官办血站二百多个，私办血站多不胜数。全国三十一个省市，没有一个空白点，更增加了艾滋病病毒的传播与蔓延途径，加上各种离奇的宣传："卖血致富、有利健康，不得高血压"，欺骗无知的农民蜂拥而上，前往血站卖血，把他们推向死亡之路。这个极为庞大的弱势群体，染上了病程漫长（会拖延十多年）的艾滋病，这些地方的医骗子很多，弄得他们贫病交集。他们又没有文化知识，没有写作能力，又不会说出道理，真是有苦难言。此时，官员们又使出几件绝招：将艾滋病列入"保密"范畴，压制媒体对真实情况曝光。河南省为此开除、驱走了十几名记者。阻止外来人进入艾滋村、调查了解情况、或救助艾滋病病人和孤儿，并打压敢说真话的人等措施。

因此，全国艾滋疫情的真相被封闭了。十年、二十年过去了，迄今中国大陆的艾滋疫情真相仍未能大白于天下，国内外很多人只知道河南上蔡县文楼村有艾滋病病人，其实不然，全国还有很多、很多不被人知的艾滋疫区。

1996 年 4 月 7 日在一次会诊中，我发现一个因子宫手术输血感染艾滋病的病人。她输的是血库的血，我敏感地意识到库血感染的艾滋病病毒，不会只有这一个人，她全家特别是她丈夫没有感染艾滋病，令人感到奇怪。此事又遭到省卫生厅官员的训斥，他说"就你们大惊小怪，哪有那么多艾滋病叫你能看见呢？"从此我对以往相信的艾滋病吸毒传染，性乱传播的说法产生了质疑。又听说，中国艾滋病的感染途径与国外不同，主要来源于"血浆经济"。而政府官员不敢承担责任，掩掩盖盖，花样百出，阴一套，阳一套，为了维护个人和集团的利益，保护自己的乌纱帽，不管小民的死活。于是我开始了解艾滋病传播的情况。

我的防艾工作多年受打压

自 1996 年秋，我开始编写印刷预防艾滋病的数据。十多年来共印出一百二十万份，发往全国各地。同时，我又编写了七册有关预防艾滋病的书籍，发往各地五十多万册，共出版一百多万册。这些费用包括邮费和外出的旅差费共花去一百多万元人民币。这些费用都是来自我的各项奖金、稿费和我的私人积蓄。我从未接受过任何捐款。我为何不愿意接收捐款？因为处境险恶。1999 年已发现当局对我很不友好。

2000 年对我进行监视，盯梢和跟踪，同时监控我的电话。他们禁止我在大学讲台上作科普讲座，包括艾滋病知识。

2001 年我开始救助艾滋病病人与孤儿，当局便禁止我接见记者，不叫我下乡调查艾滋病疫情，不准许我出国领奖。

2003 年，当局利用骗子把我告上法庭，虽然他败诉了，但对我仍持反对的态度

2007 年，美国为我颁发"生命之音"奖，当局阻扰我前往美国领奖，把我软禁在家半个月。由于现任国务卿希拉里女士的努力，中

国放行了。他们马上找我，要我到美国后以高耀洁的名义成立基金会，被我拒绝了。来美国时仍有人监视我，封闭我的消息等，因此把曾金燕（胡佳的妻子）气哭了。

在美国住了一个多月，很多人挽留我常住美国，他们说："为了人身安全，不要回去了。"我想本人工作在中国，那里还有很多艾滋病病人和孤儿，他们需要我，我不忍心离开他们。于是，我又回到家。当局表面上对我很好，不但送我食品，还送我电器。其实不然，他们在我的住房前后安装了四个监视探头，并且继续监控我的电话、计算机和信件。

2007 年的一天，省政府来了一个大官，他说："徐书记（河南省委书记）让你写一本《河南艾滋病的今昔》。你可以先去上蔡县文楼村看看。领导说了，我们组织一个写作班子，只用你的带头、指导、签名。稿费给你。"

我一听，其中大有文章，当场拒绝了。三天后他又打个电话，我还是没有答应写这样的书。但我明白了，对我这么好，其原因就在于想利用我替他们说假话来骗人。

2009 年 2 月，美国国务卿希拉里访华，要求二月二十二日见我，当局表面上同意。二月十九日我到达北京，二十日派一个已从中医学院退休多年的党委副书记赵芬莉飞往北京，通过警方去堵截我。她估计我会住在曾金燕家，国保堵住曾家房门，不准任何人出入。其实我未住曾家。折腾了两天没有找到我。

2009 年三月底，法国驻华大使馆一位女士来电话告诉我说："法国给你发放妇女人权奖"。我说四月中旬我要去上海领奖，到时我们再说吧。她说好。谁知上海的颁奖会推迟了一个多月，误了法国方面的时间。

被迫到处躲藏，已经走投无路

五月六日早上，我的电话又被当局切断。中午有朋友来接我，她说："你走吧，又要出问题了。"于是中午饭也没吃，就乘汽车到了北京。三天后我去了廊坊市，半个多月后我又去了四川，六月初去了广州，六月十二日我住进了广州郊区的明朗村。此处很偏僻。本来我只想住一段时间，和去年躲奥运会一样，两三个月后就可以回家了。同时可以把我手中的三本书稿发给出版社，否则我对不起艾滋病病人和家属，特别是病死的人。

我进入"防艾、救孤"工作已十三年多！在坎坷的道路上，走啊，走啊。现在走投无路了！官方悬赏五百元给举报我的人，（举报其他人赏五十元）。他们想尽办法拦阻我们进艾滋村。2003 年 3 月 14 日，我和高燕宁教授，杜聪在艾滋病疫区双庙村，差一点被抓住。我往贫困疫区寄东西（书籍、衣物）遭到当局途中没收。生活和行动被限制，电话和计算机被监控，外出被跟踪盯梢，甚至被软禁等，限制我的人身自由，迫使我的工作无法进展。

六月份，我得知谭作人先生调查四川地震死亡学生的真实人数，他的目的在于帮助弱势群体呼吁，却遭到许多阻力与打击，中国当局以涉嫌"煽动颠覆国家政权罪"逮捕了他。我与谭作人先生的工作性质类似，但我所做的范围广，人数多，时间长，影响大。谭先生的前车之鉴，我不得不提高警惕。我不是贪生怕死，我要把艾滋受害者的真实情况整理成书出版，留给后人，作为历史的一页，否则我死不瞑目。于是我决定外出。这时我不知哭了多少回，我流的泪有时把枕头湿透。我已经八十多岁了，在世时日有限，此行明知是埋骨异域。为了将中国艾滋病疫情的真相告知世人，离开自己的国家，我实在是不得已而为之。

非法卖血转入地下，禁止揭发

近三、四年来，艾滋疫区出现的一些情况。结合本人的遭遇，我明白了，艾滋疫情在农村严峻，血站已转入地下。如今湖北省十堰市郧县孙家湾设"单采血浆站"，组织山区上万名妇女前往卖血，每600CC 换一百六十八元人民币（见 2009 年 11 月 4 日《中国青年报》）。还有不少未揭露出来的血站。只要没人说，外面不知道，官员们才能发大财，也才能保住乌纱帽。为此他们用了五种妙法：

一：金钱收买送红包、困难救济、受灾赔偿等。

二：物质诱惑，赠送食品、用物、家具、电器甚至楼房、汽车等。

三：荣誉拉拢，奖励、晋升、提拔、党票等。

四：给脸色看，压制、打击、恐吓、监控、软禁，甚至造谣诽谤等。

五：最后一招，对以上各种方法不能制服者，编造个莫须有的罪名，劳动教养，刑事拘留，甚至关进监狱等。

这五种方法很灵，不少敢说真话的人在诱惑，恐吓中倒下来了，有的人再不说话了，有些"能人"一反常态，唱起了赞歌，好一个"太平盛世歌舞升平"来掩人耳目。

他们说，艾滋病防治得力，现在，有限的"血祸"疫情已过去了。今后艾滋病以吸毒传播，性传播为主要的传播途径，卖血发财的官员们，政绩显赫！达到了维护个人和小集团的利益之目的，管他小民的死活。

几十年过去了，没有一个官员对造成大量死亡和感染的"血祸"负责，假如有关人员不为钱权；假如有关部门不这么麻木不仁；假如有一点民生意识；假如不想尽方法捂盖子，中国艾滋病不会泛滥到这个地步。

对艾滋病传播途径上的看法不同是学术上的争论，竟被官方看成异己人士，受到迫害，这是非常令人痛苦的事。我相信，救助艾滋病人是一件值得很多人去奉献的事，在物质上接济，精神上支持，为了他们更好地生存。这是我的责任。只要一息尚存，我不会放弃。我在此要衷心感谢国际充满爱心的人士，特别是美国人民对中国遭受艾滋血灾表示的同情和支持。谢谢诸位！

注：在 2009 年 12 月 1 日世界艾滋日记者招待会的发言

地点：美国华盛顿全国新闻俱乐部 BLOOMBERG 室

感怀高耀洁医生

——给韩秀的一封信

痖 弦

韩秀：

北明《民国最后一个背影——记中国医生高耀洁》收到后在案头放了两天，一直不敢看，因为你信中说是"极让人痛苦的文章"。我怕看了受不了。不过今天早晨还是鼓起最大的勇气读了，一边读，一边流泪。

北明说高耀洁医生是"中国离异之邦最后一位贵族"是"旧中国、好中国、民国中国的最后一个身影"，这是了不起的体会。我看到文章中附的照片她年纪很轻，怎有如此深刻的体认？十分难得。她的文字也好，形容高医生去国后的身影、心情，她说"她是不说英语、体制屡弱、形单影只的老者，她是秋日的霜叶，是暮色中的倦鸟，为了完成使命，她先是奉献了自己的晚年的霜红，接着奉奉献了自己的故土家国林园，最后切断了自己的退路。"这段话说的所多真切。

读了北明的介绍文，我有一个冲动，想马上去美国拜望这位乡前辈、乡贤、用河南话和她交谈，向她请教、致敬。如果她吃得惯，我愿意做她的佣人，为她下面条、做馒头、蒸包子。在中国民国时代文人中，能使我愿意（心甘情愿）这么做的除了高医生，还有一位是——鲁迅。

古人说"大悲无言"，面对着大悲，诗人感觉诗已经无能为力。但那是不可的，中国文学传统诗魂和国魂并置同观，诗人不可以对历史缺席。背向现实悲剧不理不睬无感不觉。一定要发出声音来。中国儒家对诗的定义是阔大的，宏伟的，但现代诗人把饼子做小了。饼子要做大，才对得起孔老夫子对诗的形容。

此信请复印一份转北明过目。另外我也写了几句话向她致意，请一并转致。谢谢。

平安，喜乐。

痖 弦
2011 年 3 月 12 日

注：痖弦：台灣知名詩人，《聯合報》副總編輯）
韓秀：知名作家韓秀
《纵览中国》首发 Sunday.February 08，2015

免于恐惧的自由

——寄语高耀洁教授

章立凡

一生的心血就是这些书

高耀洁教授多年来在中国贫困地区救助艾滋病人和"艾滋孤儿",宣传艾滋病防治知识。这位步履蹒跚执著前行的老人,是我敬重的长者之一,但由于各种原因,虽谊属忘年师友,却至今未曾谋面。

初次神交,是从友人处得到一本她的大作《中国艾滋病调查》,里面还夹着一张纸,是老人致读者的一封公开信。书中披露的真相令人震惊,信中谈及的遭际令我揪心。很难想象,这位孱弱的老人多年来孤军奋斗,如何对付得了日益险恶的社会环境。每思至此,难免替她捏一把汗。不知不觉间,我开始关注起高医生的行止,尽管互不相识,心中常琢磨能帮上老人什么忙。

2008 年 12 月 31 日，《南方都市报》刊登了高教授的一封公开信，提出"治贫先治愚"。她举亲身经历为例：有次到一个贫困村庄，给了一位因卖血感染艾滋病的重病人买一点药，病人拿着药问："大夫，是不是毛主席叫你来的？"一连问了三遍，她无言可对，只能说："你去吃药吧，多喝点水。"此后她每次去农村，都会带一些杂志，但"不管带多少本，都会一下被抢光。等我再次去这个村子的时候，我送的杂志被传阅得面目全非，只看出来是一堆废纸，但他们还在阅读。由此我意识到，他们缺少的不仅仅是食物和衣服，更缺少精神食粮。特别是那些不通汽车和不通电的村庄，那里的村民好像是与世隔绝。"老人大声疾呼：贫困地区"知识太缺乏了，信息太闭塞了"，呼请公众为贫困农村捐献旧杂志。

读了这封公开信，我很是感慨。历史和现实中的真相，绝非"抹黑"，共和国成立快六十年了，近年经常看到媒体宣传"建设社会主义新农村"。那么，不通汽车不通电、与世隔绝的农村，以卖血为生、导致艾滋病蔓延的农村，算是什么主义的农村？是"新农村"还是"旧农村"？如果算是"旧农村"，新旧之间的界限又该从哪年算起？

老人在信中自叹："近几年来，我虽然自费发出几万册我编印的防艾书籍，但还是杯水车薪，我觉得我是一个失败者。"防艾科普工作本是政府职责的一部分，如果只有一位老太太在做，当然是杯水车薪。面对猖獗蔓延的艾滋病魔，如果高医生失败了，更失败的政府，还有整个民族。

所幸高医生不是孤立的，河南《妇女生活》杂志社、《南方都市报》报社的编辑们，都曾收集了大量旧杂志寄给她。《南都》的一位编辑（同时也是志愿者）与我联系，希望大家都来帮助高医生。可惜此前我刚刚卖掉了不下 200 公斤的报刊，只好把这封信加上"帮帮高耀洁"的标题，贴到了"猫眼看人"论坛和自己的几个博客上，很快有了反响。

有网友回帖说："失败的是我们整个民族，您是为我们留下一个救赎出口的人"；"让一个老人在救赎，我辈有愧啊"；"高医生是我最敬重的人之一，不可为之而为之"……很多人寄去了旧杂志，也有人将她的信转帖到各大论坛上发动捐赠，有表示愿出钱为村民订阅报刊的，更有提出直接捐款的。但老人托编辑告知，不碰钱也不要订阅，以免有人中饱私囊。

不久高医生来电邮致谢，我们从此建立了通讯联系。她的每封来信都署名"高耀洁医生"，且有"但愿人皆健，何妨我独贫"这句座右铭。我有时寄上一些自己的诗文，因此她一直以为我是诗人，而非历史学者。老人不时在信中谈及自己的苦恼，有一回还谈到捐赠旧杂志的无奈：

……全国各地寄来《读者》《南风窗》《人物周刊》《中国青年》《新闻周刊》《生活用刊》《大众医学》《家庭医学》等十多种，几十万册，《南方都市报》一次寄百余公斤。我把各种杂志分类，每包装三本杂志和一份防艾资料，寄往西北各省乡级中学。每次发出三百至五百包，请志愿者开车拉往邮局。第一批、第二批，证明杂志到达了，第三批和第四批还有第五批均石沉大海，自 09 年 4 月份开始第六批千余册，存在家中已不敢再邮寄。

为此，我约了两位资深 NGO 人士茶叙，探讨有何方法帮她，结果是无能为力。结账时被告知，有位先生已经代付了茶金。正诧异间，该先生起身，笑容可掬地向其中一位 NGO 高管（前官员）打招呼，自称原是其部下，代付茶金系表达敬意云云。这位先生在我们谈话开始后不久，即在邻桌落座，且一直是闷茶独饮。我脑海中立时浮现出小说《1984 年》的经典警句——"老大哥在看着你"。类似情况已经历过不止一次，我早已不觉恐惧，今次如非巧合，就一定是意味深长的告诫。

我想起了"免于恐惧的自由"，这是罗斯福总统在二战期间提出的"四大自由"之一，另外三个分别为"言论和表达的自由""信仰上帝的自由""免于匮乏的自由"。

这也是毛泽东在取得政权之前，代表中共作出的庄严承诺：

"自由民主的中国"将是这样一个国家，它的各级政府直至中央政府都由普遍、平等、无记名的选举所产生，并向选举它的人民负责。它将实现孙中山先生的三民主义，林肯的民有、民治、民享的原则与罗斯福的四大自由。它将保证国家的独立、团结、统一及与各民主强国的合作。（毛泽东：《答路透社记者甘贝尔问》，一九四五年九月二十七日《新华日报》）

六十四年弹指一挥，毛泽东的承诺兑现了吗？我们能否选择信仰且免于匮乏？能否自由表达并免于恐惧？

艾滋病是一种当代医学尚未攻克的致死性传染病，而公众对艾滋病的恐惧，通常只是一种社会病。要想免于因无知而产生的种种恐惧，则亟需普及防治知识、阻断传播途径。多年来，高医生走访艾滋病高发地区和病患家庭，做的就是这样的工作。老人虽然对艾滋病无所畏惧，却不得不生活在另一种恐惧的阴影中。

她曾在一封信中，对我谈到了自己的另类恐惧：

我为什么一次再次的给你发（注：系指高医生的部分自述文稿），我很清楚他们会害我的。我不怕死，我怕他们给我很多莫须有的罪名，我更怕我死了以后这一段情况没有人能知道。

用纳税人的钱监控纳税人，是当代"中国特色"之一。高医生的工作，长期持续地遭到地方官员的阻挠恐吓，有时则软硬兼施威逼利诱，亲人们迫于压力不得不疏远她，老伴出于恐惧烧掉了她的南下调研材料。2007 年 5 月，她的住室前后被安装了四个摄像头。今年 2 月，美国国务卿希拉里访华时提出要见她，又有专人从郑州到北京围追堵截未成。事后，她的电话被监控得更紧，甚至打不出去也打不进来……。

高医生曾自问：

我这个行走蹒跚、八十多岁的老人，只身流浪在外地，多次流泪，多次思考。十三年来，我与官方主要分歧：一是自 1996 年到 2003 年，我认为有艾滋病，他们说没有艾滋病。二是 2003 年以后，他们承认有艾滋病，但主要通过吸毒和性传播，我有充分的根据，主要是血传播。我是为弱势群体说话，救他们于水火之中。这件事情本来是一个学术性的问题，他们为什么要进行各种打压，造谣和抵御……

她的老伴认为，这一切皆系"赃官集团"所为，高医生本人也这么看。她曾将四张真相照片寄给一位副总理，但信被退回了。老伴在烧掉了调研材料后含着眼泪对她说："你南下的调查资料全部叫我烧了，这些材料弄到中央，会惹大事，问题就不是仅限在河南了。我们全家没法生存啦，我实在怕，你别怪我……"

艾滋病的防治，在全球都是公共卫生问题，甚至可以是人权、民生问题，但只有在中国才能成为"政治麻烦"。"只反贪官不反皇帝"是中国人的习惯思维，像高医生夫妇这样的人道主义者，原本就不是体制的反对者。以客观的角度审视，其见解是"建设性"的，只求匡正官场积弊，改善弱势群体困境，长远上对体制有益无害。

对真相的恐惧，是一种普遍流行的官场病；将一切不利于自身权位的诉求泛政治化，则是官僚们的习惯思维。当高医生的善举触及到真相，触动了官场潜规则和利益集团的私利时，就被某些官员视为"异议分子"了。老人遭遇"被异议"并非个案，类似的例子如今比比皆是。将批评者逼成反抗者，是最愚蠢的政治。当局曾宣布自己的政策是"团结一切可以团结的力量"（后来又说过"团结一切可能团结的人"），这种话如今很生疏了，不断看到的却是"为渊驱鱼，为丛驱雀"。

高医生最近去了美国，此前已在国内流浪数月，有家归不得。凭她的国际声望和影响力，本可留在祖国，继续为防艾事业倾注心血。但似乎又不得不走，以其年龄和处境，已无法承受生命的如此之重。对这位深爱自己同胞的老人，你很难扣个"不爱国"的帽子。但其个人遭遇，却令这个国家有不爱公民的嫌疑。她从来都是一位勇者，不断地帮助弱势人群。如今自己却不得不远涉重洋，以八十多岁的高龄，流落异国他乡……

老人不会打字，所发电邮都是请朋友代劳的。其中一封来信的末尾写道：

> 我们虽然没有见过面，在我内心里很佩服你，认为你是世界上的大好人，所以我才跟你说我的处境，但是我希望不累赘你，不要因为我给你添是非。我已经是一个八十多岁的人了，我视死如归。但是，我要死得清白。我不能做坏人的工具。

读着这样的文字，我深深感受到老人心中的孤愤与凄凉，即便如此，仍想着"不累赘"他人。她出国前有函致我，希望为其新作作序，我自问不够资格，但也义不容辞。当时尚不知其行将远渡，如今只有祈望：她在暂获免于恐惧的自由之后，仍能保有回家的权利。

"医者仁者心"。展读高医生的书，不仅会为其揭示的内容震撼，同时也将洞悉一位医者高洁的精神世界，分享灵魂的救赎与升华。过去我习惯于尊称她为"高老师"，本文则多处用了"高医生"一词，盖因我一直将"医生"视为"生命的保卫者"。高医生担当得起这种高尚的称号——她是一位肯定会被写进历史的医生。

当个人驱除心中的恐惧，才会去争取言论和表达的自由；当众人一齐说出真话，才能争取到免于恐惧的自由。

2009 年 11 月 23 日北京风雨读书楼

注：本文是为高耀洁《揭开中国艾滋病疫情真面目》（台湾博大国际文化公司 2010 年 9 月出版）一书所写的序言。

章立凡（1950 年 7 月 - 2025 年 3 月 22 日），浙江青田人，生于北京市，毕业于中国社会科学院近代史研究所，中国大陆历史学者、公共知识分子。

饥荒、洪水、血祸

——记"中国德兰修女"高耀洁

苏晓康

带着妻子傅莉和高姨见面。前排为 王淑平、高耀洁、傅莉，
后排为金钟、傅希秋、苏晓康、毛雪萍

　　高耀洁医生八十高龄才开始流亡。九十年代河南爆发艾滋病时，高耀洁医生奋不顾身扑上去防堵，因此而得罪当时两个政治局常委，她只好怀揣毒药，逃亡海外，而且她不肯政治避难，还念着回去救人，我知道她此生回不去，却不忍说破。前阵子恰好李克强病殁，有说他是被习近平杀死的，然而，他当年恰是河南爆发艾滋病之际的党政主要领导人。高医生曾引了一个乡村女教师写的诗，头两句是：

一望无际的原野，伸向大地之尽头，绿绿葱葱，
坟茔起伏无边，墓内躺着艾滋怨骨，阴魂难眠……
我站在洪、汝河的土堤上，看着它流进安徽地界。

1985 年夏天，我来到新蔡县最东部的练村乡。那防洪堤不足 15 米宽，俗称"洪水招待所"，老百姓搭建简陋的窝棚在堤上生存，令我对照《淮南子》里那一句"聚土积薪，择丘陵而处之"，感慨史前洪水时代的情景宛在眼前。那时候，我还没有生出更凄凉的另一种感慨：在豫南这块土地上，空前惨烈的，是近六十年的当代史。

豫南垮坝引发洪水灾难后，十年里又蔓延成各级政府的官员贪污、挪用救灾款的腐败灾难，老百姓开始了逃荒要饭。这引起王彪的"新闻嗅觉"，我则联想到，这里的老百姓，不但是大饥荒"信阳事件"（1959-60 年）的受害者，十五年后又承受了一场"水利灾难"。我没想到的是，再过不到二十年，这里又有另一场灾难降临，他们成为第三次受害者。——中国还有哪一块土地，是如此的多灾多难？

这第三场灾难，即九〇年代"血浆经济"酿成的艾滋病传染。这场中原血疫，当地人称之为"血祸""艾魔"。著名的中国艾滋病权益活动人士万延海，介绍的当地血液买卖市场何等惊心动魄：

"河南地方政府在九〇年代初把组织农民卖血当成了第三产业。1992 年他们提出，河南有将近一个亿的人口，百分之八十在农村，如果近一亿人中有百分之一的人卖血，他们一年就可以有几亿元的利润。事实上，河南卖血的规模大概不止一百万人，整个九〇年代参与过卖血的可能有将近一千万人。政府办血站、政府的各个医院办血站。有的县，光政府办的血站就有四、五家。此外，政府的一些关系户、一些个人、一些民间的商贩也都搞血站。他们的血站可能就是一个简易的小房子，或者一台拖拉机，就变成了一个地下血站或者流动血站，有的地方一个村庄就有三个血站。在这样一种环境下，有相当多的人今天卖完血明天再抽，人就躺在那个血站里，变成了一台台造血机器，像一根根的管子一样。对，他们把这些卖血的人就叫'管子'。"

八五年我去新蔡县那一次还太缺乏想象力，否则我可以这个县为基地建立一个"田野调查"，当然，最好是一个村子，记录灾难如何轮番袭击豫南这块土地，从"七五八"垮坝大洪水（例如，不远的遂平县文城公社，一个村子 256 人仅活下来 96 人，有 7 家绝户），往前追溯到六〇年大饥荒（信阳光山县槐店公社胡庄大队，31 个自然村里，有 15 个村子人口完全死绝，占 48%）；此后再往下延续到九〇年代"中原血疫"，新蔡县古吕镇东湖村四千五百人，超过 80%的成人是艾滋病带菌者，几乎家家户户都有艾滋感染者，十四、五岁以上的人 95%都至少卖过一次血，《纽约时报》称该村的发病率乃世界之最。

从"血灾"往前倒溯二十年，就是"七五八"垮坝的"大水灾"，当时的新蔡是何惨状？钱钢《文革时期河南驻马店水库垮坝大惨剧》一文写道："汝河沿岸，14 个公社、133 个大队的土地遭受了刮地三尺的罕见的冲击灾害。洪水过处，田野上的熟土悉被刮尽，黑土荡然无存，遗留下一片令人毛骨悚然的鲜黄色。"他曾从驻马店地区的档案资料中查到一份份逐日灾情的原始记录，披露了驻马店各县在水库垮坝后的水深火热；新蔡县的状况，记录如下：

8 月 13 日：新蔡 30 万人尚在堤上、房上、筏上，20 个公社全被水围住，许多群众 5 昼夜没有饭吃。

8 月 14 日：新蔡 45 万人泡在水里。

8 月 15 日：新蔡尚有 40 万人浸泡在水中。

8 月 16 日：新蔡 20 万人还在水里。

8 月 17 日：全地区泡在水中的人尚有 101 万。

8 月 18 日：平舆、上蔡、新蔡尚有 88 万人被水围。

8 月 19 日：新蔡：水中仍有 4 万，病死 20 人，要求多送熟食和燃料。

8 月 20 日：全地区尚有 42 万人在水中，病死者 274 人，新蔡病死 20 人。

8 月 21 日：新蔡：发病人数 22.8 万，占 41%。

新蔡县不仅在垮坝时即直接受到洪水吞没、冲刷、摧毁，它的特殊地理位置，又令它在垮坝之后变成长期受灾者。因为小洪河、汝河两条河，流到新蔡境内汇合，再往南入淮河，但到此受安徽地势顶托，成一滞洪区"洪水招待所"，自"七五八"垮坝后，年年发大水，淹没庄稼，一贫如洗，干部更贪腐成性，豺狼当道。这个穷底子，便也能解释，为何到了九〇年代，会有那么多农民去卖血挣钱。新蔡全县就有三个血站：中国人民解放军血站、红十字会血站、县人民医院血站。1999 年有个当地干部给高耀洁医生写信：

> "老实巴交愚昧的农民他们认为血跟井水一样，抽几桶还是那么多，经常把老水抽出来换新水，去旧血，换新血，有利于新陈代谢。对身体有益无害。你不去卖血，说明你身体不健康，有病。在很长一段时间里，一些农村，卖血成了一种生存状态。公路上站满了乘车去城里卖血的村民，就像赶集一样成家成户地去，走在公路上还说着，这个胳膊是化肥（尿素），这胳膊是磷肥。"

有"中国德兰修女"之称的高耀洁医生，曾两度前往"艾滋发病率世界之最"的东湖村。2002 年冬天，她特意赶到这个疫区，想看人们上坟祭奠的情形。

> "在村民中他们谈艾滋病就跟谈感冒那样，谁家有病人，谁家的人死了几个，成了很普遍的现象……我们走进村头一对八十多岁的老夫妻家里，他的四个儿子全死了，她一直在哭，并没完没了地说：因贫困卖血，卖血染病，更穷更穷……他面对的就是坟墓，从他的窗户往外看，一望无际的坟冢，我走出来折了一个松枝，插在了老人儿子的新坟上。"

高耀洁医生后来在她的回忆录中，列上这个村 31 名艾滋病死难者和东湖村小学 27 名孤儿的资料。然后她引了一个乡村女教师写的诗，头两句是：

> 一望无际的原野，伸向大地之尽头，绿绿葱葱。
> 坟茔起伏无边，墓内躺着艾滋怨骨，阴魂难眠……

在信阳那绿茵茵的庄稼地下面，早在四十二年前，曾是一个巨大的埋尸坑：

"余文海说，冬天过后，将死人都埋在村边的一个大坑里。他领我到这个大坑边，指给我看。我顺着他指的方向看去，是一大片长满了庄稼的土地，看不到任何痕迹。谁也不会想到，在这一片令人悦目的绿色下面，竟有几百具饿殍的尸骨！不过，在原来的大坑附近，人们种了几棵树，已经长得很高了。只有这几棵吸收了饿殍营养的大树留下了历史的记忆。"

上文引自杨继绳的《墓碑》，叙述他 1999 年秋在毗邻新蔡的淮滨县，寻访一位老农余文海，了解当地六〇年大饥荒的情况。在他这本关于中国饿死三千六百万人的最翔实、最权威的著作中，关于新蔡县的史实，可惜只有寥寥几笔。

他提到，1960 年春河南省委再也捂不住死人的盖子，但尽量少报死人数字，其中新蔡县 59 年冬上报死三万人，到 1960 年 5 月增加到近十万人。他更引用曾在公安部三局户政处做人口统计的王维志提供的 1960 年各地死亡资料，死亡率超过 100%的县市在全国有 40 个，河南占 10 个，新蔡县正是其中一个，死亡率是 114.07%，最严重的光山县是 246.77%（《河南省委检讨报告》称光山县"有 136 个村庄中的贫农、中农基本死光，有的小村、小湾断了人烟。"）这显示在那场浩劫中，新蔡县也曾遭到毁灭性破坏，是最恐怖的地区。但所有可怕的细节，都已经淹没难寻，只剩下抽象的数字。

2021 年 11 月 19 日

"中国民间防艾第一人"高耀洁医生

——"免疫力"的中国式隐喻

苏晓康

中共政权受腐败细菌病毒侵蚀，得了无药可治的脏病，服用权力抗生素也无非是政治安乐死。

"亡国灭种"乃是一个虚言吗？晚清士大夫误读西典而迷信"天演"观与弱肉强食，也是过度紧张？恐怕当年严复他们并不确知西班牙殖民者征服美洲的细节呢，新大陆土著因免疫力不足而亡于瘟疫，乃是现代生物学揭示的真相，而最早的抗生素要到一九〇一年才出现，免疫控制的整套理论构架迟至一九七四年才完备。

丛林深处的印第安"幽闭部落"

爱达昆（Itaquai）河蜿蜒蛇形深入邈远的丛林处女地，是未被掠夺过的，不像亚马逊盆地上的许多便易接近之处，其黄金、石油、橡胶、木材、奴隶及其灵魂，撩拨起五百年的征服、瘟疫和摧毁，巴西上百万的印第安人口锐减至三十五万，丛林深处就藏着一些幽闭（uncontacted）部落。当时的土著死于暴力冲突者并不多，大多数死于流行病，甚至是很普通的感冒，他们对此没有生物机能上的免疫力。北美"新大陆"环境相对隔绝，不似欧亚非三大洲之间频繁的贸易、交通以及连带的细菌病毒交换，西班牙殖民者（对旧大陆已经具有免疫力）把剧烈的新病毒传播到新大陆，没人知道一四九二年哥伦布抵达今海地、多米尼加一带时，那里的人口有多少，保守的估计也超过十万人，但到一五二〇年，那里只剩下一千个印第安人，和单一的一个世代，在这个岛上辉煌了上千年的文明及其肉体和灵魂，统统被摧毁。

没有免疫力，一个凄凉的隐喻：无论是生物机能上的，还是文化制度上的。曾废除私有制度和市场半个世纪的"新中国"，很像当年环境相对隔绝的美洲"新大陆"，马克思把金钱视为"罪恶"的观念，恰好造就了对商品制度的"细菌"没有防御机制的一个社会，河南等地一旦将血液当作商品来买卖，对艾滋病毒没有免疫力的系统，首先不是人体而是制度，而所谓"科学"若不是随同整个西方系统来引进，则"赛先生"是引不进来的，形同虚设，这才是"五四"精神的大笑话。

骇人听闻的河南"血浆经济"

有"中国民间防艾第一人"之称的高耀洁医生，在她新近出炉的自传《后记》的末尾，发出《离骚》似的浩叹："我已经年逾八十，自知来日无多。这场惨烈的'血浆灾难'我怕是看不到尽头了……我敢断言：用不了五十年人们就会看到，艾滋病带来的灾难恐怕比人口灾难要更加惨烈，后果更加严重……，请记住我这个老人的呼喊吧！"

中国现有一百万人 HIV 显示阳性，联合国估计很容易在十年后增至一千万，并且不难超过非洲（有三千万艾滋感染者）。艾滋病在中国的迅速扩散借助了政府的力量。万延海介绍河南省九十年代兴隆的血液买卖市场，惊心动魄："河南地方政府在九十年代初把组织农民卖血当成了第三产业。一九九二年他们提出，河南有将近一亿人口，百分之八十在农村，如果其中百分之一的人卖血，他们一年就可以有几亿元的利润。事实上，河南卖血的规模大概不止一百万人，整个九十年代参与过卖血的可能有将近一千万人。政府办血站、政府的各个医院办血站。有的县政府办的血站就有四、五家，就是一个简易的小房子，或者一台拖拉机，人就躺在血站里，变成了一台台造血机器，像一根根的管子一样。对，他们把这些卖血的人就叫'管子'"。

驻马店悲歌

2001 年 5 月 30 日，河南一个"艾滋村"的七名村民在北京举行记者会揭露惨烈真相。这个村子从八十年代中期开始流行卖血赚钱，做法简陋，"血头"把几个人的血液混杂在一起，分离取走其中的血浆，然后把剩下的红细胞分成几份再输回卖血者体内，以减少卖血者的失血量，为艾滋病毒提供了蔓延机会，只要一人带菌，就会迅速蔓延。驻马店地区的新蔡，就是八十年代中期我去采写《洪荒启示录》的地方，当时虽也耳闻卖血这档子事，尚属极个别，未及深问，后来竟弄到人人卖血的境地，乃我想象力不逮之处。有个东湖村，四千五百人，超过 80% 的成人是艾滋病带菌者，几乎家家户户都有艾滋感染者，十四、五岁以上的人 95% 都至少卖过一次血，《纽约时报》称该村的发病率乃世界之最。驻马店位处淮河支流洪汝河流域，是个自古洪水泛滥、逃荒要饭的地界，三四十年代有所谓"水旱黄（皇军）汤（恩伯）"；五九／六〇年之交更遭遇"新社会"的大饥荒。因人口锐减，北部十个县从信阳地区划出，另立一个专署，叫驻马店。再后来的"改革开放"，竟又给这个穷窝带来"血祸""艾魔"。

"血浆经济"的这些细节，具有从政治学到社会卫生学的丰富解读含义：从共产制度脱胎而来的这个政权，其市场概念之懵懂（"摸着石头过河"），与文盲占有率极高的农民阶层卫生概念之欠缺，正好匹配；社会整体的"艾滋"盲，与体制关于发展的迷狂错乱、不择手段（"黑猫白猫"），又两相呼应；农民赤贫到了除去自己体内血液便再无别的商品可以出卖，与政府贪婪到了犹如巨兽吞食生灵从肉体、血液到灵魂之全部，恰成正比……概言之，这个社会不止是无知，更无人性。邓小平"六四"杀了学生娃娃之后说：只要共产党让老百姓过上好日子，他们就会忘掉过去。此后二十年的这场"经济改革"，就是被他"设计"在这样一个冷血、功利的前提下，从一开始就剔除了公义、恻隐、善良等有关人性的一切。所以认为经济搞上去中国就会进步，基本上是一种弱智。

"二荏罪"、脏病、权力强暴

中原的农民，曾为伟大领袖毛主席拿粮食跟苏联交换核技术，而饿死了数百万人，这个惨痛代价，他们被告知是为了"提前进入共产主义"而付出的；后来共产主义进不去，又要他们"反修防修"，以免"吃二遍苦、遭二茬罪"，农民们觉得无非还是饿肚子吧？却做梦也想不到，暴戾贫穷的共产极权社会，不会具有关于资本主义的想象力。这"二茬罪"竟跟饥饿无关，而是要你染上那只有在万恶的西方资本主义社会才有的"脏病"，那比饿死还要惨！

艾滋病在赤贫的农村蔓延，伴随着深重的伦理折磨，一个权力强暴的浅显直白的隐喻——"脏病"跟性乱相关，乃是下贱行为，人们莫名罹难，到死都背着一个"丑病"的恶名，此一层冤屈；农民以"血浆"浇灌的经济繁荣，供养了官员干部们的炽热淫风，却叫老百姓因染"脏病"而担着这乱性的名声。此另一层冤屈，都是"跳进黄河洗不清"；更甚者，政府文件和媒体大肆宣传"艾滋病流传的主要管道是吸毒与性"，将责任全部推到民间，用农民的话来说，这叫着"吃鸡连骨头都不吐"。这就是"资本主义"？以农民的政治常识——不会比其卫生常识更高，他们便觉得，"走资本主义道路的当权派"这顶帽子，当初毛主席并没有搞错呀，搞"开放"放出来个艾滋病，还不资本主义吗？连封建社会那么"漫长"，也没叫庄稼人受过这种罪！

此江山怎一个脏字了得

"脏"的含义，只跟资本主义粘连，原是一个陈旧观念。却因为"血浆经济"和艾滋病，再加上诸如批条、吃喝、二奶等等，而注入了新义，搅动着左右思潮。邓小平拍板："姓社姓资不争论"，那意思其实是说："脏就脏呗，你能拿我怎样？"江泽民的秘籍功夫，就是面对国内国际指责中共之"脏"，充耳不闻，岿然不动；轮到胡锦涛便有些微妙，他似乎怕"脏"，总想去舀一勺延河水来当洗洁精，大概他的"清洁观"还维持在一九四二年老毛界定的那个"延安定义"，即未曾改造的知识分子比工人农民脏，可胡锦涛能还给"工人农民"那份所谓的"干净"吗？而他使唤的一伙知识分子便真有老毛说的那个"脏"，他却一点也不嫌弃，纯属"瞎折腾"；他坐的这座江山，无论在什么含义上，政治的、道德的、环境的、美学的，都没有丝毫干净可言，能说的只有"怎一个脏字了得"。

细菌／病毒／腐败的猖狂进攻，使"免疫系统"（immune system）

成为极活跃的话语，从医学渗透到政治学、甚至中共的官方理论体系。有一篇党校教材作如下阐述："'免疫'本来是一个医学用语，指的是由于具有抵抗力而不患某种传染病。免疫力有天然免疫力（或称为先天性免疫）与获得性免疫力两种。对腐败这种具有很强传染性、危害性的'细菌'和'病毒'来说，每一位党员干部都不具有天然免疫力，而只能具有获得性免疫力。"

中共的理论家们，从生物学获得了极大的灵感。本来嘛，人类饲养禽畜而获得免疫力，是发展出了农业的地域种族才有的一种幸免，富饶的美洲和干旱的澳洲，就驯养不了大型哺乳动物，按理说是更干净的地方，却敌不过肮脏大陆。欧亚大陆的免疫力，几千年里大概也是靠瘟疫一场场地爆发、人畜相厮培养起来的，但是只有这种肮脏大陆才到近代发现细菌，研制出疫苗，有医学手段应对瘟疫。所以，"党员干部"们怎可能"先天廉洁"呢？自然是要靠吃喝嫖赌"厮混"一阵子，一次次地"腐败"下去，才锤炼得出"防腐"免疫力，这就是科学，大概马克思对生物学不熟，当年并没发现它。

贪婪人性无疫苗可防

是的，人类虽然干净起来，禽畜们却依然肮脏，滋生新的病毒。欧美闹牛瘟、猪瘟，偏偏只有亚洲才闹鸡瘟，瘟出被称为 H5N1 的禽流感病毒。人类已经先进到试管婴儿、干细胞研究，却还是对农耕社会的瘟疫没辙，大概也永无止境。在人性这一端，则是根本谈不上"免疫"二字的，用生物学定理解释社会、人性，便无疑是"社会达尔文主义"。人性利字当先、贪得无厌、欲壑难填、权力即春药等等，是不会有疫苗的，若退而求抗生素的话，唯有制衡权力一途。但是，对独霸江山的一个利益集团来说，"权力抗生素"无疑就是安乐死，因为其制度安排乃是细菌源／病毒源，抗生素便要灭杀它，只在这一点上，政治学跟生物学是相通的。最后，我们自然是在面对一个"亡党亡国"的前景，不要说对这个奇异连体婴儿的分离手术尚未发明，得以诱使它服用的抗生素也没找到呢。于是走笔至此，思路又咬回文首："亡国灭种"乃是一个虚言吗？

治病救人也会变成异见者

"我觉得最大的遗憾就是她一生那么想回到中国，但是她至死都回不去，还是老死在异乡，这个对我来说是我觉得是她的遗憾，也是我的遗憾，我想也是所有有良知的中国人的遗憾吧。"

长年帮助高耀洁女士、也是《高耀洁晚年口述》一书作者的林世钰告诉美国之音，高耀洁女士生前无数次跟她表达很想回国的愿望。高医生也流亡了十四年，中国曾爆发艾滋病，以及高医生遭迫害而出国，两件事都发生在"中国崛起"之际，好人在那块土地难以生存，便证明了发展与人权无法分离，如果负相反，则是一种"低人权发展模式"，社会与环境代价的恶果，终将显露。

救治病患也会变成异见者，而异见者唯有逃亡，这是高耀洁故事的另一个政治面向，人们很少提及或议论，而一个医生流亡，恰是中国民间社会严重萎缩和崩解的征兆，这也与西方对中国的绥靖主义有关，所以，高耀洁终老他乡、最终不能回家，毋宁是对西方的一个讽刺，我 2020 年 8 月 28 日的帖子对此有所议论：

2021 年"威伯福斯奖"颁给傅希秋牧师。他与"米德兰"，中国异议者的麦加，至今还在中文视野之外；2012 年 6 月《华尔街日报》有一文《傅希秋——中国地下铁路的牧师》，也未进入中文话语——"地下铁路"，underground railway，是十九世纪美国秘密路线网络和避难所，废奴主义者用来帮助非裔奴隶逃往自由州和加拿大。今天被美国人用来定义傅牧师的杰出事业，虽然有点叫中国人难堪，但也准确定义了今日中国异议分子，像当年美国黑奴一样逃离自己的国家。2009 年底因高耀洁医生之故，我在 DC 第一次见到傅牧师，当时留下此文，写得颇为沮丧，而刘晓波已不在人世。无疑傅牧师代表着一个不可忽缺的民间力量基督教，乃是后极权中国的重建者。

高耀洁医生秘密出走美国。她在国内已经不能正常生活，被迫四处流浪期间，怀里揣着一颗毒药片，宁死也不愿落入警察手中。傅希秋形容，老人家已到了崩溃的边缘。此前已有许多信息说，高智晟律师的妻子儿女、郭飞雄律师的妻子、郑恩宠律师的女儿等等，均被营救出国。而郭飞雄至今系狱、高智晟下落不明也很久了。

从中可以看到一种民间的秘密合作——基督教、法轮功、人道工作者、律师，大概还有记者等等，只不过，是在营救层面，很像当年"六四"镇压之后香港的"黄雀行动"。这种合作，并不是在拓展中国的"民间社会"、灰色地带、有限的"透气空间"，而是在一场缠斗之后，将陨落沙场的异议者们遗下的妻儿老小，救出绝境。

曾几何时，中国非体制的民间力量，落到今天这般境地？国内情形，大概下一步是严冬了。体制的肆无忌惮，不在于它有多么强大，而在于没有一丝制约的力量和机制。国人也会更加向这个体制低头。有办法的都在逃，傅希秋他们在拼命地救人。

海外异议阵营的思路，还是"哪里有压迫，哪里就有反抗"，所能做的，就是联署抗议信，或者找事由在境外抗议。流亡者从未有过自己的力量，一直是寄生在西方议会政治外围。如今西方接受中共，大家只有傻眼。自然，中国的官民消长，是中国人自己的事情。

从克林顿开始，西方就安慰中国异议者，只要中国肯做生意、进世贸，市场就会瓦解专制，可是后来的事态发展，却是中共成了西方的大老板——后者挖掘的一个"陷阱"，没套住狼，却自己跌进那陷阱里去了；至于互联网能救中国，更是一个神话，虚空间的这个"灰色地带"，虽然有时杀声震天，但是"恶搞"到最后，竟是只剩下了一句"草泥马"的国骂，还被视为一个惊天杰作，令人怀疑究竟是想象力的穷尽，还是语言的穷尽？

"灰色地带"这个词，也令我想起刘晓波，他身陷囹圄整整两年了。《零八宪章》没有"温和"出来一丝更多的空间，反倒试炼了胡锦涛"砍旗""掐死领袖""灭掉出头椽子"的策略——只抓刘晓波一人、放过其他签署人，毋宁是他的一种"温和"呢；或者，胡的意思乃是：我来给你们的"灰色地带"，添一条新的注解。

舞文弄墨可以拓展"社会空间"，也许是所谓"后极权"的一种错觉。东欧社会的历史经验，为这个向度提供了丰富的想象空间，也包括哈维尔的"无权者的权力"。但是最近这二十年，可能恰是中国专制者要向世界证明："无权者"就是一丝权力都不会有的，"后极权"跟极权一样强大。他们是一群工程师，不跟你玩什么"前""后"的文字游戏，那是邓小平对"姓资姓社"不感兴趣的一种新发展。倒是高耀洁揭露河南艾滋血祸，兹事体大，且涉及两位中央级官员，就是"十一"皆在天安门城楼上的李长春、李克强，因此就要追杀到底。

当年"六四"屠杀后，国内曾有句戏言：精英不是在"里头"，就是在外头。如今晓波在"里头"，高医生到"外头"来了。中国这个地方，对于不同政见者，至今只有"里头""外头"两种安置，除此之外没有任何其它空间，这意味着体制外二十年的努力，并没有改变什么。往下观之，中国只要经济不坠，民间百姓尚能苟活，任你多么"温和"，也是"激进"。高耀洁尚不能见容于这个国家，何者又能？

"共产主义"的极权者，须臾之间就把"资本主义"的游戏，玩得烂熟；"和尚打伞、无法无天"的继承者，也快速地醒悟到，"法律"跟技术一样，不过是个中性的工具，拿来收拾反抗者，倒是一柄利器；极权社会之外的东西，没有一样不是可以"洋为中用"的，即便人权、环保等"普世价值"，中国也如一只酱缸，将你化为脓血，吞噬净尽。美国已经在宣称"要向中国学习"，好莱坞的大制作也弄出"解放军拯救全人类"的科幻，甚至奥巴马的访华随员竟去拜谒毛堂。还有什么是不可能的呢？

"柏林墙"才倒了二十年，人类也对"列宁式政党专制"陌生了。中国的专制，也在二十年里被几乎完整修复起来，世界当然不再认识它——模特儿组成的女兵方队，跟"暴力美学"都沾不上边，却是连人性意淫之本能也要利用，无人再能辨识其背后掩饰着的国家对社会超控能力的空前增强。面对这个怪物，先前所有的经验都不济事了，中国异议者大概要做一番前无古人的事业，从荆棘中去开辟自己的路径。

2020 年 11 月 30 日

注：作者为著名作家、《河殇》总导演，六四后流亡美国。主要作品有《离魂历劫自序》《寂寞的德拉瓦湾》《鬼推磨》《雨烟雪盐》等。妻子傅莉曾是高耀洁医生女儿郭炎光医学院的同学，后来又成为高耀洁医生所在医院部门的医生。

德不孤　必有邻

——《悲惨年代》序

陈奎德

高耀洁医生，举世皆知。作为救治艾滋病象征，是大慈大悲，大仁大德，大智大勇的人格符号。她的卓越贡献、非凡勇气和献身精神，不仅蜚声中外，而且传诸宇宙，太空 38980 号小行星被命名为"高耀洁星"，即是象征。

《悲惨年代》封面

不过，本书呈现的，却是另一个高耀洁。人们可能很少知道，高医生同时也是一位宅心仁厚，思维敏锐的社会观察家。摆在读者面前的这本书，即是明证。

后半生的高耀洁医生，人们已经很清楚了。概言之，她以一己之力对抗导致艾滋横行的"血浆经济"。虽柔弱老迈，但毫无畏缩，以命相搏，揭露中国"血祸"真相，阻遏艾滋病的疯狂扩散，拯救艾滋病人，救助艾滋遗孤，在中国践行了一场惊天地，泣鬼神的"一人抗血祸"的搏斗。在获得举世称颂的荣誉与奖项同时，亦遭受导致血祸的权势力量的暗算，最后竟至不能见容于故国当道，以八十多岁的高龄，不得不弃家出走，孤身一人，漂泊异国。

高医生的前半生，身处中共治下的中国大陆，曾经沧海，命悬一线：戴高帽，挂黑牌，游大街，伴死尸，乃至"首如飞蓬、遍体鳞伤"、自行了断，大难未死。作为一位心细如发，敏感正直的医生，作为一位中国传统世家后裔，古圣贤经典浸润入血液的知识人，她一直在默默地观察和评判着她身处的祖邦：赤浪滔滔，礼崩乐坏。几十年刻骨铭心的体验，使其胸中孕育了千言万语，只待有朝一日，喷薄而出。

今天，她如愿以偿了。人们注意到，中国共产党武力建政业已66载，但迄今为止还没有一部（哪怕极简的）信史。在中共官方制作的谎言连篇的"历史"中，赫然留有大量空白——那些重要的历史场景：镇反肃反、反右、大饥荒、文革……更是一片虚无。一部中共统治史：断简残编，支离破碎，无法卒读，恰正成为北京当局所说的"历史虚无主义"的最佳证据。

于是，高医生肩起了历史代言人的沉重使命。作为一位富有公信力的亲历者，与对抗"血祸——艾滋"之余，她冲破恐惧，破门而出，在终于可以畅所欲言的世界里，写下了她多年来的时代见证。举凡国共内战、韩战、土改运动、镇反肃反、三反五反、反右运动、《人口论》的争议及其之后的人口爆炸、"除四害"（打麻雀）运动、大跃进（大炼钢铁）、人民公社、大饥荒（人相食）、四清运动、文化革命、批林批孔……愁云惨雾，血雨腥风，炎凉世态，在中共统治下的中国社会，众生百相，都在她白描式的质朴真率的笔下，栩栩如生，一一呈现，恰似一部以铁血为底色的毛时代的《清明上河图》反转片——《寒夜坠水图》。

高医生回顾中特别有价值的，是中共建政之初的故事。那里基本上是一大片未经开垦的处女地。一个甲子之前中国，由于长期的信息封锁，言论禁忌，且当事人大多已经老去故去，因而淹没在一片浓雾弥漫，黑幕重重之下。高医生以其在恐怖时代的亲身经历，调动自己锥心刺骨的记忆，娓娓道来，秉笔直书，洞穿真相，照亮了那雾霾重重幽暗深邃的黑箱，填补了历史的空白。

高医生的这些文字，有部分曾刊载在《纵览中国》网刊上，引起了读者和学界的普遍兴趣与强烈关注。她所披露的当年中国社会状况，许多是闻所未闻的，这就进一步强化了各界了解和探索的渴望。就笔者亲身经历而言，当收阅到高医生关於"望蒋杆"一文标题时，竟完全不知所云，根本不知道"望蒋杆"者何物，何用。然一旦展读，顿觉匪夷所思，不由仰天长叹：

"……用长杆绑一个两竖一横的门字形架子，受刑者五花大绑吊在横杆上，向上面慢慢拉起来，边拉边问受刑者看到蒋介石了吗？没有看到时继续向上拉，显然，拉的越高摔的越重，还不如早点说看到了！

望蒋杆的下面地上，因地制宜的摆放着一些带有尖锐的农具，如犁子、地耙、锄头、大类叉、抓钩等各种尖锐的农具，这些农具都是尖齿向上，当受刑者掉下来时将他全身刺穿而死。那些受刑者的求生欲望，往往不愿意说看到了，这样就会被拉到不能够再拉的高度，猛然把受害者松下，落地后粉身碎骨而死……"

此类令人悚然的情事，书中所在多有。高医生的这些极富现场感的文字，都在表明，在新闻和舆论的长程控制与封锁中，那些湮灭在历史的尘土之中的史实，是何等重要而绝不可遗漏，又是何等惊心动魄，难於想象。

在这个意义上，她是历史的抢救者。中国大陆当年的相貌，中共建政初期的社会生态，通过她的笔而复活。鉴於高医生的崇高公信力，此书的意义是无论如何估价也不为过的。

如所周知，中共建政的最初三年，在国内有"三大运动"，即：1）土改、2）镇反与肃反、3）三反五反；在国际上则打了一场为斯大林与金日成火中取栗的战争：韩战。这三场运动以及韩战，预示了中共往后统治中国的基本特征。

这三大运动，一个着眼于农村的土地和财产制度，一个着眼于原政权人员以及政敌的政策，一个着眼于城市工商业者。毛泽东以国家暴力为后盾，三管齐下，制造心理震慑，形成了定于一尊的肃杀恐怖气氛，奠定了中共极权统治的基础。它们以蔑视法治、侵犯人权

（财产权与生命权）为特征，是典型的反宪政运动。

这三场运动，是中共确立起"党天下"统治的奠基礼。

而韩战的政治后果，则是使中国更加严厉的闭关锁国，内政愈加走向极左，卷入日益疯狂的毛氏共产主义乌托邦幻想之中。如此，经过反右、大饥荒与文革，毛泽东终于被钉在祸国殃民的耻辱柱上。

高医生不辱使命，在她朴素的笔下，长期密封在意识形态黑箱里的五十年代初期的社会状况，被拨开迷雾，呈现出老百姓的活生生的具体生活场景。他们的喜怒哀乐，他们的无法自我支配的卑微命运，他们当年在"改朝换代"运动连年时期的惶恐、惊悚、痛苦的随风飘零的处境，他们在毛氏运动中的荒诞感受与作为。我们在其中切切实实目睹和触摸到了这个"党天下"是如何一步一步地建构起来的，特别是传统中国社会的中坚——士绅阶级是如何被摧毁而消亡的，毛泽东的共产风所致的大饥荒时期，家庭是如何消灭的，乃至人相食的悲惨世界是如何降临的。

特别是，高医生在描述她亲历的那个时代时，常常引用或嵌入当年民间流传的小调歌谣，地下诗歌，有时也嵌入她自己写的诗。这些民谣，其浓郁的乡土气息，其直白朴实，其原初状态的正义直觉，是书斋里的学者作家不可能编造出来的。它使我们身临其境似的触摸到当年的社会脉搏和平民百姓的心声，感受到时代的氛围。而揭开这一页页痛史，触及了"党天下"毁弃人类文明的野蛮特征。

三大运动及韩战之后，一个建立在恐惧之上的庞大"党国"体系，从此确立。士绅阶级与中产阶级悉数被灭，土地经由此路径而渐归"国有"，前政府官员与职员成为"贱民"，或被铲除，或被消声。从此，中国成为一个抹去记忆、历史断裂的国家，从此，中共，成为一个奥威尔所描绘的《1984年》式的"老大哥"党。中国，成为《1984年》式的"新世界"。正是由此起步，中国开始了"战争即和平，自由即奴役，无知即力量"的血腥征途。发生在这块土地上的悲剧，至今连绵不绝，接踵而至。而在之后的每一场大悲剧中，似曾相识，人们都不难发现它们与这三大运动的血缘关系，不难发现它们之间共同的模式，共同的氛围，甚至，共同的语言……

于是，储安平石破天惊的"党天下"，在高耀洁笔下的那三大运动的阴森白骨堆砌的墓园里，举行了它的奠基礼。那上千万的亡魂，期待着清朗如昼无私无畏的史笔，为他们讨还沉冤已半个多世纪的正义。

如今，高医生已届九十高龄，然远隔重洋的故国乡亲邻里，仍是她魂牵梦绕的所在。高耀洁老人曾说过："我不想老死在美国，但我不认为我可以返回中国，我想我会乘坐一架飞返中国的飞机，然后在飞机上死去。"其正如屈原所描述的："去故乡而就远兮，遵江夏以流亡。出国门而轸怀兮，甲之朝吾以行。"只要一息尚存，她就仍在纽约曼哈顿的那间不大的房间里，用那颤颤巍巍的手，不绝如缕地书写故国的历史篇章。"高耀洁星"的生命之光，也仍然在照亮万里之遥故国乡亲的心。

子曰："德不孤，必有邻"。虽孤身漂泊天涯，高医生永远无法忘怀于故国。而故国的父老乡亲，同样永远无法忘怀于德高望重的高医生。双方的灵魂，永远牵连在一起，比邻而居，相濡以沫，生死共鸣。这本书，就是他们之间的精神纽带，也是高耀洁老人与所有中外读者之间的精神纽带。

屈子有言："鸟飞反故乡兮，狐死必首丘。信非吾罪而弃逐兮，何日夜而忘之。"信哉。

2016 年 11 月 16 日

注：作者为《纵览中国》网刊主编。此文为高耀洁著作《悲惨年代》所作序言。

仁者之怒

——《高耀洁回忆录》代序

马云龙

这是平庸的现代世界中一个神异的传奇：在死亡阴影笼罩下的艾滋病人；孤苦无依的艾滋孤儿；还有众多受到不孕痛苦折磨的夫妻，都川流不息地向郑州市黄河路上一所简陋的两居室小屋涌来。那里是他们心灵的圣殿，他们在痛苦绝望的生活中到这里来寻求阳光和安慰。

这里住着一个年过八旬的现代圣者——高耀洁医生。

她并没有起死回生的灵丹妙药，但饱受死亡恐惧折磨和世人轻蔑的艾滋病患者，总能从她那悲悯的关切和天使般的笑容

故国的人没有忘记高耀洁医生，
试刊号《高姓文化》

中得到难得的安慰；那些因贫穷而卖血和因求医而输血却不幸罹此绝症的人，在这里都可以得到真诚的同情和支持；成百上千失去父母的艾滋孤儿获得了这位慈祥老人的慷慨救助；多年不能生育的夫妻经过这位医术高超的妇产科专家的治疗和指导终于有了自己的小宝宝……十几年来，这位家境清贫，生活俭朴的老人把一生的所有积蓄，包括近年获得的全部国际奖奖金总共上百万元都用于对艾滋病

患者和艾滋孤儿的救助，以及普及防治艾滋病的知识。从而获得了"中国民间防艾第一人"的美誉。

但是，高耀洁这个名字传遍了世界，主要还不是因为这些慈悲善行。震动世界的是高耀洁的愤怒，仁者之怒，天使之怒。

走近高耀洁的人有个共同的印象：这是位爱心四溢的忠厚长者，是个心直口快的天真老人。当她和来自社会底层的平民在一起的时候，目光是那样纯净，语言是那样坦诚生动，发自内心的笑声更是富于感染力，她就像是个传播温暖和希望的天使。但是，近年来，这"天使"却常常处于深沉的激愤之中。每次见到她，我总会听到愤怒的话语从她的胸腔里连连爆出，看到愤怒的眼泪在她那布满皱纹的脸上纵横流淌。这位年逾八十的老人已经成了一个随时会爆发的愤怒炸弹。

使她愤怒的是是两件事：一件是当局对艾滋病泛滥的严重情况的百般掩盖和恶意歪曲，一件是对她人身权利的非法剥夺和对她人格所进行的无耻诽谤与污辱。

高耀洁对艾滋病的关注始于十二年前。当时她已将近七十岁，退休在家，正准备开始过一个退休医生的安静晚年。一个偶然的机会使她发现，艾滋病这个似乎还远在天边的魔鬼，已经悄悄地来到了中原大地上。"白衣天使"的责任感使她警醒起来，"位卑不敢忘忧国"仁者情怀激励着她行动起来，她开始深入中原大地，自费开展了艾滋病调查。调查的结果使她震惊：河南不仅已经有了艾滋病的传播，而且相当严重。用她的话来说，全省一百一十七个县区，已经没有空白点！更使她震惊的是，艾滋病在这里的传播途径与世界各地的传播规律均不相同，高发人群不仅仅是吸毒者和性乱者，而主要是老实巴脚的卖过血的贫穷农民，以及到医院求医的被输血者。主渠道是血液传播——卖血和输血！而这正是九十年代初政府提倡的"血液经济"带来的恶果。她得出了结论：这是一起世界罕见的由于政府渎职而造成的公共卫生危机。

从此，这位耄耋老人开始了一场旷日持久的，双方力量绝对不对称的"一个人的战争"。这场"战争"大约可分为两个阶段：

从九十年代中期到 2003 年，是第一阶段，斗争的焦点是"河南省到底有没有大规模的艾滋病疫情"？

这位无权无钱、赤手空拳的退休老人只有一个武器：动员舆论。她广泛联系全国媒体，把自己调查的结果和一个个病例告诉记者们，为他们的采访提供线索和指导。还自费印刷了大量宣传品，广为散发。

政府的立场是绝不承认河南有艾滋病的大面积传播。调动了国家机器的强大力量，三令五申禁止媒体报道河南艾滋病的现状。甚至派出大批干部警察，到艾滋病疫区设岗放哨抓记者，拦阻采访，并追查向记者提供材料的人。高老太太在这一时期成了"重点监控对象"，她的门外经常有身份不明的人巡弋监视，她的名字也列入了媒体报道的"禁区"。因为采访和报道艾滋病，多家媒体受到严厉警告，一些记者编辑还受到处分。很多北京和广州的记者谈起那时的采访经历，都心有余悸，说是进了河南艾滋病疫区就成了"地下工作者"。

这场"战争"的第一阶段以高耀洁的"有限胜利"告终。2003 年，吴仪副总理来河南视察了艾滋病疫区，并接见了高耀洁，听取了她对艾滋病问题的意见，从此，关于"河南有没有大规模的艾滋病疫情"的争论便画上了句号。河南省向疫情最严重的三十八个"艾滋病村"派出了工作队和医疗组，便是对早该正视的现实的默认。但这只是个"有限胜利"，因为直到今天，河南到底有多少艾滋病感染者，传播的范围究竟有多广，公开的数字还是让人难以相信。最明显的是，除了那三十八个村子之外，还有大量的艾滋病感染者没有得到应有的关注和救助。更让人气愤难平的是，造成这场"血祸"的责任者竟然没有一个受到追究和惩罚，当局也没有作为负责任的政府对这样恶性的事故说一句道歉的话。

从 2003 年到现在，"战争"进入第二阶段。斗争的焦点转变为"艾滋病大范围传播的原因是什么"？

官方的说法是，河南艾滋病传播的主要渠道是吸毒和性乱，而不是血液传播。言外之意是这是一种"脏病"，是不健康的生活方式造成的。最近，河南省一位高官在北京接受外国记者的采访时就是唱的这个调子。按这种说法，那些不幸的艾滋病感染者就被推到了道德的审判台上，他们的不幸是"咎由自取"，责任主要应由自己承担。政府对此是没有责任的。

而高耀洁则以自己的调查数据和大量的病例证明，直到现在，因卖血和输血而感染艾滋病毒的数量仍然居高不下，血液传播仍然是传染的主渠道。特别是有大量病例说明，很多患者是在医院里输血时被不洁的血液制品感染的，"血祸"仍然在泛滥，政府和医疗卫生单位的责任不可推托。可敬的高老太太利用国内外的各种讲坛正在不断重申这一观点。

高耀洁还激愤地指出，那些本来矢口否认河南有严重艾滋病疫情的官员们，现在突然发现了艾滋病原来是棵"摇钱树"。光世界卫生组织和海内外的慈善机构捐助的善款就数以亿计，一些贪官污吏也趁机伸出黑手，到这里来"分一杯羹"，艾滋病重灾区上蔡县那位姓杨的巨贪就是典型的一例。还有不少所谓的"科研单位"和卖野药的游医，也趁火打劫，纷纷声称自己发明了专治艾滋病的"特效药"，到艾滋病疫区招摇撞骗，从艾滋病人口袋里掏钱。高耀洁多次发表声明和遗嘱，她本人不接受任何以防治艾滋病名义的捐款，也不承认以她的名义组织的基金会和募捐活动，就是为了防止她的名字被这些丑类利用。

看来，这场"战争"仍然没有穷期，高耀洁的愤怒也不会很快平息。

最近导致高老太太盛怒的还有一件事，就是她的人身权利受到越来越粗暴的侵犯。这些年来，监听电话，跟踪盯梢，和各种各样的骚扰，对她已是家常便饭，早就见怪不怪了。但是 2007 年春节前，因为她应美国总统竞选人克林顿夫人希拉里的邀请，要去美国领奖，河南当局竟然对她实行了长达半个月的软禁，那些日子里，未经任何法律程序，几十个警察日夜包围着她的家，电话被切断了，她不准迈出家门半步，任何人也不准来看望她，连她的儿女来看望也被禁止。凡是与她联系的人都要受到调查。与此同时，各级官员轮流上阵，对她展开了"车轮战"，目的只有一个：叫她发表声明，放弃到美国去领奖。要不是最后胡锦涛和吴仪指示放行，真不知道这场闹剧会怎样收场。

在这一过程中，最让老太太心如刀绞的是这样一个场面：她唯一的儿子、在河南省教育学院艺术系当系主任的郭锄非被放进来，他们逼着郭锄非跪到地上，给高耀洁磕了三个响头，求母亲为了他的工作、生活和前途，不要去美国领奖了……

直到现在，每当说起这件事，高耀洁都会放声大哭。读者看了这本高耀洁的自传后就会明白，这一刀对老太太的刺伤是多么恶毒。

四十年前，在那"史无前例"的文革中，当时的掌权者为了从精神上击垮倔强不屈的高耀洁，曾经制造了一个"现行反革命案件"，把年仅十三岁、正上初二的郭锄非判了三年徒刑，投进牢房。让这个少年受到巨大的精神创伤，终生生活在恐惧的阴影之中，也让高耀洁遭到一场地狱般的劫难。

四十年后，还是为了征服这位伟大的母亲，现在的当权者又从文革的武库里拿出了最恶毒的手段，再次把她那个可怜的儿子当成人质，向这位母亲心灵中最柔软之处狠狠地捅了一刀……这算不算是恐怖主义？这和劫匪拿枪顶着孩子的头，逼他母亲就范有什么区别？

还有呐，为了围剿高耀洁的观点，封锁高耀洁的声音，他们除了不时地关闭她的博客外，还雇佣了几个枪手天天在网上谩骂，甚至造出"高耀洁出身青楼，曾当过妓女"这样污秽的谣言。其实，这也是拾文革的余唾。看了这部自传，你就会知道，文革一开始，高耀洁就曾被把鞋子挂在脖子上拉去游街。

几年来，我曾多次劝高老写写自己的自传，但她都拒绝了，说是干事业重要，没必要为自己立传。但这次她主动要写了，原因就是要说说自己真实的出身经历，驳斥谣言，以正视听。从这个意义上来看，这部自传是那些政治流氓们骂出来的（当然，我觉得这部自传的意义和价值远远大于辟谣）。谁说他们没功劳呢？

看来，所有的专制者都是一个老师教出来的，尽管"城头变幻大王旗"，可他们的骨子里一点都没变，还是那样狠毒，那样卑污，那样下作。一个母亲，一个像天使般纯洁的高尚老人，对这些阴毒险狠的伤害爆发出无可抑制的愤怒，不是天经地义的必然吗？

高耀洁总是说，我不关心政治，从没想过去混迹官场，也没有出人头地的愿望。纵观她一生的行迹，我相信这话是真诚的。她是个医生，是个仁爱的白衣天使，她把治病救人，在人间撒播健康、幸福和欢乐当成自己毕生的天职。在一个正常的文明社会里，她应该能尊严地履行自己的职责，快乐地度过自己的一生。

但是，这样一个没有政治野心的职业医生，却被迫终生在政治的泥坑里挣扎。不仅在文化大革命中被当成是"无产阶级专政的敌人"，在垂垂老矣的晚年，又只因为坚持职业操守，关注人间惨剧，忠于事实真相，不肯说假话，而被政治折腾得死去活来。文化大革命中，遭到百般摧残的高耀洁曾在第三次被游街后，于 1966 年 8 月 26 日自杀过一次。最近，在被非法软禁前后，她又数次流露出自杀的念头。这是为什么？每个中国人都应该认真地想一想，我们的社会是不是生了什么病——比艾滋病更可怕的大病？

可敬可爱的高耀洁医生终于没有选择死亡和逃避，而是选择了抗争，以自己羸弱的病残之躯，以八十多岁的苍老声音，发出了震撼人心的愤怒之声。这呐喊之声你听到了吗？

壮哉，仁者之怒，天使之怒！

写于 2007 年 11 月

注：《高耀洁回忆录》改为《高洁的灵魂》2008 年 7 月在香港明报出版社出版，后翻译成英文出版。

高耀洁"艾滋战争"中的领军主将

马云龙　王克勤

尊敬的高耀洁老师、各位女士们、先生们和朋友们：

有机会在高老师的新书《揭开中国艾滋疫情真面目》发布会上发言，是我们的荣幸。我们——原大河报记者、副总编辑马云龙、中国经济时报首席记者王克勤，是长期和高耀洁老师合作，在高老的指导下进行艾滋病疫情调查和新闻报道的中国记者之一，是"揭开中国艾滋病疫情真相"斗争的积极参与者，还是为高老抗击艾滋病工作服务的义工，是高耀洁老人十几年来艰苦卓绝斗争历程的直接见证人。能看到这本记录了中国当代抗击艾滋病历史的重要著作在海外出版，我们感到由衷的欣慰。

揭开中国艾滋病疫情的真相，是一场持续了十几年的惊心动魄的斗争。已经退休的医生高耀洁老人成了这场没有硝烟的"战争"中的领军主将和旗帜性人物，则是当代中国的一个传奇。这位可敬的老人，以医生的职业敏感和崇高的责任心发现了艾滋病这个似乎离中国人还十分遥远的魔鬼，已经悄悄地登陆中国，并在中原大地上猛烈传播，便以七十多岁的高龄投入了艾滋病疫情的调查。经过走村串户的田野调查和大量的病例分析统计，她发现了一个令人震惊的事实：中国的艾滋病传播与世界各地不同，有着鲜明的"中国特色"——最严重的疫区是贫穷落后的农村，高危人群是赤贫的农民，而传播的主要渠道竟是农民的"卖血"和医院的"输血"，而导致这一灾难的罪魁祸首是政府在上个世纪九十年代初所大力提倡的"血液经济"！高耀洁得出了结论：这是一起世界罕见的由于政府和医疗机构失职而造成的大规模公共卫生灾难。

凡是了解中国社会现实的人都会明白，这个科学的结论将会遇到什么样的命运。

一场力量对比悬殊的"战争"开始了。一方是掌握了一切资源，享有无限权力而又不受民众监督的国家机器；一方是一个除了道德勇气和献身精神之外一无所有的老人。

令人惊讶的是，这位堪称伟大的老人竟然取得了"战争"第一阶段的胜利（当然是有限的胜利）：官方一直不承认有大规模的艾滋病传播，否认中原有艾滋病疫区的存在，甚至命令媒体上禁止出现有关"艾滋病"和"高耀洁"的报道。但是，到2003年，随着副总理吴仪到河南艾滋病疫区的视察，和三十八个"艾滋病村"救助方案的出台，等于当局默认了艾滋病疫情的严重和艾滋病疫区的存在。

但是，"战争"还远未结束。老人所坚持的"血液传播是主要渠道"仍不被承认，大搞"血液经济"的官员无一被追究责任，"血祸"的罪魁祸首依然官运亨通，有的还连升三级。官方虽然承认了艾滋病疫情的存在，但坚持说吸毒、性乱是主要渠道，言外之意是艾滋病是个人不道德行为的结果，患者咎由自取，政府并无责任。而因卖血和输血被感染艾滋病毒的受害者依然是走投无路，申诉无门，各级法院或拒绝受理、或妥协处理此类案件，艾滋病仍然是新闻报道中的"敏感词"……高耀洁老人在八十三岁时不得不背井离乡，流亡国外，就是这场斗争的最新发展，结果仍不容乐观。

唯一能使人安慰的是，在这场斗争中高耀洁老人并非孤立无援。她所发出的理性和正义的声音在艾滋病受害者和整个社会引起了热烈反响，其中包括良心未泯的新闻人的支持。一批又一批的新闻人受到高老道德感召力的吸引，和她站到一起，冒着被跟踪监视、被驱逐拘捕和被开除处分的危险，在高老的指导下开展了艾滋病真相的调查，并突破官方的禁区，进行了公开报道。我们两人就是在这一背景下和高耀洁的事业联系在一起的。

凡是参加过艾滋病疫情报道的国内记者，都会讲出一些关于高耀洁老人的动人故事，也都有过被跟踪监视、拦截拘捕、和被警告处分，乃至开除驱逐的经历。但是，没有一个人对此会后悔。除了一般的职业责任和社会担当之外，还有一个重要的原因是，我们都从高耀洁老人的身上受到过启发和感动，并从她的榜样中得到鼓舞。如果因为触犯艾滋病这个"禁区"有风险，我们这些晚辈都怯懦地躲开了，任由一个七八十岁的老人独自去承担这千钧重担，我们何以为人？

高耀洁老人被迫离开了她生活了八十多年的故土，走上了惨痛的流亡之路。但她在异国他乡仍然念念不忘苦难深重的祖国，和千千万万在死亡线上挣扎的艾滋病受害者。在短短一年多的时间里，她的第二本关于中国艾滋病的书就出版了。这再次使我们感动。我们可以自豪地说，多灾多难而道德沦丧的中国终于有了一个可以和德兰修女并肩而立的伟大女性，她不仅以自己的无疆大爱为苦难的人民带来了希望，也为我们重树道德标杆提供了一个光辉的典范。

我们衷心祝高耀洁老师健康长寿，祝她能看到正义和自由之光照耀祖国大地的那一天！耀洁老师，保重！

2010 年 10 月 14 日于大陆中国

马云龙，河南读者众多的报纸《大河报》前副总编。先后派多名记者采访高耀洁老人，并根据老人提供的线索潜入艾滋病疫区进行实地调查。2000 年 5 月，大河报一次拿出 10 个版面，以《艾滋病在河南》为题，进行了公开报道。这是国内公开媒体关于河南艾滋病疫情最早、最重磅的报道之一，对使艾滋病问题进入公众视野发挥了重要的作用。一年后，马云龙被中共河南省委第 281 次常委会议决定借故免职。此后，马云龙继续关注艾滋病问题。在他任香港《文汇报》驻河南工作站主任期间，又根据高耀洁提供的线索，组织了对豫东艾滋病村双庙集的现场报道，在香港引起轰动。马云龙在退休后，还自愿参加了帮助高耀洁老人工作的志愿者队伍，继续为抗击艾滋病做义务服务。

　　王克勤，《中国经济时报》首席记者，被誉为捍卫人权"中国揭黑记者第一人"。受高耀洁精神感召，从 2002 年开始关注艾滋病问题，2005 年 11 月 30 日发表 5 万字《河北邢台艾滋病真相调查》，揭发出中国存在着输血引发艾滋病的残酷事实与悲惨真相。用大量事实左证了血液传播是中国艾滋病传播的基本特色。在高耀洁支持与指导下，王克勤联系更多的公共知识分子在邢台展开了救助感染者的公民行动，成绩显著，被联合国艾滋病防治规划处称为"是中国大陆艾滋病救助最好的区域"。报导之外，王克勤更追随高耀洁老人的脚步，成了中国艾滋病人权活动者。最近的一两个月，王克勤依然为被上蔡县羁押的田喜等艾滋病人的权利奔走呼号。

　　《纵览中国》首发 Monday, October 18, 2010

　　注：本文为在高耀洁新书《揭开中国艾滋疫情真面目》发布会上的书面发言。标题为编者所加。

高耀洁秘密出走美国

金 钟

高医师已于八月上旬安全抵达美国，并于"世界艾滋日"在华盛顿和新闻界见面，介绍中国防治艾滋病最新状况和她在香港出版的新书《血灾：10000封信》。

《血灾：10000封信》新闻发布会上 2009年

开放出版社今年八月接手编辑出版高耀洁医师的《血灾：10000封信》。时，获悉作者已经抵达美国。但消息要保密，因为高医师这次出国没有人知道，而她和中共当局的关系已经很紧张。我们在保密情况下出书不是第一次，相信可以完成所托。在三个多月的埋头苦干中，尽管多次和高医师及傅希秋先生通电话，都没有询问她这次秘密出国的事。

高医师选择了一个日子站出来：十二月一日"世界艾滋日"在华盛顿和新闻界见面，并介绍她的新书《血灾：一万封信》。高医师和防治艾滋病结缘已经十三年，以古稀之年，不惜代价，全情投入，赢得国内外的高度赞誉，成为中国艾滋维权的一个标杆，千百万艾滋患者与感染者的代言人。

中国艾滋严重性外人不知道

在临近记者会召开前夕，高医师接受了本刊的访谈。她说：这次来美国和上次2007年来完全不同，上次是受邀请，中国当局不得不同意我来，这次是我走投无路，不得不出来，而美国接纳了我。自从高医师投入防艾工作，追寻艾滋病在中国传播的真相时，就被中国官方所忌恨，而当她的工作成就和名声越来越大时，和当局的关系就越趋恶化。分歧在哪里？

针对最近中国卫生部长陈竺和世卫一道宣称中国艾滋患者感染者共七十四万人，去年新增四万八千人。并称艾滋病以异性性行为方式在中国迅速传播。高医生说，他们从来都是瞎说，前两年还说八十五万。她说除了河南，她去过六个省，了解到湖南、湖北、四川等地许多患艾滋病的地方，外面没有人知道。那些人可怜得很，没有文化，不会说，不会写，只会哭，只知道得了怪病，等死。中国的艾滋病受害者，不是几十万，而是几百上千万。

高医生和当局结怨的最大分歧，是她揭露艾滋病泛滥的原因是来自官方推行卖血致富的"血浆经济"，而不是性行为接触传播。这当然非同小可，因为农村雨后春笋般的抽血站，乱抽乱卖，已造成大量的死亡与带病、孤儿，相关官员是要负责任的。他们不顾农民死活，从卖血到卖官发财，肆无忌惮，至今没有一个官员为艾滋泛滥负责。因此，那些官僚视高耀洁为眼中钉。近十年来，处处跟她过不去。监视跟踪、监控电话、不让她接触记者、不准她下乡调查、不让她见外国人、不让她参加防艾活动、不准出国领奖，2007年国际天文联会将一颗小行星命名为"高耀洁星"，封锁消息一年多，不让她知道。

有惊无险的逃亡

今年从二月美国务卿希拉里访华，很艰难地会见了高耀洁之后，她的处境更为艰险，电话被切断，形同软禁。被友人接出来，到处躲藏，官方找不到她，悬赏五百元对她举报，使她的防治工作完全无法进行。高医师有三个孩子，两个在大陆，帮不上手，她不敢联系他们。另一个女儿居北美，在国安统战之下，已被中共控制，对老母亲的处境毫不谅解，完全站在官方一边，指责她，母女恩断义绝。（编者注：女儿并没有站在官方一边，只是为自己丢失工作远走他乡，对母亲心怀埋怨。自己身患癌症后，还从加拿大飞来纽约看望年迈的母亲。她已于 2025 年初病故。）

从五月起，高耀洁就开始在国内逃亡，政府派人追踪她，她随身带毒药，一旦被抓，就服毒自尽，誓要留个清白在人间。

美国关注宗教自由的"对华援助协会"，收到高耀洁处境危急的资讯，从人道主义考虑决定救援。但派人去大陆，也是找不到人，高耀洁连电话也没有，协会主席傅希秋心急如火，怕老人家发生意外。六月开始，七月和华府国务院协调和美国驻中国的使领馆协调，在外交人员协助下终于找到高医师，听取她的意见。为她办了急用的签证，从中国南方海关出境。幸好高医师尚未列入黑名单，经过一场有惊无险的努力，终于八月七日飞抵洛杉矶，八日飞往德克萨斯州，由对华援助协会予以安顿。

终老他乡，无可奈何

高医生说："我都八十二岁了，我不怕死。这次出走，目标是为了三本书的出版。我要把中国艾滋病广泛传播的真相写出来，让世人知道造成这场血灾的原因，唤起国人关注和救助成千上万的艾滋病不幸者。他们实在是穷苦无助。至于什么时候回国？那要看国内的变化，尤其是我所在的河南省，如果情况仍然恶劣，仍是那些贪得无厌的人掌权，回去干什么？来日无多，终老他乡，那也是无可奈何的事。谢谢你们给我出版了第一本书。我希望不久可以实现我的心愿，出版另外两本。"

这两天，正值美国感恩节大假期间，记者会的新闻稿要提前发出。十二月三日美国国会还将举行"中国委员会圆桌会议"（听证会）。邀请高耀洁医师介绍有关河南省及中国防治艾滋病的最新状况。有一份英文稿提到"高耀洁已逃到美国并寻求一个避难所"，不料被中译为"寻求政治庇护"。高医生解释说，她虽然在国内受到百般骚扰打压，但她不是异议政见者，也不关心政治，她只是希望寻求一个安全的生活环境，完成她有关防治艾滋病的写作。她提醒说，艾滋病已夺去了人类二千多万生命，中国潜伏的艾滋危机绝不可以掉以轻心。

金钟后记：

本刊 12 月号付印后，我来到华盛顿 DC，终于会见高耀洁医师，并和对华援助协会傅希秋先生合作，12 月 1 日在美国国家记者俱乐部举行新书发布会，由高医师向新闻界介绍她来美国的经过和新书《血灾：10000 封信》。随后，高医师又出席由美国国会中国委员会举办的听证会，并拜访几位关怀中国人权的国会议员，接受多家媒体采访。高医师不辞劳累，为使国际社会了解中国艾滋病传播真相和艾滋受害者的处境，挺身而出，受到广泛的尊重。陪同高医师的还有最早揭露中国艾滋病血传播的王淑平医生和来自香港的杜聪先生。

2009 年 12 月 5 日，纽约

注：作者为香港《开放》前总编辑，现居纽约。

高耀洁为民防艾追讨血债

——为高医生追思会作

金 钟

为中国艾滋病防治勤劳终身的高耀洁医生在纽约逝世，享年九十六岁。她的荣誉遍及中外，有"中国德兰修女"之称，是"感动中国"的无数艾滋病患者的慈母、孤儿的高奶奶。被纽约时报 2002 年评为"时代英雄"，国际天文联会将一颗小行星命名为"高耀洁星"。但是，她的防治艾滋之路备极坎坷，充满阻力。

还记得 2007 年高耀洁赴美领奖后又回到中国，中共当局对她的管控步步紧逼，切断她和防艾工作的联系。形同软禁，友人协助下，四处躲藏，走投无路之际，在美国国务院及曾经颁奖给高耀洁的参议员希拉里柯林顿的协调下，高耀洁得以在 2009 年 8 月 7 日飞抵美国洛杉矶。当时，一个组织负责人电告我，希望我为高耀洁出版一本书，相关事宜要保密，我应允十一月交货。于是高医生选择十二月初世界艾滋日，在华盛顿 DC 出面会见传媒，同时举行开放出版社出版的《血灾：10000 封信》新书发布会。与此同时，在河南防艾第一线遭受打击而被迫远走美国的王淑平医生，也从美东赶来出席活动。她和高医生殊途同归，都为中国摆脱艾滋悲剧作出非凡的贡献。遗憾的是，她已于 2019 年在犹他州英年早逝。英国作家曾将她的故事编成舞台剧《地狱宫殿的国王》，在伦敦上演。

在 DC 几天，高耀洁也会见在河南生活过的作家苏晓康、社会学者杜聪和一些记者，海外华人学者加深了对中国艾滋泛滥的认识。《开放杂志》连续两期作出报导。世卫组织称艾滋病 AIDS 源自非洲，恶性传染，已有二千万患者丧生。中国九十年代迅速蔓延成为艾滋大国，中国声称也主要是性接触传染，官媒后来改口承认是"血祸"，原因何在？成为探讨这场灾难的实质和焦点所在。这形成了以高耀洁为代表的群体和官僚们的对立。前者以正直、专业和道德精神发现血祸来源于河南别具一格的"血浆经济"引发的血液传播，而不是中国医学界定义的源于外国的性接触传染之说。高医生选择的是探贫问苦、田野调查，她亲身跑了十多个省份，尤其是河南的穷乡僻壤，收集大量病患案例。并身体力行救助病者找医找药，帮助艾滋遗孤，解决生活及上学困难，寻找收养人，甚至在她家中居住。她的"防艾救孤"工作，"范围广、人数多、时间长、影响大"，引起社会广泛的同情，大量的信件如雪片飞来。有倾诉、有求教求助，有衷心感激……2004 年已达一万封。于是在新闻界朋友协助下，出版了《一万封信》北京版，得到好评，但发行很差，显然有当局干扰其中。后来又有数千封信来，但是河南省新任书记徐光春竟提出"我们帮你出书，稿费归你"。被高医生一口谢绝。

直到她出来美国，才由"开放"出版一个完整的修订版《血灾：10000 封信》，选集了一百四十多封信，六十五幅清晰的实地照片。和许多医界同行相关研讨与观察的资料，包括媒体记录。分六章五十三节。书中特别感人，也是特别具有实证分量的，是一批艾滋病受害者的惨痛自述。他们多数是贫穷地区的青壮年，被政府宣传引诱，卖血可以一年挣几万元，脱贫致富。几个月就失去健康，接着发现怪病缠身，最后被艾滋病魔打倒，不治而家破人亡，独留一个孤儿……一位名叫杨喜成的三十六岁村民写了一封九千字的信给艾晓明教授，转高医生。痛诉一个家庭被血魔摧毁到片草不留的地步！令人不忍卒读。这不是一个人的遭遇。不容辩驳地证实中国血灾的祸源，是血浆政策引鸩止渴，密布的抽血站。对于这种无异于大规模谋财害命的具体手段与过程，书中都有详尽的描述。

高耀洁医生另一个志愿是编写印刷预防艾滋病的资料。十多年印出一百二十万份，出书七种发往各地五十万册，全部费用一百多万元，都来自她的奖金、稿费和积蓄，没有任何捐款。她表示平生计划出版三本书，她认为出版物是启迪人民永远消除艾滋病在中国生存，也是揭露血头血霸、假医假药的好办法。她目睹和亲历家乡这场只有大饥荒可以比拟的艾滋浩劫，而至今没有人追责，没有人承担责任，是最令人气愤的事。

河南这块中原圣土，在共产党统治下，实在多灾多难。毛泽东发动大跃进，公社化从此而起，结果一个"信阳事件"就饿死一百万人，全省三百万；今天血灾又是重灾区。土法炼钢，大修水库，破除迷信，结果板桥水坝崩溃淹死二十多万人，今天又是土法抽血，不消毒，容器混杂，千百万人感染死亡、遗患无穷。大饥荒不准外泄，不准逃荒。今天，王淑平上京递交四百个 HIV 阳性样本，促使全国血站关闭，她却没有立足之地……如今号召"奔小康，卖血浆"的李长春书记、刘全喜卫生厅长，和当年吴芝圃一样，受到庇护，官至常委——河南一代又一代灾难的继承者，在贫富悬殊、官大压死人的时代，还能指望什么？他们不明白：二十年前的血灾，和六十年前的大饥荒一样，都是党国的最高机密、最大失败，毛的血腥暴政转化成艾滋血灾，都是独裁专制欠下人民的巨额血债。高耀洁医生的追债，是一个伟大的人道主义者的理想。

缅怀高耀洁真情流露，追思会晚辈泪成行。

注：此文于 2023 年 12 月 16 日为纽约高耀洁医生追思会作

高耀洁：美丽的微笑与爱

傅国涌

2023 年 12 月 10 日，生于 1927 年的高耀洁医生在太平洋彼岸停止了呼吸，此时离她去国已有十四年。二十一年前，我就为这位具有德兰修女气质的医生写过一篇短评。十八年前，她以《一万封信》获得《新京报》主办的首届话语图书传媒大奖，编辑部约我写了一篇评论，刊登在《新京报》2005 年 3 月 7 日。当天，一位知名的图书出版人打电话给我，请我写一本《高耀洁传》，我对她的专业完全缺乏了解，对艾滋病传播与防范这个领域也很陌生，谢绝了这一邀请。算起来，我也只写过两篇与她有关的小文。在她漫长的一生中，作为有良知的医生，她对人类的贡献已被铭刻在星球上。在她离世时，我转发昔日的小文，以悼念她的离去。

在林林总总的奖项很难保证其公正性的时代，高耀洁医生的《一万封信：我所见闻的艾滋病、性病患者生存现状》获得"首届华语图书传媒大奖"的年度大奖，大概是不会有多少争议的。

与那些"藏之名山，传之不朽"的大著不一样，这本书的力量是在书之外。它关注的是当下，是真问题，是一个曾被忽略、被漠视却不能不正视的特殊人群。它带来的震撼首先是将艾滋人群自己的声音第一次如此集中地呈现在了我们面前，让世界听到他们真实的声音；看到他们真实的生存状况；他们自己的心态与想法。这是贴近地面，贴近人类自身命运，以生命书写的大书，其意义远远超过了文字本身。即使编辑上的粗糙也遮掩不住它的价值，这不是书斋里的从容言说、游刃有余；不是讲堂上的酣畅淋漓、挥洒自如；更不是凌空虚蹈或卿卿我我的文学抒情。其中凝结着一个具有深挚人道主义情怀的医生，在她生命的黄昏全部的心血，是她使这些分散的、微弱的甚至卑下的声音有了公开表达的机会，生与死，悲与欢。当一部分人陷入不幸的境地时，人类应该听到他们的声音。通过高耀洁老人持续不断的工作（这当中无疑也包含了桂希恩教授及其他许多人的努力），这个曾被遗忘、被遮蔽的艾滋人群最终浮出了水面。从这个角度说，她所做的一切早就超越了医生这个职业角色。

大约2001年的冬天我就写过一篇题为《高耀洁，德兰修女的影子》的小文，那时艾滋病人群的境况尚未引起全社会乃至政府的关注。高耀洁几乎是孤身一人，而且完全自费投入到艾滋病的防治、艾滋孤儿的救助行动当中。正是在她坚持不懈的努力下，世人才对河南农村艾滋病的疫情有了初步了解，艾滋人群才引起了广泛的关注。

从1996年至今，十年的时光流逝了，高耀洁已年近八十。但透过她脸上的沧桑和坚毅的目光，我们一点也不感觉她已经老了，在这条路上她还将继续走下去。十年来，她不仅以古稀之年自觉、自愿地救治所能接触到的艾滋病人，而且竭尽所能地呼吁政府和全社会正视某些贫困农村因献血导致艾滋病传播的事实。在她简陋的家中，记者曾经看到除了堆满防治艾滋病的资料，只有几件陈旧的家具，甚至连暖气都没有，仅仅靠一只小煤炉取暖。在中国北方的冬天，天寒地冻之中，她只能凑在小煤炉旁写稿，而且她还要以退休工资以及微薄的稿费资助数十个乃至更多艾滋病人的孤儿上学、生活。

近几年来，高耀洁陆续获得了国内外的多种奖项、荣誉，但她几乎毫不犹豫地把这些奖金用来大量印刷《艾滋病/性病的防治》等书籍资料。她多年如一日、自费印制艾滋病防治的宣传资料已不计其数，全部都是以各种形式免费向社会发放。而她自己却甘愿坚守清贫的生活，并始终保持着乐观的心情。像这样超脱于物欲之外的精神境界，这样纯粹的生命境界，与那些一掷千金的奢华、追求宝马香车的时尚构成了巨大的反差。她的选择显示出了人性中最高贵的一面，这些人性的光芒照亮的不仅是那些受她救治、救助过的艾滋病患者或孤儿，也照亮了并未直接受惠于她的人们灵魂深处的阴暗与潮湿。在她的身上我们依稀可以看到德兰修女的影子，尽管她所做的可能没有德兰修女那么多，两人所处的时代、环境也完全不同。但我相信高贵的灵魂都是相通的，她们的所作所为都是基于"美丽的微笑与爱"，那是一种人类的大爱。德兰修女因此获得了1979年的诺贝尔和平奖，诺贝尔奖委员会在颁奖词中说："尊重人，尊重他或她的尊严和生来就有的价值。最孤独的人、最可怜的人和快要死的人都得到她的同情，而这种同情不是以恩赐的态度，而是以对人的尊重为基础的。"同样，高耀洁为我们挽回的正是做人的尊严和价值，以及作为人类的荣誉。也正是有了她们这些人的存在，我们才会对万物之灵长继续充满信心，人类社会才有不灭的希望。

2005 年 3 月 7 日

注：傅国涌（1967 年 1 月-2025 年 7 月 7 日），教育学者、历史学者、作家，代表作有《寻找中国之美》《百年寻梦》等。

高耀洁：德兰修女的影子

傅国涌

12月27日，中国影响最大的报纸《南方周末》将"2001十大传播突破奖"之一，授予并非从事新闻传播的高耀洁和桂希恩。前者是河南省中医学院教授，后者是武汉大学医学院副教授。高耀洁，一个76岁的普通老人的名字，再次引起了世人的注目。颁奖辞说：

> "在连续几年的时间里，他们各自出于本能地将河南上蔡县文楼村的艾滋病疫情告诉世人，他们竭尽所能地救治这些病人，还大力呼吁政府和社会正视因献血传播艾滋病的事实，并在国内外引起极大反响。……这一传播功绩超过了任何媒体。"

今年，高耀洁还因此获得了世界卫生组织"世界健康与人权奖"。由于这个与现代文明对立的制度以及怕见阳光的地方权势集团的种种阻扰，她未能亲自出席联合国的颁奖仪式。但她得到了两万美元奖金和一万美元路费。对她而言，这无疑是一笔巨款。她的住房很快就要面临拆除。这笔钱足够买一套房子。可是她却毫不犹豫地把这些钱全部用来印刷《艾滋病性病的防治》一书，一次就印了十二万册，全部免费赠送。

自1996年以来，她一直自费印制有关艾滋病的宣传资料。她以各种形式向社会发放的资料达四十多万份。而在她自己即将被拆除的房中，记者看到：除了堆满防治艾滋病的数据，简陋得只有几件陈旧的家具，没有暖气，仅仅靠一只小煤炉取暖。在中国北方的冬天，天寒地冻之中，她只能凑在小煤炉旁写稿。她还要以微薄的稿费资助三十多个艾滋病人的孤儿上学、生活。

她以七十岁高龄，心系这个几乎被世人所弃的艾滋病患者群落，为此付出了全部的心血，自己至今生活在贫寒之中，却仍然那么乐观。她使我想起了德兰修女。尽管她所做的远没有那么多，她们所处的时代、环境也完全不同，但我相信高贵的灵魂都是相同的。尤其是在这个暗淡无光的年代里，在这块人性正在一点一点流失的土地上，高耀洁，一个普普通通的医学教授，以她多年来持续不断的默默努力，为我们找回了一点人的尊严。

长期以来，高耀洁坚守清贫的生活，执着地关注被这个世人漠视的艾滋病群落。救治病人，帮助孤儿，并不遗余力地把这一真相告诉世界，致力于传播艾滋病防治知识，而这一切都是她自觉、自愿的行为。一个古稀老人的选择，显示了人性中最为高贵的一面，与那些穷奢极侈、一掷千金的豪门权贵，与脑满肠肥、喝婴儿汤的大款、暴发户形成了巨大的反差。她与他们的不同几乎超过了人与兽的不同。

如果说我们这个民族还有什么希望的话，希望就在高耀洁这样的人身上。她人性的光芒足以照亮我们灵魂深处的阴暗与潮湿。老大民族因为拥有这样优秀的儿女，就不至于永远沉没在无边的虚无、腐朽与黑暗之中。

《南方周末》称她们的努力"超过了任何媒体"。我更是从她们身上依稀看到了德兰修女的影子，看到了超越一切宗教、政治、国界和种族的人道情怀。我甚至认为，正是因为有她们这些人的存在，人类才成其为人类。

2001 年 12 月 29 日中国浙江省杭州市

民国最后一个背影

——记中国医生高耀洁

北 明

又一个我人生的榜样去世了……纽约这日大雨滂沱，她的灵魂穿破乌云，升上了天空，去了那颗以她的名字命名的 38980 号小行星。

——记于 2023 年 12 月 11 日凌晨阴雨连绵中

引 子

村庄横陈在山野，杳无人迹，一片安谧。

那是 2001 年 9 月 30 日，中国退休妇科专家高耀洁教授与两位记者到河南周口地区查访艾滋病情况。返回途中听说某村艾滋病患严重，临时拐弯去了该村。

一进村，就听见有奶声奶气的叫声，略带嘶哑："下来！下来！"她循声走去，走进一个门半掩的小院，走到靠北的屋子，欲待敲门询问之际，出来一条骨肉如柴的大黑狗。这狗叫了一声，返身回屋。

高教授跟着那狗走进那屋。

屋里，垂挂着一根草绳，一头拴在梁上，一头拴在一个年轻妇人的脖子上。年轻的妇人已经悬梁自尽，尸体僵硬地吊在空中。尸体脚下，是一个两岁多的小男孩，涕泗满脸。一边哭喊，一边抓住梁上尸体的脚后跟啃咬。

不用说，奶声奶气的嘶哑喊声就是他发出的，梁上僵直的是他的妈妈。这两岁的孩子不能明白，妈妈为什么如此长久地不肯下来，不理睬他的哭喊。

278

一、中国的脉管中国的血

如果你能经受住抽象文字的叙述，你可以把无量的死亡当成一堆数字。可是有谁能经受住这样的具体生命的悲惨结局，有谁能够忘记那个孩子不断重复的那两个字，"下来"？有谁能够无视他稚气地缠绵着自己已经死去的妈妈，他想在温暖的怀抱中吃奶，却长久地、勉力支持着，只能够到妈妈的脚后跟。有谁能够闭着眼睛、关住心扉，走过这样的场景而无动于衷。也许有，超出我的想象和理解。

我查了一下，2001 年 9 月 30 日那一天是那年那月的最后一天，次日就是亲人团聚中秋节，也是民族受难的国殇日。

关于这个艾滋家庭的故事接下来要交代的是，根据高耀洁教授的记录：自尽的年轻母亲曾经与自己的丈夫一起卖血，那时他们才十六岁。结果双双染上了艾滋病毒，丈夫病死于半年前，留下寡母与儿子。惧怕传染的邻居和亲戚疏离了这位年轻的母亲，连她的亲弟弟都躲避她。显然是因为孤绝超出承受能力，她选择弃世解脱。两岁的遗孤无人敢收养，高教授写道，不到一个月，这个孩子也死了。

失去父母的艾滋孤儿。高耀洁提供

高耀洁教授前不久在香港明报出版社出版了一本禁书，叫做《高

洁的灵魂 高耀洁回忆录》。分上下两篇，下篇写她"退休后遭遇的艾滋风波"，其中这类悲惨的故事比比皆是。她用自己的眼睛和记忆，还原了艾滋病患的人间惨剧。高教授在这本书的另一处写道："对我这个医生来说很清楚，艾滋病的死亡，不是一个简单的抽象数字，而是一串串真实的姓名和面孔，一个个惨不忍睹的场面，一声声绝望的哭声，和一片片连绵不断出现的新坟……"确实如此。阅读这些遭遇和经历，是一次痛苦的经验。

因为职业原因，我常在中国的深渊中行走，如同但丁的地狱之旅。尽管对中国的灾难已近乎习以为常，读高教授在艾滋病区域的见闻，无论坐在地铁上，还是走在街道上，我发现我多年建立起来的中国痛苦免疫系统不断失灵，长期以来密布心中的乌云突然间沉沉如盖，心情止不住大雨滂沱，周身一片苍茫。

经过三十年的改革开放，无权者们已经构成了众多被压迫的利益群体：地下家庭教会群体、法轮功群体、中功群体、退休教师群体、退伍军人群体、下岗工人群体、煤矿工人群体、退修人员群体、拆迁户群体、土地被占用群体、出租车司机群体、律师群体、新疆、内蒙、西藏民族群体、保钓群体、日据时代受害群体、农民工群体、上访告状群体、水污染受害群体、三峡迁徙受害群体、医疗事故受害群体、奶制品受害群体、食品污染受害群体、狂犬疫苗受害群体、还有各地的突发性事件构成的特别群体，如东北等地的集资受骗大案群体、六四难属群体、历次政治运动受害群体……可是艾滋病患者这个群体之存在，不是外在利益受损，而是身体血液感染，这个群体的人们，生命到终点时才明白他们被绑架了：他们本来要登上赚钱致富的特快列车，却登上了一趟死亡列车，一路过站不停、直奔坟茔。除了在家徒四壁中，望着破旧的房梁，流下绝望的泪水，盖着破败的棉絮，一分一秒地挨过最后的日子，他们已经来不及发出任何声音了。面对这个事实，人们必须重新理解那两个中文字：凄惨。

高教授所陈述的中国艾滋病的情况不仅悲惨，而且恐怖。现代世界恐怖盛行，除了911和中东地区不断传出的骇人的消息，有不少在电影中。备受欢迎的"美国大片"中不少动作片情节紧凑、悬念深埋、高潮迭起，剧本故事大都来自虚构，这是因为虚构的恐怖级别可以超过现实生活的恐怖水平。而虚构的恐怖故事一但有生活原型，哪怕捕风捉影，甚至子虚乌有，也要竭力营造成"真的"，这是因为恐怖一旦有现实因素的支撑，就如狂犬出笼，能把人吓死。可是，中国医生高耀洁描述的大陆艾滋病产生、发展、结局的现实情况，没有任何虚构，比好莱坞一流的虚构更恐怖。

那是远胜于好莱坞导演和编剧的人间恐怖奇观：

中原大地贫瘠，为了那个"小康"和那个"和谐社会"，为了提高生活质量，一间间采血站，一个个血库建立起来，一座座医院，一群群白衣天使以此为后盾，接纳着无数前来卖血的穷人，拯救了很多缺血的患者。卖血的人们得到了补贴，甚至摆脱了贫困，盖起了房子，生活得有个人样了；医院里输血的患者治愈了疾病，回到故里，心怀着没有说出来的感激庆幸之情。于是，更多的穷人涌向采血中心，把他们的血送进血库。无人确然清楚的是，当艾滋病人的血液悄然进入了血库，死亡就在中国脉管中播撒下了它的第一颗种子。

这种子其实一颗就够了。贫穷之域如此广大，前来卖血的人源源不断，而中国的采血方式特别经济实惠：抽出血来之后，把其中的血浆留下，白血球则加点盐水输还卖血者。艾滋病毒的悄然传播就此拉开帷幕：卖血者走出采血站、医院患者出院时，他们已经成为另一种人，脉管里流的是带有艾滋病毒的血，从此再也不能复原为健康人。而那些被采集的血浆，是用来制造白蛋白和球蛋白的主要原料。这两种价格不菲的蛋白制品也将把它的使用者带向死亡。中国的血浆还出口，数量可观，每年可赚十八个亿！（参见香港《开放》杂志2010年1月号。金钟：王淑平医生揭露艾滋病被迫远走他乡）焉知不会祸及异族？

这是一趟单行道的死亡列车。但是无人知晓那些采血站、血库、医院、白衣天使，已经变成撒旦的选民，是死刑宣判官。天气晴好，万里无云，心情更好，千载难逢。血在血管里不值钱，抽出来还会再生，天赐的致富良机！人们来到血站，排起队来，挽着袖子，争先恐后登上那趟标着"特别致富方式"的死亡列车。一、两年之后，三、五年之后，或者更长——十年之后，他们发现自己不是发烧、呕吐、腹泻，就是皮肤溃烂，呼吸困难，器官衰竭。于是他们又去医院了。这次是去看病，吃些头疼脑热的、绝无疗效的药。他们仍然不知道，从那个与血有关系的针头刺入自己的血管那一刹那，死亡就注定了。身体的免疫系统无可救药地走向崩溃。他们终于发现这趟列车的终点是"卡桑德拉大桥"，那座年久失修、必然桥毁车翻的死亡之桥。太迟了！中原大地上，从十几年前开始，一群一群的人发病，一个一个的家庭解体，一院一院的屋舍凋零，一处一处的村庄地败落，一片一片的坟茔隆起，留下了一堆一堆的孤儿、寡母、鳏夫、孤老……空气中飘荡着死亡的气息，村野间散布着坟头的纸烟和哭声，道路上开始传播一个恐怖的名字："艾滋病"。

2004 年 10 月 17 日山东一个采血现场。左上方白色牌子上写的字是："采血者请上二楼"。陈江拍摄，地点：山东郓城。高耀洁提供

尽管如此，艾滋病特别感染的死亡法庭从不开庭宣判。消息捅出

去后，高耀洁教授说："官方虽然关闭了一批采血站，但由于暴利的诱惑，地下采血和非法血库依然存在……"那就是说，致命的血液仍在传播。

这实在是过于幽默了：后来的"新华语"称救助贫困地区起死回生的行为是"输血"。曾几何时，输血不再，拆房子征地号称"城市化"，被剥夺到一无所有的农民们，发现了自救于贫困的新方法：不是获得政府救助贫困的"输血"，而是到政府的采血站去卖自己的血。但是，这一自救行为，竟由于医药管理的商业化和政府相关部门的玩忽职守，演为致命的血祸，造成对贫困地区渴望自救的人们的最后一击。

"输血"两个字，是一道符咒吗？为什么它悄然转换了含义？什么时候开始，这个政权把罪不可赦的杀富济贫变成了罪加一等的杀贫济富？孔子言邦论耻，说"邦有道，贫且贱焉，耻也；邦无道，富且贵焉，耻也。"即便天下无道，人心无耻，财也不能这么发！

顺便一提，据我的经验，在美国，医疗机构血库里储存的血不是买的，是通过红十字会这类医疗慈善机构的协助，由普通大众捐献的。志愿者在捐血前要经过病史检查和血液检测，以便核准捐血资格。我的家人曾经志愿为"911"惨案受难者和一般的手术需要捐血，但因为曾是肝炎患者，血不合格，永远没有献血的资格。而此前为做手术，家人采纳了医生的建议，抽出自己的血储存了起来，以备手术不测之用。我的另一家人则捐血前检测合格。红十字会定期发信，提醒下次捐血的时间和地点。

河南全省一百一十七个县区已经全部被艾滋病覆盖。虽然如此，高耀洁教授在自己的回忆录中说：艾滋病不仅限于河南一省，这场"血祸"最初从山西传入，已经传播开去。书中的陈述表明，官方最近公布的艾滋病感染人数是七十四万。中国官方自己知道，他们的统计数字常常是政治数字而与统计关系不大。高教授认为，七十四万这数字虽然令人震惊，仍然是缩了水的数字。发现艾滋病传染的中国河南第一人，对传播情况深有研究的当年河南周口防疫站"单采血浆站"副站长王淑平医生，根据自己掌握的一手资料计算过一次："河南有四百个血站，（后来）关掉了二百七十八个。全国血站可能有一万个，一个血站的献血人以一万人计，全国献血者应达一亿人。保守估计减半来算，献血人就有五千万，以百分之十的感染率算，透过血站感染艾滋病毒者即有五百万人！此外，输血感染、血制品感染无法估计，常用白蛋白的空军部队已有发现 HIV 感染，但没有人报导。"（参阅金钟："王淑平医生揭露艾滋病被迫远走他乡"，香港《开放》杂志 2010 年 1 月号）而在最近的（2010 年 9 月 26 日）一次电话里，十三年来不间断地走访调查各地艾滋病区情况的高耀洁教授告诉我，感染艾滋病毒的人数，实际应该在一千万左右。就像中国环保总局副局长潘岳宣布中国水污染事故已经进入密集爆发阶段那样，这就等于说，通过十年的中原地区医学界、商业界联合创立的"血浆经济"，血之祸已经开始兑现，艾滋病已经进入爆发期。

一千万人感染艾滋病毒并将死去，不是一场小灾难，其严峻程度和悲惨前景，可以与欧洲十四世纪上半叶的黑死病（Black Death 或者学名 Bubonic Plague）相比。那场从中亚传入欧洲的鼠疫，经过了在亚欧大陆二十年人不知鬼不觉的缓慢传播，于 1348 年迅速席卷了整个欧洲，两年内导致欧洲人口死亡 30%到 60%。由于人口急剧减少，导致了欧洲宗教、社会、经济等一系列的巨变。支配欧洲的罗马天主教地位动摇，社会结构变化，生命意义遭到诘问，虚无主义甚嚣尘上。整整过了一百五十年年，欧洲人口才恢复到黑死病之前的水平。此后，黑死病阴影笼罩欧洲，反复发作，一直到十九世纪才销声匿迹。

黑死病爆发于人类现代医学发生之前，是不可控制的天灾。中国的艾滋病爆发是人为的灾难。不可思议的是，这场人为灾难竟能持续二十年至今，太魔幻了！哥伦比亚作家马尔克斯在《百年孤独》中描写的血，可以由外祖内，流过村庄，流过街道，流上台阶，流进家门。中国大陆肌体上这致命的毒血，在 2003 年已经流遍全中国大陆所有三十一个省份，没有留下一个空白点。（据 2010 年 10 月 14 日作者北明与高教授面谈）。它逢墙越墙，遇河绕河，见山翻山，流入了无量数的贫苦人家，所过之处，生灵涂炭，哀鸿满路。在受追踪查询的时候，它带上了打手、带上了蒙眼罩、带着调查和揭露的禁令。

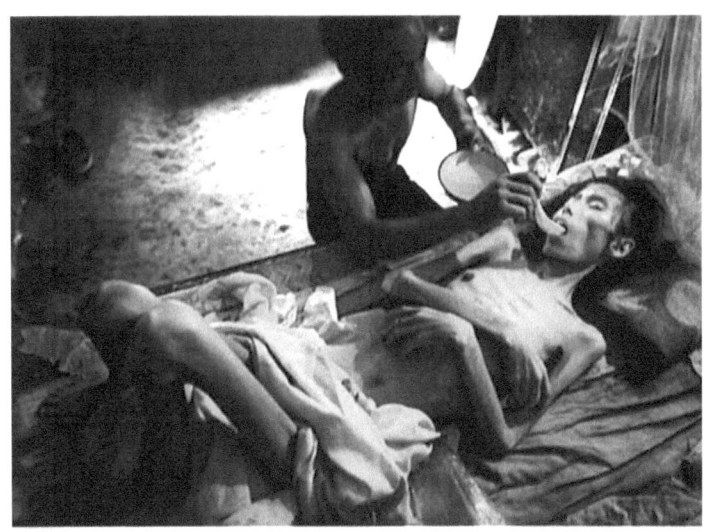

垂死的艾滋病人。卢广拍摄。高耀洁提供

在中国大陆欲破不能的铁幕后面，是一条向全国羸弱肌体输送致命毒液的黑色脉管。诚如高教授所言，如果权力集团仍然无所作为，甚至压制消息、掩盖原罪、助纣为虐，中国这股毒血将继续登堂入室，延祸无辜，艾滋村野乡间那一座座坟茔，将继续扩展，成为中国的另一国族景观。

身在其外，尚且不忍，身在其中，于心何忍？

二、一个人的战争

高耀洁教授是退休之后开始全力展开阻止艾滋病扩散和救治工作的。

这是一个人的战争：十三年来，这项慈悲事业耗去了她所获得的全部奖金一百多万人民币。

为调查艾滋情况、救治艾滋患者、宣传防艾知识、揭露输血感染，她的足迹（后来走不动则以出租车代步）遍布大半个中国，她沿着那条看不见的血河，明察暗访过河南、河北、山西、山东、陕西、安徽、湖南、湖北、江苏、浙江、广西、广东、云南、贵州、四川十五个省区。

她走入过一百多个村庄——出访一天，一般情况是查访二、三个村庄，多的时候一天查看过七个。

她访问过近一千个艾滋家庭。到访之处，她留下金钱、药物、数据和口述的防艾方法；分享患者的悲愁、绝望和怨怼；延长前方探访的道路，增加未来救治的工作量和新方案。

她亲自编写、自费印刷的各式不等的艾滋病教育普及读物一百万到一百五十万万册。

她没有发行网络和渠道，只能利用邮局按照地址寄出去。她有两个巨大的地址本，上面密密麻麻写满了全国各地艾滋家庭的地址和需要寄出的各机构单位地址。

她曾背着一万两千张自费印制的防艾宣传纸，风尘仆仆奔到火车站，站在寒风中向往来过客散发。后来则与医院、学校、报亭、报章杂志社建立联系，请求帮助，定点散发，或者请自己的熟人带往农村……

她发往中国公安机构的防艾资料就有三十万分，据信全部从邮局消失，没有抵达。

她收到过来自艾滋病人和各种其他性病相关的信件一万五千封（已经出版《血灾 10000 封信》）。十二年四千三百八十天，平均每天她要收到三、四封救援的信件。而她没有让任何一封来信泥牛入海：每个写信人都会得到她的回复。

回复信件的背后，是具体的救助工作。她亲手安排、救助的艾滋孤儿就有一百六十四个，至今以八十高龄的记忆，她能一一叫上这些孩子的名字。这样的孤儿，即便救出一个，也不是一件易事。而通过她的努力，受到她的鼓舞，香港那位慈善家杜聪拯救的艾滋病孤儿，总数已超过一万名。

她的家成了艾滋病患者求助中心，每天都有人来访问，多的时候一天接待过五十八位。

　　高耀洁教授没有机构和组织、没有经费和资助、没有办公室和工作人员，当然也没有薪水和报酬。十三年来，她先后有过一百多位追随而来的"防艾"义务工作者，却"绝大多数危难而退"了。

　　这天大的事，中国国家总理应该过问的事，中国国务院、中国卫生部、中国民政部、中国教育部，以及各省市、地县、区乡各级政府和官员应该负责的工作、恪守的职责，高耀洁教授以耄耋之年、一人之力担当了。

　　2007 年，八十高龄的高耀洁教授突破封锁到美国首府华盛顿领奖，这是她在国际上获得的第七个奖项中的第六项：美国维护女性权益组织的捍卫人权"环球女性领袖奖"。这是她第一次能够出国领奖。在颁奖会上，一位未受邀请、自费乘机、自购昂贵门票、专程远途而来的美国老妇人，握着高耀洁的手，急匆匆地表达自己对高教授的钦佩。凭着美国普通人的直觉，她将高耀洁教授与德兰修女（Mother Teresa, 1910-1997）相提并论，同时正确地指出：高教授的工作条件比德兰修女还要困难，高教授不仅是善良人，还是一个英雄。

　　德兰修女在世八十七年，其中后四十九年献给了被贫穷、饥饿、疾病、遗弃折磨的人们。她的人生脚步从前南斯拉夫联邦马其顿的首都斯科普里自己富裕的家庭迈出去，沿着自己悲悯铺设的道路，十二岁走到了修道院大门口，十八岁走到印度被贫穷包围的修道院，二十一岁走到加尔各答的圣玛丽高中教书，三十八岁她走出修道院，走进加尔各答的贫民窟，从此再也没有离开过。高耀洁教授除了坐牛棚、挨批斗，在痛不欲生的文革岁月中自顾不暇，她将一生所有时间精力情感和心血始而折进女性健康事业，继而进性病防治工作，最终折进艾滋病救助事业。这位伟大的东方女性，等于把自己嫁给了中国妇科病患者、性病患者和艾滋病患者，精湛的医道和毕生的精力与关爱就是她无偿的嫁妆。高耀洁教授就是中国的德兰修女，是中国贫病交加者的福星。

　　不过，确如那位千里迢迢要见高教授一面的美国妇人所言，还不止如此。

　　高教授不是在正常环境中背起艾滋病救助的十字架的。她身材矮小，体重只有 50 公斤；她来自旧世界，双脚缠裹又放过，那无量无数的山路、土路、崎岖坎坷的路，她要用自己那双半畸形的脚，一步一步挨下来。除了高血压，心脏病，她还比正常人缺少一个重要器官：胃。她的胃在文革中遭暴打损伤，切除十分之九，而今不过是一截肠子一样的象征物。按照医学定义，她是一个残疾人，日常饮食必须严格控制，否则就得再上医院躺下。

她是一个妻子，当她在山东大学讲坛上为学生普及防艾知识的时候，老伴病倒住院了；在她在山东调查采血黑血站的时候，老伴卧于病床乏人照顾；在她把关爱源源不断送给艾滋孤儿寡母的时期，老伴去世了。她是一个母亲，儿子受她牵连，13 岁曾被判过刑关冤狱，心身严重受损，终身活在恐惧中；女儿受她牵连，曾经失去了工作，很长时间无以为继，走投无路，因此不能理解她的菩萨心肠和献身行为，至今对她心有怨恚。言及自己的亲人们，老人垂泪不已，私下里说：老伴是个好老伴；回忆录宣布：自己不是个好母亲。

如果人体的血液可以沦为一种经济形态，世上还有什么可以免于明码标价出售？如果艾滋病是从血库和医院这等人体保健机构传播，还有什么能够保证人的健康？如果人跟动物一样不能丝毫摆脱性器官的支配，那么对于一个被金钱撵得满大街乱跑的民族，性病艾滋病就必然成为另一种赚钱的市场。八十年代的中国，性病、艾滋病从二十年的消歇中无声地爆发。于是，不管你是谁，只要胆子大、心肠黑、善周旋，敢承包医院相关科室，敢到宣传机器上吹牛，就能打出正式的"防疗性病艾滋病"的招牌，就可以赚得黄金万两。于是，高教授的面前，是成千上万她要救助的艾滋病人，背后，是对她恨之入骨的骗子与权贵。那些权贵指使网上"五毛党"造谣惑众，说名门望族出身的高耀洁"自幼家穷，卖给青楼，是妓女出身"。那些黑心人则威胁高耀洁说："再多管闲事，要你的老命，不仅杀你，还要杀你全家！"

随着艾滋村头一座座坟茔堆起，河北、河南防疫站三轮相关的医务工作者的接力揭露，随着高耀洁教授锲而不舍的调查，中外记者们持之以恒的关注，艾滋病爆发的事实已经无法遮盖。但是中国的商业奇葩"血浆经济"在艾滋病传播中扮演的角色，是不能说的。高耀洁要救助艾滋病人，防止病毒传播，必须正本清源，她不能不涉及这个重大秘闻，即便官方不作为，她还是必须让所有人知道事实真相，以阻止更多的人在贫穷或康复中走向墓地。一个消息，就是一条性命，千百万条性命。于是，高耀洁教授在面对艾滋病患者伸出双手、背对骗子和权贵顶住暗箭的时候，她的头顶上，悬着一把达摩克利斯之剑！这当头之危，是中国地方的权力集团为她准备的，为的是"叫高耀洁闭嘴"。

1999 年末起，间歇性地，在外探访艾滋村时，为了人身安全，她和随行的记者要随时准备逃走；在家里，她曾经接到过谩骂或恐吓的电话，后来电话则开始被监听监控，发出奇怪的响声。计算机总出故障，上网困难，电子信件丢失。出门买菜上公交车，她发现被自己被摩托车跟踪。2000 年寒冬腊月，雪花飘扬的季节，退休的高教授终于发现她住的楼前布置了岗哨。接下来的日子里，她发现她的住室前后安装了四个监控镜头。所有"不法分子"在监狱外面应该享有的待遇，高耀洁都享有了，可她是个七、八十岁的残疾人，来访的也多是艾滋患者，可谓老弱病残，高耀洁不能理解何故"我国"如此发达，却如此脆弱。

高耀洁的回忆录显示，2007 年，只是为了河南的面子，而不是为了河南的生灵，河南当局调动了公安、行政、组织、亲属等全部能够调动的力量，既要阻止老人出国获奖，又要迫使她对外作出自动放弃的姿态。用心良苦。最后把她那少年时期饱受牵连，一生精神重创不愈的儿子动员来了。儿子以自己的工作和前程为抵押，给老人磕响头，跪请老人听组织的话。

那一天是 2007 年 2 月 18 日，这一招太狠毒，以至于消息即刻不胫而走，传遍坊间。所有这一切阴险恶毒、诡谲困厄，在德兰修女的世界是不存在的。

高耀洁老人突破封锁，抵达华盛顿领受"世界女性领袖奖"的那一年是 2007 年。这座美国首都城市的潮汐湖畔樱花盛开，娇艳绚丽，湖水波光粼粼，水鸟飞动。半年之后，德兰修女与世长辞。这位诺贝尔和平奖得主，死后荣获了至高的祝福：世界宗教领袖教皇保罗二世为她行宣福礼，将她命名为"加尔各答受祝福的德兰"。高耀洁老人那时已经顶着巨大压力，回到中国铁幕之中。当时还没有人能预测，为了给未来留下艾滋病毒在华肆虐的见证，她要在八十高龄的生命暮年，出走故土，飘泊流浪。

高耀洁老人自认为她不是英雄，是一个普通人。她坦然承认，最初只是凭着自己作为医生的职业责任投入防艾工作，"并不知道艾滋病传播、流行的背后蕴藏着这么多不可想象的问题。否则我没有这么大的胆量、勇气！"

发现中国血库血液传播艾滋病毒，高耀洁并非第一人，她也不是第一个报告此一灾难消息的人。据复旦大学公共卫生系教授高燕宁的综述，在高耀洁之前，曾经有三位医生发现了问题并发出了声音：第一位是曾毅，北京中科院院士，那时是 1984 年。第二位是河北省防疫站的孙永德主任医师，那是 1988 年。他曾向各级部门发出过呼吁，这位医生后来销声匿迹了。第三位是河南省周口"单采血浆站"的副站长王淑平医生，那是 1995 年。王淑平医生做过更艰苦的努力，问题再度捅到了北京，借助北京国家级一流专家的协助，促动了卫生部下达红头文件，关闭血浆站。王淑平此后工作环境恶化，家庭和睦不再，她被迫先转到北京，失去工作收入，后出走美国，定居他乡。

在这场没有演习、没有策划的接力揭露艾滋病毒传播消息的努力中，高耀洁教授是第四位，那是 1996 年。那一年，一个病情严重却无法确诊的疑难患者撞到了她门下：她被请去会诊，最后破例检验 HIV 抗体，检验结果竟是"呈阳性"！这个按照传统经验判断绝无可能患艾滋病的农村妇女，患的确是艾滋病。从此高耀洁教授踏上救助艾滋病人上不归路。压力渐大，勇气渐足。最初她抵抗包治性病假医生时，遇到压力就不撤退，在书中她回忆当时的决断写道：

"我要一直干下去，若我本人遇有不测或我的家人为此出了意外，只希望能变成净化医疗系统的动力，让老百姓不再受此痛苦也值得。"

她一直坚持了十二年。她在威胁与恐吓、监听与监控中挺立着，也在辛劳与病痛中挺立着，在孤独、悲伤与愤怒中，她仍然挺立着。这位在 2007 年那次说客盈门的规劝中不肯退却的老人，当时面对跪在面前的儿子痛断肝肠。这孩子从小受她牵连坐过监狱，是她终生隐痛，永恒的愧疚。她扶住儿子磕得红肿的额头，心里滴血，流泪满面。这一刀，插在她的软肋上，策划得太歹毒！

应官方的要求，她用那双拿过无数次手术刀的手拿起了笔，在纸上写下了两行字：第一行是："儿子郭锄非曾因我受害坐过三年狱。"第二行是："本人行为本人负责，一切概与儿子无关。"

——她竟还是没有后退。"虽千万人吾独往矣"！

"惜吾与人也，听其言而信其性，今吾与人也，听其言而观其行。"这是高耀洁教授敦促到访的河南前省委书记李克强着力预防艾滋病的时候引述的一句《论语》。此语也合适于她本人。

世界上能与高耀洁相提并论的，还有一位伟大女性，是被称为"犹太母亲"的波兰女性艾仁娜·辛德勒（Irena Sendler，1910－2008）。艾仁娜被誉为"犹太母亲"，但她毫无犹太血统。二战时期，艾仁娜·辛德勒从纳粹手中救出了 2500 名待毙的犹太儿童。她利用华沙市政府福利部工作人员的公开身份，借为隔离区犹太人检查传染病的机会，在地下抗纳粹组织 25 名义工配合下，把犹太孩子一个一个，偷运出隔离区，改名换姓，安排到可靠的家庭。为了只有一线生还机会的父母在未来找到自己的孩子，艾仁娜冒险保存了所有孩子的真实姓名年龄等数据。艾仁娜为此被盖世太保逮捕，遭受严刑拷打，但是关于这场营救的相关消息和孩子的孩子们的下落，纳粹从她那里一无所获。艾仁娜是在行刑前最后一刻被救脱险的。此后带着被拷打致残的身体，在轮椅上躲过了盖世太保对她更加疯狂的搜捕。二战结束，波兰共产党当局以她与前波兰政府和国家军队（相当于当代中国的前国民政府和国民革命军）的关系密切为由，视她为国家的敌人，她再度被捕。狱中，次子流产。出狱后，另一个孩子受高等受教育权利遭到剥夺。官方同时阻止她出国领奖长达 18 年。东欧社会主义阵营垮台前漫长的时间里，这位伟大、勇敢的人道主义女性，一直是那个国家的另类。她默默无闻，坐着轮椅，在一所老人院度过晚年。2003 年开始，艾仁娜的事迹走出了犹太人的圈子，走进了西方世界。桂冠和奖状从自由波兰和美国接踵而至。2007 年，97 岁高龄的艾仁娜·辛德勒成为众多资格提名人推荐的诺贝尔和平奖候选人。高耀洁教授是从人生暮年开始她的一个人的战争的。而且她不像艾仁娜属于一个地下抗纳粹组织，也没有固定的义工和助手。无论工作环境的艰苦，所面对的威胁，还是行动的勇气，所遭受的磨难，以及家人所遭受的牵连，高耀洁教授堪为中国的艾仁娜。

2008 年 12 月，实至名归的艾仁娜·辛德勒以九十八高龄在华沙医院安详地与世长辞。不到一年，中国的高耀洁教授再度抵达美国——因为不堪忍受周围的紧张气氛和政治压力，更为了揭开中国艾滋病及其传播方式的秘密，她以八十高龄背水一战，出走他乡了。

"时穷节乃现"，在艾仁娜·辛德勒身后涌来的西方世界祭奠的浪潮中，中国这位大耋之龄的妇人，把自己关在纽约一座窄小的公寓里，点亮孤灯，趴在一张简陋的桌子上奋笔疾书，用她瘦骨嶙峋、写得发青发紫的手指，捉拿那些杀贫济富的凶手，誓为无辜的中国艾滋死难者讨还公道。在这场一个人面对无数奸商与权贵、满世欺诈与冷漠的良心战争中，她先是搭上了自己的老命，最后又搭上了自己的家园和故土。

夕阳时分，晚霞沉落，举目四顾，身后一片苍茫。这位伟大的东方女性，中国的德兰和艾仁娜，脸上和心里没有她的西方同道那份安详，却布满艾滋病人的悲伤和痛苦。虽英雄末路，竟至死不渝。这是我们中国的悲情与骄傲。

三、民国最后一个背影

穿行于遍布 31 个省区的"中国的脉管中国血"，看过高耀洁医生在那个人间地狱的"一个人的战争"（两文另见）之后，我要深入高耀洁的精神人格，探究她对于当代的意义。

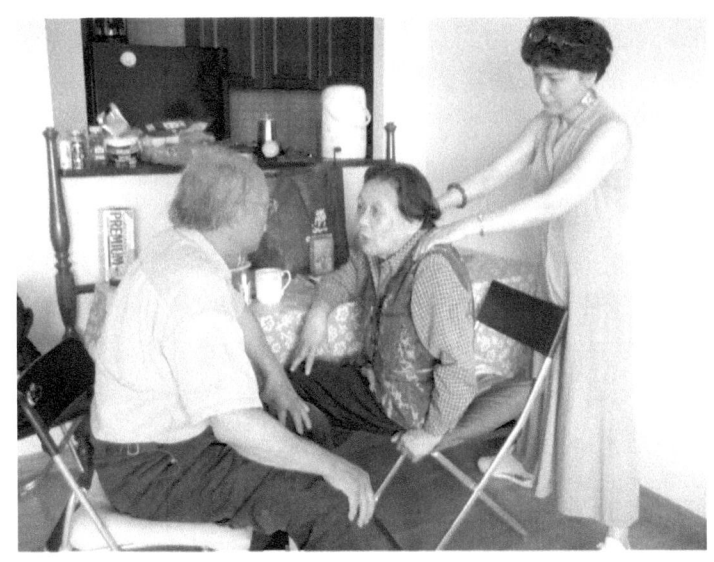

北明、郑义夫妇看望老妈妈

高耀洁出身于民国时期名门望族，这个高氏家族传脉深远，可以上溯到四十几代以前《宋史》记载的冀国公高怀德镇守曹州的北宋年间。这个家族人丁兴旺，关系繁复，不仔细梳理，外人难以厘清；这个家族财产丰厚，高耀洁父亲这一家祖上仅田地就有 36 公顷。她家的房屋居舍院落，非用图纸描画难以说清。她父亲家并不是最富有的，两度丧妻之后所娶的第三任妻子吕氏，"娘家有土地 600 余倾"。

那个社会虽然动荡战乱，但是文明的物质基础私有产权稳固，社会结构、文化传统、精神道德、人格操守、生活习俗、人伦观念均法天地承旧制，礼乐不崩。那是一个"邦有道"的旧社会，高氏家族是一个辛苦劳动，勤奋致富，财产取之有道的光荣家族。那时富豪有情有义，穷人安贫乐道，世人不为杀贫济富的强盗逻辑所蛊惑。高耀洁家族人死兴丧，排场阔绰，围观者发的议论是同情："死者留下的孩子太小了！有人还留下了眼泪"。

高氏家族虽不是书香门第，在三千年传承的文化大国做富人，不免诗书飘香。据《曹县志》和《山东省人物志》记载，这个家族的男人中有前清举人、清末进士，以及 30 年代国民党要员。当时文人同

293

道有嫉妒者留诗为证:"可惜当年偃月刀,华融道上不斩曹,留下一点奸雄种,竟然文章贯英豪。"。高耀洁的大姐夫家姓曹。

追踪高耀洁的文化背景,可以追到清末进士、山西巡抚徐继孺(1858-1917)名下。史料记载,这是一位饱学之士,翰林院修编,陕西省主考,著述等身的学者和诗人,也是一位载入县志的"刚直不阿、清正廉明的循吏"。徐继孺的女儿徐氏嫁给了高家长子,高耀洁的大伯父,是长媳。她是位知书达理,不施粉黛,是个被埋没的巾帼,从小受父亲影响,受过严格的儒学教育,有句自勉曰:"灯前不到妆台上,不擦官粉秀花兰,不比粗存不打扮,丝布绫罗不耐穿……"不幸这名门闺秀28岁守寡,随后又英年丧女。为了安抚她的不幸,高耀洁出生不久就被其父过继给自己的这位嫂子成为养女。高耀洁在这位养母膝下长大,称她为娘,她娘爱她"如同己出。"

我读过高耀洁教授的回忆录。作为一个治病救人的医生,她行文平实直白是自然而然的事情。但是这些文字不大闻得见时下贯通大陆的新华书面语体的气味,令人惊讶。另一方面,她的文字也没有作家们的矫揉造作之风,也令人惊讶。最让我感到惊讶的是,她那些如高原般走势平坦的文字,每行到地韵气脉饱满处,就会凸显出一两株、三五株兀自矗立的苍天老树。那些老树,是儒家典章,表达她的悲叹与愤怒。——她的情感和思维方式是经典儒家式的。

对于这个未来岁月里的医生,优秀的古文水平是她私塾生活的"副产品"。重要的在于这些典籍中蕴涵的价值深埋在她幼年心中,后来形成了她的人格精神。观高耀洁一生,除了中国文化传统中的孔孟之道,没有别的资源影响她的人格思想和行为方式。正如她所言:"我读了五年多私塾,得到很多东西","接受儒学教育,奠定了我的人生观和以后要走的道路"。

仁爱与悲悯,是她一生道路的起点。她自述说:"儒学文化在的我脑海中根深蒂固,它培育出本人一颗善良的心,真诚的心。"在她抗击中国血祸的一个人的战争中,所有的困厄艰危都是缘此而派生的,她于困厄艰危抗衡的力量也是由此而产生的。起初,高耀洁惊讶地发现艾滋病是一场"国难"时,她写道:"但是我不知道艾滋病的传播、流行的背后蕴藏着多么令人不可想象的问题。否则我没有那么大的胆量、勇气！"虽然如此，后来来自权势的明枪暗箭和炮火飞弹，并没有像打压前三位发出声音的医生那样把她也打压下去。如她坦言的，她不是天生斗士，要找一片高地一展武功；甚至也不仅仅因为她是一个医生，要恪守医道责任——当时她人已退休，理所当然不再其位，不司其职。在我看来，重要的在于她是一位贤良，无法忍看眼前在悲凉绝望中挣扎的生命。她的仁爱之心、悲悯之情足够广大足够深厚，一旦被一个个临床具体病例激发，就拖着她上路，来到救助穷疾的起点，又不期然走进荆棘横生的丛林。于是，仁爱之心替代了颐养天年的夙愿；悲悯之情不断兑换着与黑势力对抗的胆量和勇气。一个人的博爱能有多么深沉宽广，储藏多少勇气，蕴含多大的能量？高耀洁教授和她的行为方式是一个例证。

高耀洁的文字里保有中国传统文化遗风，不似新中国大学中文系课堂上武装头脑的知识，却像是通过心灵遗传到她生命的基因。她自己就是旧中国走过来最后一位名门闺秀，踽踽独行在日渐苍茫的非人之地。她的家已经不复存在。"1939年2月12日八路军冀豫鲁边区支队崔田民部二大队进占高新庄村，绑走二伯父高圣君、父亲高圣坦等三人，对其用尽了酷刑，几天之后我家用30万块大洋把他们赎回（见曹县志）。高新庄的全部地上、地下财产被抢劫一空，不久又把高新庄建筑痛付一炬，变成了一片废墟，其中不乏徐氏的所有遗产，当然也包括徐继孺老先生的遗物在内，也全部化为灰烬。"

中国思想史泰斗余英时在论及中国文化危机和激进与保守问题时，清晰地描述过高耀洁所生长于斯的中国民间社会被犁庭扫穴而彻底消失的情况。另一个严重的情况是，经过文化大革命对传统儒学的彻底批判与禁绝，再经过全面世俗化的三十年经济改革开放，中国不仅将百分之七十的国家财富再分配于不到百分之一的权贵手中，而且族群的传统道德观念悉遭解体，虚无主义大行其道。

社会习俗和人伦道德的破产滞后于社会结构的瓦解和生活方式的裂变。中国"三千年未有的大变局"经过文革正式落幕。而此前这

295

个国族残留的最后一缕温馨之光,仍然存留在高耀洁的记忆中:农民只想安居乐业,满足于"三十亩地一头牛,老婆孩子热炕头"的田园生活。开会斗争地主,多数农民保持沉默。即便荒年发大水,农民没有外流趋势。地方官员出门的交通工具乃是自行车或毛驴,他们衣着简朴,油不肥肚,说起话来满口民生,非常具体:种地、建水池……"没发现任何人贪污,也没有大吃大喝的行为,更没有什么包'二奶'、'三奶'之类的丑闻"。悲叹的是五反宣传队自编自演的揭露商人偷工减料、棉花里掺水、肉里打水,药里掺白陶土,包养女人的节目,所挖苦讽刺的无一不是今日中国社会之写照。高耀洁作为一名医生,即便不做社会调查,也能从自己周围的环境中真实而深刻地感到:"社会变了"!

高耀洁在这变局中所遭遇的厄运,无一不是一个文化大国彻底倒下的标志:她被"揪出来了",她被头戴高帽,颈上挂鞋,赤脚走过煤渣石子路,忍受满街的羞辱嘲骂;她被关进太平间,不人不鬼地与医院的尸体作伴,这些尸体中有不堪屈辱而自尽的市委官员。她在那里听到过窗外自己亲生骨肉,刚满十三岁的儿子被强行抓走的惨叫。她被送往劳教场,以年近五十、一双小脚、残疾人的身体,在露天采石场接受惩罚性劳动。在经历过三次沦为刍豢的游街后,"首如飞蓬、遍体伤痕"的高耀洁决意自裁。士可杀,不可辱,那是清末以降,自革命党人到抗日将士一以贯之的优雅与刚烈之民风的最后一现:高耀洁不是因为不堪忍受苦痛而逃避生命,是因为不堪忍受屈辱而求死。"我已经记不清那漫长的游街之路是如何走下来的,只记得当时,充满我脑海的只有一个念头:死、死、死……"

1966 年 8 月 26 日那天,她吞下了三十多片麻醉药。她没能死成,纯属天意。被救醒来后,三个哭成泪人的孩子无助的呼喊,使她从民国女子的刚烈中找回天下母亲的韧性,她发誓要保护自己的孩子,忍辱负重,绝不再轻生。不过,挂着"破鞋"游街的人格侮辱,为她留下一个不轻不重的后遗症,她如司马迁受宫刑之辱感受一样:"每念斯耻,汗未尝不发背沾衣也。"

人生识字忧患始。读过圣贤书,一身民国气的高耀洁走出了文革的残忍、狂妄、跋扈、暴力的地狱，经过了二十年重返医坛治病救人的相对宁静之后，借势走进性病、艾滋病区。她感受到的是这个国族已经被改造过一次的国民性，再度被改革开放所改造：寡廉鲜耻，贪婪无度、道德虚无，"一切向钱看，死人对他们不算什么……""医骗子多得像苍蝇，翩翩起舞"。在她的文字高原上，除了行文到气韵饱满处而凸显的那些老树，那一簇簇借儒家典籍文句抒发的愤懑之情，她的高原上也生长一簇簇的灌木，大概受《诗经》质朴诗风的影响，它们是老人在孤独的抗艾战争中随时写下的白话诗。单是诗的标题就可以看出老人交战艾滋病时对这个社会的感受：《奴隶》《贪骗病人》《艾滋病谁都不远》《灾难》《心怀悲伤赴坟茔》《谁之罪》《你太累》《悲伤的艾滋疫情》《问苍天》《深夜的孤老》《满江红·血祸》《夜泣》《灾难》。这些诗文所表达的，除了面对无辜血祸的天使般的哀叹，就是对人心不古的"仁者之怒"。

四顾苍茫，一无凭籍，在那个全面恶俗化的社会里，高耀洁踽踽独行。"道之不存，乘桴浮于海"，可是高耀洁无法隐退，她旧时的家族豪门已经不复存在，她心中的圣贤理念悲悯之心也不让她隐退。等到当局把她当成异类，实施监控的时候，她更不隐退了。老伴儿去世，儿女远离，成千上万的艾滋病人变成了她的家庭成员，她已然成了他们的守护人，与他们生息与共。

2006 年传来了她荣获美国"生命之音"组织颁发的"环球女性领袖奖"。这喜庆的消息并不能使老人有丝毫轻松和喜色。那时候，她已经充分了解到中国血祸的严峻程度，同时从患者维护自身权益的艰难中，亲眼看见了这个弱势群体投诉无门的困境。行前准备在即，她从各方友人为她购置的领奖礼服中，执意选择了一件中式外套，那是她家人亲手为她缝制，艾滋病人亲自送到她门上的。不合礼宾规矩，但是合乎她的使命："我是代表中国艾滋病患者去的，我要为那千千万万死者服丧。"

接下来，她在自己的家里遭到软禁和封锁。河南当局所要阻止的正是这位首次出国的老人决心要做的：借领奖的机会为中国艾滋病群体代言，"把他们的苦难和不平告诉世界，要唤起全人类对他们的关注和同情，要为他们带回与病魔和社会不公抗争的希望。"幸得美国前第一夫人，国会议员，现任的国务卿希拉里连续给北京当局发出十几封言言辞恳切的信，要求放行。半个月间说客盈门、轮番鼓噪、软硬兼施中守死善道、不肯退让的高耀洁终得成行。

2007年2月26日，她踏上了美国大陆航空公司客机的舷梯。行囊里装着那件自家特制的"礼服"，那身中式外套黑底白花，普通面料，价值不到两美元。

"生于斯，长于斯，老于斯"，在这片土地上生活了整整八十年的这位老人，六十余年岁月中，历经政治运动、忙于救助病人，劫波度尽，草心不泯，"奉献于斯，受难于斯，拼搏于斯"，却很少能安睡于斯。出国前半个月的软禁监视、围堵封锁和游说缠磨，加上登机前的长途奔波和紧张，进入机舱，老人已精疲力竭。这时她松了一口气：终于成行了。

托希拉里的美国福，老人坐头等舱，座椅宽敞舒适，胜过她那堆满了防艾资料的简易床。她难得地心宽意安，吃下了一片安定，在远离血祸故土的空中，在辽阔云端之上沉沉睡去。十几个小时的飞行中，只在日本上空吃了一顿西餐面条，接着再一觉睡到新大陆。

醒来后，她有一段时间迷离恍惚，不知身在何处，不知所见虚实真假。她那古典式思维中出现了庄周梦蝶的典故，她脸上的沧桑舒展为明朗的微笑。这位老人是一名医生，她没有等身著作论述中国传统，却以入世救人的一生演为儒教精神的血肉文本。人在天上那一刻，念及庄子念及蝴蝶，该是她一生躬行直道的困顿中短暂的休养生息，一如她只能在飞离血祸之地的空中酣睡。

其实老人太知道自己是谁了。她既不是庄子也不是蝴蝶，她是为千万艾滋病患者下地狱的地藏王菩萨，她知道自己身后只有，而且全是她的无辜无助的艾滋病受苦人。

当她穿着那件黑底白花、不值两美元的中式外套在长时间的、热烈的掌声中走上颁奖台的时候，她的老眼里充满了泪水。——在中原大地的道路上、村庄里、光秃秃的房梁下、黑黢黢的土炕前、歪脖子的柳树下、漆黑的无眠的深夜和无风的劳顿的白天，她曾经流下过无数次眼泪。然而这一次，伴着同情、理解、敬仰、钦佩的目光注视，老人为自己的命运热泪盈眶。相濡以沫一生的老伴先她走了，孩子不甚理解也疏远了，她得罪假医、官商无数，顺便有时也得罪朋友，"得罪人太多喽"。没得罪的、真诚受她鼓舞的人们来来去去，一批批遭到打压，不得不偃旗息鼓，只有她挺立着。她强行出国，根本就违背河南官方的意志，但是她的根在中国，她的家在中国，她的价值在中国，她必须回到血祸之地。如此一来，无论面临什么她都必须承受。颁奖是他人的事，苦难困厄要自己承担，然而她已经八十高龄了！

"知我者谓我心忧，不知我者为我何求。我的忧是'血祸'未止，'艾魔'未灭；我求的是这个'世纪灾难'早日结束，苦难的人民早日摆脱苦海。

"我为艾滋病患者的命运而忧，又为那些恶毒小人的逼害而怒。在遭遇无数的痛苦和侮辱以后，我静下心来思前想后，心潮难平。我怨天上的日月，你们都干什么去了？为啥不放射光芒照亮人间？我心中的忧愁抹不掉，好像没洗的脏衣服。我只恨自己没有一双翅膀，带我飞离这苦难的大地……"

老人对这个无道之世的深恶痛绝和失望无奈是难以言喻的。她已经立了遗嘱，并在自己的自传中将之公之于众了。她的遗嘱不是告诉自己子女如何分配她的遗产，她没有遗产。与她通电子信的人都知道，每封信落款处都标有她的座右铭："但愿人皆健，何妨我独贫"。老人的遗嘱是为了杜绝河南及各地那些欺世盗名者人利用她的名义，成立组织或机构，打着救治艾滋病的旗号欺世盗名，中饱私囊。她同时声明，杜绝身后有人以她的名义写传记、伪造历史、愚弄后代；不许身后有人以她的名字买假药、坑害病人和社会；不许身后任何人改编、修版她编写的任何书籍。这位老人经历过高家三代祖坟悉被掘开，焚尸扬灰，珠宝尽劫的灾难，她在遗嘱中说，"气如秋风，骨灰如土"，决意弃绝传统风俗，不土葬，不存留墓地，不给文革残渣余孽、贪官酷吏，行医骗子及后台主子留下造祸的场所。老人连骨灰都不留，她要与老伴的一同撒入她故乡之河，黄河，随之"流入大海，销声匿迹"。

此遗嘱一立，这位恓惶一世只为苍生的老人，不仅生前与欺诈、冷酷、贪婪、残酷、邪恶势力誓不两立，身后也彻底弃绝了这个堕落的世道。

2007 年赴美国领奖归去不到两年，四川为大地震受难学生讨还公道的维权人士谭作人被捕，此案轰动中国坊间。山雨欲来风满楼，高耀洁教授失去了最后的安全感，她毅然再度出国。这一次，无人邀请，是离家出走，心里背的全是她那些可怜无助的艾滋病患者。

人类历史上，心中装着受苦人，在晚年离家出走的，在她之前只有一个，是俄国大文豪老托尔斯泰。这位俄罗斯贵族晚年离开自己的庄园，坐上火车一路离去，为了寻找良心的安宁；而离开自己根深叶茂的大地和故国家园的中国民国贵族高耀洁，为的是寻找人身的庇护，以便把经年在中国血祸之河上独木泛舟的经历见闻披露于世。她把这当成自己人生最后一项使命。

逃亡抵达美国的高耀洁作为美国国务卿希拉里的朋友，于 2009 年 11 月 30 日在其办公室与之会面。

她是不说英语、体质羸弱、形单影只的老者，她是秋日的霜叶，是暮色中的倦鸟。为了完成使命，她先是奉献了自己晚年的秋霜枫红，接着奉献了自己的故土的家国林园，最后切断了自己的退路。

这是中国礼仪之邦最后一位贵族的命运，这是旧中国、好中国、民国中国的最后一个身影。

后记

不止一次了，这位说话时撑住一口气，沉默时立刻呻吟不绝的老人与友人聊天时，不是讨论如何保健，而是谈论如何保证自己按时死去。美国是年轻人的天堂，而她自觉来日无多，一旦书稿一一付梓，她就认定自己的使命完成，活着于她不再有意义，而世界对她早已是痛苦之地。

五月份，我受前《大河报》副总编马云龙兄之托到纽约探望她，她说，一旦书完稿，那就是她结束自己生命的时候。言罢，沟壑纵横的脸上灌满了泪水。一种悲凉之情，从她的沟壑注满我心，我无言以对，我们这些艾滋病患的旁观者、未被感染的幸运者，拿什么去劝阻这个老人的决绝，拿什么宽慰老人的悲苦？

十月份，刚刚读罢她五月送的书《高洁的灵魂·高耀洁回忆录》，我应邀去参加老人的新书发布会与她再次见面，心里装满了对她的敬仰和爱。在她那间只有一张床、一个简易桌子的卧室里，与她促膝对坐，听她挥去中国布满天空大地的乌烟瘴气，用口音浓重的河南方言再度咀嚼死亡的这个话题。

我劝她：风烛残年，使命完成，她回到中国未必导致很大的麻烦。而中国大陆有的是欢迎她去安享晚年的朋友。但是她说：即便她能够回去，骚扰和麻烦将波及那些曾经饱受牵连的亲属子女，她不愿意这种局面发生。而且，她拒绝入住任何友人家，不愿意成为别人的负担。

接着她说："我想好了，我最好的死法和去处，是死在飞往中国的飞机上。"

不能扶疾入国，还是要归正首丘。她这是要为无量无辜的艾滋患者献祭，她把自己当成祭品，要走上中国艾滋病的祭坛。纵观老人一生行为思想，当知此言非戏言。

"天下有道，以道殉身；天下无道，以身殉道。"

先贤往圣也不过如此。

八十年代我参与过中国的传统文化检讨运动，猛烈抨击杜维明教授的新儒学观点，认为他的理论无法解释中国三十多年的政治专制制度，把儒教的集体主义观念看成是极权主义在中国立足的思想资源。后来，我接受了以"从孔夫子到孙中山，秦始皇到毛泽东，两种迥然不同的谱系、截然相反的哲学、泾渭分明的历史潮流和民族命脉"来解释中国近代政治与社会现象的观点。而如李慎之先生所察，当代中国在文化大革命传统文化被彻底摒弃之时，也正是专制主义昌盛并演化为一党专政和群众专政之时。我想，高耀洁老人艰苦卓绝、筚路蓝缕的一生可以证明，中国儒教中以人为本的思想和仁义道德精神，最终是通过人道主义指向专制统治的，而中国传统中"三军可以夺帅也，匹夫不可夺志也""我不下地狱，谁下地狱？""富贵不能淫、贫贱不能移，威武不能屈"，作为一种价值观和人生信念，可以使人在困厄苦难面前，产生与宗教信仰相同的超越生死的伟大人格力量。

兹录宋文天祥被囚时以其浩然之气抵挡囚室一切秽气时所做《正气歌》句，赠与于高耀洁教授，并结束此文——

天地有正气，杂然赋流形。下则为河岳，上则为日星。于人曰浩然，沛乎塞苍冥。皇路当清夷，含和吐明庭。时穷节乃见，一一垂丹青。

2010 年 10 月 21 日
秋雨将歇，秋叶飘零之际
于华盛顿

本文第一部分首发《中国人权双周刊》首发，
第二部分首发《中国人权双周刊》
第三部分首发《纵览中国》Sunday, November 28, 2010

高耀洁星：当局遮蔽不住的光芒

索菲 高伐林

2003 年"感动中国十大人物"颁奖典礼，叫到了高耀洁的名字，主持人白岩松走上前去想扶这位七十六岁的老太太登台领奖，她拒绝了，独自一步一停，一阶一歇，就算双手抚腿，也要拾级而上。她把一种顶天立地的精神，灌注到所有观众心里。今年元月，《高耀洁回忆与随想——高洁的灵魂续集》一书，在明镜出版社出版。本次"明镜书刊"节目，我们请参与这本书编辑的明镜集团总主笔高伐林先生介绍其人其书。

法广：听说有"中国民间防艾第一人"之誉的高耀洁医生，在纽约定居？

高伐林：是的，她 2009 年 8 月离开中国，现在住在纽约的政府老人公寓。她的身体很虚弱，因为她的胃在"文革"中被打坏，切除了五分之四，还患有高血压、心脏病等多种疾病。但她抚今追昔，在众多中国留学生和其他人士协助下，一字一句地写下这本书——这是她来美国之后出版的第三本书。由哥伦比亚大学黎安友教授和上海的高燕宁教授，分别写了序言。2014 年 12 月 19 日，她在这里度过了八十七岁生日。

法广：她为什么会独自来到纽约？为什么要写下这本书？

高伐林：这就说来话长了。

高耀洁 1927 年生于山东曹县小镇的一个书香门第，毕业于河南大学医学院，曾任河南中医学院教授，河南中医学院第一附属医院主任医师。她丈夫在"肃反"中被关过一年多，"文革"中她更受到严

303

重冲击，罪名很可笑，说她"嫁过蒋经国的秘书"，她要澄清，却挨了毒打；军代表陷害她十三岁儿子坐了三年冤狱。为此高耀洁上访，却又被栽赃送去劳教三年。她丈夫替她告状，周恩来办公室批示：如果这个大夫是女性，要放人。这时她才知道被劳教的罪名是："强奸妇女，致怀孕后，又令其打胎。"

法广：实在太荒唐了！她都写在书里了？

高伐林：她写了这些，但并不很详细——这样的人生经历，在别人或许刻骨铭心，但是高耀洁多半一笔带过。"文革"总算过去，她继续行医，还当选为河南省人大代表。1990 年退休之后，她应邀外出讲妇幼卫生知识，写科普稿件及书籍，参加会诊、手术，本可以安安稳稳颐养天年。但是她没想到，1996 年 10 月 7 日，在她已六十九岁高龄时，完全是偶然地接触了艾滋病人。随后得知河南"血祸"导致艾滋病流行的严重情况，治病救人是医生的天职，她义无反顾地投入救助，却遇到了很大的麻烦。

法广："血祸"是怎么回事？她遇到了什么麻烦？

高伐林：高耀洁通过多方了解，发现河南乃至中国的艾滋病，主要并不是通过性行为、吸毒等途径传播开来的，祸根在于河南当局推行"血浆经济"，在农村穷困地区推动卖血，而采血供血又没有严格按照操作过程，导致受到艾滋病毒污染的血到处蔓延，许多因其它病输血的患者，也因输入了艾滋病毒感染的血浆而受害——这就称为"血祸"。

高耀洁全身心地投入防艾、治艾、救助艾滋病患者遗属，揭露真相，被中国央视的观众评选为"感动中国的人物"之一。但她不可避免地会涉及当局的失误和丑行，引起曾在河南主政的官员的恼怒。很快这位老人就遭到当局打压。

法广：我们记得，她不是 2007 年来到美国，领取了"环球女性领袖奖"吗？

高伐林：是的，那是她在国际上获得七个奖项中的第六项，也是她第一次能够出国领奖。此前当局一直阻挠她领奖，而 2007 年那一次，也经历过许多曲折：河南有关方面调动所有能调动的力量，既要阻止老人出国领奖，又要迫使她做出"自动放弃"的姿态。甚至动员她那少年时期受其牵连、至今心有余悸的儿子，给她磕响头，跪请母亲答应不去美国。

这一次高耀洁没有屈服，终于来到了美国领奖。美国前第一夫人、时任联邦参议员的希拉里·克林顿会见了她。

法广：希拉里后来在她的《艰难抉择》（Hard Choices）一书中写到一个细节：她注意到高耀洁是一双小脚。

高伐林：是的，希拉里注视这双在西方看不到的脚，无法想像这双脚竟走过中国那么多的山路平路。高耀洁去过一百多个村庄，访问过一千多个艾滋家庭；她的足迹遍布河南、河北、山东、山西以及华东、西南，共十六个省市。她收到过来自艾滋病人、家属和各种其他妇女病患者的信件一万五千万封，她给每一封来信亲自回信，她亲手救助的艾滋孤儿有 164 个。她自编自写、自费印刷、自费寄出的防艾读物有 120 多万册（一说 130 万册。我取保守数字。——老高注），她把国际、国内所获奖金和个人积蓄、稿费、讲课费等总计一百多万元人民币，全部用在了中原血祸、百姓血难的救助上！

法广：这本书封面上写道："感动了中国，却感动不了官员铁石心／'民间防治艾滋病第一人'被百般封杀／您是否看到'高耀洁星'的大爱光芒？"

高伐林：2007 年 4 月，国际天文联合会将 38980 号小行星永久命名"高耀洁星"。这是高耀洁的光荣，也是中国人的光荣。但在当局某些人看来，这意味着他们的错误，变本加厉地压制她。所以她在察觉周围风声不对之后，迫不得已来到了美国。她当时给朋友写邮件说："我离开中国，为的是能让世界知道中原血祸的真相。"

法广：这本《高耀洁回忆与随想》主要就是讲述她的经历？

高伐林：其实，回忆家族往事、成长经历，反驳那些泼向她的脏水，只是其中一部分；更多的篇幅，是"随想"，而她的随想，就是关注中国成千上万艾滋病人及其孤老孤儿，以及不顾自身安危救助艾滋病患的医护人员和志愿者。高耀洁追问：政府煽惑"血浆经济"酿成大规模艾滋病流行，应该承担什么责任？为什么十多年来拒绝承担？为什么对像自己这样挺身而出的民间防艾人士百般封杀？这样骇人听闻的灾祸，还将持续多么久？

我们当编辑的，理应冷静客观，但是读她的书稿，让我很感动。《明镜月刊》记者柯宇倩、贺新专程拜访，写出了长篇专访《高耀洁：要留真相在人间》；明镜电视拍摄了对高耀洁的专访系列，共 13 集，放上了 Youtube。

法广：根据你所说，高耀洁并不是传统意义上的善人，而是一位当代英雄？

高伐林：对！在编辑这本书的过程中，有个细节值得一提：明镜的封面设计师想到她揭露"血祸"，而血是红色的，于是将封面的基调设计为红色，但高耀洁看后马上写信给我：我在红色环境中折磨了几十年，"红海洋"不知造成多少冤死鬼。我看到这种红色就难过。请改用其它颜色吧！

2015 年 1 月 25 日

注：高伐林，八十年代著名诗人，前明镜出版集团总主笔，《高耀洁回忆与随想》责任编辑。

索菲为法广电台主持人。

最好的死法，是死在飞往中国的飞机上

燕 子

2010 年的最后几天我在香港。朱耀明牧师带领我们为"六四"死难者、为司徒华先生（华叔）的康复祷告。但华叔却在新年过后的第二天回归天国。上飞机之前，武宜三先生带我去香港教协追悼了华叔。自 1989 年到 1997 年香港回归中国，朱牧师、华叔成立的"香港市民支援爱国民主运动联合会"一共救援了"六四"流亡者四百多人。

在机场书店，我买到《高洁的灵魂——高耀洁回忆录》，先打开了《八十三岁踏上流亡路》这一章。

2009 年 8 月 7 日，我离开了中国。经过三次转机，8 日抵达目的地。我自幼熟读四书五经，到现在八十多岁还能一口气背诵出几十首《诗经》。坐在飞离中国的飞机上，抱着比我的生命还重要的艾滋病资料硬盘，望着白云下面渐渐离我远去的中国大地，我反复默诵著《诗经》的名篇《硕鼠》：

"硕鼠硕鼠，无食我黍！三岁贯女，莫我肯顾。逝将去女，适彼乐土。乐土乐土，爱得我所"。……念了一遍又一遍，直念得我老泪纵横，唏嘘不已。我已经以最大的决心离开这片硕鼠横行的土地，但我不知道我所去的地方是不是"乐土""乐国"和"乐郊"，然而我知道，在那里我起码有思想的自由，说话的自由和出版的自由。

2001 年左右，我的研究开始"转向"。我的研究对象，曾因写诗歌而六度入狱，在中国的监狱与劳改营度过了十二年的诗人黄翔已于 1995 年事实上流亡美国。因此，我从研究文革时期的地下文学延长线开始转而关注流亡与流亡文学。

这么多年，我几乎走遍了流亡者的主要居住地，包括藏人在内，访谈过近百名流亡者，出版过翻译与学术专著，但是无论是在中国流亡史，还是在世界流亡史上，像高耀洁妈妈这样八十三岁的风烛残年、拖着伤病羸弱之躯，泣血流泪走上流亡路的，真是罕见。

"我大概是这些年来中国最高龄的流亡者吧。天鉴我心，这项健力式的记录可不是我情愿得的啊。天鉴我心，这项健力士式的记录可不是我情愿所得的啊！"

年迈的高妈妈，为赤贫，命苦饱受欺凌的农村艾滋病患者和孤儿们，她撒尽了自己最后一把麸皮，为那些黑暗中灰尘一样生生灭灭的贱民，像人一样活着，像人一样死去，她勇敢的站起来，说出真相，揭开了一个庞大的黑洞。那只贪婪的大硕鼠，却死死咬住她，围追堵截，高妈妈不得不行重行行，一步三涕离开故土，蹒跚在流亡的路上。

这位曾裹足过的瘦小老人高妈妈小小身影，令人想起于二十世纪俄罗斯的重要诗人曼德尔施塔姆的诗《她的左腿像钟摆一样一瘸一拐》：

有些女人天生就属于苦涩的大地
她们每走一步都会传来一阵哭声；
她们命定要护送死有者，并最先
向那些复活者行职业礼。

说来真巧，刚回到日本就收到来自华盛顿的北明的邮件：

"流亡美国东岸的高妈妈非常孤独，基本上以网络为伴。高妈妈，守死善道，坚守良知之意志，当代中国无出其右，老人家不仅风烛残年，健康状态不佳，关键是中国的状况让她彻底绝望。怎样想象她的孤绝都不过分。她从小本是个淘气、活泼、单纯的阳光女孩，但是几十载风雨沧桑，现在她的脸上没有艾仁娜和德兰修女那样安详的表情，她纠葛不清的皱纹和神色，令人心痛不已。得空请写几个字给她吧。她学习用一个巴掌大的写字板写字，不一定回复，但她会看到你的字。我们都是迟到的支持者，太迟了。"

响应北明之声的有王康、赵越胜、马云龙、子仲、刘真等包括我在内很多敬重她的朋友。据说日本人平均长寿，与日本的食品清淡、爽口有关。于是，就给高妈妈快递了一箱子日本的荞麦面、乌冬面、海苔，各种袋装汤料以及宇治抹茶。不久就接到高妈妈的电邮。就这样，我们一老一少，两个网络时代的山顶洞人开始一段时间几乎每天的通信。我深知高妈妈的生命以日、以时、以分秒计算，生怕老人家费时费神费眼。

2011 年 3 月 11 日，日本东北太平洋近海地震，伴随而来的大海啸与余震引发"东日本大震灾"，高妈妈以为我住的"福岛"是重灾区的"福岛县"，一天半夜接到她打来电话："小燕子。为了你的安全，你和你家人来我家住一段时期吧。条件可能不如日本，但我觉得不错，行吗？"我告诉老人家日本这两个"福岛"之间相隔八百公里，请她放心。

我将拿日本护照的"爱国贼"在危难关头，屁股灰都不拍一下脚底抹油走人，将网上的"盐慌子孙""谣盐四起"，甚至"神药对付核辐射"的荒唐事说给她解闷，高妈妈说："一点儿都不奇怪，中国假医假药五花八门，医骗子多得像厕所的苍蝇一样，恶行遍地，不知害死多少病人。逃回国，回国就安全了吗？到处是人祸、毒牛奶、地沟油、化学火锅、三聚氰胺奶粉、毒大米、皮革奶。混浊肮脏的空气。我看不见得比日本的核辐射对人体的负面影响小。"

胡平先生曾说："流亡者是难民，但不是单纯的难民。单纯的难民只是为躲避对自己的迫害，一旦进入自由世界便得其所哉。而流亡者之所以为流亡者，在于他们总是执着地关注着祖国的命运——不论是在政治方面还是文化方面，并且热切地希望自己在其中发挥自己的力量。他们虽然因被迫害而离开祖国，但他们始终认为自己的事业在祖国，自己生命的意义在祖国。流亡自由世界固然使他们免于迫害，可他们的灵魂却因此被撕裂成了两半。

是的，爱祖国的悲剧，成为流亡者背乡离井的原因。几乎每天，都收到高妈妈关于"血祸"的惨状以及对贪官污吏的义愤。

"小燕子，你知道吗？艾滋病疫情地区，甚至有假艾滋病人，骗钱，骗药，更可恶的是有些冷血鼠辈，以救病人和孤儿为名，办假慈善机构，大发不义之财。过着腐化无耻的生活。他们的一套豪宅就是几百万人民币。还有人滥用善款养小蜜、包二奶、吸血的魔鬼呀，打压严重，很多人闭口无语。说真话被送进精神病医院。送劳动教养。我自费帮助艾滋病弱势群体，而今落到这个地步，已无家可归呀，我有许多回忆想跟你说。"

有时半夜接到高妈妈的电话，虽然我听不大懂河南话，但我知道高妈妈身在异乡，内心惦念和焦虑的却是故国在艾滋病深渊中苦苦挣扎、喊天天不应，呼地地不灵的苦命人。

她发来的邮件，也满屏都是无数个惊叹号与天问：

"这些受苦人没有文化，不会写也不会说，他们比猪还苦，因为他们吃不饱，穿不暖，任权贵者折磨，死无人知！等有时间，我把学生寄给我的照片给你看，你看了一定会哭。"

伤伤青壮年，卖血惹灾难。

处处闻鬼哭，阴风恶雨寒。

高堂无人养，幼儿真可怜。

哀哉人为患，谁来问苍天？

"小燕子，你能否写一本《中国农村生活》？那些地方太穷、太愚昧了，任人欺压，我可以给你几十张照片，还可以给你提供资料。太恨人了，用一句话来说'民不聊生'，真叫人发愁，发恨呀，怎么办呢？中国何时能走出苦难呢？我给你写信，看成一种快乐，但写作太困难了！"

"刚才写不成了，现在又来写，医生诊断我有1：十二指肠胃溃；2：慢性结肠炎；3：肝局部硬化。'肠子'的'肠'写不出来了！"

"小燕子，看到你的来信，我哭了。先谢谢你的关心，我在文革中失去了胃。很多东西不能吃，如水果、奶、饮料、肉多种，有些青菜，如果不小心吃了，三至四小时后就会开始拉肚子，吃的东西全部拉出来，这还不算完，还四肢发抽，一闹几天。在十月，我在郑州认识的有个年轻人来了，他拿来了面包我不知里面有奶，吃了一个，闹了四天。"

"小燕子，我活得太痛苦了，我的生活很低，因为吃不下去，最大的痛苦是突然晕过去，所以生活不能自理，你们都不要学我，我是个失败者，孤身一人，其苦一言难尽，身体多病，各种折磨，生不如死。"

每每读到高妈妈趴在电脑上艰难地"写"出的这些文字，心如刀绞，总以为那些惊叹号和省略号是手误拉长了鼠标。高妈妈还发来很多艾滋病患者和孤儿的照片，说实在话，我都不敢细看，尤其不敢在吃饭和睡觉前看，一指划过。看了真难受。与"我在美丽的日本"仿若隔世，若没有足够强大的精神与光明的心灵，如何难面对活生生的悲惨与黑暗。

谢谢北明邀请我和子仲，三人一起合力帮高妈妈实现了她的一个心愿，在辛亥革命一百年纪念时，出版了《高耀洁诗词忆百年》（武宜三先生主持的五七学社出版）。高妈妈说，为了纪念我们这段友情，燕子你来写《序》。我深感惭愧。所幸几位好友，为饱蘸历史苦汁，行侠行义的高妈妈的欣然撰稿：黄翔先生撰文《序一：天使诗人高耀洁--一个社会道义关注与担当者》、王策先生《序二：儿女性情，英雄肝胆》；岳建一先生《序三：虽千万人独往矣》；傅正明先生的《读高耀洁新著》与北明的附录《高耀洁，中国仁爱传统的血肉文本》。

高妈妈说，诗词只是沧海一粟。其目的是回忆受害者、冤死者、贫病者、饿死者。为不同时期的弱势群体所受的苦难呐喊，故命名《诗词忆百年》。

"人生难得一百年，百年往事在眼前。先是战争无休止，后有'运动'不间断。"这本不到两百页的旧体诗词分作四个部分，除了第一部分写辛亥革命、中日战争以及 1949 年以后的各种政治运动给国民带来无尽的灾难之外，后面三个部分都是写的正在进行式的某党干部贪污受贿，买官卖职，官商勾结，形形色色的骗子趁火打劫、假医假药横行、更有心肠坚硬的冷血动物打着救济艾滋病人和孤儿的名号，兴办"福利"机构，大发艾滋病财，而艾滋病病患者的遗属，高龄老人，年轻的鳏夫寡妇，嗷嗷待哺的孩子却一贫如洗。

高耀洁医生同时是一位诗人

穷人苦

穷人苦，穷人苦，一年四季不在屋。

风里来了雨里去，劳动四季落什么？

缴了公粮再纳税，剩余粮食难饱肚。

卖血是因贫穷故，谁知走进丧命路。

死的死来亡的亡，贪腐官员财更旺。

防艾知识他不懂，消毒方法更渺茫。

死是天命来注定，活着也是不聊生。

水调歌头真相难现

人生几有时，福祸问青天。

沧桑屡变不绝，历尽苦与难。

暴风狂吹逝去，血祸交集给予，

艾滋多频繁，患者缺清醒，灾祸现人间。

死难多，有绝户，难避免。

人们之恨，此情景谁难圆。

人有悲痛长河，痛为阴晴离决，

何时能述全。

艾滋这么久，真相难实现。

某次诗会，我将高妈妈的这本诗词集送给一位写现代诗的诗人，诗人一向毒舌，论艺术诗学的精粹，口若悬河。我以为诗人会嘲笑这本诗集，语言显得过于直白、粗糙，甚至赤膊上阵，但诗人很认真地看过后，却只说了一句：我是"尸人"，高妈妈才是真正的诗人。她语言的命脉与血管里，纵横着她的热土与乡亲。

多年前，高妈妈已将《遗嘱》公布于世，"我想好了，我最好的死法和去处，是死在飞往中国的飞机上。"但是高妈妈终究未能实现她的心愿。

高妈妈，已经化作一个小星星，闪烁在我们的上空，照亮着我们高一脚、低一脚的泥泞的长路上。

注：作者为留日学人，中日双语作家、文学评论家、学者、翻译者。翻译作品有《黄翔的诗和他的"诗想"》，《温故 1942》，《中国底层访谈录》等。

中国艾滋血祸，堪比"六四"屠杀

余 杰

　　高耀洁：河南中医学院教授，妇科肿瘤专家，退休后转向艾滋病防治工作，揭露河南卖血经济产生的艾滋病泛滥，被称为"中国民间防艾第一人"。屡受中共政权之迫害，2009 年 8 月，以八十二岁高龄出走美国。

　　高耀洁，1927 年 12 月 19 日，生于山东曹县一个"独庄独寨"的大富人家。1939 年，八路军洗劫鲁西南地区，高耀洁的父亲、卧病多年的二伯父等人被绑架并遭到严刑拷打，往鼻孔口腔灌辣椒水，高家被迫拿出三十万现洋赎身费放人，然后全家逃亡到河南开封。1948 年春，她考入开封女子师范，受国共内战波及，随学校一路南迁到四川。她没有流亡去台湾，否则她的人生故事就是齐邦媛、王鼎钧的版本了。

　　随后，高耀洁转入河南大学医学院，1954 年毕业，任教于河南中医学院，成为妇科肿瘤专家。1996 年，她在郑州一家医院会诊遇到第一例输血感染艾滋病的患者，从此开始相关调查工作。她一个村子接一个村子地走访，提供免费医疗咨询，并收集数据。她像个平民侦探，追寻着一条又一条线索。由此，她发现惊心动魄的真相：河南等地艾滋病蔓延，是"卖血经济"导致的恶果。农民卖血 800CC 毫升，赚得八十元人民币，用来供孩子上学、维持生活。他们误以为这是一个生财之道，都跑来卖血。采血站工作人员用很简单的方法抽血，将所抽的同型血混合在一起，分离之后，提取血浆，再将已混合的血球加上生理盐水，重新输回多个卖血者体内，以预防贫血。此过程中，根本不检测艾滋病毒，甚至同一个针头在多人身上使用。这时，艾滋病病毒进入卖血者体内，感染了艾滋病的人，又不知不觉地将病毒传染给配偶，以及每一个到血站卖血的人。高耀洁指出："艾滋病传染是一场人类灾难。我认为这次的艾滋病危机跟恐怖袭击和世界大战属于同一级别。"她推测，河南有超过两百万人感染了艾滋病毒。

从一开始，高耀洁就认为这样一场大规模的传染病，如果及时采取措施，是完全可以避免的。专家们曾希望中国政府高层发出紧急命令，作出反应。世界知名的艾滋病防治专家何大一博士解释说："中国的系统是典型的自上而下，除非得到了高层的指示，否则他们都会消极对待。但是对于这样一场公众的健康危机，不作为无疑意味着将死很多人。"然而，日积月累，尽管艾滋病受害者人数不断增加，政府官员依然熟视无睹。地方政府官员切断解决这场危机的唯一通道：面对并解决问题。反之，他们竭力隐藏问题，或者说他们就是问题之所在。艾滋病泛滥是贪婪的本地官员和商人从事血液生意的后果。这些缺德的医务人员在黑血站老板的掩护下，从事血液买卖的活动。而官员为了政绩，在其辖区不允许出现负面报道。并借着大众宣传媒体，误导艾滋病的传播途径，说是来自于性乱与吸毒。高耀洁反驳说："输血加剧了艾滋病的传播，并非像他们声称的是性接触传染。这是真实的，尤其是在河南、安徽、四川和广西省贫穷的偏远地区。"

了解到情况的严重性，高耀洁决定公开揭发真相。她说："我是个医生，个人的职责是引起更多人对艾滋病的关注，竭尽全力将这场灾难下降到最低程度。"为了调查艾滋病疫情，救助艾滋病受难者与艾滋孤儿，她不仅耗尽上百万家产，也让自己成为官方重点监控与打击对象。她的人身自由越来越受到控制，电话被监听，出门被跟梢。当她到农村探访艾滋病患者时，常常受到来自地方政府的阻力。他们常以维护地方形象或保护国家机密为借口驱逐她，甚至鼓励辖区内的农民举报她——向政府报告高耀洁行踪的农民可获得五百元人民币报酬。得知有钱可赚，而且比卖血赚到的钱更多，很多农民不顾高耀洁是一位前来帮助他们的医生，争先恐后向当局举报。（编者注：据高耀洁医生说，农民对她好，没有人举报她。）

最初，在河南之外的地方，高耀洁得到官方一定程度的肯定和支持。比如，她被中国教育部评为"关心下一代先进个人"；被中央电视台评为"二零零三年感动中国十大年度人物"之一；她编著的《一万封信》获得由《新京报》和《南方都市报》联合举办的首届"华语传媒图书大奖"的"二零零四年度图书大奖"。但是，随着她的揭发日渐尖锐和全面，乃至点名批评主政河南的封疆大吏，她在中国政府眼中从帮助解决问题的人变成了国家的敌人。

高耀洁在接受外媒访问时指出，中国艾滋病的祸源是"血浆经济"，不是河南一个省，全国都有，河南是重灾区，1980 年代末 1990年代初，在河南省的一些地区就出现了。后来有"艾滋厅长"之称的刘全喜 1992 年担任河南省卫生厅厅长后大力推动，使河南农民卖血成为风潮。特别是由于 1992 年至 1998 年主政河南的李长春严重渎职和怂恿，卖血成为河南农民的一种"产业"，几年时间，河南遍地血站，仅合法的血站就多达两百三十多家，不合法的不计其数，导致艾滋病毒大面积扩散。当年血站多的地方，就是如今艾滋病疫情严重的地区。经过五至八年的潜伏期，1998 年至 2004 年间，李克强继李长春主政河南期间，大批艾滋病毒感染者相继发病并死亡。艾滋病的流行与蔓延，毁灭的不仅是患者个人，还殃及无数家庭。大批青壮劳动力的死亡，甚至导致一些村庄乃至成片村庄凋敝，满目疮痍。高耀洁说："如果说省卫生厅厅长刘全喜是祸首，那么李长春等则是导致这场血祸的罪魁。这种人为大灾难，前所未有。然而，造成这场血祸的责任人，至今没有一个受到追究，也没有一句道歉的话。"李长春很快升任政治局常委，且主管意识形态和宣传口，大权在握，将高耀洁当作眼中钉，高耀洁的"防艾"工作日渐困难。

高耀洁曾获吴仪和李克强等高官接见，向其咨询防治艾滋病的对策。一开始，她天真地对"党内改革派"抱有期望，认为他们此前被手下人欺瞒，在获知真相后会切实处理此问题。但她再度失望了，并发出"仁者之怒，天使之怒"。她指出，2004 年，官方开始承认艾滋病疫情的存在，河南向三十八个"艾滋病村"派去医疗组。但除这三十八个村子外，还有大量艾滋病患者没有得到应有救助。其他省份更是没有。河南开始登记艾滋病人材料，发病的人每个月给两百元，没有发病的人每个月给一百五十元，但有一个条件，传染原因那栏得填"性传播"或是"商业传播"，不能写"血液传播"。由于官员隐瞒疫情、极力掩蔽其前任的斑斑劣迹，并对举报者和上访者进行打击，使得疫情没有得到及时遏制，反而持续恶化。

高耀洁矢志不渝的努力让她获得全球性的声誉。香港社会活动家杜聪，受高耀洁的感召，放弃华尔街金融高管工作，全身心投入"防艾"事业，他说："多年来，我和高教授去过无数次华中地区的乡下，访问不为人知的艾滋病感染村庄。她把这个称之为'敲击黑洞'。一旦发现黑洞，我马上对孩子们进行支持，帮助他们上学，给他们提供物质供给。……我很钦佩她在这样困难的环境下不知疲倦工作的勇气。她教我如何帮助那些艾滋病儿童，如何与地方当局打交道等。她还鼓励我要勇敢，不要放弃或妥协，总是讲真话。"

联合国艾滋病规划署署长彼得皮洛特-加龙省指出："艾滋病的历史和抗击艾滋病的历史是由那些无名英雄们、那些与社会主流抗争的人、以及那些真正敲响警钟的人用自己的行动谱写的。她就是其中一位。"2001 年，"全球卫生理事会"授予高耀洁当年"乔纳森恩曼卫生及人权奖"，中国政府禁止她赴美参加颁奖典礼。2002 年，高耀洁被美国《时代》杂志授予"亚洲英雄"称号。2003 年，高耀洁被美国《商业周刊》授予"亚洲之星"称号，并在同年获得被誉为"亚洲诺贝尔和平奖"的菲律宾"拉蒙麦格塞塞"公共服务奖，她准备出席在马尼拉举办的颁奖典礼，再次遭到中共当局拦阻。2007 年，高耀洁获得由美国援助开发中国家妇女组织"生命之音"颁发的"妇女领导者奖"，在美国参议员希拉里的斡旋下，中国政府允许她前往美国领奖，但在出国之前，河南当局动用许多警察将她软禁在家中半个月，警告她不得在国外"乱说乱动"。她回国后，当局在她家前后安装四个摄像头，并对其子女施压，其女儿失去工作，被迫移居加拿大。同年九月二十日，高耀洁与蒋彦永同时获得纽约科学院二零零七年度"科学家人权奖"，中国当局不再允许她出国领奖。

2009 年 3 月，法国驻华大使馆通知高耀洁，她获得"杰出妇女奖"，并希望她前往法国领奖。河南官方恼羞成怒，切断她家的电话，她的计算机也不能上网。她居住的小区附近出现很多陌生人物，她一出门，这些人便鬼鬼祟祟地跟踪她。高耀洁担心会遭遇到陈光诚式的迫害，那天中午连午餐也没来得及吃，假牙也没来得及带，两手空空，只取出计算机硬盘（里面有她搜集的艾滋病资料及三本书稿），匆匆从小区后门离开了家。后来她告诉记者："我这个风烛残年的老人，非万不得已，不会只身流浪在外地，这次盲目外出，不知所从，只是为了把这些艾滋病人用鲜血和生命换来资料留给后人。苍苍大地，茫茫人海，何处是我的归宿？"她身患多种疾病，举步维艰，先到成都，再到广州，住在一处朋友安排的秘密地点，天天埋头修改书稿。

然而，中国之大，没有一处安全之地。高耀洁想来想去，权衡利弊，"我想本人若无声无息地死去，我手里的数据便石沉大海，而且外界一无所知，最后我决定出走美国。"七月，她与美国有关人士取得联系，安排赴美事宜。八月七日，她离开广州白云机场，经三次转机，安全抵达美国。

2010 年 3 月，高耀洁被哥伦比亚大学聘为访问学者，搬往纽约，住在一所公寓，深居简出，尽心尽力，修订书稿。她向友人感叹说："十年多了！骨肉亲人或阴阳相隔或天各一方！……漫漫长夜间，可谓万里西风夜正长，断肠人在天涯！年老多病的身体，多年来靠药物维持生存，耳聋眼花，乏力嗜睡，行走蹒跚，精力、体力均不支，唯有埋头整理书本，来度过我人生最后的时光。"

作家依娃探望高耀洁之后感叹说："和高耀洁老妈妈接触的这些年，我算是发现了老妈妈长寿的'秘诀'。首先是她不停地写作不停地记录不停地思考，这对一个人的精神和身体是有益的。出国十余载，出书十余本，从不让自己闲着。然后是坚强乐观的性格，虽然身边没有儿女亲人，又体弱多病，经济不宽裕，想出门散散心也需要看护推着轮椅，但是很少看到老人家唉声叹气，怨天尤人，心直口快，不窝在心里。或许有人认为行医一辈子的她很会吃人参燕窝保养自己吧，错了，老人家一日三餐吃的不过是稀饭馒头鸡汤鸡蛋蔬菜而已，顶多吃点红枣鹌鹑蛋，从没有看到过她吃什么补品……看到九十五岁仍然精神烁然，思维清晰，声音宏亮的高耀洁妈妈，我相信，她行医一生救助过的无数病人在保佑她；那些得到过她的药物资助的艾滋病逝者在保佑她；那些她送过寒衣带着吃过烩面给过学费已经长大成人的艾滋孤儿在保佑她；我相信，上帝看到了她所做的一切、走过的每一步、为人间苦难留下的每一滴泪……上帝在保佑她！"古诗云："老骥伏枥，志在千里。烈士暮年，壮心不已。盈缩之期，不但在天；养怡之福，可得永年。"敢于与邪恶的暴政战斗的英雄，有波澜壮阔、无怨无悔的人生，亦配得上长寿。

高耀洁用生命见证了一个事实：中国的公共卫生危机，根子都是政治问题。艾滋病如是，中国武汉肺炎病毒亦如是。中国一切灾祸的根源，都来自共产极权主义。高耀洁一针见血地指出："要揭共产党的黑幕，毛泽东很坏，是历史上最坏的一个人。文化大革命不是屠杀吗？大饥荒不是屠杀吗？抗战的时候，共产党不是在后方种大烟卖大烟吗？"

台湾"博客来"网站可以购买到高耀洁的多种著述：《高洁的灵魂：高耀洁回忆录》《高耀洁回忆与随想》《揭开中国艾滋疫情真面目》《镜头下的真相：记中国艾滋病实况》《一万封信：我所见闻的艾滋病、性病患者生存现状》等。

注：作者为著名作家，著作有为《冰与火》《香草山》《刘晓波传》等，2012年流亡美国。

谁是河南艾滋病肆虐的首恶

爱 德

当今中国谁最有权，当然是党的一把手。党是决策首脑，政府是执行机构，河南发生艾滋病 20 多年，谁是罪魁祸首，为何迄今无人负责。下述文章涉及这个问题。

一

河南省艾滋病起源于 1992 年初邓小平南巡，掀起经济开放发展热潮。

河南省新上任的卫生厅长刘全喜在河南省大力推行了个世界独一无二的"血浆经济"，因这项工作投资小，见钱快，血站遍布全省，许多地方连妇幼保健院、工会、妇联、人大、政协、部队、文艺团体都要掺乎，民间血站更是星火燎原，蔚为壮观。许多官员尤其卫生系统首长们得天独厚资源在手，自己、家人办的血站那是风生水起，财源滚滚而来。

血站低成本投入，流程缺如，设备简陋，管理空置，灾难不可避免的降临了。艾滋病魔在这片多灾多难的大地上，进入一个没有任何障碍的通道，在人为的制造了这么一个个体与个体，通过血与血的连接，构成的一个无法测算的互相连接的巨大群体，横冲直撞肆虐起来。如核弹引爆时的链式反应急速播散开来，造成了中原人类历史上人为的生物学灾难。也可能是历史上迄今为止最严重的人为的生物学灾难！

二

病程潜伏期时间长，这帮官员商人，数着这极易得来的票子，不断把这灾难推向更广更深的范围。

1995-1996 年代中期，渡过潜伏期的无辜的卖血贫民的艾滋病逐渐开始发作和死亡逐渐开始发病了，输血感染者已在大地出现。其病人为数更多、且很分散。这帮灾难的制造者，不是动作起来，制止这灾难肆虐，而是千方百计掩饰，对泄漏出来的信息极力封锁，打压揭秘者，打击、开除周口王淑平等工作人员，甚至对披露消息的有关人员专家甚至抓捕判刑。

这已经超出了河南省卫生厅所能掌控的局面，首要的是河南省的首脑，国家一些威权，宣传部门的首脑，他们沆瀣一气，上下互动，动用了国家所有资源——卫生、防疫、公安、宣传、教育、外交、国安等等，极力封杀。具体指挥协调是一个维稳权力机构，党直接掌控的部门。和主要工作是生产，经济的政府部门关系不大。

更为恶劣的是 1995，1996 年代中期，感染艾滋病病毒者开始发病，他们除了封锁，并没有进行严格的疫情控制，血液制品管控，艾滋病疫情还在蔓延，罪恶继续深化。也就是说，河南省卫生厅领导官员和商人勾结，甚至其家族人员及有关势力者齐上阵，在利益驱动干下了一件滔天大罪。

而河南省的首脑，及后来官至常委的大佬们，怕被追究责任，被这帮家伙们从政治，人格上绑架挟持，动用国家机器，操控维稳机构与他们一起作恶，扩展了艾滋病疫情，并越陷越深，并发生责任倒置，成为首恶。

三

整个事件的进展脉络表明，刘全喜，李长春是首恶，河南艾滋病疫情发生，蔓延就在他们主政期间。

1998 年，李长春调任广东省委书记，马忠臣接任河南省书记。当年世界金融经济危机波及国内，河南三星公司资金链断裂，非法集资问题暴露，李长春夫妇与之关联的贪腐问题也显露。马忠臣在处理这些问题时，触及李长春在河南省许多问题。岂不知，因李长春早年出卖乔石，投靠江氏集团，并成为江氏集团核心分子，这个集团反手抓住马忠臣一些问题，几乎把马搞死，马费尽九牛二虎之力，方免牢狱之苦。他在河南省委书记任上只干了惶惶不安的两年，就被调离，弄到京城就近安置。李长春夫妇也得以逃脱贪腐问题被揭示天下之危局，继续在他作恶的路上狂奔。

1996年4月7日高耀洁在外医院会诊时、发现一例输血感染艾滋病的患者，病人输的是医院血库的血，她意识到问题严重。从此，她前后开始关注艾滋病疫情，并开始了走访艾滋村，自费印刷防艾书籍及宣传资料，无偿发往全国各地，演讲防艾知识，救治助病人及艾滋孤儿等许多工作，（2002年引进香港智行基金会杜聪参于救助孤儿的工作，因他是孙中山先生的亲戚，十几年救了两万多名艾滋孤儿，未被遭阻止）其他人已经开始受到有组织的打压封锁。

李长春离开河南，马忠臣1998年出任河南省书记后，对高耀洁所开展的防艾工作管控打压情况还不是特别严厉，许多媒体来采访，各大学对她还是开放讲座的，原单位也有所支持，如下乡走访艾滋病村，她的原单位领导李真曾经派人派车随同她下乡搞调查。

真正公开严厉打压封锁艾滋病疫情，是2000年陈奎元做河南省书记，事实求实讲，他初到河南，对调查处理艾滋病灾难做了些部署，工作。但已是政治局委员，又是江系核心成员的李长春他们为了掩盖这起民族性人为灾难，动用所有国家机器，给揭露艾滋病疫情者荒谬地戴上反华、反党这些吓人的罪名。陈奎元为了自己的政治前途，失灭良知迅即转身，密切配合江、李、刘罪恶系统把恶做到极致，不顾公理公开严厉打击封锁高耀洁。在一次全省专门会议上，党的维稳权力机构把有关部门、卫生、教育、防疫、公检法司，等集合一起，刘全喜在会议上咆哮宣称："高耀洁配合国外反华势力恶毒攻击中国"，杀气腾腾要严厉打击。以后召开多次会议，形成决议，并部署实施：其中除对她本人进行打压外，有对报道她披露艾滋病事情，宣讲艾滋病防治的媒体进行整治，有人为此受到处分，丢乌纱帽。后来事情逐步升级，展开了对高耀洁一系列打压、国宝围楼，厅级高官入室，公然禁止她出国领奖等，安全威胁事情发生了。

陈奎元主政河南是高耀洁教授一生最黑暗阶段之一。因为她的一切工作都被打上反华行为。整个河南，各行各业人士都对她避之不及，那时人们、思想、理论界人士都没关注这件事情，她一个人面对一个人类历史上最强大，拥有各种资源的怪兽，她是那么孤独，可怜！犹如唐吉可德大战风车般不可思意，现在让人想象那个局面，都不寒而栗。

2003 年，萨斯疫情骤起，全国一片狼藉，本年度初李克强由河南省长转任河南省书记，中央胡温主政（李长春的大老板江年前离任总书记），和萨斯折腾了大半年，10 月份萨斯危情渐收。艾滋病疫情加重，病人上访省、市、北京，胡温他们总算想起还有被迫承认艾滋病这个恶魔还在河南肆虐。经过种种各方势力博弈，2003 年末期吴仪副总理亲赴河南视察艾滋病疫情，郑州。12 月 18 日在郑州接见并单独唔谈高耀洁，后者 2004 年被授予"感动中国"十大人物奖。（河南宣传部部长孔玉芳三次赴北京反对，没有成功）国内官方不得不正面评价高耀洁的工作，不再公开讲她是反华势力了。

但那个大魔头——李长春已由广东省委书记转晋政治局常委，并把持宣传要津，通过河南省常委——主抓宣传的孔玉芳继续打压封锁高耀洁，经常动用国安人员围堵她的住宅，演讲厅驱离听众人群。掩盖他及他们集团的罪恶。为此他们把早在 90 年代积极参与他们开办血站，当时任漯河卫生局长的刘学州推上河南省卫生厅长位置，替他们把守河南省卫生大门，继续掩盖其罪恶。期间 2004 年接任李克强河南省书记的徐光春书记，为他们立下了汗马功劳，据说徐光春书记是靠给江氏拍照片从新华社起步的，他的外号叫"徐光吹"他专会吹牛，还会卖官，这是河南出了名的。渊源颇深的李长春大人总是能掌控河南省的局面。

四

客观讲，李克强 1998 年到河南，他并不负责维稳事情，省长就是抓生产经济。2003 年初，升任书记做一把手就遇到萨斯爆发，忙了大半年，2003 年底至 2004 年大规模布局防治艾滋病，但也在 2004 年底离开了河南省。在河南期间，2004 年 2 月 23 日曾找高耀洁曾当面和他谈过艾滋病疫情及防治、艾滋孤儿等问题，他也做了一些工作，但这是在中央因萨斯流行引起对艾滋病重视之后发生的，作为河南省的二把手，不负主要责任，但应该负一定的责任。

反倒是李长春，河南艾滋病引爆，流行时，他是这里的一把手。封锁消息最严峻是那个陈奎元书记，他回北京就任社科院院长的表现大家都熟知，他和江氏，李长春渊源甚深，他在河南最卖力打压高耀洁。徐光春书记是个人格有缺陷的人物，他说的好听，不作实事已出了名，外号：徐光吹，一切靠吹来完成，他献媚于江氏，服务于李长春-中央政治局常委大人。

不得不提到的一个人物，河南省委常委，宣传部长孔玉芳，她的学历是假的。咋说她呢？河南社会都知道一件匪夷所思的传闻：孔公然宣称她在河南团系工作，在中央党校学习期间和胡锦涛胡总书记有一腿。但有人考证，她提供的时间节点，两人不应该有交集。就是这个品格低下的女人掌控河南省宣传部门有十年，打压高耀洁教授除了强力部门，在宣传口就是她孔玉芳在力推执行。孔玉芳、李长春、陈奎元、徐光春上下互动，主导了一系列事情的发生，这笔累累的血债，何时才能讨还？

刘全喜，携同刘学周等一帮河南省卫生系统的败类，揭开了潘多拉盒子。艾滋病在河南省肆虐了多少年？杀害死了多少万人？这不仅是一个简单的抽象数字，而是一串串真实的姓名和面孔；一幅幅惨不忍睹的场面；一声声绝望的哭声；和一片片连绵不断的新坟，完全可以证实艾滋病灾难的疫情……

河南灾情远比全国其它省份严重。后来，国家为控制艾滋病投入了天文数字的资金，刘氏罪恶团体为私利造下的罪孽，让全国人民买单。李长春、陈奎元、孔玉芳等极力掩盖封锁，造成灾祸延续，罪不容恕。但迟至今日，没有任何人负责更无人接受处罚，诡异之极。

人类正义审判的缺失，就是最大的不公。

人们不会忘记他们的！

历史也不会忘记他们的！

《纵览中国》首发 Wednesday, February 28, 2018

悲天悯人的 "防艾奶奶"

楚 寒

近日，在美国新闻聚合网站 BuzzFeed 上，读到一篇由女记者 Kathleen McLaughlin 撰写的报道：《高耀洁：出走美国的防艾奶奶》（The AIDS Granny In Exile）。文中提到，从上世纪九十年代，一位叫高耀洁的妇科医生把艾滋病在中国农村肆意横行的可怕成因和之后政府的掩饰统统揭示给了世人。而因此，她也成为了在中国难以立足的人。最终她因威胁到当局的利益被迫出走美国，如今八十五岁高龄的她独居纽约曼哈顿，无亲无友，亦无悔。

这位被誉为"中国民间防艾第一人"的退休医生，美国女记者眼中的"防艾奶奶"，河南中医学院的退休教授及妇科肿瘤专家，她似乎总爱跟处于强势地位的政府当局过不去，由此她遭受了一连串的阻力和压制。老太太年逾八旬了，双脚是三寸金莲（编者注：高耀洁医生的脚并非"三寸金莲"，是被残忍裹过，又偷偷的放开过，属于"半解放脚"，走路不稳。但比起真正的"三寸金莲"强多了，能站手术台，能走访乡村。）很小；脾气却犟得像头牛，很大。这十几年来，她为防治中国的艾滋病疫情奔走呐喊，常常弄得有关当局食不知味，夜不能寐。

高老太太真是很不识时务，自己病弱交加，患有药物性肝硬化、心肌缺血、慢性结肠炎等病症。却不好好地拿着丰厚的退休金安享她的晚年，而是在六十多岁时艰难地投身到抗击艾滋病的义务工作中去。在各种场合，她痛心疾首地一遍遍强调："血传播是中国艾滋病传播的主要途径，具体来说是采血和输血，而不是官方所说的静脉毒品注射传播和性传播。"这让有关当局如芒在背，无论是血浆经济、

325

组织卖血，还是血站管理上的失职，这场艾滋病严重蔓延的灾难的始作俑者，恰恰就是成天喊着"权为民所用"的河南地方当局。于是，当局以中原大省的国家机器来封堵一个羸弱的八旬老妇的义举，威胁、侮辱、谩骂、软禁、限制出国领奖访问、指责她制造谣言、取消她在各地大学的艾滋病教育讲座、禁止她发放免费药品和小册子、指控她被海外反华势力所利用等手段层出不穷。最多的时候她家的楼房下围满了五十多名警员。面对这些，老太太没有退缩，她大声宣告："我要与他们斗争到底"。这让人在笑话老太太螳臂当车的同时，实在要为政府高官们捍卫自身权位的文功武治而击掌赞叹了。

高老太太还很不通情理。前些年世界妇女权益组织"生命之音"邀请她赴美，要颁发"全球女性领袖"奖给她，高官们接二连三去她家"劝告"她不要去，以免家丑外扬，她拒绝了；后来在美国前第一夫人、当时的美国参议员希拉里介入下能去了，高官们要她顺便为政府筹集些款回来，她又拒绝了。她一次次地对高官们说"不"，弄得平日里听惯了奉承话的这些人灰头土脸。这些高居庙堂的高官们遇到了老太太的牛脾气，真是没辙。

高老太太还很不够厚道，说话真是刻薄。譬如她常在公开场合嘲讽河南省一位女高官为"双眼皮狗"，抨击此人身居要职，却耗费大笔公帑去韩国实施"双眼皮手术"。还以五十元一篇文章的价格雇佣枪手对自己进行谩骂、攻击。这样尖酸的话，实在是对这位女高官大不敬。该女强人位高权重，举手投足间攸关全省发展之大计，把脸蛋儿整漂亮点也是为了政府的形象啊，你老人家为什么就不能体谅一点呢？

这位"不识时务"的老太太内心有着一股强大的精神和忠贞的力量。从上个世纪九十年代中期开始，她自费踏上了防治艾滋病的漫长道路，她一个村子接一个村子地走访，提供免费的医疗咨询，开展艾滋病知识的宣传教育，自费发放艾滋病预防资料书籍，举办讲座宣传艾滋病疫情及防治方法，她与其他志愿者团队一起为艾滋病患者提供帮助，帮助艾滋病孤儿，并收集实际数据，一次次地向河南省各级政府反应艾滋病疫情的现状，直至向卫生部反应艾滋病传播的严重性和真实情况，呼吁政府采取措施制止艾滋病传染。正如学者北明所说："这位伟大的东方女性，等于把自己嫁给了中国妇科病患者、性病患者和艾滋病患者，精湛的医道和毕生的精力与关爱，就是她无偿的嫁妆。高耀洁教授就是中国的德兰修女，是中国贫病交加者的福星。"

这位"不会做人"的老太太得罪了当局，却赢得了民心。因为她捍卫的是一群可怜人——中国最穷的人、被艾滋病阴影笼罩的人、被忽视了权利的人、在社会底层受苦挣扎的人。在她一路走来的这条艰难坎坷的抗击艾滋病的道路上，有关当局设置了重重障碍。他们为一己私利置国家前途于不顾，乃是民族之逆子；而老骥伏枥的高老太太，心系万民之安危，实为民族之母亲。

几年前，已届八十岁高龄的高老太太来到美国首府华盛顿领奖，这是她在国际上获得的第七个奖项中的第六项：美国维护女性权益组织的捍卫人权"环球女性领袖奖"，这也是她第一次能够出国领奖。"我为中国最穷的人而来"，她在发表获奖感言时如是说。在出席颁奖典礼的仪式上，老太太拒绝穿戴礼服，而是穿着一件艾滋病人送来的黑底白花、手工缝制的中式外套，这件艾滋病患者送的外套她很珍惜，因为符合她为苍生献祭的心情。当天会上，特约颁奖嘉宾资深女记者朱莉·伍德若芙向全体与会者讲述了高耀洁十多年来为调查艾滋病疫情，救助艾滋病受难者和艾滋孤儿，和以极大的勇气揭露艾滋病"血祸"真相所做的艰苦努力和取得的显著成就，全场来宾深受感动，全体起立以长时间的热烈掌声献给了缓缓走上颁奖台的高耀洁。

还有一件事令高老太太终生难忘：在颁奖大会后的酒宴上，有人领着一位美国老年女士走到她面前。翻译介绍说："这位女士自费购买了机票，乘坐了四个小时的飞机来到首都华盛顿，又花了三百美元买了张门票，目的只有一个：想亲眼看一看高耀洁，并与她合影留念。"见到高耀洁后，美国老年女士诚挚地对这位来自中国的医生及防艾活动家说："你是这个世上最善良的人，救了很多可怜人，你的工作很不容易，比以前在印度的德兰修女的工作条件还要困难，你是英雄。"

我时常想象这一幕动人的场景，它让我感动了很久很久，也让我看到了一种在这个时代早已失落的精神，在这个纷纷扰扰的世界上绽放光华。目睹这种人性的光芒和悲天悯人的高贵品格，我感到此生何其幸也，心里头因此平添了一点安慰，也更加有了信心在暗夜中期待晨光。

谨以此文向"防艾奶奶"高耀洁医生表达我的一份敬意，并祝福她的晚年生活。

写于 2014 年 5 月 4 日

注：作者生于苏北某县城，在海内外媒体上发表散文、随笔、政论、诗歌、小说等数百万字，出版多部文集。

不死的爱和公义

楚　寒

　　最近，在北美一份网刊上读到旅美作家依娃女士的两篇文章，均是为高耀洁老人而写的，题为《我的高耀洁妈妈》《中国母亲高耀洁》。前几年，我听说依娃女士出版了《寻找大饥荒幸存者》一书，这是她亲自赴陕西、甘肃一带采访经历了 1958 年至 1962 年大饥荒两百多名幸存者的口述历史专著，心中油然升起对这位六零后女作家的敬意。这次，读到她写与高耀洁老人的交往点滴、写她心目中的高耀洁老人，不禁一读再读，心中充溢着汩汩流淌的热流和敬仰之情。我读过高耀洁本人的传记，也读过不少他人写高耀洁的文章，在我看来，对于这样一位当代中国拥有稀缺悲悯情怀的老人，关于她的文字不是太多，而是太少了。

　　这是我读到的有关高耀洁老人的文字中较长的两篇。是以散文笔法而不是以史学笔法、是以友人的身份而不是以访谈者的身份写的，不是以受访者的口吻来述说往事，可以说文章颇为生活化和细节化，字里行间包含着作者对高耀洁老人的敬佩和喜爱，读起来流畅而又亲切。我从中看到了一个有血有肉、会哭会笑的高耀洁，一个丈夫眼中稍有执拗的女人，一个子女眼中长年奔波在外的母亲，但却是一个悲天悯人、勇者无惧的社会活动家和民权斗士，她乃是近二、三十年来物质至上和消费主义为主导的中国社会中一个有着高贵品格的象征性人物。当我目睹如此的人性的光芒闪烁于世间，我总是感到此生何其幸运，无论是过去的历史还是现在的生活全都天地广阔，我也增添了信心能够在暗夜中期待光明。

　　由大饥荒调查的作者、同样具有悲悯情怀的依娃女士，来为高耀洁老人撰文，在我看来实乃天作之合。历史学者陈寅恪曾用"许我忘年为气类"这样的文字，来表达他与王国维之间的友情，因为他俩是气类相近、拥有共同精神世界的人。如今，依娃女士专门撰文写下了两篇关于高耀洁的长文，定然能感动许许多多的读者，我向来认为具有崇高品格、且从心底流露出真情实意的文字，是最能打动人心的，请看依娃女士文中的这段话："感谢上帝的美意！让我和高耀洁妈妈这位年纪相差将四十岁的人相识交往，我们有着相同的政治观点，相同的对农民和底层人的悲悯同情，我们都喜爱写作，而成为精神的朋友。她高尚的人格、坚毅的精神、渊博的学识、待人的真诚和宽厚更是成为了我今生学习的榜样，做人的楷模。"

高耀洁平生的职业是产科和妇科医生，医学院教授，长期从事治病救人、教书育人的工作。到了1996年，退休后的高耀洁因在一次会诊中接触到艾滋病患者，从此开始了她的防治艾滋病事业。正是在她坚持不懈的努力下，中国大陆众多省份因卖血和血浆导致艾滋病蔓延的惨剧才被揭发出来。十几年来，高耀洁不仅以老弱之身投入到艾滋病的防治、宣传、救助行动当中，而且在各种场合呼吁全社会正视因血液传播导致艾滋病蔓延的严峻事实。老人因此赢得了世人的尊敬，人们亲切地称她为"中国的德兰修女"。

前几年，当我在阅读有关高耀洁的推介文字时，不禁想到了另一个光辉的名字，即经济学家马寅初。1957年，75岁的马寅初通过广泛调研，在《人民日报》上发表了著名的《新人口论》。他大声疾呼："不控制人口，不实行节制生育，后果不堪设想。"不幸的是，马寅初的倡议与毛泽东策划发动的以"人多好办事"为基调的"大跃进"相抵触，遂被定性成了"反动思想"，批斗、免职、软禁的厄运接踵而来。马寅初在二十世纪五十年代发出的警告，完全被后来中国大陆的现实证实了，"误批一人，错生四亿"让整个民族付上了沉痛的代价，人口过多的问题至今依然是中国大陆一个沉重的社会问题。

时隔五、六十年，当我们怀想1957年那个智慧而勇敢的声音的时候，我们听到了又一个老人在今天向中华民族发出的一声呼喊：

"在中国，如果还不对艾滋病进行控制，以及有效的救治疏导，将是一场国难。"发出这声呼喊的正是当年已 80 岁高龄的高耀洁，她的名字从此和中国大陆的艾滋病问题联系在了一起，正如马寅初与中国大陆的人口问题。高耀洁与马寅初一样，他们都忧国忧民，言人之所不敢言，以一副老弱身躯面对各种打压仍不改其志，在被围攻中傲然挺立、坚持真理。他们都以独立个体的身份向整个民族大声疾呼，并因此开罪当局但不改初衷。

高耀洁在防治艾滋病的道路上走了艰难坎坷的十几、二十几年，她所揭露出来并警醒世人的大陆艾滋病的现状令人触目惊心，她揭露血祸真相、对抗艾滋骗局、照顾艾滋患者及其孤儿，不遗余力地向农民和其他民众宣传预防艾滋病的医学知识。她忧心忡忡地强调，中国艾滋病病毒主要是通过"血传播"方式传播，正以每年三成至四成的速度往上升，全社会亟需公开正视、采取对策。然而，高耀洁不断遭到河南当局及其他有关当局的整肃，她的行踪被盯上，她的电话被窃听，后来又有警员监视她，限制她的人身自由，她所撰写的关于河南等地"艾滋村"的书籍被禁止。甚至于，她的女儿郭炎光，因为母亲的"防艾"工作受到地方政府和工作单位的敌视和压制，最终失去工作，不得不移居国外，母女关系也因此受到严重影响。在屡遭打压的情况下，高耀洁被迫于老迈之年出走异国他乡，独自一人居于纽约曼哈顿。

也许在当局眼中，高耀洁与当年的北大校长、经济学者马寅初一样，都是好唱反调的乌鸦，是让人讨嫌的。但我想，中国大陆的当代历史自会有他们的一席之地，因着他们始终站立着的良知和勇气，始终坚持独立知识人的时代责任感。高耀洁多次说过："我是医生，一看见病人，我的脚就挪不动，就想着治病救人，解除病人的痛苦。"我想，大陆当局不该如此对待一位忧国忧民的老医生，更应该向她表达一份尊敬，并且听取她的意见和建议，如果忽视高耀洁这些年来奔走呐喊的大陆艾滋病问题，也许会像当年不听取马寅初对人口问题发出的警告一样铸下大错。

　　这些年来作为一名时政撰文者，有时我会为中国大陆的社情政情心生沮丧，但是每当我读到像依娃女士这样的文章，我就看到一种在这个时代早已失落的精神，在这个纷乱的世界上散放光芒，这使我没有理由为中国大陆及人类的未来而悲观。我知道在这个世界上有许多致力于不让时代向下沉沦的"高耀洁们"，这些年来年已八旬、九旬的高耀洁依旧在为生灵的苦难奔走呼号、老骥伏枥、撰著呼吁，我想，有高耀洁老人这样的耿亮之士在奋斗呐喊，在承受苦难，我们实在没有理由蹉跎岁月或者意志消沉，因为我们的生活和我们身处的这个世界，已经被一种不死的爱和公义、不死的精神所照亮。

　　　　　　　　　　　写于 2017 年 12 月 16 日，威斯康星

一位勇敢而富有同情心的中国妇产科医生

力 刀

咱俩认识几十年了

高耀洁医生于 2023 年 12 月 10 日在美国纽约哥伦比亚大学宿舍公寓去世，享年九十五岁。

我第一次见到高耀洁是在我蹒跚学步的时候。她和我大姑姑是中国河南医学院的同学，当我父母带我去看望姑姑时，她们一群女大学生都争先恐后轮流亲切地抱着逗我玩。二十年后，当我成为同一所学校的一名医学生时，高耀洁医生已经是河南省一名著名的妇产科医生和河南省中医学院附属医院中医系主任。她经常照顾我——无论是在生活上还是在学习上。

九十年代后期，我了解到高耀洁积极参与艾滋病毒/艾滋病的预防和治疗，特别是在我们家乡的贫困农民中。这些农民因在不卫生的条件下、用受污染的仪器和不适当的程序卖血而感染了艾滋病毒。高耀洁支持和帮助这些农民以及父母死于艾滋病的孤儿。然而，她的行为被中国政府，特别是河南省当局视为尴尬和丢脸。他们将她软禁起来，限制她与外界的联系，甚至不让家人见到她。她还被剥夺了前往美国接受乔纳森·曼健康奖的机会。乔纳森·曼健康奖是世界卫生组织颁发的一项人道主义奖项，当时由联合国秘书长科菲·安南颁发。

2003 年非典期间，我通过朋友得到了高耀洁的电话号码。我给她打过很多次电话。她是一名孤独的退休医生，仍然被省政府限制在家中，每当她谈到河南农村感染艾滋病毒的农民时，她就停不下来。我听她讲述了这些农民和他们的孤儿的悲惨处境，她在为他们争取权益时所面临的困难，以及河南政府对她的打压和阻挠的无耻行为。她常常心烦意乱，以至于在我们谈话时忍不住哭泣。我无言以对，默默地和她一起流泪。值得注意的是，我们的电话交谈受到监视，并被多次切断。

2006 年 3 月，在联合国、美国政府和海外社交媒体的压力下，高耀洁终于获准前往美国接受另一个奖项——由前国务卿希拉里·克林顿颁发的"生命之声"。

当我在芝加哥奥海尔机场接她时，我激动地拥抱了她，就像拥抱我的母亲一样。她笑着说："哦，孩子，我以为我死前可能见不到你了，但你来了！你没怎么变啊！"

我开车把她带到她妹妹家，但她没有兴趣休息。她还没跟她妹妹打招呼，就拉着我的手，在沙发上坐了下来。她很想和我聊天；她似乎害怕这是她最后一次。在餐桌上，她坚持与我坐在一起继续谈论着河南的艾滋病，不理会她妹妹和女儿试图打断她的话。她不停地说啊说……

我没有胃口，感到哽咽。临走前，我再次紧紧地拥抱了她，高医生紧紧地握着我的手送我出门，并一再提醒我保管好她送给我的光碟、幻灯片、照片和书籍。"别担心，高老师"我说，"我可能没有勇气和能力去做你正在做的工作，但我可以通过社交媒体传播真相。"
我还递给她一张一万两千美元的支票，这是我在四个志愿者朋友的
帮助下通过义卖反映河南上蔡县文楼村一家艾滋病人生活的纪录片
"好死不如赖活着"以及许多我的读者捐献而筹集的。我希望这一小
笔钱可以帮助她帮助几个患有艾滋病的孤儿。我离开的时候天正在
下雨。当我上车时，我从窗口回头看，透过泪眼看到她仍站在门边，
向我挥手告别。

2012 年，我搬到了纽约，高医生住在哥伦比亚大学提供的一套
家具简陋的公寓里。许多个周末，有机会我都会带着鲜花去看她，花
几个小时陪她聊天唠嗑，大部分时间只是听她说话。我希望，在某种
程度上，我这样可以减轻她内心的孤独和精神上的痛苦。由于中国政
府的处罚，她的孩子们对她很生气，拒绝联系她，这真是令人心碎和
震惊。艾滋病问题仍未得到解决；中国政府似乎在掩盖由受污染的献
血和输血引起的地方性艾滋病毒/艾滋病问题。

2023 年 12 月 10 日，这位勇敢的老太太去世了，享年九十六岁。
她是一位退休的妇产科医生，然而受到全世界，尤其是中国贫困农民
的认可和尊敬。被誉为"中国民间防艾第一人"。

虽然她已经离开了我们，但她的精神继续激励着全世界成千上
万的人。就像那颗围绕太阳运行、以她的名字命名的小行星——
"38980 高耀洁"一样，飞翔在这片浩瀚的太空中，人们会永远记住
她。

高耀洁医生，安息吧！

2024 年 2 月 2 日
于纽约长岛铁匠镇—刀客聊斋

防艾斗士高耀洁 90 岁了，为何仍怒？

罗四鸰

　　2016 年 10 月初，流亡纽约的高耀洁在网上发表了一份声明，公布了她最近写下的一份简单的遗嘱，对自己的身后事进行了简单安排。"我想通过这个声明，让世界上的朋友们都知道：我生前的努力和建树，不能在去世后成为他人沽名钓誉的工具。"

　　自 1996 年在郑州一家医院会诊遇到第一例输血感染艾滋病的患者后，高耀洁开始了相关调查工作。为了调查艾滋病疫情，救助艾滋病受难者与艾滋孤儿，揭发这场灾难后面的重重黑幕，她不仅耗尽上百万家产，也让自己成为中国官方重点监控与打击对象。她的人身自由越来越受到控制，电话被监听，出门被跟梢，特别是 2007 年初和 2009 年初美国、法国分别向她颁发人权奖时，警察日夜包围她的家，以至于不得不远走他乡。2009 年 5 月，已经近 83 岁高龄的高耀洁只带着装有多年来收集的艾滋病调查资料的硬盘，匆匆离家出走，从河南，到北京，又到四川、广东，最后，2009 年 8 月，她到了美国。"因为我要把真相告诉全世界，"她在回忆录里写道。

　　2010 年 3 月，高耀洁被哥伦比亚大学聘为访问学者，住在附近一所公寓里，由护工照顾她的生活，深居简出，继续她的艾滋病事业，短短几年写下 7 本有关艾滋病疫情的书和一本诗词。

　　按中国虚岁算，今年 12 月 19 日高耀洁整整 90 岁了。今年 8 月，一场严重肺炎，让她感到自己的健康又有所下降，她决定为自己再立下这份遗嘱，并公之于众："我希望自己去世后被火化，不留坟墓……在我死后尽快地将我的骨灰撒入黄河。"

　　10 月在纽约曼哈顿的小公寓里，高耀洁接受了采访。她一边讲中国艾滋病人的故事，一边拿着她来美国之后写的有关中国艾滋病的书。她的回忆录《高洁的灵魂》一书序言为河南《大河报》原常务副总编马云龙所写，其中有云："震动世界的是高耀洁的愤怒，仁者之怒，天使之怒。"在四个小时的访谈中，我们依然可以感受到高耀洁老人的"天使之怒"，甚至有一次她抹着眼睛指着窗外说："我还真不如从这楼上跳下去，跳下去就看不到这些乌七八糟的事情了。"

12 月 1 日是世界艾滋病日。根据中国疾病预防控制中心近期发布的数据，截至 2015 年底，全国发现现存活的感染者 57 万 7 千，死亡 18 万 2 千，其中性传播为主要途径。高耀洁认为中国目前艾滋病人数量远远高于官方统计数据。在她看来，中国因卖血经济而蔓延的艾滋病血祸也像一场屠杀，堪比"六四"，其根本原因就是中共不诚实，不"实事求是"。

访谈内容经过高耀洁确认。

问：您为什么要写这么一份声明？主要担心什么？

答：我为啥要写这个声明呢？2005 年，我丈夫咽癌病重的时候，我们就想过水葬，不能留坟墓。因为在河南，坟墓的产权只有二十年，过了二十年后，按无名氏处理，你还得再交钱才能保留；另一方面，最大的问题还不是这个问题，而是有人利用我的名字，谋名求利。中国人在文化大革命之后学坏了，如今中国啥都不多就是骗子多，而且传染到全世界。比如电信诈骗，满世界输出。台湾多美国也有不少。我在美国也遇到不少，连艾滋病病人的钱都骗走了，有人利用我的名字募捐，还有人直接骗我三百本书，还有人比这更坏。现在就是这个情况。

去年，有人提出要把我葬到安葬宋美龄的那个墓地，我不同意。她就说我傻了，我说我不是傻。我不想让别人利用我。此外，水葬还得让我儿子完成。他是我三个孩子里最聪明的一个，13 岁的时候受我牵连坐了 3 年冤狱（文革一开始，高耀洁由于出身地主家庭，被打成"牛鬼蛇神"，被拉去游街，还被关了牛棚——编注），平反后，他考上大学，毕业后分配在一所大学教书，十几年后他当了教授，做了院系主任，但他仍然胆小怕事。我现在跑出来了，他担心姓高的，也就是我娘家人出来干涉我的水葬，说他不孝顺，把我扔去水中了。所以我就写了这个严正声明，昨天（指 10 月 8 日）又写了一份正式遗嘱给律师公证了。我死了之后，骨灰还得让我儿子往黄河里撒，他是我唯一的儿子，在法律上任何人无法代替，不能干涉。

问：2009 年，你出走到美国，当时你说要告诉全世界艾滋病疫情真相。你想说的真相是什么？

答：我只身出走，就是为了把这些艾滋病疫情的资料带出来，留给后人，告诉后人这段历史真相：这场"血祸"是因为官方的"血浆经济"导致的。我来美国之后也没闲着，写了七本书，还有一本小书，一共八本书。你看了这些书就明白，中国艾滋病的祸源是"血浆经济"。不是河南一个省，全国都有，河南是重灾区。1980 年代末 1990 年代初，在河南省的一些地区就出现了。后来有"艾滋厅长"之称的刘全喜 1992 年担任河南省卫生厅厅长后大力推动，使河南农民卖血成为风潮。特别是由于 1992 年至 1998 年主政河南的李长春严重渎职和怂恿，卖血成为河南农民的一种"产业"，在河南大力发展，几年时间，河南遍地血站，仅合法的血站就两百三十多家，不合法的不计其数，导致艾滋病毒大面积扩散。当年血站多的地方，就是如今艾滋病疫情严重的地区。经过五至八年的潜伏期，1998 年至 2004 年间，李克强继李长春主政河南期间，大批艾滋病毒感染者相继发病并死亡。艾滋病的流行与蔓延，毁灭的不仅是患者个人，还殃及无数家庭、大批青壮劳动力的死亡，甚至导致一些村庄，乃至成片村庄凋敝，满目疮痍。

如果说省卫生厅厅长刘全喜是祸首，那么李长春等则是导致这场血祸的罪魁。这种人为大灾难，前所未有。然而，造成这场血祸的责任人，至今没有一个受到追究的，也没有一句道歉的话。

我现在正很生气，为什么生气呢？2004 年官方开始承认这场艾滋病疫情的存在，河南向三十八个"艾滋病村"派去了医疗组。但除这三十八个村子外，还有大量的艾滋病患者没有得到应有的救助。其他省份更是没有。2004 年，中国政府开始登记艾滋病人材料，发病了每一个月给两百元，没有发病的人每一个月给一百五十元，但是有一个条件，传染原因那栏得填"性传播"或是"商业传播"，上级要求。咨询表上不能写血液传播。这些"马屁精"还在捂盖着。什么是"马屁精"知道吗？就是那些专门拍着上面官员马屁的人，不让世人知道真相，掩盖真相。不让他们说是卖血，说是同性恋或是吸毒等商业传播。由于官员隐瞒疫情的做法和极力掩蔽其前任的斑斑劣迹"捂盖子"，并对举报者和上访者进行打击的高压手段，使得疫情不仅没有得到及时遏制，反而恶化。

中国政府对艾滋病疫区情况捂盖着，美其名曰"艾滋病保密"，不让任何人揭发，怕影响他们的政绩和官位，凡是有进入艾滋村者，必加以阻扰，轻则赶走，重则拘留审查。村里若是有陌生人去，揭发，揭发一个人五十元，当年对我的悬赏是五百元。中国政府到现在都没有处理一个人，那些卖血的血官，一个都没有处理，还在竭力掩盖。比如说有一个团派女官，去韩国美容院割过双眼皮，人们就叫她"双眼皮"，是我们河南地方大官，她在当地作恶很多，"血浆经济"的支持者，现在还在政协。我和李克强说过这个人。

2004 年 1 月 23 日，当时任河南省委书记的李克强找我谈话，他说："河南的防艾工作搞得如何好……"我慢腾腾地回了一句《论语》里的话："昔吾与人也，听其言而信其行，今吾与人也，听其言而观其行。"李克强书记听懂了，他说："对，我应当亲自下去看看。"不管是真是假，他给我留下一个好印象，也没对我有报复行为。2003 年 12 月 18 日，吴仪副总理也会见过我，谈了三个半小时全给了我一个人。她说："有人告诉我，中国艾滋病传播的主要途径是吸毒传播和性传播。"我说："那是在骗你。不信，我马上雇车拉你去看看。"她是相信了我说的。但有些马屁精就告诉他们是性传播、是同性恋。

问：习近平当政后，官方的态度是否有所改变？

答：如今官方应该说间接承认了这场"血祸"的存在。我有两个证据，一是习近平的夫人彭丽媛。2015 年 9 月，彭丽媛在联合国演讲，提到一位父母因卖血感染艾滋病去世的 5 岁孤儿高俊，安徽人，如今这孩子十五岁了。这是彭丽媛担任预防艾滋病大使（指 2006 年 1 月中国政府任命彭丽媛为中国艾滋病义务宣传员）后接触的第一个受艾滋病伤害影响的孤儿。第二个证据是 2015 年 12 月，杜聪的智行基金会做的"艾滋遗孤救助"项目获得了中国民政部颁发的第九届"中华慈善奖"。杜聪是 2002 年因工作项目原因来到中国内地农村的，看到艾滋村的状况后，开始进行艾滋孤儿的救助，目前，他的智行基金会的救助金额累计近两亿人民币，资助人数已超过两万人，其中感染艾滋病病毒的孤儿六百多人，传染途径一是输血，二是母婴。当然，杜聪有杜聪的背景，他是孙中山的旁系，香港人，后移民美国，哥伦比亚大学毕业，又在哈佛大学拿了硕士学位，先在华尔街工作，后在香港工作。他也不要中国的钱，满世界找钱。我们也一起进艾滋村被抓住过，但很快又放了。但是，对于艾滋病的真相，官方依然采取欺骗、打压的态度。

2014 年 3 月 28 日到 5 月 27 日，中央第八巡视组对河南省进行为期两个月的巡视，入住郑州黄河宾馆的第一天，首批来自各市县三百多名"血浆经济"的受害者，列队出现在宾馆前等待中央巡视组递交投诉书，却被各级政府出动的官员和警员用各种方式拦截。此时，《河南日报》还翻出了 2013 年 10 月 31 日的通报刊登："全省累计有 5 万 9 千人感染艾滋病。"之后，几大新闻网站播发，又被国内其他媒体发出，将这场大灾难的受害人数缩减为 5 万 9 千人，这个数字远不及真实数字的一个零头，不仅让几十年来几十万受害者的举报前功尽弃，也让几十万冤魂无处诉，更是让处于苦难深渊而不能自拔的几十万受害者，无路可走。由于权贵势利的保护，要想将河南艾滋病真相大白于天下，难！

问：如今这场血祸控制住了吗？

答：1995 年，河南开始关闭血站，但非法的血站依然有。我看报道，去年还有四个卖血站被抓，北京三个，南京一个，当然，没被抓到的非法血站肯定还有。艾滋病毒蔓延也没有完全控制，去年我看报道，河南开封地区通许县还有一位中年妇女因为动手术输血而染上艾滋病病毒，这说明献血的人还有问题。可惜，这场"血祸"的受害人不会说话，他们都是农民，没文化，说不出来。起初官方让他们献血，出了问题，就不管了。他们不知道说，不会说"大屠杀"之类的话，也没有力气去说，他们觉得命该如此。他们若是能说出来，国内国外的人对待他们哪怕有对待"六四"的十分之一那样，他们的日子也会好过很多。近年来他们也开始上访维权，可是他们的境遇还是很糟糕。我还帮助过一百六十多个艾滋孤儿，这些孩子有些争气，有些不争气。有的十几岁的孩子，对我说，我要去打工，挣大钱。我说，你还一个孩子，没有文化，也没技术，怎么挣大钱。还有一个孩子，胳臂上刻了一个"仇"字，说要去杀了血头。这些孩子，真是可怜啊。希望我的读者们能为这些艾滋病人说话。

问：您在美国生活怎么样？

答：我在美国由于言语不通，基本足不出户。我这个公寓包括水电之类要两千美金，都是哥伦比亚大学黎安友教授（Andrew. J. Nathan）帮我找的钱。我年轻时候没给美国干过活，没纳税，现在也不好意思和美国政府说。虽然我不是混吃混喝的，但美国给我的待遇就是混吃混喝的，我的食品券每月只有八十七美元。我的稿费、奖金全部用在买书上，向外地赠送了。

我这辈子写过三十本书，其中十七本是我的专业书，两本是专著，这是要稿费的。另外十三本都是有关艾滋病的书，不仅不要稿费，我还买书来送人。这本《镜头下的真相》是双语的，有英语，它还有一个作用。上次我肺炎住院，又拉肚子，我就让人给我带三本到医院，值班护士来了我就送一本，护士看了立马变了态度帮我换洗。后来又换了一个值班护士，我又送一本。所以，这本书还有这个作用。

我早已患有高血压、心脏病、左腿血栓，这三年已经不太会走路了，有时站立困难，需要护工扶起来。还会晕倒。今年2月26日晕倒，头碰在柜子板子上，从此左侧手足活动无力。今年夏天严重肺炎，身体更加衰落了，遗尿，智力明显减退，阵阵发迷，不会写文章了。有时躺在接待朋友。杜聪来看我，我都是躺在床上和他说话的，信也是让人帮我回复。我现在 24 小时护工，一个星期三位护工。

在美国我也很忙，平时有不少人来看我，给我送吃的，白面和面条，他们都知道我生活困难，我又不接受任何捐赠，也不卖书。每天至少有六封信，这两天就光忙着接待了。"六四"的人也找过我很多次。我觉得他们有三个问题：一是二十多年了，还是群龙无首；二是里面混进了坏人，总是在内斗；三是抓不住重点，重点不是"平反六四"，而是要揭共产党的黑幕，毛泽东很坏，是历史上最坏的一个人。文化大革命不是屠杀吗？大饥荒不是屠杀吗？抗战的时候，共产党不是在后方种大烟卖大烟吗？我对他们的看法就这三条。他们还帮我出过书，硬要加上"六四"，我书的文章和"六四"没有多大关系，我写的是毛泽东的罪恶，"六四"发生在毛泽东死后 13 年。我觉得要实事求是。共产党最大的问题就是不实事求是，艾滋病问题上表现得很明显，说瞎话。

2016 年 11 月 30 日

注：作者为自由撰稿人，主持"波士顿书评"。著作有《我的自由源泉：波士顿笔记》

流亡母亲

——给高耀洁的信

赵越胜 燕子 马云龙 王康 子仲 北明

当之无愧的圣德兰妈妈

高大夫：

其实，看着您慈祥的面容，我觉得称您"奶奶"更合适。这个称谓在中国人的心中，带着温暖、慈爱，带着寄托、交付。在遭逢变故、欺侮、恐惧的时候，"奶奶"意味着有一个可以获得庇护的居所。确实，我们那些苦难的患艾滋病的同胞，在您那里得着了这些庇护，您以割肉饲虎的大慈悲，大勇敢护持着他们的生命之光。

人们说您是现世的"圣德兰妈妈"，您当之无愧。但是，甚至在神所诅咒的索多玛和俄摩拉，那些恶人也不曾做过迫害"圣德兰妈妈"的恶行。这点只有当今盛世中国做到了，可他们却称自己是"伟大、光荣、正确"，是代表着中国人的。他们不在乎毁灭索多玛的硫磺之火。但是您却拼一己之力，要从这万恶之乡中救出那些无辜的人。于是他们恐惧，他们要放逐"圣德兰妈妈"。这些号称自己是善人的恶人，放逐光荣的您，永远把耻辱烙在自己的脸上，等待着最后的审判。

在此新年之际，我们衷心祝愿您老人家健康长寿。

赵越胜

2011 年 2 月 7 号于巴黎

闪耀在夜空的星星

尊敬的高妈妈：

请允许我这样称呼您。希望您能能够收到我的邮件。

我深深知道，对您最大的爱护，尊敬，就是珍惜您的时间，健康，因此，您不必回我的信件，或者只要写上：燕子，我收到了。

我和我的先生住在日本大阪，我1991年年初出国留学，现在在这里教书，写作。二十年了。因为北明的文章，使得我再次认识您（之前看到过许多，比如《血灾：10000封信》。今年1月我在香港买到《高洁的灵魂》增订版。读到第三十一节《八十三岁踏上流亡路》，亲爱的高妈妈，我哭得要死。流亡——这个苦难的主题，我已经有了很多间接的苦楚和艰难的经验——我十一年前开始研究流亡文学，这十年之中，接触到很多海外流亡者——作家、诗人、民运、知识人、底层的抗争者，很多。

可是，高妈妈，您的故事，艰难的心路历程，孜孜的实践，让我落泪，让我看到您，为维护生命的清洁和尊严，为那么多发不出声音的受害者做的那么多的工作，为此并走上流亡之路！

亲爱的高妈妈，我有一百句话想说，却说不出来，我叫"燕子"，却没有翅膀飞去看您，我怕写长了，耽误您的眼睛看，耽误您写作的时间。我不知道我能为您做些什么，您有地址吗？我想邮寄一个大包——日本的食品非常好，营养价值高，又节约时间，安全放心。日本老人都长寿，与食品也有关系。

一百句话，先说一句最最重要的：叫"高耀洁"的小行星一直要闪耀在夜空，为我们照出一条路！

高妈妈，很快就是中国的新年了，向您拜一个早年，新年新福！

来自日本的燕子
2010年2月1号

在精神上我们和您在一起

高老：你好！

中国人最重要的节日春节就要到了，我隔着浩瀚的大洋提前给您拜年了！

转眼间您离开故乡故土到陌生的美国就要进入第三个年头了。我知道您无日无夜不在思念生于斯、长于斯、受难于斯，却又无法忘却的这片土地，我无法平息和安慰您的思乡之痛，但要告诉您：依然生活在这片土地上的人们并没有忘记您，大家都关注着您在天边的每一个举动，倾听着您发出的每一个声音。朋友们经常谈起您，赞叹您在垂暮之年为追求真理和真相所做出的勇敢选择，并从您身体力行的榜样中得到了巨大的鼓舞。

北明来信说您现在非常孤独，这我可以想象。以您的高龄高德，本应该有个团圆幸福的晚年，但为了这个国家的命运，为了亿万生灵的苦难，您不得不"乘桴浮于海"了。我们虽然不能与您同行，但在精神上我们和您在一起，像当年以色列人跟着摩西一样走过红海，远离罪孽。

扪心自问，您可以心安理得了。像刘宾雁一样，您已经"做了自己应该做的事，说了自己应该说的话"。剩下的事应该由我们和更年轻的人们来继续完成了。您能健康地多活一些年，就是您现在的第一任务：您的存在就是一种力量，就是一种抗争，就是我们的希望。

能有机会为您服务，是我这一生中最幸福的事之一。为此我永远感谢您。

祝您健康、心情开朗舒畅！

云 龙

2011 年 1 月 31 日雲南（农历腊月二十八）

十数亿中国人的受难象征

耀洁老人：

中国人的春节快到了，我在重庆向你请安，鞠躬，贺你新春好！

你不认识我，我叫王康，我的父母跟你一样是旧中国过来的知识分子。他们也正直善良，但没有能像你那样做了那么多的人道主义善事，并因此遭罹流亡之苦！

美国人有他们的传统新年圣诞，无论哪种节日，都为祭奠先人祈福感恩祛除苦难，保存人间希望。都说母爱无私，流亡的母亲更不易，二十一世纪中国的流亡母亲最是令人感佩不已。

年高孱弱孤单，你已成为十数亿中国人的受难象征，我们时代特殊悲剧和罪孽最坚贞的抗议者。在这一切之外，你是一位历经人世苍桑的母亲。一切邪恶力量都不能摧折你对天下不幸者的关切，但爱无所释却让你心存浩瀚。

在这春寒弥地万象更新的神奇时候，上苍会与每一个大地的儿女靠得更近。耀洁女士，你一定是他最怜爱的女儿！在这辞旧迎新之际，请接受我由衷的敬意和祝福！

王　康

2011.1.31 重庆

天下最伟大的母亲

高医生，

您好！中国的春节就要到了，"每逢佳节倍思亲"，在我们思念自己国内的亲人的同时，也把您作为我们的最亲的亲人思念着。

您为了救那千千万万弱小、无助、卑微的生命，而失去自己应当享有的天伦之乐，想到您现在的处境，我们痛彻心扉。因为我们爱您。

在我们的眼里和心中，您是一位天下最杰出的女性，一位天下最伟大的母亲，是您这样的母亲，在世界民族之林托起了中华民族。我们感激您，尊重您，也愿意学习您的榜样，尽管我们知道那是一个我们永远无法企及的标高。

作为子女，作为父母，我们知道"母亲"的含义，那是愿意将每一滴血泪，每一个细胞无偿奉献的人类的精灵，是"母亲"筑起天下"爱"的屋宇。而您就是我们的这样的一位母亲。在春节到来的时候，您的子女无法在您的身边，但是我们相信会有很多很多的您的孩子从世界各地送去他们对您的问候，而我们，在他们之中。

请接受我们对母亲的最崇高的敬意和问候。

我们愿意为您做任何极微小的事，如果有需要，请一定告诉我们，我们将尽所能。

衷心地祝愿您健康、长寿！

想念您，并爱您的子仲全家

2011 年 1 月 31 日

我们都是迟到的支持者

亲爱的 LY，

你们参加维园八九纪念活动等于代表我们。自 1993 年到美国，无论住在哪里，走到哪里，我们年年也会参加那里的祭奠活动，哪怕只有寥寥十几二十几人。黄昏我们去帮着搬东西，入夜我们帮着点燃烛光，然后静静在那里站一站，最后帮着收拾架子、花篮……与朋友道别，更相约"明年再见"。这几天我搜索司徒华先生和维多利亚公园祭奠六四亡灵的图片，看见那么斑斓的烛火年年相传，看见他苍劲而娟秀的书法笔迹（我们每年收到他寄来的圣诞卡），看见最后一年轮椅上他"不到维园非好汉"的衬衫字样，还看见他为年轻时的恋人故去而掩面失声的图片（他为此终生未娶），我心里知道，我们路上的航标灯又有一盏升上了天空。就像嘉瓦仁波切当年站在甘地墓前努力想象甘地来自苍穹的教导一样，以后，我们也只能越来越多地回望来路，仰望星空，扪心自问，倾听来自天地身心深处的声音，慢慢前行。

2010 年 1 月 4 日高耀洁老人在自己的公寓里（北明提供）

　　流亡美国东岸的高教授非常孤独，基本上与网络为伴。……她目前真正风烛残年，健康状况不佳，关键是中国的状况让她彻底绝望。怎样想象她的孤绝都不过分。……她从小本是个淘气、活泼、单纯的阳光女孩，但是几十载风雨沧桑，现在她脸上没有艾仁娜和德兰修女那样安详的表情，她纠葛不清的皱纹和神色，睹之令人心痛不已……

　　有空请写几个字给她吧。她学习用一个半个巴掌大的写字板写字，不一定能回复，但是她会看到你的字。我们都是迟到的支持者，太迟了。

　　谢谢你的信。

北　明

2011 年 1 月 30 日华盛顿

　　原载《动向》杂志 2011 年 2 月号。此处为全文，顺序依时序有调整

第五辑

《血灾 10000 封信》：中原血疫背后的声音

您是这个世界上收到病人、求助者信件最多的医生。

一万五千封信，

您总是一一回复，不让病痛煎熬中的人失望。

再加这几封，我们把这些信都寄去给天堂的您。

让田喜、张静亚，还有很多小孩子陪伴着高奶奶。

让他们的高奶奶继续搂抱着他们、呵护着他们、爱着他们。

《血灾 10000 封信》：中原血疫背后的声音

与高老师合影，2008 年，广州。拍摄：胡杰

这两天，一直想着敬爱的高老师。十一日晚，请友人一枚代为奉上鲜花一束，寄托哀思。一枚代笔在卡片上留言，早上醒来我才看见。昨夜太匆匆，仅是委托送花，未留悼词，赶紧再拟挽联传给一枚：

中原血殇以慈母大爱奔走呼号扶危济困
暗夜独行有孤军义勇著书立说虽死犹生
《中原纪事》导演艾晓明敬挽
2023 年 12 月 12 日于武汉

2006 年春，拍摄纪录片《中原纪事》时，我第一次走进高老师的家门。我和胡杰先生，我们用摄像机，记录了高老师坐在三轮车上去邮局给各地邮寄防治艾滋病资料的情景。那时，我们一直称呼她老人家为高老师。

如今，打开《中原纪事》的视频文件，那吟诵观世音菩萨的序曲一响起，不禁泪如泉涌，不忍看，不忍听……

高老师，是这部纪录片的灵魂人物，是片中所有那些挺身而出、勇敢发声的感染者和家庭的精神支柱。高老师，也是我的人生楷模和良师益友，不是亲人，胜似亲人。而在中国的女权主义运动里，我从高老师那里认识到，这就是真正的方向——与弱小者同行，挑战强权，推动改变。不言而喻，高老师付出的所有牺牲，也是孤勇者的命运。

高老师去国后，我们之间的联系中断了。我知道她在大洋彼岸终于出版了她念兹在兹的多部作品，她拼尽余年实现了自己的愿望。她留给我们漫长的思念和深刻的问题：作为一个知识分子，如何在暗世中发出强光，如何践行言论自由和社会责任——这需要我们用余下的一生来回答。

下面是我在2008年阅读高老师《一万封信》时写的阅读心得，我在学校任教时给大学生推荐了这本书。我也附上了自己收到的四封信，写信人都是《中原纪事》纪录片中采访过的人物；其中的小静亚，由母亲带着去高医生家求医，她们母女得到的善款，也与高老师有关系。我曾希望高老师以后将这几封信收入《一万封信》的修订版里，后来，由于各种变故，未能如愿。这里的三封信曾经发表在我们学校的"性别教育论坛"网站上，而网站也已被关闭多年。今天我将这些文章再次编排，还补充了刚查找到的第四封信，一并整理发出，悼念敬爱的高耀洁老师。

中原母亲　民族精魂

——推荐高耀洁教授新书：《一万封信》

艾晓明

　　高耀洁教授告诉我，她所编著的《一万封信：我所见闻的艾滋病、性病患者生存现状》将要在国内重印，让我为这本书写篇序。我近年来拍摄纪录片，已经很少写作；但是高老师布置的任务我义不容辞。

　　2006年我去河南采访，在那春天的乡野，一幅从未想象过的画面震撼了我，正如这本书中一位乡村教师所写的诗篇：

一望无际的原野

伸向大地之尽头，绿绿葱葱

坟茔起伏无边

内躺着艾滋尸骨，阴魂难眠

　　在河南采访期间，我到过高老师到过的村庄，听过高老师倾听过的哭诉；在感染者家的床上睡过，见过蟋蟀穿梭家破人亡的空屋；看过无人掩埋、存放在屋中的骨灰盒。一场中原血疫，洗劫了多少村庄，留下来多少哭号，请大家看看陈伟军先生的纪录片《好死不如赖活着》吧，别忘了，那已经是2001年。

　　因为拍摄有关邢台农民输血感染艾滋病的纪录片，我开始关注农民卖血感染艾滋病的历史，从而和高老师结识。这使我见证和拍摄了她老人家的工作。高老师和来自底层的感染者亲如一家，她是她们在孤苦无告时可以向她求助、在她家吃饭、留宿的亲人，她是中原无数感染者家庭的慈母，是那些孤儿们眼里慈祥的高奶奶。

　　高老师对我们的纪录片《中原纪事》寄予厚望，鼎力支持。这部影片，现在已经有了上千份在流传。我们也送给了中国卫生部疾控司、河南卫生部门官员、联合国艾滋病规划署等机构。原来我设想的片名是《人民的声音》，后来改为《中原纪事》。开始构思时，我曾写下一段话：

The Epic of Central Plains，是我设想的该片英文片名。Epic 在英文中为"史诗"，如荷马吟诵的史诗，就是这个词。荷马是民间诗人，他用游吟的方式在民间传唱悲剧人生，他是我们永恒的艺术先驱。我因此希望该片当得起"史诗"的涵义，即为民间悲剧立言、给当代英雄做传。

而"史诗"一词，中文已为当代专制君主所特有，所以中文片名用的是"纪事"。中原，是中州平原一带，旧指河南。这里的"纪事"，也是向司马迁《史纪》的"纪"靠拢，向历代史官秉笔直书的精神致意。但"纪"在司马迁那里，原本是以编年为体，记载历代帝王的世系政迹，我们用此庄严体例，记叙今日中原老百姓的痛史，是反其道而用之。

"纪"又与"纪实"相通，而本片中的好男好女，无不以舍生忘死的态度揭露真相，与谎言抗争。这部纪实片，正是要记录"沉默的大多数"开始说话的历史。

这种抗争的精神，是我在河南拍摄时的强烈观感，也是我读高老师《一万封信》的深切体会，我推荐大家都来看这本书。

大学应该把这本书作为学生思想教育的必读书，现在的年轻人，对自己爱得太多，对他人爱得很少，对民生疾苦更加缺乏了解。当然，这不怪他们，是僵化的教学内容造成的结果。

知识分子更应该看这本书，我们的社会不缺乏像高老师这样有专业技能的学者和研究者，缺的是坚持道德良知的人。可是，没有后者，中国又如何能够摆脱无边的苦难。

高老师，一位古稀之年的老人，十几年如一日地担任志愿者，投入到抗击艾滋病这场全球性的公民权利运动里。在中国，在瞒和骗流行的文化环境中，高老师嫉恶如仇，大爱无疆。她非凡的意志和呵护生命的激情，给了多少人活下去的力量。在高老师家中，我看到她在堆砌如墙的防艾资料里忙出忙进，不禁想起精卫填海的故事：古有炎帝之小女在东海游泳，不幸溺水而死，后化为鸟，名精卫。精卫形小力微，却有惊天之志，为报溺死之仇，立志衔木填海，哪管它多么浩瀚和深不可测。这精卫填海之意志，便是在这危机四伏的世纪，惟一有可能让我们民族走向新生的精魂。

高老师在自己家中堆积如墙的艾滋病防疫资料前，这些都是她自己编写自费印制的。

附上悼念中原女孩张静亚的文章（其中有静亚的信和她母亲的信），还有农民感染者杨喜成的来信。假如有可能的话，也请高老师将之收入书中，作为《一万封信》的补录。

2008 年 12 月 1 日艾滋病日于广州

注：艾晓明，中山大学中文系教授，博士生导师，妇女和公共问题学者，著名纪录片导演，作品有《乌坎三日》《我们的娃娃》《夹边沟祭事》等。

另外说明，高耀洁医生的这本书有两个版本，一个是《一万封信——我所见闻的艾滋病、性病患者生存现状》中国社会科学出版社 2004 年出版。另外一个版本是《血灾：10000 封信》由香港开放出版社，2009 年出版。

悲悼中原女孩张静亚

——纪录片《中原纪事》下集中的小女孩病故

艾晓明 刘运芝 张静亚

上个周末，我回到父亲家，打开遗失在家里的手机，看到静亚的短信。此前，静亚的妈妈曾经打我的手机，我就以张静亚的名字存下了这个电话。短信说：

> 晓明阿姨：
>
> 您好！最近您的身体好吗？我想告诉您，以后再不要给我们寄钱了。张静亚已经不在了。帮助那些该帮助的人，谢谢您的关心和帮助，祝好人一生平安。
>
> 12：14：06，2007 年 4 月 12 日

读罢，内心哀痛难言，立即拨打静亚妈妈电话，得知静亚在呼吸困难输氧多日后终于平静下来，于 2007 年 4 月 11 日去世，结束了她年仅 13 岁的短暂人生。

我的耳边依然回响着静亚的歌声，她唱的是豫剧《谁说女子不如男》。我依然记得在采访她和她妈妈的时候，她说到她的理想是"长大当个医生"，我完全没想到的是孩子接下来说的话："给人治病，不要钱"。

去年 8 月，我访问了静亚一家，后来这部分采访，编入纪录片《中原纪事》下集。此后我和静亚一家没有联系，一直到今年三月，我接到一个陌生电话，那边的河南口音问："你是晓明阿姨吗？"我说是，结果那边久久沉默，继而传来哭声说："阿姨，我找你找得好苦啊，我是张静亚的妈妈。"

看过《中原纪事》下集的朋友，该会记得静亚妈妈面对镜头的哭

诉，她说："房子我可以不要，我可以租房子住。钱我可以不要，我可以在外面打工。但是我是母亲，我不能没有孩子！我只有这一个女儿。现在确实是没有办法了！"

小女孩张静亚，满怀希望到省城郑州看病，但她的心脏病太严重，需要换心，换心得几十万；对于在新乡打工的父母是不可能的事。结果，静亚在郑州的医院没有得到任何治疗，连心肌积水都没有抽。她们来到高耀洁老师的家里，向她求助，也请她给予治疗建议。我和她们一起去了医院，再做检查。然后和她们一起离开，回到老家——河南商丘地区柘城县受艾滋病影响的双庙村。在老家，她们原来的屋子已经没有屋顶，当年参加过卖血的亲戚面对着死亡的威胁和艾滋病的折磨。

静亚的母亲在电话中说，阿姨求你帮帮忙，给静亚找个好医院，让她能得到治疗。我找高奶奶，高奶奶的电话也打不通。听着母亲的哭诉，我真是爱莫能助，只能说，我也没有办法啊！高耀洁老师此时被软禁在家中，电话都切断了。我说你已经尽力了，别的做不到，让孩子少一些痛苦吧。

我们曾将各位朋友放映《中原纪事》积攒起来的观众捐款，托双庙的朱龙伟先生给静亚家捎去五百元。接到电话后，又正好收到高耀洁老师退回的八百元钱，这钱原来是希望支持高老师的工作的，高老师说她不接受任何现金捐赠。想到静亚家庭的困难，我立即去邮局，将这八百元善款给静亚妈妈汇过去，又将家里学生、同事贺年的糖果一并寄了个包裹，希望静亚能够因此得到些许安慰。

不久，我收到静亚母女的来信。第一封信竟然是小静亚写的：

敬爱的艾奶奶：

您好！最近身体好吗？工作顺利吗？我想给您说说我的心里话，我是一个悲伤的女孩。

自从 1998 年开始，我就被病魔缠身，刚开始一直查不出病因，接着浑身上下就一直长脓水疮，那几年的时间是我最难熬的，因为每一个伤口都长着露着骨头，到了夜里，身上的伤口又痛又痒，弄得我整夜整夜睡不着觉。妈妈也无法入睡，就拿着棉花沾着药水给我一个一个小心翼翼地擦。妈妈总是在给我擦伤口时情不自禁地哭了起来，于是我们母女俩便抱头痛哭起来。有时半夜我总听见妈妈自己在偷偷地哭。想起了这个家为了我，借下了几万元的外债，现在连个完整的家也没有，我有时候也想过死，可是我又想，如果我死了，爸爸妈妈应该怎么办？爸爸为了我整天早出晚归地拼命挣钱给我看病，妈妈为了我，连一件像样的首饰都没有。妈妈为了我，曾经用针管在自己身上学着扎针，每次换药、打针，妈妈都会，她现在为了我都快成了一名医生了。我现在不能死，我一定要为了爸爸妈妈还有关心我的人坚强地活下去，我不能让他们失望，不能让他们伤心。艾奶奶，我的病是可以治好的，只不过是难了些，我求求您救救我，我不想和我的爸爸妈妈分开，我不想和我的亲人离开。我还想上完大学，长大了也像您一样去帮助一些像我一样看不起病的孩子，让他们重新看到温暖，看到生活的希望。我还有很多话要和您聊，由于今天太累了，一手输着液，一手给您写着信，有些不方便，就不和您聊了。

祝您：工作顺利，笑口常开，合家欢乐，长命百岁，好人一生平安！

一个可怜的女孩：张静亚

2007年3月18日

第二封信来自静亚的妈妈（括号内为原件中的漏字和错字，因时隔多年，今天未能找到原件再核对。想来是她收到善款后让静亚亲笔给我写信的，下面的信里她说到了静亚的近况）：

晓明阿姨

您好！

首先祝您身体健康，精神愉快，心想事成，万事如意。在您的人生道路上一帆风顺。

我于2007年3月15号收到了您给我们汇过来的八百元钱，因静亚（病）情严重，没有及时回信，希望多多原谅。

阿姨，今天怀着万分感激的而又沉痛的心情在给您写信。我的心里有千言万语不知该如何说起。自从去年八月份在郑州我们见面以后，我的脑海里不停在回想着您的点点滴滴的爱心。我无法忘记您为我们流下同情（的）泪水。在可怜我的孩子病情时，您出钱出力为我们跑了好几天。没想到我们分别以后就失去了联系，这让我很伤心。我想尽一切办法找您，终于找到了您的联系方式。我就给您打电话，当我听到是您的声音时候，我也控制不住自己的感情，我好像听到了妈妈（的）声音在安慰我。

阿姨，我的心里有很多话要说。可是由于我没有文化，只上了三年学，满肚子的话说不出来。下面我想说一下静亚的情况，她的病情比以前严重。浑身都在发紫，晚上闷气闷的（厉）害，不知道她还能（支）多长时间。多亏您这次寄来的钱帮了大忙，得到了缓解。还有静亚她还一直感觉她的病能治好，我也不知该怎么给她说。她一直在给我说艾奶奶能救她，弄的我无话可说，孩子毕竟是孩子。

阿姨，不管静亚给您说什么话，请您都不要（往）心里去，也不要有压力。她的想法很天真。阿姨，请您放心，我会陪着她走完最后一段人生，我会让她过的很开心。最后，我还是感谢您的关心和帮助，我会永远记住您的。

刘运芝

如前所述，那八百元钱，实际是我们和各位朋友在播放影片的过程中，观众捐出的爱心善款。我们希望高老师可以用于支持自己的工作，我只是经手中转了，而运芝真正应该感谢的就是高老师。

今天（2023 年 12 月 13 日，）我从旧信中找了很久，没有找到静亚来信的原件，却意外地找到了静亚妈妈 2007 年 5 月 20 日写过我的另一封信；痛定思痛，她叙述了静亚去世的情形（录入时我更正了个别错字和标点）：

《中原纪事》中静亚的妈妈刘运芝的第二封信。

晓明阿姨：

您好！

提笔之前向您全家人问好，祝您身体健康，工作顺心，阖家欢乐，一切都很好。

阿姨，今天我只想给您说一说我的心里话，静亚的走给我打击实在太大，我的心好痛，我不想向别人诉说，多少年如一日的照顾着她，可她没有给我留下一句话就走了。我的女儿她来到这个世上，没有过过几天的好日子，我不能回想起她受的罪。

可我无法忘记，静亚，她是一个性格内向的孩子，可她很坚强，也很懂事，从来没有跟别人比过吃穿。她有远大的理想，她的理想是长大以后一定要当一名优秀医生。有一天她给我说：妈妈，我不就是一个有心脏病的人吗？没有什么大不了的，等我长大以后我好好去研究，一切都会好的。妈妈，我会让你看到希望。每次她看到我伤心，她都会忍着痛苦安慰我。她是我的精神支撑，也是我生命的寄托。现在没有了她，我对生活失去希望，每天都是在痛苦的煎熬度日。阿姨，你不知道静亚她每学期都是三好学生，学习名列前茅。学校里面这几年也很照顾她，每年的两免一补都有。今年这学期学校全免，一分钱也没有要。我从来不去学校哭穷，怕伤她的自尊心，这都是她自己的努力感动学校。静亚没有了，校长和老师都来我家安慰我，在我家坐了一个下午，跟着我悲伤。这让我很感动，学校也为她举行了一个小小仪式，祝静亚一路走好。

阿姨，我最难忘一天是今年农历二月二十二日，也是静亚走的那一时，中午十点四十分左右，星期一。那天早上她起来上学，我说静亚今天有点风，怕她着凉，下午再去吧。她也没说什么就躺下又睡了，等她睡醒了之后，她说妈妈我想喝奶，我就去给她买奶回来。我就坐在她的身边让她喝奶，她说啥非（让）我先喝两口，我就喝了两口，她的手在摸我的脸，想说什么但没有说。当时我不知道她快不行了，她喝了两口奶就说妈妈我还想再睡一会儿，往下一躺就不行了，就一秒钟时间闭上了眼睛，就再也没有睁开。拉到医院，我拼命的让抢救，抢救了一个半小时也没有抢救过来，静亚就这跟我分开了。静亚走了以后我整整抱了她八个小时就没有松开过。直到入土为安，我不知道我的家人怎么从我的怀中把她给抢走的。静亚的爸爸是一个不负责任的人，静亚活着时候他不管不问，不管去哪里看病都是我一个人去。静亚走了以后他痛不欲生，用双手刨土为静亚一把一把垒在坟上，我们亲人都跟着悲伤。我不想原谅他，想带着我的儿子慢慢过。阿姨，我不知道能不能从悲痛中走出来，假如要是提前认识两年，我的女儿病可能比这有希望。我愿意用我的生命换回我女儿的生命，但一切都太晚了。阿姨，我知道您的工作比较忙，有好几次我都拿起电话想给您打，可是又放下了，我不想打扰您工作。

阿姨，我跟您说了那么多，请不要跟着我悲伤。请原谅，我就是想给您说，给您说了我的心里才好受一些。只有您才能理解弱势群体困难，在我面临极大困难时，是您伸出援助的手，送来了温暖和希望。虽然静亚病没有看好，她也很高兴有您这样一个好奶奶爱着她，她在天之灵也会感谢您的。阿姨，您的爱心如金子一般，我代表我全家人对您衷心的感谢，感谢您对我们的关心和帮助。阿姨，最后我想说，我能为您做些什么？祝好人一生平安。

此致敬礼

刘运芝

2007 年 05 月 20 日

静亚去世了，这是纪录片《中原纪事》中的第三位去世者。第一位是高耀洁老师的老伴郭明久大夫，我们拍摄了当时的场景，郭大夫在病床上，高老师在病房中照料，同时还要接待感染者。第二位是我们在感染者病房访问过的李长建先生，李长建是位农民，我们探访他后过了几个月就去世了。当时有人围着整个村子洒上白灰，表示将艾滋病隔绝在外。他的妻子承受着痛苦和歧视，独自料理完后事，再次离开村子，到城里打工去了。

如今静亚也走了，此外，影片中还有一位孩子，我们采访他时，他的父亲还在，今年我再去遂平时得知，他父亲已去世，他成了艾滋病致父母双亡的孤儿。

中原啊中原，文人墨客都知道这样的说法："问鼎中原""中原逐鹿，鹿死谁手"？这中华古文明的繁盛之地，你的衰败是从何时开始的？你的灾难和痛苦何时是尽头？

感谢现代技术的普及，使得我们可以在纪录片中保留这场大悲剧的影像，让静亚承受的痛苦和贫穷、让血祸导致的家破人亡带来反思和警醒。我们依然无法让这影像获得应该有的流通机会，但毕竟，它是存在着了。它属于死者，更属于生者。一位年轻的大学生看过影片，给我写下这些感受：

我不是来自中文系的学生，对于政治与哲学也并不精通，更谈不上有多少思想觉悟和多少时事情操，所以这篇对《中原纪事》的回应，完全是出于本人的一点肤浅的体会和感受。

刚看这段片子，第一感觉是不舒服。

从来没有真正接触过艾滋病的我，头一次发现我们其实距离这种"谈虎色变"的病毒如此的近；几乎从未步入农村，一直天真的以为人间没有地狱的我，第一次重重地被事实敲醒。

一个城市长大的孩子怎能设想——在 HIV 肆虐下的重灾区的患者竟然可以靠每天四毛钱去维持生命；艰苦竟然可以迫使成千上万的人以 800CC 甚至以上的鲜血仅仅换取四十五块；病毒的魔爪竟然可以疯狂至一家四口连一个都不放过；厄运之神竟然狠心到可以通过输血夺去一个无辜孩子的生命，让一个美满家庭的幸福在一瞬间荡然无存；残酷的命运竟然可以把一个十多岁的孤儿抛弃于荒无人烟的冰天雪地中……

难受过后的是愤怒。

我为众多受难者的悲惨遭遇愤怒，为造成他们痛苦的恶魔愤怒；为把自己的快乐建立于别人的痛苦之上的政府工作者愤怒；为为掩饰真相而杀人不眨眼的刽子手愤怒；为社会贫富悬殊的越演越烈愤怒……

愤怒平息后留下的是反省。

我开始明白老师的用心良苦，也许我们暂时的确对社会的不公平无能为力，但如果我们也有一天也踏入政府阶层呢？我们是否应该永远铭记自己从何而来呢？我们是否可以永远保持一颗善良纯洁的心灵呢？

我们现在不能做什么为人民的惊天地泣鬼神的大事，但我们可以尽自己的所能多了解多接触多施舍多关怀这个社会的弱势群体。或者当我们都做到这点的时候我们离目标也并不遥远了……

作为《中原纪事》的导演和主要拍摄者，我要向静亚的母亲、亲人和小静亚致以深深的感谢，感谢她们接受采访并允许我们使用这些录像。我也深深感谢每一位以各种方式来回应作品的观众朋友，感谢他们从自己不多的工资中拿出钱来，交给我们捐赠给河南村民团体、抗击艾滋病工作机构的朋友。到现在为止，朋友们捐赠的款项已经超过三万，其中一万五千元正在申请基金管理，还有一万五千元，已经分别送到了影片中参与合作的四个团体，希望可以支持他们展开活动，并对病重病危者提供微薄的救助。

小静亚，愿你在天国安息！

附录

1. "张静亚的生日是 1997 年 3 月 17 日，新乡孟营小学六二班学生。学校已经为她举行简单的仪式。校长和老师亲自来家慰问。" 2007 年 4 月 14 日，刘运芝短信告知。

2. 不久前离家出走失踪的武汉作家鲁礼安先生，三月份为《中原纪事》捐来一千元人民币，现在我们已经将此一千元寄给张静亚家庭，以供静亚家庭支付孩子在医院抢救时欠下的部分费用。

来信一万封信，再加一封……

——河南村民杨喜成的狱中来信

杨喜成

被拘留村民杨喜成的来信，长达 22 页

林虹：你好。

感谢爱知行举办这次会议，盼能将下面这封信打印给每一位出席会议的朋友。希望大家一起来关注目前狱中的艾滋病感染者/艾滋病人服刑犯以及身陷冤狱的感染者/艾滋病人。喜成是协助我们在河南采访并接受了我们采访的感染者之一，两个星期前，我收到这封由他妻子发出的特快专递。我请同学录入后发给你们，个别错字也没有修改。希望这封信能够帮助与会者理解感染者处境。

艾晓明敬上

以上是我给北京 NGO "爱知行" 机构工作人员的信，以下是按原信录入的文档；今天我重新做了校对，改正了明显的错字，修改了个别标点。

尊敬的艾老师您好：

我是一名普通的农村人，只读过初中二年级，没有什么文化。你对我的关心和帮助，我无以回报。多少年的辛酸往事，爱恨情仇我从不愿向别人提起。但我只想向您叙说一下我一生的悲惨故事！

1970 年我出生在豫东南的一个普通的农民家中。五岁时妈妈撇下我，离开了这个世界。奶奶、父亲艰难地把我和两个姐姐抚养成人，后来两个姐姐出嫁了，奶奶，父亲和我成了一个三代人的三口之家，守着六亩地，清贫地过着日子。

1990 年我和李香恋爱结婚了，并于当年有了我们可爱的儿子，组成了一家四代的五口家庭。原就贫困的家中又添了妻子和儿子，还是六亩地，使我这个家中唯一的顶梁柱无疑是雪上加霜。直至九五年妻子、儿子才分到田地！

当我和妻子在田里干着农活，把儿子放在地头的树下，和儿子会跑了在我背上叫爸爸的时候，我感到非常幸福。可当时奶奶重病卧床不起，天天看病又加上当时繁重的苛捐杂税，我一家五六口人六亩地，每年要向政府缴纳一千多斤麦子。秋天还要交玉米，除了去购买化肥，种子，播耕，每年我家连口粮都不够吃。每年还欠村里很多提成款。看着卧床不起的奶奶和年幼的儿子，我是一筹莫展。九二年奶奶终因无钱得到医治离开了人世。看着渐渐成长的儿子，面对连饭都吃不饱的情况下，我决心要改变这种状况。厚着脸皮向别人借了二百块钱要去广东打工。临走那一天，我抱着儿子说："儿子，我一定要让你过上好日子，爸爸出去给你挣钱去！"含泪向妻儿挥手告别，我充满豪情壮志地登上开往南方的列车。可那时正处于打工的高潮期，各个厂家都是人满为患。流浪十几天后而未能找到工作，只好向老乡借了五十元钱买了张车票，伤心地回到家中，原就困难的家庭越发艰苦！

就在这样的情况下，有人找到我，对我说："你这样的家这样困难，给你指一条生财之道，干不干？"我急切地说："只要不犯法，干什么我都愿意。"我又问："到底干什么呀？"那人神秘的对我说：

"卖血。"我连忙说："血怎么可以卖？"他说："现在时兴干这个了，不信我明天带你去看看就知道了。"第二天我带着试试看的心情和他到市防疫站。首先映入眼中的是大门上的牌子"献血光荣"几个大字，门旁地上立着一块牌子，我走过去仔细观看，上面写着"献血光荣，抽血可以促进新陈代谢，预防疾病。血像泉水一样越抽越旺……"等等对身体有益的词语。走进院内一看，人山人海，最少也有两千人在那里晃动着。我问他："这么多人都是卖血的？"他点头笑道："这些人卖血都卖发财了，就是这个院里就有两个血站。"我问："哪有两个？"他说："你看这楼上是市防疫站，楼下是市中心血站。"看着进出的人流，看着楼上楼下出来的人群。他们一只手捂着另一条胳膊，手缝里夹着或嘴里衔着一张纸条，到领款处领取五十元后那种兴奋的神情，我不由的心动了。我问到："这么多人都是哪的人呀？"他说："全国各地哪的都有。东北，山东，四川，新疆等地的人。但大部分是附近各县的农民。"我又问："这卖一次血得抽多少呀？"他说："一次抽 800cc，他们只把血浆提走，把血球还输给你。"我当时并不知道 800cc 是多少，更不知道红血球和血浆是什么？但我看着别人那样兴高采烈的样子，想想家里受苦的妻儿和村干部上门索要村提成款时那种蛮横的态度和家里因没有钱，仅剩的口粮又要被村干部强行拉走时，我兴奋地说："咱也卖！"他说："今天不行了。"我连忙问怎么不行，他说今天晚了。我丧气地说："这怎么还挂号？"他介绍说："想卖血得夜里两三点到这里，到挂号处交四块钱，两张相片。才给你一个号码条，然后到化验处抽血，化验，检验血型，血品是否合格等相关知识……"

第二天，带着照片，两点钟就起床了。因我家离市区只有十公里。凌晨三点就赶到了血站时，已是人山人海。好不容易排队夹缝到挂号处时，天已经大亮了，交上四元钱递上照片，报上姓名，工作人员给我一张写着我名字和号码的小纸片，我已经排到四百多号了。工作人员又用圆珠笔，让我伸胳膊在上面写上与纸片同样的号码，才让我到化验处排队抽血化验，等排到化验处时已上午九点多了。两个穿白大褂的医生用玻璃注射器不停地在每个排队者的胳膊上抽血然后推入试管。他们始终用同一个注射器。我交了纸片，医生看了我胳膊上的号码，便给我抽血化验。然后就期望的等待，中午一元钱吃了一碗清汤面条，又是苦苦的等待。大约下午三点多时，我终于被楼下的中心血站喊到了名字，不由得一阵激动。我第一次冲进那像屠宰场一样的采血间，那一大排房子里，每间放四张床，每张床上躺着两个人。当我进入被指定的采血室时，我吓呆了！我看见床上躺着的人他们胳膊上都插着一根像火柴棍一样粗细的针头，顺着针头就是一根粗粗的管子，手一伸一握，鲜血向箭一样向下面的大袋子流淌着，直到把下面两个大袋子胀的像皮球一样才停止。然后被取走等离浆机分离后，把红血球再还回来。我看见还血时原来满满的两大袋子还回来时却剩下一个半袋。我害怕了，我想往外跑，这时就听医生生冷的大骂："你采不采？不采就滚出去！"我迟疑了一下，想起家中的困境、年幼的儿子、日渐衰老的父亲，还有那天上下大雨、屋里下小雨的房子……我低声伤感地回答："采。"我被指定到与另外一个陌生人合躺在一张狭窄的床上，我不由心中感慨万千，以前的理想和愿望，没想到今天竟会去卖自己的鲜血……

当那像火柴棍一样的针头刺入我胳膊上的静脉时，我不由得泪流满面！

当两大袋子胀得像皮球一样的血被取走后，我感觉天旋地转，呼吸困难，全身冒汗！我用微弱的声音向医生报告后，医生冷冷地说："这是晕针，喝一杯白糖水就好了。"然后去给我端了一杯白糖水，喝了以后，我渐渐好转起来，静静地躺在床上等待。大约一个多小时以后，我的红血球被送回来了，原来提走的两大袋子血，现在只剩下一个半袋了，那是我这一生中第一次卖血，我永远忘不了那一天……

当我左手用粗糙的卫生纸按着右胳膊上的针眼，手指缝里夹着一张医生给的领款条，迫不及待地领款处，领取五十元后，天已经黑了。我高兴地骑上自行车往家赶。途中我第一次用卖血挣来的钱给儿子买了两个大苹果，当儿子高兴地拿着两个大苹果，看着儿子天真烂漫的笑容，儿子甜甜地叫着爸爸，我感到无比的欣慰！我把挣钱的经过向妻子兴奋地讲述着，妻子没有说话，只是默默地流出了眼泪，然后轻轻地说："以后我跟你一块去卖血。"

第二次，妻子抱着酣睡中的儿子坐上我的自行车，在深冷的夜里朝着我们的理想，朝着我们心中的希望，向市区出发。就这样，我采血时，妻子抱儿子，妻采血时我抱儿子，我们走上了不归路！

从此以后，卖血就像赶时代潮流一样在我们周围遥相呼应。每天夜里十二点以后就能听到大家相互呼叫，卖血的人就像车水马龙，像赶集会一样在深冷的夜里向市区进军。有时去晚了，要等到夜里十点多才能采上血，等采完血又该挂第二天的号了。卖血成了我们唯一的出路！

渐渐的我们知道，我们小小的市区内竟有九家血站：铁东血站、军医院两个血站、军分区血站、防疫站血站、中心血站、卫生局血站、二院血站、中医院血站，每天都有成千上万的大军在那些地方涌动！为了多挣钱，我和妻子每天每人卖血两次或三次血。我们每天穿梭于九个血站之中，披星戴月。后来我妻子每次采血就出现晕针的危险，看着妻子那娇小瘦弱的身体，为了年幼的儿子，我不忍再让妻子去卖血了。就这样我自己又担负起全家的重任，在九个血站之间活动。有时转氨酶升高，血不合格，只要给血头送十块钱还可以采血。我自己办了多少采血证，我不知道了，我卖了多少次血我更记不起来了。但我只知道我卖出的血，要超出我自己体重的几倍。

从那时起，"胳膊一伸，别上一针，胳膊一蜷，五十大元。"还有"九十年代不平衡，卖了血交提成。"这些歌谣在我们这一带流传着，为了卖血起早贪黑，为了卖血雪雨无阻，就这样，我的家庭渐渐有了起色。可各个血站的血袋子越来越大了，我原本壮实的身体也越来越垮了，多少次晕倒采血床上，多少次晕倒在回家的路上，我都又坚强的站起来，因为家里还有妻子、儿子，望眼欲穿地等着我……

从那时起，我经常出现一些高烧、腹泻等疾病。但只要经过治疗马上就会好起来，然后又迫不及待的赶往各个血站。为了卖血，我喝了多少盐水！为了卖血我吃了多少药，打了多少针？但我为了心中的希望，为了妻子，为了儿子，我感到很幸福。

1994 年秋天血站被关闭了，我感到自己像失业了一样。可 1995 年春天，四、五家血站又开业了。卖血不用化验了，不用挂号了，只要人去到那里就可以采血。而最好的还算是铁东血站，这样我们白天在其他血站卖了血，以后晚上还可以去铁东血站再卖一次，因为那里只夜里采血。到最后血站终于被政府强行关闭了……

1995 年秋天，我的妻子、儿子分到了田地，我家再也不像以前那样困难了，就这样我平安地度过几年的日子。这期间，我和妻子经常出现低烧、头疼、腹泻、带状疱疹等症状，但只要经过及时治疗，就会好起来。2000 年至 2001 年，我们周围的年轻人不同程度地出现这种症状，有很多原本很壮实的年轻人不明原因地死去。但他们死的时候都是统一的症状，长期发热、腹泻、口腔溃烂等症状。他们原来壮实的身体，临死时只剩下几十斤，像干柴棒一样枯瘦。但他们花完所有的钱；借完能借的钱；跑遍所有的医院；也没能留住性命！我们这一带流传着瘟年轻人的传说。

2001 年秋我的邻居家好友李刚又得了同样的怪病，四处求医却又查不出病因。最后李刚的家人带他去郑州防疫站，才知道是艾滋病。村民恐慌不定议论纷纷，刚那么老实的人怎么会得那种可怕的脏病，村民不敢前去探望。等他花完家里所有钱，刚带着遗憾，带着希望离开了这美丽的世界。原来一百六十多斤的李刚，临死时不到六十斤，看着刚年迈的父母和幼小的儿女，在悲惨地哭喊着，我禁不住泪如雨下。因为我和李刚是好友，他死时才三十多岁，看着李刚他白发苍苍的父母和幼小的儿女在人们的歧视和孤立中悲痛欲绝地把他送走了，给他立了一座小小的坟墓，我一个人闷在屋里泪如雨下……

我不知坐了多久，随手打开电视机《中央新闻调查》中央记者正在讲诉我市某县大面积暴发艾滋病，而艾滋病是通过卖血传播等相关问题，和得了艾滋病以后所出现的症状等。我立刻惊恐万分，我以前也卖过血，我也经常出现这些症状，我会不会也得了艾滋病，想到这里我不敢再往下看，关掉电视一个人在那里发呆……

晚饭没吃就睡了，夜里我对妻子说：明天我想去市医院检查一下是否有艾滋病。妻子说："净瞎扯，你怎么会得那种脏病？"我把看到的中央台新闻调查给妻子说了一遍。妻子不由得紧张起来，关切地说："你明天赶快去查。"第二天早晨，我怀着忐忑不安的心情，来到市医院，和医生说明情况后，到收费处交了一百元钱去抽血化验。我焦急地等了一个多小时以后，化验结果出来了，医生慎重地说："你的血有问题。"我立刻惊恐万分，紧张地追问："到底有什么问题？"医生说："你是艾滋病，反应阳性就证明你携带艾滋病毒。"我立刻明白了，我真的是一个艾滋病人。我瘫软在那里，不知过了多久，我默默地走出医院，那一刻，我一生的勇气，希望和理想顿时被粉灭了，那一天是我这一生中最黑暗的一天，我永远忘不了那一天2001年9月15日！

我走到一家私立小诊所买了两瓶安眠片，我不知道自己是怎么回去。我不敢面对我的家人，我不敢面对乡亲父老，更没勇气面对那种歧视的眼光和孤立，更没勇气面对这个社会！

我像一具尸体般走到村口，却又不敢回家，我钻进玉米地里禁不住失声痛哭。艾滋病的可怕，人们对艾滋病的歧视和恐惧，我又不敢再往下想象……

我只有尽快死亡这条路可走，我不能让别人知道我是艾滋病，我不能让我的家人因我而受别人的歧视、嘲讽和远离。我要撇下我那年迈的父亲、娇小柔弱的妻子和活泼可爱的儿子！我要带着我一生所追求的理想和希望离开这美好的世界！但我还想再看一眼我年迈的父亲、关心爱护我的妻子和最可爱的儿子！

深夜，我默默地进了家门，妻子关切地问："检查结果怎么样？"我强作镇定地说："没什么病！"但从我那浮肿的双眼上和毫无表情的脸上，妻子似乎看出了什么？不由得紧张地又问："真的没病？"我点了点头，但我从妻子眼中看出了她内心的不安和担心，倒头装睡，心中思绪万千……

第二天早晨起床，看着儿子欢快地背着书包上学去了，妻子下地干活去了。我拿出昨天买的两瓶安眠片全部吞下！我好累好累呀！我想好好地睡上一觉！我想尽快回到妈妈的怀抱！

当我醒来的时候，已经在医院里，年迈的父亲，柔弱的妻子都流着泪守在病床前，床头可爱的儿子用他那双不解的目光看着我。我又忍不住泪如泉涌，回到家里，当我把实情告诉父亲、妻子的时候，年迈的父亲一下子瘫坐在地上，足足有半个多小时没有站起来，只是老泪横流！一下子比原来苍老了许多，就像一棵枯萎的老树！妻子和我抱头失声痛哭！

从此以后，我把自己封闭起来了，我再也不是原来那年轻气盛的我了。我再也没有勇气面对别人，我就像一只老鼠一样，庄稼地里、无人的河沟里、阴暗的角落里。深夜来临时，是我和妻子纵情悲泣的好地方。我在床上躺了半年，这期间，妻子对我百般爱护，细心照顾，并常常耐心地劝导我："请看在年幼的儿子，你不能倒下，孩子还没有成人，你不能让儿子没有爸爸！你不能让老父亲白发人送黑发人！你不能让我没有丈夫！"想想这些，于2002年春天我走出了家门，可我不敢与别人说话，不敢与亲朋好友交往，我害怕别人用异样的目光看我。我像行尸走肉般苟延残喘地活着，我不敢听说某某人死了，我更不敢听艾滋病三个字：因为那时每死一个人都与艾滋病有关，我就会想到随时下一个死的就是我时，就会不由得浑身发抖。那是我这一生中活得最痛苦、也最提心吊胆的日子！

2004年1月份，国家派去工作组在我县搞艾滋病大普查，当县防疫站工作人员在我们那里号召既往有供血史、输血史的人群去抽血化验时，我和妻子躲进玉米地里抱头痛哭。当工作组人员多次找我动员化验时，我避而不见，更不敢前去抽血普查。因为我知道我已经有艾滋病，我不敢想象被普查出来后会有怎么样结果。最后在工作人员细心劝导下，我和妻子鼓起勇气去县防疫站接受普查化验。几天后，防疫站打电话让我和妻子前去防疫站，当工作人员告诉我们夫妻两人均是艾滋病感染者时，妻子那娇小的身躯微微发抖，却很镇定，但对我来说无疑是晴天霹雳！从妻子那悲痛欲绝的神情中，我看见妻子娇小瘦弱的身躯一下子衰老了许多许多，就像一片秋天的树叶在寒风中摇摇欲坠，我不知妻子当时是怎么想的？我们一句话没说回到了家里……

后来一天晚上妻子把事先准备好的两瓶安眠片悄悄地全部吞下，当我发现后立即和儿子把她送到医院抢救。当妻子微微睁开眼睛的时候，我和儿子正守在她床前。我轻轻地对妻子说：为了我们的儿子，我们一定要坚强地活下去。妻子紧紧拉着我的手，微微点了点头，却已是泪流满面。懂事的儿子哭着说："妈妈，你不能撇下我，你不能让我没有妈妈。"我一家三口紧紧地抱在一起，失声痛哭。那时候我们害怕黑夜，因为黑夜降临是我和妻儿悲痛欲绝的哭泣。那撕心裂肺的痛苦呻吟我至今不敢想象，也不想去想象……

后来，为了逃避现实，为了生活，为了刚上初中的儿子，我和妻子撇下更苍老的父亲和儿子，到北京打工，因为那里没有人知道我们秘密，我们可以隐瞒所有的一切……

杨喜成坚强活着（左二）

好景不长，2005 年夏天我在北京连续几天发热、胸闷、头疼。我知道自己是艾滋病发作了，含泪向妻子挥手辞别后，立即赶往家里。第二天是 2005 年暴雨下得最大的一天，我骑车赶到防疫站。当我说明情况后，工作人员立即让我去拍胸片。当我拿着胸片给工作人员后，工作人员慎重的说："你的肺部已严重感染，要立刻回去治疗，否则就来不及了。"我很明白，我又面临着死亡的危险。我揣好工作人员给我发的抗病毒药品，立即骑车往家里赶去。瓢泼的暴雨打得我睁不开眼睛，我不知顺脸而下的是雨水还是泪水……

连续输液不见好转，第二十二天，我发生了严重的药物过敏反应。当我全身不由自主地抽搐、高烧、发冷、呼吸困难，意识渐渐模糊的时候，儿子紧紧地抱着我，撕心裂肺地哭喊着："爸爸！你醒醒！你醒醒呀……"

我隐隐听到儿子的哭叫声，艰难地睁开眼睛，慢慢地伸手拉住儿子的手，紧紧地拉着，紧紧地……是啊！看到儿子那悲痛欲绝的样子，我的泪水又如泉涌。为了儿子我要活下去！我要活下去！活下去……

妻子从北京回来了，在妻子的精心照顾、医院治疗下，我渐渐有了好转，可后来又出现了四次同样的过敏反应。每次当我昏迷不醒的时候，脑海里总有儿子那撕心裂肺的哭喊声："爸爸！你醒醒！爸爸！你醒醒呀……"我都又坚强地睁开眼睛，心里默默地念着，我要为儿子活下去！我要活下去！我要活下去……因为儿子是我唯一活下去的信念！

我和妻子都服上了抗病毒药品，可家里的生活越来越困难了。2006年秋，妻子为了家庭困境，带了伪装好的四个月的抗病毒药，又去北京打工了。工作顺利找到了，安排在一家当保姆。可我们那里有人知道妻子有艾滋病，并告知劳务公司，在当天夜里妻子便被赶出了家门。妻子泪流满面地走在北京那豪华阴冷的夜里，当她用公用电话悲痛地哭着向我打电话说被人轰赶出来时，我又一次心碎了。我轻轻地安慰着她："回来吧！回来吧……"

正上初中二年级的儿子再也忍受不住心理的巨大压力，再也不忍看重病缠身的父母为他操劳，他含着泪向我说："爸爸，我不上学了，我要出去打工。"我心如刀割，无言相对，只是默默地流泪，默默地点头。十六岁的儿子背井离乡打工走了，带着他的理想和愿望漂泊他乡。他要担负起全家的重任，我想象不到儿子那柔嫩的肩上能承受多大的重担！

我现在吃抗病毒物已出现严重的毒副作用，肝脏严重损害，连续几次转氨酶升高好几百以上，可又没有药物替换。我不想拖累儿子，我不想让他那柔弱的肩膀上有更沉重的负担，我只想尽快死去。但我想给我的老父亲养老送终，我更想儿子长大成人后做一个堂堂正正的男子汉！

这就是我一生追求的理想和希望，这就是我一生的"幸福生活"！有更多更多的痛苦，我不想提起，更不敢想起……

我已万念俱灰，只求早些摆脱这无奈的世界！在我周围，有多少冤屈的亡魂在哭泣，有多少更悲惨的家庭在诉说着那"美丽动人"的故事！我们这一生究竟错在哪里？让我们的命运如此悲惨。

有很多问题我想向苍天问什么？

那些以前开血站的血头们，如今他们的地位更高了，住的洋房更气派了，开的轿车更高级了，为什么？

艾滋病专业治疗医院以每盒三元多钱私自购进的多潘立同"麦哒林"以十六元的价格冒充西安扬森生产的"吗叮林"开给我们艾滋病人，为什么？

有病得不到有效的治疗，为什么？

产生耐药没有药物可替换，为什么？

无辜的儿童感染者没有儿童抗病毒药，为什么？

我们没有就业的权利，为什么？

我们连最基本的生活保障都没有，为什么？

别人总是歧视我们艾滋病人，为什么？

艾老师：在我写这封信的时候，我不知哭了多少次？流了多少泪……这就是今年才三十七岁的我美丽幸福的一生故事，哈哈哈哈……

艾老师：我没有什么文化，词不达意，但我多么希望您把这封信修改成《中原纪事》的一部分，公布于天下呀！我愿意公开我的住址和姓名。

注：李刚（化名），妻子（李九香），我（杨喜成）

373

河南省遂平县石寨铺乡大魏庄村姜庄

杨喜成

2007 年 2 月 27 日狱中

尊敬的艾老师，你抽空闲快来一次。

电话：03962568378

手机：13271701118

（后面这两行字墨迹不同，我推测可能是喜成的妻子加上的。原文是"你抽空前块来一次"，从字迹中可见其焦虑。）

因着高老师去世，我又重读了这几封信，久久难以平静。中原血殇蒙难者，内心有多少冤屈、苦楚！我又想到高老师，她收到的是一万多封信啊，面对来自社会各阶层的困难、问题、求解、求助，更不必说政治压力，她承受了多重的负荷啊！

现在高老师终于卸下了人间的责任了，这对我们来说，是安慰还是鞭策呢？且用高老师自己的话来结束这篇长文吧：

年逾八旬，来日无多。想想在浩瀚的夜空中，在灿烂的群星里，有一颗并不明亮的小星星，上面留着我的名字。我不知道这颗小行星有多大，亮度是几级，肉眼是否能看得见……也许她只是围绕着大阳旋转的一块大石头吧。但是，我知道，人在做，天在看。即使我的生命结束了，我的躯体化成尘灰以后，这颗小星星还要高高地在太空中，注视着地球，注视着中国，注视着艾滋病这场世纪灾难的结局……这一切我是看不见了，但它能看得见！

敬爱的高老师，天堂安息！

2023 年 12 月 13 日于武汉

后记

有看过此稿的朋友问起片中感染者以及两位写信人现在的情况，我也向熟悉的村民朋友打听了。

从 2007 年到现在，十六年过去。除了不幸去世的感染者外，幸存者的境况有好转，贫困处境也得到一定程度的改善。尤其是目前的

374

药物在毒副作用方面少了很多，这对感染者恢复健康带来了希望。

以片中人物朱龙伟先生所在的双庙村来说，他在 2002 年统计过，全村两千八百人，感染者高达四百八十多人。到我们去采访的 2006 年，因感染艾滋病去世的村民超过一百人，当时存活的感染者有三百五十人左右。到目前为止，存活的感染者为两百零二人。

目前，朱龙伟还在乡村从事防治艾滋病的倡导工作，中华预防医学会每年会给予少量的资金支持，大约是五人的工作小组，今年获得的支持是两万三千元。

根据政府"四免一关怀"政策，河南的艾滋病感染者得到的生活救助费用大约是每月两百元，有的地方加上其他补贴可达到两百六十元。

感染者家庭面临的主要困难包括但不限于：一、由于医院输血造成的感染，绝大部分无法打赢官司，甚至无法立案。二、越级上访是严格禁止的行为。三、当年的感染者儿童，成年后在成家和就业方面依然很困难。四、由于产生抗药性，病友需要换药。但新的、疗效更好的抗病毒药物没有进入免费系列。而走医保流程，依然需要自付一部分药物，一般为每月 400 元左右。产生耐药性的病友，不愿意或者没有能力自费购买新药。五、上个世纪九十年代采供血的感染者基本都到了或者过了退休的年纪，在目前经济形势下，超过六十的人打零工也难找到机会。

上文引述的书信作者，静亚的妈妈目前在新乡城内定居，开出租车维持生活。

杨喜成健在，只是今天电话没有打通。熟悉他的人说他出狱后因为村里搞开发，一度也挣了不少钱。后来和村干部发生利益冲突，陷狱三年半。目前已出狱，身体状况尚好。杨喜成的妻子已去世，目前他和亲戚一起生活。

河南乡村的感染者，只要体力允许，都会继续打工或在家务农。

第五封信

——目前感染者面临的问题

王小巧

本来是一万封信再加四封，但是后来又加了一封，一共一万零五封信——寄给天堂的高老师。

来自新蔡病友家属王小巧：

这些天我一直找新蔡县第二人民医院院长魏冀军。很难打通电话，好不容易找到他总是说有事忙，昨天找到他，输血病友们谈到三代带抗病毒药物……他问我，我就回答我丈夫丙肝治疗费，他不买账，他一直拒认输血感染丙肝，他说没证据证明，让到法院去起诉。又再次提到某乡李某男患丙肝不知道咋得的，病友们齐声回答：就是输血感染丙肝的！她们都有丙肝，都是当年输血感染丙肝艾滋病的！曾经治疗丙肝花费好多万……

他说当年没有能力检测丙肝……我们提到卫生部多次文件不允许私自采用血……我提到供血者为丙肝艾滋病，供血者讲述当年卖血，血站被封了，查的严格，供血者的血液已经被查到不合格了，血站不要她的血了，她到该医院卖血，根本不检查丙肝，丙肝血也要的可兴！……

我提到我胳膊治疗费，他拒绝解决，当着病友的面拒绝承认弄伤我的胳膊，我说今天不让你赌咒发誓，你心里清楚，我心里清楚……他让病友们离开后，又提到我的胳膊，我说你和杨明你们三个人弄我自己，人家两人没碰我的胳膊，如果你魏冀军院长在你们医院对天发誓赌咒没碰我的左胳膊，这四千多治疗费我不找你要，我的胳膊不找你……

他骂我：你是泥巴捏的，面做的……我说过罢年我做鉴定，如果我的胳膊是摔伤撞伤给你没关系！

他继续骂我：你那是泥巴捏的，面做的不能碰，一碰就有事了……

我回敬他你是泥巴捏的面做的……

他继续骂我，说比方说：你的胳膊那能是泥巴捏的面做的不管碰……

我继续回敬他你就是泥巴捏的面做的……

他让我今天去找他，他就继续让我空等……

注：在编辑这本书时，编者收到一份"后写艾滋事件"，录一段在此：

王小巧，女，1975年出生，河南驻马店新蔡古吕镇人。丈夫张玉峰是复原军人。1996年1月16日工作中受伤，到上蔡第二人民医院治疗，输血400CC，导致感染艾滋病。确诊后，张玉峰很快被艾滋病击垮，卧床不起，肛门溃烂，脚指甲流血流脓，体重不足三十公斤。王小巧找到当年丈夫输血的发票："张玉峰输全血400CC，合计人民币330元。经办人：梁小均、李学琴，卖血人王玉坤。"并按有手印。

"2005年拿到王玉坤的证明后，我去找法院，可法院拒绝受理，让我找县委、县政府。我找了县委、县政府，公安却频繁出警抓我。有时把我拉到今是街道派出所，还拧我的胳膊，戴着面具、白手套把我拉到关津乡政府大院。每次出警都是好几车人。

我们艾滋病患者和家人坚持进京，去国家信访局、卫生部、民政部、司法部、最高法、最高检、公安部等部门反映情况，可最后还是被截访的人带回新蔡县。我再去县委时，公安把我的右胳膊拧伤，还拘留了我，说我影响办公。之后我去找市公安局复议。公安局的人骂道：新蔡公安想造反吗？我和公安打官司，最后中院撤销了对我的拘留决定。中院看到输血证明后，也想调解。可新蔡县坚决不同意，理由是感染的人太多了。"

遗书：我已经厌倦了长期监控我的生活

李喜阁

从 2004 年 8 月份检测出大女儿因母婴感染艾滋病死亡以后，同时又检测出我和小女儿又检测出艾滋病以后，从 2004 年 9 月份上诉到当地人民法院，一直到现在法院都无权立案，理由是上级有口头文件因血液感染艾滋病不予立案，当地政府干涉公检法部门调查因血液引起的重大医疗事故。

从 2004 年 12 份开始走上访之路，一直到现在当地法院和政府部门没有给一个说法。

2006 年 7 月份因到国家卫生部上访被当地公安部门依法拘留二十一天，理由是冲击国家机关，从 2006 年 8 月份公安部门对我采取了取保候审一年，在这一年里，公安人员在我家门口二十四小时监控我的自由。2007 年 8 月份我取保候审结束，但是公安部门仍然采取了措施每天有两名警察二十四小时监护我，当地法院不予立案，不准到上一级部门反映因血液感染艾滋病不立案不赔偿问题，不准参与艾滋病会议，不准接受国外媒体采访。

2008 年 8 月份是我大女儿死亡四周年，当地政府不但不让法院立案，而且安排了每天有六名警察二十四小时监控我。

2008 年 8 月份是国家开办世界奥运会，同年 9 月份在北京又召开了世界残奥会。

2008 年 9 月 18 日世界残奥会结束，2008 年 9 月份我接到中国全球基金非政府以草根组织为基础召开讨论会议，会议定在 2008 年 9 月 18 日和 19 日报到会议从 20 日到 9 月 22 日下午结束，地点定在辽宁省沈阳市，会务组给我定的是 2008 年 9 月 18 日下午五点的飞机票，回程飞机票也定好了。

当我 2008 年 9 月 18 日上午提上行李离开家时，门口有两名穿警服的女警察，三名穿警服的副所长，一辆警察堵在了我家门口，还有六名监控我的人员也站在我家门口其中两名警察两名卫生系统人员一名城关镇政府人员另一名是我邮政单位人员，统统都站在了我家门口，不准我参与会议，不准我离开家门，没有任何理由。

我家的事政府一直没有解决，警察在我家门口两年了，让我失去了做人的基本权利，我家的电脑被切断了，电话被切断了，立案赔偿的权利被剥夺了，我出门自由的权利被这些违法部门阻断了，这个社会没有公民依法处理问题的权利，政府不负任何责任的权利，这个社会让我看到了更多人群失去了道德。

我无法再忍受这痛苦的社会，这个不负法律责任的政府，法律失去了它的权利，道德被人埋没。

我失去的太多太多了，我不想在这个世界上存活了，我想离开这个世界，我无法再忍受公安部门每天二十四小时看护我，我要到另一个世界去生活，也许天堂没有痛苦。

我忍受了太多太多的痛苦和悲伤。

我已经厌倦了这种长期监控我的生活，小鸟也有自由飞向蓝天的权利。

因输血让我感染了艾滋病，让我失去了大女儿，又让我的次女也感染了这种慢性自杀的病毒。

我的离开跟任何人都无关，谢谢我的朋友长期对我的帮助和对我的关爱。

我只有选在家里自杀，出去自杀是不可能了，警察也不会同意我出门。

我没有任何财产，这几年我做艾滋病工作，都是我邮政单位发给我的工资做的。我这几年做艾滋病工作，特别是妇女输血感染艾滋病人群和母婴感染艾滋病人群这块工作，我做的不好，一直倡导国家赔偿一直到现在国家都没有给一个合理的答复，儿童的药物问题没有彻底解决，在 2008 年 8 月份中国 cdc 中心下了一个非常荒唐的文件，凡是开始服用儿童药物的每人从 2008 年 8 月份起生活上每月补一百元人民币，服用成人药物减半两的儿童和没有服用药物的儿童没有生活补助费，在一个国家对待艾滋病儿童的待遇都不一样，让我们这些家长无法理解国家的政策，这些孩子忍受了太多的痛苦，也要忍受不同的待遇。

这些孩子国家应该每月营养费补助六百元生活费，护理费三百元，国家应该更多的去关爱这些有病毒的孩子们，可是谁能听到孩子因艾滋病带来的痛苦声音呢？

我的离开也给国家减轻了负担，给社会减轻了负担，该走了，我已经忍受了太多太多的痛苦，2008 年 9 月 21 日我已经把我的旧衣服送到了寺院里，将来这些旧衣服都要焚烧，我的尸体在寺院用木材来焚烧，因我已经在寺院皈依三宝弟子了，我的骨灰撒在大河里，我的死没有任何怨言，谢谢我的朋友和我的老师。

李喜阁

2008 年 9 月 21 日

注：李喜阁，"著名输血感染艾滋病患者"。1995 年 6 月 22 日在河南省宁陵县妇幼保健院生大女儿孙迎晨时做剖腹产手术时输血感染艾滋病。孙迎晨因感染艾滋病九岁不幸死亡。小女儿琳琳也为艾滋病患者。本人多年为艾滋病患者争取权利，多次被拘，长期被监控。

活 着

——艾滋病毒感染者田喜的二十三年人生

马金瑜

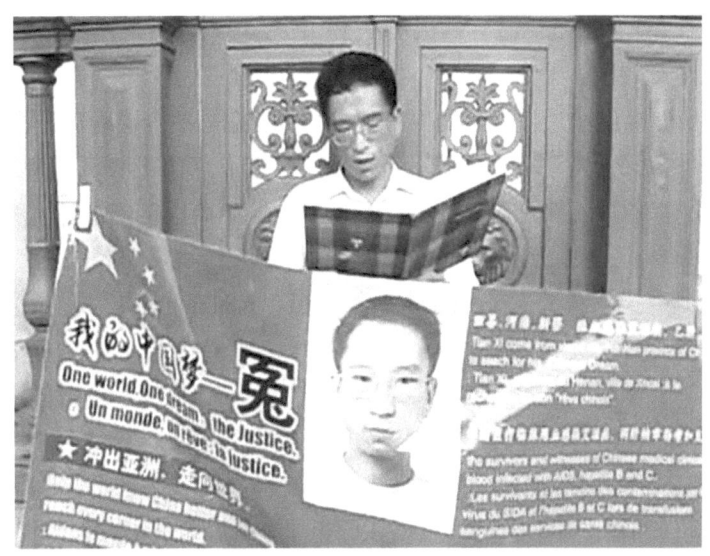

田喜说，我吃过的苦比一个六十岁的人还多

田喜，他的名字，谐音是"添喜"，这个名字，几乎成为他生命中辛酸的反讽。这个受过十八年教育、有六年访龄的二十三岁年轻人，哭着做出了最后的陈述："希望中国因临床用血污染事件中生命受到损害的尊严得到维护，希望事件发生的源头能够得到更多的关注……我是无罪的，我选择上诉。"

2010 年 9 月 21 日，田喜故意毁坏财物案开庭审理，这是一张让新蔡县领导和卫生部信访办都不陌生的脸——脸上有一些红褐的斑点，脸颊消瘦，尽管刚刚大学毕业，但他看起来更像是一个中年人。

曾经的屈辱和酸涩，似乎都写在了过早衰老的面容上，一如他曾对父母说过的："一个六十岁的老人也没有我受的委屈多……你们不知道，我是怎么熬过来的。"

"一家就他输过血"

"你家孩子就是用脑子用太狠了！"邻居们老开田喜的玩笑——这个已经上了高中的男孩子，三天两头还是感冒发烧，淋巴结肿大，成天病着，没有好过五天，贴膏药，输液……母亲陈明贵说过："我说田喜呀，咋那么多事，成天的病！"田喜开玩笑说："妈唉，你就要钱不要人。"

虽然老喊脑袋发胀，眼不得劲，田喜还是舍不得请假，夜里去输液，"他在班上考了第三名都哭哭啼啼的，最低都得第二名。"孩子病得最厉害的时候就是高中最后一年，脑子胀，眼模糊，早晚拉肚子，老发低烧，母亲只要摸到他手心里热，不要三天就得去找医生，母亲记得有个检验科的医生还说："咦，这孩子的血相咋恁高吧？血相2000多，是不是败血症？"

母亲琢磨："他太瘦了，我给他买个皮球，叫他去练习练习。"

最后，田喜的病竟是在无意之中水落石出的。2004年7月，县上卫生防疫站和血站普查艾滋病，母亲说田喜咱去检查检查，反正是不要钱，有病了咱就早治，没病了咱就早防。母亲带田喜去检查的时候，孩子父亲田德民说"咱家咋会有那病！"

1994至1996年，田德民都在古吕镇新华街道居委会工作，帮助统计卖血的人数，凡是这三年有过卖血史的，都要通知他们去县卫生防疫站检测血液。田德民那时未曾想过，这跟自己家有什么关系。母子俩一起去检查的，结果是母亲没有孩子有——"我们一家就他输过血！"父母这才认定——田喜是因为输血感染艾滋病毒。

输血，那还是1996年，田喜在古吕镇一小上学，刚入三年级。打闹的同学推了他一把，头上磕了一个包。

母亲记得，"孩子哭着回来了，我摸着他头上的大包，看也没有淌血，想着孩子睡一会就好了。"

新蔡县第一人民医院医生一检查，说是轻微脑震荡。需要输血。母亲回忆，"当时就把我吓晕了，我说咋能给孩子磕恁狠呢？"当时刚从河南省医学院毕业两年的朱焕春医生（现驻马店中心医院神经外科医生）说，给孩子输血，孩子恢复得快些，要不耽误他的学习。

田喜当时住院花了一千多元，因为学校买了保险，保险公司当时保留了全部的治疗收费单据，为田喜赔偿了六百多元。这些收据显示，从 1996 年 3 月 5 日到 3 月 12 日，作为治疗的一部分，九岁的田喜接受输血四袋，共 800 毫升，费用总额为两百七十二元。

艾滋病检查结果出来，是 2004 年 7 月，田喜刚刚结束高考。孩子的声音撞着父母亲的耳朵，从前他说，"我下决心，要在全年级拿第一名"，有一次真的考了全年级第一名，满分 900 分考了 860 多分，他回来说："我终于实现我的梦想啦！"……

"我尊敬的张英才老师，我即将和你永别了……"田喜开始给亲戚给邻居给老师给同学写遗书。虽然他的分数是 528 分，却连学校都没有报。

"孩子当时不吃不喝，经常哭，夜里不睡觉，写资料，写遗书，写了撕，撕了写，反复地。"他写了遗书，夜里偷偷地不睡觉，母亲到外头看看，说："田喜，你咋还不睡觉？"孩子哭，说"我眼泪都哭干了。"

母亲还问他，你是不是心中有人？他说，有。

2004 年 9 月，田喜得到了一张编号为 896 号的"新蔡县艾滋病人员证明"。病一检查出来就要吃药，药是县卫生防疫站开的，两个月后，新蔡县第一人民医院进一步检查，田喜合并有乙肝和丙肝。

同年 11 月 1 日，十七岁的田喜跟随本地艾滋病患者一起上访，为了寻求合理的赔偿和救助，他第一次在卫生部信访办登记。

这时候他才慢慢知道，新蔡县是驻马店市继上蔡县之后的另一个艾滋病高发县，2004 年 4 月，卫生部公布了首批艾滋病综合防治示范区，包括上蔡县、新蔡县等（新华社 2004 年 4 月 6 日报道）。上世纪 90 年代初，河南境内出现兴办血浆产业经济，1995 年国家整顿血浆市场，其后不久河南血浆艾滋问题曝光，已祸延之后的一两年,而医疗临床用血或许更为久远(详见高耀洁《中国艾滋病调查》)。

"只有上学一条路"

挣扎着,田喜又想着上学了。 他说:"妈,现在我也没有钱瞧病,我坐着等死,也是要死。我长大了干活没有劲,我只有上学一条出路,我不上学就没有出路了。"

2005年,复读了三个多月后,田喜以508分被北京城市学院录取。当时父亲田德民要去送他,孩子不让送,"那还要掏路费,省下钱给我,我还能上学用。"去北京之前,田喜存了几十张奖状,刚刚得知病情时,他就让母亲把奖状都裱了起来,带在了身边。他对母亲说:"妈,我要是以后有了意外,这些奖状你还可以留下来做个纪念。"

田喜上大学之后的事,都是他后来一点点告诉家里的。去了北京的学校,他不能参加军训,老师问他为什么,他说了实话,输血感染了艾滋病,体质弱,受不了。老师也劝过他,上学吃力,身体恐怕支持不了,田喜坚持要上学。老师说那你就不能住集体宿舍,你长期吃药,肯定要引起同学们的怀疑,要是知道了,对你的压力更大。老师帮他联系了现在住的房子,那是一个九平方米的地下室,距离学校十几分钟路程的昏暗地下室。母亲后来到北京看病,他连住处都不让去瞧瞧,"他给我说那屋里只能住一个人,我知道他就是怕我们看见难过。"

田喜每年的学费是一万四千元,新蔡县政府共从县财政提款三万九千元,支付了学费的百分之八十,田德民每次去领钱,都写下"艾滋病人生活补助"收条。田喜生活费和看病都是自己掏钱,后来母亲才知道,儿子在学校扫地,一个月有五十元钱。

"他在北京,可能有一天,我们再也见不到他了。"不知道何时开始,父母在心里悄悄做好了这个准备。上大学之后,田喜买了一部手机——他对父母亲说过:"我的手机只要还响着,就证明我还活着。我的手机要是断了,那恐怕就找不到了。"

那就是一个很普通的诺基亚手机,不带**,用了好几年,已经都破破烂烂的,看不出啥颜色了。除了2010年3月打不通,这部手机从没有断过，二十四小时开着，母亲任何时候打都是通的。

在电话里，田喜哭过，有时候身体不舒服，心里确确实实难受狠了，他就说："不要说了……"伤心地挂掉，不再跟父母说。

他曾说过，"爸，妈，你们不知道在北京的六年，我是怎么熬过来的……我今年二十三岁，一个六十岁的人也没有我受的委屈多……"

因为在北京上学，田喜目前户籍身份证件均注明为北京市。2009年毕业以后，父母每个月给他寄两千元钱。田喜不是没有找过工作，他在自己的博客上写下一份求职信，除注明艾滋病毒感染者的身份之外，还写道，"需求如下：月薪一千元以上……"他在北京的地下室房租为七百元。

朋友曾问起工作的事，田喜说："……没人敢要。"

今年春节，他好不容易回了家，姐姐也从外地回来，母亲就说，咱照个全家福吧。田喜把母亲给他买的西装翻出来穿上，那是上大学之前买的，花了七十元钱。照片上只有他紧抿着嘴角，旁边写着"SWEET EVERYDAY（甜蜜每一天）"。

（此处有删节）

最后安排

时隔十四年，河南省驻马店市中心医院神经外科大夫朱焕春已经不记得当年九岁的病人田喜。那时，他刚刚从河南省医学院毕业两年。提到输血感染艾滋病，朱焕春沉默良久，才说："今天，追问我个人已经没有什么意义了……"

从提起诉讼被拒到站在被告席上，田喜也走过了六年。2004年11月，他曾经前往新蔡县人民法院提起民事诉讼，被以"政府解决，不立案"为由拒绝。2005年、2008年，他又向驻马店市中级人民法院和河南省高级人民法院递交立案申请，同样遭到拒绝。

在地方政府、部委与法院之间徘徊了六年之后，二十三岁的田喜甚至已经把自己余下的人生作了安排："若是中途出现意外，愿意将遗体无偿捐给地坛医院医学实验所用。"

这是让母亲感到最难过的。在看守所里的田喜，并不知道母亲是怎样想念他的。

在年历画上，母亲留下了两张妈妈拥抱新生儿的油画。婴儿皎洁如月光的身体，妈妈安宁而忧伤的眼睛……田喜不在身边的日子，他的母亲无数次凝望墙上这两对母子，一次又一次想起自己怀抱着健康的初生儿子，他张望这个世界时明亮的双眼；他童年时笑起来的灿烂；他高考后一次又一次伏在小桌子上掉着眼泪写遗书的模样；他去北京上学时平静的面容；他永远不关的手机在深夜里响几声就传出的声音"妈——"

在田喜被拘留的日子，母亲没有忘记为门前的几盆太阳花浇水。那是容易养活的一种花，母亲说，只要一点阳光，它就能活，在到处是煤渣、尘土、柴草棒破败的巷道里，它几乎是唯一让人眼前一亮的生命。在深秋十月阴郁的天气里，它萎缩着花瓣，依然等待着盛开的阳光。

2010 年 10 月 28 日

在法庭最后的陈述

田 喜

尊敬的审判长、陪审员、公诉人、各位到场以及未到场参加案件庭审认识与不认识的朋友、我的家人、亲属、以及关注该事件、关心中国爱知病人生存权益的社会各界、政府领导、国际社会和爱知病人权益团体、北京地坛医院一直在关心我健康状况的医生护士朋友、还有她：

我这次从北京回来，原本是在北京数次非正常上访之后，与地方政府领导再次做出沟通，得到协调解决问题的允诺，打算回来处理个人问题。之后很快返京完成久拖六年的丙肝疾病治疗，不想一些意外事情的发生，个人一连串的冲动行为之后，到了今天个人面临牢狱之灾的境地。

作为一个二十三岁、受过中国十八年教育、有六年访龄的年轻艾滋病人。请相信，我保留着个人的良知与对社会负有的一片责任，并不仇恨我们的社会和政府，只是对于个别领导的一些不恰当的行为存有个人的不满和抵触情绪。

作为一个受过中国教育的年轻人，一直还有着报效祖国、为国家和社会做出个人一点力所能及贡献的愿望；作为一个不幸罹患疾病的艾滋病人，有着不应当危害社会和伤害他人生命健康的社会良知，并还在持守着；作为一个六年的访民，仍然渴望社会正义。

"告啥子告啊，带着到北京，找两个小妮，嫖两次就不冤了……"

对不起，这两个钱，我想还是有的，至少借得出、

"冤，又不光冤你一个……"

对不起，我不能承受这份冤屈之重，至少个人是不愿意的。

"三万，给你再加几千？五万？……"

对不起，我不是喊冤的，是寻求社会正义的，不是求得施舍。

"人生在世，吃喝玩乐……"

对不起，有生之年，我还想做些事情，为自己或为他人。

一个人的生命只有短短几十年的光阴，便要归于尘土，重回自然，每个人都应珍惜这来之不易的生存机会并敬重他。在我们共有的生命历程中，对于个人最重要的莫过于对生命给予者的报答、健康、理想，还有生命中的她。

"你认命吧……"

我不是一个高尚的人，只是一个更愿意真实一些的人。当一次意外的发生，使个人变得一无所有，我不能选择认命，我会愿意去捍卫它，用尚存的个人自由、残存的健康作为社会个体实现正义的交换。每当一个个体正义的实现便是点亮中国社会公平与正义希望的一缕烛光。我愿意为之做出努力，付出代价，尽管有些沉重。

我希望个人的事情能够尽快得到解决，也希望中国因临床用血污染事件中生命受到损害的尊严得到维护。

作为一个艾滋病人，若是心存仇恨，危害社会，并不需要这样沉重的代价付出。我们渴望社会正义，渴望社会的关怀，渴望幸福生活。

"要让生命的尊严受到尊重"，"给人民群众以希望"，"公平与正义比太阳还要有光辉"，温总理的话，我们依然记得。

在这次损毁他人财物的事件中，我知道自己是必须要为此付出代价的，但为了那些和我一样苦难的乡亲，我愿意承担。同时，也希望事件发生的源头能够得到更多的关注，我希望个人的问题能够得到解决。

我不想做一辈子的访民，因为太苦，把剩余的生命损耗在上访的道路上。我渴望幸福生活的机会，也愿意为争取这个机会付出个人的代价，渴望社会更多的关注。

人民检察院作为国家正义的象征，我相信是不会施加艾滋病人以非正义的暴力。

　　曾经有家乡领导批评我，不知道维护家乡形象，不爱家乡人民。我认识到了这一点，今天，我必须做出一个决定，坚持上诉。

　　我不能让家乡的司法正义形象受到损害，不能留给社会家乡的司法有迫害艾滋病人、选择性执法的闲话。

　　"我们深表同情，但法律无情……"是的，我相信，每个人都是做父母的，有自己的子女。我们渴望看到中国司法文明的进步、人文关怀在这一次事件中能够得到体现，也相信新蔡县人民法院这次会给我一个公平公正的判决。

　　我愿意为个人的冲动行为付出代价，但我是无罪的，我选择上诉。

　　我会在狱中好好保重身体的，等候无罪的判决，感谢大家的关心。

田　喜

2010 年 9 月 18 日夜

于上蔡县看守所

　　注：田喜（1987 年 1 月 3 日—2018 年 12 月 5 日），9 岁时因在新蔡县第一人民医院输血而感染了艾滋病。中国艾滋病维权人士。2011 年 2 月 11 日被河南省新蔡县法院以"故意破坏财物罪"判处一年徒刑。于 2018 年 12 月 5 日在河南新蔡家中病逝，终年 31 岁。

一名患有艾滋病农民工的自述

老 沈

自从八年前染上艾滋病，我的生活经历了自己无法想象的变化。当年只身来到广州，我只是一名泥水工，虽然一无所有，但是"壮得可以上山打老虎"。而如今，我虽然已经奋斗成了一名小包工头，手下带着四五个同样患病的老乡，收入高了不少，却被艾滋病折磨成药罐子。

我们的村子每年都有患病的村民死去……我算是很幸运的，居然能看到儿子上大学。1987 年，为了供两个弟弟上学，我离开妻子和两个年幼的儿子加入南下打工的队伍，在广州一个建筑工地干活。1999 年夏天，我忽然感冒咳嗽，吃了一个多月的药都不见好，接着没日没夜地发烧，整个人就像踩在棉花上。短短几个月，原本精壮的我瘦了十多公斤。后来又查出肺结核，我跑遍广州的大小医院，光看病开药就花了一二万元。本想打工挣点钱，不料都填到看病的窟窿里去了。欠了一屁股债后，只好返乡继续治疗。

从 2000 年开始，村子里很多人查出得了艾滋病。我们村共有四百多人，竟然查出七八十个艾滋病感染者和患者。这都是命啊！我老婆就卖了那么一次血，只赚了五十元，夫妻俩竟患上了这个病！有些人卖了十几次血都没有出事。2003 年，在家养病的我被查出 HIV 呈阳性，之后，妻子也被查出 HIV 呈阳性。

上世纪 90 年代初，卖血换钱在我的家乡渐渐盛行，为了几十元，许多村民跟着血头卖血。那时候我们的家乡大概有八成人以卖血为生，没办法，实在太穷了。当时在这个偏僻山庄做工，一天工资只有一块八元，而卖一次血至少可以挣五十元，很多人觉得卖血挣钱容易。

　　我那会儿在广州一天也能赚八元，要供最小的弟弟上大学，还得养活父母老婆和两个孩子。老婆不忍心我这么辛苦，也想卖血赚点钱补贴家用。当时我还阻止过，担心卖血会影响老婆的身体。但隔那么远，哪里管得住啊。1993 年，妻子瞒着我去了血站，卖了 400 毫升血。就一次啊，谁知道竟感染上了……我不怪她。

　　幸运的是，虽然我患病已经八年，日日忍受病痛的折磨，但妻子作为感染者，至今尚未发病，仍在家乡务农。幸好两个儿子身体都很健康，大儿子前年刚大学毕业，已经在广州找到工作，小儿子也在外地打工，最近刚成了家。

　　1999 年至 2000 年是我最痛苦的日子。那段时间，我的免疫细胞 CD4 细胞迅速下降到每立方毫米 8 个（正常成人的 CD4 细胞在每立方毫米 500～1600 个之间），身体不断承受各种并发症的打击，很长一段时间脸都是紫的。几经治疗，总算捡回一条命。

　　2004 年，我的病情有所好转，决定重新回到广州打工。大儿子还在读书，小儿子打工挣钱不多，一家人还得过日子呢！于是，我带着四五个和我一样患病的老乡，找回原来的老板，承包了一个温泉山庄装修工程。

　　开始我跟老板说这几个老乡技术很过硬，想让他们一起出来干活，老板爽快地同意了。然而，世上没有不透风的墙，尽管一直小心隐瞒，我有艾滋病的事还是传开了。有一阵子，一起干活的人明显躲着我了，当我是瘟神一样。幸好老板是个好人，念及多年的交情，没有把我炒掉，只跟我说："你那几个老乡就不用出来了。"我极力隐瞒老乡的病情，并向老板求情说他们已经到广州了，老板才作罢。我们都很珍惜打工的机会。家里太穷，还要治病买补品。艾滋病人也得打工赚钱啊！

　　据我所知，来广州打工的艾滋病患者不少。我们村里的艾滋病患者只要身体恢复得好，又有些技术能力的人都出来了，大概有十多人，其中也不乏重体力工作者。国家给我们发免费药，打免费针、逢年过节还给每家每户发一袋米一罐油。家里有艾滋病患者的，每人每月能领到三十元补助。但如果要供孩子念书，要赡养老人的话，这些钱还是不够用的，我们只能自己出去赚钱。而且我们浑身是病，像我的肝胆肺都有问题，家乡医疗条件跟不上，也很少有进口药，我就想到广州的大医院看病，可这些都需要钱。你说说，没钱怎么看病呢？

这些年来，我的身体状况已经大不如前，咳嗽发低烧是"家常便饭"，而且吃药绝对不能断。家里每隔一个月或者半个月就会寄来从村大队领到的药。这些都是国家免费发放的，经过国家验证是有效的药，都是用小袋子分好的，具体是什么药我也不知道，听说叫鸡尾酒疗法。

在外地打工的人是没办法到县防疫站进行免费的抗感染注射的，在广州的药店根本买不到这些药。每到转季的时候，我的肺就会出问题，咳嗽不止。在老家的时候，我能免费注射双黄连、克林霉素等，在广州只能到医院看病开药，而且开的药都很贵，这些花费平均到每个月得一千五百元到两千，而物品在有活干的时候，每个月也就三千元左右入账。今年八月底，我得了酒精性肝硬化，在广东省人民医院开了1800多元的药后，返回老家继续治疗。

没发病时到外地打工，发病时回家治疗，艾滋病患者也要养家糊口啊！

2007 年 9 月 7 日

第六辑

年轻一代眼中的高奶奶

这里有温暖的笑容，祖母般的目光。

谁肚子饿了，您赶紧给递上面包和水；

谁衣服破了，您赶紧捏针给缝上；

谁怀不上孩子，您也给出秘方。

您播种下的爱，都会发芽□

您散发的光，照亮了他们。将会折射给这个世界。

高耀洁奶奶：上天也认可的人，所以暗中保佑她

陆春晓

陆春晓和妈妈林世钰、奶奶高耀洁三代人

　　第一次见到高耀洁奶奶是在 2016 年，我们一家三口开车去纽约看她。

　　一大早，妈妈就往车的后备箱装了很多奶奶能吃的葡萄、桔子、鸡肉、鱼肉、蔬菜和豆腐。她看起来很开心，感觉回娘家似的。2020年疫情爆发之前，她平均每个月去纽约看望奶奶两三次。

　　高奶奶的住处离哥伦比亚大学不远，是一栋很高的褐色公寓。楼下有保安日夜看着，还蛮安全的。公寓内部结构很复杂，虽然我妈来过多次了，可我们从车库上来时，还是绕了半天才找到门。

　　摁门铃时我有点紧张，面对这个陌生的奶奶，我不知道该如何相

处。护工开了门，说，奶奶听说我们要来，一大早就起来在屋里等着了。

一进门，就能看到窗台上一排植物在沐浴着阳光。每一盆都被精心照料得碧绿青翠。门口有个矮矮的鞋柜，上面的布鞋比我的码都小，后来才知道奶奶小时候缠过小脚，受过很多苦。

公寓的面积之小惊到我了。一个不大的客厅，两人并排站显得很挤的厨房，小小的卫生间。

奶奶的房间也不大，放一铺床，一张桌子和一个电脑，似乎就把房间塞满了。虽然面积小，但是考虑到奶奶长时间卧床，走动不方便，小公寓对她来说反而很方便。

让我印象很深刻的是，一幅奶奶的肖像画摆在书架上很显眼的地方，上面写着"苍茫夜空里闪耀的星星"。妈妈说，那是一个不知名的画家画的，完成后寄给奶奶。

奶奶的房间有好多书，很多都是她自己写的，听妈妈说，她一生写过三十多本书，到美国后写了十本，基本一年一本。年纪那么大还能做这么多事，简直难以想象！

那时，奶奶已经快九十岁了，移动时需要扶着轮椅的把手，看起来非常吃力。她脸上有很多皱纹，好像被水冲过的土地，笑起来非常慈祥。她坐下来和我说话的时候，把脚搭在轮椅上。我这才发现，她的脚面肿得厉害，像一个刚出锅的馒头。奶奶告诉我们，她的大腿里有血栓，不能久坐，一久坐就脚面浮肿。奶奶把鞋脱下，让我看短短的小脚和变形的脚趾。

那是我第一次看到小脚，觉得好可怕，似乎自己的脚也跟着疼起来。不敢想象，她小时候遭了多大的罪！

走的时候，奶奶说有几盆植物想让我们搬回家。我纳闷为什么奶奶要让我们搬走植物。妈妈说，因为奶奶觉得自己活不长了，所以要把这些东西都处理掉。她很爱种花，觉得把花送给我妈比较放心。可惜妈妈不是很擅长养花，所以那些花，有的坚强活下来了，有的枯萎了。

每次见到奶奶，她几乎都是躺在床上。等我妈来了，她就移到电脑桌前，打开电脑，让我妈帮她打字、回复邮件、看英文信件，或者看她以前拍的艾滋病人的照片。她一边看，一边回忆往事。说着说着，她有时开始动情地哭，妈妈就抚着她的肩膀安慰她。

奶奶站起来的时候，我看到了她用碎布缝补的衣服。一开始以为她可能是缺钱，后来才知道她是节省。觉得自己年纪大了，没必要用那么多好东西，要把钱攒起来给自己和朋友出与艾滋病有关的书。听妈妈说，到美国这些年，她自己前后出了十本，还帮同道的朋友出了几本书。

奶奶虽然是别人眼中的英雄，但在我看来，她只是一个慈祥的奶奶。每次护工把我们领进奶奶的房间，她就会从床上慢慢坐起来，握住我的手。有时还会说，我想你想得肝肠断。我听不懂，都是我妈帮我翻译的。她的手热热的，有种老人特有的温暖。

有一次，奶奶笑眯眯地问我："妞妞，长大后想做什么？"我不确定地回答："也许艺术吧。"她看上去很失望，又问："为什么不当医生呢，从医可以帮助更多人。"说实在的，我到现在也没有想过长大后当医生，这点估计会让奶奶失望。

奶奶说着一口浓重的河南话，而且因为牙掉光了，含混其词。每次都要我妈翻译，沟通起来很困难。所以，每次去奶奶那里，我一般都是先跟奶奶打个招呼，聊几句后，就去客厅里看书或做作业。好玩的是，每次坐在餐桌旁，一抬头就看到奶奶泡在水里的假牙。

护工阿姨很好，我们有时会聊天，更多的时候就是安静地各忙各的。奶奶和我妈妈在房间里交谈，护工在厨房里准备食物，时不时问我要不要吃点什么。一个小小的公寓，好像被切成三个不同的空间，各干各的，很有意思。

有时，我们会在奶奶家蹭午饭。护工给我们做饺子或者其它面食。奶奶牙口不好，只能吃松软的食物，所以家里备的都是面食。奶奶的饮食很简单，几个饺子或者一个馒头，配点鸡肉和蔬菜。她还保留国内老人的特点，总是让我多吃点，不够再煮。她对人那么热心有爱，让我想起我的外婆。

奶奶一个人住在纽约，经常有朋友去看她，给她送点小礼物。她自己用不上或者舍不得用，总会在我妈妈去采访的时候，让她给我捎点礼物回来。比如一套崭新的睡衣，一包大虾（她不能吃虾肉），一条丝巾，一瓶护肤品，还有到现在还摆在我桌面的水竹。

一次，她甚至让妈妈给我捎回来一个哈密瓜。妈妈说她本来想去逛逛纽约的博物馆，结果拗不过固执的奶奶，只好拎着一个四五斤重的哈密瓜直接回家了。

奶奶总是给别人满满的爱，对自己却是能省就省，让我非常感动。说来惭愧，奶奶老是送我礼物，而我去看她的次数却两只手都数不到。因为我在上学，只能周末的时间去看奶奶。

从 2016 年开始，整整三年时间，我妈每周二都会去纽约采访高奶奶。每周二下午，我一放学，就习惯性地用钥匙打开家门，因为我知道妈妈肯定去纽约了。

2019 年，妈妈出版了《烟雨任平生：高耀洁晚年口述》一书，我参加了三次她的新书分享会。妈妈分享了很多关于高奶奶的故事，听众非常感动。我记得，妈妈在纽约法拉盛图书馆放映她和佳忆姐姐一起拍摄的纪录片《穹苍那颗星》时，很多观众都流下了眼泪。

我从妈妈的讲述中，知道了高奶奶的很多故事。她是一个医生，退休后本来可以过着悠闲的生活，但她却选择了防治艾滋病这条艰难的路。她揭开了中国艾滋病的真相，所以当地政府不喜欢她，对她实行了软禁等措施，她不得已离开了中国。

了解了高奶奶的伟大事迹，我这才意识到英雄竟然就在我身边。我真的很佩服她坚持不懈的精神，虽然她已经步入晚年，却从不放弃写书传递自己的故事。八十二岁一个人远去他乡，在海外孤苦伶仃地活着，是需要很大的勇气。庆幸的是，她对世界的爱也回馈到自己的身上。有许多人来看她，爱她，帮她。比如她不会打字，只能买个写字板手写或者写在笔记本上，很多义工就上门帮她打字出书。

奶奶的生命力真的很旺盛，文革的折磨、病痛的摧残、远离祖国的悲伤都没能打倒她。或许她是上天也认可的人吧，所以上天一直在暗中保佑着她。看到她遗嘱立了一封又一封，而且每次见面都说"我想快点死掉""我活不到明年了"，可是直到现在也未能"实现愿望"。

奶奶出生于1927年，一生经历了太多苦难，这些都是身为零零后的我无法体会的。直到九十多岁了，她依然为这个世界和他人操碎了心，时刻都在担忧，很少有快乐的时候。她认为很多事情都没办法了，但是我想告诉她：奶奶，乐观点，办法总比困难多，否则人类社会到现在怎么还没有消亡呢？

由于疫情的缘故，我已经有一年多没有见到奶奶了，我很想念她。我想对她说，亲爱的奶奶，除了那些苦难，世界上还有很多美好的事情。对于这个世界，你已经尽力了，与其纠结于那无力改变的事情，还不如把一些事情看淡一些，让自己的晚年过得快乐点。

奶奶，我真的希望你可以好好享受生活，因为你这一生太辛苦了

注：陆春晓（Lisa Lu），2005年出生于北京，2013年起在美国读书。

高耀洁去世，我在纽约最爱的那个人走了

林世钰

"高耀洁医生走了，我正在她的公寓里。"

12 月 10 日上午，我收到了哥伦比亚大学黎教授 10 点 11 分发来的邮件。顿时泪如雨下，心如刀绞。窗外的冬雨在我眼中变成朦胧一片。

我一看手机，黎教授上午给我打过电话，可惜我在外头，没听到。我赶紧拨通了他的电话。他告诉我，他正在高奶奶的公寓处理后事，和警察在交流，让我先和护工聊一下。

护工哽咽着告诉我，今天早上她 9 点左右来上班，

2023 年 11 月 7 日，林世钰最后一次看望高奶奶时的合影

进屋后发现高耀洁嘴唇发紫，眼圈发黑。"她说呼吸困难，我就给她做了雾化。然后去厨房收拾东西，一会儿进屋，发现她已经从马桶滑落到地上了。"护工打了 911 报警，等了二十分钟警察没来，又打了一次电话，9：30 左右警察才来。后来她赶紧通知了高耀洁在美国的监护人黎教授。黎教授第一时间赶过去了。

我问黎教授是否可以现在过去，他说公寓马上就要封闭，需要许

可才能进去，我过去也没用。

于是枯坐在窗前，失声痛哭——奶奶，我和从旧金山过来的朋友一枚正准备明天去看你呢，你怎么不多等一天？我帮你编辑的"最后一部书稿"已经完成，等你看完就可以出版了，你怎么不多等一些时日？再过九天就是你九十六周岁生日了，我还准备给你举办一个庆祝活动呢，你怎么走得这么匆忙？

还有一个莫大的遗憾是，前两天柴静刚联系上我，说她的很多读者都关心高奶奶的近况，委托我带着她的问题过去问她。我答应了。可是，柴静的问题还没写完呢，高奶奶就走了。我第一时间告诉柴静，她说："我正在给她写问题呢。我的心在急跳，不敢相信这是真的！"

千山独行，无人相送。亲爱的高奶奶，你故意选择与我擦肩而过，是怕我伤心吗？

下午，之前照顾过高奶奶、后来退休的护工熊姐联系了我。她说昨天刚去看过高奶奶，给她送了 2024 年的新挂历。"奶奶每年的挂历都是我送给她的，以前她很高兴，可是昨天她看上去很疲倦，没有高兴的表情。"熊姐问她怎么啦，她说自己呼吸困难。熊姐检查了她的吸氧机，没有问题。

熊姐说，她每次去都会拍几张高奶奶的照片，录点视频。我让她传给我。从照片上看，高奶奶似乎和平时没有什么两样。她穿着最喜欢的格子衬衣（上面一定打着补丁）和褐色花马甲（口袋里一定装着几张微薄的美元和银行卡），坐在床沿上，正用毛巾擦手。面前的蓝色脸盆，像一轮蓝月亮映照着她。身后的日历，定格在——2023 年12 月 9 日。

我知道她床的那头叠放着纸尿裤；我知道她窗台上的绿萝长出新叶了；我知道她的吸氧机没日没夜地转动着；我知道门口的柜子上摆放着很多药瓶；我知道她的衣柜里挂着许多打补丁的衣服……我熟悉她房间的每个角落，如同熟悉自己的腮腺。

可是啊可是，如今，这一切都成了记忆。下午《星岛日报》记者采访我，问我听到这个消息时的感受。我说，心如刀绞，感觉失去了一个至亲。

从 2023 年 12 月 10 日开始，纽约在我眼中繁华落尽，一派荒芜，成了一座空城，一座伤城。因为，我在这个城市最爱的那个人去了。在过去的 8 年中，说不清多少次，我奔走在从新泽西到高奶奶公寓的路上，满心欢喜，女儿说我像回娘家。公寓前的那株广玉兰，枯了又荣，荣了又枯。

2015 年，是我到美国的第三年，当时听说高奶奶住在哥大附近，就辗转找到了她的邮箱，告诉她我想去看她。她痛快地说："来吧，欢迎你！"

那时她的身体还不错，可以在客厅和卧室来回走动，笑声朗朗。一开始，我也没有想过要写一本关于她的书，只想把她当成一个尊敬的长辈来照顾。后来我了解到，很多国人都想知道她赴美后的生活现状，于是萌发了为她写一本晚年口述的想法。忐忑地向高奶奶提出，她居然同意了。

之后两年多的时间，我们相约星期二，前后采访了她不下五十次。2019 年初，《烟雨任平生：高耀洁晚年口述》在美国出版，当年被"亚洲周刊"评为"2019 年度十大好书（非虚构）"。我告诉了高奶奶，她非常高兴，前后让我帮她购买了两百多本，寄到美国各大图书馆，或者免费赠阅前来看望她的朋友。她有个习惯，书出版后从来不要稿费，要出版社折成书给她，四处赠阅。"我要把真实的历史留下来。"

2019 年 3 月 11 日，美国前国务卿希拉里去寓所看望高奶奶。高奶奶高兴地把这本书拿给她看。希拉里翻到自己和高奶奶合影的那一页时，咯咯大笑。后来希拉里把这张照片发在自己的社交媒体上。有人去看望高奶奶时，就说，我想要希拉里手里那本书。高奶奶和我描述这些事情时，褶子笑得像荡漾的涟漪。

她还有一个习惯，只要国内来朋友，就让他们帮忙把自己的书和同道友人的书捎回国。我刚认识她不久，她就让我把复旦大学教授高燕宁写的关于艾滋村的书捎回国内，送到她指定的几个高校图书馆。（编者注：为高耀洁白医生资助出版的《艾滋村——中国单采浆危机三维举证》 明报出版社 2016 年) 那年暑假回国，我遵嘱照办，还带回了图书馆的证书，她非常高兴。后来才知道，她之所以同意我写她的原因之一是，"你书送得好，为人忠诚"。

过去几年，我帮她编辑出版了两本书：《高耀洁行医往事》和《诗词札记 200 首》。她对前者非常满意，说自己是个好医生，救了很多人的命，但是大家只关注她防艾的那部分，所以她要把自己行医的那部分写出来，因为那也是真实的历史。

从去年开始，她在整理一些书稿以及媒体对她的报道，想出人生"最后一本书"。在很多义工的帮助下，今年年初，书稿初步整理出来了。高奶奶发给我，让我帮她编辑出版。说实在的，书稿乱如麻，让我头大，加上今年女儿在申请大学，我拖延了一些时日，直至 12 月 6 日才编完。当天我赶紧传给她，可是过了四天都不见回信，心里感觉不妙。正准备和朋友 12 月 11 日去看她呢，没想到她不等我了，只身"乘桴浮于海"，和十四年前一样。

只是这一次，她去的是永恒静美的彼岸，而不是污浊的人间。

写到这里，突然想起高奶奶书稿序言里的一段话，心碎不已：我一生漂泊，如今已经九十六岁，风烛残年，很多事情已无法再亲力亲为。只能将我的一些所见所感和一些同仁的文章留存下来，供后人参考。期望他们能有所警醒，不要再让这些悲剧在中国土地上重演。自2009 年 8 月抵美后，如今已经十四年。耄耋之年寄居异国，个中滋味难以描述，于右任先生的诗《望大陆》可以表达我这些年的心境：

> 葬我于高山之上兮，望我故乡。故乡不可见兮，永不能忘。
> 葬我于高山之上兮，望我大陆；大陆不可见兮，只有痛哭。
> 天苍苍，野茫茫，山之上，国有殇！

亲爱的奶奶，纽约今天大雨如注。听说郑州今天也下雪了。那里的朋友说，这场雪是为你送行。因为你一生高洁，光耀人间。你回不去的故乡，此刻一定白雪皑皑，草木垂泪；你生前帮助过的人，内心一定雪花簌簌，口里传颂你的善行。你从未离去，天空那颗以你的名字命名的 38980 号小行星，闪耀着永恒的光芒！

我记得，你曾在《高洁的灵魂》一书里对"故国的孩子们"说了一段话："但愿你们不会重蹈苦难的老路，因为世界正在前进呀。但愿你们能看见我们还没有看见过的曙光，因为太阳总要升起呀。但愿你们能走上光明的坦途，因为中华民族已经付足了代价，该到收获的季节啦。但愿你们终生留住美好的梦想，因为没有梦的星星就会变成地上的一块黑石头了。孩子们，请记住一个老人的祝福吧。即使我走了，那颗名叫'高耀洁'的小星星也会在夜空中看着你们啊。"

虽然你青年时期受洗，此后由于种种原因，没能继续信仰之路。但是，以你为世人所做的一切，你可完全以无愧地说，"那美好的仗我已经打过了，当跑的路我已经跑尽了，所信的道我已经守住了。从此以后，公义的冠冕为我存留……"

记得每次进到你的房间，你总是拉着我的手，说：我想你想得肝肠断！可是这次，我想说：奶奶，我也想你想得肝肠断！

2023 年 12 月 10 日夜，美国新泽西州

注：林世钰：媒体人，作家。著作《烟雨任平生：高耀洁晚年口述》被香港"亚洲周刊"评为"2019 年度十大中文好书（非虚构类）"

纽约中央公园的三个长椅

一 枚

林世钰、一枚发起捐助的长椅坐落纽约中央公园（林世钰摄）

一、2024 年 8 月 5 日，星期一。

一早就看到林世钰姊妹发来的信息。她说："Done！Finally！（成了！终于！）等了整整七个月，发了无数封邮件……"

随着信息的，是一张截图，纽约中央公园管理长椅的工作人员发给她的电子邮件，告知她，她所选定的长椅，上面的铭牌已经安装完毕，并附上刻着铭牌的长椅的照片。顿时，我的心跟着她剧烈地跳动起来。太好了！整整七个月过去了，终于，高奶奶的长椅，在纽约中央公园，立起来了！

还记得那是 2023 年 12 月 10 日的夜。外面下着暴雨，我和她，面对面坐在她在新泽西的家的餐桌旁，各自对着自己的电脑，工作。她赶写纪念高奶奶的文字，我先编辑视频，后来编辑她的文章。一直到 12 月 11 日凌晨一点多，世钰的名为《高耀洁去世，我在纽约最爱的那个人走了》的文章，以及她的《烟雨任平生》的自序，终于编辑完毕，并显示"发送成功"，我们俩大大舒了一口气。

夜已深，窗外的雨越下越大。沉浸在高奶奶突然去世的震惊和悲伤里的我们，毫无睡意。世钰的先生醒了，发现我俩还没睡，下来给我们洗了一些水果，记得有草莓，还有葡萄，给我们端了过来。

他知道我们有多难过，尤其是，原本我们都已经计划好了，第二天一早就去纽约高奶奶的寓所看奶奶！

晚了一天。天人永隔。

忽然间，一个念头进到我心里。我脱口而出道：

"世钰，我们在中央公园给奶奶立一个长椅吧。纪念她。"

用公园里的长椅来纪念离去的亲人或朋友，在美国相当常见。来美国二十多年了，我去过的不少公园里，湖边，跑步的小径旁，都会看到这样的长椅。我经常会驻足，看上面充满思念和爱意的话。这几年，我所在的华人 BURN 马拉松跑团的跑友们及亲友们，也给我们跑团在南加州的 ThomasTan 师兄和北加州的夷延有，在公园里立了纪念长椅。想念他们的时候，我们会去长椅祭奠，有时候带着花，有时候还带着酒。

高奶奶一生高洁，更是曾留下遗言，死后不举行仪式，不留骨灰，把骨灰运回国，和老伴的骨灰一同撒入黄河，让它流入大海，永远销声匿迹，也不存留墓地。那，对于那么多念着她的人，总该有一个地方，让我们可以寄托一下对她的思念吧。给高奶奶立一个纪念长椅！我把这个主意告诉世钰，她眼睛一亮，立即叫好。

第二日一早，我俩带着照片和鲜花，还有很多朋友委托我们写的卡片，去高奶奶在纽约的寓所门口祭奠她。

11 日下午我就飞回加州了，立长椅这个任务的具体落实，就落到了世钰姊妹的身上。

12 月 21 日，世钰告诉我，她打听到了，在纽约中央公园立一个长椅，要给公园捐献一万美金（折合人民币约七万多）。

比我们预想得贵。但是这件事太有意义了，我跟她都相信，我们一定可以筹到。

我第一个想到的就是关于高奶奶的文章的赞赏。那段时间，园地一连编发了多篇纪念高奶奶的文章，大多数是世钰姊妹写的，也有我及其他一些园地作者的文章，包括艾晓明老师、高伐林老师、孙亚、安然、刘又生等等。这些文章的赞赏，后来全数用在了长椅上——所以，亲爱的园地读者，如果你曾经给园地纪念高奶奶的文章赞赏过，谢谢你，这个长椅里，也有你的一份珍贵的心意。

然而所有文章的赞赏加起来，也只有所需的百分之十。世钰跟我商量说，我们可以各自私下问一些朋友，看是否愿意加入。我对她说，如果最后还是不够，差距的部分我愿意补足，不过我觉得，更多人参与，会更加有意义。

我没有想到是，我这边还没有来得及问我的朋友们，几个小时后，世钰那边的朋友们就已经凑了超过一半了。一天后，世钰算了一下，合计九千九百八十四元。她说，够了，剩下的十六美元她来补齐。

后来几天里，有几位朋友私下听其他朋友说了我们想做的事，还特地过来找我，盼望还能加入。我只能很抱歉地告诉他们，谢谢他们的心意，给高奶奶立长椅需要的钱，已经够了，不收了。钱够了，世钰姊妹立即开始向公园申请。我们谁也没有想到，会要那么久，中间会经历那么多来来回回！

世钰姊妹辛苦了！这七个月来来回回一次一次跑中央公园以及与公园管理处打交道的艰辛，她前天夜里，都写在了她那篇《林世钰|在纽约中央公园，为高耀洁医生立一个纪念长椅》的文章里。

二、纽约中央公园，我还是 1996 年刚来美国住在新泽西的时候去过。

406

后来，2017 年春天，我去波士顿跑马拉松，正好碰上孩子们的学校春假，先生和两个孩子一起从加州赶过去给我加油，我跑完比赛后故地重游，带孩子去了纽约，在中央公园里走了一小会儿。

再后来，每年秋天的纽约马拉松，都有跑团的不少跑友去参加。给他们加油助威的时候，总看到，那四十二公里的最后一程，都是奔跑在中央公园里。公园的道路旁，偶尔会看到一掠而过的长椅。

再后来，我听说，中央公园里有了两个特别的长椅。一个是 2022 年 10 月，一位匿名者，在中央公园西侧的 96 街入口不远处的地方，为李文亮医生立了一个长椅。另一个是 2023 年 5 月，受到前者的启发，在中央公园西侧、九十六街附近，紧邻中央公园网球中心，另外一位受到无数人尊敬的刘先生的长椅，也被立起来了。

疫情后我一直没有去过纽约，直到去年 12 月的那趟旅程。原本我的计划，是 12 月 11 日早晨看望了高奶奶后，去中央公园一趟，找到那两个长椅，去献上一束花，然后再奔赴机场的。万万没有想到，高奶奶就在前一日去世。世钰带我到她的寓所门口拜祭后，她和先生直接送我去了机场，因为航班时间已经来不及先去中央公园了。

三、如今，中央公园里，又多了一把高奶奶的长椅。

周一的晚上，我在伯克利附近一个如今在加大伯克利分校当教授的老同学家，和另外两个当年的老同学相聚。其中一个老同学，是华人里五十到五十五岁年龄段全世界跑得最快的华裔业余马拉松跑者之一，闲聊中提起纽约马拉松，我告诉他们，高奶奶的长椅刚刚在纽约中央公园立好了，下次他再去跑纽约马拉松，能不能帮我给高奶奶的长椅以及另外两个长椅，都去献上一束花。

老同学说，没问题，告诉他长椅的具体位置，他每年都去跑纽约马拉松。这让我萌生了写这篇文字的念头。

是的，中央公园很大，每年想去找长椅的人一定不少。我虽然自己还没有去过那里的长椅，但是一年前，曾委托朋友去纽约的时候帮我去给长椅们献过花。朋友一开始找的时候，也都颇费了一番力气。但是后来都找到了，其中一个朋友飞，还特地帮我在地图标明了两个长椅大致的方位：

她说，一是李文亮医生的长椅的大致位置，从九十六街进公园后，记得走在右边的人行道上，在右前方一排长椅的最左边第二个，就是李医生的长椅。那一天是去年的 7 月 13 日。她告诉我说，冥冥之中有安排，走进公园后，她看到的第一张椅子就是李文亮。

在那束花上，那天，她用笔写下了这两句话：

怀念您！

感恩这个世间有您走过。

枚、飞，7-13-2023

她标注的地图上二的位置，是刘先生的长椅的大致位置。她那天找了好久啊，一开始怎么都找不到，后来还是看了我发她的另一个朋友前几天去看的时候拍的这张有远景的图，才终于找到了。

飞说，其实两个长椅离得挺近，但是分在了 WestDr 的两边，刘先生的长椅是在 WestDr 的另外一边。她一开始从李文亮的长椅的同一边往上走，找着找着越离越远，往北边走了大半个公园都没有找到，她要赶着中午十二点回酒店去开会，都准备放弃找了，走回来把送给刘先生的那束白花也送给李文亮的时候，远远看到了这张照片背景的石头和前面的树，一下子就找到了！

感谢飞，给我们留下了那张地图。后来世钰去公园给高奶奶的长椅找位置，寻找李文亮和刘先生的长椅的时候，我也把那张示意图发给了她，找起来就快捷多了。

世钰当初给高奶奶选长椅的时候，特地找的离李医生和刘先生的椅子比较近的地方。她说，这样他们仨就有伴了，月亮升起时，可以出来聊聊天。世钰在她的文章里说，高奶奶的长椅的地址是：中央公园 Safari Playground，高奶奶长椅在 Playground 里，正对操场门口，背靠着 Central Park West。

我用谷歌地图搜了一下从高奶奶椅子所在的 Safari Playground 到刘先生长椅附近的 Central Park Tennis Center 的距离，非常近，走路也就 6 分钟的距离：

如果去找这三把椅子的话，可以先用 Safari Playground 导航，找到高奶奶的长椅，然后沿着 West Dr 一路往北，走到接近 96th St 的时候，就是李医生的长椅了。然后按照前面手标注的示意图，到 West Dr 的另一边，沿着小路，在网球场的北侧，就会找到刘先生的长椅。

四、一年前，我的朋友飞在帮我给李医生和刘先生的长椅献花后，写给我说：

以前在公园走从来没有停下来读过椅子上的铭文，今天读了好多，感受到好多爱和怀念…从小婴儿到祖辈都有，各种文字和文化……提醒我们曾经鲜活的生命在这里得到了一种永恒，只因为有人怀念着。

是的，高奶奶，我们怀念您。就像怀念李医生和刘先生一样。因为，你们三人都是，大写的中国人。

亲爱的朋友，如果你自己或家人亲友以后有机会去纽约的中央公园，是否也愿意，去找到这三张椅子，向他们献上一束花？

如果你去，请代我，也献上一份，深深的敬意。

2024 年 8 月 8 日夜

注：感谢世钰、一枚。您们做的，高奶奶都看到了。

高耀洁在哪里?

黄泓翔

日常生活：吃饭、量血压、写作

　　刚刚和朋友探望了病中的高耀洁老奶奶，这位当年感动中国的"中国民间防艾第一人"。在这 2011 年世界艾滋病日即将来临之际，孤零零地住在纽约曼哈顿上西区一处不起眼的建筑中，离哥伦比亚大学不远。有各界包括美国政府的援助，有一些学生的照顾，如今高奶奶的物质生活条件不算太糟糕。但是按照她自己的话，身体是越来越不行了。文革时失去了大半个的胃，现在只能喝疙瘩汤度日，还面临着血栓等问题，曾让饱学的她引以为傲的脑子和记忆力，也不如从前了。这一切，仿佛是要逼我们去瞪大眼睛看着这个世界。英雄，已经八十多了。

高洁的灵魂

这是高奶奶送留学生们的自传的名字，也确实是她人格的写照。在昏黄的灯光下，我们回到了中原的艾滋村，回到了一幕幕人与猪一起睡的老画面，回归了活人和死人一起存在的空间和时间。

出生于富人之家，饱读诗书的她，正做着妇科大夫，却毅然踏入了"中原血祸"，揭露阳光下的黑暗，为那些因卖血输血而得艾滋病的人呐喊。走进艾滋村，跟艾滋病人同吃同住，纵是医生，有几个人做得到？数十年如一日。"你政府官员的面子再重要，也重要不过人命。"她与地方权贵斗争，容不得生命面前的谎言。纵然经过了百般折磨，千种不幸，直到前些年，她还在防艾的最前线战斗。给我们看的，是 2002 年的照片，上面蔓延着斑驳的苦难。而那苦难一直在延续，无论是当年激昂喧哗的，或者是而今静默哽咽的。

而最为珍贵的，除了坚毅的品格，大概要属她的灵魂了吧，是的，除了"高洁"，无其他可形容。

"人们给我的钱，我要省着花。"五美元一副的眼镜，守护着最清澈的瞳孔。

"我准备把家电什么都卖掉，活不了多久了，把之前搜集的材料照片都出成书，给人们留下来。"散去了千金，消去了物欲，她什么也不打算带走，一心想要留下更多。

"中国政府是有过失，比方说有的官员贪污腐化、贫富差距、社会治安问题等，但是在这里打着批判共产党旗子的，都是好人吗？现在出国来的中国人渐渐多了，鱼龙混杂，国内的小混混，甚至贪污犯，跑到国外摇身一变就成了英雄。"

高耀洁谈了很多人和事，借着做公益事业、救助受害者为名，以诸如关注艾滋病人的名义，在国外招摇撞骗。更甚者披着宗教外衣、打着救人的幌子、干着捞钱的勾当。虽然吃透了文革的苦，恨却占据不了她冷静分析的头脑和高洁的心灵。

"高祖提剑入咸阳，炎炎红日升扶桑……"她至今仍能将三国等儿时所学背出，聊起很多事情还是很有见地，说到兴起，像小孩子一样嘻嘻嘻地笑起来。

高耀洁在哪里?

高奶奶说当时广东也出现艾滋病问题时,有记者撰文:高耀洁在哪里?"我就在家里嘛。"她又嘻嘻嘻笑了。

但是,笔者却笑不出。是的,高耀洁在这里,在家中,她已经连出门都困难了。因而,苍茫的中国大地上,竟已经没有奔走的高耀洁了。

那么,下一个高耀洁在哪里?可以放弃物欲,放弃家财,放弃与家人的团聚,放弃呆在深爱的祖国的机会,只为了那世上的伤痛,而去与贪污腐败,与谎言,与不公,与世界的"不应然"战斗的人儿,在哪里?

探望过高耀洁老人的孩子,大概也很多了吧?从那本厚厚的赠书名录,可见一斑。而相信所有的来者都和我们一样,被老人的质量人格所震撼,为那段历史的浓缩所倾倒。但问题是,走出了老人的家门,除了"高耀洁奶奶真是太伟大了",我们是否还打算去具体地,做点什么?如果我们有理想,那理想是否准备也继承起老人未完成的部分?如果我们没有理想,那么,是否可以从这一天开始有理想?

以前听过一句话,"慷慨就义易,从容赴死难。"其实放到这个情境也是类似的,我们在老人家中的这一刻,被老人的故事带回从前,我们的灵魂被老人带到那些求生不得,求死不能的可怜人面前时,慷慨激愤是很简单的,问题是,之后呢?那些双亲因卖血染病而死的孩子们;那些目送儿女死去、抱着携带艾滋病毒的小娃娃对着陌生人跪倒的老人;那个拽着上吊的母亲的裤脚说"妈妈,你快下来呀!"的孩子。他们的痛,老人大概是一生记住了,并且从来没打算让自己从那种痛里走出来。正因为长久地记得受难者的痛,她才可以放弃物欲和享乐,一直地为了某些目标努力。而我们呢?我们也许在那一刹那也感觉到痛楚了,但是,可以保持多久?

第二天的饭菜还会香对吧?第二天又可以跟朋友逛街购物了对吧?这样的话,世界不会有丝毫的改变。

我们不是特别需要很容易难过的人，但是我们需要不容易从为别人的难过中走出来的人。因为只有这些时时刻刻无法忘记别人身上伤痛的人，才可以真的决心去行动，为了有朝一日带来改变。你不需要走那么远。

2011 年，对于纽约客来说，是亲历了浩浩荡荡的"占领华尔街"的一年。10 月，许多学生走出校园，去参与那场本质上是对社会不公的呐喊，哥伦比亚大学的学生也不例外。只是，当兴奋不已的学生涌向地铁站前往华尔街时，他们已经跟华尔街擦身而过了。是的，和身边西装革履的"Mr. 和 Miss. 华尔街"们。

当一群人在斥责华尔街的贪婪时，另一群人正在精心准备高盛、摩根斯坦利等华尔街巨头的面试。十月是面试季的开始，无论是商学院还是听上去更加承担社会责任的"公共事务学院"，大多数最顶尖的学生以进入华尔街、拿天价工资为追求。而留美的中国学生中，以去金融业为目标的比例尤其高。无论承认与否，随着商学经济学变成显学，随着一次次社会价值观对于物欲的妥协，对金钱的追求在中国已经甚嚣尘上，青年无法免俗。

他们奔走，于一个一个招聘会之间，那匆忙的脚步大概和高耀洁当年有几分相似。

他们努力，于一次一次面试之中，那执着的眼神大概和高耀洁当年有几分雷同。

那么，是什么变了呢？是时代变了，还是青年变了？是时代变了导致青年变了，还是青年变了导致时代变了？是青年已经不需要再去像高耀洁那样奔走了吗？

每次见到出发去游行的团队，都很想对他们说：你们不必跑那么远去和华尔街"作战"。华尔街就在我们的身边，华尔街就在我们的心里。

华尔街是什么？那是一个独立的存在吗？不是的，那是一个一个具体的人组成的。这样的权与钱的集合体还有很多，只要学生中的精英们仍以进入它为目标，它就不会倒下。

413

艾滋村是什么？那是一个独立的存在吗？不是的，那是一个一个具体的苦难组成的。这般的天灾与人祸的衍生还有很多，只要我们还置身事外，它就不会消散。

此刻，高耀洁在纽约的家中，由于心律缓慢、乏力等等病症，活动困难，已经无法出门奔走了。而我们青年人自由的脚步，哪怕是在高耀洁的家中稍作停留和涤荡，也大多在出门后马上追着利益和物质。中国的未来，我们的未来，会好吗？

2011 年 11 月 29 日

注：作者为纽约哥伦比亚大学公共管理硕士。

风烛残年流亡海外，何处是归宿？

黄泓翔

高耀洁，被称为"中国民间防艾第一人"，曾获"2003 年感动中国人物"。因在河南的大规模防艾宣传工作，遭到了某些人的不断攻击，2009 年 8 月出走美国。高耀洁说："我这个风烛残年的老人，非万不得已，不会只身出走在外，这次盲目外出，不知所从，只是为了把这些资料（艾滋病疫情的三本书）留给后人，苍苍大地，茫茫人海，何处是我的归宿。"

2003 年 12 月，吴仪会见高耀洁。吴仪说："有人告诉我，中国艾滋病传播的主要途径是吸毒传播和性传播。"高耀洁说："他们在骗你。

高耀洁：我想画一个句号

从 2011 年来纽约上学听说她在这里，并经常和同学去探望至今，已经快两年了。诚然，高奶奶有自己特殊的知名度和经历，但是现在回头看来，这两年来，我们更像一帮学生探望一位八十多岁孤独而慈祥的邻家老奶奶。比起所谓的"政治敏感度"，她的善良与纯粹，一直吸引着远游此地年轻学子们的慕名造访，也引导远游在自己人生路上的我们频频回头，借她的身姿来矫正自己灵魂无论多么轻微的卑与亢。

——写在陪伴奶奶最后的日子里，想记录高耀洁老人真实而最后的澜漪

在围城外的人看来，纽约是一座就算再深的夜色也盖不住灯火的精彩城市，它有象征自由的火炬女神，有象征财富的华尔街，也有世界上最多样化最让人叹为观止的移民群体。在纽约，没有"纽约

人"和"外地人"之分，大家不分你我，都是时髦的"纽约客"。只是，"客"终究是"客"，它在中国上下五千年文人游子的伤悲里，即是待在不属于自己之所的人。

高耀洁，便是这样的一个纽约客。

一条通往苟活的路

"苟活。"86 岁的高耀洁颤颤巍巍而又无比坚定地在纸条上书下这两个字，示意于我。她的卧室昏暗，因为窗户长年紧闭而压抑。虽然是在 8 楼，窗外视野不错，但是不知道为何，窗外的灯火和繁华却让人感觉仿佛跟这个房间是两个格格不入的空间。

那笔锋仓健有力，棱角分明，透露着高级知识分子的底气和尊严。高耀洁常常背诵诗经等经典中的内容，遇到她觉得年轻人可能不熟悉的词句，她就会写在纸上。

"我这样活着，还有什么意思啊？！"高耀洁老泪纵横。

这样的场景在笔者面前已经重复了无数遍，一个年轻者和一个年老者携手无言的伤悲蔓延了不知多少个两三天。没有任何的言语可以宽慰老人，也没有任何的言语可以开解老人面前人的无奈。这是一开始就注定了的、被选择了的道路，因而也没有人可以为此遗憾或后悔。

2009 年 8 月，感觉到气氛不对的高耀洁决定离开中国，以躲避可能出现的来自部分地方官员的迫害。踏上飞机时，她并不是不知道，在前面等着自己的是什么。但是，她更知道，生活与道义，两者不可得兼时的取舍。

"我这个风烛残年的老人，非万不得己，不会只身出走在外，这次盲目外出，不知所从，只是为了把这些资料（艾滋病疫情的三本书）留给后人。苍苍大地，茫茫人海，何处是我的归宿？"她在当时，就写下了这样的惆怅。

几经辗转，她在 2010 年 3 月成为哥伦比亚大学东亚研究所的访问学者，由黎安友教授充当监护人。从那一刻开始，她搬进了纽约曼哈顿上西区哥伦比亚高地的一处公寓楼，开始了她作客纽约的生活。

那是一套一室一厅的房子，高耀洁睡在卧室两张小床的一个上。虽然她能够生活自理，但是考虑到可能出现的意外情况，总有一个在读或毕业的学生会在客厅和她一起住着，并陪高耀洁去看病、帮她买菜做饭——直到要离开纽约时，再找下一个人替代。

而平时，有不少在纽约读书的中国留学生会经常性地去看她，这些人是高耀洁在纽约最信任最依赖的人们。按高耀洁的话说，多亏有这帮留学生经常去看她，她还能够做包括写文章、回邮件在内的许多事情。作为这个群体的其中一员，笔者有幸见证了高耀洁老人晚年的点点滴滴。

英雄的琐碎尾声

2012 年 9 月 15 日。哥伦比亚大学往北二十条街左右的巨大公寓楼八楼，这一天中午刚出了电梯，便看到老人所住公寓门口堆了床垫与一堆木板。

"小黄你来了！怎么今天就你一个人啊？我还想着你们多来几个学生可以帮我们跟大楼管理部门说一说，我一个老人，他们不怎么理会。来，我准备了三个苹果，先吃！"门开了，看见的是高耀洁老人带笑的皱纹，浓重的河南腔依然声音响亮。

"我的同学们会晚一点点到，怎么了？"

十天前，客厅里出了臭虫。

"我已经被臭虫咬了好多天了，浑身都是包，又痛又痒，现在已经四十多个小时没睡觉了。小弟弟，我真的受不了了！"桦（化名）是现在照顾老人的毕业留学生。

"里面还有张小床，你要不进去睡？我们尝试帮你联系除臭虫的人。"我问。

桦把我拉到一边，"高医生现在有客人从香港来，她让客人睡里面，所以我没有地方。小弟弟，我白天照顾奶奶很累，晚上又没办法好好睡觉，真的是很累，要不我搬出去吧，你们也帮我看看，能不能找到接替我的人。"

桦的脸上，写满了"崩溃"。而来探望的学生们在了解情况后也觉得很无奈。

"小黄，你不了解情况，小绍（化名）是真心关心艾滋病的人，很早前为艾滋病人的事情出过力，这次我是第一次跟她本人见面，你千万不能要她出去，一定要让她开心，不能让她觉得我们在嫌她啊！"老人抓住我的手，拿起笔，在我纸上的"请小绍出去外面住"字样上用力地划，用力地划，直到几个字彻底看不见。

"我没事，在这里我一直都是靠自己的啊，哪怕是当时我很喜欢的一个照顾我的人住时，我起床开灯摔倒了，八点多的时候头摔破了，那个人十一点钟才能回得来。两个小时，我就这样捂着头上的血过来了。你们帮桦找个另外的住处吧，需要钱从我这里出，我大概还剩几千美金。没事，小绍也会照顾我，这孩子很好。"

那次的臭虫风波，最后在一群留学生的大扫除和游说之后得以平息。学生们回去时，已经是深夜。

身体状况堪忧以至于常常突然入院，需要被琐事如房子卫生状况纠缠，需要面对陪护人员的更换并需要适应新的人，有时还会与同住照顾她的人产生不愉快。英雄的尾声没有太多的大风大浪，更多的是家居琐事，磕磕绊绊，无可奈何，与深深的孤独。

"为了完成最后的书，我在这异国他乡吃了多少苦。"高老人流泪了。当年揭露河南血祸、艾滋村惨状、被希拉里接见、一个小行星以她名字命名的长篇故事的尾声？就在这里，没有你想象的轰轰烈烈。

君子不党的孤独

面对学生的热情，高耀洁从不拒绝，也总是愿意被搀扶着到哥大与学生座谈，然而，对于来自纽约另一个人群的"热情"，她的态度却截然不同。

"请帮我回信谢绝这个人的来访。"

常替高耀洁写邮件的人，多多少少也会有写这种回绝信的时候。据她介绍，在纽约试图亲近她的人并不少，尤其是海外"民主斗士"群体，他们多次前来拜访、希望拉拢国际名望极高的她，然而高老人从来不愿意跟他们来往。

"我这辈子从来没有反对过共产党，我不是政客。"高老人只愿意把关注点放在实实在在的艾滋病人身上，不希望掺到政治里去，更加看不过很多人以"民主"乃至"抗艾滋病"为由招摇撞骗谋取自己的利益。哪怕是对事实的夸大，高老人也无法接受。眼里容不进沙子的她，今年多次拒绝了纽约请求她去见 XXX 的人。

"假。"她看不惯。高老人多次说了，现在国内的很大问题，就是浸染全社会的假。有些人觉得高老人有些时候太过偏执，执着于最完美的道德观。然而，在另一些人看来，那才是在这片现实嘈杂中的至真至善坚守，有些天真，有些理想化，但是美好。既不愿意为了自身利益只颂赞歌，也不愿意为了自己受到的苦而投奔反抗政治集团的政治集团。高耀洁老人一生为伍的其实只有道德。因而她必然是孤独的，在这个道德缺失的世界。

"我告诉你，虽然中国的政府里面有人撒谎，但是那些反对政府的人里面有不少也一样！政治，没有那么简单！"她总是对这些"异议者"心存警惕。

作为一名流亡者，人们很容易会想象高耀洁老人跟其他政治流亡者走得很近，何况纽约还是一个"政治活动家"云集的地方。然而真实情况完全不是如此。极高的道德准备，君子友而不党的执着，让高耀洁老人孤独地站在道德高地上，此刻，除了来了又去的学子，大概没有多少人是她的真正同伴。

虽然像香港知行基金会的杜聪等国内国际关注艾滋病领域的人有时会来看她，在美国的留学生有机会也会来看她，但是这些来看望她陪伴她的时间，占不了她时间的多少；国内每年艾滋病日大家总会一窝蜂地关注她，但是，那关注瞬间就会消逝。这样的轮回，我们都见多了。

国内来看她的人，没办法跟她一起待着很久；纽约的中国学生们，除去因为害怕给自己带来麻烦而不敢来或不关心的人，来过一次的有不少，但是本身就很忙的大家，能经常来的实在也不多。如果不是还有写书的事情未完成，这位大风大浪了一生的英雄，每天在睡觉

419

与清醒之间，在病危与煎熬之间，到底还有何种心灵的归依？

"我现在就等着这本新书艾滋病照片集完成，签了合同，我的人生就可以画上句号了。"无论学生再怎么劝，最近的她总是这么说。

回家？

岁月的白驹悄悄地跳过时间的缝隙，两年前开始聚集在高耀洁老人身边的很多学子也到了毕业的时候。匆匆为纽约客的莘莘学子们，有的回国、回到亲人朋友的身边，有的奔赴远方寻找自己的天地，而让很多人走得不放心的，便是高耀洁老人。

"如果高耀洁的身体状况继续变差，那么终有不得不住养老院的时候。"东亚研究所的黎安友说。

住养老院以获得全程陪护的想法已经被提出来很多次，但是高耀洁无论如何也不同意，每次有人提及，她都会非常激动，因而后来大家也就不提起了。关心她的人们也讨论她回国与家人团聚的事情，但是那条道路的未来会如何，大家都看不见。白雪茫茫，路仿佛是向前延伸、有希望的，却看不见通往的地方。

大家渐渐开始有些着急了，岁月流转，越来越多经常陪伴着高耀洁老人的学生离开了纽约，或是将要离开。是的，在异国他乡的养老院孤独终老，那大概是一生英雄的她不能接受的悲哀吧？而且她也深知，一旦换到养老院，一旦来看访的门槛稍微提高一点，很多学生可能就不会来看她了，那么，她能做的事情以及活着的依托，就又少了许多。"我想要多为国内艾滋病的可怜孩子做点事情，你们不知道，中国的穷人，真的很可怜啊！"高耀洁多次这么说，眼神里充满执着，那瞳仁里映着天下。

来看望的学生们私下讨论过，对于来访学生减少的这个担忧是非常现实的。虽然不忍心跟高耀洁老人提起，但是学生们自己知道艾滋病哪怕在学子中间、哪怕比起政治话题，也并不是一个吸引人的话题。绝大多数的纽约留学生并没有想来看她的意愿，看过一次之后会坚持来的更加不到来访者的十分之一，想来看她的人中也有很多会忙碌于课业和求职而有心无力，因而越来越不频繁。并不是特别感兴趣于艾滋病的学生们来看她，很多是出于对她人格的敬仰和对她本人的热爱，但是内心里也知道她在今天能做的事情有多么有限，更深知她那高洁灵魂与今日俗世之间的脱节。

　　"你说，到底有多少人会去看她现在这么用心执着去写的关于艾滋病的书？"那还是去年秋凉时，一次离开老人的寓所，一个朋友这么发问。这个问题不是抛给任何一个同行者，而仿佛像是抛给了季节。纽约的冬天即将过去，新的树叶又会逐渐顶破冰雪，来闯一闯这个世界。

　　世界依然蓬勃滋长着，高耀洁老人费尽苦心的书到底会去到哪里？她的战斗和故事又将去到哪里？有没有去到世人的心里？有没有去到现实的改变里？没有人知道。但是一定有人为此祈祷着，祝福着，坚信着什么。

2015 年 3 月 12 日

　　注：黄泓翔，哥伦比亚大学公共事务管理国际发展专业硕士。

那颗叫作高耀洁的小行星

林海音

这是一位只身远渡重洋的老人，她曾是"感动中国十大人物"，防艾斗士，连一颗小行星也以她名字命名。如今的她，远离家人住在纽约，却依然用自己的善与执着对抗着岁月和孤独。英雄晚年的故事没有我们想象的轰轰烈烈，仅以这则组照纪录高耀洁真实的晚年生活，希望鼓舞更多人在自己的人生道路上执著前行。

在纽约 120 多街 Harlem 区的一栋公寓楼八层，住着一位八十六岁的老人。

老人的客厅没有什么摆设，唯独一张合影引人注目。照片的主人就是这位叫作高耀洁的老人。合影是老人曾前往艾滋病村看望过的患病儿童。许多患儿都已去世，但老人依然珍惜这张照片，把它摆在最显眼的位置。

听说过高耀洁名字的人，大都会将她和当年揭露某地血祸，对抗艾滋骗局，成为"感动中国十大人物"，被希拉里接见等事迹联系在一起。但在这间小房间里，故事没有你想象的轰轰烈烈。

2009 年 8 月，仍在国内的高耀洁因为种种原因，避走中国。离开时，她清楚知道以这样的年纪出走，在异国他乡等待她的会是一条无比艰难的路。而支持她的动力，就是尽快在有生之年整理好她的抗艾书稿，留给后人。

"知我者，谓我心忧，不知我者，谓我何求。"这样的书稿多为手写。几位在纽约的留学生自发组织每周去探望老人，帮助老人将这些书稿逐字逐句敲进电脑。再由这台打印机打出，让老人进行二次乃至多次的修改。

距离她的出走，已有四年过去了。这期间虽有数位留学生们和同住的陪护人员的照料，老人的身体状况依然让人担忧。老人听力不好，常常需要学生们将想说的话写下来，才能沟通。

近两年来她的健康每况愈下，常常突然入院。即使如此，你依然可以常常在老人脸上看到笑容。每当和学生们说起什么趣事时，她总会笑得像个孩子。有时她也会突然陷入沉思，不知道在想些什么。

对老人来讲，最大的慰籍除了书稿，大概就是这些来探望她的学生和友人了。老人要是发现学生的衣服上有破洞，也会笑嘻嘻的马上取来针线，慢慢为他缝上。也许在老人心里，学生们就是她在这段出走岁月里，唯一的亲人。

但即使如此，因为学业更迭，话题敏感等各种各样的原因，学生们来了又走。能坚持来看望她的，寥寥无几。更多的时候，老人需要面对深深的孤独和生活的琐碎。

有时她会忘记按时吃药，也会忘记自己的邮箱密码而去吃力的翻找密码本。

"我现在就等着这本新书艾滋病照片完成，签了合同，我的人生就可以画上句号了。"最近的她总是这么说。

无论笑或悲伤，老人眼里不变的是执着。她用尽晚年力气写出的书，最终会有几人来读？没人知道答案。

也许对老人来讲，答案并不重要。每天面对窗外日夜更迭，老人也想念相隔重洋的亲人。她的心灵归依就是手上这些未完的书稿，书稿写完后，老人自己的故事会如何书写？只有将答案交付岁月。2007年4月20日，国际天文台将38980号小行星命名为"高耀洁"。6年后的今天，老人的善与执着依然如同这颗小行星一般，闪闪发光，照耀后人。

高耀洁的一天这样度过

高耀洁四年前从故乡出走来到纽约，住在曼哈顿哈勒姆区离哥伦比亚大学不远的一幢高层公寓里。虽然房屋租金不用老人操心，然而因为没有收入和持续资金来源，老人靠着少量的生活补贴和基本医疗保险维持生活。由于腿脚不便、健康状况每况愈下、年事已高等诸多原因，这间小屋子几乎就是她生活的全部世界。她久久凝视的窗外，是横跨曼哈顿和新泽西的乔治·华盛顿大桥，以及不知所向的远方。

高耀洁的一天，往往从早上六点便已经开始。简单洗漱一番后，老人的第一件事便是来照料与她朝夕相处的植物们。老人爱花，也爱养花。这些盆花是最近送来的，不比之前久置窗台、生命力顽强的绿萝。她一边给它们浇水，一边心疼地说"你看，它们都快死了"。

"你看这手多巧啊。"—高耀洁过去从事妇科疾病的治疗工作，这些绒癌病人给高耀洁做的鞋垫，她一直舍不得用。窗台上的一排塑料盒，是用来盛放植物的。几年前一位记者给高耀洁送了一盆生命力顽强的绿萝，用来净化室内空气。绿萝不需要悉心照顾，便能开枝散叶，简单扦插后极易成活。于是高耀洁经常从母体上掐下一段枝桠，装在这些塑料盒里送给来看望她的人。如今已经送走了二十多盆。

高耀洁如今已是八旬老人，别说再亲自下艾滋村，即便是自己的身体，用她自己的话说，也朝不保夕。为了记得按时服用大量不同的药物，每周一的早晨，她会把一整周的药片都按服用时间放进这个药盒里。

高耀洁用微波炉简单热了前一天的剩饭当作早餐，便打开电脑浏览新闻和邮件。今天她在国内的小妹妹和她约定纽约时间早上八点给她打电话。离八点钟还有十五分钟，老人就提前把电话拿到手边，等待电话铃响。

上午八时整，电话铃声如期想起，高耀洁与妹妹通上了话。除了聊聊近况，妹夫胆管癌肝转移的病情也令人担忧。往常如果没有提前和老人预约，她很少接电话或者应门铃。来纽约的四年间，她从来不与海外任何组织为伍。她害怕被人利用，只想保持自身清白。

老人晚年的独居生活，多与网络为伴。她经常说"我七十多岁才学电脑，可是还是很笨，老学不会。"有人给她配了一个手写板，可以将手写的文字转换成字符，这样老人可以回复简单的字句。诸如"好的"等等。长篇的内容，还是得靠去看望她的人帮忙回复。

到了上午九点三十分，老人又该睡觉了。高耀洁和大家相处时侃侃而谈，而独处时，却时常陷入沉思。

上午十一时，老人小憩后起身做饭。她一天最多只做一顿，有时一顿饭甚至能吃很多天，无非也就是反复加热。高耀洁文革中失去了部分的胃，还有血栓、心脏病等多种体疾，牙齿也几乎全部掉光了。除了面包、面条、豆腐和其它一些便于消化的食物，她能下咽的东西实在少得可怜。

除了回复社会各界的来信，高耀洁日常生活的另一大主题，便是写文章和把手头的资料整理成书稿。由于老人不会打字，往往是她先手写，再请去探望她的学生帮忙录入电脑。

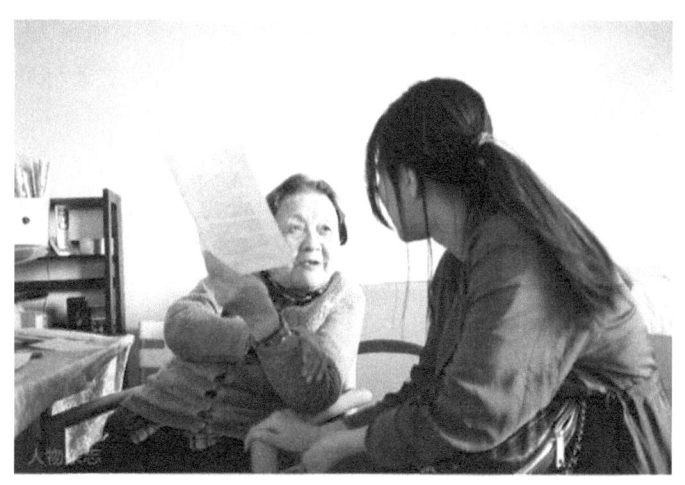

高耀洁医生最喜欢和年轻人聊天（林海音摄）

不久后的下午，和老人预约过的娜娜如期来访。高耀洁请娜娜为最近写的一篇文章配一幅图："你知道吗？人为自己活着的时候，也应该为帮助他人而活着。在大自然界中，猫头鹰吃老鼠，青蛙吃蚊子……动物们尚且有如此'善举'，那么人呢？"

来访的学生很多，大家都亲切地叫她高奶奶。学生问："奶奶，如果还有下辈子，你会选择做什么呢？还会做艾滋病吗？"奶奶说："我想要做癌症，但是永远也不会参与政治，也不想再做艾滋病了，太苦太难了……"虽然有同学轮番去看老人，但是面对生活，凡事老人都还得独自料理。

高耀洁受过良好的教育，除了当医生，她能把四书五经背得滚瓜烂熟，还特别喜欢写诗。这本是她和兄弟姊妹的诗集。但是老人从来没有公开把这本书算作自己的著作，主要原因是书的序作过于夸张和煽情，老人不太喜欢。笔者偷偷翻看了一下，很多诗作都是和她的艾滋事业和她所关心的穷苦百姓息息相关的。

因为腿上的两个血栓，久坐或者久站后，高耀洁那双缠过足的双脚，就总是肿得跟包子一样。

晚上还有一批学生要来看她，趁这个间隙，老人又去打了个盹。这几天得知学生们要给她拍摄一个视频，她认真阅读了学生们发给她的视频拍摄计划。每次有学生来访，老人都会拿出提前买好的水果，有时候还会帮学生量血压、补衣服。这位"高奶奶"把每个学生，都当作自己的孩子一样看待。

晚上九点三十分钟，高耀洁送走前来探望的学生，在门口和他们道别。

送走了学生，高耀洁又坐在电脑前，一边吃饭一边看新闻。难怪每次学生来访，她都能和他们聊上几句国内的时事。老人每次都要吃过东西才能睡得着觉。之前一直吃烤面包，烤出来的面包太硬，老人最近给磨破了口腔内膜，只好改用热水泡馒头，再煮一个鸡蛋。高耀洁的笔记本电脑屏幕太小，总是看不清上面的字。几个月前，麦克给她送来一个大屏幕，接上电脑后，方便了许多。

晚上十点四十五分，高耀洁终于可以上床休息了。她总是和衣而睡，还好室内常年供暖。睡前老人给鼻腔涂上药膏。

注：作者为哥伦比亚大学留学生，摄影师。

享誉世界的英雄　平凡弱势的老人

——我记忆中高耀洁的最后日子

甘　歌

2023 年 12 月 10 日，周日下午两点左右，作为单亲妈妈的我正带着孩子在游乐场玩。一个曾通的我与高耀洁奶奶建立联系的中国留学生发消息说，希望下周日和我一起去探望她；我说，正好我也和奶奶约了那天去看她。

下午快四点时，我无意间拿起手机，却在朋友圈看到一条令人震惊的消息：高耀洁医生已于今天上午九时左右于纽约家中去世，享年96 岁。这条朋友圈的发布者是高耀洁传记的作者林世钰

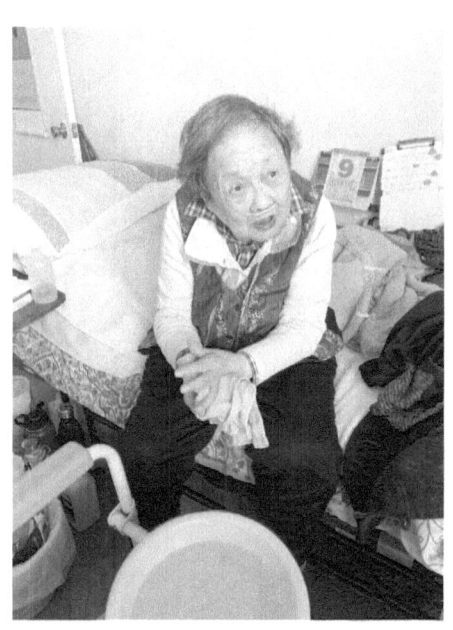

高耀洁生前最后一张照片。
熊姐摄于 2023 年 12 月 9 日

女士。在发布这条消息时，林女士还附上了高奶奶临终前的最后一张照片——这张照片摄于 12 月 9 日，也就是昨天。

我用颤抖的手给刚才还在约我一起去看高奶奶的留学生女孩发了条消息："高奶奶今天去世了"。在这之前，留学生女孩因为这学期学习太忙，遗憾自己已两个月没有去看她；而我曾约好于 12 月 3 日去看她，却因故改期到了 17 号。遗憾地是，高奶奶的人生不会再有

一个 12 月 17 号，而我们也都再也没有机会去看她了。

我以什么身份回忆她？

我与高耀洁奶奶相识于十年前。当时，正在哥大读博的我得知她就住在离我很近的地方，出于对她事迹的敬仰和她在异国艰难处境的同情，我曾以志愿者的身份在大约三年的时间里每周六上午探望她，帮她处理生活和工作上的事情。我们因此结下了深厚的情谊。

这段经历我也曾在几个月前发布的一篇文章《一别四年，再次拜访高耀洁奶奶》中简单提及。今天，我是以她的一名志愿者的身份，来回忆我所了解的她的方方面面。

在我眼里，她既是一个极不寻常、享有国际声誉的伟人，又是一个普通困苦、流亡异国的中国老人。她的故事应该被记录和讲述，不仅仅因为她是一颗耀眼的行星，更因为她作为一个流亡者、一个弱势老人的命运。她作为一个有良知和担当的、敢说真话的中国人的遭遇，与我们每个人都有关。

作为英雄的她——追查艾滋病源，揭露中原血祸

1996 年，作为卓有成就且已退休的妇科和肿瘤医生，已近 70 岁的高耀洁在河南郑州市的一次会诊中发现了第一例因输血感染艾滋病的病例，患者是一名农村妇女。之后，她自费走访无数村庄收集数据，孜孜不倦地四处奔走调查艾滋病感染的源头。

高耀洁的调查发现，在河南等很多省份，存在着大量进行非法血液交易的血站，卖血者主要为缺乏信息和知识的贫困农民，而不正规的血站使用感染的针头在卖血者身上采血。有些医院的领导为了赚钱，会在血液黑市上购买血浆，再高价转售给病人。

这桩由血液贩子、医院与地方腐败官员互相勾结的黑心交易，造成了一场灾难性的艾滋血祸，导致河南及周边省份许多村庄发生大面积的艾滋病感染，产生许多"艾滋村"。由于贫困农民缺乏艾滋病的知识和就医条件，成千上万的感染者在歧视与隔绝中悲惨死亡，并留下数量众多的艾滋孤儿。

痛心于这种状况,高耀洁不仅积极地向政府部门和社会揭露艾滋血祸的严重性和真实情况,以遏制艾滋病毒的传播,还勤奋写作并自费发放了大量艾滋病预防的资料和书籍。此外,她还拿出自己的积蓄,资助和照顾了许多艾滋孤儿。

由于高耀洁及同仁的大声疾呼与不懈倡导,艾滋病尤其是贫困农民输血感染艾滋病的问题逐渐获得了更多关注,也促使政府承担起了一些责任。后来,感染者普遍获得了更多的医疗支持,如母婴阻断技术和免费的维持性药物,无以计数的艾滋病感染者及他们的家庭,成为以高耀洁为代表的艾滋倡导者不懈工作的受益者。

高耀洁的义举和贡献使她在中国和世界范围内都获得了极高的声誉和嘉奖。但与此同时,因为勇敢揭露和曝光艾滋血祸的事实,她也一直承受着来自政府尤其是地方政府的打压和迫害——后者为掩盖自己工作的失职,常以维护地方形象或保护国家机密的借口监视和驱逐她。

在长达数年的时间里,她被跟踪、限制出行,甚至一度被软禁在家。她的家人也遭牵连,长期承受来自权力机关的骚扰和压制,她的女儿甚至因此失去了工作,被迫远走异国。

作为流亡者的她——80 岁高龄孤独困窘,继续尽心于防艾事业

2009 年,迫于所面临政治压力的进一步升级和对亲属再被牵连的担忧,已经 82 岁高龄的高耀洁出走美国,开始了远离家乡和亲人的流亡生活。几经辗转后,她最终定居纽约,由哥大政治学系的黎安友教授(Andrew Nathan)监护和安排其在美国的生活。

流亡就像是一粒种子突然独自飘到一片完全陌生甚至完全不适合自己生长的土地,人立即失去了立足的根基。对一个 80 多岁高龄的老人,更是如此。

她在需要频繁就医和密集照护的年纪,来到一个语言文化不通的国家,没有人了解她的过去,她也没有了收入和社会关系。尽管黎

安友教授尽其所能给了她最大的帮助，为她解决了移民身份、住房、护工、医疗保险和基本的社会保障金等问题，她的生活里并没有一个能随时帮她处理与使用英语的美国社会产生交集的事务的照料者。

很多情况下，她需要独自与美国复杂、低效又经常自相矛盾的医药体系打交道；因为不清楚美国社会福利体系的逻辑，也时常陷入失去基本生活保障金的危险之中。这些都带给她无数具体的困难和巨大的心理压力。

作为一个已经在美国社会工作生活了十多年且受过博士训练的人，尽管身体尚算健康，我都时常为搞不懂美国的医疗体系头疼。可以想见，经常需要出入医院、医生诊所和药房，并且总是因为医疗化验要与各种实验室打交道的她，要为维持生存本身面临多少困难。她所面临的障碍还不仅是语言的不通——照顾她的护工们也基本不懂英文。即便语言本身不是问题，作为身患多种疾病的老人，与这个庞大低效的医疗体系本身周旋，就会耗光人的力气。

所以，频繁收到的英文信件和表格总是让她万分紧张——因为无从判断内容的轻重缓急，哪怕只是一封广告或是保险公司寄出的例行文件，也会让她很着急。

她也思念远方的亲人。由于种种原因，能来看她的家人很少很少。她感到很孤独，想到家人时会像孩子一般哭泣。

但即便是在这样的情况下，在她最后十多年的晚年生活中，她最牵挂的还是艾滋病防治和感染者救助的事业。不再能实地参与这项工作，她便将战场转移到了线上：她依然勤奋地写作、编辑书稿文章，也与国内的防艾倡导者与研究者保持着密切的联系。她十分关心防艾相关书籍的出版，曾拿出省吃俭用攒下的 2000 美元，托人去印书捐赠给中国学校里的图书馆。

尽管不会使用键盘打字，她还是用小小的、笨拙的写字板，在那个反应极慢的电脑上写出了几十万、几百万字的作品，完成了大部分的写作计划和心愿。除了把防艾相关的写作一一完成，她还将自己的一生和行医经历都记录了下来。随着身体机能的衰退，她能做的事越来越少，她开始说活着没有意思，希望早死得到解脱。

她的身体千疮百孔，处方药每天要服用一堆。这伤痕累累的身体，不是第一次承受政治迫害，它承载着中国人在 20 世纪所经历的历史。她多次对我讲起自己在文革中"受的罪"，也多次对我展示她身体上依然清晰可见的伤疤：她曾被拘押批斗，身体被用开水烫，胃被殴打至严重破裂以至于五分之四的部分被切除。

但我从没见过像她这样顽强的生命。一次次进出医院急诊，熬过了疫情三年，最近还又挺过了一次新冠感染，就在昨天，她看上去还是那样有精神。

作为老人、病人和弱势者的她——缺乏延续的照料，日常需求得不到及时回应

在与她相处的时间中，尤其是今年以来，我越来越多地感觉到：不论享有怎样的盛名，作为一个年岁近百的流亡者，她到底是一个老人和一个异国社会中的弱者。她有太多外人所不知的为难和困窘时刻。

尽管有很多人慕名前来看望，这些探望大多是偶尔的单次行为，真正能够帮她处理日常事务、持续照料她的人很少。这导致她得到的照料缺乏延续性，很多事并没有固定的人可以指望，只能一个人作难。

今年 8 月份，她电脑的写字板坏了，无法回复邮件，让她心急如焚。有志愿者答应帮她处理，但大家各有各的事情要忙，于是她每天盼望着收到新的写字板，就那么焦急地等待了几个星期。并不会被这样的小问题难住的年轻人，很难想象一个老人在这种情况下的被动和弱势。

今年 9 月份，她氧气机的供应合同到期了，在延续服务的批准过程中，服务商出现程序错误，给她寄了一封拒绝批准供氧的通知。我读给她听以后她非常着急，但由于我也并不了解氧气的供应机制问题，打了好多电话，也才搞清楚状况，解决了这个问题。

还有一次更令人心碎的经历，是另一个志愿者对我讲述的。新冠

疫情期间，老人有次生病到医院急诊，由于语言不通，本来就超负荷运转的急诊科医生、护士不明白她需要什么，导致整整一天她口渴连杯水都没有要到。最终见到这名说中文的志愿者时，老人委屈得大哭起来——这次事故之所以会发生，部分是因为近年来她的耳朵已经完全失聪，基本只能通过写字与人交流，因此她完全听不到远程视频会议里的翻译说了什么，而医生和护士也不会写中文，没有人明白她需要什么。

除了看病就医中的孤独挣扎，日常生活中，在纽约独居的十多年里，她基本无法出门，每天在公寓的卧室里一个人看天明天黑。

此外，因为需要借助来访者帮她处理信件和邮件，她也没有隐私可言；她的邮件很多人都读过。许多充满善意、关心和支持她的来访者，因为希望引发更多人对她处境的关注，在拍摄和传播她的照片和影像的同时，也未必能很好地顾及她的尊严和隐私。

另外，我一方面非常敬重高耀洁奶奶，另一方面也有看到她作为常人的一面。她身上也有旧时代的烙印和旧的观念。比如，她持有旧社会的贞操观，最看不惯人"乱搞男女关系"。与对因卖血感染艾滋病的贫困农民相比，她对男同性恋艾滋病感染者似乎没有同等的同情。根据《纽约时报》最近的报道："她对推广避孕套以防止 HIV 病毒和其他性传播疾病的感染持怀疑态度"，这也让她招致一些批评。

因为这个原因，在我读博时，也有朋友不理解我为何每周要去照顾她。我说："她并不需要是一个完人才值得尊敬和照顾，我依然对她怀有最高的敬意"。

她也许未必懂得所有普世人权观念，但她的正直善良和朴素的正义感是许多人不具备的。她也非常勇敢，非常执着，非常有担当。因为这个担当，她改变了许许多多人的命运。

作为高奶奶的她——关心我的生活、孩子，给我们她能给的

我最想写，也是最贴近我回忆的，是作为高奶奶的她。高耀洁对

我来说，首先是一个慈祥有爱的长辈。

她非常关心人，对人有无比多的爱，也特别记得别人对她的好。她很关心我的生活，每一次见面，都要发愁我一个人带着孩子可怎么办。今年 8 月下旬去看她时，因为她感染了新冠不能靠近，我让孩子在门外等我，她得知孩子在外面后，立即把我赶了出来，着急地强调说："去看孩子！孩子更要紧！"

她总是给我们很多很多吃的，而且非常坚持，完全推脱不掉。有一次，她把冰箱里的几大袋冷冻虾和馄饨全都塞给了我，自己一点都不剩。我不要，她就硬拉着我不让我走。还有一次，她因为不放心护工阿姨的执行力度（怕她不把冷冻层里的东西全给我），竟摘掉了她一刻也不应该摘掉的氧气管，推着轮椅亲自到厨房去帮我整理、打包食物。

连不怎么懂中文、我的七岁孩子都看出了奶奶在这件事上不容商量的坚持。有次临走前，我偷偷把她给我的食物放一些回冰箱，孩子打趣我说："妈妈，你要是退回去，我可要告诉 Grandma Gao 了！"他知道，要是奶奶知道了我这番操作，肯定不会饶我。

有一天临走，在我又在拒绝接受食物时，她说："是因为你以前来看我时总给我带吃的，我没有别的东西能给你，就刷食品卡给你买点食品。"我说，我完全不记得我有给你买过东西啊，她说："是你自己不记得了。"是的，十年了，我早都忘记了，而已经 96 岁的她却还记得。

最终我还是被迫搬回了好几大包冻虾，因为冰箱放不下，我分了三大包给了邻居。如今我们冰箱里的冻虾终于快吃完了，前几天我还心想，下次去奶奶家她准会又塞给我几包。谁知道，从此我们再也没有奶奶给的冻虾吃了。冰箱里剩下的那几颗虾，成了我和奶奶仅存的联系。我再也不嫌多，也不舍得吃它们了。

12 月 1 日，是我与奶奶最后的交流。因为我把原定于 3 号去看她的日期改到了 17 号，她回复说："你有时间再来吧，我近日如常，勿念。我想送这个孩子一些食物，我只有这个力量，来日再办吧！"

她还是想着给我们食物。可惜再也没有了来日；曾经身在福中不知福的我们，如今再也没有奶奶爱了。

我曾以为，她肯定能活到一百岁。我以为我还会有很多的机会去陪伴她。

我不明白，这世间为何有那样多的来不及告别，和浑然不觉的最后一面。

我是那么地遗憾，我的眼泪像暴雨般止不住地流淌，但满面的泪水却并不能换来哪怕一次她躺在那张小床上睁开眼睛惊喜地对我说："你来了！"

我多想能再握握她的手，抱抱她。我多想能再次走进她的房间，看到她还在。

奶奶，收到的英文信您总是像宝贝一样放在床边，生怕丢了。从今以后，您再也不用担心错过什么英文信了。

2023 年 12 月 20 日

一别四年，再次拜访高耀洁奶奶

甘 歌

2023 年 8 月 13 日的下午，我带着笨笨去高耀洁奶奶家看望她。距离上一次拜访她，已经四年过去了。

这四年里，我的生活自顾不暇，所以，尽管几次看到有人发在社交网络拜访她的文章，甚至看到有篇文章里写到她很孤独、很渴望人的拜访，我也没有准备好去看她。

终于我决定带笨笨去看她。我知道，再不去看她，我可能会留下终生的遗憾，而自今年开始，我决意要过一种不留遗憾的生活。以及，我准备好了，再次承担起让彼此成为对方人生一部分的责任。

我们见到她，她说："我没有想到临死之前还能再见到你。"

我说："我和笨笨以后会经常来看您。"

第一次得知高耀洁这个人，是 2003 年。那时，还是高中生、尚对《感动中国》这类洗脑节目没有批判意识的我，在那档电视节目中得知了她。当时，她的一生所为令我泪如雨下——我总是会被正直、勇敢、善良的人吸引，因为他们有我所不具备的担当和勇气

2009 年，已被长期幽禁在家的她，应美国前国务卿希拉里的邀请，来到美国纽约，开始远离家人和她所熟悉环境的客居生活。一个人。

2013 年，我在哥大读博，一个人生活，恰好租住在离她家很近的地方。已经不记得是谁将我介绍给她，从此我开始了每周六上午拜访她的几年生活。

那时候她的身体要好得多，尚能推着轮椅车活动，每天生活的主题就是勤奋地写作——在她那台很慢、很破旧、还总需要重启的电脑

上。她不会打字，总是很费劲地在一个小小的写字板上划字，尽管传输到电脑上的成品总是充满错乱的标点符号和错别字。由于身体机能不能支撑长时间的坐立，她还经常躺在床上举着写字板打字。

我从来没有见过像她这样勤奋、有干劲的人。她在 70 多岁学习使用电脑，来美国后不再能实地参与艾滋病的工作，就远程和在线参与。她满心挂念着那些穷苦可怜的感染者、他们的家人和这项事业，八十多岁也一刻都不停歇。那几年，她写了很多的书和文章。

每次到她那里，我的工作主要有这样几个：帮她处理英文信件，代她回复来自很多人的电子邮件，也帮她编辑文稿。很多的时候，我们坐在一起，她口述，我打字。

她的写作很多都是与艾滋病和帮助艾滋病人的工作有关的，也有一部分是她自己的人生回忆录。因此我得以了解到很多她的人生故事，也了解到她因执意投入和奉献事业而与家人产生的爱恨纠葛。

我也完全进入了她的私人生活——她的医疗卡、社会保障号卡、绿卡和公民证书我这里都有备份，我也清楚她每月消费多少、银行卡里有多少余额。我还经常帮她与美国的医疗系统和政府官僚机构作周旋。

有一次，哥大政治学系的黎安友教授，一个安排她在美国生活的长期照料人，在电话中，指导我办理为她延续社会保障和医疗卡方面的事。她 80 多岁来美国，语言和文化不通，由于身体原因又被迫与美国复杂、低效的医药和社会保障系统打交道，可以想见其间遭遇了多少的心急和困难。

有一次，她突然被政府通知失去了基本的生活补助金，完全不知道哪里出了问题。事情的缘由是：除了政府提供的基础医疗保险、残疾人生活保障（24 小时的护工），她每个月有 200 美元左右的现金生活补助。获得这个补助的一个资格要求是：银行账户里的存款不能多于 2000 美元。

就是这每月不到 200 美元的生活费，她竟省吃俭用慢慢攒下了 2000 美元。一直以来，她真的过着连棵葱都不舍得买的生活，唯一的营养品是看望她的人给她买的鸡蛋。就是这 2000 美元，她本来是准备用于艾滋病事业的。我很清楚她的捐赠计划，知道她已经在联系使用这笔钱的过程中。然而，因为这 2000 美元，她失去了基本的 200 美元生活补助。我和黎安友教授不知打了多少个电话、处理了多少信件，才突破重重的官僚系统，重新为她争取回这微薄的生活补助金。

此外，还需要协调护工的申请和管理、医疗费用的账单问题等等。所有这些需要与外界打交道的基本生活所需的背后，是大量的琐碎工作，大部分都是由志愿者完成的。当时，除了黎教授、我，还有其他一些中国女生定期会去看她，帮她做类似的工作。

留学生们入学、毕业，来来走走，照料她的人也换了一波又一波。我也观察到，真正承担起长期照料她的责任、坚持每周去看望她的，基本都是中国女生。男人们，则大多是偶尔的拜访。

经常去看望她的那几年，她渐渐把我当作了自己的家人一样去关心和照顾。她是多么关心和爱人的一个人！她会用心地保存、转给我一些别人给她的东西，什么椅子啦，绿植啦，点心啦。她告诉我女人一定要专心做事业。我对她说自己有了朋友，她特别担心我会婚前同居、头脑发热导致意外怀孕，毁了自己的一生。

果然，年轻人是不会听老人言的，有些弯路一定会走。果然，我怀孕了，结婚生子，搬到外州，过了几年鸡飞狗跳、想离婚又离不成的生活。后来我找到工作再次回到纽约，因为有了孩子，也很少再去看她。最后一次看她是 2019 年，那个时候我已计划离婚，令她担心地睡不着觉。那时，她的身体已经比之前恶化，开始一直需要氧气机辅助呼吸，鼻头也一直插着氧气管。

四年后的今天，我带着 7 岁的笨笨再次来到她的床前。她已经 96 岁。她还是那样的周到和关心人，为笨笨准备了 4 袋糖果，为我准备了 6 个橘子，一再提醒我们吃。

现在的她已经无法走路了，只能偶尔站、坐，绝大多数时间都是躺着。她的卧室里堆满了医疗设备和一个长期卧床的病人所需的各种生活用品，几乎没有下脚的空间。卧室的墙上贴着一张长长的各种药物服用时间的提示。她的两只耳朵已经完全失聪了，我对着她的耳朵喊，她也什么都听不到了。

但她还是那样的头脑清醒，说话有力，记忆力也还是惊人地好。我通过在纸上写字拿给她看来与她交流。我站在她的床边一个半小时，写了满满六页字。

我们交流着彼此的生活和日常。

她说：我没想到死之前还能再见到你。

她是那样的自尊和怕麻烦人，除非别人主动联系说去看她，她从来不会去找别人。

她说：上次来你正要离婚，还没有办手续。

她说：还记得当初我有多担心你会头脑发热（在不成熟的时机）生孩子吗？

她说：你现在的生活怎么样？能忙得过来吗？

她说：幸亏你找工作还算顺利，不然更是要难为死了。

她也问到孩子的爸爸，我说不当着孩子的面谈他，她就没有再提。后来笨笨去客厅玩，她才又问起来，我也给她讲了孩子已经被抛弃、我也没有再得到一分抚养费的现实。

漫长的一生，她见惯了女人被男人毁掉的人生，那么急切地希望我能避雷。我没能避免。如今她一直为我意外生育这件事感到痛惜，认为我被它害惨了。的确是如此。

我说：我不后悔生这个孩子；现在孩子已经大了，最艰难的时候已经过去了。

她也一再说，她现在什么都不能做，只剩一口气。她盼着死亡早点到来，那将会是解脱。她说，老伴已经去世快20年了，好在死的时候没有受苦。她说，从今以后，我们见一次少一次；人死了，就彻底消失了。

她衰老的体态、对我的爱和关心，还有那带着老一辈观念的唠叨，都像极了我那已经过世的外公外婆。我想象着她睡去的那一天，想着已经离开我的外公外婆，转过脸对着窗外，泪一直流。

　　我告诉她，以后我们会常来。从她的家里出来，我感到整个人精疲力竭，心里好沉。我感慨时间不被任何人事左右，人会无可避免地一天天老去，就像孩子总会一天天地长大；我自己和我爱的人，都会有老去和死去的一天。我也感到，见到她的这一个多小时，我过去十年的人生都摊开在我的面前。它们一下子涌过来，把我的心填得满满的。我感到，写下来才能卸下这时光浓缩成的重担。

　　于是我一边流泪，一边讲出与她的故事。

2023 年 8 月 14 日

　　注：作者为哥伦比亚大学留学生，经常帮助老人处理日常事务。

祝高耀洁八十七岁生日快乐

于方强

第一眼见到高耀洁时，我简直不敢相信自己的眼睛。

她推着扶手车，弓着腰，颤颤巍巍地走出来，面部的皮肤松垮而又浮肿，眼神相当浑浊。在听我说话的时候始终张大着嘴，露出她仅剩的一颗牙。只说了一两句，我就发现，她其实根本听不见我在说什么。我凑到她跟前，在她耳边大声重复刚才说的话。她说，哥大啊，我知道。但实际上我说的是，我在哥大当访问学者，会定期过来看你。

她真的是老了。无论是身体上，还是精神上，都完完全全地老了。2007 年底的高耀洁，不会让自己的头发这么乱，也不会在谈话中出现长时间的停顿，更不会如此依赖于护工。那是我第一次见她，在河南郑州。她滔滔不绝地说着这样那样的事情，带着我们满屋子走，指这里指哪里让我们帮忙干活，还不忘给我们介绍住在她家的艾滋孤儿，安排孤儿的晚饭。那时候，她完全是领着我们走路。尽管裹过小脚，她走的非常快。

但现在，小脚给她带来了很大的麻烦。她本该经常走动，但只要稍微一运动，脚就会肿。脚一肿，某些常用药就得停。药一停，或许就会影响到血压、泌尿、心脏等问题。美国的护理医生没碰到过这种情况，我们来来回回谈了好多次，结论也只能是：适当走动。但其实，在这几个月里，除了看病，她只出过一次门，还是坐着轮椅出去的，不到半个小时。尽管如此，她的脚仍然会肿。

第一次的纽约见面，高耀洁留我谈了 5 个小时。老太太心情很好，护工却很担心她的身体。护工告诉我，老太太平时较少说话，从来没见过她说这么久的话。我赶紧告辞。

刚去看望她的那段时间里，老太太特别嗜睡。我去的时候把她从床上叫起，走的时候她就又要上床休息。彼时她再一次出院没多久，我和护工都很担心，是不是身体出现了什么新的状况。要知道，来纽约之后，她先后经历过静脉血栓住院治疗、心脏病急救、心脏起搏器安置手术、眼科手术、头部摔伤缝合等一系列大大小小的救治。好在每周都有护士上门来做检查，一切都在可控的范围内。

总体而言，高耀洁在纽约过的不错。她所住的公寓，尽管是政府的廉租房，但在纽约的福利制度下，无论是在地理位置还是在物业管理上，都要明显好过北京的一般小区。一周七天，每天都有护工上门服务 8 小时，帮她做饭洗衣服买东西。因为行动不便，又给她配备了免费的轮椅和扶手车。可以说，她享受到了纽约所有低收入老人所能享受到的一切福利。但站在她一室一厅的屋子里，总觉得哪里不对。

应该是孤独。

上门护士很热情，每次都会拉着老太太嘘寒问暖，但她们不会中文。我去了之后，病患之间才正式有了交流，包括告诉护士"你技术不错，抽完血之后都没有淤青"。护工虽然是华人，但是听不懂她的河南话。整个屋子里，唯一充满生机的就是摆满了整个阳台的绿色植物。老太太把这些花花草草摆弄的很好，有些长到约一米高。

门后的墙上，贴了几个电话。有她在芝加哥的 70 多岁的妹妹的，也有此前照顾过她、如今远在非洲的志愿者的。还有一些在纽约的拜访者的电话，要求护工在需要帮忙时给他们打过去。但是看起来老太太一个都不认识。她说，这是谁啊？他为什么把电话留在这？我没敢问为什么没有儿子、大女儿和小女儿的电话，怕她难过。她告诉我，她以前每天晚上 10 点都会在电话前等妹妹的电话。但现在，她严重重听，根本听不到电话响。我按门铃她也听不见。每天晚上 6 点，护工下班之后，她就一个人呆在这间什么声音都没有的屋子里。

哥大曾有不少学生过来看她。但到了 2014 年，不少人毕业了、回国了，这几乎成了她来美国之后最缺乏照顾的一年。当初那个纯粹靠着热情来关爱高耀洁的微信群，如今可能整整一周都没有人说话。

曾有传言，有学生把房子短暂借给高耀洁住之后，身在国内的父母很快就被当地有关部门谈话。这也阻碍了学生和高耀洁建立一种更紧密的关系。

有时我过去，护工会告诉我，刚刚有几批学生来过，有二十多个人，老太太比较累。听起来很有点国内爱心团体重阳节当天给老人洗十次脚的意思，让人哭笑不得。这些学生可能一学期就来一两次，但真正能从日常琐事和心理上给老人安慰的，还是长期的、固定的探访和照顾。至少，可以帮她和上门护士沟通，帮助记录她的健康状况。因此，我特别敬佩几个已经工作的志愿者。他们虽然已经不能常去看望老太太，但是一直和老太太保持邮件联系，帮助她处理和英文世界的各种事情，特别是和门诊医生的沟通。

此外，她也有老人特有的多疑。我刚去看她的那段时间里，她总是跟我念叨她的轮椅。据说被调包了。她保留了所有的证据材料，并让我一一扫描及复印。现在的这个轮椅使用起来的确是有点吃力，但她由此怀疑了许多人：涉事的护工被调离，一个不赞同她观点的学生被疏离，还有一些之前赞同她后来又和护工站在一边的学生也被列入不信任名单。我相信其中必然有一些误会，但她的文革经历（遭迫害而自杀未遂），河南经历（因防艾而被监控）无疑加重了这种疑心。

并不是每一个照顾她的人，都可以帮她写邮件。尽管她很需要有人帮她打字。也并不是每个照顾她的人，都可以听到她的真心话。尽管她很需要有人陪她聊天。护理公司的人打电话过来，由护工交到她手上，问她对这个护工满不满意。即使她真的不满意的话，我想她也只能说满意。这个道理，她比谁都懂。她有时故意跟我用笔交流，写完后立即撕成碎片，扔到垃圾箱，再也不提起。有人发来邮件，说是她国内的某个亲戚捎带来一些礼品，想登门拜访。她也相当礼貌地婉拒了。尽管她后来非常气愤地跟我强调了好几遍，她家祖上十三代单传，根本没有这门子亲戚。

我不太清楚这封婉拒信是怎么措辞的，但她的确拒绝了很多拜访；拒绝了很多来路不明的捐款；拒绝了成立基金会的建议。这个倔强的老太太，除了学生，几乎拒绝了所有人。北大的翁永凯教授一心想接她回国，劝了几年，送的花都摆满了一桌子，她还是拒绝。好像完全不清楚自己是一个 87 岁的老人，是一个身体每况愈下、难得出门一次的老太太。作为一个读过私塾、裹过小脚、痛恨不道德现象、经历过多次政治磨难的典型老派知识分子，暮年之时还能说出频率如此之高的"不"，令人肃然起敬。

她多次给我讲这样一个故事。那是在 1941 年前后，举国上下都有一股去延安的风潮。她的十个同学都受了地下党的影响，在教务主任的带领下走上街头，游行、示威，抗议国民党政府。随后，这十个同学就都去了延安，成为进步青年。她笑着说："我那时候小啊，才 14 岁。我又是小脚，跑不动，就没去延安。"但到了 50 年代末，这十个人在反右运动中无一幸免。她不厌其烦地给我讲了许多遍其中的细节，包括她下乡看病时与其中一位同学的偶遇："太可怜了，全家都没有饭吃。他拉着一大车煤球，小孩浑身漆黑，饿的就剩下骨头了。真是可怜呵。当地没有人敢接济他们，我就把身上所有的钱都送给他们家。后来才发现自己连回郑州的钱都没有了，只好又找别人借。"

也只有在讲到这个故事时，高耀洁才会谈一谈她对这个世界的看法。听起来，她并不信任那些冠冕堂皇的口号，她只关注那些在宏大背景下小人物的命运。她谈到美国黑人的热心肠；谈到因为要改变命运而去卖血的贫苦中国农民；谈到高家后人在历史面前的种种选择。但她从不谈起文革中如何遭受迫害，儿女如今如何疏离，也不谈起有关部门对她的种种刁难。好像，这些事情都不曾发生过。每次，她都要以一句"纷纷世事无穷尽，天数茫茫不可逃"作为这类谈话的结束。

其实，这句话更像是在说她自己。从 69 岁接触到第一例艾滋病患开始，她的生活就被完全改变。最初，是她敢怀疑那个需要会诊的病人感染的是艾滋病；之后，是她敢相信艾滋病可以经血传播；再然后，是她敢说"输血感染艾滋病"不在政府的防艾资料中；最后，也是她敢说由政府主导的"血浆经济"竟是引发艾滋蔓延的源头。就在几个月前，哥大计划为久别公众视野两年的她组织一次讲座时，问她定什么主题好，她也还是毫不犹豫地说：血祸。就在世界艾滋病日那一天。

在这场讲座后的 12 月 19 日，她也将迎来 87 周岁生日。不去医院的日子里，她醒来就是写书，写累了就躺在床上校稿。她每天都在与时间赛跑，一心希望明年春天就能付梓。虽然她多次说，书已经写完了，我的人生可以画上句号了。但其实我知道，她还想再写一本书，她会一直写到去世的那一天。

昨天我见她时，她突然说，她不会回中国了，但是希望骨灰能够回去。她仰起头问我：他们不会连骨灰也不让回去吧？

于方强写于 2014 年世界艾滋病日前夕

守望信仰，坚守良知的高耀洁医生

吴称谋

2月21日，中国的农历大年初三，下午稍晚时分，我和一位朋友去给住在纽约曼哈顿上城公寓，八十八岁高龄的高耀洁医生拜年。她于2009年移民美国，是一位非常值得尊敬的传奇人物。

吴称谋拜访高奶奶，右为妹妹高明凤
2015年

上午从法拉盛出来时，还是阳光明媚，风和日丽，但到了下午却风雪交加，整个纽约笼罩在寒流袭来的冰雪之中。我们从地铁出来后，全城的道路已经泥泞不堪，没有带任何伞具，就只好跟随匆匆的人流地冲入漫天飞雪花之中。步行三个街区后，到达公寓门口时，我们全身已经披满了雪花，但进入公寓后却温暖如春，温馨宁静。

乘电梯上楼，敲门后，一位驼背的老太太开了门。我们后来才了解到，开门的老太太已经七十五岁了，她在照看着比她大十三岁，已经八十八岁的姐姐。纽约的春节非常平淡，只有到了唐人街才能感受到中国新年的味道。我看到两个相依为命，流落异国它乡的老人，心里非常不是滋味。古语云，同是天涯沦落人，相逢何必曾相识。

进屋后，年轻一点的妹妹就赶紧进房间通知她姐姐去了。几分钟后，高耀洁医生扶着轮椅步履稳健地走了出来，她身体硬朗，精神饱满。我们赶紧鞠躬行礼，高医生也赶紧双手离开轮椅的扶手，合掌鞠躬回礼，弄得我们很不好意思，赶紧请高医生坐下说话。

在谈话过程中，由于高医生的听力不太好，要经常写字在纸上与她交流。她眼睛不花，思维清晰，记忆力十分惊人。当高医生知道我研究《易经》后，说话来就更兴致勃勃了，大家的话匣子一下子就打开了。

她温和平静地说道，她以前出生于一个贫苦家庭，但她的家族亲友是非常有名的书香门第。她的一个大伯是清末翰林，她过继给她的大伯，才有了读书的机会。小时候，她学过《诗经》《孝经》等传统经典，但就是没有学过《易经》。私塾老师说，她还不能学，因为年龄太小看不懂，什么神啊鬼的，会不理解的。

谈到中国文化，大家有聊不完的话题。特别是讲到中国古典文学，高医生更是耳熟能详，如数家珍。聊着聊着，她随后就开始背诵起《诗经》里面的诗。她背的一字不漏，而且不是三两句，而是整首的背诵，她一口气背诵了很多首。我很惭愧，只有其中一小部分古诗，曾经学习过或了解过。

最后，她语重心长地说，就希望你们年轻人将中国优秀文化继承传播下去了。听到此，我们顿时感觉内心有一份责任，肩膀有一份沉重。

2015 年 2 月 22 日

注：吴称谋，祖籍江西萍乡，易学家，诗人，文化学者。他研究易道哲学与中国历史，著有《易经圣解》，已编著出版八部历史学术文集、两部政论文集、一部诗词集。

高耀洁在美国的生活

刘 宽

2013 年 11 月 9 日，高耀洁在纽约寓所中见拜访者。八十五岁的她几乎双耳失聪，心脏病、血栓也折磨着她。

高耀洁说："我离开，为的是能让世界知道更多的真相。"她终日埋头整理书本，来度过人生最后的时光。但"她这么在意她写的东西，最后有多少人看到？有多少人在意？"除了写书，高耀洁现在爱种花。她觉得，花"不会拉帮结派，阳奉阴违"。

2013 年 11 月 4 日，高耀洁腿一软摔倒了，然后胳膊撞在了椅子上。这是十天内，身体第二次给她发出的强烈信号。她的双耳已几乎失去了听力，接电话有困难，有时也听不见敲门。

"真的没有力气了，弄不动了。"高耀洁在一张纸条上歪歪曲曲地写道。赴美四年，心脏病、胃病、血栓等疾病逐渐吞噬着这位中国民间防艾明星和斗士。在过去十七年中，这位河南医生自费印刷防艾宣传资料、救助艾滋病患者和艾滋孤儿，被媒体誉为"中国民间防艾第一人"。

她的名字曾出现在艾滋病人的捐款单中；"感动中国人物"的颁奖台上；在希拉里·克林顿的会客单中；以及 2009 年 8 月从广州飞往得州美德兰机场的飞机票上。此后，她一直以访问学者的身份客居纽约。在到达美国的晚上，她发电子邮件给朋友说："我离开，为的是能让世界知道更多的真相，我还是要回来的，我死也要死在回中国的飞机上。"

2013 年 11 月，久违公众视野的高耀洁通过一位纽约留学生的访谈文章再次传播于互联网，一张她颤颤巍巍地写下的"苟活"的纸条也让无数网民回忆起这位曾经裹过小脚却勇敢非凡的"高医生"。

447

时隔四年，高耀洁并未如当初许诺那样踏上飞往故土的飞机。"有机会没机会，我都不会再回去了。"在纽约昏暗的寓所中，高耀洁摘下标志性的黑框眼镜说。

有多少人能看到呢？

高耀洁现在住在纽约曼哈顿上城的哈莱姆区，这里被形容为"全美贫穷和犯罪最严重的区域之一"。高耀洁的寓所却毫不设防，推开象征性亮着电子锁灯的闸门，直通八楼走廊尽头，就到了。

一房一厅里除了堆满各种各样的书籍和材料，就剩下一个听力困难脚步蹒跚的中国老人。最为主人珍视的是书架上小山般的书稿，她为之奋斗了四年。

从 2009 年开始，高耀洁的工作渐趋艰难，她多年坚称中国艾滋病传播的根源在于"血祸"，一再受到代表正统声音的主流研究人员点名或不点名的批驳；她的研究成果得不到发表，研究也难以为继。就在六年前，她还当选为半官方意味的"感动中国"人选，在屏幕上接受万众景仰。

2009 年 8 月，她来到美国，最终以访问学者身份定居纽约。

"在这里，我要写我的书，把真东西留下。"高耀洁说。2009 年以来，她已经出版了《血灾：10000 封信——中国艾滋病泛滥实录》《揭开中国艾滋疫情真面目》《高洁的灵魂——高耀洁的回忆录（增订版）》《我的防艾路》和《疫症病案一百例》。但在很多地方，它们均有不同程度的出版困难。

2013 年 8 月 29 日国家卫生计生委举行在线访谈，中国疾控中心性艾中心主任、研究员吴尊友在访谈中表示，截至 6 月底，中国新报告的艾滋病感染者中 90%是通过性途径传播的，近 9%是通过吸毒传播。

高耀洁和主流学界的分歧主要在血液污染是否占艾滋传播途径主要的百分比上，她始终坚持"血祸"说。在她看来，宣传性乱和吸毒传播为主要途径，就似乎是感染者咎由自取了，相关部门的责任就要小得多。

高耀洁的家里一共有五副眼镜，以便她随时随地需要写稿、校稿。四年来，她唯一的寄托就是写书。她将要出版本书，一本是关于艾滋病儿童的图集，一本是她这些年来的一些文章的文集。她已经在联系出版社，同时想办法转运一些回家乡。

高耀洁说她不向出版社要一分钱稿费，"这样他们热情更高"。

但中国民间防艾志愿者李丹感叹"高老是有点脱离时代"。2003年，李丹在河南商丘建立东珍艾滋孤儿救助学校。高耀洁会给他几捆自己印的小册子，让他拿去发。"她印的资料是那种黑白的小折页，几万几万地这样印。"李丹说，"但其实这并不适合现代人阅读。"

但高耀洁就这样日复一日地忙着她的书。她的房间既是书房又是卧室。桌子边放着两张椅子，一张给来帮忙打字的留学生用，高耀洁坐在旁边把关。她用蓝色钢笔把文章写在活页笔记本上，再用红色的笔修改，最后由来看望她的学生打字到电脑里。唯一比较现代的电器是一个连着大液晶屏的笔记本电脑，大屏幕也是从朋友那借来的。

回去还是留下？这个问题高耀洁用四年时间去消磨。但国内的一些朋友却不这么认为。就在几天前，北大教授翁永凯发邮件给高耀洁，说要来看她，想接她回去，而且已经联系到了养老院。高耀洁的回复是："不回，养老院写不了我的书。"即使在美国，高耀洁也是坚决拒绝住在养老院的。"活着就要干活，不能等死。"

"她这么在意她写的东西，只能一百本两百本地发。最后有多少人看到？有多少人在意？"袁艺玮说。她是纽约圣约翰大学的新生，在微博上听说高耀洁住在纽约，上周六第一次来看高耀洁。

"我觉得可惜又可悲。"袁最后说。

"我很好"

在纽约，除了写书，高耀洁还会参与一些公开的宣传艾滋病的活动。2012年就在哥大做了两次演讲。第一次主要讲中国艾滋病村的历史和现状。她全用图片说话，幻灯片上放着艾滋病小孩的年龄、染病的方式、症状，有时还有他们离开这个世界的日期。

"照片是不会说谎的。"高说。高耀洁尤为重视她的听众，在最近的一次演讲中，"悄悄"对身边的翻译说："今天还不错，人多，人多就是胜利！"

但找上门的时常不是虔诚的听众，更多的是各怀心思的人。朋友杜聪说，在美国有些人想借用高耀洁的名声筹钱。杜说："如果她答应的话，日子会好过很多。但是她都拒绝了。"

在文章《我的风烛残年》里，高耀洁写道："我要保住晚节，不能和假货们混在一起……我只有埋头整理书本，来度过人生最后的时光。"

滋扰逐渐影响了正常工作和生活。高耀洁干脆将自己封闭起来，除了看病极少出门。对于陌生人的电话她不接，电邮也不回。就连美国前国务卿希拉里的秘书问她有什么要帮助，都被老人倔强地回绝了。

"我都说'我很好'，不愿意给谁添麻烦。"高耀洁说。

杜聪是高耀洁一位信任的朋友。他是香港一家基金会的创办人，在高耀洁的影响下，辞职走上了救助艾滋病公益道路。高耀洁来到美国之后杜聪几乎每年见她一两次。带她去百老汇大街上吃她喜欢吃的北方菜，或者去唐人街的一个中国超市买山东馒头给她。

有一次吃完晚饭，杜聪搀着高耀洁走在纽约街头。高耀洁突然对他说："有人总觉得我跟富人打交道，其实我也想回到农村，跟孩子们在一起。"

过度的工作已经透支了高耀洁本已无几的健康。她时常发软摔倒，最严重的一次晕倒摔伤是 2012 年 6 月，去医院缝了三针。这样意识消失性的昏倒，是高耀洁来美国后才出现的，且越来越频繁。

高耀洁吃不惯美国食物，一吃就腹泻。她的胃曾切除了四分之三。为了图方便，她把面包圈撕成拇指大的碎片沾白开水，就是一顿午饭。

来美国四年，只有大女儿郭竞先 2012 年看过她一次。小女儿郭炎光遭供职单位排挤远走加拿大。"她把这个家给撬了。"郭炎光至今仍这么认为。

"不想再给孩子们惹麻烦了。"高耀洁说。在高耀洁刚到美国的第二个月，曾收到了一位亲人的信："你在走让国人谩骂的路。你继续这样折腾下去吧。你将在孤独和寂寞中死去。"看到这封信后，高耀洁伤心得病倒多日。

在书桌的鼠标前，一个一半绿色一半黄色的药盒被放在醒目的位置。每种颜色，七个格子，代表她一周的七天。低保的六百美金是她全部的收入，而看一次病，行动不便的她打车来回就要五十美金。

现在，虽然亲人不在身边，高耀洁身边却常常有留学生的照顾。他们在微信上建了一个"Weekly visit Gao（每周拜访高奶奶）"的群，他们帮高耀洁把书稿打到电脑上，也陪她聊天。房间里常常都是高耀洁一个人的声音，响亮，饱满。结果，后来很多学生都有了河南口音。

很多毕业的学生离开纽约，但留下的人会带新人来见高耀洁。哥伦比亚大学公共管理专业留学生黄泓翔持续来看望了高耀洁两年。他今年五月的毕业典礼，邀请了高耀洁。高因为静脉血栓，久坐或久站都会腿脚浮肿，但她还是贴上膏药出席了。

现在，高耀洁日复一日伏案在家，改改写写，连已经出版的书上都能看到她再次阅读之后用红笔修改的痕迹。她立好的遗嘱被随意塞在一堆资料中，遗愿是要"把骨灰带回国，洒在黄河激流处，免得别人再用她的名字骗人"。

她还爱种花，常常会送给来看她的朋友。"花不会诈骗、拉帮结派、阳奉阴违。它们是我的精神安慰。"

2013 年 11 月 15 日

身外无物 心怀仁爱

——纪念高耀洁

唐茂琴

2016 年，我们波士顿"北岸学社"几个朋友，即《波士顿书评》前身，有幸结伴去纽约探望高耀洁。当时因为孩子年幼，我和先生不得不将孩子一起带上，没想到高奶奶见到孩子非常欢喜。

此行让我们跟高奶奶结下了特殊的缘分。此后 7 年，我们北岸学社一直与高奶奶保持联系。在新冠疫情前，我们每年至少一次去看望高奶奶，经常通信，每逢她生日、新年我们或者邮寄或者亲自去送小礼物表达心意。疫情之后我们没有再亲自看望，担心给年过 90 的她带来风险，但我们依然保持通信，直至去年 10 月 13 日。而高奶奶，几乎每次见她都给我们赠书，通信时分享给我们她的文章，或有关中国艾滋血祸的资料，或讲她的遗嘱、身体、百年后的担忧，或对时事的评论。去年 7 月她还说久病初愈，欢喜之情从文字之间可见，而我回信说疫情基本过去，我们找时间去看她。当时我是计划在新年前，孩子寒假时去的。谁知，她在生日即将来临前走了。

我们初见高奶奶，她虚岁 90，正贫病交加，刚刚得过一场严重的肺炎，卧病在床还没有痊愈，生活也非常拮据，但是她在年迈、病弱、贫困之中依然迸发出智、义、爱的光辉让我惊奇，并在以后 7 年的交往中让我感受更深刻，也为此而被激励和感召。有许多细节，令人难忘。

一、她的小脚。第一次去她的公寓，她指给我们看她的小小的鞋子，这时我们才意识到她原来是小脚。这双小脚像个巨大的隐喻，无论旧制度的藩篱、还是新社会的国家机器，都无法阻挡她求真、行义的意志。

二、她坚决不收费。她每次赠送我们著作却坚决不收取任何费用，不要书费，也不要任何形式的捐款，尽管她为防艾散尽家财，而且当时正生活困难。她问我们的名字，在书上郑重地签名、交给我们，嘱咐我们自己看和赠送图书馆。疫情期间我们不能见面，高奶奶要来我家地址，给我邮寄来两本新书，却依然不肯收任何费用，我给她寄去的补贴生活的 200 元支票也分文未动。她唯一肯收的就是我们在她过生日或过年时给她带去或邮寄去的面条。纵然如此，她还不断表达感谢和叮嘱不要送了。

三、她在病弱中她依然发出义愤，说话掷地有声。我们第一次去时她还卧床，扶着坐在桌前，说话有些费力，经常停顿，停顿的间歇发出丝丝喘息声，但是谈到河南艾滋血祸问题和对艾滋真相的封锁时，我们依然能感受到她内心火焰般的力量和愤怒。我们北岸学社的发起人四鸰敏锐地捕捉到了这一点，写成了采访文稿《防艾斗士高耀洁 90 岁了，为何仍怒？》

四、她思惟敏锐，行事谨慎，充满慈爱。我们是在高奶奶暮年相遇，但她对人对事一直反应敏捷，明辨善恶是非，评论一针见血。她很小心翼翼，唯恐被人利用和诈骗，唯恐个人清誉受损，但一旦她信任你，便如亲人一般相待，充满慈爱。我相信与她相遇的很多朋友都感受到这一点。我们北岸几位朋友和我的孩子们也这样有幸和她如亲人一般。我家双胞胎早产，姑娘乐乐当时体重偏低，她关心她的饮食和营养；男孩天天疫情期间体重过重，脸上长了痘痘，她告诉我如何给他清淡的饮食，如何带他运动减重，那样亲切而自然，既像一名专业医生的叮嘱，又像家里老奶奶的爱护。有一次北岸学社又去看她，我们一家因事没能成行，她除了托他们给我带来书，还给孩子们带来零食和漂亮的小包包。

诸如此类，还有很多，不一一详述。每一个细节，彷佛都在回应我未见高奶奶前的惊叹和疑惑：她那虽千万人吾往矣的勇气究竟从何而来？如今我知道，她身外无物，心怀仁爱；她悲天悯人、勇猛刚健。一切是那样自然而然地生发于心，又彷佛不由自主地为天命驱使。她用全部生命诠释了《论语》中的这句话：君子无终食之间违仁，造次必于是，颠沛必于是。

所幸，德不孤，必有邻。在这条防艾、救孤、求真、反封锁的荆棘路上，高耀洁既遇到了一些勇敢的同道，也感召了一些大德志士投入其中，如高燕宁教授、杜聪先生。即便孤身出走海外，她也得遇友人惺惺相惜、倾力相助，如希拉里、黎安友教授，完成了她说出真相的意愿。而在高奶奶最后 7 年中，我们又何其幸运与她相遇，何其幸运，被她晚年的余晖光照，不仅明白了她的勇气之源，也被她所温暖、感召和激励。

2024 年 12 月 10 日

注：作者为留美宗教学博士，两个孩子的母亲。疫情期间，写下数篇波士顿疫情报道。

第七辑

民族的良知　时代的英雄

高耀洁获颁 2014 年度"刘宾雁良知奖"
以其持守天良、悲悯苍生之人道精神和伟大母爱
良知，是漫漫长夜里的灯盏！
良知，是冰天雪原上的篝火！
"本人职业是个医生，救助病人是我的职责。"
您就是中国的良知之镜！

刘宾雁良知奖 2014 年度颁奖辞

良知奖评委会

2014 年度良知奖奖牌（北明拍摄）

敬爱的高耀洁医生、尊敬的各位女士、先生：

今天，2015 年 2 月 7 日，刘宾雁先生 90 周年诞辰纪念日，我们把以他的名字命名的良知奖，颁发给 88 岁高龄的高耀洁医生，倍感荣幸。

2015 年 2 月 7 日高耀洁医生获颁 2014 年度刘宾雁良知奖。
左起：评委王康、陈奎德、北明，获奖人高耀洁，黎安友教授、评委
苏炜、郑义、一平

　　高耀洁是山东曹县人，生于 1927 年，1954 年毕业于河南大学医学院，是妇科肿瘤病专家、河南中医学院退休教授。文革中她横受迫害，戴高帽，挂黑牌，赤脚踩过煤渣玻璃碎石路，游街示众；她被关进太平间，与死尸为伴，达数月之久；她以年近五十、周身病痛的小脚女人之身被押往劳改营，在露天采石场从事惩罚性劳动。1966 年 8 月 26 日，"首如飞蓬、遍体鳞伤"的高耀洁决意自行了断，吞下大量安眠药，——终被三个孩子的哭喊唤醒，被一道至高的律令召回。

　　1996 年，高耀洁医生偶然发现因输血感染艾滋病的病例，立即意识到血液传播艾滋病的严重性，开始自费进行艾滋病防治和救助工作。2001 年 9 月 30 日，21 世纪第一个中国中秋节，她目睹了一幕惨剧：一个两岁男童，抓着已悬梁自尽的母亲的脚后跟哭喊："下来，下来！"自尽的年轻母亲曾与丈夫一起卖血，双双染上艾滋病毒。

　　在高耀洁医生眼里，"艾滋病的死亡，不是一个简单的抽象数字，而是一串串真实的姓名和面孔，一幅幅惨不忍睹的场面，一声声绝望的哭声，和一片片连绵不断的新坟……"她从此生死以赴，投身阻止

艾滋病扩散和防治，救助艾滋遗孤——投身一场改变了自己也改变了中国的"一个人的战斗"。

为调查艾滋病情、宣传防艾知识、揭露输血感染，她的足迹遍布大半个中国。她走进过 100 多个村庄、近 1，000 个艾滋家庭，留下金钱、药物、数据和口述防艾方法；她分担患者的困苦、绝望和怨恨；延长探访时间和路途，增加救治的工作量和新方案。

她亲自编写、自费印刷的各式艾滋病教育普及读物达 150 多万册。她在两个巨大本子上记满各地艾滋家庭地址，她没有发行渠道，只能逐个与医院、学校、报亭、报章杂志社建立联系，定点寄发；她先后背负 12,000 张自费印制的防艾宣传品，在火车站、长途汽车站，在寒冬酷暑中向往来过客散发。

她收到过来自艾滋病人和各种性病患者的信件 15,000 封，每个写信人都会得到她的回复。她亲手救助数百名艾滋孤儿，她能一一叫出这些孩子的名字。受她鼓舞，各地拯救的艾滋孤儿，总数已超过 10，000 名。

她的家成了艾滋病患者的求助中心。她没有固定的办公室、经费和工作人员。20 年来，她把自己 100 多万人民币奖金全部投到艾滋病患者身上。

自 2001 年以来，中国进入艾滋病发病和死亡高峰期，被国际医学界称为"即将爆发的火山口"。按照艾滋感染者以每年 30% 的速度增长，以 800 万农村感染者计算，艾滋病所造成的贫困人口将高达 2,400 万到 3,200 万。克林顿总统曾警告说：如果有 1,500 万到 3,000 万人患上艾滋病，中国的经济将毁于一旦。世界银行发表报告指出，如果继续对艾滋病采取鸵鸟政策，艾滋病就会在三代人的时间里毁掉一个社会。这件"天大的事"，中国的全能政府竟长期置若罔闻，而由退休医生高耀洁以一人之力担当。

只有中国才可能发生的荒诞和邪恶于是降落在高耀洁教授头上。随着她锲而不舍的调查，中外记者持之以恒的关注，艾滋病爆发的事态已经无法遮掩。但是中国的商业"奇葩"——"血浆经济"——在艾滋病传播中扮演的角色，是不能公开议论的地方"面子"和政府"形象"。要阻止更多人在愚昧和贫穷中死亡，不能不涉及这个"国家机密"。从此，高耀洁头上开始悬起一把达摩克利斯剑。她接到谩骂和恐吓电话，计算机出故障，出门被人跟踪，楼前布置岗哨，住室前后安装了监控镜头。"五毛党"指控她"居心不良"，有人威胁："再多管闲事，杀你全家！"

高耀洁面前，是成千上万亟需救助的艾滋病人；身后，是欲置她于死命的"血浆经济"获益者及其后台。她的立场是，"我要一直干下去，若我本人遇有不测或我的家人为此出了意外，只希望能变成净化医疗系统的动力，让老百姓不再受此痛苦。"

高耀洁的努力终于得到国际社会的关注。2001年，高耀洁获全球健康理事会颁发的"乔纳森·曼恩健康与人权奖"。联合国秘书长安南指出："我们向她独自在中国乡村推行 HIV 教育的工作表示敬意。我非常遗憾她不能够亲自来领取这一奖项。"2002年，高耀洁被美国《时代》周刊评为25位"亚洲英雄"之一，《时代》周刊驻上海记者汉纳·比姬写道："她只是位退休的医生，但面对疫情，她拒绝保持沉默。"2003年，高耀洁获"拉蒙——麦格塞"奖，该奖"对她在对抗中国艾滋病危机中表现的强烈的个人献身热情和富于人情味的工作表示钦佩"。

2007年，由于美国国务卿希拉里多次敦促，高耀洁教授终于突破阻力，到华盛顿领取美国维护女性权益组织的"环球女性领袖奖"。这是高耀洁第一次出国领奖，她穿戴一件艾滋病人赠送的手工缝制的黑底白花的中式外套出席颁奖仪式。"我为中国最穷的人而来"，"我是代表中国艾滋病患者去的，我要为那千千万万死者服丧。"一位远道而来的美国妇女将高耀洁与德兰修女相提并论，认为高教授的工作条件比德兰修女更艰难，她不仅心地善良，还是位英雄。

德兰修女是人类慈善和仁爱的象征，享誉全球。波兰妇女艾仁娜·辛德勒，曾从纳粹集中营救出 2,500 名犹太儿童，被誉为"犹太母亲"。本奖评委、作家北明指出，高耀洁的努力和奉献可与这两位伟大女性媲美。

高耀洁教授跟德兰修女一样身材矮小，她得用一双小脚捱过漫长崎岖的山路、土路。她是病人，患有高血压、心脏病，文革中胃被打伤，切除十分之九。她是妻子，善良的老伴实在无力陪伴，先她而去。她是母亲，儿子受牵连，13 岁被判刑入狱，女儿不理解她。高耀洁的苦情难为人道。

高耀洁无法与德兰修女相比。德兰修女得到"天主的圣召"，得到几任教皇和无数基督徒的支持。在她生前，已有一百多个国家支持"仁爱传教修女会"事业，五千多名修女继续着她的志业，受其感召的义工超过一百万人。高耀洁也没有艾仁娜身后的地下抵抗组织，没有舍命相助的同伴。她所面临的冷漠、打击和孤绝，在德兰和艾仁娜的世界是不存在的。但高耀洁跟她们一样，内心充满悲怜和仁爱，脸上刻划着在苦难和死亡中凝结而成的坚毅和微笑。她在愚昧与不幸、贪婪与残忍、敌视与仇恨中挺立，在艰辛与病痛、孤独与悲伤、愤怒与绝望中挺立。本奖评委、苏炜教授题献高耀洁医生的诗句乃是其真实写照：中原血祸挺孤身，国难临肩许一人。

2007 年，德兰修女与世长辞，获得至高的祝福——世界宗教领袖教皇约翰·保罗二世为她行宣福礼，将她命名为"加尔各答受祝福的天使"。97 岁高龄的艾仁娜·辛德勒成为众多资格提名人推荐的诺贝尔和平奖候选人。同年，年届八旬的高耀洁回到中国——她的根在中国，家在中国，事业在中国，她必须回到"血祸之地"。"颁奖是他人的事，后果需自己承担。"

尽管中国政府为时已晚地意识到"血浆经济"引发艾滋病的严重影响，但高耀洁的境遇并无丝毫改观。因揭露汶川地震黑幕的人权斗士谭作人，使高耀洁对国家未来深感失望。为继续揭露中国艾滋病及其传播方式的灾难性后果，呼吁国际社会继续关注中国艾滋病，高耀洁在生命暮年做出最后的选择：流亡。

伏尔泰、雨果、索尔仁尼琴曾在长期流亡后凯旋式返回故国，象征 18、19、20 世纪欧洲和俄国自由的降临。1910 年，82 岁的俄国文豪托尔斯泰伯爵为寻找良心安宁离家出走，举世关注。一个世纪后，2009 年，为把"中国血祸"披露于世，追查杀贫济富的凶手，为无辜的艾滋死难者讨还公道，83 岁的高耀洁孑然一身，走上流亡之路。六年来，在纽约这间窄小公寓里，高耀洁老人用瘦骨嶙峋、写得发青发紫的手指奋笔疾书，继续一个人的良心之战。

艰难困苦，玉汝于成。高耀洁出身名门望族，高氏家族可上溯《宋史》所载冀国公高怀德镇守曹州的北宋年间。高耀洁自幼诵读四书五经，儒家精神在她脑海中"根深蒂固"，培育出她"一颗善良的心，真诚的心"，奠定了她的"人生观和以后要走的路。"高耀洁20年艰辛备尝的奋斗，绝非"匹夫之勇""妇人之仁"。今天，人们可以清晰地看见，中国古圣先贤如何支撑高耀洁在"三千年未有之大变局"的文明浩劫中，中通外直，香远益清，出淤泥而不染，历经磨难而不屈不挠。

"儒者可亲而不可劫也，可近而不可迫也，可杀而不可辱也。"高耀洁文革受辱，始终保持尊严，"每念斯耻，汗未尝不发背沾衣也。"虽自尽未遂，却从此荣辱不惊，置生死于度外。

"士不可以不弘毅，任重而道远。仁以为己任，不亦重乎？死而后已，不亦远乎？"在踏上美国大陆航空公司客机的舷梯时，高耀洁那古典式思维中出现了庄周梦蝶的幻影。但是她知道自己不是庄子也不是蝴蝶，不是逍遥隐逸的道家高人，而是服务万千艾滋病患者的至死不渝的践行者。

"始吾于人也，听其言而信其行；今吾于人也，听其言而观其行"，高耀洁曾引用这句《论语》，敦促河南省高官尽力防治艾滋病。这是她识人论世的不二法门——她对世道人心有清醒的判断力。

"知我者，谓我心忧，不知我者，谓我何求？"高耀洁忧的是"'血祸'未止，'艾魔'未灭"；她求的是"这个'世纪灾难'早日结束，苦难的人民早日摆脱苦海"。

"老吾老，以及人之老；幼吾幼，以及人之幼。"高耀洁是三个孩子的母亲，孩子受她连累遭罪，是她最深的痛。她却在千万个艾滋孤儿那里，恪尽深沉宽广的母爱。

"虽千万人，吾往矣，"高耀洁在遭遇无数困厄伤心后，多次"静下心来思前想后，心潮难平。"最后，她以万牛莫回的勇气，以孤寂的绝境替代颐养天年的清福，以无人知晓的奋勉抚慰不幸者的痛苦，以老迈羸弱之身躬行人伦大道。

"道不行，乘桴浮于海。"高耀洁是有史以来最年长的流亡者，不说英语、茕茕独立的流亡者，如寒冬的霜叶，暮色中的倦鸟，切断了归路的孤雁。她风烛残年且拥有国际声望，回到中国未必招致不测。但是她不能放弃使命，不愿接受一个腐化堕落的社会。

"天下有道，以道殉身；天下无道，以身殉道。"高耀洁已经走到人的极限和尽头。她筚路蓝缕、艰苦卓绝的一生足资证明，中国古老的仁义道德，支撑中国民族几千年于不坠的君子风范、大丈夫气概和圣贤精神，能够继续支撑中国人面临现代极权主义和文明危机而守死善道，尽显人生的庄严不朽。

"天行健，君子以自强不息。"高耀洁没有遗产，她的座右铭是"但愿人皆健，何妨我独贫"。高耀洁老人为自己和中国书写了一首惊天地泣鬼神的悲壮史诗，她启示和感化了无数人的心灵，她是人类社会"道成肉身"的又一个典型。

"天地有正气，杂然赋流形，下则为河岳，上则为日星……时穷节乃见——垂丹青。"高耀洁老人的至交马云龙先生在《刘宾雁时代》中写道："有些星星离我们有千百万光年的距离，当我们的肉眼接收到这些发自千百万年前的光芒时，它们也许早已熄灭了。但是这光芒穿越时空，依然会照耀着我们"。2007年4月20日，国际天文学会将38980号小行星命名为"高耀洁星"。我们有幸，亲眼目睹这颗散发着温暖春晖的星星。

现在，请高耀洁医生从本奖发起人、学者王康和作家郑义先生手上接过中国人自己创设的2014年度刘宾雁良知奖奖牌，从本奖评委、《总览中国》主编陈奎德博士手上接受奖金。

祝高耀洁医生米寿大吉，愿您康健、欣悦。

2015年2月7日

注："刘宾雁良知奖"宗旨：秉持自由与民间立场，超越意识形态与党派政治，表彰弘扬良知与人文理想的原创写作或社会贡献。历届获奖者有陈子明、高耀洁、谭蝉雪、谭作人、胡耀邦（特别奖）、黎智英、"浙江民主党人群体"、王康（特别荣誉奖）、马云龙等。

我的职业是医生

——2014 年度刘宾雁良知奖获奖答谢辞

高耀洁

高耀洁医生在 2014 年度刘宾雁良知奖颁奖仪式上致答谢词
（北明拍摄）

各位评委、各位来宾、大家好：

首先向大家致以谢意。

本人职业是个医生，救助病人是我的职责，十多年来我深入艾滋疫区做了一些工作，也掌握了一些疫情。但收获甚微，可谓杯水车薪。我对这次获奖，深感惭愧。当我第一次得知获奖的消息时我就想让给真正有功勋的人，我和评委会有关人员说，让给别人吧。回答说："您获奖是评选的结果，这可不是过家家说该就能改……"

1996 年 4 月 7 日，在一次外院会诊中发现一个不能确定的病人，从病人的腹部紫色斑点上看，我怀疑是艾滋病。化验检查艾滋病病毒抗体强阳性，确诊艾滋病。那时我深信政府宣传的艾滋病是性传播为主。病人巴某是一个 42 岁善良的农村妇女，艾滋病由哪里传播来的，首先想到她的丈夫，即让她丈夫抽血化验，结果 HIV 抗体阴性，排除艾滋病。再让其家属 8 个人抽血检查，艾滋病抗体均为阴性。追寻病史，巴某在两年多前做妇科手术时输过血，而且是医院血库的血，我意识到库血传播的艾滋病绝非她一例。报告河南省卫生厅，碰了个钉子，厅官说哪里有那么多艾滋病叫你看见。

我带着艾滋病传播途径的问号，深入农村，走了几十个村庄，就发现许多农户家中躺着 1～3 个艾滋病病人。这些人不但没有钱治病，而且连吃饭也很困难，在两千年初，我给他们带对症治疗的药物，每次到艾滋村都一抢而光。

下农村次数多了，发现更多问题。农村每个病人都有卖血史或输血史，血传播艾滋病的途径无疑了。从 2000 年以后，我已不再相信政府宣传艾滋病传播的途径。同时武汉中南大学桂希恩教授也来到农村，他检查艾滋病病人的条件比我好。他做了统计，发现有卖血史的农民 60%以上染有艾滋病，有的还没有发病，而且发现夫妻一方有艾滋病，共同生活 5～10 年，感染率不到 10%。因为中国艾滋病病毒与外国的种类不同，所以出现这个现象。

卖血感染艾滋病多是青壮年。他们死后，留下许多未成年的孩子。自 2002 年，我开始着手救助孤儿。这些孤儿人贩子都不领，怕传染艾滋病；其实卖血前生的孩子没有艾滋病。我领了这些孩子，送给无子女的家庭，先后救出了 164 个孩子。2002 年元月杜聪由香港进入河南，他是孙中山先生的旁系家属，他有个智行基金会，十多年来救助了两万多孤儿，其中也有一些患有艾滋病的孤儿。

2008 年 8 月 28 日，我最后一次下艾滋村。在 2 年前，我去过这个村，那时在农户家中躺着 20 个垂危的艾滋病人。这次去，只有一人还生存。原来他是下煤矿的工人，身体很好，现在他下肢全是疮痍，他的右腿中趾已烂掉，他拄着双拐。我从兜里掏给他 100 元人民币，他说："你老人家这么大年纪，挣点钱也不容易，我不要。"我看他真心不要，我就跑，他在后边撵，他一直喊着，我不要，我不要；一直到大街上，我跑掉了，他没追上。

在工作中我发现病人无文化无知识喊不出来声音，于是我自费印刷宣传册 1250 多份；还有书籍《艾滋病性病防治》一书，先后印了 39 万多册，发往全国各地。

十多年过去了，我没有向政府要过一分钱，完全是我用奖金稿费和我的积蓄支付的；先后花去一百多万元。这次获奖我仍然把奖金用在抗艾工作上。目前，为了往纽约运书，已花去 5000 多美元书费运费。我还要继续往国内寄书，如果有精力，我还要继续写书，其目的是为艾滋病受害者喊冤。

谢谢大家！

（注：标题为编者新加）

2015 年 2 月 7 日于纽约

《纵览中国》首发 Thursday, February 12, 2015

2014 "刘宾雁良知奖" 上的发言

黎安友

我不会轻易地和高大夫的意见不一致,但是在"刘宾雁良知奖"该不该给她这个问题上,我和她的意见不一致(注:高耀洁医生曾谦虚地表示这个奖项应该给别人),我还是认为她是非常合适的受奖人。

在我的认识中,"良知"的意思有两方面。一个是说良心,就是说你是个好人,在情感上关心他人。我们知道,高大夫是为别人的痛苦而痛苦,而不是为自己。因此她是有良心的。"良知"的另一方面是,刚才马云龙先生也提到,是"知",知正义,要追求正义。在最近认识高耀洁的这几年中,我发现她非常强调正义。她发现谁有正义,她就会佩服那个人,尊重他,喜欢他。但是,如果当她听到违背正义的行为,她就会生气,对之痛恨。她就是一个良知的模范,代表人物。

第二点,要说一说,我为什么一定要让她更多地写作。她已经写了很多书、文章。你们清楚,她的笔法非常非常动人,非常有吸引力,非常可读;但是最重要的是她写的东西内容丰富。她的经历,对我们西方人大概是不可想象的。她儿童时代住在山东,但是日本侵犯后,她跑到内地。1949 年后,她受了很多苦。当时中国很落后,她作妇产科医生的经历也很戏剧性。关于艾滋病的故事,她写了回忆录,但是这以前的故事,她写的不够。我认为她还有很多话要说,很多故事要写;很多宝贵的历史,只有她知道,只有她能够贡献给我们。所以,我每次见到她,总是说"要多写、多写"。

她第一次来哥大演讲,大约是十年前左右,我去听,很受影响,但是不敢和她对话,一是我听不懂她的话;再是,她是个伟大的人物，而我只是个小教授，因此不敢和她多交流。但是，她后来来美国长住，我有机会经常和她在一起，这是非常好的机遇，是缘分，这是我以前不曾期待的。能够认识她，非常愉快、高兴。

我们哥大的年青学生希望她能经常来，和她在一起，叫她奶奶。以后，我也用这个说法，叫她奶奶，她告诉我不合适，因为我的年龄太大。

今天，我能够在这里祝贺高妈妈获奖，非常高兴。

2015 年 2 月 7 日纽约

注：作者为纽约哥伦比亚大学东亚系主任，著名中国问题专家。同时也是高耀洁医生在美国的监护人，十多年帮助她申请医疗、看护、生活补助等问题。并时常探望高耀洁医生，鼓励她多多写作，留下历史见证。

在此感谢黎安友教授！

高耀洁老人形迹感赋

苏 炜

中原血祸挺孤身，
国难临肩许一人。
试儿苦泪炕灯影，
解重沉疴劫路尘。

天不照明光日月，
我来鸣世廓清真。
苍茫四海浮舟小，
浩浩长空铭大仁。

注：作者为耶鲁大學講師，作家，主要作品有著有《迷谷》《听大雪落满耶鲁》《西洋镜语》等。

故土的人们并没有忘记你们

——祝贺高耀洁获得刘宾雁良知奖

马云龙

马云龙，高耀洁医生抗击艾滋病事业的长期追随者

敬爱的"刘宾雁良知奖"获得者高耀洁女士：

尊敬的"刘宾雁良知奖"评委们：

虽然远隔万里，我不能参加这个隆重而有重要意义的颁奖盛典，但是此刻我的心是与你们同步欢跳的。本届"刘宾雁良知奖"授予中国抗击艾滋病的旗手和斗士、伟大的人道主义者高耀洁医生是一个英明的正确决定，我衷心拥护，并感谢诸位评委们高瞻远瞩、公正公平的选择。

作为高耀洁医生抗击艾滋病事业的长期追随者、合作者和忠诚志愿者，我向敬爱的高妈妈获得这一崇高荣誉，致以最热烈的祝贺。

我是高耀洁女士艰苦卓绝、感天动地的人道主义壮举的见证者之一，我认为她获得"刘宾雁良知奖"这一荣誉是天公地道、名至实归。

"良知"是宾雁先生留给我们的最重要遗产，他在自己的晚年，面对礼崩乐坏、物欲横流、道德沦丧的现实，曾多次含泪发出过痛切的呼喊："我们大家讲点良心，好不好？"陈奎德先生曾准确地评价："他因良知而挺拔，他因正义而高贵。"宾雁先生用生命呼唤的"良知"就是中国当今最稀缺的精神元素。而"刘宾雁良知奖"的设立就是刘公遗愿不息的回声。

我永远也忘不了第一次走进高耀洁在郑州那间堆满防艾小册子的陋室，看到墙上悬挂的条幅"但愿人皆健，何妨我独贫"时所受到的冲击和震撼。她的职业是医生，但是她在退休以后以将近二十年的时间致力于抗击艾滋病的斗争，这已经远远超出了职业所要求的职责和义务；特别是当她的义举遭到来自强权的打压时，她身上所爆发出的强烈义愤和惊人坚忍，更是令人肃然起敬——植根于人道主义的"良知"是她精神力量的源泉。

最大的遗憾是，宾雁先生在流亡十八年后终于星陨海外，而耀洁先生以八十三岁的高龄也被迫流落异国，至今难望归期。唯一给人以安慰的是，故土的人们并没有忘记他们。

这次颁奖盛典的最大意义就是再次让人们想起刘宾雁和高耀洁这两个伟大的名字，让人们再次重温他们用毕生实践所呼唤的"良知"。

宾雁先生用八十年生命所呼唤的"良知"，和高耀洁老人以八十八岁高龄仍在持守和诠释的"良知"，是我们在夜空中举目可见的北斗，我们都是在这星光下夜行的旅人。这星光不灭，我们的希望便不灭。

谨以这段文字纪念宾雁先生的英灵，并祝贺耀洁女士的获奖。

马云龙 2015 年 2 月 7 日

注：马云龙：河南《大河报》创始人和副总编辑，首次披露中国血祸资深记者，《刘宾雁时代》作者。

良心之镜

——高耀洁妈妈

谭作人

美东时间 2015 年 2 月 8 日上午九点，美国，纽约。北明、郑义、王康等人代表"刘宾雁良知奖"评委，将本年度大奖颁给"中国民间防艾第一人"，如今流亡美国，八十八岁的良心人士高耀洁女士。

高妈妈是一位品德高洁的退休医生，当她发现她的家乡因为血浆经济而带来了中国血祸时，竟以一人之力，为阻止血祸的扩散并帮助受害的乡亲，持续奋斗了二十年！

这样一位圣徒一样的人，中国的德兰修女，竟然受到各种难以想象的迫害，被迫以八十多岁高龄流亡海外！

是谁，天天在摔中国镜子？

中国，为什么总是在流放良心？

这好像一个现实中的寓言。

有个丑国王，自知其丑，所以从不照镜子。并且，仇恨普天之下的所有镜子，或者打碎；或者关押；或者干脆流放外海。

镜子看不见了，国王就美了吗？未必。

这面镜子，就是良心。

高耀洁妈妈，就是中国的良心之镜。她让丑国王无法面对无地自容，因此……

当前，当局提出三个自信，这是因为不自信。为什么不自信？原因既复杂又简单。复杂到不敢争论，简单到不敢面对。

但有一个最简单的办法——拿起高耀洁妈妈这面镜子，往里面看看。如果你知道应该怎样做人了，你还能不自信吗？

高妈妈就在那儿，等待你的觉醒。

谨以此短文恭贺高耀洁妈妈荣获"刘宾雁良心奖"，并祝高妈妈健康长寿！羊年吉祥！

2015 年 2 月 10 日重庆

注：谭作人，中国维权人士。毕业于华西医科大学。2009 年 2 月，起草题为《5.12 学生档案》的倡议书，呼吁民间对汶川大地震遇难学生校舍工程质量进行调查。并于 2010 年 2 月 9 日被成都市中级人民法院以"煽动颠覆国家政权罪"判处谭作人有期徒刑 5 年。

荣获 2017 年度"刘宾雁良知奖"。

只要良知不泯，中华就能得未来

——祝贺高耀洁荣获 2014 年度刘宾雁良知奖

河南乡人（刘真代笔）

敬爱的高妈妈：

在这阳光明媚四季重启的立春时节，欣闻您荣获了第二届刘宾雁良知奖的喜讯，作为家乡的亲人深为您能获此殊荣而由衷的欢欣。今天，在纽约为您举办的这个一定是别开生面的颁奖仪式上，我们多么希望您能聆听到来自家乡亲人对您的祝贺与祝福！也多么希望能为您传递上令人欣慰与鼓舞的这来自故国家园的信息啊！

敬爱的高妈妈，2014 年，地处中原的郑州，这个也一定让您魂牵梦绕的城市，成为了全国聚焦的中心。这一年的大年初三，在赵紫阳的故乡，滑县的黄河岸边，举行了不忘历史伤痛，还"六四"以公正的"二二公祭"活动，之后因参与公祭的"十君子"被拘（这里也有您熟悉的朋友），而引发了出乎当局意料的持续数月的声援浪潮。郑州第三看守所的门前，每日都聚集着抗议声援的人群，二百多人次的律师和众多的维权人士从全国各地赶来，甚至安营扎寨做长期的道义声援。三看门前出现的感人而悲壮的景观，体现了当前中国公民意识的觉醒和义无反顾的道义良知的承担，那不断扯起的一幅幅长长的横标，铿锵有力地表达着人们以法治国的要求和反专制的决心。这些"为了唤醒沉睡中的国人，要么身陷囹圄，要么就是在去监狱的路上"的义士们，用行动宣告了那个以一己之力来独扛道义责任而陷孤立无援的时代的结束。

敬爱的高妈妈，至今仍被囚禁的普法女杰贾灵敏，曾因家园被强拆，失去生命寄望而欲死抗争，经由大家的声援和解救，她迅速成长为一名杰出的普法斗士。四年来，她足迹遍布大半个中国，为近百个市区县的百姓义务普法，指导人们以法抗争，帮助了无数需要帮助的人。自她去年五月被拘，各地的声援不断，人们还发起了"我心中的贾灵敏"的征文活动。目前全国有百余名律师为她组成了中国历史上规模最大的为一个平民女子提供法律服务的律师团，并以普法团的形式，在传扬和践行她的事业和精神，为遭受欺凌压榨的人们提供服务。

敬爱的高妈妈，所有这些正在您家乡上演的抗争活剧，都是对您持守良知、捍卫道义、关爱众生精神的传承。您虽被逼远离了故土，但您的精神却像一面旗帜，始终在感召激励着每一个"为中华得未来"的朋友们。这些年，尽管比艾滋病毒更为可怕刁钻的专制病毒几乎侵袭了整个中国社会的肌体，但所幸的是，在每个领域，都还有着像您一样坚守良知、捍卫公义的勇士在艰难无畏地前行。只要专制不止，这种抗争就会持续，这是善的力量的聚集，是良知的闪光，是理性的践行，是未来中国的曙光！

良知和理性，是推动社会进步的发动机，是指引我们身体力行的方向标。它来自我们的不忍之心，来自对众生的悲悯情怀，来自先人公义精神之承传，来自那高洁不辱的做人风范。中国的良知，一直在打压、恐吓、威逼、引诱、堵截中凸显成长，且愈挫愈奋，愈挫愈勇。从某种角度看，是专制造就了我们对自由民主公正的向往，是邪恶成就了我们历百劫而不屈的高贵品格！有刘宾雁和您这样的老前辈做榜样，做明灯，我们一定让属于我们的这个虽短暂但也漫长的历史段落，充满慈悲，充满良善，充满良知和人性的光辉！

春节即临，我们多么希望能去看望您，给您拜年！我们愿再次列队黄河之畔，打出"我们都是高耀洁"，向您老表达家乡儿女最深切的敬意、感激和祝福之情！我们为有您这样的老乡而深感自豪与荣耀！同时，我们也会努力地使自己能成为堪配做您老乡的人！

只要良知不泯，中华就能得未来！敬爱的高妈妈多多保重，我们热切地期待着恭迎您老荣归故里的那一天！

最后以一位河南朋友、史宗伟的诗句来再次表达我们的恭贺之情:

丹心烁古今,净洁照人伦;

高迈志不辍,执着只为真。

功德彪青史,大作后世垂;

仰望星如斗,深孚众望归。

2015.2.6 于郑州

左一:刘真,左三:刘宾雁良知奖评委王康,右一:史宗伟

颁奖典礼速写：高耀洁获 2014 年度刘宾雁良知奖

一 平

2015 年 2 月 7 日，流亡美国的中国医生高耀洁获颁 2014 年度刘宾雁良知奖。颁奖仪式在获奖人在纽约曼哈顿的公寓举行。来自弗吉尼亚州、纽约上州和马萨诸塞州的六位"刘宾雁良知奖"评委王康、郑义、一平、北明、陈奎德、苏炜代表这个奖项评选委员会为高耀洁举行了这个小型而温馨的颁奖仪式。

根据 2014 年 12 月 5 日刘宾雁良知奖公告，高耀洁医生"以其持守天良、悲悯苍生之人道精神和伟大母爱"获得此项荣誉。二十世纪后期，中国爆发大规模非法倒卖血浆之血祸，罹难千万人，"高耀洁先生以纯洁、神圣之医德，恪守医师誓词：'为病家谋福，避免一切堕落害人之败行'，全副身心救助艾滋病患者及亲属。艰辛备尝而屡遭横逆，竟至以耄耋之年独自流亡海外，守死善道无悔，如星辰闪烁于中国人伦道丧之黯澹夜空。"

刘宾雁良知奖两位召集人流亡作家郑义和大陆学者王康分别在颁奖仪式上宣读了相关的颁奖公告和颁奖词。颁奖词指出：高耀洁老人为自己和中国书写了一首惊天地泣鬼神的悲壮史诗，她启示和感化了无数人的心灵，她是人类社会"道成肉身"的又一个典型。"虽千万人，吾往矣，"高耀洁在遭遇无数困厄后，以万牛莫回的勇气，以孤寂的绝境替代颐养天年的清福，以无人知晓的奋勉抚慰不幸者的痛苦，以老迈孱弱之身躬行人伦大道。

高耀洁医生今年米寿，因救助艾滋病患遭受河南当局迫害而流亡已五载，主要由于气候与健康考虑，评委会决定在这位耄耋老人的住宅举行颁奖典礼。八十八岁的高耀洁身着重色西装，挪动床铺桌椅，布置茶点水果，手扶代步器械，接待了评委和应邀前来的嘉宾。

近几年前初到美国，她精神矍铄，流亡五年，她出写作编辑出版了八部关于中国血祸的书，如今已经体力不支。颁奖会上，她坚持站立着致授奖词。她感谢评委会授予她刘宾雁良知奖，谈起中国血祸，言及穷苦艾滋病人的困境，老人放下了讲稿，声色盎然。时而长叹不已，时而潸然泪下，令在场人黯然动容。最后她补充说：此前她所获一百多万奖金全部用在于救助艾滋病上，她宣布：本次奖金也将全部用于出版或邮寄相关的著述。

高耀洁医生的忘年交、中国大陆河南《大河报》创办人、多年前首次公开披露中国血祸的马云龙先生发来了贺电，他指出："本届'刘宾雁良知奖'授予中国抗击艾滋病的旗手和斗士、伟大的人道主义者高耀洁医生是一个英明的正确决定。"他回忆说："我永远也忘不了第一次走进高耀洁在郑州那间堆满防艾小册子的陋室，看到墙上悬挂的条幅'但愿人皆健，何妨我独贫'时所受到的冲击和震撼。她的职业是医生，但是她在退休以后以将近二十年的时间致力于抗击艾滋病的斗争，这已经远远超出了职业所要求的职责和义务；特别是当她的义举遭到来自强权的打压时，她身上所爆发出的强烈义愤和惊人坚忍，更是令人肃然起敬——植根于人道主义的'良知'是她精神力量的源泉。"

著名美国汉学家，哥伦比亚大学政治学教授、高耀洁的美国监护人黎安友（Andrew Nathan）在发言中说，他十多年前在一次美国给高耀洁的颁奖典礼上就认识了高耀洁，但是他不敢跟她接触，"因为她是一位那么伟大的人物，而我是一个小教授"。他说，他一般不敢跟老人有不同意见，但是这一次，他跟老人意见不同：他认为刘宾雁良知奖颁发给高耀洁是非常正确的决定。他说，他理解良知奖，"良"是良心、善良的意思，"知"是道义、正义的意思，他说，高耀洁医生获得刘宾雁良知奖当之无愧。

颁奖会征得当事人的同意，还公布了一封2011年3月台湾著名诗人，前《联合报》副总编辑痖弦先生写给另一位著名作家韩秀的信，今年八十高龄的痖弦是出生于高耀洁的故乡河南南阳，1949年随国军迁移台湾。此信是痖弦先生了解高耀洁事迹之后的感受，信中说:"我有一个冲动,想马上去美国拜望这位乡前辈、乡贤、用河南话和他交谈,像她请教、致敬。如果她吃得惯,我愿意做她的佣人,为她下面条,做馒头,蒸包子。在中国民间时代文人中,能使我愿意(心甘情愿)这么做的除了高医生,还有一位是——鲁迅"。

颁奖仪式由刘宾雁良知奖评委北明主持,她宣读了来自高耀洁家乡人们的贺信,以及其他大陆来函,这些函件言辞,表达了来自大陆民间对高耀洁的问候、祝贺与敬佩。成都的中国义人谭作人先生在感言中说:"她(高耀洁)的事我知道很多年了,深深地激励鼓舞了我。精神火炬就是这样互相传递,代代传递,温暖人心的。深深地感谢高耀洁老人!衷心祝她健康长寿,看到心中那片光明,普照大地!"

窗外白雪皑皑,室内温馨如春。刘宾雁良知奖除了授予获奖人奖牌一枚,还有奖金一万美金。"中原血祸挺孤身,国难临肩许一人。试儿苦泪炕灯影,解重沉疴劫路尘。天不照明光日月,我来鸣世廓清真。苍茫四海浮舟小,浩浩长空铭大仁。"这是耶鲁大学讲师,良知奖评委苏炜代为起草、全体评委赠送高耀洁的诗:《高耀洁老人形迹感赋》。老人则签字赠予刘宾雁良知奖理事和评委每人一本她2013年底出版的书:《镜头下的真相·记中国艾滋病实况》,并嘱咐一定要送到每位受赠人手中。老人获悉评委们对她的敬意,再三嘱咐前来颁奖的诸位评委"千万不要带食物,若一定要带点东西,可以带一盆花"。尊嘱,北明赠送高耀洁老人君子兰一束,象征她的悲天悯人的贵族传统精神。

与会者除了部分评委,哥伦比亚大学教授黎安友,还有哥大学生陈闯创、刚从大陆归来不久的知名作家张郎郎、律师李进进、牧师李世雄、妇女权益活动人士张菁、人权活动人士陈力群、国军后人、计算机工程师闫文鼎等。

2025 年 2 月 13 日

注:一平,本名李建华,知名诗人、散文家、文化评论家。主要作品有《蓝色的向日葵》、《飘来的船》《身后的田野》等。2024 年 12 月 30 日病逝。享年七十二岁。

第八辑

王淑平——她为苍生吹过哨

王淑平医生最早发现河南艾滋病毒，
写成那份后来上报卫生部的调查报告。
推动了 1996 年"3·14"整顿关闭血站行动，
她却被开除公职，婚姻破裂，远赴美国。
孤独的吹哨人，以一己之力挽救数百万生命！
"我没有考虑自己的命运。这是医生职业操守的第一条。"

是谁导致了河南艾滋病灾难?

王淑平

90 年代河南省卫生厅推动的"血浆经济"造成了河南艾滋病大流行,距今已经过去了 19 个年头。在这场艾滋病流行的大灾难中,我目睹了丙型肝炎和艾滋病病毒在我们华夏文明腹地的大流行。由于当时的血站,医院都不检测艾滋病毒,血浆站内存在着严重的血液交叉污染。当吸毒人群中艾滋病毒携带者进入单采血浆站中献血后,艾滋病毒就开始在正常的献血员中迅速传播,单采血浆站中献血员被艾滋病毒感染后,河南省就留下来了巨大的艾滋病毒传染源。接下来

王淑平,第一个发现河南艾滋病感染的医生

的母婴传播、性传播、吸毒传播、医源传播将严重地影响河南人民的子孙后代的幸福生活。

2014 年 4 月 21 日,数百名艾滋病患者聚集郑州,呼吁中央巡视组追查河南省卫生厅原厅长刘全喜对因血液污染而致河南艾滋病大流行事件中触犯党纪国法的罪责。他们中的勇士们敢于站出来呼吁政府关心艾滋病人。他们在唤醒政府沉痛哀思,祈愿艾滋病亡灵得到安息。

我怀着对河南血祸中无辜的感染艾滋病毒逝者的哀思，作为河南早期艾滋病流行的见证医生，回顾一下我在河南艾滋病毒流行中的遭遇。1995 年底，我发现艾滋病毒正在献血员中流行，并迅速报告周口地区卫生局长魏礼文，他当时表扬我说："你为人民做了一件大好事，将来人民会感谢你的。"但是后来他却伙同河南省卫生厅原厅长刘全喜解散了我所工作的临床检验中心。下面我谈一谈我的亲身经历。

19 年前，即 1995 年底，我和我的同事发现了艾滋病毒和丙型肝炎在献血员中爆发流行。当我们将这一严重艾滋病毒流行事件报告周口地区卫生局魏礼文局长后，卫生局没有对艾滋病疫情进行预防。相反，他们要求划掉我们报告中所提到的领导人名字，并要求我们篡改我们报告的艾滋病疫情，即瞒疫情。他们为了掩盖艾滋病疫情，不但找人打砸我们临床检验中心，而且用棍子打我的头，骂我是艾滋病毒，肝炎病毒。逼我关掉临床检验中心。对此，我们没有退让。卫生局却派人掐断了我们的用电和用水，导致我们的上千份献血员的血清样本报废。他们的所作所为导致了艾滋病毒和丙型肝炎病毒在献血人群、输血群体中进一步传播和扩散。这个特殊群体又将艾滋病毒和丙型肝炎病毒传向他们的配偶、家庭成员、下一代。

1996 年 7 月河南省召开全省艾滋病预防大会，包括各地、市、县医院、防疫站和卫生局和厅。张省长在大会上讲："有人直接把艾滋病疫情通报中央。这是我们不允许的。"在大会后第二天医政处三十多人的分组会上，防疫处的张茂才处长问，谁是从周口来的，我和另外一位同事回答，我俩是从周口来的。他一开口就问："我几次要求你们卫生局关掉地区临床检验中心，已经关了吗？"我愣住了，他接着说："你们地区临床检验中心的那个小子胆子真大，他敢把艾滋病疫情直接通报中央，你们知道他报的有多高吗？50%到 60%。""他和那个曾什么毅（曾毅院长）一起搞我们卫生厅长、处长下台。"接着，新乡地区和南阳地区的代表和他争论说："我们也做了检查，医院的输血病人和献血员的艾滋病感染已经到了 50%到 60%。"我们的结果和周口的一致。张处长非常生气地和他们争论，"如果这个事情通出去，在座的处长都下台！"我接着发了言，告诉他："我是你刚刚提到的周口地区临床检验中心的小子，但是，我是个女的。我是先报告给我们当地卫生局的，然后去北京做鉴定。"这时在会的人把我连劝带拉的赶我出了会场。我在下午去了刘全喜厅长办公室，我告诉他会上张茂才对我的指责。他没有等我说完，就大发雷霆："出去！立即出去！"我当时泪流满面，哭着走出了他的办公室。我很糊涂他作为一个高级官员，为什么这样蛮横无理，为什么提到艾滋病问题这么害怕？

然而 1996 年的 11 月，张茂才领了卫生厅的专家和周口地区卫生局的几个领导到我们的临床检验中心检查。他说："受刘厅长（即刘全喜）委托，我来关心你们几个女人的身体健康，怕你们被艾滋病毒感染了。你们的设备不合格，你们以后不能再做检测了。"我看到他在侮辱我们。我愤怒地对他说："我们不需要你和刘厅长的关心，如果我们被感染了，也就是我们四个女人，我们不怕死，为什么你不去关心成千上万的肝炎和艾滋病感染者？"我指责他是中国人民的千古罪人！他恼羞成怒地和其他专家迅速地离开了我的实验室。那天晚上，他和我们卫生局的党组领导班子，卫生局长（即魏礼文）共同开会决定，关掉我们的临床检验中心。

后来周口地区卫生局局长魏礼文说，关闭周口地区临床检验中心是河南省卫生厅厅长刘全喜命令他干的。刘全喜负有不可推卸的责任。

因为 90 年代初河南省卫生厅鼓励发展"血浆经济"，导致血浆站内的血液广泛交叉污染而造成了河南艾滋病大流行。河南农民成群成村的成为艾滋病人，数不清的家庭因为艾滋病妻离子散，家破人亡，留下大量艾滋孤儿。艾滋病家庭不但失去了一般人所拥有的幸福生活，对其亲属也是悲剧，患者的亲属承受着巨大感情痛苦和心理压力。艾滋病人和他们家人的生活充满着恐惧、绝望和悲哀。巨大的病痛、可怕的阴影，让艾滋病人和他们的家里所有人喘不过气来。他们走投无路，只有寻求国家政府的帮助。希望政府能更多的帮助他们，理解他们，让他们生活的更好更幸福一些。

我想坦诚地告诉艾滋病幸存者，面对艾滋病灾难，你们首先要活着，更勇敢地活着，更坚强地活着，更加珍惜你们生命。你们经历了生命风雨，生命的七彩虹将展现在你们的面前。闯过巨大的灾难后的人们，明天生活将会变得更美好。

刘全喜玩忽职守，短短的几年内在河南省造成了数以万计的艾滋病毒感染者，他对河南省的艾滋病毒流行负有不可推卸的责任。如果政府能面对现实追究引起艾滋病流行的政府责任官员。就可以避免今后不再犯类似错误。只有追究责任官员，我们的社会才能安定。

消灭一种疾病不仅仅是科学和巨额资金，还需要几代人的努力。艾滋病的巨额费用从何而来？艾滋病带来的社会负担由谁来支付？艾滋病对我们中华民族的负面影响已经不能仅仅用经济代价来计算。艾滋病不但影响着现代社会经济，文化，也威胁着我们中华民族的子孙后代。

每个人的生命只有一次，人类生命又是如此脆弱。短短几年间，不计其数的鲜活生命被艾滋病毒侵袭。中国卫生部原中国健康教育研究所所长，陈秉中先生，肝癌患者，一个真正的勇士，舍得一身剐，不顾个人安危。近年来不断向中央写信反映河南艾滋病情况，他站出来，要求政府官员负责，完全是出于良心和道德的要求。他希望有生之年能看到艾滋病的受害人得到正义的对待。成千上万的艾滋病亡灵和他们的亲人，朋友也正在审问着当今社会的人性和道德尊严，活着的人有尊严，死者也有尊严，它是中华民族精神的一部分。期望我们的政府能追究引起艾滋病流行的政府责任官员。只有追究责任官员，才能不愧对我们中华民族的子孙后代。

2014 年 5 月 21 日

在中国公开谈论艾滋病防治的人怎么样了？

王淑平

十八年前，也就是在 1995 年底，我和同事们发现，在献血人群中已经爆发了艾滋病和丙型肝炎的流行。我将这一严重的艾滋病疫情上报给周口地区卫生局后，卫生局不仅没有采取措施遏制疫情，也没有对我们的工作给予任何奖励。相反，他们删去了我们报告中提及的领导名字，并要求我们篡改有关艾滋病疫情状况的信息。

为了掩盖疫情，他们强行解散了我们的临床检验中心，甚至用棍棒打我的头，还辱骂我，说我是"艾滋病毒""丙肝病毒"。他们想逼我关闭临床检验中心，但我不肯屈服。卫生局还派人切断我们的水电，迫使我们将成千上万份来自献血者的血样当作废物扔掉。

此外，他们与河南省卫生厅相互勾连，逼迫我们解散周口地区临床检验中心。他们的做法导致艾滋病和丙型肝炎在献血者以及接受输血的人群中进一步扩散。这些群体又将艾滋病病毒（HIV）和丙型肝炎病毒（HCV）传染给他们的配偶、家人以及新生儿。

为了人类的健康，许多医务工作者冒着生命危险帮助艾滋病患者及其家属。高耀洁医生、卫生部前官员陈秉中先生，以及民间组织"爱知行动项目"创办人兼负责人万延海，都是这样的典型。然而，他们因此遭受了沉重的打击，身心都受到了巨大的伤害。

高耀洁医生：

她因为揭露河南艾滋病疫情而被软禁在河南郑州的家中，无法继续她的工作。2009 年 5 月 6 日，她不得不逃离自己的家。一个八十三岁的老人，若非走投无路，是不会一声不吭地逃走的。如今，她漂泊海外，在完全陌生的环境中生活，与亲人分离。她已经八十七岁，身患重病。每当谈起自己的境遇时，她都会泣不成声。

一个年迈且身患重病的老人，远离故乡，病痛折磨得她只能躺着工作。她已经不会再陪伴我们很久了。我真心希望，她能在生命的最后时光，与自己的儿女们重聚，得到一点点属于她的幸福。

勇敢的陈秉中先生：

曾任中华人民共和国卫生部中国健康教育研究所所长，如今身患肝癌。作为真正的勇者，近年来他一直坚持向中共中央写信，反映河南省的艾滋病疫情。凭着良心与正义感，陈先生不断发声，要求政府官员承担起他们应负的责任。

他希望，在自己生命所剩不多的岁月里，能够看到那些在艾滋病疫情中成为受害者的人，终于得到应有的公正对待。

2013 年 11 月 14 日，他驱车前往柘城县双庙村——一个曾遭艾滋病重创的村庄。许多感染了艾滋病毒的村民热情地迎接他。然而，当地警方却对他进行了短暂拘留，柘城县公安局国保大队的大队长还对他百般辱骂。

他此次在宁陵县探访的十六名妇女中，有十一人被丈夫抛弃，四名妇女被丈夫感染了艾滋病病毒。四名感染者中，有两人的丈夫已经去世，只有一位仍然与丈夫共同生活。

陈秉中撰写了一份调查报告，并分别撰写了多份关于河南经血传播艾滋病疫情爆发的报告。虽然李喜阁和赵凤霞等人都是因输血而感染艾滋病毒的受害者，但她们却受到当地政府的刁难。

陈先生向世人揭露了在中国，艾滋病感染者的生活处于社会最底层。2010 年 9 月，他向有关部门举报、控告造成河南这场"血祸"的责任人，但他的报告却如泥牛入海，再无回应。

他唯一的心愿，就是在自己尚存的岁月里，能够继续呼吁当局追究相关责任人的责任。他希望错误能够得到承认，教训能够被真正吸取，使这样的悲剧不再重演；也希望那些作为献血者或因输血而感染艾滋病毒的人，能够得到合理的赔偿。

勇敢的万延海：

万延海创立了民间组织"爱知行动项目"，勇敢地向国际社会揭露河南艾滋病疫情，并开展艾滋病教育工作，因此而在国际上广为人知。这也引起了中国公安部的注意。

2002 年 8 月 22 日，万延海在互联网上发表了《对河南省公共卫生的批评》一文。8 月 24 日，他因"泄露国家机密"被北京市公安局拘留。而所谓的"泄密"，只是因为他向社会公开了艾滋病疫情状况以及艾滋病感染者的现状，并呼吁政府公平对待 HIV 艾滋病感染者。

他在自己的国家无法正常开展工作。2010 年 5 月中旬，万延海离开中国，赴美国生活。他曾对我说，他的工作根植于中国，他已请求政府允许他回国，但至今仍未得到任何答复。

在 2012 年世界艾滋病日，我写了一封支持陈秉中的公开信。在那封信中，我讲述了自己发现艾滋病疫情后所遭受的迫害。我还写了一封题为《给中国同胞的警告：当心你们的健康》的信。这些信件在互联网上发表后，我在河南省的亲友遭到了国家安全部、卫生部和公安部联合调查时的骚扰。

我郑重请求中国政府不要威胁他们。他们对我所写的报告一无所知。为了避免任何意外发生，我已经事先向相关部门告知了这份报告可能引发的风险。

为什么那些为抗击艾滋病而奋斗的人却无法在中国正常开展工作？为什么中国政府不能妥善处理那些因血浆经济而感染 HIV 或丙型肝炎的人所面临的问题？为什么出于善意的批评却会上升到政治问题的高度？

我相信习近平政府会更加开放，也由衷希望艾滋病问题最终能够得到解决。

写于 2013 年 12 月 1 日世界艾滋病日

向陈秉中医生致敬

——他勇敢揭发河南艾滋病污血案激励着我

王淑平

我首先感谢陈秉中医生在他肝癌晚期为广大艾滋病受害者讨回公道！

我是王淑平，是陈秉中医生在他三封信中提到的人物之一。作为最早期目睹丙肝和艾滋病流行的医生，在我想简介谈一谈 1995 年我发现艾滋病在献血员中流行后的遭遇。

八十年代中期，我是研究肝炎病的医生，不但诊断和治疗肝炎病人，而且研究人群中肝炎流行情况。我和同事共同发表了"输血后乙型肝炎的研究"论文《病毒学报》1991 年 S1 期。1991 底我被周口地区防疫站领导调配到单采血浆站工作后，我在那里工作一段时间后，我猜测献血员中丙型肝炎流行（原命为非甲非乙型肝炎），因为当时单采血浆站只筛查乙型肝炎抗原，不筛查丙型肝炎抗体。由于我经过临床医学和流行病学的特殊训练。后来我和中国预防医学科学院病毒学研究所合作检测了 64 例当时献血员的血清样本。后来实验检测证实我的设想是对的。丙型肝炎抗体阳性率 34%。因为我同时已经了解到河北固安，江苏镇江等早在 1991 年前就发生了丙型肝炎流行。根据我的流行病知识和临床经验，我所在的单采血浆站内血液污染非常严重，我开始检测血站内的操作程式，抽血、离心、分浆都存在着严重的血液交叉污染。我提醒我的站领导保护献血员，杜绝血液交叉污染。但是他告诉我："这会增加成本"。

1992 年 7 月，医生的责任感促使我到卫生部汇报丙型肝炎病毒在献血员中的流行情况，并要求在单采血浆站筛选丙型肝炎抗体。后来卫生部的杨东明大夫到周口了解我们的血站污染情况，她说她已经在国内走访了几个单采血浆站，很多血站都存在血站污染情况。后来卫生部于93年2月17日发出通知，提出对健康人采血的体检标准，其中规定，对所有献血员进行丙肝检测，该档从93年7月1日起正式执行。

因为我汇报到卫生部，1993年3月，我被当时的防疫站的单采血浆站领导赶出了血站。因为单采血浆是以营利为目的，我的行为妨碍了单采血浆的生意。为了解决矛盾，当时卫生局的申科长和防疫站宋书记商讨，以暂时帮忙的名誉，把我借调到卫生局医政处工作。很幸运我有机会和申科长、王局长以及另外的几位同事于1993底检查周口地区的十七个单采血浆站，检查发现十七个站都存在严重的血液交叉污染。举例，当时太康县防疫站有两万多献血员，有45%因为丙型肝炎抗体阳性，肝功能损伤遭淘汰。另外未经检查四个地下私人血站污染情况就不得而知。周口地区的单采血浆的生意发展非常快，从1991年的一个太康县防疫站单采血浆站到1993底发展到十七个，这些血浆站大部分由防疫站和医院经营，是以赚钱为目的。

根据我所看到的血站污染情况和阅读科学文献，丙型肝炎已经在国内单采血浆站内爆发流行。我的调查结果丙型肝炎抗体阳性率84.3%。作为一个大夫，我非常焦急，我当时找到周口地区黄浦友风专员，他立即召开了全地区的单采血浆站和医院的负责人大会，强调对血液安全进行调查和控制。同时当我读到郑锡文1993年论文"云南省瑞丽三市县1992年及1993吸毒者的HIV感染率分别为81.8%及85.7%、44.6%及40.0%。"我知道丙型肝炎病毒和艾滋病毒感染途径是一样的。一旦吸毒感染艾滋病毒者进入血站，就会相似丙型肝炎病毒一样迅速在献血员中传播。我不想坐在卫生局的办公室等待艾滋病的来临。我想直接监督和预防艾滋病。1994年我要求卫生局批准我建立周口地区临床检验中心，临床检验中心批准了，但是政府不给任何资金，卫生局调动另外三个人到周口地区临床检验中心工作。我自筹资金，实际上是从我原有工资中节省的钱买了检验设备，卫生局容许我们对全地区的医院，血站进行血液安全品质控制。

1995年3月，我受卫生局委托，去太康县检测一位郭姓献血员，因为他在昆明血站献血时被检出艾滋病毒阳性。郭姓献血员告诉我，他从昆明回家后，他在半月内先后又在柘城县、淮阳县、太康县血站卖血。经我们检查，他被确诊艾滋病阳性。我当时建议河南省卫生厅医政处领导，立即对全省血浆站进行艾滋病抗体检查，但是他们说："血站成本太大，无法实现。"为了能早期预防艾滋病在献血员中流行。我用我的储蓄买了三个厂家的艾滋病试剂盒，然后我随机收集了三家血站正在卖血的献血员的血液标本（409 例）。用三家的试剂先后检查血液标本，艾滋病毒的阳性率 13%。我立即报告给卫生局魏局长，他说："你们为人民做了一件大好事，人民会感谢你们的。"他还说，他会很快的上报地区和省卫生厅。两周后，我又去找他。他的态度变的很不耐烦。我问他，是否已经上报艾滋病疫情。他反过来问我："你认为你的结果错了吗？"我说："我的结果是对的。"我告诉他，我要到北京做最后鉴定，他要求我写出书面报告，我立即给他写了报告。

第三天，我就去北京预防医学科学院病毒所去做最后确定，我带了 55HIV 阳性标本，但是研究员告诉我，每份要收 700 元。我已经用完了我所有的积蓄。我很失望地离开了。碰巧在门口遇上了当时预防医学科学院的曾毅院长。他问我来北京做什么。我希望他帮助我做艾滋病的最后确证。他非常热情地问长问短。我告诉他艾滋病在河南的流行严重情况，他非常重视我的发现。并立即叫他的研究员进行标本鉴定。他说，先检查十六例。就可以确定。第二天结果出来后，十三例阳性，三份可疑。他说："你做了一件非常了不起的大事情。我们应该立即报告卫生部。"就在当天晚上，我在旅馆接到了我们卫生局赵局长的电话。问我什么时间到家？他在电话上说："你给我们地区弄了个大地震。"第二天晚上，我刚刚回到家，河南省卫生厅一位厅长打电话到我家，表扬我做了很好的工作，我可以继续工作下去。我很高兴能得到厅长的认可。

但是，第二天上午，我被地区卫生局通知去开会，因为河南省卫生厅的领导要了解情况。我刚刚一脚进入会卫生局的领导会议厅，一位局长粗鲁地吼我："你先出去！"我非常难过地回了家。第二天他们又要求我到卫生厅领导住的旅馆去开会。一位局长要求我划掉我的同事写的报告中的一句话，即："我们首先报告给卫生局长，然后去北京做鉴定。"我拒绝他的要求，然后他自己划掉这个人的名字。接着，卫生厅的领导问我："为什么你能发现艾滋病？别人就发现不了？"我很明白他们是让我保密。因为暴露艾滋病的流行影响了他们的政绩。我很难过地告诉他们："我希望你们现在不要批评我。你们应该去看一看正在采血的十七个单采血浆站。在这十七个血站中，目前至少每天有五百人被丙肝病毒和艾滋病毒感染。"根据当时的报纸报导，仅仅河南就将近四百个个单采血浆站。而且大部分医院的临床用血来自单采血浆站。有多少医院病人感染了丙肝和艾滋病毒不得而知。有一位公安在追捕罪犯时受伤后输血得了丙肝，他和他的家人非常痛苦。

接下来，有一个卫生局的老领导到我的临床检验中心告诉我："如果你的检验中心不关门，你就有麻烦。"第二天，这个领导拿着一个长棍子，砸碎了临床检验中心牌子，然后进屋砸检验设备。我阻挡他，他就用棍子打我的头。这时候来了许多看热闹的人。有几个人拉住了他。我才脱离了危险。我立即打电话给派出所，派出所的人去抓他。他就又哭又闹，他歇斯底里地骂着："有领导让他打人。事情出来了，这些领导都躲开了。"我挨打后，很难过的去找地区行署的新来王专员，她很不高兴说，你应该找你卫生局的领导。我知道领导都在打官腔。我找不到哪里有正义。我哭着回了家。

1996年3月14日。受中央高级领导委托河南省公安厅王厅长和卫生厅长合作逮捕了周口地区的正在采血的血站领导班子成员。接着四月份就关闭了全国的所有血站和单采血浆站，经过整顿，再次开门后，都增加了艾滋病检测项目。对此，我感到很欣慰。因为我的工作起到了保护穷人的作用。

1996年7月河南省召开全省艾滋病预防大会，包括各地、市、县医院、防疫站和卫生局和厅。张省长在大会上讲，"有人直接把艾滋病疫情通报中央。这是我们不允许的。"在大会后第二天医政处三十多人的分组会上，防疫处的张茂才处长问："谁是从周口来的？"

我和另外一位同事回答："我俩是从周口来的。"他一开口就问："我几次要求你们卫生局关掉地区临床检验中心，已经关了吗？"我愣住了，他接着说："你们地区临床检验中心的那个小子胆子真大，他敢把艾滋病疫情直接通报中央，你们知道他报的有多高吗？50%到60%"。"他和那个曾什么毅（曾毅院长）一起搞我们卫生厅长、处长下台"。接着，新乡地区和南阳地区的代表和他争论说："我们也做了检查，医院的输血病人和献血员的艾滋病感染已经到了50%到60%。"我们的结果和周口的一致。张处长非常生气地和他们争论："如果这个事情通出去，在座的处长都下台！"我接着发了言，告诉他："我是你刚刚提到的周口地区临床检验中心的小子，但是，我是个女的。我是先报告给我们当地卫生局的，然后去北京做鉴定。"这时在会的人把我连劝带拉的赶我出了会场。我在下午去了刘全喜厅长办公室，我告诉他会上张茂才对我的指责，他没有等我说完，就大发雷霆："出去！立即出去！"我当时泪流满面，哭着走出了他的办公室。我很糊涂他作为一个高级官员，为什么这样蛮横无理，为什么提到艾滋病问题这么害怕？

然而1996年的11月，张茂才领了卫生厅的专家和我们卫生局的几个领导到我们的临床检验中心检查说："你们的设备不合格，你们以后不能再做检测了。我是来关心你们几个女人的健康的，你们不要被感染了。"我看到他在侮辱我们。我质问他："你上次在会上说我们做艾滋病检查目的是搞卫生厅长和处长下台的，是什么意思？"我生气地对他说："我们不需要你的关心，如果我们被感染了，也就是我们四个女人，我们不怕死，为什么你不去关心成千上万的肝炎和艾滋病感染者？"我指责他是中国人民的千古罪人！他恼羞成怒地和其他专家离开了我的实验室。那天晚上，他和我们卫生局的党组领导班子共同开会决定，关掉我们的临床检验中心。但是我继续到农村现场去工作。这时，有几个匿名电话恐吓我。后来卫生局领导知道我们还在继续开门后，就借口派人关掉了我们的水电。导致我们所的病人血液标本全部腐烂。接着把我们的"周口地区临床检验中心"的名字改成了"慢性病防治研究所"，合并到周口地区防疫站。魏局长告诉我：

"你不用上班了，回家伺候你的丈夫去吧。"单位关闭后的一年里，我们没有得到任何工资。

我所幸运的是，曾毅院士帮我留在他的身边工作和学习了四年。在北京，我三次写信给卫生部长张文康，诉说我们的遭遇，但是我的信都被返回到河南省卫生厅和周口地区卫生局。我们的处境就变得更糟糕。

我不想麻烦曾毅院士，我待在他的身边对他压力很大。我还是得找到一份工作，我还年轻，我拥有很丰富的治疗和预防传染病的经验。在我的多次对艾滋病血清学的实验中我还发现了非常重要的艾滋病保护抗体。我期望有一个好的环境去贡献我的知识和才能。但是仅仅是幻想。我花了半年的时间在网上找到了一份和丙型肝炎研究有关的工作。2001年早期我来到了美国工作。在这里，我每天工作超过10个小时。虽然很辛苦，但是我学到了很多高科技，新技术。我仍然希望有一天把我的经验和技术服务于中国人民。

我所敬佩的人：高耀洁医生、陈秉中医生、万延海大夫、张可大夫、桂希恩医生。

感谢曾经帮助我的人：中国预防医学科学院的病毒所肿瘤室科学家：曾毅院士和他的夫人、陈艳麟、张小梅、周玲

中国预防医学科学院病毒所肝炎室的科学家：刘崇柏、詹美云、曹慧林

北京医科大学教授：朱万孚、庄辉院士、朱永红

北京医科大学研究生：李志杰、安文峰、范金水和李奎

我的美国老朋友：David Eckels, Mathew Cusick, Wang Li and Zhou Luming

我现在的导师：Stephen C.Alder, Scott Benson, SUNDWALL, DAVIDNIELSON

我的新朋友：Courtney DeMond, peggy.christensen

2012-09-28

悼艾滋战友王淑平

高耀洁

中国"血浆经济"引发艾滋病，如火如荼，受害者早已超过百万人之多，政府未承认艾滋疫情存在之前，全国四百多万医务工作者，只有四位人士走出来做抗艾滋病，按走出来的时间计，即河北省孙永德、河南省王淑平、我本人、湖北省桂希恩等。

1994年春河南省周口地区（现为周口市）医院临床检验中心的负责医生王淑平，带领她的同事们在本地区开展肝炎和艾滋病流行病学调查。1995年5月9月，他们在周口市商水县西赵桥村共抽取900多人的血液样本，检测发现艾滋病病毒感染率20%以上，其中献血员300多人，感染率将近50%。

王淑平在河南艾滋病村西赵桥村，查出村里艾滋病病毒感染者150多人，这是首次发现。

王淑平感到疫情严重，写一份详细报告递交周口市卫生局。报告称："单采浆和输血球献血员中已有艾滋病病毒（HIV）感染，甚至酿成流行之势，成为迫在眉睫、非解决不可的问题。"当时卫生局长说，全区人民会感谢你的。

王淑平的报告惊动了河南省卫生厅。卫生厅领导派"专家"前往周口市医院临床检验中心"调查处理"艾滋病疫情，指责"王淑平的实验室不合格"，责令王淑平的调查报告不准发表，王淑平不服，将血样送至北京全国艾滋病检测中心。这些艾滋病毒血样检测结果验证了王淑平的报告情况属实。

1996年1月10日，中科院院士曾毅将王淑平的报告呈送卫生部。

1996 年 11 月，王淑平本人遭受打压，受到停职停薪的不公正处理，王淑平所在的临床检验中心被关闭。1997 年初，王淑平被迫离开河南，到中国预防医学科学院学习和工作，那里只供应食宿、没有工资待遇，王家里还有个 6 岁的女儿。

2001 年秋，王的前夫找我，当时我的处境也很困难，我只得转托他人帮助王淑平，后来通过他人联系到一位美国记者，他帮了大忙。王淑平离别了祖国、家乡、亲人们，只身去了人地两疏、言语不通的美国。王淑平此时付出了很高的代价，失去工作，失去家庭，夫离子散。

2001 年 1 月 8 日在北京国际会议上与王淑平合影

王淑平到美国后，作临时工，努力学习外语，她是一个聪明伶俐的人，很快适应美国的生活环境。2009 年，本人赴美国后和王淑平取得联系，是年 12 月王淑平曾参加了我在华盛顿招开的新书颁布会，她获得金钟的《开放杂志》记者的采访，全文详见 2010 第一期《开放杂志》报道。在国内《南方周末》记者喻尘（张继承）也发表了有关王淑平抗艾事迹的报导等。

有关王淑平在河南省周口地区数十个艾滋病村庄调查的结果。

1995 年，王淑平发现艾滋疫情，当时若得到有关部门的重视、并采取有效措施，河南的艾滋病疫情不会如此猖獗！我是 1996 年 4 月在一次外医院会诊中发现一例、因输血传染的艾滋病女病人，报告卫生厅，遭到政府官员的训斥，官方尽力捂盖艾滋疫情，压制我们不让揭发。桂希恩教授进入艾滋村文搂，发现艾滋病疫情严重、他通过特别关系途径把有关艾滋病材料送到当时任国务院副总理李岚清办公室。2003 年才揭开了艾滋病灾难，已延误了 8 年多时间，如果及时抑制艾滋疫情，会有多少人不因艾滋病丧失性命，少造成多少孤老、孤儿们！贪官大发艾滋财等事件。

王淑平在抗艾战线上的时间不是太长，但工作成绩巨大，特别惊人。历史事实永世无穷，例如，河北省防疫站孙永德主任医师，他最早对血源性传播肝炎、艾滋病提出预警，他将艾滋疫情上书中央领导，对遏制河北省艾滋病的泛滥传播起到了至关重要的作用，并挽救了河北省血祸艾滋病传播泛滥的疫情，把卖血大军驱逐河南省。血浆经济在河南省大规模兴起了，王淑平在抗艾战线上是最早出击的医务工作者，她因为这个工作受了平生最大的打击与痛苦，她曾多次与我商谈，想把这项工作写成一本书，因忙于生计，未能如愿以偿。

最后我送给她一吊唁：

悼艾滋战友王淑平

淑平啊！安息吧！

狂风呼呼地吹，暴雨哗哗如飞

淑平啊！你为抗艾事业受尽了罪！

你走得突然，令人心徘徊！

你事业干得豪迈，抗艾精神可贵。

你的抗艾事迹永放光辉！

淑平啊！你壮年离世，我心悲伤。

写于 2019 年 9 月 23 日

注：选自高大伟博客

警 世 人

苏晓康

高耀洁医生是"吹哨人",还有一个吹哨人,走在她之前。今天怀念高医生,令我也想起她:王淑平医生。我在 2019 年 9 月 27 日的一则脸书中记述了她。

Whistle blower,我今天才认识这个英文词,但是十年前我们偶然结识了王淑平医生。"吹哨人"(举报人)在中文里面,应该有一个更准确的词,让我暂且用"警世人"吧,尤其当下世道昏暗,吃瓜大众酣睡,我们多么需要她这样的警世人。

那是 2009 年岁尾,高耀洁医生,由傅希秋牧师陪同,从德州米德兰来 D. C.,要到国会作证,揭露中国的"血祸"。我太太傅莉在家乡郑州,从小就崇拜"高姨",他们傅家跟高医生一家,原是邻居、好友,所以高医生执意要来德拉瓦看我们。我一听就慌了,赶紧载上傅莉赴 D. C.,好让她们娘儿俩见一面。

其间种种细节掠过。高医生被中共追杀,怀揣毒药,以示宁死不屈。而她落脚美国,已是惊恐万状,无人敢于信任。她跟我谈到半夜,我揣摩如何能在美国有一个安稳的晚年,乃是老太太最紧迫的最后一件事情,其他都顾不上了。第二天我就发现,高医生身边只有一个她还信任的人,就是从犹他州赶来的王淑平,她俩是河南惊现艾滋病的最早两位警觉者、揭露者。

我一看王医生那副河南人特有的实诚模样,我知道有办法了,而且她还能说英语。王医生告诉我,这边听证会之后,接下来希拉里要专程接见高医生——这位美国第一夫人、也是总统候选人,一直以来非常关心、奖掖"中国民间防艾第一人"。我于是提醒王医生,接见的时候一定留心，跟希拉里的秘书要一张名片，这种事情只有跟随高医生去的人才能办，而高医生的晚年安排，也只能跟领导人的秘书详谈、安排。

果然，来年高医生被哥伦比亚大学聘为访问学者，又住进纽约一所公寓里，由慈善机构安排她的晚年生活，解除了一切后顾之忧。我猜这一切，都跟王淑平医生陪她去见希拉里那一次有关。

我们再也没有见到王医生。她走了，才 59 岁。

她也是一个流亡者。2001 年她只身一人移居美国，英语名叫 Sunshine，意思是阳光。

2019 年 9 月 26 日 BBC 有一篇报导《王淑平：揭露中国"血祸"和艾滋疫情的医生》

说实话的代价：工作没了，婚姻破裂了，幸福消失了，但换来的是成千上万人的生命。王淑平说当年没有考虑个人命运。

王淑平医生在美国犹太州去世，心脏病发作，享年 59 岁。

她生前是个普通的医生，研究流行病，30 多岁时做了一件职责范围之内但需要勇气的事，然后为此付出了人生代价。

"吹哨"是件危险的事，因为会触动某些暗黑利益；吹哨者个人往往会因此付出代价。王淑平生前最后一次接受媒体采访时说："我没有考虑自己的命运。这是医生职业操守的第一条。"她去世前不久，以 20 多年前河南艾滋村和"卖血经济"为题材创作的一出舞台剧在英国伦敦上演，名为《地狱宫殿的国王》。编剧高雅竹（Frances Ya Chu）是半个华裔，父亲曾任美国外交官，母亲是台湾人。她见过王淑平，对 20 多年前河南的"卖血经济"并不陌生。

2019 年 9 月 27 日

痛悼王淑平医生

陈秉中

王淑平，不能忘记的吹哨人

　　2019 年 9 月 21 日，第一位揭露河南血祸的王淑平，在美国犹他州的家附近郊游时，不幸心脏病突发去世。王淑平的丈夫盖瑞·克里斯汀先生把她抱在怀中，握紧她的手，同行人士中有医生对其进行心肺复苏超过四十五分钟，但是最终无法见效。这位在河南艾滋血祸中试图挽救成千上万条性命的医学工作者王淑平，在美国犹他州盐湖城离世，享年五十九岁。她出生在中国，工作在河南，只因揭露河南血祸备受摧残，于是毅然选择自由和宽容的国度而逃亡美国，不幸死在异国他乡，消息冲击各界。

据自由亚洲电台报道，王淑平离世消息传出后，无数网友追思这位以一己之力抗争体制并挽救生命的勇者。北京维权人士胡佳在本世纪初开始关注中国艾滋病问题。他表示，揭露真相的王淑平和高耀洁等良知人士受到打压被迫流亡。当局从未解决艾滋病问题，而是解决"提出问题的人"。王淑平英年早逝是莫大遗憾。她又受到这么严重的打压，令人气愤，我对她深深悼念。

发生于1990年代初的河南血祸，由于三任党总书记百般阻挠，20年也未查处。尤其不能容忍的是，制造这一重大灾难的罪魁祸首不仅未受到惩处，反而官运亨通，而第一位举报者王淑平却屡受打压，遭遇灭顶之灾。只要回眸一下那场毁灭人类的前所未有的大灾难，至今仍令人不寒而栗而刻骨铭心。

其一、榨取农民生命精髓的"血浆经济"是河南艾滋病泛滥源头

以血致富的"血浆经济"，早在1980年代末就已在豫东南一带出现，后来有"艾滋厅长"之称的刘全喜1992年任卫生厅长后，将其作为卫生系统创收手段在全省大力推广。为此他要求河南省要大办血站，口号是："要想奔小康，快去卖血浆"。特别是由于省委书记李长春严重渎职和怂恿的推波助澜，几年间成为一种产业得到大发展，各类名目的"合法"与非法血站遍地开花。在血站"人血和井水一样，不管你抽出多少，总是那样多"诱惑下，数百万农民蜂拥加入卖血大军。

成百上千血站为获取高额回报，采血前都不做艾滋病毒检测，又多人共用针头，特别是采血后除收购血浆外，其他血液成分多人混合后，又分别回输给卖血者，严重的交叉感染导致艾滋病泛滥成灾。

其二、灾难发生后不是先控制疫情而是首先打击举报人

早在1995年5月，卫生检验医生王淑平发现商水县西赵桥村许多卖血农民出现艾滋病样症状，经检测多例呈艾滋病毒阳性。为求准确检验结果，她将检测的62份血样送往中国病毒学研究所做权威鉴

定，在仅做的 15 份血样中，13 份确定为艾滋病毒阳性，2 份为疑似。王淑平去北京做鉴定本无可厚非，但当局指责她泄露了本应于第一时间公布于众的艾滋病疫情是严重"泄密"被停职停薪。省卫生厅长刘全喜还召她来见，应召者刚一进门就当头一棒："别人不能发现，就你能发现，什么意思？你还有脸来，给我滚出去！"因她"视患于微"在河南是犯罪。鉴于在河南已无立锥之地，在朋友帮助下无奈流亡美国。

第二位举报疫情的是原河南中医学院妇产科教授高耀洁。经她调查和诊断，被当局谎称为不明原因的"怪病"就是艾滋病。她的揭露被李长春政府给扣上"泄露国家机密""损害河南形象"和"为国外反华势力报务"三顶大帽子被软禁。高耀洁顶着压力救助河南血祸受害者被誉为"中国民间防艾第一人"，虽获得国际 10 多个奖项，但不允许出国领奖。后在美国一位政要（编者注：前总统克林顿夫人希拉里）干预下才得以赴美，回来后又遭软禁。她也因"视患于微"，960 万平方公里国土竟容不下讲真话的老人，无奈亦出走大洋彼岸。流亡期间她写出《血灾 10000 封信》《揭开中国艾滋疫情真面目》等十多部专著，让世人知道是谁把百万计老实巴交农民推向坟墓。

其三、河南艾滋病泛滥是人类疾病史上未曾有过的瘟疫大洗劫

自 1970 年代末至 90 年代中期，我在卫生部工作近 20 年后再到中国健康教育研究所任职期间，就对河南省艾滋病大爆发困惑不解。为了摸清其泛滥成灾的来龙去脉，退休后自费深入到河南省 30 个艾滋病重灾市县上百个艾滋病村进行调查。在我调查的市县中，死亡 100 的艾滋病村比比皆是，死亡 200 的也屡见不鲜，还有死亡 300、400 的；而柘城县双庙村死亡多达 500，其中 30 户夫妻双亡或全家死绝，另有 30 位感染者因病痛难忍自杀而惨绝人寰。河南推行"血浆经济"导致至少三五十万卖血者感染艾滋病毒，致 10 万感染者死亡，哀鸿遍野，罄竹难书。

其四、不惜鱼死网破也要死保李长春和李克强

1992 年担任十四大的党总书记江泽民，本应对因隐瞒疫情导致艾滋病疫情大面积蔓延的李长春问责，然而，不仅不追究，反而对其加官晋爵。一是当李长春因推行"血浆经济"把河南搞烂难以为继时，还以业绩可佳转任经济最发达的广东任省委书记；二是 1997 年的十五大，艾滋病疫情还在河南大面积蔓延中，李长春竟像凯旋而归的将军，在江总书记一手提携下当选为中央政治局委员，三是 2007 年十七大又当选为政治局常委坐进金銮殿。

无独有偶的是，继江泽民之后担任十六和十七大总书记的胡锦涛，全盘继承前任衣钵，既没有清算李长春，也没有追究爱将李克强河南血祸的责任，而是仿照前任提携亲信的模式，如法炮制大力提携亲信李克强，2007 年十七大被选上政治局委员，又于同一天与李长春一并当选为政治局常委双双进入中南海。到了十八大，一位前总书记本想推荐李克强出任十八大总书记，虽未如愿，但被两位总书记推荐当上了国务院总理成为政府首脑。而坠入万丈深渊的河南血祸受害者，只能在死亡线上挣扎。

如果李长春政府早期能接受王淑平和高耀洁两位学者的举报，就可以将处于萌芽状态的艾滋病疫情控制住。接任李长春任河南省委书记名不见经传的马忠臣，因李长春有后台江泽民保护，他不敢对其说三道四，只是维持现状。如果接替马忠臣留下李长春烂摊子的李克强能亡羊补牢，将是另一景色。一是如果他毫不留情地揭开被李长春隐瞒的疫情盖子；二是果断撤掉"艾滋厅长"刘全喜；三是又能不失时机地对成千上万现患进行抗病毒治疗；四是保护举报疫情和上访受害者的权益，也可以将恶化的疫情控制住而化险为夷。但只因他忠实执行高度信任他的江总书记保护李长春安全转移高就广东省委书记后继续高就的委托，他应做的一件也没有做。他不仅没有批评过前任一句，还称赞其为河南做出了重大贡献，以至令可防可控的疫情衍生为一场全球前所未有的人道大灾难。当上国务院总理的李克强，对河南艾滋病继续泛滥与其他几位省委书记比较，他负有更大的不

可推卸的责任，因而是李长春最大的帮凶。他当上总理后竟没有敢动有"艾滋厅长"之称的刘全喜一根毫毛，也佐证了这一点。

其五、我四次致信胡锦涛,九次致信习近平停止对举报者打压

我10年前,就发出致信时任党总书记胡锦涛第一封举报信即《导致艾滋病在中原大地暴发流行的血祸责任者难辞其咎》,因不被理睬,我又发出第二封致胡《彻底揭开河南污血案黑幕让"血浆经济"真相大白于天下》举报信,但依然如故。接着又发出第三封致胡《河南污血案"十宗罪"必须清算》举报信,石沉大海后,我又发出致胡《河南艾滋病大流行谁之过》第四封举报信。我在这四封举报信中写道:最初发现艾滋病疫情"报警",并第一位给卫生部报告有关河南省农村卖血者感染艾滋病疫情的王淑平,是有功之臣,应予以保护,可是却是把第一位大胆站出来揭露黑幕的王淑平和高耀洁当成凶神恶煞进行残酷打压。这种助纣为虐,想方设法封住他们的嘴,其结果必然导致疫情失控而愈演愈烈。这是草菅人命,极大的犯罪,历史绝不会饶恕的。

我给胡的四封信虽如废纸,但由于妄想党中央有自省能力而心仍有所不甘。于是到了十八大,我又九封致信习总书记,举报河南省当局死心塌地迫害举报者置王淑平和高耀洁死地而后快。我在《害苦卖血农民的李长春和最大包庇者李克强不认错反而还加官进爵》九致习总书记公开信中,继续要求党中央给予举报有功之臣王淑平和高耀洁平反昭雪,但同样是泥牛入海,有去无回。今天回想起来,我10多封信的举报,总觉得党中央会听取来自基层的谏言,对王淑平和高耀洁放其一马。结果竟是一败涂地,党龄比李克强年龄还长一岁也白搭,好天真好可笑呵!但我不会死心。只要坚持曝料革命,不信公平正义讨不回。

我在《艾滋病日死保负罪者打压举报者和受害者说明了什么》的文件中特别指出,在河南推行"血浆经济"导致艾滋病大流行期间,卫生部前部长张文康和高强,完全折服于先后在河南执政的李长春

和李克强二位高官，一直帮助河南说假话，以求日后在两高官关照下闹个一官半职后继续高升。张文康和高强在河南艾滋病大流行问题上助纣为虐难辞其咎。2003 年因 SARS 事件隐瞒疫情导致爆发流行遭到国际社会的严厉谴责；在河南艾滋病大流行问题上他们二位又重蹈隐瞒 SARS 疫情的覆辙。更为人们痛恨的毒疫苗泛滥，国家卫生主管部门又扮演了在河南艾滋病泛滥成灾中可悲的一丘之貉角色，也绝非偶然。

其六、河南两位酷吏对上访者以判刑为杀手锏令人心惊胆颤

李克强任副总理后，河南省两位省委书记为对其恭维献媚，竟以牺牲血祸受害者的生命为代价，先是卢展工于 2009 年首开世界纪录给三位上访者判刑，继任他的郭庚茂在李克强当上总理后被判刑的则增至 12 名。因卢展工首开纪录，他连续两届当选为全国政协副主席。

一位被判刑的是上蔡县因卖血感染艾滋病毒又母乳传播给孩子的李小贺。艾滋病儿奄奄一息 5 次下病危通知书，因拿不出医药费，求助村和乡能借给几个钱以解燃眉之急，竟以"敲诈勒索"罪被判刑二年。因狱中遭受摧残导致下肢瘫痪，出狱时只能坐轮椅回家。

尤为恐怖的是，李小贺的丈夫王二轩为瘫痪妻子讨公道，今年 4 月又去北京上访，由于河南省把

陈秉中到河南看望瘫痪的李小贺

上访率与官员乌纱帽挂钩，恼怒的上蔡县委书记胡建辉一声令下，继给李小贺判刑后又将其夫抓进大牢判刑二年半缓刑三年，现正在服刑中。

再一位是因喷洒农药中毒到新蔡县医院救治被输了从"血头"那里买来的四袋血感染艾滋病毒的 26 岁农妇杨春芳。10 多年间多次上访屡遭摧残，再加上"只有不三不四的女人才得艾滋病"猛于虎的社会歧视，为表明洁白无瑕，趁家人熟睡，在猪圈佝偻着身子上吊自杀。因夫妻间传播丈夫也被染艾滋病毒，爱妻走后 7 个月也撒手人寰。

又一位被判刑的是汝州市 20 岁刚出头的年轻农妇马霞，因做人流手术输血感染艾滋病毒，只因上访被判有期徒刑二年缓刑三年。警察逮捕她时给戴黑头套还背铐受尽凌辱，狱中两次绝食以死抗争。

还有一位是卖血感染艾滋病毒 32 岁美艳如花的陈金凤，令她最难忍受的是浑身剧痛，医院本可以给镇痛药却拒绝，去北京上访被关进"黑监狱"久敬庄，曾几次想服农药，也想上吊，还要求丈夫用手巾捂死，因得不到救治痛苦中告别难舍难分亲人而去了西天。

其七、210 名产妇输血感染艾滋病毒的河南省宁陵县

在李克强任职河南正值艾滋病高发期，宁陵县 210 名产妇因分娩被输血感染艾滋病毒，其中 150 例发生在县妇幼保健院。住院分娩除非大出血，一般不需要输血，但为了创收都给输了由"血头"提供的污血，其感染人数之多全球独一无二。

仅据我对 50 名产妇的追踪调查，她们感染艾滋病毒因为不知情，25 名产妇传染给了丈夫，夫妻间传播率达到 50%；30 名经母乳传播给孩子，传播率达 60%。

来北京上访讨说法的产妇，由于被当感冒发烧治疗越治越重，50 名产妇已病故 12 人，死亡率 24%；被感染的 25 位丈夫已病故 10 人，死亡率 40%；被感染的 30 个孩子病亡 8 人，死亡率为 27%。

分娩入住县妇幼保健院的赵凤霞，输血感染艾滋病毒后同样在不知情情况下传染给孩子和丈夫，丈夫不治病亡后，赵凤霞因屡屡上

访被抓入狱。更恶毒的是，因病历被妇幼保健院藏匿起来不予提供，法院则以无病历为由说她是对县妇幼保健院敲诈勒索将其判刑二年缓刑三年。保外又上访，被重新收监"二进宫"。

其八、河南著名社会学家刘倩因揭河南血祸黑幕遭封杀

自 2004 至 2010 年背着锅碗瓢盆深入艾滋病最严重的艾滋病村田野调查六年的刘倩，只因 2016 年世界艾滋病日发表《河南艾滋病事件真相必须大白》一文，本与国家卫计委主任李斌无关，但因该文涉及到提拔她的顶头上司李克强，竟联手河南省省长陈润儿对其追杀。刘倩调查所见，河南到处都开办血站，尤为瘆人的"胡采不验"，在洗澡堂子、私家院落、猪圈旁、庄稼地都采血，省卫生厅一位处长看了也不无感慨："这简直就是屠宰场！"副总理吴仪来河南很生气地说："血头血霸不杀几个不足以平民愤！"然而，河南当局对调查的刘倩竟挥舞由时任政治局常委李长春主管的中宣部下达的对河南艾滋病"不准宣传、不准报道、不准调查、不准研究"的"四不准"大棒令其闭嘴；当局还向她传达"你不能站在艾滋病人一边，对艾滋病人的打击要比平常人力度大"的指令。这岂不是当年纳粹德国屠杀犹太人的翻版！更恐怖的是，刘倩调查的艾滋病村家家户户都躺着要死的病人，连她自己都不知道跟着乡亲埋了多少死人。河南当局对血祸受害者的暴虐比法西斯还法西斯！

刘倩继续揭露道，为了掩饰河南艾滋病灾难严重性，李克强任职河南省期间，政府舍得大量投入资金进行治理已经完成了"华丽转身"，精心策划并实施了令人目眩的在自认为艾滋病最严重的 38 个重点村实施美其名的"六个一工程"。据有"中国民间防艾第一人"之称的高耀洁教授调查，河南最严重的艾滋病村并非 38 个，而是比 380 个还多。"六个一工程"的口号是："实施民心工程，打造窗口形象"，即修一条柏油路、打一眼深水井、建一所学校、建一所标准化卫生室、建一所孤儿孤老养育院、建一个党员活动室，要求一个月完成，并组织外宾参观。然而，真实情况却令人大跌眼镜。刘倩 2004 年跟随省课题组参观上蔡县芦岗乡花了 400 多万元建起的规格最高

的为收留艾滋孤儿的阳光家园，当时共收住 24 个孩子。事后才知道，那些孩子全都是临时"借"来的。"六个一工程"，成了包庇河南血祸罪魁祸首做给联合国看的"面子工程""牌坊工程"。刘倩感叹，这是只有官方才有能力完成的造假。

其九、胆大包天竟敢为河南血祸翻案的王岐山

2014 年 3 月，由十八大中纪委派驻河南省的第八巡视组，本应将发生于 90 年代的河南血祸作为此次巡视一大焦点，然而两个月的巡视竟没有发现河南发生过艾滋病，客观存在 20 年的河南血祸历史，就这样被中央巡视组篡改大翻盘被蒸发了，河南血祸两位责任人则成了漏网之鱼。

这种以中央巡视为名行为河南血祸翻案之实的巡视，要保护的绝非前总书记江泽民铁杆李长春，而是前总书记胡锦涛最得意弟子以及十八、十九大最高领导人最可信赖的搭档李克强。为此竟效仿历代统治者惯用的篡改历史手法，以弄虚作假的中央巡视将其漂白而"咸鱼翻身"。史学家说"只有昏君赵构身边才有秦桧"，而当今则出了个比秦桧还秦桧的王岐山。简直非你所想，历史就这样重演。

其十、我因揭露河南血祸黑幕一直遭到原卫生部和后来的国家卫计委的追杀

河南爆发艾滋病后，卫生主管部门本应争分夺秒进行危机干预，然而他们不这样做，却对我从事健康研究和致病高危因素干预的一员横加阻挠。以其昏昏，怎能令人昭昭。

一是 2012 年本应主导危机干预的卫生部，却指控我发表揭露河南血祸黑幕公开信，"仅凭一人之见"就举报，严重损害了广获国人称赞的李长春和李克强良好形象，为部党组所不容。

二是后来由卫生部改称为国家卫计委的主任李斌，对我前去河南更是大动肝火。她指派的官员声色俱厉：一趟一趟去河南调查，你疯了；几经劝阻又一趟一趟去河南，你活腻了；知道吗，中央正对你调查呢，不回头死路一条。她因打压举报者有功，也当选为本届全国

政协副主席。

三是原卫生部主管艾滋病防治的副部长更是放肆，因他是原河南省卫生厅厅长刘全喜老乡，多年前就亮出河南艾滋病大流行"无过错"论，妄图让应被追究刑责的河南血祸责任人"金蝉脱壳"，也为他包庇刘全喜洗清身。

四是我去河南省为了揭开柘城县双庙村死亡 500 艾滋病患者和 30 位感染者自杀又 30 户死绝之谜，三次去那里都因警察在村口堵截不能进村。县国保大队长还口出狂言："你这个 XX 糟老头子要是今晚不离开河南，我就弄死你。"更有甚者："你再来河南调查艾滋病就让你得艾滋病。"

为防止不测被"弄死"，已经晚十点多了，在夜幕掩护下生死大逃离，500 名艾滋病患者死亡之谜至今未能揭开。

我虽已 87 岁，但为了彻底揭开河南血祸真相，我还要第四次去被河南省"重兵把守"无人能进入的当今世界死亡人数最多的双庙村，彻底揭开在三位总书记保护伞下那个死亡 500 名艾滋病人的谜团大白于天下，将制造河南艾滋病大流行的罪魁祸首推上审判台，并追究包庇者的责任，让忍辱负重 20 年河南血祸受害者获得公平正义和国家赔偿。

本次举报同以往就河南血祸事发出的 40 多封举报信一样，文责自负，承担法律责任。

2019 年 11 月 30 日

注：陈秉中，1932 年生人，原中国健康教育研究所所长。1993 年 8 月 10 日被卫生部要求退休。

退休以后，多次奔赴河南艾滋病高发区调查、采访。二十余年，不断地向胡锦涛总书记、温家宝总理、习近平总书记写公开信，揭露"血浆经济"的缘起、状况和后果，要求刘全喜、李长春、李克强承担罪责，要求"一立案、二问责直至刑责、三给予受害者国家赔偿。"作为一名前中共高官，他始终站在底层受苦大众一边。

王淑平 以一己之力挽救数百万生命

南振民

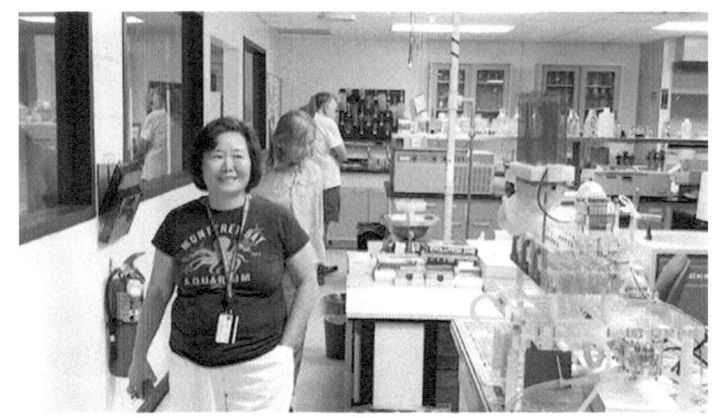

作为医生，我首先考虑的是病人和公众的利益

上世纪 90 年代，中原大地正被一场隐秘的"血祸"悄然吞噬。贫困催生的非法卖血潮中，共用针头、血液混输等乱象，让艾滋病病毒如幽灵般蔓延，数十万人的生命岌岌可危。在这场即将席卷全国的公共卫生灾难面前，一位名叫王淑平的河南医生，以医者的良知与孤勇，成为刺破黑暗的第一道光。她自费检测、越级上报，用一份份沉甸甸的数据敲响警钟，最终推动国家叫停非法采血，挽救了数百万人的生命。然而，这位救世主般的医者，却遭遇了地方部门的漠视与排挤，被迫妻离子散、远走他乡。在美国重新考取医师资格证后，她在社区医院默默行医直至离世，一生未获故土的正式认可，却用生命诠释了"医者仁心"的真正含义。王淑平的故事，是一曲关于勇气与牺牲的挽歌，更是一面映照时代良知的镜子，值得每一个河南人、每一个中国人永远铭记。

一、中原血祸：被漠视的生命危机

（一）卖血潮下的致命隐患

二十世纪八十年代末至九十年代初，中国对进口血液制品实施严格限制，国内血浆需求急剧激增。在经济较落后的河南农村，卖血成为农民摆脱贫困的"捷径"。地方政府为刺激经济，对非法血站默许纵容，"卖血经济"在多个村庄蔚然成风，甚至出现"全村皆卖血"的畸形景象。这些黑血站毫无卫生保障，采血环境肮脏不堪，操作人员未经专业培训，为节省成本频繁重复使用针头和采血器械，更致命的是，血液采集后未经严格筛查便直接混合分离，再将剩余血液回输卖血者体内。这种"不规范操作"如同病毒传播的温床，艾滋病、肝炎等血源性疾病借此快速扩散，河南逐渐沦为全国艾滋病高发区。

彼时的农民对病毒一无所知，他们带着改善生活的憧憬走进血站，却不知已踏上通往死亡的道路。许多家庭因一人卖血感染，最终全家患病，原本贫困的生活雪上加霜，村庄沦为"艾滋村"，绝望与死亡笼罩着中原大地。而这一切，在地方利益的遮蔽下，成为无人敢触碰的"秘密"。

（二）医者的敏锐与惊心发现

1983 年，王淑平从医学院毕业，怀揣着"救死扶伤"的理想进入新乡市卫生防疫站工作，凭借专业能力与责任感，逐步晋升为周口防疫站副站长。1992 年履职后，她很快发现当地血站的异常：频繁卖血者胳膊上布满新旧针眼，部分人出现不明原因的发热、乏力等症状，这让深耕公共卫生领域的她敏锐察觉到巨大风险。

1995 年，王淑平在调查一起肝炎暴发事件时，意外发现部分患者有卖血史，且症状与已知传染病不完全吻合。职业敏感促使她展开深入调查，她自掏腰包购买检测试剂，利用业余时间采集血样。从 5 月到 9 月，她和同事共收集四百零四份周口地区献血员血样，检测结果让她脊背发凉：HIV 阳性感染率超过 15%，六十二份血样明确携带病毒，意味着每六个卖血者中就有一人感染。更让她心急如焚的是，这些携带病毒的血液已大量流入制药厂，将被制成白蛋白、凝血因子等制品，输给手术病人、孕妇、血友病患者，一场波及全国的公共卫生灾难已箭在弦上。

（三）层层上报遭遇冷漠推诿

"作为医生，不能拿人命撒谎。"面对触目惊心的数据，王淑平第一时间向当地卫生局领导汇报，详细阐述非法采血的严重危害，请求立即关闭不合格血站、全面筛查血源、规范采血流程。然而，她的紧急呼吁却石沉大海。地方领导非但没有重视，反而以"数据太吓人，影响地方形象""干扰经济发展"为由，对她进行斥责和压制，甚至暗示她"不要再追究这个问题"。

在多次沟通无果后，王淑平并未放弃，她整理详实的检测报告和调查记录，再次向上级部门反映，却遭到更直接的阻挠。她的办公室被无故上锁，关键检测报告莫名丢失，单位同事在领导的暗示下纷纷与她划清界限，见了她绕道而行，背后议论她"想出名，不顾地方死活"。有地方卫生局官员私下质问："谁胆子这么大，敢把这件事捅出去！"当王淑平直言"报道就是我写的"时，得到的却是更严厉的打压。地方部门的漠视，本质上是对生命的漠视，他们为了短期经济利益和表面政绩，不惜将数十万群众的生命安全弃之不顾。

二、孤勇前行：以一己之力撬动国家变革

（一）自费赴京的"吹哨之旅"

地方部门的层层阻挠，让王淑平意识到，依靠当地力量无法阻止灾难的蔓延。看着越来越多的人因输血感染病毒，在痛苦中挣扎，她下定决心：哪怕付出一切代价，也要让真相被高层知晓。1995年12月，王淑平带着六十多份阳性血样和详细调查报告，自费前往北京，她要找到能倾听真相、重视生命的人。

在北京，她四处奔走，却屡屡碰壁。就在近乎绝望时，她在中国预防医学科学院门口遇到了著名流行病学家曾毅院士。面对这位嚎啕大哭、恳请帮助的女医生，曾毅院士耐心听取了她的陈述，当看到那些确凿的检测数据时，他深感震惊，立即意识到问题的严重性。曾

毅院士不仅为她提供了专业支持，协助她完善调查报告，还亲自将报告上报至卫生部，为王淑平的"吹哨"之路注入了关键力量。

（二）一纸报告叫停全国非法采血

1996 年初，王淑平与曾毅院士共同提交的调查报告，终于引起卫生部的高度重视。随后，卫生部迅速派出调查组赴河南核查，核实结果与王淑平的报告完全一致——非法采血导致的病毒传播已到了刻不容缓的地步。1996 年 3 月，国家紧急下文，全面禁止非正规机构采血，所有血源统一由医院管理，一场全国范围内的血站整顿工作正式启动。整顿行动中，大量不合格血站被关闭，非法"黑血站"被彻底取缔，国家同时出台新的采血规章：大幅提高献血者筛查标准，每份血液必须经过 HIV、乙肝、丙肝等多项病毒检测，血站硬件设施和人员资质实行严格准入，限制献血频率和数量。这些措施从根本上遏制了病毒通过血液传播的途径。据估算，仅规范采血这一项就至少挽救了数百万人的生命——如果没有王淑平的坚持，病毒可能会通过血液制品扩散至全国，感染人数将呈几何级增长，后果不堪设想。

王淑平的"吹哨"，不仅阻止了一场公共卫生灾难，更推动了中国血液管理系统的根本性变革。此后，血液安全被纳入国家公共卫生重点保障领域，完善的血液检测和管理体系逐步建立，无数患者在规范的输血环境中重获新生。而这一切的起点，是一位河南女医生的孤勇与坚持。

（三）代价惨重的正义：失业、离婚、被孤立

然而，王淑平的正义之举，却让她付出了惨重的个人代价。在国家禁令出台后，地方部门将整顿带来的"损失"归咎于她，对她展开了报复性打压。1998 年，王淑平被所在单位以"不服从领导安排，扰乱工作秩序"为由开除公职，这个她为之奋斗了十五年、承载着她医者理想的岗位，以如此荒唐的理由将她驱逐。

职业的毁灭只是开始，生活的重击接踵而至。她的丈夫同样在卫生系统工作，因受到妻子的"牵连"，遭到同事排挤和领导打压，不堪重负的他最终选择离婚。年幼的孩子在学校被同学辱骂"你妈是疯

子"，回家后躲着她哭泣，原本幸福的家庭彻底破裂。走在街头，有人朝她扔石头，骂她"断了大家的活路"，而那些因她的报告保住性命的人，迫于压力，没有一个人敢站出来为她说话。

王淑平成了孤家寡人，她在自己深爱的故土上，被贴上"麻烦制造者"的标签，遭受着前所未有的孤立与排挤。她拯救了数十万同胞，却被自己的同胞抛弃；她捍卫了公共利益，却让自己陷入绝境。这种不公，没有让她后悔自己的选择，她后来在采访中说："说出实话的代价很大，但是值得。"

三、远走他乡：在异国续写医者使命

在美国有了幸福的家庭

（一）背井离乡的无奈与期许

2001 年，在故土无容身之地的王淑平，带着破碎的心和仅有的积蓄，被迫移民美国。这一年，河南的艾滋病危机终于得到官方承认，国家开始提供免费检测和治疗，但这一切喜讯都与她无关。她没有得到任何感谢，没有任何荣誉，甚至没有一句道歉，只能以一个"被开除者"的身份，离开自己热爱的祖国。

抵达美国后，王淑平给自己取名"sunshine 阳光"，这个名字寄

托着她对新生活的期许，也彰显着她内心从未熄灭的希望。尽管经历了背叛与伤害，但她从未放弃"医者仁心"的初心。在异国他乡，语言不通、文化差异、经济拮据，都没有阻挡她重拾听诊器的决心——她要继续做医生，继续救死扶伤，这是她一生的信仰。

（二）重拾梦想：考取美国医师资格证

在美国，医师资格考试以难度大、标准严著称，对于一位中年移民来说，更是难上加难。王淑平从零开始，白天打零工维持生计，晚上挑灯夜读，攻克语言关和专业关。她不仅要熟练掌握英语医学术语，还要深入学习美国的医疗体系、法律法规和临床规范。无数个深夜，她对着厚厚的医学书籍和题库反复钻研，遇到不懂的问题，就虚心向当地医生请教，凭借着医学院打下的扎实基础和不服输的韧劲，一步步向目标靠近。

经过数年的不懈努力，王淑平成功通过了美国医师资格考试，获得了在美行医的合法资质。这一过程的艰辛，常人难以想象，它不仅是对专业能力的考验，更是对意志力的磨砺。对于王淑平而言，这个资格证不仅是一份职业凭证，更是对她医者身份的重新认可——在故土被剥夺行医权利的她，在异国他乡重新找回了自己的价值。

（三）社区医院的默默坚守

获得医师资格后，王淑平没有选择大型医院，而是进入了美国犹他州盐湖城的一家社区医院工作。在这里，她面对的不再是惊天动地的公共卫生危机，而是社区居民的日常病痛：感冒发烧、慢性病管理、老年护理、儿童健康咨询……这些琐碎而平凡的工作，让她重新感受到了作为医生的温暖与满足。

她对待每一位患者都耐心细致，凭借着丰富的临床经验和真诚的关怀，赢得了社区居民的信任与爱戴。她会为贫困患者垫付医药费，会利用休息时间为老人上门问诊，会用不太流利但充满温情的英语安慰焦虑的病人。在她看来，无论在哪个国家，无论面对什么样的患者，医生的职责都是一样的——守护生命。

在犹他州大学担任研究员期间，她还将自己在公共卫生领域的经验运用到科研工作中，参与多项传染病预防研究，用专业知识继续为人类健康事业贡献力量。尽管远隔重洋，但她从未忘记自己作为医生的使命，在异国他乡的平凡岗位上，续写着医者的担当。

四、悄然落幕：未被铭记的生命之光

（一）客死他乡的无声告别

2019 年，五十九岁的王淑平在盐湖城的家中因心脏病发作猝然离世。这位拯救了数百万人生命的"吹哨人"，就这样在异国他乡悄然落幕。没有隆重的葬礼；没有媒体的报道；没有官方的悼念；甚至没有多少人知道她的名字和事迹。

她的离世，在世界上没有掀起一丝波澜，仿佛她从未来到过这个世界。她的美国丈夫按照她的遗愿，低调处理了后事。直到后来，一些知晓她过往的人在网络上分享了她的故事，这位被遗忘的英雄才重新进入公众视野。人们这才发现，那个推动中国血液管理变革、挽救了无数生命的人，竟然在异国他乡默默行医直至离世，一生未获故土的任何认可。

（二）故土迟来的致敬与反思

随着王淑平的故事被广泛传播，越来越多的人开始铭记这位伟大的"吹哨人"。河南网友纷纷留言："我们欠王医生一句谢谢""没有她，可能很多家庭都会不复存在""她是河南真正的恩人"。一些媒体陆续报道她的事迹，称她为"被遗忘的苍生哨者"，学术界也开始肯定她在公共卫生领域的巨大贡献——她不仅阻止了艾滋病的大规模传播，更推动了中国公共卫生体系的完善，为后续应对各类公共卫生危机提供了宝贵经验。

王淑平的遭遇，也引发了社会对"吹哨人"保护机制的深刻反思。在那个年代，由于缺乏完善的制度保障，"吹哨人"往往要独自承担巨大的风险，遭受打压与排挤。王淑平的故事提醒我们，一个健康的社会，需要鼓励真相的披露者，需要保护那些为公共利益挺身而出的人，只有这样，才能及时发现问题、解决问题，避免悲剧重演。

（三）精神永存：医者良知的不朽丰碑

王淑平的一生，是奉献的一生，是坚守的一生。她以一己之力对抗体制的冷漠，以孤勇之心捍卫生命的尊严，她的勇气不在于无所畏惧，而在于明知前路布满荆棘，依然选择挺身而出。她的医者良知，不仅体现在危急时刻的挺身而出，更体现在遭受不公后的坚守初心——即使被故土抛弃，依然在异国他乡践行着救死扶伤的使命。

她的故事，是一面镜子，映照出人性的光辉与黑暗、正义与怯懦、坚守与妥协。她让我们明白，真正的英雄，不一定是光芒万丈的大人物，可能只是一位坚守良知、敢于发声的普通人。真正的医者，不仅要有精湛的医术，更要有悲天悯人的情怀和无畏的勇气。

王淑平医生的一生，是一场关于牺牲与救赎的旅程。她在中原血祸的阴影中挺身而出，以一己之力挽救了数百万人的生命，却遭遇了地方部门的漠视与孤立，最终被迫远走他乡；她在异国他乡重拾医者梦想，考取美国医师资格证，在社区医院默默行医直至离世，一生未获故土的正式认可，却用行动诠释了"医者仁心"的最高境界。

对于河南人而言，王淑平是当之无愧的恩人。她用自己的职业前途、家庭幸福甚至人生自由，换来了无数河南家庭的平安。她的名字，理应被刻在中原大地的记忆深处，被每一个河南人铭记；她的精神，理应成为全社会的精神财富，激励着更多人在面对不公与危机时，敢于发声、勇于担当。如今，中国的血液管理体系日益完善，公共卫生保障能力大幅提升，"吹哨人"保护机制逐步建立，这一切的背后，都离不开王淑平当年的孤勇与坚持。虽然她已悄然离去，但她的精神永远不会消亡，她就像一盏明灯，照亮着公共卫生事业的前行之路，也照亮着每一个医者的初心之路。

愿我们永远铭记王淑平医生——这位为苍生吹过哨的医者，愿她的故事永远警醒世人：良知不可负，生命重千钧。向王淑平医生致敬，她的精神永存！

2025 年 11 月 23 日

注：作者专注于音乐创作和传播领域，作曲作品有《河南老乡》《妈就是家》等。

王淑平：报告河南艾滋疫情第一人

刘 倩

事实上，还有人更早发现中国艾滋病村庄——比桂希恩大夫还早四年。

2004年我走访周口市卫生局，那是王淑平医生曾经工作过的地方。问起王淑平，人们都讳莫如深，一位领导说那都是过去的人和事了，不必提了。之后点点滴滴了解到一些当时情境，再查阅媒体不多的报道，理出事情大概。

从1994年开始，王淑平带领她的同事们在本地区开展肝炎和艾滋病流行病学调查。当时王淑平是河南省周口地区（现为周口市）医院临床检验中心的负责医生。1995年5-9月，他们在周口市商水县西赵桥村共抽取九百多人的血液样本，检测发现艾滋病病毒感染率20%以上，其中献血员三百多人，感染率将近50%。

也就是说，1995年王淑平已经在河南发现艾滋病村——西赵桥村，查出村里艾滋病病毒感染者一百五十多人。

王淑平感到情况严重，写详细报告递交周口市卫生局。报告称："单采浆还输血球献血员中已有 HIV 感染，甚至酿成流行之势，成为迫在眉睫非解决不可的问题。"当时卫生局长说，全地区人民会感谢你。

王淑平的报告惊动了河南省卫生厅。卫生厅派"专家"前往王淑平的工作单位周口市医院临床检验中心"调查处理"，指责"王淑平的实验室不合格"，下令王淑平的调查报告不准发表。王淑平本人遭受打压，受到停职停薪的不公正处理。王淑平不服，将血样送至北京全国艾滋病检测中心。这些艾滋病毒血样检测结果验证了王淑平的报告情况属实。

1996 年 1 月 10 日，中科院院士曾毅将王淑平的报告呈送卫生部。1996 年 11 月，王淑平所在的临床检验中心被关闭。1997 年初，王淑平被迫离开河南，到中国预防医学科学院学习和工作。2001 年，为谋生计和继续从事艾滋病科学研究，王淑平别离家人亲友，只身去往她十分陌生的美国。半年之后，2001 年 8 月 23 日，国务院新闻办在北京举行新闻发布会，正式公开桂希恩教授两年前发现的河南省上蔡县文楼村的艾滋病疫情。而对六年前王淑平和她的同事们发现的艾滋病村西赵桥村只字未提。

王淑平为此付出的代价是：失去家庭，夫离子散。

王淑平后来供职于美国血液中心，仍然从事血液和病毒研究工作。她一度与高耀洁保持联系，对来自故土家乡的消息非常关心关注。有媒体报道：河南省数十个艾滋病村庄正在得到来自政府和社会各界的帮助，病人正在得到药物救治，这些消息让王淑平曾受伤的心稍稍欣慰。

王淑平的故事使我心中充满痛惜。王淑平医生的发现比桂希恩教授的发现整整早了四年。1995 年，假如王淑平的发现当时就能得到有关部门的正确对待，采取有效措施，河南的艾滋病疫情何至猖獗肆虐如此！整整四年的时间啊，即便是亡羊补牢，也可以留住多少人的性命；保住多少家庭不至于破碎；多少孩子不做孤儿！

桂希恩和王淑平发现疫情都及时报告当地有关部门，都受到阻挠打压，但最终报告还是都送到了卫生部。不同的在于递交卫生部的管道：桂希恩教授通过时任国务院副总理李岚清，王淑平医生通过中科院院士曾毅。

在这里，我只看到权力的力量。王淑平是无奈的，桂希恩同样是无奈的，包括院士曾毅也是无奈的。

假如桂希恩教授的报告不是提交给了有权力的、而且是有责任之心的领导人，会是什么结果？疫情将继续隐瞒延误下去？

桂希恩比王淑平幸运。桂希恩的幸运就是疫区百姓的幸运。

桂希恩幸运吗？感染了艾滋病的疫区百姓幸运吗？

疫情真相现在真的公开了吗？

人们，都在哪里被"嵌住"了？

2019 年 7 月

注：摘自作者"他们是抗击艾滋血祸的英雄"一文。

百度百科：3·14 案件

河南省于 1996 年 3 月 14 日夜开始刮起的血站取缔风暴。

3·14 案件是河南省于 1996 年 3 月 14 日启动的非法采血专项整治行动，由省卫生厅与公安厅联合部署，重点打击营利性非法采集、倒卖人体血浆活动。该行动的直接导火索为 1995 年底原周口地区临床检验中心负责人王淑平提交的农村献血员艾滋病感染报告，其通过检测发现商水县西赵桥村 62 份 HIV 阳性血样，并于 1996 年 1 月经曾毅院士上报卫生部。

1996 年 3 月全国血站整顿启动后，河南省当日即关闭 19 个国有血站及地下血站。2000 年起三年内全面关停单采血浆站，投入 1.6 亿元专项资金推行无偿献血制度。2002 年全省累计报告艾滋病病毒感染者 1928 例，其中病例集中于 1995 年前后的有偿献血群体。

王淑平医生揭露艾滋病被迫远走他乡

金 钟

作者和王淑平医生见面，2009 年

河南青年医生王淑平女士九十年代透过专业分析，发现艾滋病由血浆经济的交叉感染而泛滥，惊动国家卫生部而关闭全国血站，为防艾立下大功。但是她却遭到打压，失去工作，被迫离乡背井赴美求生。王医生十二月二日在华盛顿 DC 接受《开放》主编访问，详谈中国艾滋血祸内幕和个人的遭逢。

在出版高耀洁医生《血灾：一万封信》时，我留意到书中第一个向北京反映河南艾滋病是因卖血而传播并受到打压，不得不出走国外的"王淑平医生"。我想，高医生被迫来到美国，已是有例在先，她们关系如何？这次在华盛顿的传媒约会中能见到她吗？

519

当看到对华援助协会传来的嘉宾名单中，果真有王淑平的大名。不出所料，在罗得岛大街的酒店初次见面的印象，和广为人知的高医生不同，王淑平是中年一代的仍然年富力强的一位中国医生。由这两代读书、工作都在河南而与艾滋病防治结缘的医务工作者来向美国公众说明真相，那实在是再好不过的安排。如果，说高耀洁的事迹更多地显示了中国老一辈医师执着的人道主义精神，那么，王淑平则是代表中国文革后一代知识分子忠于专业操守的务实风格。

亲身参与河南采血浆站工作

在华盛顿匆匆三天，日程很紧。和王医生的访问只能安排在深夜，谈了约三个小时。

王淑平一九八三年从河南医学院毕业，专攻传染病防治。八六至九一年在河南周口地区防疫站工作，负责输血后肝炎调查，透过人群和临床调查乙型肝病的防治。周口地区在豫东中部靠近骡河市，辖九县一市，人口超过一千万。她们的调研工作与北京预防医学科学院病毒研究所合作。双方人员，互通来往，论文发表在《中华病毒学杂志》，九一年他们的工作已小有名气，受到业界注意。

一九九一、九二年间，周口防疫站办起了"单采血浆站"，是扩大经济效益的副业。因王淑平专长血液分析，被任命为副站长。采浆站多少人呢？正副站长、医生、护士、会计共约三十五人，其中医生仅二人。站长是个军队转业干部。开张之前，王淑平和一班护士专程去河南空军的老血站学习取经。

人的血液分白血球、血浆两部份，离心机可将二者分开，血浆在上，血球沉在下，若一半对一半。血站只取上面的血浆，血球则加点盐水输还给献血人。一次抽500ＣＣ，还回二百五，故要抽两次，才够500ＣＣ血浆。

因为只要血浆，这样的抽血站就叫"单采血浆站"。规定一个人一月能抽二次，即卖血浆1000ＣＣ。

想必血浆一定很贵吧？这正是副业有利可图的原因。王淑平介绍，血浆是制造"白蛋白""球蛋白"的主要原料，白蛋白给危重病人用，一小瓶一百多元，球蛋白可防治肝炎，价格便宜一些。生产这两种血制品的厂商，有上海生物制品所、郑州空军、石家庄、沈阳、兰州、武汉等地的军队和地方生物制品所。他们都收购血浆，由银行贷款，三天两头就有银行的人来坐等交货付款。除了内需还出口血浆，据医学科学院的人透露，每年出口的血浆可赚"十八个亿"。

一个血站一天抽血约五百八十人，或六百人，500ＣＣ献血收入四十五至七十五元不等，一天可抽血30万ＣＣ，收购价大约每吨血浆（200万ＣＣ）二十万元，可进帐六万元，支付献血者三万多元，一个血站一天就可以赚两万多元，一年就近一千万元。但发给员工的一年只有一个红包，一千多元。血站是县卫生局的下级，收入不用上缴。到九四年每县都有一、二个血站，周口地区共十五个。

国家统计局数据显示，二○○一至二○○三年全国血液制品用血浆量，每年是二千七百吨、三千吨、三千八百吨，二○○六年为四千吨。而这些血制品销售收入○二年为二十六亿元，○三年为三十二亿元。换言之，一吨血浆变成血制品后会值八十多万元，比从血站收购价高四倍，而卖血者一个月两次不过收入一百三十元。因此，大陆普遍瞧不起卖血的穷鬼，也把血站人员叫做吸血鬼。

透过丙型肝炎测试发现交叉感染

王淑平医生在血站只做了一年。她的工作是抽血前检查献血者有无乙型肝炎、肝功能转氨碄四十是否升高、蛋白够不够。

她在工作中发现，第二次、第三次献血的人肝功能转氨碄上升超过四十单位，怀疑是否另有肝病毒？乙型肝炎可经过手口传染，丙型肝炎病原只有血液才可传染，但没有试剂，不能检测。于是她留下血液样品，九三年六月去北京医学院病毒所拿到试剂，一查，果真是丙型肝炎。说明是抽血过程中的"交叉感染"所致，即医疗器具如剪刀共享、分浆室换衣不严格、血袋也共享。王淑平即向护士们提出要求，医具每人分开，但站长不支持。

丙肝污染与艾滋病有何关系？王淑平医生说，九十年代初中国没有艾滋病问题，但九四年已有文章说丙肝的感染率高达83%，交叉感染在各地血站严重，而卖血者为多赚些钱，到处串献不受一月二次的限制。于是她在九三年到北京卫生部疫症司三次，向一位资深防疫专家庄教授反映，庄教授也知道云南边界已有二至四成吸毒者是艾滋病带菌者，这些人如果进入血站，受滋病毒就会如丙肝一样在中国泛滥开来。

九四年，王淑平做课题研究，将血站交叉感染情况寄给庄教授，庄教授报告卫生部，引起重视。部里询问河南省卫生厅，省里追血头。要求报告各站交叉污染情况。王淑平的站长，找到她了。质问她为甚么要向北京报告，是刁难血站的工作。把她撵出血站，调到周口地区卫生局疫政处做主治医师。月薪二百多元。疫政处是管各血站的，更有利于王淑平调查血站的全面情况。

她和副局长五、六人下去检查，发现各站转氨碰都超过 40%，在四十到八十间的献血者仍在用，他们下令将原有二万献血人淘汰只剩下六千人。并向地区专员汇报，专员要开大会防止交叉污染，但血头抱怨生意不好了，他们要继续干。要求成立临床检验中心，但不拨款，成立不了。

这时，终于在一个血站中查出了一个艾滋病的阳性反应ＨＩＶ者。遂于周口成立唯一的临床检验中心。北京也支持，九五年召集各血站试验室主任开会，都承认输血污染严重。

发现艾滋病毒震惊北京曾毅院长

这个艾滋病毒感染者约三十八岁，太康人。他说在昆明嫖妓一次，又在昆明卖血，染上艾滋病。回河南后，在商丘几个血站也献过血。王淑平见他静脉都是肿的，试剂查证，是阳性反应。

她给区卫生局长、省卫生厅长反映，要求血站加上检查艾滋病毒检测指标，以防艾滋流传，但不被接受，理由是检测费用太贵，血站负担不起。王淑平锲而不舍，收集各地四百零九份血浆采品，用四家不同试剂做艾滋检测，结果阳性反应都在13%上下，证实感染严重。她立即报告卫生局长，局长当面夸奖她："为全区人民做了一件大好事！"

王淑平禀报局长：ＨＩＶ感染在上蔡、开封，全国还有更厉害的地区，请你向上报告。可是，一个月后，她再见局长，询问上报没有？局长反问她：到底你做的对不对呀！原来局长同志没有上报！局长要她提供一个书面报告。一九九五年底，她交了报告。深怕下面的官儿们不可靠，王淑平带着几十份血浆标本，去北京找预防医学科学院院长曾毅（按：曾毅，中国科学院院士、法国俄国医学科学院外籍院士，现任国家性病艾滋病预防控制中心首席科学家、世卫肿瘤专家顾问组成员）。但检测一份要收七百元，她绝无此财力负担。见曾院长后，获支持检测十六份，结果十三份阳性，三份不确定。曾院长为ＨＩＶ之泛滥相当震惊，连夜即上报卫生部。

中央紧张了。马上下令河南追查疫情。地区卫生局找到王淑平的丈夫，丈夫电告在北京的妻子："你在哪儿呀？赶快回来！"王淑平迅即返回家中，刚到家，卫生厅长来了电话："王淑平！你搞了个大地震呀！你做得好！非常好！这是你的功劳！继续努力，好好干！"

但是，第二天，气候突然变了。区卫生局领导来家，明白表示"你不能再干！"可是，省里还是叫干，第三天，下来不少专家，向王淑平盘根究底，查问"干了啥？血样咋来？"来来回回人不少。最被动的是周口地区卫生局，他们要王淑平将她那份未上报的报告删去部份内容，王淑平拒绝："要删，你们自己删去！我不删！"局领导对她抱怨之至："为甚么别人不能发现，只有你能发现！按照你的分析，一个血站一天有一千人感染（艾滋病）！要他们关闭血站，那还得了呀！"

卫生部下令关闭全国血浆站

局长指责王淑平不经程序送一千多个血样标本出去，而预防医学科学院艾滋病防治中心没有检测，免去了她的工作。

但是，九六年二月，国务院卫生部下达红头文件，要求全国关闭血浆站。这是对王淑平工作的最大肯定。王淑平说"当时外界可能不清楚，如果没有曾毅这样有良心的科学家，这个文件还不知何时下得来？全国又要增加多少艾滋病例。"她的语气中透露着明显的无奈感。因为真理抓在小人物手上，很难转化成巨大的物质力量。

暴发的血浆站关闭了。正规的血站从此要加测艾滋病指标。回顾九十年代这场血浆大战，王淑平说，河南估计有四百个血站，关掉了二百七十八个。全国血站可能有一万个，一个血站的献血人也以一万人计，全国献血者应达一亿人。保守估计减半来算，献血人就有五千万，以10%的感染率算，透过血站感染艾滋病毒者即有五百万人！此外，输血感染、血制品感染还无法估计，常用白蛋白的空军部队已有发现ＨＩＶ感染，但没有人报导。

全国一九九六年二月开会后，河南省委同年也开了大会，王淑平不被邀请出席，她仍挤进去旁听了。一位副省长发言承认艾滋病泛滥是血浆站引起。但副省长强调"省内的事，不能向中央捅"。会议下面层层开，到了地区，大为走样，没有问责，没有反省。大发牢骚，说迷信算卦的都有，还有人骂"周口那小子""北京曾甚么毅胆真大，与我们对着干！""谁也别干了！都下台！"

流离北京五年，被迫远走美国

有一次，王淑平在卫生局，前局长褚某借拆牌子之机，扬起长棍向她头上打去，边打边骂："砸牌子！不干了！打艾滋病毒！人不罚神罚！"王淑平高叫："我要报警！"褚就冲上来对她又抓又骂，气极败坏。最后王淑平向专员投诉，不了了之。

王淑平在河南待不下去了，只能待在家里给丈夫做饭。百般无奈之下，她打电话给曾毅教授求助，曾院长答应接她去北京他们医院试验室做艾滋病研究，"学习工作"，有饭吃，没有正规工资。就这样，九七年到二〇〇一年在曾院长庇护下过了五年没有收入的生活。

一位"长在红旗下"，对专业卓有贡献的年轻医生，竟沦落到如此地步，海外的读者可能难以想象。王淑平寄住在北京姨妈家，合睡一张不能翻身的窄床。河南家的安定，也因为她揭发艾滋血传播问题遭到冲击。专业上，丈夫支持她，但是持续不断的组织和社会压力使他受不了，回家就生闷气、发脾气。两人出外散步，也和解无方，解说不清。感情终于逐渐稀释而淡出。这也是丈夫和女儿留在河南，她不得不出走北京的原因之一。

一九九五年，王淑平母亲去世，回乡回不去，没有工作，不让干活，在曾院长处也不是长久之计，她只有自觅出路，终于透过网络找到一份远在美国的工作：犹他州一个研究机构需要她这样的血液分析人才。在熟人的协助下，一边办理出国护照，申请签证，一边补习英文，二〇〇一年终于只身来到美国，寻找人生的新机会，那时，她不过四十一岁。

王淑平告诉我："我出国已经八年，在美国有了自己满意的专业工作，完全摆脱了在中国那样的压力和烦恼。虽然不做防艾工作，但仍时时关心中国艾滋病的状况。相信有曾毅、庄教授那样好多医学专家，和许多关心民族健康的大夫和社会人士，防治艾滋病的恶性传染一定会做下去。"

王淑平在美国适应得很好，重拾专业尊严，也找到人生的寄托。她的女儿已来到美国，在亚特兰大大学毕业。她还收养大哥的两名儿女，让她们在美国受教育，虽然负担不轻，但一家人过得很快乐。

这就是我知道的一位出生在河南惨烈的大饥荒年代，又为河南艾滋病血灾逼走他乡的中国医生的故事。大陆传媒对她也不曾遗忘。知名的《南方周末》二〇〇五年报导河南艾滋病十周年时，称王淑平是"第一个发现河南艾滋病传染的英雄"。

2009 年 12 月 12 日纽约

转自《开放杂志》2010 年 1 月号（http://www.dajiyuan.com）

王淑平 最早发现疫情被解职

万延海

河南省农民卖血，艾滋大流行，发生在上世纪九十年代中期，但大陆媒体直到2000年才开始报导污血艾滋问题，因为病患大量出现，当局已经无法掩盖。

河南周口医学研究人员王淑平1991年被调到当地单采血浆站工作，开始研究血液污染及乙肝流行、丙肝流行。她发现献血员普遍感染丙肝后，要求血浆站加强丙肝筛查。但被单位告知，筛查丙肝会增加成本。王淑平把情况反映到卫生部，促成卫生部来人调查血浆站丙肝污染情况，并出台党要求加强丙肝和艾滋病的检测，但王淑平却被赶出了血浆站。

王淑平到了周口卫生局工作，1994年成立周口临床检验中心，开始对献血员中的艾滋病进行研究。1995年3月，王淑平受卫生局之命，去太康县检测一位郭姓献血员，因为他在昆明血站献血时被查出感染艾滋病。郭姓献血员告诉她，他从昆明回家后，半月内先后又在柘城县、淮阳县和太康县的血站卖血。经检查，他被确诊感染艾滋病。

王淑平建议河南省卫生厅医政处领导，立即对全省血浆站进行艾滋病抗体检查，但是卫生厅表示，这样血站成本太大，无法实现。

1995年夏天，王淑平收集了四百零九份卖血人员的血样，发现艾滋病病毒感染率大约13%。十月底，报告递交给当地卫生局。卫生局长说，全区人民会感谢你的。但是，王淑平随后却受到了迫害。

随后，河南省卫生厅派专家去检验中心，检查实验室，说不合格，并对女性研究人员进行侮辱。王淑平个人受到卫生局局长的毒打。王淑平的调查报告不准发表。据悉，河南省卫生厅和国家卫生部都不准发表这个报告。临床检验中心被解散，王淑平失去了自己的工作。她后来在北京攻读硕士研究生，并在周口商水县跟踪研究卖血人员艾滋病流行情况，毕业后于 2001 年初去美国从事医学研究。

在 1994 至 1999 年期间，王淑平开展肝炎和艾滋病流行病学调查。在周口地区商水县一个村庄，在一千三百多人中，去除老人和外出人员，抽样九百多人，其中卖血者三百多人，发现总人口艾滋病病毒感染率 20%多，卖血者感染率 40%多，将近 50%。

据悉，王淑平的报告促成大陆国务院和卫生部下令河南省关闭了大量血浆站，但是政府没有发布献血员艾滋病流行的消息，大众、特别是卖血人员，对此一无所知。大量地下血站应运而生，艾滋病病毒在河南等地卖血人员中更加疯狂地蔓延。

2012 年 9 月 26 日，王淑平撰文回忆当时的情景，介绍自己发现丙肝流行和艾滋病流行的经过，但随后在国内的亲友即遭遇河南安全人员的调查和威胁。

日前，中共纪律检查委员会派驻中央巡视组进入河南省。我期待，河南艾滋病污血案真相不久将大白于天下！

注：作者为北京爱知行研究所，投入中国河南艾滋防治与公卫研究多年，后流亡美国，仍持续关心大陆艾滋病人权议题。

王淑平闹了一场"大地震"

喻 尘

1995 年 12 月 16 日，第一份有关河南农村献血员感染艾滋病的报告上报，写报告的人是原周口地区临床检验中心的负责人王淑平。62 份初筛的 HIV 阳性血样来自献血员集中的河南省商水县西赵桥村。

1996 年 1 月 10 日，经由中国防疫科学院院士曾毅推荐，王淑平的报告上报给了卫生部。

1996 年 3 月，全国开始取缔以采血浆盈利为目的的大小血站。在河南，因从这年的 3 月 14 日夜开始刮起的血站取缔风暴，后来被称为"3·14 案件"。

成为河南省的"艾滋病防治示范区"后，2003 年，河南省委组织部的干部进驻到西赵桥，对这个正经历灾难的村庄进行帮扶。

河南省商水县汤庄镇西赵桥村位于县城西两公里，从县城向西，一条新修不久的乡村公路有些弯曲地通到了村庄。"艾滋病示范区"等字样的标语闪现在临公路的房子屋墙上。商水县属于河南省周口市（原周口地区）管辖，隔着一条高速公路，与归属于周口市区的川汇区隔路相望。

周口市疾病预防与控制中心（原周口地区卫生防疫站，简称周口CDC）在川汇区人民路上，"国家一级疾病控制中心"的巨大标牌树立在这个中心大楼的顶端。王淑平是原周口地区临床检验中心的负责人，后来，检验中心合并到周口地区卫生防疫站，变成了周口慢性病防治中心。而王淑平已成为这里的陌生人，物是人非，光阴在抹平着过去。2005 年 12 月初的一天凌晨，王淑平从大洋彼岸的美国突然打来了电话，把多年前的历史掀开了一角真相。

"1994 年 1 月的一天，我把王淑平等医生带到了西赵桥村。" 2005 年 12 月 9 日下午，赵五在村民赵吉利家的正房里，想起了 10 多年前，几位从地区来的女医生第一次抽取了他们兄弟几人和许多乡邻的血样。从这天开始，王淑平和同事多次深入到西赵桥村采血样。

年轻的王淑平（中）和同事到村子检测

献血大军隐忧初现

"你只要伸出胳膊，没有人做什么检测"。

在组建周口地区临床检验中心之前，王淑平为周口地区的一家血站和卫生局工作，血站在那时是河南省各地市另类的工厂。"太康县建了全地区最早的一个，后来全区各县陆续都建了，共有十九个血站。"王淑平回忆了这种另类工厂盛时的情景，她说的十九个是"国有的"，即卫生机构开办的，"民营的、私有的"（即地下的、非法的）另类工厂更是遍布了城乡，无一计数。上世纪九十年代初前后，河南农民身体内的血液成了那些"工厂"廉价的生产原料。

在血站工作的王淑平，其实是一个做流行病学研究的医生，她在和血液接触的过程中发现了问题。"1989 年，一份报纸刊登了南方一个城市的血站，在献血员中发现了大量丙肝感染者（HCV），这让我有了警觉。"不久之后，王淑平在周口的血站献血员中检测出了肝炎病毒。"1992 年，我们已经发现丙肝开始流行。"她通过对献血员的多次检测发现，肝炎的发病率奇高。"很多献血员转氨酶升高，一看就知道那是丙肝阳性。"1993 年底，王淑平将这一情况报告给了卫生部医政司，希望高层能够对这一情况给予关注。

献血员来自周口地区的乡村，较近的商水县西赵桥村便是献血员集中的村庄。"那些年，大家都到处跑着卖血，挣钱快啊。"赵金山是赵五的三哥，也是赵家七兄弟中的老三，他那时是村民小组长。"全村的成年男女大都成了卖血的，周边的村子也一样。"西赵桥村一千余人口，几乎每户人家都有在外卖血的。

1995 年 3 月，王淑平参加一个卫生部门的会议时，听说一个曾经在太康县卖过血的献血员在昆明被检测出为 HIV 阳性（艾滋病毒携带者），这个献血员曾在昆明的血站有过卖血经历，并有不洁性行为。HCV 和 HIV 有着相同的传播途径，即通过血液传播，王淑平建议血站要对献血员进行 HIV 检测。"但事实上后来并没有那样做，因为若这样，成本就会加高。"王淑平把这个建议汇报给了省卫生厅，她认为所有的血站都应该停止采血，这个警告在当时的卫生部门被搁置了。

曾任河南省卫生厅疾病控制处副处长的马士文是河南省首例艾滋病病例发现的见证者之一，1995 年 3 月 8 日，他接到了昆明打来的电话。2003 年春，马曾因涉嫌通过互联网向外界传送了一份河南省艾滋病工作文件而被捕入狱，2003 年 10 月 18 日查无实证被释放。

"你只要伸出胳膊，没有人做什么检测。"四十七岁的赵吉利也曾是献血员大军中的一员，如今，他成了西赵桥村艾滋病人对外联络寻求帮助的牵头者。这些年，他多次跑到北京、郑州等大城市，与国内外的慈善、医学研究机构联络，希望获得药品延续村中众多艾滋病人的生命，这些病人，是他当年的"血友"，他的妻子是其中的一个。

王淑平于 1995 年提出的对献血员进行 HIV 检测的建议，在那年春天的豫东平原上，相抵于那些"另类工厂"的生产成本的考虑甚是轻微。

在献血员中检测出 HIV 病毒之后，"采血工厂"没有停止工作。1994 年底，王淑平离开了血站，成立了周口地区临床检验中心，这是一家独立的机构，王是负责人，丁红等几位女医护人员参加了中心的工作。

四百零四份血样的惊人发现

女医生带着六十二份 HIV 阳性血样进京。

西赵桥村第一个死于艾滋病的是一个姓雷的女人，"我们已经记不清她的名字。好像叫雷×英。"村民赵华说，"从外村嫁过来的，死了，时间长了，名字就忘记了。她的丈夫叫赵宝元。"第二个遭遇不幸的是赵继来，他在患病不久，苦于无药可治，在病痛的折磨中痛苦死去。"我们在西赵桥村检测出的第一例 HIV 感染者是个女的。"王淑平说，这和她所负责的临床检验中心在西赵桥村的抽取血样结果，与这个村庄后来发生的事情相印证。

1994 年底，周口地区临床检验中心在王淑平的主持下开办起来了。"我们是自筹自支单位，虽然属于地区卫生局主管，但局里没有投入一分钱。"丁红是当年临床检验中心的一名工作人员，全程参与了中心的筹建，"我做试验室工作，是做化验的，后来在献血员中提取的血样是我做的初筛。"丁红在中心被撤销之后，被安置到卫生防疫站（即现周口市 CDC）化验室，2004 年，被通知提前退休了，虽然她才 40 多岁。

据丁红回忆，当年的临床检验中心共四个人，除她和王淑平之外，还有一个姓刘的女医生，另一位则记不清姓名了。"王主任说，先不发工资，要做采血样、化验，在当时，她认为这是最重要的。"丁红说，在并没有得到上级投入资金的情况下，他们把挣来的钱买了仪器，停发了工资，自 1994 年底中心成立不久，即开始在献血员中提取血样，做 HCV 和 HIV 的初筛。

西赵桥村现任村主任李桂玲还记得十年前，王淑平和丁红等人在村里采取血样的情景。"她们在我家里还吃过一次饭呢。"李当年已是村干部，村民并不配合地区来的陌生医生提取血样，需要村干部做工作进行沟通。"我们并没有告知村民实情，就连商水县医院也不知道我们在那里是做什么，他们以为是化验乙肝的。"丁红说。

赵五在那年的九月将王淑平等人带到了西赵桥村："她们开了一辆车，后来又多次到村里来。她们说血样要送到北京去做检查。"赵五兄弟七人都被提取了血样。"我们兄弟都卖过血。"赵五是村里老资格的卖血人员之一，"我开始在县医院只卖全采，有病人需要输血时，对上型的医院就会找我。后来，周边开了很多血站，有人就找到我，让我拉一帮人去卖单采。"于是，赵五拉拢了自家弟和乡邻组织了一支卖血队伍。

从 1995 年 5 月到 9 月，王淑平等四人在周口地区的献血员中提取了四百零四份血样，通过丁红的试验室初筛，发现了惊人的 HIV 阳性感染数字，她们担心结果不准确，接连用了几种不同的试剂，但结果都是一样的。"我赶紧把这个结果报告给了当时的地区卫生局长，局长说，你们给周口做了一件大好事。"王淑平说，那位局长刚上任不久。半个月后，王又一次去找局长汇报，"我去问他这事该怎么办，他却问我你们做得对不对？我说如果不对我可以拿到北京去做。"

1995 年 11 月，王淑平动手写了一份给卫生局的报告，在这份报告中，她为慎重，没有提到检测到的 HIV 阳性具体数字，但提出了艾滋病传播在献血员中的危险和应对措施。报告给了局长以后，王淑平却没得到任何的回复。"我知道，他们想把这个事情压下去，那我就自己上北京。"她说到做到，这年底，她带着六十二份 HIV 阳性血样北上了。

闹了一场"大地震"

1995 年底，王淑平独自前往北京，1996 年 3 月，全国开始取缔以采血浆营利为目的的大小血站。在河南，因从这年的 3 月 14 日夜开始刮起的血站取缔风暴，后来被称为"3·14 案件"。河南省卫生厅和公安厅联合发文，严厉打击非法采集、倒买倒卖人体血浆的犯罪行为。

王淑平的报告经院士上报给了卫生部。

1995年12月16日，王淑平向周口地区卫生局递交了她负责的临床检验中心"我区献血员中HCV及HIV感染的调查汇报"，此前两天，河南省CDC开设了第一条艾滋病热线，接受全省HIV感染者和普通人对艾滋病知识的咨询。

王的报告在卫生局波澜不惊。"血站还在继续开。"她的担忧一天天在增加，"我是在血站工作过的，如果继续这样下去，全区每天至少会有一千人感染，很可怕的。"此时，更多的血站在献血员中检测出了HIV阳性感染者。"这年冬天，我们几个人在一个血站卖血，八十个人中有四个人查出了HIV阳性。"赵金山说，但这并未能让这家血站停下来，"血站的人只是让四个人不要在这家血站卖血罢了，他们几人有没有再到别的血站去卖血就不知道了。"

1995年最后的几天，王淑平带着六十二份初筛的、来自河南省商水县西赵桥村的HIV阳性血样，来到了北京。"我找到了中国预防医学科学院，想在这里做权威的鉴定。"那位卫生局长的置疑让王淑平觉得，必须求得最终的认定结果，"先见到了办公室的小董，他说做一份血样检测要七百元钱。"六十二份全做下来需要四万多元，这对于自己掏路费跑到北京求结果的王淑平来说，是太多了。她的中心也没有这么多钱，她们停了自己的薪水，把钱都花在了采样和初筛上了。"我当时有些气馁，没钱就不做了吧，回去吧。"她有些丧气地走出了预防医学科学院的办公室，"刚出门，迎面碰上了曾毅院士，他就问，你到这儿干什么来了？"王淑平把事情经过又给曾毅讲述了一遍，"曾院士一听，非常紧张，他说不要你这个钱，先做十五份吧。"

中国预防医学科学院的鉴定结果很快出来了十五份血样中有十三份被确定为HIV阳性，两份为疑似。这一结果让中国流行病学首席专家、中国科学院院士曾毅非常震惊。"他看了结果着急了，给我说，你赶紧写报告，马上报告卫生部。"剩下的四十七份阳性血样已没有再做鉴定的必要。在曾毅的支持下，王淑平这位从偏远地区来的普通医生，在北京起草了上报卫生部的"关于单采浆献血员中HCV及HIV感染状况的调查报告"：

"单采浆还输血球献血员（以下称单采浆献血员）中流行丙型肝炎病毒（HCV）感染，是目前仍存在的严重问题。这不仅影响着献血员的健康，而且对血液制品的安全性构成威胁。最近，我们通过调查发现，在单采浆献血员中已有 HIV 感染，甚至酿成流行之势。单采浆过程中存在的以上问题已成为迫在眉睫非解决不可的问题，现将我们的调查结果汇报如下。"

这份报告的第一、第二部分，王淑平列出了河南省周口地区 HCV 在献血员中的感染状况，第三部分，她写道："我们于 1995 年 9 月随机抽查了周口地区部分献血员的 HIV 感染状况，其中检出的阳性标本已经中国预防医学科学院病毒研究所（北京）艾滋病诊断试验室应用蛋白印迹法（WB）确证，结果如下：二百七十份单采浆献血员血样中有十九份为 HIV 阳性，一百三十四份 HBsAg 阳性，单采浆献血员血样中有四十三份为 HIV 阳性。"

1996 年 1 月 10 日，王淑平的报告经曾毅上报给了卫生部。后来，她从曾毅那里得来消息，卫生部在第二天给河南省卫生厅打去了电话，询问情况。她于第三天回到了周口，卫生局的一个头儿见到她说："你可弄了个大地震。"这天晚上，省卫生厅的一位厅长打电话到了她的家里，称她的工作做得很好。几天后，省卫生厅派出专家组到达周口。

写报告者的离开

在文楼村疫情正式公开的前半年。

2001 年 8 月 23 日，国务院新闻办在北京举行新闻发布会，正式公开河南省上蔡县文楼村的艾滋病疫情。此前半年，为谋生计和继续科研，王淑平离开了寄身的中国预防医学科学院病毒所，只身去往她十分陌生的美国。

王淑平从北京回到周口后不久，一个退休的卫生局长悄悄对她说："你别在这儿干了，有人要找你的麻烦。"第二天一早，这名已退休的局长站在临床检验中心的门口大骂，边骂边砸牌子，"他一边砸，一边说，我今天打的就是艾滋病病毒、肝炎病毒。"王淑平至今不知这位局长前后两天反常表现的用意。接下来，中心的水电被停掉了，"还是有一些献血员来做血检，我们还是设法做工作。"

写报告之后，王淑平接连碰到了多人前来中心找碴，反反复复被追问到底往北京送了多少血样、都做了什么检测。临床检验中心的工作几乎陷于停顿。"我们的工资随后就被停发了，从 1996 年初开始直到 1997 年。"丁红想起 10 年前的经历，仍不觉得有悔意，"我们当时认为，这事早晚要暴露出来，我们做得问心无愧。"

1996 年底，临床检验中心被关闭。1997 年初，王淑平离开河南，到中国预防医学科学院学习和工作。"她觉得连累了同事们，怪不得劲儿，也得罪了不少人。"丁红说，"之后，她回到周口过几次，但从 2001 年后，就再也没有回来过。"在中心被关闭之后，王淑平给卫生部写过三四次报告，汇报她和同事的处境，她最后选择了离开，遗憾的是没帮同事讨回被停掉的十二个月工资。

1996 年 12 月，卫生部有一个奖项准备颁给对艾滋病工作有功之人，曾毅提名了王淑平，但最终她与此奖项无缘。

选择更远地离开之后，王淑平仍然在做着血液和病毒研究工作。在异国他乡，她对来自故土的消息一如既往地关注，河南省数十个艾滋病村庄正在得到来自政府和社会各界的帮助，病人正在得到药物救治，这些消息让她曾受伤的心稍稍欣慰。

2005 年 12 月 11 日，河南省商水县汤庄乡一名女艾滋病人在寒风中死去，这是从河南艾滋病村庄传出的一条最新消息。

2005 年 12 月 16 日

注：原题为《河南发现艾滋病十年：血站曾是河南的另类工厂》。有删节。

喻尘，河南扶沟人，现任《新商务周刊》杂志执行主编。1995 年 7 月起从事媒体工作，先后任职于《河南日报》、《河南科技报》。2000 年 1 月首次报道河南省因非法采血导致的艾滋病疫情，成为国内外首个公开该事件的新闻记者。

王淑平　她为苍生吹过哨

佚　名

被遗忘的"吹哨人"，拯救上万人被开除后赴美

2019 年 9 月 21 日，在美国犹他州一所普通的医院里，一个 59 岁中国妇女因心脏病发作默默去世。她的死，在世界上没有掀起任何一丝波纹，仿佛她从来就不曾来到过这个世界。她叫王淑平，与李文亮一样，曾经是一名医生，同时她还是 20 多年前"河南艾滋血祸事件"的"吹哨人"。

一、被遗忘的"吹哨人"

与李文亮去世后引发万民同悲，官方祭奠的结果完全不同的是，王淑平医生去世后，没有任何人为她祭奠，除了亲友外没有任何人为她悲伤，国内媒体没有半个字的报道，甚至没有任何人为她"正名"。

因为敢说真话，勇于揭露河南盛极一时的"卖血经济"中一个可怕的安全漏洞——艾滋病病毒和肝炎病毒携带者卖血。王淑平工作没了，婚姻破裂了，幸福消失了，甚至被迫流落海外，但换来的是成千上万人的生命。

临终前一个月，王淑平还向亲友们坦言：我当年没有考虑个人命运。

二、"吹哨"的后果很严重

1991 年，王淑平 31 岁，生活宁静，家庭幸福美满。对一个女人来说，或许正是她所需要的生活吧。

但一件事情的发生，彻底改变了她的生活，也让她由此开始了多

灾多难的命运。

彼时，王淑平在河南周口地区卫生局下属的某血站工作。不久，她发现当时在河南盛极一时的"卖血经济"中存在着一个可怕的安全漏洞——艾滋病病毒和肝炎病毒携带者卖血，由于没有任何预防污染、交叉感染的措施，血站的血液制品受了污染，然后又通过不同渠道传染给健康的献血者和更多无辜的健康民众。

更可怕的是，当地还存在很多没有任何卫生资质的民间私人血站，一个会计、两个护士、几个针管、几瓶酒精，把牛棚改造一下，就成了人们趋之若鹜的"采血点"。出于高额利润的关系，这样的"黑血站"还像雨后春笋一样在各地越冒越多。有人统计过，1993 年，仅驻马店地区就有 33 个。1991 年间的河南周口地区，经济尚不发达，很多急需用钱的村民，就通过卖血这一途径去完成对金钱的需求，这种现象在当地比较普遍。许多人卖血求生，但对这个过程中的病毒感染危险没有丝毫概念。无论是官办的还是民办的血站，都没有肝炎和艾滋病毒排查机制。

这是一个巨大的漏洞，必须得堵上，要不然将会有成千上万的人在不知不觉中被感染上艾滋病和肝炎病毒，会害死很多人的。王淑平这样想。

随后，王淑平成立了一个临床检验中心，挂靠在卫生局，财务自理，主要工作是筛查血液样本。很快，她又发现一个更为恐怖的漏洞：一位艾滋病毒携带者曾在 4 个血站卖过血。这个发现太惊人了，出于职业的道德感和良知，王淑平将此发现写成了详细的报告，请求各血站排查艾滋病毒携带者。

有人提醒王淑平，这样做不怕给自己惹麻烦吗？但王淑平已经顾不了这么多了。作为医生，她觉得首先考虑的应该是病人和公众的利益，所以决定为感染丙型肝炎病毒和艾滋病毒的无辜的人站出来。但结果是被有关方面被告知：太费钱。事情就此不了了之。后来，王淑平又从收集到的 400 多份血液样本中发现，超过 10%有艾滋病毒。

工作越久，良心越受煎熬。但王淑平只是个"小人物"，她根本无力改变这种让人痛心的事实。而且，她还明白，自己的行为还涉及到权力金钱和无钱无势者之间的冲突。

1995 年 12 月，王淑平最终做了一件在很多人看起来是"大逆不道"的事：她将血站中存在的各种安全隐患和血色漏洞写成了详细的调查报告，上交到周口地区卫生局。其结果，很失望。王淑平期待中的有关部门快速采取雷霆行动并没有如期而来。此刻她才明白，有的人明明还活着，但良心早已变黑了。

王淑平不甘心也不忍心看着越来越多的无辜者继续遭受"血祸"的毒害。次年，她又把调查报告和检测数据上交卫生部。

王淑平的"吹哨"，后果很严重。她最终被开除公职。她当时的丈夫在卫生部门工作，因为妻子"吹哨"揭露"血祸"，在机关也受到排挤，最后两人离婚。

三、孤身一人流落江湖

1996 年，王淑平的"吹哨"终于见到了成效，在上级有关部门的重视下，国内各地所有的血站都被关门整顿。血站恢复工作后，增加了抽血前必须查验艾滋病毒（HIV）这一项。将有多少人因此而免于无辜感染艾滋病病毒？这个数字无可估量。

但这些，已经和王淑平无关了。没有鲜花，没有掌声，没有荣誉。有的是凄凉的孤身一人流落江湖。其时，网络在中国刚刚起步，所以，也没有人知道，在血站被整顿增加查验艾滋病毒（HIV）这件事情的背后，还有着这样一位被开除工作，被离婚，被流落江湖的"吹哨人"。

此处不留姐，自有留姐处。2001 年，王淑平只身一人移居美国，英语名叫 Sunshine，意思是阳光。就在那一年，华中地区艾滋病危机获得承认，至少 XX 万人在血站卖血后感染艾滋病毒，其中河南是艾滋病毒疫情最严重的一个省。政府后来为此专门开了一家专科医院，治疗与艾滋病相关的病患。

多年后，王淑平和美国人盖瑞克里斯滕森（Gary Christensen）结婚，到盐湖城定居。她则在犹他州大学当研究员。

就在王淑平去世前不久的一天，她在接受《女性时光》节目采访回忆这个事情的时候谈了一件事情：有一个地方卫生官员在一次公共卫生工作会议上公开抱怨，说哪个家伙那么大胆，居然把这事报告到中央。我站起来说，报告是我写的，我是女人。

四、她为苍生吹过哨

她在众人都在酣睡或者装睡的时候，独自一人吹响了"血祸"的哨子，然后承担了不该承担的后果。王淑平之悲，何尝不是时代之悲。

你们可曾想过，那些为我们负重前行的吹哨人，他们其实也如你我一样，是幼子的父母、是老者的儿女、是爱人的肩膀。他们为这个社会祭献了生命和前程，他们那小小的家庭又获得了什么？我更希望我们每个人都能记住，在一次次公共事件的背后，总有一些人，在用点燃自己的方式，照亮了那龌龊的黑暗。

如果万一你们被身上的痈疮疼醒了，我希望你们能记住这句话。

我希望从今天起，我们每个中国人都应该在心里记住王淑平这个名字，她更应该被记载在历史上。

王淑平的墓碑上更应该增加这样一句墓志铭：她为苍生吹过哨。

2021 年 10 月 21 日

王淑平　揭开艾滋黑幕第一人

章步平

早在 1995 年，河南医生王淑平就向卫生部详细报告了河南艾滋疫情，但不仅未见正视，反遭河南卫生系统处分。为免报复，王孑然一身前往美国避难。而掩盖疫情的官员仍居高位，未得应有惩处。

在组建周口地区临床检验中心之前，王淑平为周口地区卫生局下面的一家血站工作，血站在那时是河南省各地市的另类工厂。王淑平回忆了这种另类工厂全盛时的情景，她说的十五个是"国有的"，即卫生机构开办的，"民营的、私有的"（即地下的、非法的）另类工厂更是遍布了城乡，多不胜数。上世纪九十年代初前后，河南农民身体内的血液成了那些"工厂"廉价的生产原料。

在血站工作的王淑平，其实是一个做流行病学研究的医生，她在和血液接触的过程中发现了问题。1995 年 3 月，王淑平参加一个卫生部门的会议时，听说太康县检测出一个献血员为 HIV 阳性（艾滋病毒携带者），这个献血员曾在昆明的血站有过卖血经历，并有不洁性行为。王建议血站要对献血员进行 HIV 检测，王淑平把这个建议汇报给了省卫生厅，她认为所有的血站都应该停止采血，这个警告在当时的卫生部门被搁置了。

王淑平于 1995 年提出的对献血员进行 HIV 检测的建议，在那年春天的豫东平原上，相抵于那些"另类工厂"的生产成本的考虑甚是轻微。太康县一位从昆明来的献血员的 HIV 病毒很快传染了十多个人，但这个事情还是被忽视了。

在献血员中检测出 HIV 病毒之后，"采血工厂"没有停止工作。1994 年底，王淑平离开了血站，成立了周口地区临床检验中心并担任负责人,这是一家独立机构,丁红等几位女医护人员参加了中心的工作。

1994 年底,周口地区临床检验中心在王淑平的主持下开办起来了,虽然属于地区卫生局主管,但卫生局没有投入一分钱。丁红是当年临床检验中心的一名工作人员,全程参与了中心的筹建,"我做试验室工作,是做化验的,后来在献血员中提取的血样是我做的初筛"。丁红也是后来王淑平挑起的艾滋病事件中的一个牺牲品,2004 年,她被通知提前退休,虽然才四十来岁。丁红回忆,当年的临床检验中心共四个人,除她和王淑平之外,还有一个姓刘和李的女医生。自1994 年底中心成立不久,即开始在献血员中提取血样,做 HCV(丙肝感染者)和 HIV 的初筛。

从 1995 年 5 月到 9 月,王淑平等四人在周口地区的献血员中提取了四百零四份血样,通过丁红的试验室初筛,发现了惊人的 HIV阳性感染数字,她们担心结果不准确,接连用了几种不同的试剂,但结果都是一样的。"我赶紧把这个结果报告给了当时的地区卫生局长,局长说,你们给周口做了一件大好事。"王淑平说,那位局长刚上任不久。半个月后,王又一次去找局长汇报,"我去问他这事该怎么办,他却问我你们做得对不对?我说如果不对我可以拿到北京去做。"

1995 年 11 月,王淑平动手写一份给卫生局的报告,在这份报告中,为慎重起见,她没提到检测的 HIV 阳性具体数字,但提出了艾滋病传播在献血员中的危险和应对措施。报告给了局长以后,王淑平却没得到任何的回复。"我知道,他们想把这个事情压下去,那我就自己上北京。"

1995 年 12 月 16 日,王向周口地区卫生局递交了她负责的临床检验中心"我区献血员中 HCV 及 HIV 感染的调查汇报",此前两天,河南省周口市疾病预防与控制中心开设了第一条艾滋病热线,接受全省 HIV 感染者和普通人对艾滋病知识的咨询。

王的报告在卫生局波澜不惊。"血站还在继续开,军分区的、红十字的，还都在营业。"她的担忧一天天在增加，"我是在血站工作过的，如果继续这样下去，全区每天至少会有一千人感染，很可怕的。"此时，更多的血站在献血员中检测出了 HIV 阳性感染者。"这年冬天，我们几个人在一个血站卖血，八十个人中有四个人查出了 HIV 阳性。"村民赵金山说。

1995 年最后的几天，王淑平带着六十二份初筛的、HIV 阳性血样，来到了北京。"我找到了中国预防医学科学院，想在这里做权威的鉴定。"那位卫生局长的置疑让王淑平觉得，必须求得最终的认定结果。在中国科学院院士曾毅的帮助下，十五份血样被重新检测，其中，十三份被确认为 HIV 阳性，两份为疑似。

这在当年的中国，不啻为释放了一颗核弹，但这个核弹的威力很快被看不见的黑手压了下去。

中国流行病学首席专家曾毅非常震惊。"他看了结果着急了，给我说，你赶紧写报告，马上报告卫生部。"剩下的四十七份阳性血样已没有再做鉴定的必要。在曾毅的支持下，一位从偏远地区来的普通医生，起草了上报卫生部的"关于单采浆献血员中 HCV 及 HIV 感染状况的调查报告"。

1996 年 1 月 10 日，王淑平的报告经曾毅上报给了卫生部。后来，她从曾毅那里得来消息，卫生部在第二天给河南省卫生厅打去了电话，询问情况。她于第三天回到了周口，卫生局的一个头儿见到她说："你可弄了个大地震。"这天晚上，省卫生厅的一位厅长打电话到了她的家里。几天后，省卫生厅派出专家组到达周口。

王淑平上报给卫生部的报告中曾提到："河南太康县的郭 X，1991 年在昆明打工，期间多次献血，并有性乱行为。1992 年开始在周口及其它地区的四家血站献血，共计献血三十多次。直到 1995 年三月初再到昆明献血时才被发现为 HIV 感染者。另外还有原籍云南、贵州等地献血员长住周口长期献血。估计上述人员为单采浆血站的传染源。"这是有据可查的、最早的河南艾滋病的传播源。

王淑平在北京递交完报告后回到了河南周口，一位退休的卫生局长悄悄对她说:"你别在这儿干了,有人要找你麻烦。"第二天,这位局长站在临床检验中心的门口大骂,边骂边砸牌子,"他一边砸,一边说,我今天打的就是艾滋病病毒、肝炎病毒。"王淑平推测不出他前后两天反常表现,蕴含了什么深意。

艾滋报告被要求篡改

高层的调查组很快到了河南,到了周口,省厅调查组在周口时,一个领导问王淑平,能否把她报告上的数字改动一下,王说这不能改,要改领导自己改。

但调查组来来去去数次之后,只见血站关闭,却不见任何人得到处理,河南农村艾滋病爆发的任何消息依然未被公开,民众蒙在厚厚的盖子里。

河南卫生系统因艾滋病问题处分了一个人,那就是向卫生部写报告的王淑平。她在 1996 年初被停发了工资,检验中心被取缔,参与调查西赵桥村疫情的四位女医务人员无一幸免。

1997 年,王淑平离开河南前往北京曾毅处避难。之后,她又四次上书卫生部,但每次得到的却是更艰难的处境。2001 年,这位善良的女医生只能抛下孩子,与丈夫离异后,孑然一身前往美国避难,至今仍在国外。

在那个黎明还很远的深夜,王淑平讲起往事,仍然心有余悸,因为当年伤害她的人,掩盖河南艾滋病疫情黑幕的人,还高高在上。

《亚洲周刊》2017 年第三十六期

又一个"吹哨人"去世！

盐味客栈

热爱家庭、热爱生活、热爱生命的她

一、被遗忘的"吹哨人"

2019 年 9 月 21 日，在美国犹他州一所普通的医院里，一个 59 岁中国妇女因心脏病发作默默去世。她的死，在世界上没有掀起任何一丝波纹，仿佛她从来就不曾来到过这个世界。

她叫王淑平，与李文亮一样，曾经是一名医生，同时她还是 20

多年前"河南艾滋血祸事件"的"吹哨人"。与李文亮去世后引发万民同悲，官方祭奠的结果完全不同的是，王淑平医生去世后，没有任何人为她祭奠，除了亲友外没有任何人为她悲伤，媒体没有半个字的报道，甚至没有任何人为她"正名"。

因为敢说真话，勇于揭露河南盛极一时的"卖血经济"中一个可怕的安全漏洞——艾滋病病毒和肝炎病毒携带者卖血。王淑平工作没了，婚姻破裂了，幸福消失了，甚至被迫流落海外，但换来的是成千上万人的生命。

临终前一个月，王淑平还向亲友们坦言：我当年没有考虑个人命运。

二、"吹哨"的后果，很严重

1991年，王淑平31岁，生活宁静，家庭幸福美满。对一个女人来说，或许正是她所需要的生活吧。但一件事情的发生，彻底改变了她的生活，也让她由此开始了多灾多难的命运。

彼时，王淑平在河南周口地区卫生局下属的某血站工作。不久，她发现当时在河南盛极一时的"卖血经济"中存在着一个可怕的安全漏洞——艾滋病病毒和肝炎病毒携带者卖血，由于没有任何预防污染、交叉感染的措施，血站的血液制品受了污染，然后又通过不同渠道传染给健康的献血者和更多无辜的健康民众。更可怕的是，当地还存在很多没有任何卫生资质的民间私人血站，一个会计、两个护士、几个针管、几瓶酒精，把牛棚改造一下，就成了人们趋之若鹜的"采血点"。

出于高额利润的关系，这样的"黑血站"还像雨后春笋一样在各地越冒越多。有人统计过，1993年，仅驻马店地区就有33个。1991年间的河南周口地区，经济尚不发达，很多急需用钱的村民，就通过卖血这一途径去完成对金钱的需求，这种现象在当地比较普遍。

许多人卖血求生，但对这个过程中的病毒感染危险没有丝毫概念。无论是官办的还是民办的血站，都没有肝炎和艾滋病毒排查机制。这是一个巨大的漏洞，必须得堵上，要不然将会有成千上万的人在不知不觉中被感染上艾滋病和肝炎病毒，会害死很多人的。王淑平这样想。后来，王淑平又发现一个更为恐怖的现象：一位艾滋病毒携带者，曾在 4 个血站卖过血。

这个发现太惊人了，出于职业的道德感和良知，王淑平将此发现写成了详细的报告，请求各血站排查艾滋病毒携带者。

有人提醒王淑平，这样做不怕给自己惹麻烦吗？但王淑平已经顾不了这么多了。作为医生，她觉得首先考虑的应该是病人和公众的利益，所以决定为感染丙型肝炎病毒和艾滋病毒的无辜的人站出来。但结果是被有关方面被告知：太费钱。事情就此不了了之。

再后来，王淑平又从收集到的 400 多份血液样本中发现，超过10%有艾滋病毒。工作越久，良心越受煎熬。但王淑平只是个"小人物"，她根本无力改变这种让人痛心的事实。而且，她还明白，自己的行为还涉及到权力金钱和无钱无势者之间的冲突。

1995 年 12 月，王淑平最终做了一件在很多人看起来是"大逆不道"的事：她将血站中存在的各种安全隐患和血色漏洞写成了详细的调查报告，上交到周口地区卫生局。其结果，很失望。王淑平期待中的有关部门快速采取雷霆并没有如期而来，她不甘心也不忍心看着越来越多的无辜者继续遭受"血祸"的毒害。次年，她又把调查报告和检测数据上交卫生部。

王淑平的"吹哨"的后果，很严重！她最终被开除公职。她当时的丈夫在卫生部门工作，因为妻子"吹哨"揭露"血祸"，在机关也受到排挤，最后两人离婚。

三、万里长空且为忠魂舞

1996 年底，王淑平的"吹哨"终于见到了成效，在上级有关部门的重视下，国内各地所有的血站都被关门整顿。血站恢复工作后，增加了抽血前必须查验艾滋病毒（HIV）这一项。将有多少人因此而免于无辜感染艾滋病病毒？这个数字无可估量。

但这些，已经和王淑平无关了。没有鲜花，没有掌声，没有荣誉。有的是凄凉的孤身一人流落江湖。其时，网络在中国刚刚起步，所以，也没有人知道，在血站被整顿增加查验艾滋病毒（HIV）这件事情的背后，还有着这样一位被开除工作，被离婚，被流落江湖的"吹哨人"。

2001 年，王淑平只身一人移居美国，英语名叫 Sunshine，意思是阳光。

就在那一年，华中地区艾滋病危机获得承认，至少 XX 万人在血站卖血后感染艾滋病毒，其中河南是艾滋病毒疫情最严重的一个省。政府后来为此专门开了一家专科医院，治疗与艾滋病相关的病患。

"寂寞嫦娥舒广袖，万里长空且为忠魂舞。"毛泽东《蝶恋花·答李淑一》里的这句经典诗句，是我闻知王淑平去世的消息并了解到她的事迹后，第一时间在心里为她写下的祭奠词。

四、她为苍生吹过哨

前段时间，在所有祭奠李文亮的文字中，有一句话被频频提及：为众人抱薪者，不可使其冻毙于风雪。对于王淑平来说，又何尝不是如此。她在众人都在酣睡或者装睡的时候，独自一人吹响了"血祸"的哨子，然后承担了不该承担的后果。

王淑平之悲，何尝不是时代之悲。

此前，我们一直在呼吁，人民的利益是政府工作的出发点，一些官员的思维方式真的要改变了！我们必须承认事实，说出真相，遵循科学，尊重专业。我们更要重提实事求是，鼓励全社会一起讲真话，一起保护讲真话的人，这是国家迈向现代化治理的基础前提。

我希望从今天起，我们每个中国人都应该在心里记住王淑平这个名字，她更应该被记载在历史上。王淑平的墓碑上更应该增加这样一句墓志铭：她为苍生吹过哨。

人们常说，"为众人抱薪者，不可使其冻毙于风雪。为大众谋福利者，不可使其孤军奋战。"但这是人们的理想，而现实是：那些抱薪者和开道者，本就冲在最前面，做着最辛苦最危险的事情，他们一定有更大的概率受伤和经受痛苦。

大多数人的希望他们好好活下去，是因为人们知道他们才是这世界的光,下一次困难来了,他们还会继续冲在最前面,去做抱薪者和大众谋福利者。不要等到自己冻僵濒死的时候才想起,这世上的确有过为众人抱薪的人。只不过因为我们的冷漠,他们早已冻毙于风雪。

五、致敬那些照亮龌龊与黑暗的"吹哨人"

在科学面前,权力不能垄断真相,而与权力相比,"吹哨人"更接近真相。平时他们不显山露水,一旦突发公共事件等危机来临,立即能够凭借专业知识和经验发出预警,从幕后走向台前,成为看护社会公共利益的"逆行者"。

在中国,如王淑平一样的"吹哨人"还有很多。

揭露地沟油洛阳电视台记者李翔;

自费揭露乳业造假的蒋卫锁;

"三鹿"点名记者简光洲;

揭露皮革奶主持人赵普;

中国揭黑第一人,调查"山西疫苗乱象"记者王克勤;

......

我们在感叹岁月静好的时候,可有曾经想起,那些曾经在背后为我们负重前行的人?

我只是想恳请你们,不要这么快将他们忘记。他们像一剂剂疮药,用生命止住了这个社会的溃烂,使你们得以避免更多的疼痛和折磨。

你们可曾想过,那些为我们负重前行的吹哨人,他们其实也如你我一样,是幼子的父母、是老者的儿女、是爱人的肩膀。他们为这个社会祭献了生命和前程,他们那小小的家庭又获得了什么?

我更希望我们每个人都能记住,在一次次公共事件的背后,总有一些人,在用点燃自己的方式,照亮了那龌龊的黑暗。

"为众人抱薪者,不可使其冻毙于风雪;为自由开辟道路者,不可使其困顿于荆棘。"如果万一你们被身上的痈疮疼醒了,我希望你们能记住这句话。

我们会记住您的，王淑平阿姨

一位留学生

这个故事从一个葬礼开始。一个葬礼不是一个人的故事的结束吗？这怎么是一个故事的开始？没事，这不是小说。这是我写的故事，而我还没去世。

这是一个乌云密布的星期六。我经历过很多的乌云密布的星期六，可是今天却是格外的乌云密布。下午，我参加了一位对世界有很大的贡献的人的葬礼。这位英雄因为给一些很没社会地位的人撑腰而失去工作和受到了不公正的对待。可是，因为她的贡献，成千上万的人被她给救。没有她，这些无辜的人都会被恐怖的艾滋病传染。

我第一次知道这位英雄是前几天前，是我在刷微信的时候关注的。我看到了一个没有那么显眼的文章。我实在没有事干，所以我就把它点开了。读完这件文章，我才认识了这位英雄。

原来，这件事在发生在1991年。这位英雄那时在河南的一个血站里工作。她发现在这些血站里，很多的针头都是多次使用的，而且很多的血液都是被 HIV/AIDS 病毒感染的。她把这些报告给她的上级，可是他们却置之不理。所以，她直接把这些报告给了卫生部。因为这件事，她拯救了上万人的生命，却丢了自己的工作和婚姻。

她移民到了美国。她有了一个新的家庭，找了新的工作，也重新开始了自己的生活。可是，前几天，她跟自己的朋友和老公爬山的时候，因为心脏病发作猝死而很早的离世了。

虽然这位英雄仅仅在59岁去世了，可是她没有被忘掉。她的子女，老公还有朋友会因为她的勇敢而自豪。她的生命被演成了一个戏剧，让所有人都认识她的故事。媒体让很多人也认识了她的面目。

我们会记住您的，王淑平阿姨！

2009 年 9 月 28 日

第九辑

我的高耀洁妈妈

依 娃

我是多么幸运，生命里有一段和您一起度过的时光，美好如花，清澈如溪。

在编辑这本书的过程中，我感觉您一直在我身边，看着我。

我知道您最喜欢书，

我渴望看到您手上翻看这本书时，脸上绽放出太阳般灿烂的笑容。

高妈妈，这本书是献给您的！

让这本书永远陪伴着您！

一束鲜花献给您

依娃给高妈妈送去自己种的花

从去年十月到今年十月，我已经整整一年没有去纽约看望高耀洁老妈妈了。我真的很想念她老人家，可谓牵肠挂肚。

正常情况下，我会三个月左右去一次，带点新鲜蔬菜，在她所住居的大楼对面超市里买两只小鸡，几盒鸡蛋带给她。小住两天，和她说话，看书稿，一起吃饭。早晚她做吸氧的时候，我就到附近的河边公园转一转，看看公园里的树木花草，看看河边的风景。时间差不多了，就赶紧回去，不想让高妈妈着急。

本来，我是打算今年三月去纽约看望她的，但是那时，中国的病毒已经以山火之势跨洋蔓延传播，"熊熊燃烧"起来。纽约每天都有上万人感染，数百人死亡。令人痛心的是警察、医护、地铁工人这些公共服务人员感染死亡人数巨大。这让我非常担心居住在纽约曼哈顿一座大楼上的高耀洁妈妈，一方面她年纪大，有这样那样的基础病，抵抗力差。另外一个方面，她有三个轮流值班的看护，她们需要搭乘地铁或者汽车来上班，接触陌生人比较多，是一个危险的来源。特别是居住在华盛顿地区的著名作家余梨华女士因为看护感染而受传染，最后不幸离世的消息，让我更加担心高妈妈的处境。我在心里一直默默祈祷："高妈妈，一定多多保重，我们要挺过去，我还要去看望你。"

我也多次叮嘱和我比较熟悉的看护小熊多注意，她说要上班也没有办法，只有戴口罩，戴手套防范。她照顾高妈妈多年，尽心尽力，令人比较放心。

去不了纽约，就经常给高妈妈写信，表达我的想念，解除她的寂寞。我一而在再而三的告诉她："谢绝来客，不要让任何人来看望你，不要接触任何人。"在这个风声鹤唳的时候，任何人都可能是传染源，是"嫌疑犯"，特别是重灾区纽约。我知道，老人喜欢有客人来，喜欢和人说说话。可是这个时候，"与世隔绝"是自我保护的唯一办法。

我给高妈妈的信总是零零碎碎，家常里短。说我家门口发现一个鸟巢了，里面有五个蛋了，母鸟开始孵蛋了，小鸟出来了。高妈妈也经常回信询问鸟的新情况，并告诉我鸟的一些知识，说她小时候养过鸟。高妈妈去年给我的希拉里女士所赠送的绣球花，春天我给它换了大些的盆子，不想它长势凶猛，到秋天已经很大个头了。左思右想，终于决定把它种在花园里。我很舍不得，因为如果有一天搬家搬不走花。但是这种花需要扎根土地需要雨露浇灌才能蓬勃生长，我将种花的情况"汇报"给高妈妈，她叮嘱我剪下几枝扦插，下次来纽约带给她……我家中院子里的各种花卉盛开的时候，我都拍了照片给她寄去，让她看看。最近枫叶红了，赶紧拍了几张寄去。我不知道，看护还推她下楼溜溜不？出入大楼又是否安全？我知道，这一年，因为疫情，她的儿女都不能够来纽约看望她陪伴她。就是多少年每个月来看望她的黎安友教授也不能够来吧？一个九十三岁的老人，孤孤单单的，唯一能够解闷的就是电脑。她不看电视，居室里也没有电视机。

令人惊讶的是，前两个月高妈妈寄来几篇稿子，是她以前看病的一些特殊病例记录。我看了赶紧回信说："如果你身体允许，就多写点，写多少算多少，够十来万字了，我们就能够出版一本书。"我这样"煽风点火"，因为我知道写作对高妈妈身体好，让她精神上有所寄托，不那么寂寞，也会总操心写作的事情。另外我说："你的这些工作经验非常重要，让人们看看，中国有这样的医生，一心为病人，千方百计地救病人的命。不像现在的医生，不见钱不动弹，见钱眼开。病人上了手术台，手术做到一半，让病人加钱。这哪里是医生？简直就是白衣魔鬼！"

唉！其实我也很悲哀，高妈妈的书写出来了，出版了，也运不回国内。艾滋病她呼吁了这么多年了，我们伟大的光荣的正确的党又给了个什么说法？任由艾滋病人自生自灭。他们忙着一带一路，忙着人类命运共同体，忙着全国奔向小康。这个为人类健康事业做出一个医生应尽责任的高耀洁老妈妈，无可奈何地在异国它乡煎熬地度着多病孤独的晚年。那么多高官贵人来纽约国事访问，没有见哪一位来看望她。倒是一些学者、还有年轻的慕名者、她过去患者的后代来纽约后来看望她。给她送来布鞋和一些河南小吃。（鞋子太小我穿不上，高妈妈给我一些小吃让我尝尝。）

三十多年前，高妈妈挽救过一位难产的妇女和她早产儿的生命，这一家子人一直记得救命恩人高大夫，说没有高大夫，就没有咱家的今天。总是托人带来问候和小礼物。老百姓做人的道理很简单，谁对我真心好，我就对谁真心好。谁管你什么反华势力。

昨天，我太想念高妈妈了，拨通了看护小熊的微信视频。看到高妈妈精神很好，我委屈得眼泪要出来了，因为我拥抱不到她，握不住她的手，闻不到她头上洗发水的味道。我做了一个拥抱的动作，就好像把老妈妈拥抱在怀里。她这么大岁数了，我真的害怕，再拥抱不到她。

这些年，每次见到高妈妈，都让我激动不已，总有所收获，回来总是"奋笔疾书"，记录下她所说过的小故事、一些有趣的经历，同时记录下她晚年生活的点点滴滴。这些文字，是我对高妈妈的观察和感受，我总是寄给高妈妈的老朋友《纵览中国》的主编陈奎德先生发表，随后许多网刊都会转载。我的老师高伐林先生特别将《君子之交淡如花——我和高耀洁老妈妈的花缘》推荐在他博客里给他的粉丝们。他说："这篇写高耀洁的散文让我莫名感动，推荐给好几位朋友们看，他们也觉得很感动。"人都是喜欢听好话的，听到老师的夸赞，真得让我扬扬得意。我觉得我的文字不是那么好，贵在真，怎么想怎么感受就怎么写。

回头看看，我写高妈妈的文字有十来篇，不足十万字。我就一直想着整理出来，形成一个小册子送给高妈妈，也可以送给喜欢关心她的朋友。这里只是我眼中的高妈妈，不是那个传奇的英雄，勇敢的战士，不顾家庭儿女的强人。她在我眼里就是一个爱说话爱写作，有时比划着骂坏人，有时悲伤流泪，有时无奈摇头的老母亲。我只希望，能够看到这些文字的人，认识一个单纯的、急脾气的、爱小孩爱花爱鸟、内心丰富、孤独多病的高耀洁老妈妈。

我知道，高妈妈最喜欢的是文字文章。她不在乎物质，不在乎金钱，不在乎吃穿。温即可，饱即可。她的一生，救助病患无数，写作出版著作三十二部，足可以让一些吃着皇粮的作家们作协主席们无地自容。疫情中她又加紧写作自己的病例书，她真正做到了生命不息，写作不止。她很快出版了《高耀洁行医往事》。

是的，这只是我的一点心意。算是我用文字插成的一束鲜花，献给她。算是我用文字的形式拥抱，表达我对她的仰慕和爱。我只是想让老妈妈高兴，我喜欢看到她满脸笑容。

2020 年 10 月

注：本文为《我的高耀洁妈妈》PDF 版自序，原题为"一点心意"。

纽约拜访高妈妈

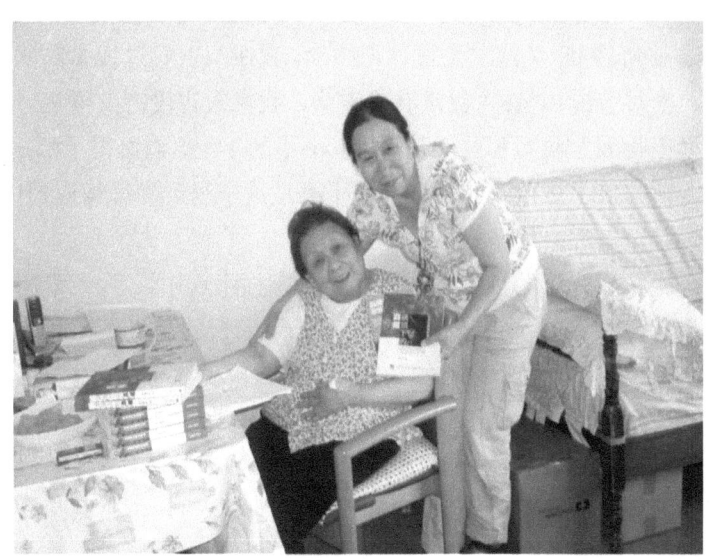

第一次见面，就送了好多书。2015 年 8 月

我早几年就想去拜访高耀洁妈妈了，可是一直没有成行。原因有几，第一个我不知道高妈妈的详细地址，打问一位曾经给高妈妈出版过书的编辑，说他和高妈妈失去联系了，他还说听不懂高妈妈的河南口音。第二来自于我对纽约交通的恐惧，在世界上地铁线纵横交错最为复杂的城市，我真的对自己没有信心。第三，我近几年都是跑回中国大陆采访大饥荒幸存者，回来又整理资料，拜访高妈妈的事情就一拖再拖。

我从没有见过高妈妈，但"认识"高妈妈。记得那是 2003 年"感动中国十大人物"的颁奖典礼，当主持人白岩松念到高耀洁的名字时，当时已经七十六岁的高妈妈站在高高的台阶上。白岩松怕老人走不稳，上前去扶，高妈妈甩了一下手，那意思是："别扶，让俺自己走！"逗得观众们都笑了。她就那么一步一阶，一阶一歇自己走下来，

555

小小的个头，却顶天立地般的站在颁奖台上。她自费调查艾滋病的事迹，获得台下观众热烈的掌声。和她接触以后我才明白，文化大革命时，她被强迫跪炭渣，扎得血肉模糊，膝盖留下后遗症……几年前，我从网上购买来她所著的《血灾10000封信》，为她所揭露的中国农村血祸所触目惊心，又为她不辞劳苦，以年迈之身调查艾滋病源、援助艾滋孤儿、呼吁关注艾滋群体而感动。我在网上看过很多高妈妈的录像，她对着镜头喊："我没有艾滋病，我家人也没有艾滋病，我管那么多干啥来？我看那些小孩可怜，小小的年纪，输血得了那病，就死了。咱的孩子是孩子，人家的孩子不是孩子吗？"每每说到这些，高妈妈总是老泪纵横，令人心痛不已。

每次看高妈妈的录像，总是让我禁不住泪流满面。为无辜的艾滋病患者悲伤和痛心，更是为高妈妈的悲天悯人的高贵品德和伟大的母性所深深感动。我不想称她教授，如今只拼职称待遇，只争经费名利的教授满街跑。我也不想称她医生，如今不见红包不开刀不救人，手术台上还让病人加钱，白衣天使变成了黑心狼的医生到处都是。我只想称呼她：高妈妈。因为，她是那么善良，让每一位来郑州家里求助的老人孩子吃上家常便饭。因为她的爱那么博大，她爱每一个艾滋病患者，给他们送药、送食品、送钱、送衣服。因为，只有母亲对孩子才会有这样厚重的慈爱，只有母亲才会有这样不索回报的付出，只有母亲才会流下这样心疼孩子的泪水。

我只是高妈妈的一位普通读者和敬仰者。我想见到高妈妈，拉着她的手，和她拉拉话，听听她的声音，看看她的样子，陪伴她一日半天，是我长久以来的愿望。八月底的一天，请陈总编介绍，我联系好高妈妈，坐上从波士顿去纽约的大巴，专程去看望高耀洁妈妈。

非常体贴人的高妈妈

从我所住的法拉盛转了两次地铁后，在纽约好心人不断的帮助下，我乘坐一号地铁终于来到3333 BROADWA——一座红色砖楼前。因为高妈妈耳朵背，我给高妈妈的护理打了电话，她告诉我了高妈妈详细的楼层和门牌。那座红砖建筑真大，光电梯就分A、B、C、

D 几个，虽然门口的保安热情地给我指点方向，我还是惴惴不安，坐电梯上了八楼，不知道该往那边去。扭头间，就看见一位八十多岁，身穿黑白碎花的老太太坐在门口，短短的头发，笑眯眯的，慈祥的就像我们老家村头坐在老槐树下歇凉的老婆婆。那不是我想了好几年要来看望的高妈妈吗？

"高妈妈！"我连走几步，弯腰拥抱住高妈妈。一下子，我的眼泪禁不住涌出来。激动又难过。如果不是高妈妈长年坚持艾滋病的调查，不坚持喊出"血液传播是中国艾滋病的主要原因。"不坚持著书写作奔走演讲，告诉世人艾滋真相，她不会以耄耋之年流亡异国他乡，孤独地生活在纽约曼哈顿这栋公寓里。我们也就不会有这次见面，也就会永远是陌生人。

"高妈妈，我来看看你！"

那一刹那，我看见高妈妈的眼睛里也蓄满了泪水。我能读懂，那是一个老人远离故国家园，远离儿女孙儿、独居繁华都市却异常孤独的委屈和无奈，痛苦和无助。

"我怕你找不着，就坐在这等你。走，咱进屋。"

一口河南话，听高妈妈这么说，让我特别感动。她的腿脚已经很不灵便，她得用扶手椅慢慢推出来，然后坐在扶手椅上等待。等待一个陌生的来访者。

三句话不离艾滋病的高妈妈

进了屋子，我环视四周，高妈妈独自一人居住的家，没有一件像样的家具。桌子、书架、床都是东拼西凑的，客厅连一个沙发都没有，墙边靠着几把折叠椅子，是准备偶然来客多的时候，给客人坐的。窗台上摆放着的几盆绿色盆景，给老人的屋里增加了不少生气。高妈妈特别爱花，这些花都是来看望她的朋友们赠送的，有金钱树、菊花、兰花，有一个叫不上名字。我说："是不是叫凤尾？"高妈妈说："你看，就像个鸟的尾巴，就叫凤尾吧。"六点以后，看护下班回家了，只有这些花默默地陪伴着老人。

和高妈妈面对面在简易的折叠桌子边坐下，请看护给我倒了杯茶后，我就和高妈妈聊起来。虽然听力不大好，但高妈妈很健谈，嗓音宏亮，记忆清晰，基本上都是她说我听。也可以想象，老人平时太寂寞了，除了看护，难得有人来陪伴她说话聊天。我告诉她我小时候的邻居是个河南开封人，所以我听河南话没有问题。我有点恍惚，视频上、照片上的那个高耀洁真实地坐在我的面前……

高妈妈被人们誉为"中国民间防艾第一人"，艾滋病专家，到明年就投入整整二十年了。高妈妈三句话不离本行，一张口就是艾滋病问题，这是她最忧最愁最揪心的事情。她说她多年前开始调查艾滋的办法是"用钱开路"。"我是九六年四月开始的，我去调查，雇佣出租车，一天要五百块钱。还要拿点东西，你不拿东西，那个艾滋病人就不和你说话。我一般就拿那个方便面，一箱一箱的。有一次，我去王楼看艾滋病人，我对司机说：'停车，我要和艾滋病人说说话。'我下车对那个人说：'你身体看上去不好。'咱也不能说是艾滋病，这是一个中年妇女，问她话她也不说，啥也不说。车子直接开到村里。那个中年妇女从家里出来了，拿着她的化验单给我看，她说：'我也是，我也是那病。'我让那个小孩给她一箱方便面，她想拿都拿不起来，没有力气，我让小孩给她送进屋里头。我再问，她就给我说了：'俺得病了，得了那个病。'我问她：'刚才我问你，你咋不说呢？'她小声说：'村长不让说，说了收拾俺呢。'那方便面多轻呀，一个女人就病得拿不起来。我给每个小孩一包方便面，吃着将方便面箱子帮着拿回家。"如今方便面城里人都不屑吃了，在贫困的农村依然像点心一样金贵。

听到这里，我心里暗暗发笑，我下农村采访大饥荒幸存下来的老人，和高妈妈使用的"同样的手段"，给他们送点茶叶、桃酥、白糖、零用钱，他们就问什么说什么了。一来农村的老人特别老实，很少有外面的人来询问关注他们，二来他们也的确需要实惠的物质帮助。

"我去那里，人家不让接待生人，特别是高耀洁。如果在村里他们可以抓，如果跑到大路上他们就不能抓。农村那小孩，才六、七岁，会吸毒吗？他也不会卖淫嫖娼。最坏是那个河南宣传部，一直捂、一直捅，一个村上至少有七个到十个艾滋病，硬说河南没有一个人得艾滋病。逼迫着我改口，那个河南副书记陈全国到我家去了四次，我死也不改口，有就是有，多就是多，李长春、李克强在艾滋病上有罪。

我是这样的，我就坚持我的意见，我不会跟人打架，不会举牌，更不会静坐。我就写，我有一本故事，就是一个一个的病例，一百多个。我是打掉牙往肚里咽，我想我既然已经下农村了，了解到真实的情况了，就应该撑到底。"

高妈妈介绍说，中国调查艾滋病医务界的只有四个人，其他不少人是捞钱的骗子。第一个叫孙永德医生，河北省防疫站的，是位主任医生，他把艾滋病疫情反映到国务院反映到卫生部，却没有引起有关部门的关注。孙永德最后去世了，有人说是气死了，有人说是被害死了，连高妈妈也不知道详细情况。当时的卫生部陈部长临终的时候说："如果早听孙主任的话，艾滋病不会到这个地步。"到了九五年五月，站出来河南周口单采血浆站的副站长王淑平，把问题直接捅到北京，干到十一月才半年，就被开除了公职。王淑平的丈夫是防疫站站长，她没有工作了，家庭破裂离婚了，她被迫跑到美国流浪，带着她的女儿。（王淑平女士于 2019 年 9 月 21 日在美国去世）2000 年武汉中南医院桂希恩教授进入河南上蔡县文楼村检查病人，抽血化验这时才知道农村的无名热怪病是艾滋病。桂教授不受政府的欢迎，还曾被打破了头。

十几年以来，高妈妈放弃退休安逸舒适的生活，丢下一生相濡以沫忠厚老实的丈夫，迈着一双年幼时被缠裹过的小脚，奔波在广东、广西、云南、贵州、四川、湖南、湖北、陕西、山西、河北、山东、安徽等十几个省的上百个村庄，给那里的农民送去药品、书籍、简报、衣物。让那些在病床上等待死神降临的不幸者看到最后一屡光；让那些在苦难的沼泽中挣扎的人，可以牵住一只救援的手；让那些死去父母双亲的天真孩童有一个温暖的怀抱，可以扬起头来叫一声："奶奶！"不使他们绝望，这个世界上，还有给他们小脸擦去眼泪的人，给他们递上馒头包子的人，给他们交学费的人。还有爱他们的人。

高妈妈眼里的杜聪

杜聪，香港智行基金会创办者——被著名文学家白先勇先生形容为"艾滋炼狱里的活菩萨"。这个出生在香港，在美国哥伦比亚和哈佛大学接受过高等教育的华尔街银行家，就是十多年前的一个机缘，看到了华中地区有那么多无助的艾滋病患者。随后在高妈妈的引领下，放弃了美国金融界本该有的前程，高薪工作和安逸生活，成立了智行基金会，跋山涉水在乡村行走调查，先后帮助了近二万多名艾滋遗孤。他说："我救不了艾滋病患者的命，但我能帮助他们的孩子上学，我要做一个救海星的人。"

我在网络上看到这么一张照片：在2012年华盛顿召开的国际艾滋病研讨会期间，到了下午五点多，参加会议的杜聪和年事已高的高妈妈都疲倦之极。杜聪坐在椅子上手扶脑袋闭目小酣，体力不支的高妈妈则以自己的五、六本书为简易枕头，盖上外衣，侧身躺在三张椅子上打个盹儿，少作歇息。还有会议，还要发言，还要大声的揭露和呼吁。这副照片不知是谁"偷"拍下的，令人感动和温暖，还有一丝心疼。杜聪和高妈妈既像感情浓浓的母子，更是如一对不畏艰难险阻冲锋在艾滋大火中救火的消防队员。

高耀洁医生、杜聪先生都太累了

长期以来，我对这位救海星的善心人钦佩不已。但是高妈妈眼里近距离的杜聪又是怎么样的呢？

高妈妈记得第一次杜聪去拜访她是 2002 年元月 23 日（高妈妈的记忆力令我非常吃惊，许多重要的日期、时间她都记得一清二楚。）高妈妈一看杜聪洋里洋气的样子，一看就是外地来的人，不敢把他领回家，害怕有人把他们都抓起来审问，就领杜聪到外面一个小店一边吃一边谈了好几个小时。随后杜聪就跟着高妈妈在农村实地走访调查了一年。

十多年前，刚开始跟随高妈妈走访艾滋村的杜聪自然不了解中国农村的风土人情，麦苗韭菜分不清，芝麻花叫成喇叭花，成天跟着高妈妈风尘仆仆地坐车到处跑。这是他人生从未走进的"大学"，从未上过的"课堂"。使他错愕不已的是，除了高楼大厦的纽约生活富裕的香港，地球上还有人如此贫穷可怜，食不果腹，衣难暖身。高妈妈回忆到："杜聪是香港出生的，美国长大的，不知道咱农村的事情。我们去乡下，那老母鸡在岸上'咕咕咕'地叫，几个小鸭子下水里玩耍。杜聪一见发表言论了，把他急的，卷起裤腿就要下水，还喊着'鸡妈妈着急了，鸡娃掉水里了！鸡娃掉水里了！我去救它们上来！'一块去的复旦大学高燕宁教授说：'你赶紧把鞋脱了，把鸡娃娃捞上来。'把俺几个惹得笑得肚子疼。杜聪鸡娃娃鸭娃娃分不清。"说到这里，高妈妈开怀大笑起来，我也跟着哈哈大笑。一件小事，倒是看到了杜聪的善心，能救水中鸡娃的人，当然会奋不顾身的去救火中的孩子。

调查艾滋病工作，充满了危险，主要是来自于当地政府的阻拦堵截。当官的都害怕暴露真相，害怕问责，害怕丢了头上的乌纱帽。有一次，高妈妈、杜聪、高燕宁三个人坐车去了一个村里，高妈妈就看见不时有人进门探望，不一会，又有人探头探脑地张望。高妈妈是河南本地人，很熟悉当地的情况，本能地感觉不对头。高妈妈说："高老师，咱走吧，气候不对。"没想到"反应迟钝"的杜聪说："不要走，不会下雨。"急得高妈妈高燕宁两位直出汗，他们两个说："我们走，你自己在这里吧。"拖了一会，杜聪跟着他们两位跑出去，一下子就来了三十多个警察和民兵来抓他们。杜聪害怕了，拍着司机的肩膀说："快开！快开！"高妈妈劝说："小王，你可不敢快开，咱碰到树上死了怎么办？"

中国政府一直强调艾滋病是因为吸毒和不良性行为所致。高妈妈说："我和杜聪见到一个妇女，叫齐桂花，家里只有一点点白面，和一点面水就那么充饥。政府说人家是吸毒快死了，我们至少去过她家三次，拿出来很多照片。家里穷得连饭都吃不上，到哪里买毒品吸？"

杜聪的善行，使他屡屡在香港和台湾获奖。在前不久获了奖后，他把自己的所得奖金发给每位工作人员 1000 元奖金，他说我要钱干什么？听高妈妈说杜聪在洛河居住的地方只有八十多平房米，因为住旅社会花钱，有一间小房子就不用花钱了。

孩子们的"杜叔叔""杜老师"还没有成家，没有自己的孩子，他的全部时间、精力、感情和爱都给了那些失去父母、无法生活、无法读书的孩子。杜聪所做的慈善公益事业，救助过二万多孩子，这些孩子中间能出来十分之一，能上大学中专。但是国内的媒体都见不得他，因为他常常暴黑，这里有多少艾滋孤儿，那里有多少艾滋孤儿，政府不愿意让他说出来。高妈妈感叹地说："我和杜聪共事了十四年了，有些人弄公家些点钱，让农村穷孩子到国外玩玩，是一时的。但是教育能改变一个孩子的一生。我成天想，杜聪走的路是对的，救了很多中国的艾滋遗孤。"

前不久看关于杜聪探访艾滋病患者的片断。如今，原本西装革履的华尔街白领也能坐着三轮车颠簸下乡，也"很懂行"地提着油罐子、米袋子送到农民家，用不那么标准的普通话说："大米，大米。"因为他知道这些东西远比蛋糕月饼实惠得多，可以让一个贫困的家食用很多日子。他并设立了环保袋工厂，在上海开了面包店，让那些艾滋感染者能有就业机会能自食其力，从而找到做人的尊严。

有幸获得高妈妈给我的一本《爱在村庄孩子的心里》，夜晚灯下阅读时，多次为杜聪的菩萨心肠人间善行感动涕泪。禁不住一次次的问：这个人心里有怎样的爱？可以抛弃一切去救助这些艾滋孤儿？

可以说，杜聪是上帝派来的天使！善良又智慧的天使！身材有点胖的天使！

高妈妈回忆自己的医生生涯

"你看看我这个胳膊，不一样粗。"

高妈妈伸出两条皮肤松弛的胳膊给我看让我摸，果然右胳膊比左边粗壮一些，我不明白为什么。高妈妈说："我做手术，我做过好多手术呀，右边用力多，胳膊就成这样了。"说这些话的时候，高妈妈流露出几分骄傲和自信。因为这条变粗的胳膊不但曾经接生过数不清的小生命，更是救活过不少难产的孕妇和癌症患者。常言说，救人一命，如造七级浮屠。这么多年过去了，当年保住母子生命的家庭还记得她、感谢她。他们对孩子说："如果没有高大夫，那有你呀，那有咱这么好的日子呀。"

我很喜欢听高妈妈说话忆旧，因为她的一生是那么的曲折和丰富。高妈妈最早是河南省第二人民医院的妇产科医生，她医术高超，总是急病人所急，忧患者所忧。那是一九六零年，结婚多年的李贵荣不能生孩子，在高医生的治疗下，一连生两男两女四个娃娃，她来感谢高妈妈说："高医生，我给你一个吧。""高妈妈说："我要那吃嘴货干啥？我又不是没有小孩？"

高妈妈做了 21 年妇产科工作后，她觉得搞妇产科永远不能出人头地，没有新的发展。1974 年改行收癌症患者，接受癌症病人。癌症是绝症，癌症病人如果治不好，病人死了，家属不会埋怨医生。所以她和病人的关系非常好。

高妈妈兴致勃勃地回忆起一段和病人交往的往事："有一次我和病人的爸爸吵架。我书上有写，我收了一个卵巢癌病人，叫马淑娥，是颗粒细胞癌。我能拿下来，做完手术，我给她插两个管子。我给她爸爸说：'我给淑娥保存了子宫、一侧卵巢、输卵管，可以结婚生孩子，你把住院费交了。'结果这个爸爸说：'癌症我们不治了。'我问：'有希望治，怎么不治了？'这个爸爸说：'是我闺女，我说了算，不是你闺女。'他账也没有结，就拉着病人跑了。把我气的，就去妇联告状，妇联一把手不在，二把手在。她误会了，以为是我的亲戚，结果县妇联、乡妇联、都去马淑娥家。对她爸爸说：'你明天不把她送医院，我们就在这里办公了。'马淑娥给送回来了，我可生气了，和她爸爸吵架，马淑娥定婚了，给了五百块钱彩礼，他女婿说：'爸爸，你拿上二百块钱交住院费。我结婚以前还给你。'她爸爸说：'不行，我盖房子哩。等着娶儿媳妇哩。'我问他儿子多大了，我问：'马老汉，你儿子多大了？'他说：'十三了。'你说气死人不？结果她住院治病没有花钱，有的人心好，公费医疗，就说：'高主任，你开药，用我的名字开，打给马淑娥。'病好就出院了。"

在高妈妈的精心医疗下，马淑娥康复了。结婚后生了个小男孩，过了两三年后，高妈妈都忘记了这件事情。春节的时候，他们一家，马淑娥和丈夫孩子，由老爸爸领着拿着柿饼花生来给高妈妈拜年，一进门老头就喊："高主任，你闺女来看你！"高妈妈不在，医院护士长揶揄到："哪是高主任闺女？不是你闺女吗？"那是八二年的事情，马淑娥十九岁，从那以后，她的病也再没有复发。已经过去了三十多年的事情，高妈妈讲述起来却让人感觉到历历在目。

高妈妈所在的省级中医学院第一附属医院，拥有五、六百张住院床位，她担任妇科的主任，又是教授级，但她不是在门诊部就诊，就是在住院部查病房。有时老同学来找她，转一圈找不到，再转一圈还是找不到。特别是有一个的老同学来住院，怎么也找不到高妈妈，因为她们初中毕业以后就没有见过面了。另外一个同学常见高妈妈，她就说："为民，这科室里高主任是谁？就是那个小脚。""那个？主任？""就是。"最后两个老同学咯咯咯地跑到高妈妈的办公室，大呼小叫道："老天爷！你咋熬成这个样子了？！"眼前这个主任衣服头发都不讲究，土里土气的貌不惊人，实在没有一点当官派头。高妈妈毫不客气地对老同学说："老天爷有眼！小脚不一定没技术。"

高妈妈说："俺出身不好，大地主成分，不能入党入团，文化大革命中挨整我自杀过，挨打受伤做过大手术。"高妈妈撩起衣服，让我看她腹部留下数寸上的刀疤。"等老毛死后，在业务上我有成就，得过国家二等奖，在河南就是不得了了。在我五十六岁的时候，被提升为国家终身教授。还是河南的人大代表，文史馆馆员。如果后来不搞艾滋病调查，生活还是很不错的。"

高妈妈自嘲道："我就是个不识抬举的人。"

高妈妈的书只赠送 不卖

至今，高妈妈已经写了近十本有关中国艾滋病的书籍，大多由海外的出版社出版，广为流传，传播深远。是最为珍贵的第一手资料。

来之前，我就想着买几本高妈妈的书，回去好好拜读。不想高妈妈早就签好字，放在一旁要送给我。我过意不去，说："我买你的书。"高妈妈大声说："你要买，俺就不给了。我的书我不卖，都签上名字了。"高妈妈送给我七本书，她刚出版的四本《高耀洁回忆与随想》、三本《镜头下的真相》是去年出版的，都签了名字，让我送给关心中国艾滋病的朋友。说起来也得两百多元，但我又不敢违背老人的意愿，恭敬不如顺命。

高妈妈最喜欢谈的话题就是她的写作和书，因为那是她身处异国他乡孤独一人生活唯一的精神支柱，是她的痛苦也是她的快乐，是最大的折磨也是最大的慰藉，这些文字和图片是老人一生的心血和财富，她非常愿意送给每一个人。高妈妈翻动着书对我说："这本《镜头下的真相》都是照片，333 张，我买了一千多本，一次四百，另外一次八百，我为啥给人没有那么大方？因为里面有英文，外国人要。联合国安理会一下拿走三百本，北京大学、清华大学、政法大学都寄去了，回信都来了。我捐赠了书，他们给我寄来感谢信。这个是让人带给西安第四图书馆的。"

高妈妈不但免费赠书，还要自己承担邮寄费，特别是非常昂贵的国际邮寄费用。"我运这些书，运费很贵，特别是我运到国内。我想办法运呀，先到香港，再到悉尼，悉尼再到国内，转一圈。寄书可贵，花钱多。前几天，我给四川的谭作人寄去一本书，邮费三十六块，可贵，但他收到了。我要钱干啥？我今天活着不知道明天还活不活了？你看我的书从香港到纽约，纽约到国内，转着圈寄去，我送给联合国三百本书，我不卖，送给他们，都签了名字。为啥来？我现在要钱没有用。"令高妈妈气愤的是，也有人骗她一些书，自己卖出去挣钱。

高妈妈的书桌兼饭桌上有两本赠书登记册，是用打印过稿子的费纸装钉而成的，用背面画成整齐的表格，在上面登记得到过赠书的有：哥伦比亚大学黎安友教授、智行基金会负责人杜聪、自由亚洲电台主持人北明、还有南京大学图书馆员陈远焕……等等。有熟悉的朋友，也有慕名而来的人。

高妈妈今年最新出版的《高耀洁回忆与随想》，她一次就购买了800本。那本《镜头下的真相》出版时，高妈妈说不要稿费，用稿费折合后用来购书。有一个名字叫孙以韶的女士要给高妈妈三万元港币，支持她出书，这位女士不要出名，她给高妈妈写信说："高奶奶，我上高中的时候，看见你在电视台上，我想问我爸爸要点钱给你寄去，我一想，那点钱也不是办法。我现在工作了，我回家吃饭，不在外面吃，把钱攒着，我把钱给你。"高妈妈不肯接受她的捐赠，孙以韶就把钱给出版社了，所以出版社就给的书多。等于又多了一批书。

光是给联合国安理会一次就捐赠了300百本书，就是按照出版社给的作者价，加上昂贵的邮费也要差不多6000美元费用，不能说是个小数目。高妈妈说："年初，我得了一个奖，刘宾雁良知奖，奖金一万块。我已经花了8000块，说不定我明天就死了，要那么多钱干啥来？我的钱又快花光了。再有钱，死了也带不走，但是我的书大家看到了，就了解了。"高妈妈的屋里还堆放这几箱书，她无不担心地说："还有二百多本，不赶紧送出去，我就害怕我死了，就变成垃圾了。"

在买书、送书方面高妈妈"大手大脚"，在生活方面对自己却很节俭。在卫生间里，我看见高妈妈使用的几条毛巾都用的快破了。护理为她买回食品，她也认真地检查收据，看看花费了多少钱，精打细算。高妈妈告诉我："我这一生从大学毕业，一直到退休，到我出来，一年用一块钱的雪花膏，有孩子小的时候，用两块钱，所以对化妆品，我是一点不懂。我给人家钱的时候，我很大方，我觉得人家是个人，咱也是个人，能帮助就帮助点。我觉得你脸上搽得再好，不等于你人格很高。我是这样，那怕我自己少吃点少喝点，要对老百姓好一点。我就这么大点力量。"

"我明天就要死了，但我今天还没有死就要为中国无辜的艾滋病受害者呐喊，就要揭露出政府鼓励'血浆经济'，导致艾滋病泛滥成灾的真相。"这就是高耀洁宁为鸣死不为默生宁折不弯的高尚人格和精神境界。一个字，倔！

高妈妈的生活、写作和遗愿

高妈妈的身体和任何垂暮老人没有区别，要依靠经常的看医生和每天吞服各种各样的药物维持。高妈妈目前有高血压、心脏病、大隐静脉血栓，经常摔倒等等病，不得不忍受着病痛和不适。因此，她也会悲观地说："现在，我是生不如死。""有时，我晚上冷得打颤，盖上被子又热醒来，谁知道呀？"这把年纪，辛苦工作了一辈子，本该享受清福、含饴弄孙，安度晚年，却孤苦伶仃地生活在一群讲听不懂的英文的人的大楼上。

就是这样重病缠身自顾不暇，高妈妈依然惦记着国内的艾滋病发展变化情况。"四川凉山那边，天天都在埋死人。政府说他们是因为吸毒，但是那里的人穷得没有饭吃，一日三餐土豆，哪有钱买毒品？现在还有人卖血。我收集了很多资料，都是国内的人给我转来的。我现在身体不行，如果身体行，我就去四川凉山了。如果在十年前，我就去了。我要去看看怎么回事？去调查，去访问。"一说到艾滋病，高妈妈的小脚又想跑路了，可惜，她如今上卫生间都得用手扶椅，跑不动了。

高妈妈当了一辈子医生，治病救人，年纪大了，逐渐成了"看病"专业户。先是换上了一口假牙，前不久全身皮肤发痒，害得老人家一夜起来六七次，用食用盐洗。好在在哥伦比亚大学黎安友教授的关照下，保险公司给高妈妈派了三个全天护理，轮流值班，每天九个小时，给高妈妈做家务、洗衣服、做饭、洗澡等。高妈妈的饮食非常简单，午餐一碗豆腐鸡汤，一个小包子，晚餐一碗面疙瘩蛋花汤。白天还得睡几觉，其它时间都是用来写作和上网浏览新闻。

高妈妈指着自己卧室的小书架说："我这一辈子已出版了二十九

本书，十七本是专业的医学书妇科书，十二本是关于艾滋病的书。我现在还在天天写作。必定是奔九十岁的人了，有时候脑子清亮，有时候什么都记不起来。我目前写的一本书，还没有写完，我才写了二十六节。我已经写了委托书。如果我死以后，委托黎教授帮助出版。我写了望蒋杆、反右、大饥荒，现在有材料问题。我写的太晚了。八十岁以后，脑子不行了，我应该早些写。我喜欢写真实的事情，我经历的看到的。不喜欢查资料，如果查资料，等于天下文章一片抄。我说，中国现在要转方向，和树一样，要把根给除了。我觉得主要的问题在毛泽东。"（补充，这本《悲惨年代》以后由新世纪出版社出版。）

每到夜晚，夜深人静，高妈妈躺在床上，突然想起来什么，就翻身起来，用笔写下来，想起什么增加什么。好记性不如烂笔头，这对一个中青年写作者来说是职业习惯，可是对一个老人来说起来写完，再睡下都是非常困难的举动。高妈妈的写作犹如用身体匍匐前行，字字留下痕迹，句句凿动人心。

说到毛泽东在延安种鸦片，高妈妈背了这么几句："过了大年是春天，家家户户种洋烟。五亩地来两亩田，留下两亩种洋烟。"可惜我记录的也不完整。高妈妈目前写作的是揭露毛泽东统治时期暴行的，有一部分内容刊登在《纵览中国上》，比如最新的《钢铁的故事》《吹嘘浮夸害人不浅》等。

对自己六十九岁退休后所从事的揭露艾滋真相事业，高妈妈无怨无悔。她说："如果我不钻进这个窟窿里，不得国际奖，我写写稿子，讲讲课，就俺俩口的生活也蛮好的。俺两口是医生，儿子是教育学院的教授兼系主任。人家对我说，你得了奖，买房子。还有人让我买汽车。我说大家都有房子了我再买房子，大家都有汽车了我再买汽车。现在我觉得人命最重要。"国内也多次让高妈妈回去，但高妈妈不敢回去，害怕政府的脸色初一十五不一样，想变就变，在那样的环境下完不成她的著作。

"我老伴是2006年死的，八十岁。他得了咽癌，可快了。他比我大一岁半。我死了以后，我给儿子安排了，把我的骨灰和他爸爸的骨灰撒到黄河里去，就完了。"

高妈妈 我会再来看您

在纽约，我陪伴了高妈妈短短的两天，说话的时间加起来也不少于十个小时。有时我贴着她的耳边大喊大叫，为了让她听清楚。有时，我们又你一言我一句的在纸上笔谈。期间高妈妈背诵了好几首古典诗词，因为我的孤陋寡闻加上高妈妈的地方口音，我都无法记录下来，颇为遗憾。那天，看护六点下班走了，我在纸上写到："高妈妈，我想多陪你一会，晚点走，可以吗？"高妈妈说："好！你来我可高兴，说说话可高兴。"我的心情很是矛盾，想多陪伴高妈妈，和她聊聊天，又很害怕打扰她的休息。

墙上钟表指针不客气地指向八点，我得告辞了，坐地铁回旅馆。

"高妈妈，那我走了。"

"那走吧，反正得走。"

我不舍得走，俯下身拥抱高妈妈的时候，忍不住在她的面颊上亲吻了一下。说起来，我这一辈子还没有这么亲吻过自己的母亲呢。这一冲动的亲吻，让高妈妈知道，我是多么敬重她皇帝老子都不怕的硬骨头精神，又是多么爱戴她身为医生，一见病人就走不动的善良心肠。在门口，我不得不离开，我想哭，但强忍住了。我不想让高妈妈感到悲伤，她已经承担太多太多。能够见到她是多么高兴、多么有收获的一件事情。

纽约，因为高妈妈居住在这里，成了我心目中最美丽的城市，令我最牵挂的城市。感谢你！纽约！

高妈妈，我不久后还会再来纽约拜访你！

《纵览中国》首发——Thursday，September 17，2015

艾滋病关系到我们民族的未来

高耀洁医生下乡送药

因为天气的关系，最近艾滋病孤儿连着死了六个，最小的一个才五岁。这是令人痛心的事情。

——高耀洁妈妈最近的一封来信

我一时没有能力查清楚这六个孩子的姓名、性别、年龄、住址、最后告别人世的情况，但把他们的死亡纪录在这里，以此纪念！

九月底，各色菊花和金灿灿的南瓜已经上市了。月亮悄悄地圆圆地越来越大地挂在天上，中国人的中秋节也来到了。

刚吃过月饼，因为高妈妈临时有点事情，让我去纽约见她。并说："你不要嫌弃我的床铺简陋，委屈两天可以吗？"想想高妈妈去乡下探访艾滋病人，连破旧窑洞土炕破被都住过，那她现在有热水澡洗有抽水马桶用的公寓就是"豪宅"了，岂能多嫌？和高妈妈的护工通过电话后，简单收拾了几件衣服，我就登上了从波士顿去纽约的汽车。

这次拜访高妈妈前后三天，比较从容。可以和高妈妈一起吃饭、聊天、上网看文章和图片、探讨文字的修改润色。一老一不少（我正从中年往老年的路上行走着）有说有笑其乐融融，度过了一段非常愉悦难忘的时光。我最爱看到高妈妈笑，笑得满脸皱纹，因为新做的假牙戴上不舒服，她就没有戴。笑起来嘴有点扁，慈祥可敬的模样，总让我想起我最爱的外婆。

当然，有"中国民间防艾第一人"之誉的高妈妈仍旧是"三句话难离本行"。三天里面，除去白天两、三次老人家必须的睡觉，高妈妈絮絮叨叨反复说到的话题总是中国艾滋病的问题，总是牵挂着故乡的艾滋疫情，惦念着那些感染艾滋病在痛苦深渊里的不幸者。我觉得高妈妈说的这些小故事、一段经历、只言片语、对一些人事的看法都很重要。就以自己的记忆记录下来，让关注中国艾滋病的人们、关注高妈妈晚年生活的人们得知。

高妈妈走访艾滋村的几个小故事

自从 1996 年 4 月发现第一例艾滋病病人，高妈妈花费了十多年走访了上百个艾滋村，有时一天就访问一百多个艾滋病人。总共和多少艾滋病人交谈过，给多少人解答过问题，给多少人送过药品、衣物和食品、送防艾资料与书籍。怕是高妈妈自己也无法统计出来了。按高妈妈的话来说："我这里有关艾滋病的材料很多，每天给你讲 10 个故事，至少也能讲 100 天。"她的脑子就是一个故事仓库。我这里先记录几个高妈妈讲述的与艾滋病人有关的"小故事"。

（一）奶奶你家里有馍吗？

那是 2002 年，高妈妈从小学校出来，看到两个小孩就蜷曲在墙角地上。小脸蛋很脏，衣薄裤单，冻得浑身瑟瑟发抖。他人告诉她，两个孩子的父母亲都因为卖血患上艾滋病去年死去了，他们成了无依无靠的孤儿。没有人管，流浪狗一样。

高妈妈和两个孩子说话，两个孩子吓得挤在一起往墙角躲，不敢和陌生人说话。高妈妈蹲下和颜悦色地问他们一些情况，两个孩子最后鼓起勇气问："奶奶，你家里有馍吗？"馍就是北方人的馒头，也是人们的日常主食。

高妈妈连说："俺家里有馍，还有面条哩，跟我走。"

两个小孩一听有吃的，跟上高妈妈就走。把他们带到一个小饭馆，给他们一人买了一碗面，两个饿了不知道多少天的孩子狼吞虎咽地吃起来，使坐在一旁看的高妈妈无比难过。"两个小孩，一人能吃下一大碗，你看看，把孩子饿的。你的孩子是孩子，人家的孩子不是孩子吗？"

说到这里，高妈妈忍不住伤心地哭起来，抹着眼泪，让我不知道怎么安慰，她就像心疼自己的孩子一样心疼那些失去父母忍饥挨饿的孩子。在手术台上，曾做过妇产科医师、妇瘤科主任高妈妈是训练有素麻利冷静的医生，不知接生过多少小生命，做过多少例肿瘤切除手术。但提到那些艾滋病遗孤，高妈妈就只是个心肠柔软、见不得孩子吃不饱穿不暖的老奶奶。

好在，这两个孩子都被高妈妈送进了杜聪先生的智行基金会照顾，都入进学校上学了。我相信，这两个孩子会永远记得曾给他们买面条吃的"高奶奶"，会把一份爱传递给其他需要的人。

（二）大夫，你是毛主席派来的吗？

"我给你看看我的照片。"高妈妈把我领到她的电脑前，我们并排坐下。她熟练地打开一个又一个文件，让我看她多年积累的上万张有关艾滋病的图片。高妈妈的图片分类有序，清清楚楚，按照"艾滋病病人""艾滋病孤儿""宣传演讲""得奖"等十多个大类分别，想看哪些内容找起来一点也不费力。这些图片对高妈妈来说就是有些富贵女人的"翡翠黄金、珍珠玛瑙、首饰细软"，无价之宝，是她多年积累的心血。

高妈妈指着电脑上的一张照片介绍到："那时候，我到农村，还没有治疗艾滋病的药。我就花了几百块钱，买了些治拉肚子、发烧的药，好几箱子。到了农村，那好多人都来要，我都是免费发给他们。有一个中年人拿了药不走，就问：'大夫，这药多少钱？'我说不要钱，他还是问多少钱，不相信那药不要钱。又问要不要钱，我还是说不要，让他回家去。他想了好半天就问我：'大夫，你是不是毛主席派来的呀？'我没有回答他，我不知道咋回答，他问了好几遍。多愚昧无知呀，最后我说：'你赶紧回家，喝点水！吃药！'那人才走了。那时候，毛泽东都死了二十多年了，你看看，多愚昧。"

一个妇女难产，高医生来抢救，住过一晚

在中国，毛泽东依然是悬挂在天安门城楼上的神，毛泽东像和小型雕塑更是小商小贩赖以为生的"红色商品"，毛的外孙女孔东梅因此大发其财，红色旅游韶山毛泽东广场更是人山人海，磕头烧香。有很多农民的感情和道德判断仍然只停留在毛泽东主席年代，这成为他们取舍事物的一大标准。在毛主席逝世20多年后，艾滋病人们仍然保留了这种根深蒂固的思想，某种层面上这意味着他们需要一位能帮助他们摆脱病痛和苦难的人，他们认为这个人就是毛主席。

高妈妈大声疾呼："这一切的祸害都是毛泽东，让中国人没有人性了。如果不拉下毛泽东的神位，中国就没有希望，去毒要把这个老根挖出来。"在中国近代的惊涛骇浪大起大落了近九十载的高妈妈，虽然年老多病体力不支，但笔耕不辍，正在天天加紧写作《悲惨年代》，为揭露毛搞政治运动害人的罪行留下亲历铁证！

(三) 有外人进来了？

高妈妈这么多年来从事艾滋病的调查走访工作，没有资金没有助手就不说了。河南很多地方官员为了捂住盖子、保住位子、留住面子，居然提出"有谁举报高耀洁，就给奖励500元。"本来应该得到政府鼓励、支持和表彰的工作，却处处受到打压和刁难，甚至威胁。高妈妈经常不得不像做"地下工作"一样去打那些"黑洞""黑血站"——白天不开门，半夜才开始抽血。

"上有政策，下有对策。后来他们改变了，白天不卖血，夜里十二点以后卖。在山东，我都去了，为了拿到第一手资料，没有第一手材料谁相信你？我和两个小伙子去的，我穿上个大褂子，捂住头，不然来个老太太被人发现了。好多人就在那里卖血，排着队挤。我带去的小伙子一照相，闪光灯一闪，糟糕了。(听到这里，我这听者紧张得要命，如果被那些黑血头发现有人照相取证，还不被打个半死不活，扯出胶卷，毁灭罪证。)我就听见有人喊：'谁照相？有外人进来了？"当时我们都很害怕，害怕把俺几个一起抓住了。但有一个农民老实，说：'俺打的火，抽烟哩。'那些人就相信了，就算蒙混过关了。我们赶紧跑出来……第二天，我一量血压，升到200，量血压的人说：'我的老天爷，你昨晚上当贼去了？'我赶紧吃药，不吃药，就要死了。"

不入虎穴，焉得虎子。高妈妈几乎冒着生命危险得到的照片被报纸、杂志、电视、采访等所使用，几乎传遍了全世界，让外界了解中国艾滋病的真相。

(四) 这张照片不是流氓燕和田喜妈

整理这篇文章的时候，高妈妈提供了这张照片。拍摄于2003年，河南扶沟县曲楼村，失去了因卖血感染艾滋病身亡的儿子的母亲和失去丈夫的媳妇，婆媳俩同时在高妈妈家客厅里痛哭流涕，悲伤不已。

但是网络上有不少人使用这张照片，在很多文章和网站上发表，注释那个媳妇是流氓燕，那个老太太是田喜妈，这个媳妇和流氓燕都胖胖的，也就容易让人相信。但是田喜的妈妈脸大得多，这根本不属实。高妈妈并不认识流氓燕和田喜妈妈，这种误传让高妈妈心里很不舒服。她只想做到艾滋资料应该准确无误，给读者可信可靠的信息，千万不能张冠李戴。

这张照片不是流氓燕和田喜妈，在此纠正。

有学识却可怜的医学博士生

对很多人来说，觉得自己不嫖娼不卖淫，不吸毒不是同性恋，那么艾滋病和自己没有关系。不要说文化水平低，没有基本医学知识的人群对艾滋病有种种误解和歧视。就连高级知识分子中也对艾滋病有着奇怪和令人无法理解的看法。

高妈妈说到一个例子："有一个学医的博士留学生，他妹妹因为输血得了艾滋病死了。当时他哭着对我说，希望我能在文章上提起一下，也算是对他妹妹的纪念。后来我没有提他本人，只是发了一张他妹妹的照片（是他给我的）。后来他马上找我，让我把照片拿掉，因为他交了女朋友，不想让女朋友知道妹妹死于艾滋病。这么可怜的医学博士，竟对艾滋病如此认识？何况其他缺乏医学知识的人呢？这个小女孩死得太可怜了，她是因为输血感染的，她的父母都很健康。可气的是，给这个小女孩输血并不是因为她有病，需要输血。而是因为早产，她父母要求给她输血增强体质，长个子，你说有多愚昧。而且她家经济条件好，所以有这个条件。我看到照片上那个可爱的女孩，真是太可惜了。

下面这段话摘自这位医学博士生给高妈妈的来信：

"2005 年妹妹因为水痘感染而住院，在焦作传染病医院检查后才得知，她感染的是 HIV，是艾滋病患者！

起初我的全家都不相信，根本不能接受这样的事实。可是等来的却是这样一个残酷的现实。我妹妹从艾滋病发病到最后临终，也只用了短短三个月的时间。那时的我还是 XX 大学医学院的一名医学生，我们全家都一直守在她的床边，她临终时的一举一动，我都历历在目，永生难忘。也许是冥冥中老天安排的，她去世的日子是在 2006 年 12 月 1 日，世界艾滋病日……活泼可爱的妹妹瞬间就离开了我们。

因为怕歧视，怕被别人误解，我和爸妈一直都不敢公开我妹妹真正的病因。起初想要状告血站和医院，获得赔偿，可是害怕声张有负面影响，也就只能在家里默默地流泪，一切都是因为"艾滋病"这三个字。后来，我们就搬走了，离开了我们生活几十年的河南老家，在一个陌生的地方重新开始了自己的生活。但是失去妹妹的阴影一直伴随着我们。"

人们常说："中国大学培养出来的人才是有知识没文化，有技术没思想。"一个在美国接受以救死扶伤乐于助人为一个医生天职的博士生，因为交了女朋友，就以有一个因艾滋病死去的妹妹为羞耻、为不光彩、为见不得人的事情。令人觉得荒唐而悲哀，那经受痛苦而冤屈死去的小妹妹也难以瞑目吧。

缺乏社会责任感和医者的道德良知，这样的医学博士，在未来是不是一名好医生，得打个大大的问号？

河南出了个高耀洁

在高妈妈从事艾滋病调查和宣传的最后几年，处境越来越艰难。河南省副书记陈全国几次找上门来，让高妈妈改口，以维护河南的形象。高妈妈丝毫不为所动，一口回绝："你们说农民是吸毒是性传播艾滋病，农民连饭都吃不上，哪有钱吸毒？哪有钱嫖娼？在任何时间，任何地方，对任何人我都要说真话。艾滋病，有就是有，我看见那么多，我不会说假话。"政府派有专人轮班守候在高妈妈家小区门口，不让朋友和媒体找她，电话和电邮也被截断，如同软禁。

那是一个冬天，高妈妈看到楼下有两个男青年已经常守在她的楼下，冻得鼻涕不停地流。高妈妈于心不忍，就说："你上俺家来，喝点热水，吃点啥。"那人一听，不知是不好意思，还是以为被高妈妈识破了，赶紧骑上摩托灰溜溜地跑了。看门房的老头对高妈妈说："那是看你的，害怕记者来找你。"

艾滋病血祸蔓延，家家死人，村村新坟一片一片，政府不是医治那些在病床上痛苦呻吟的人；不是救助那些失去父母没吃没穿没学上的可怜孩子；不是赡养那些死了青壮年的儿子、媳妇对天嚎哭悲痛欲绝的老人，而是想尽一切办法堵住揭露出艾滋病真相的高耀洁的嘴。自欺欺人地认为，只要封住高耀洁的嘴，河南艾滋病就解决了。

高妈妈说："艾滋病是全国性的，只是程度不同。有一个化验员，是个胖子，个头不高。他经常吵……当地因输血感染艾滋病，他到我家来说他那里一个村上就十几个得艾滋病的，都是输血感染的。结果把他给处理了，本来是化验室的，让他去看大门，一个月给一百块钱。他是越处理越吵，结果那里的领导聪明，给他一套楼房，一辆汽车，还给提了工资。本来是中专生，提成副高职称，给个党票。好了，不说了。所以，他来我家就和艾滋病人家属吵架，以后他就不来俺家了。"

找高妈妈谈话的高干说："外省艾滋病的情况和我们差不多，人家别的省的人聪明，都不说话，咱河南就你在吵！吵！吵！咱咋出了个你呀？吵个不停。结果弄的河南成了艾滋病第一了。"高妈妈不光是"吵！吵！吵！"还到记者招待会上去"吵"；到国际艾滋病大会上"吵"；到国内外大学去"吵"；呼吁人们关注中国的艾滋病，提醒年轻人防止艾滋病。还根据她的第一手资料写出了十二本有关艾滋病的专著，成为中国民间防艾第一人，成为国际公认的艾滋病研究专家。

高妈妈，最没钱的专家，最富有的人

高妈妈纽约的家在一座红砖大楼的八楼，一室一厅，还算宽敞。但是她所使用的床、书桌、饭桌、书架、椅子等没有一件是光亮的成套的，都是老家具，破旧的家具。以我在美国生活多年的经验，知道这些家具多来自"车库拍卖""院子拍卖"，要不了几个钱。

"你猜猜这个桌子多少钱？"高妈妈考问我，我看桌子表面都破了，铺着塑料布。

"十块钱。"

"对，就是十块钱。刚来不知道能买到这么便宜的家具。看这个花架，也是看护捡回来的，人家不要的，这个也是捡回来的。好好的，都能用。"

早期的新移民，都有过在院子拍卖、车库拍卖购买老旧便宜家俱生活用品的经历，我现在家里还有早十多年买来的桌子和台灯，两样加起来才二十块。可是高妈妈是中国防止艾滋病方面的著名专家、著名教授，获得过那么多国内、国际奖和数万美元的奖金，国际天文学联和会将 38980 号小行星命名为高耀洁星呢。高妈妈的生活如此简单和清贫，既让我钦佩，也让我有点心酸。

高妈妈"大手大脚留不住钱"，就是今年初获得第二届刘宾雁良知奖，奖金一万美金。她为了购买自己出版的新书《镜头下的真相》《高耀洁回忆与随想》就一次"挥霍"掉八千元。高妈妈走访研究写作中国艾滋病到明年就整整二十周年了，出版的著作有十二本，印刷发行量也有几十万册之多。但是她把应该获得的稿酬通通购买成了书，无偿地赠送给各个大学和各个城市的图书馆、赠送给朋友、赠送给素不相识的人。但却有缺德人要去在网上转卖了。

"你看，我银行里的钱不到两千块了。"

高妈妈拿出银行的账单给我看，就是这么个不富裕的人，还在许诺要支出两千美元帮助调查艾滋病的同行出版书购买书。

高妈妈没有任何积蓄，她的房租、水电费每月近两千美元爱心人士默默支助，一个月近两百元的生活费。她认为年轻能工作时，拼命在中国干了四十多年，现在老了牙用了，成了美国的负担。因此她在日常的生活开消自动紧缩，精打细算从不乱花钱……

高妈妈是最没有钱的专家，最贫穷的教授。一辈子没有挣下花园别墅，没有购来名车豪艇，连几件像样的衣服都没有，更别说女人们喜爱佩戴的金银首饰了。有两件比较"高级"的衣服挂在壁橱里，平时并不舍得穿，那是专门上镜头接受采访的服装。可是，我要说，她是这个世界上最富有的人，最高贵的人。她无私的母爱和圣洁的慈悲比大海还深厚还宽广。

写到这里，我的泪水禁不住溢出眼眶。因为老人带给我深深的感动。

艾滋病关系到我们民族的未来

夜晚，我和高妈妈修改了一天稿子。她有些累了，晚饭还是一碗鸡汤和一个友人送来的小花卷。高妈妈偏着头，用手扶住脑门，想着什么。我不愿意多问，我想她或许思念着远在中国的儿子女儿，或者担忧着自己的病痛和未来越来越艰难的日子。但是完全出乎意料的是，老人长长地叹了一口气后说："艾滋病关系到我们这个民族的未来！我是看不到了，你还能看到。我真的很担心！"

一个年纪八十八岁的老人；一个走路需要扶椅的老人；一个洗澡穿衣需要人照料的老人；一个每天需要服用五、六种药片维持生命的老人。她思想的不是自己所承受的孤独和痛苦，忧虑的不是自己异国他乡无依无靠的处境。她担忧的依然是她的国家，她的民族，她的百姓，她的病人。宋代著名诗人陆游在《病起书怀》写到："病骨支离纱帽宽，孤臣万里客江干。位卑未敢忘忧国，事定犹须待阖棺。"高妈妈真可谓一代中国老知识分子"位卑未敢忘忧国"的典范。

前几天高妈妈给我的来信中说："关于艾滋病，我说是个黑洞，确实是一个人意识不到的黑窟隆咚的大窟窿。很多人都认为我在艾滋病上做了些工作，其实那只不过是黑洞中的一点小缝。从整体来看，如此传染下去，若干年以后，中国的兵源要成问题。我之所以这么说，是有原因的。比如，杜聪先生的基金会在正资助的9000个艾滋遗孤，在这些孤儿中，有632个是艾滋病患儿，约7%左右。这仅仅是一个小组织的发现，非孤儿中还有多少艾滋病儿童，只有天知道。另有国内同行告知我四川凉山因艾滋病死亡，天天埋人，根本没有人去管。"

高妈妈痛心疾首地说："据王淑平医生 1995 年的统计，艾滋病感染者有 500 万之多，二十年过去了，这个数字翻了三倍、四倍，如今血祸还没有完全控制，还在蔓延发展，这样下去，这个国家还有什么希望？我老了，做不动了。"

今天，世界各处的人都知道那位总是穿着粗布纱丽，满脸皱纹，终生在印度帮助穷人并于 1979 年获得诺贝尔和平奖的德兰修女，人们亲切地称呼她 Mother Teresa。

今天，世界各处的人知道不知道这位总是穿着最廉价的衬衫，迈着一双年幼时曾经被母亲打着缠过的小脚，在六十九岁高龄后，走遍了广东、山东、陕西、湖北、广西等十几个省市，调查中国艾滋血祸，花费上百万元印刷防御艾滋病书籍资料，抚养过 164 名艾滋遗孤的高耀洁妈妈？可是，六年前，"大国崛起""厉害了，我的国"的政府为了堵住这位老人的嘴，将她驱赶到美国，流亡天涯。

高妈妈一生信奉"但愿人皆健，何方我独贫"的信念，她做到了。我相信，有一天，世界各地的人们会知道，中国有个 "Mother Gao.YaoJie"

一篇小文章，纪念世界第 27 个艾滋日，并预祝高耀洁妈妈 88 岁生日快乐！

《纵览中国》首发——Monday，November 30，2015

中国母亲高耀洁

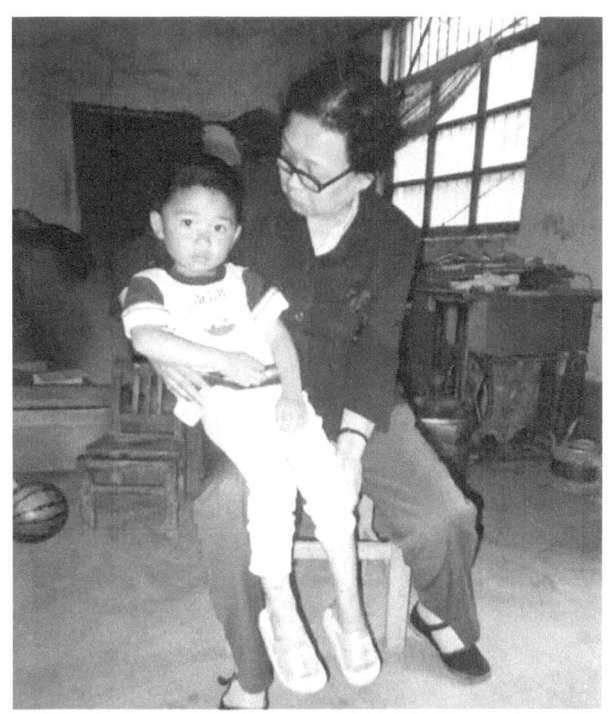

高耀洁怀里抱着输血感染艾滋病儿邸抗抗

今年夏秋时节，我三次乘坐大巴从波士顿去纽约，到曼哈顿区去看望一位德高望重的老人——中国民间防艾第一人、美国妇女组织"生命之音"妇女领导者奖获得者、小行星 38980 以她的名字命名的高耀洁妈妈。

高耀洁妈妈已经八十八岁了，如一棵历经风雨雪霜的老树，已是耄耋之年。她走路得使用挪椅，一步一步，蹒跚而行。她听不清楚来访者的谈话，得把要说的话写在纸上。她已经全嘴没有一颗牙，做了一副假牙也不喜欢戴。前两年做了心脏支架手术，还有高血压等毛病。用她自己的话来说："我当了一辈子医生，给人看病，现在成了看病专业户。"我坐在她对面，看着她将一小把大小不一的药片吞进嘴里，像吃黄豆一样。吃药成了吃饭，必不可少。可是就是这样，高耀洁妈妈每天还是坐在案头一笔一划的写作。她不会用拼音输入，就在显示板上写字，电脑上就会显示出来，十分吃力。

如今这位并非作家的医学教授师已经出版了二十九本书，其中有两本医学专著、十五本妇女保健书，十二本关于中国艾滋病的书。自零九年流亡海外后就出版了《我的防艾路》（广东人民出版社）、《血灾 10000 封信》《揭开中国艾滋病疫情真面目》《镜头下的真相》《高耀洁回忆与随想》等，总共数百万字。她日日耕作，像一个农民离不开土地。

早在一九九六年，已经退休在家的高耀洁妈妈，在一次会诊中发现一位姓巴的、年仅四十出头的农村妇女 HIV 呈阳性，此女有过输血历史。从此迈着一双年幼时被母亲打骂着缠过的小脚，走上了调查、寻访、宣传、救助艾滋病的不归路……十几年以来，高耀洁妈妈放弃退休安逸舒适的生活，丢下一生相濡以沫的丈夫，奔波在广东、广西、云南、贵州、四川、湖南、湖北、陕西、山西、河北、山东、安徽等十几个省的几上百个村庄，给那里的农民送去药品、书籍、简报、衣物。

让那些在病床上等待死神降临的不幸者看到最后一屡光；让那些在苦难的沼泽中挣扎的人，可以牵住一只救援的手；让那死去父母双亲的天真孩童有一个温暖的怀抱，可以扬起头来叫一声："奶奶！"不使他们绝望，虽然几个馒头，一碗面条，但这个世界上，还有爱他们的人。高耀洁妈妈就像艾滋病黑天漆地中一盏闪烁的油灯，孤立却明亮，温暖而带着希望。

在人们的普遍印象中，艾滋病无不与同性恋、淫乱和吸毒紧密相连。但是高耀洁妈妈发现了一个惊天动地的秘密，中国的艾滋病大多数来源于政府鼓励提倡的"血浆经济"，号召农民卖血致富而导致艾滋病泛滥成灾。当地农民的顺口流为："胳膊一伸，露出青筋，一伸一拳，五十大元。"仅仅一个上蔡县的感染者就有数万，有的家庭父子兄弟都卖血死于艾滋病，有的家庭夫妻孩子都受到感染，村里的新坟连成了一片。艾滋病死者留下无以计数的老人、寡妇和尚未成年的孩子，生活无着。但官方为了掩盖血浆经济的罪恶，为了脸面和政绩，为了保住头上的乌纱帽。不允许高耀洁妈妈走村串户的调查，并提出："谁举报高耀洁，奖励五百元"的悬赏。有一次，高耀洁妈妈和两个同事坐车去了一个村里，就看见不时有人进门一探望，不一会，又有人探头探脑的张望。高耀洁妈妈是河南本地人，很熟悉当地的情况，本能地感觉不对头。就说："咱走吧，气候不对。"当他们的车刚开到大路上，一下子就来了三十多个警察和民兵来抓他们。同事害怕了，拍着司机的肩膀说："快开！快开！"高耀洁妈妈提醒到："你可不敢快开，咱碰到树上死了怎么办？"所幸有惊无险。

高耀洁妈妈在郑州小小的家成了不挂牌的艾滋病救助中心。她先后收到过全国各地一万五千封来信，最多的一天有五十多封，她总是一一回信有问必答。其中也不乏想"合作发财"的医药骗子，被高妈妈火眼金睛看穿严词拒绝。

难以计数的艾滋病患者、艾滋病遗孤、老人、妇女上门哭诉求助。高耀洁妈妈给他们免费看病，送药，留下他们吃顿家常便饭。有一年过年的时候，她留下几个艾滋病遗孤，她儿子回来非常不高兴。"给咱传染上病怎么办？我把他们送回去。"高耀洁妈说："不许送，就在咱家过年。你的孩子是孩子，人家的孩子不是孩子吗？"他儿子生气地走了，不愿意和艾滋孤儿一起吃饭。几个失去爹娘的孩子在郑州过了一个开开心心的年，走的时候，还带上学费和礼物，他们一个劲地说："谢谢奶奶！"高耀洁妈妈曾经以自己的工资、稿费、奖金等捐助一百六十四个艾滋遗孤上学，她说："我少吃点少喝点。让孩子受教育，就能改变一个人的一生。"说到这些孩子，高耀洁妈妈清楚的记得他们叫什么名字，住什么地方，多大岁数了，学习怎么样……她比心疼自己的孩子还心疼这些孩子。

高耀洁妈妈曾经获得 2003 年"感动中国十大人物"的颁奖，当主持人白岩松念到高耀洁的名字时，当时已经七十六岁的高耀洁妈妈站在高高的台阶上。白岩松怕老人走不稳，上前去扶，高耀洁妈妈甩了一下手，那意思是："让俺自己走！"逗的观众们都笑了。她就那么一步一阶，一阶一歇自己走下来，小小的个头，却顶天立地般的站在颁奖台上。她悲天悯人的医德和自费调查艾滋病的事迹，令闻者深深感动，获得台下数千观众热烈的掌声……

高耀洁妈妈曾多次受到前总统夫人、现国务卿希拉里的单独接见。在不久前希拉里的回忆录《艰难抉择》中这样写到："高耀洁医生身材矮小，已经八十二岁了。她由于替中国的艾滋病人发声，并揭发艾滋病血液传播的丑闻，而被中国政府持续骚扰。当我第一见她的时候，我就注意到了她的小脚……这双脚被缠过，并为她的事迹感到惊讶。"在给高耀洁妈妈的赠书上，希拉里亲笔题词："高耀洁医生，我钦佩你代表中国人民的勇气和领导力，致以最好的祝愿。"

到了二零零九年，曾经的感动中国人物成了"敏感人物"，高耀洁妈妈的名字在电视、报纸、杂志上销声匿迹。她的电话、电脑时常断线断网，楼下有保安换班全天候看守，不允许她见记者受访。并有河南省委副书记陈全国这样的高官登门拜访高教授，请她牵头写书《河南艾滋病的今昔》，以改变河南形象，提出"我们找几个人写，不用你动手，你署名就可以了，稿费全是你的。"以利益诱惑她放弃自己的观点。高耀洁妈妈一口回绝："农民连饭都吃不上，还吸什么毒？小孩子都是母婴传播。我是个医生，我不会说假话。艾滋病有就是有！就是让农民卖血造成的！在任何地方、任何时间、任何人面前我都是这样说。"高官们对这位"不识抬举"、软硬不吃、名利威逼都不起作用的矮小老太太无可奈何，气得大骂："河南咋出了个你？"还说："只要把高耀洁的嘴巴堵住了，河南就没有艾滋病了。"她成了当局的眼中刺肉中钉。

带着有关艾滋病资料的三本书的硬盘，没有机会和亲人说声再见，高耀洁妈妈以八十二岁的高龄登上了从此流亡异国他乡的飞机。她说："我出来，就是为了出版我的书，把艾滋病的资料留给历史。不然，我哪一天死了，就没有人知道了。"

远离了故土，远离了儿女，也远离了她离不开的艾滋病病人和那些她令牵肠挂肚的孩子。写作著书成了高耀洁妈妈唯一的精神支柱和生活内容，一字一划、一段一节、一本又一本，她以老迈多病的身体匍匐而前，要用自己的见证对中国这场世纪灾难鞠躬尽瘁，写到生命尽头。完成使命，不负此生。

"高妈妈，我买你的书。"我想买两本老人的书，拿回去好好拜读。

"我不卖，我的书都是送人的。我已经给你签好字了，我已经这个岁数了，要钱干什么用？"这样说的时候，笑容可掬的老人也倔强起来。虽然心里不安，但恭敬不如从命，我接受了她的赠书。高耀洁妈妈最近光是给联合国安理会一次就赠送了三百册新书，价值六千美元。老人并不是富翁，购书的钱是她不久前获得的一笔奖金，就这么"大手大脚挥霍"掉了。凡是来访的人，她都赠送几本书，让他们送人。孰料有人竟把赠书的签字頁撕掉卖钱，太缺德了。往大陆邮寄一本书的邮费就是三十六美元。高耀洁妈妈对我说："我这么做，是为了让人知道艾滋病，关注这个问题。"

俗话说：女人没有不爱美的。可是高耀洁妈妈却是个例外，她从来不化妆不涂脂抹粉。一年四季只用一、两元钱一袋的雪花膏，女性们使用的"瓶瓶罐罐"她没有一样认识。她也舍不得花钱买好看的时装，到美国来领奖穿的衣服只值两美元，她说她是代表穷人来领奖的。她操着一口河南话对我说："我获了几次大奖，奖金都印刷宣传单，买书送人了，宣传预防艾滋病用了。等人都有房子了，我再买房子。等人都有汽车了，我再买汽车。你不知道，那些孩子多可怜，见到我就问'奶奶，你家有馍没有？'我就给他们买碗面条吃，一人能吃下一大碗。"说到这里，高耀洁妈妈忍不住掉起了眼泪，我也跟着难过起来。

这位先后为中国艾滋病宣传救助投入一百多万人民币的教授医生，对人类健康事业有着巨大贡献的著名专家，却过着俭朴、清贫的生活。高耀洁妈妈曼哈顿一室一厅的家没有沙发没有电视，床、桌子、书架等都是旧货市场十块八块买来的，还有些是街道边捡来的。她银行里的存款还不到两千美元，却想方设法出钱给研究艾滋病的同行出书。有一个有钱人要出钱给高耀洁妈妈做一副假牙，她却说：

"我老了，你不要给我装牙了，拿钱给 XXX 出版书吧。"高耀洁妈妈行医一辈子，没有挣下豪宅名车没有万贯家产，在我眼里她却是最高贵最富有的人，正义和善良是无价的。高耀洁妈妈满头白发，刻着皱纹的脸上写满了一生的苦难经历和坎坷道路，却是我眼睛里最美的人。"但愿人皆健，何妨我独贫。"这位清末名医范文莆药房门上的著名对联，高耀洁妈妈用自己善良的品德、高超的医术、正直的人格做到了，无愧于医者——医人生命者这个神圣的称号。

天上的星星数不清，当我们抬头仰望的时候，其中一颗就是高耀洁星。她说："我已年逾八十，在世上来日无多。想想在浩瀚的夜空中，在灿烂的群星里，有一颗并不明亮的小星星，上面留着我的名字。我不知道这颗小行星有多大，亮度是几级，肉眼是否能看见……也许它只是围绕着太阳旋转的一块大石头把。我知道，人在做，天在看，即使我的生命结束了，我的躯体化成尘埃以后，这颗小星星还要高高地在太空中注视着地球，注视着艾滋病这场世纪灾难的结局，注视着造成这场血祸的罪人们走上历史的审判台……这一切我是看不见了，但是它能看得见！"

"艾滋病关系到一个民族的未来。我老了，走不动了。现在四川凉山艾滋病很厉害，放在十年前我马上去看看……"这么大年纪了，高耀洁妈妈没有对我多说自己的病痛和每天面对的孤独，操心的、放不下的还是关于中国艾滋病的种种事情。

"我是个受过苦的人，所以我永远同情弱者，同情受苦的人。"高耀洁妈妈个头不高，却是不畏强权敢言敢行的英雄。她手中没有武器，却是与艾滋人火搏斗抢救生命的战士。她有自己的孩子，却用博大母爱关怀每一位不幸的艾滋遗孤。

让我们关注这场中国艾滋血祸！

让我们记住这位正直的、勇敢的、悲天悯人的、圣女德兰式的中国母亲高耀洁！

《世界日报》首发——12 月 1 日 2016 年。

我的高耀洁妈妈

我们一起看书稿，她说我修改

高耀洁，人们对她有许许多多称呼——中国民间防艾第一人、中国的德兰修女，防艾英雄、高耀洁教授、高医生、高主任、高老师、高奶奶。因为她年纪大了，德高望重，又有人称呼她高老（好像称呼中共中央高干）、高耀洁先生。而我，从第一次见面到现在，还有我们无数次通信中，都是称呼她"高妈妈"。

"我出国是为了留下有关艾滋病的资料，不然，我一死就没有人知道了。"在连续获得美国"生命之音"等国际奖项之后，于2009年被迫流亡美国。她既不参加任何组织、基金会，更不去结识名人异士、游山玩水。除了必须的出门看病和购买生活用品，她全部的生活内容便是写作。家里连台电视机都没有。志在为后人留下这段历史真相。

　　从去年到今年的一年多，每隔两、三个月我都从波士顿坐上幸运星巴士去纽约，去看望居住在曼哈顿高楼上的高耀洁妈妈。有时带上两件换季的新衣服给她，有时带上一盆自己家繁殖的盆花给喜爱花的她，有时带点手工做的包子。而带的次数最多的是芝麻盐。从高耀洁妈妈的自传中得知她十多岁从山东省曹县高新庄最后能吃到的东西就是一罐芝麻盐。为了满足她对童年味蕾的记忆，我买来芝麻，小火上不停地翻炒，耐着性子炒得焦黄的时候撒些盐面，放在打磨机里一打，千千万万粒芝麻便粉身碎骨，香气四溢。坐在对面，看着已经没有牙齿的高耀洁妈妈掰一块馒头，蘸一下碟里的芝麻盐，放在嘴里吃得很香，非常满足，我看着也高兴。如今吃牛排、汉堡包的人们没有她这么土里土气的享受了吧？

　　高耀洁妈妈喜爱花，客厅里卧房里大盆小罐的养了十多盆。空闲的时候浇浇水，松松土，和花说说话儿，花是她最好的伴儿。但她却不喜欢剪枝花。今年五月，恰逢母亲节，我在马路边花摊上购得一束红色玫瑰，送给她，替她远在国内的儿女尽点心。不料，再一次见到高耀洁妈妈，她说："你送那花，没有用，一个星期就扔掉了。"原来，老人家一辈子节俭惯了，一束玫瑰花只能摆放一个星期就是浪费钱。远没有盆花实惠。

　　高耀洁妈妈从不涂脂抹粉烫发做头，却同样是一个爱美的女性，年纪大了，却总是穿得干净而整齐。起初我不知道她穿衣的习惯和爱好，送过她两件红色衣服，却从不见她穿过，但是体贴人的她也从来没有说过原因。从她的文章中我才得知："我这一辈子，看过无数红旗、红海洋，害死多少人。我一看到红色就害怕。"颜色本来无罪，在中国红色却是暴力和权利的象征。一件黑白小格的衬衣，因为我买窄小了些，高耀洁妈妈巧手的护工剪下衣服口袋，将布缝制在两侧，修改加工。洗了澡，高妈妈说："我穿上给你看看！"她穿上新衣服，手扶推椅站着，高兴得像过去过年才能穿上新衣裳的小姑娘，两只眼睛笑得弯弯的，那么慈祥，那么令人敬爱。

　　高耀洁妈妈一生从医几十年，从不佩带戒指耳环项链，防止细菌带入手术室，病人受到感染，"卫生"和"干净"是从医人员的职业病。但是她的看护来自大陆农村，收入低，又担负一家人生活重担，上班下班的路上捡来大大小小的玻璃塑料饮料瓶，储存在高妈妈家，积攒多了再拿出去卖，以补贴家用。我这好事之徒看不顺眼，对高妈妈抗议："不能让她拿进来，太脏，老人家抵抗力差。"高妈妈却说："这个问题，我想过很多次了，算了，不说了。她很不容易，一天才能卖几块钱。我同情这些受苦的人。"这些从大街上垃圾桶里捡到的瓶子招来不少蟑螂，高耀洁妈妈不停地喷洒杀虫剂对付，却一直没有抱怨和制止看护。我有两三次晚上睡觉也被臭虫叮咬得满胳膊红包，也忍住没有告诉高妈妈，不想让她对看护"采取行动"。

高耀洁妈妈经常很"吝啬"，因为她每个月的生活费也很有限，二百美元左右，不得不精打细算生活。一个看护告诉我："我推着她去超市，那时候西瓜刚上市，一个要七、八块钱，她看了又看，想吃，又怎么都不舍得买。"我听说了，很心疼她，赶紧掏钱，请看护去买了一个大西瓜回来，切开给她吃，也请看护吃。外人怎么也不会相信，这位获得过"感动中国"人物、国际妇女奖的名人连只西瓜也不舍得吃呢？高耀洁妈妈又是大手大脚"挥霍"的人，不会存钱不会算账。家里来了客人，熟悉不熟悉的都能得到她签名赠书，从不收一分钱。如果谁要提钱，她就假装生气，"那我就不送了。"就是今年在纽约和华盛顿的两次会议，高耀洁妈妈就捐出两百册有关艾滋病的书籍，少说也值三千多美元，都是她费尽心血稿费所得啊。吃几块钱的西瓜，她心疼钱，送几千元的书，她从不多想。忙忙碌碌了这么多年，银行的账户里没有几个钱，真是个不会算账的"傻瓜蛋"，她还常常笑话别人傻瓜蛋哩。

每当我迈进高耀洁妈妈的家，她总是说："可把你等来了。"还夸张地给我作揖，她的看护开玩笑说："高奶奶等你等得肝肠寸断。"惹得我们哈哈大笑。洗把一路的风尘，吃一碗看护做的汤面。高耀洁妈妈就催促着说："走，咱去看稿！"她推着助步椅慢慢走，我跟在她后面，我向来都是听从她的"指挥"，我知道，老人家是个急性子，雷厉风行，干什么都是马上干。

我和高耀洁妈妈一左一右坐在电脑前，她口述我打字，她说我修改。有时候又停下来讨论文字或者图片,嘻嘻笑笑,热热闹闹,不觉得两三个小时过去了,我对高耀洁妈妈说:"你太累了,休息休息吧。"她却说:"我不累,咱把这几张看完。"一干又是一个多小时,我这年青人坐得腰酸背痛,她这位老人家血压升高到200,得立即服药。有时候,一点小毛病,并不影响什么,我说:"算了。"她说:"不行,不行,要改。"我只有乖乖听话修改,一个握了一辈子手术刀的人知道"手术刀下,人命关天",更是知道手中之笔书写春秋,差之毫厘,谬以千里。笔比手术刀还重要,一刀治一人,一书传万心。这是我们在一起最愉快的时光,也将是我未来最值得回忆的人生画面。

高耀洁妈妈时常对我回忆起老伴郭明久医生,她说:"老头活着的时候,怕我先死了,总是说,你死了,我怎么办?最后病了,快不行了,又对我说,我死了,你怎么办?老头都没有了十年了。"失去相濡以沫伴侣后的十多年,大多数时间高耀洁妈妈在纽约流亡中度过,陪伴她的是纸、笔、电脑,一连出版了七、八本书,很多书里都收入了她和老伴儿的合照。"老头在等着我,我俩说好了,我死了把骨灰一起撒进黄河。"

我不知道高耀洁妈妈是不是年龄最长的写作者,但我却知道她是最勤奋、最认真、最下工夫的写作者。她不止一次告诉我:"有时候半夜醒来,我睡不着,想起来什么就赶紧起来写下来,不写下来就忘记了。我年纪大了,记性不如以前了。"对一个年青人来说半夜起来不算什么事,但对一位因为自己已经不能穿脱衣服因此总是和衣而眠的老人来说,起一次身就是一次不小的折腾。高耀洁妈妈不会使用汉语拼音,在写字板上一笔一划写非常慢,却织女织布般的,缓慢地一梭一梭来来回回,弃而不舍。就这两年多,以年近九十又多病体弱的身体写完另外一本书《悲惨年代》,是这位从没有加入任何作家协会医生的第三十本书,毫不夸张地说,是著作等身了吧,反正高耀洁妈妈个头也不高。

从1996年遇到第一位艾滋病患者,高耀洁妈妈就开始走村串户、调查采访、四处奔走,以老迈之身为数千万"血浆经济"受害者呼吁。"艾滋病有就是有,我不会说假话,见到省长、总理也不会说假话。"用北京话说，高妈妈是个较真的人，眼睛里揉不进沙子。话说回来，如果不是她的较真劲儿，如今的她完全可以在国内享受离休专家教授待遇，四处受邀讲课挣外块，拿文史官员的补贴，出入达官贵人云集的地方吃香喝辣，儿孙围绕颐养天年。高耀洁妈妈从不粉饰抬高自己，她对我说："我从来也没有想出名，是我无意中遇到那个艾滋病人，才知道灾难那么大，我是被逼的。"一路走来，同行人有的被开除工职，有的人被打得头破血流，有的人"泄露国家机密"被关监狱。高妈妈说："如果我不是有些名望，早进监狱了。人一辈子，不可能名利双收。我最憎恨那些以救助艾滋病人之名捞钱的人！简直不是人！"每次说到艾滋骗子，高妈妈总是咬牙切齿恨之入骨。

高耀洁妈妈威武不能屈，富贵不能淫的为人风骨，却让她的儿女受到牵连。已经七年没有见面的儿子跟随旅行团来到纽约，母子相见却只有两个多小时。六十多岁的儿子在白发苍苍的老母亲面前大哭一场，紧紧拥抱，挥泪而去。母亲有母亲难以表达的痛苦，儿子有儿子无法言说的委屈，两个人都说不出来。写到这儿，我的泪水溢出来。我从来也不敢多问一句她们母子相见的细节，同为母亲的我知道那太疼太疼，说一次就疼一次。高耀洁妈妈被逼迫流亡加拿大的小女儿来信说："因为你，我来到加拿大不能继续当医生，我吃过人家扔掉的过期食品，冬天用不起暖气，手指头都冻肿了。"说到小女儿儿，她说："她已经肺癌晚期，肯定比我先走，怎么说也是我身上的一块肉，我能不难过吗？"说到这里老人家掩面而泣，嘴唇抖动着，悲伤得不能言语。我找不出合适的话安慰她，只有搂住她的肩，许久许久许久……不幸的是，那是他们母子最后一次见面。

"我想回郑州！"

郑州才是高耀洁妈妈的家，是她生活工作过五、六十年的地方。孤独的时候，忧伤的时候，她会突然这么说。是的，谁人不想落叶归根埋骨故土？是的，只要享誉中外的高耀洁妈妈像那位诺贝尔奖获得者杨教授口口声声高唱"爱国"，像艺术大师范先生那样聪明地发表声明："我出国只是因为个人生活原因。"像有些投机分子隐姓埋名为了利益回到祖国的怀抱，大骂西方制度……但是，这位个头不高、身体多病的老人铁骨铮铮，孤独地、艰难地、度日如年地生活在纽约无法和美国人交流的大楼里。于她，钻一次狗洞，就会毁一生名誉，故宁死而不屈。女杰也！

盛世中国、几个自信竟然容那不下一位九旬耄耋老人，一位医者，一位母亲，一位祖母，何其荒诞？何其悲惨？何其无耻？

每次离开高耀洁妈妈家，我都是依依不舍，在屋里拥抱过她，出了门再拥抱，说一句："过段时间我就来了。"她扶住助步椅，站在门口目送我。到了电梯口，我回头时，总是看见她在向我挥手告别，眼神流露出孩童般的依恋和不舍。看到她的身影，多少让人有几分心酸。在纽约错综复杂的地铁下穿行，我总觉得身心畅悦，无比满足，好似一个贪财鬼背着一袋子金银财宝回家。想想我才明白，原来世界上并非只有男女之间的爱情能让人品尝甜蜜和美好。一份忘年之交无话不谈的友谊，却也是让我感觉这般富足、这般珍惜、这般愉悦，来回十多个小时的旅程，从不觉得累。

感谢上帝的美意！让我和高耀洁妈妈这位年纪相差将四十岁的人相识交往，我们有着相同的政治观点，相同的对农民和底层人的悲悯同情，我们都喜爱写作，而成为精神的朋友。她高尚的人格、坚毅的精神、渊博的学识、待人的真诚和宽厚更是成为了我今生学习的榜样，做人的楷模。我对这位老人已经有了深深的爱和感情，她已经是我没有血缘关系的亲人。

高耀洁妈妈这位从小读着四书五经长大的人，经常说着话就背诵出一段，我大多听不懂，这次拜访她，我却听懂了：知我者，谓我心忧，不知我者，谓我何求。悠悠苍天，此何人哉！

最后说上一句，祝贺高耀洁妈妈的第三十本书《悲惨年代》出版！

祝贺高耀洁妈妈九十岁生日快乐！

《纵览中国》首发 Thursday, December 1, 2016。

撒向人间都是爱

六月初，院子里的芍药打起了肥嘟嘟的花苞。我安排好工作，安顿好家事，打算再从波士顿到纽约去看望已经年纪九十一岁的高耀洁妈妈。说起来，自去年九月，我已经有大半年没有见到她了。风雪不断的冬季、前不久儿子的毕业典礼、还主持一档费了老鼻子劲儿，收视率不算高的节目(明镜电视：依娃 寻找大饥荒)，让我去看望高妈妈的时间一拖再拖。前几天，高妈妈来信说："我很想你。"老人说想你的时候，就应该赶紧去探望。

走的那天早晨，却发现芍药们都按捺不住、争先恐后地绽放了，好像对我说："我最漂亮，带我去纽约，带我去看望高奶奶，高奶奶会喜欢我们。"像一帮叽叽喳喳好表现的小朋友。我徘徊于花间，剪下几枝粉色、几枝白色、几枝玫瑰色，还剪下几串串铃铛样的毛地黄，搭配在一起，还真有点天姿国色倾倒众生呢。

给高妈妈从波士顿往纽约带花并不是第一次，我带过君子兰、令箭荷花、兰花等，可都是有根有土的盆花，只要装好，并不是十分困难。但带剪枝的却是第一次，颇为不易。好在我从鲜花设计师那里学来一招，用厨房纸巾浸透水包住底部，装进塑料袋，然后用比较厚的包装纸包裹，不让它受晒，不让它受压。一路用心保护着坐汽车、转地铁，不敢有丝毫大意带到高妈妈地处曼哈顿的家，小家。

几年来，我已经成了这座红砖大楼的"常客"，闭上眼睛也能找到门。可就是进了门，放下行李，换上拖鞋，高妈妈也不知道我来了。因为老人年纪大了，完全耳背。令我比较惊讶的是，我又看到以往多次看到的背影，一头银发，微微的驼背，坐在一台有放大设备的电脑前，认真地阅读着屏幕上的资料。自2009年无可奈何流亡美国，高妈妈身边没有家人，朝夕相伴的、关系最为密切的就是电脑。每天只要精神允许，她就坐在这里一个字、一个字困难地写作，查看来自世界四面八方不同身份、不同年纪朋友的来信问候，也上不同的网站浏览正在发生的国际大事、中国新闻。她就好像一个不会享福、不懂享受清闲的老农民，年纪再大，只要能动弹，总要干点什么活。

"高妈妈，我来了。"

我上前拥抱住我的高妈妈，她也抱住我。人们常说母女之间的关系是最亲密的，但我和高妈妈不是娘俩，感情比娘俩还要好。我们每一次见面都有着说不完的话，一起修改稿子、一起看新闻，一起骂毛泽东。说出来或许有人不相信，高妈妈一口河南话，我也鹦鹉学舌跟着说，现在也能说得有些模样。如果有客人来访，我就自动上场，客串一下"河南话翻译"，基本胜任。

"我这两天写了篇文章，给你看看。"高妈妈说着打开文章，当然，万变不离其宗，还是有关艾滋病的内容。二十二年来，高妈妈虽然已经出版了十几部、几百万字的艾滋病专著，但她始终关注的还是中国艾滋病问题。

高妈妈还能写作，令我欣喜无比，文章不但配了图片，结尾她还写了一首打油诗。对她的写作，我总是很矛盾。自去年出版了《悲惨年代》以后，高妈妈告诉我她又有新的写作计划，内容包括计划生育、六四等。我曾搂住她的肩膀大声说："你写，继续写，咱再出版一本书。"一方面，我知道高妈妈一生的经历和记忆非常珍贵，在任何教课书上都找不到，应该留给历史和后人。更重要的写作是她最重要的精神支柱，也可以打发寂寞孤独的时光，对她的身体也是有益处的，是最好的一味"药"。

不想去年九月我来探望她时，她刚刚患肺炎出院，浑身无力地躺着，头冒虚汗，鼻子上插着氧气管子，两眼无光。我坐在她的床头，握住她的手，她看着我说："这是你最后一次见到我了，我想我到时候了。"我一下子泪水潸然，头挨着她的头，安慰她说："不会的，我还要来纽约看你呢，你不让我来了吗？"她摇摇头："这次把你的君子兰带回去，等我一死，人家就扔了，就可惜了。"我固执地反对："我不带，让花多陪陪你。"这盆君子兰是三年前我带来的，高妈妈责怪我花大盆小"虐待"花，让护工换了大花盆，使用了买来的营养土，待遇改变了，它也争气地生长得更茁壮更丰茂，还长出几片嫩黄的新叶子。后来从客厅搬移到高妈妈的卧室，天天陪伴着老人，并贴上小纸条："少浇水。"护工告诉我："奶奶经常拨开，看长新叶子了没有。她着急。"它已经是高妈妈的花了，我怎么可以搬回去呢？

"我的眼睛也有问题，医生说了，再不注意，以后就会失明。我再也不能写了。"听到这样的话，我不得不对着她的耳朵下"严厉通告"："高妈妈，那以后就不要写了，好好休息，听医生的话。"虽然有点遗憾，但反过来说就是再不写一个字，高妈妈也是"著名作家"，一辈子三十多本书也算是著作等身了。国内、香港、台湾、美国都出版过作品，还出版过两本英文著作。对一个九旬老人来说，身体是头等大事。

半年多不见，高妈妈好像"返老还童"了。虽然还离不开氧气，早晚要做两次肺部吸氧，但老人家看上去精神很好，思维清晰，说话大声，写字灵活，记忆力仍然让我这"年轻人"望尘莫及。不知道怎么的，她背诵起了女杰秋瑾的诗《满江红》：

小住京华，早又是中秋佳节。为篱下黄花开遍，
秋容如拭。四面歌残终破楚，八年风味徒思浙。
苦将侬强派作蛾眉，殊未屑！
身不得，男儿列，心却比，男儿烈！算平生肝胆，
不因人热。俗子胸襟谁识我？英雄末路当折磨。
莽红尘何处觅之音？青衫湿！

高妈妈说："俺上初中的时候学过，背过，记得可清楚。"长长的数十句，一字不差。高妈妈有着令人不可思议的记忆力，第一次遇到艾滋病病人，哪年哪月哪日记得清清楚楚，什么时候到哪个村子探望过几个病人，家里死了几口人，留下几个孤儿，一提起来都是了如指掌。特别是对一些数据，一点也不会错。她从来不说大概、差不多这样的话，对一个九十一岁的老人来说，不能不说是一个奇迹。

"高妈妈，我给你带花来了。"我小心翼翼地打开包装纸，迫不

及待的要向高妈妈炫耀我的绿手指。经过近八个小时的旅行，这些千娇百媚的"美人儿"还是十分美艳。看护拿过来一个盛满水的花瓶，我准备插进去。

"哎呀！花这个钱干啥？这么好的花，得好几十快钱！"

高妈妈皱起眉头数落我，心疼我破费。无论谁来看她送花来，她都觉得太浪费、太费钱……上一辈的人，总觉得鲜花不是生活必须品，又那么昂贵，放几天就扔了就是浪费。

"俺自己种的，种了十几年了，不是买的。"我用河南话对高妈妈解释。

"哟！自己种的？这么好看，很少见到这么好看的花。给我剪子，我给它修建一下，让它多开几天。"本来我要做的，但想高妈妈想做、能做就让她自己做。高妈妈坐在床边，一枝一枝地修剪着花，又一枝一枝插进花瓶。芍药也红也粉，美丽夺目，它的美是那么短暂。手持鲜花的老人一脸皱纹，一脸岁月，生命到了几乎尾声的时刻。老人和鲜花，这样的画面是这样的美，这样的宁静，这样的别有意境。

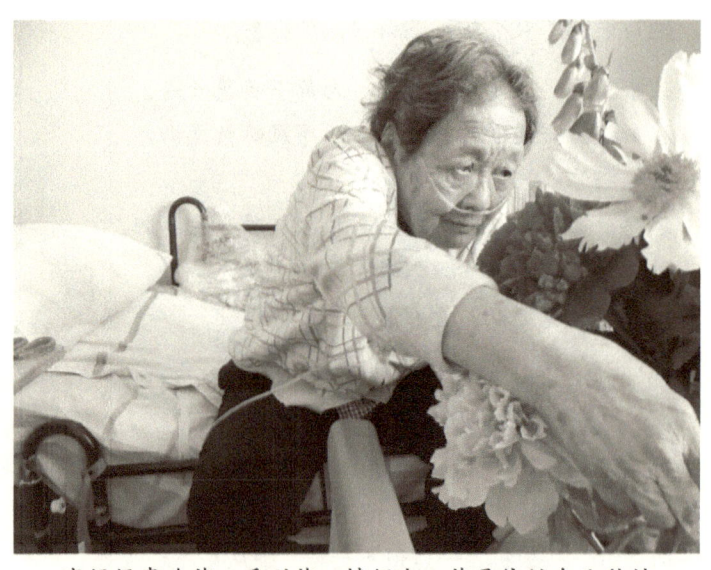

高妈妈喜欢花，看到花心情好点。花是依娃自己种的

我坐在高妈妈对面，用手机拍下修剪芍药的老人，一连拍了好多

张。将照片寄去给时常关心她的陈总编，发给远在郑州牵挂她的同乡，发给移民在澳大利亚她的侄女……我想让大家看到高妈妈的精神状况，高兴和放心。第一时间有了回复，陈主编说："高医生身体这么好。大家都高兴。"郑州的老乡说："我们都很想念她，看到她有鲜花陪伴，我们很安慰，祝福她！"她的侄女说："老太太不像一个九十岁的老人，她看有人来有人说话就特别有精神。终于看到她了。"

数百里之外带来的芍药经过高妈妈的修剪，摆放在窗台上，面对着她的床。高妈妈躺在床上微笑着、安静地看着，鲜花的芳香溢满了整个屋子。我坐在她对面和她闲聊，每次来我都不去周围游逛，尽量多陪伴老人。玩可以留在以后，老人的光阴有限。高妈妈又感叹："多好看的花呀！可大！色可好！"

这时我才发现，以前高妈妈养在客厅和卧室的几十盆花"集体失踪"了，包括我的那盆"绝代佳人"君子兰，还有扦插既长的吊兰，怎么都不见了？我着急地问："花呢？"看护说："奶奶都送人了，说她活不了太久了，朋友来看她，她就一盆一盆送人了。"真让人哭笑不得，那些花是高妈妈多年的辛苦培育和浇灌，有些是来人送的，有些是从垃圾堆里捡回来的救活的，有些是她自己繁殖的，呵护的和孩子一样，怎么舍得全部送人呢？我对着高妈妈的耳朵"兴师问罪"："俺的君子兰呢？"高妈妈解释说："叫俺送人了，俺还能活几天？你那君子兰开花了，金黄色的，可鲜亮，可好看。还有了儿子和孙子（长出了新枝）。都叫我送人了，让它们到别人家去吧……他们可喜欢，都爱花。"

"没有关系，只要你高兴。"

虽然我不知道君子兰送养到谁家，多少有点不舍得，因为我是看着它从一两片叶子的小苗苗成长成叶子繁茂的一盆花，带来纽约的那天又是包裹又是捆绳，提上巴士，提进地铁，一路小心翼翼。但是我完全明白，那是高妈妈送给这些年来关心她、探望她、帮助她的大朋友（七、八十岁）、小朋友（四、五岁）、中国朋友、外国朋友、知名朋友、普通朋友的心意。已经九十一岁的她知道，有一天她终会离开这个世界，但这些花会继续活着、鲜绿着、生长着，在一个教授的案前；在一位学者的书架上；在一位小学生的玩具边，一如她悲天悯人的爱，温暖如阳的笑，永不枯萎，永不凋谢，永不消失。这些并不名贵、并不值钱的花无声地传达着高妈妈对每一个人的心意！

"我还给你的小胖准备了礼物。"高妈妈一直很关心我的儿子，他身体有点胖，就称呼他小胖，知道小胖大学毕业考上了研究生，高妈妈准备了礼物。她指著书架上的一条毛毯说："你让小胖好好学习，到三十再结婚。那个毯子给小胖，人家送给我的，那天非要给我铺在床上，我这么大年纪，铺上干啥？我收拾起来，给小胖当个礼物。"新毯子老人家自己不舍得用，却留给我的儿子。我知道是她的一片心意，我没有拒绝，没有客气，赶紧接受了。因为我太了解高妈妈的脾气，恭敬不如从命，我接受了她才会特别高兴。高妈妈在美国仅仅有最基本的生活费用，但她总想给别人一点什么。好像我从没有空手而回的时候，上次她的女儿从郑州带来烩面，她也非让我带几包尝尝。

高妈妈一向省吃俭用，一分钱当一块花。和她坐在一起，我看见她穿着领子打着布丁的衬衣。这个年头，人们都一天三换，谁还缝缝补补？就是纸巾，她也舍不得用一次扔一张，整整齐齐折起来放在床头，用一次折起来下次再用，反反复复用了才扔掉。高妈妈多年都不买牛羊肉，是因为牛羊肉的价格比较贵，她吃的最多的是比较便宜的鸡、鸡蛋和豆腐……她成千上万美元的稿费、奖金都购买了关于艾滋病的书籍，赠送给全世界各地的图书馆、学校、研究人员、各种会议。她出手"阔绰"，一送就是几十本，价值千元。花费这样的钱，她从不心疼。她希望人们知道艾滋病的真相，关注这场世纪之灾。她更希望人们了解和学到有关艾滋病的知识，爱护好自己的身体和家庭。

每次见到高妈妈，我还有一个"重要任务"，就是帮助老人回信。很多重要的不重要的，着急的不着急的信都需要回复。总是高妈妈一边口述，我一边帮助她打字。最近高妈妈的一位老朋友患了 XX 癌，让高妈妈心痛担忧地吃不下饭，她让我马上写信："你得了这个病，让我非常自责，问自己为什么这么多年来没有好好问过你。你这个病，从确诊以后，最好在一两个星期做手术，生存率比较高。我研究女性绒细胞癌多年，参加过全国和国际研讨会，获过奖。癌症一旦确定，越早动手术越好，你是有才干的学者，还有很多重要的研究和工作。不像我，已经九十一了，无所谓了。你在哪个医院？动手术以后，我让护工推着我去看望你。我没有早早给你建议，我很自责。"

　　写到这儿，我停下来问高妈妈："你怎么去看望他呢？"一个上厕所、洗澡都需要有人帮助的老人，一个已经离不开呼吸氧气的老人，怎么去探望另外一位病人？"到时候我雇个车，带上氧气器，叫护工送我去。就是花点钱，无所谓。"我想这位高妈妈的老朋友一定知道这位老医生的倔强和固执。年轻时候的她，听说一位产妇难产面临危险，她连夜骑上毛驴到农村抢救下了这位母亲和孩子的生命。如今已经不能走路的她要以老病之身乘车去看望患病的老朋友。她说过："我是医生，看到病人，我的腿就迈不开了，就想治好他。"高妈妈脱去白大褂已经有近三十年了，但是她永远都没有从医生的角色中退休。

　　高妈妈是一个非常爱惜自己名誉的人，从不接受任何捐助，也不允许任何人以她的名义成立组织或者基金会。她有点生气地告诉我，现在网络上有一篇文章《如何假装成一个国家的罪人》写到："在全美贫穷和犯罪最严重的贫民窟，住着一个 91 岁的中国老奶奶……她的家人都在国内，他们视她为流亡海外的叛徒，拒绝和她相认……邻居的眼里，她只是一个举止奇怪的亚裔老人，没有家人、没有朋友，说不定哪天就会突然消失，并在腐臭后被救护车拉走。"高妈妈的儿子和女儿都先后来到美国探望老母亲，怎么就说成拒绝相认呢？高妈妈出门遇到白人黑人邻居都会热情的打招呼，怎么说成举止奇怪呢？

　　高妈妈说："你看他写的，红口白牙编瞎话。我怎么住在贫民窟呢？我这里一个月两千美金的房租，还有三个二十四小时的看护，看医生住院都是免费的。你多照点相，发给他们看看，这里是不是贫民窟？是不是我没有人管？有些人成天胡编乱造。"我看到这篇文章也觉得不妥，这位署名"摇滚客"的作者是自己凭空想象，并不了解情况。高妈妈来到美国以后，享受全部的免费医保，在她身体不便以后，从以前的白天看护增加为二十四小时看护，有三个女看护轮流着人给她买菜、做饭、洗澡、洗衣、做家务。这样的待遇，如果在中国高妈妈这样的地位恐怕都得自掏腰包吧？慕名而来看望高妈妈的人很多，小小的屋子总是充满了笑声和话语。就这套小公寓，2014年还曾经是"刘宾雁良知奖"的颁奖厅，数十位学者和教授参加了颁奖典礼。怎么能说出"死了都没有人知道"这么难听的话？用高妈妈的话来说就是："瞎话，编瞎话。"

生命不息，爱永不止。高妈妈告诉我："我最近在请人募捐，给那些艾滋孤儿捐衣服，还有鞋子。夏天过去，冬天就来了，那些孩子没有衣服穿，没有鞋子穿。我给他们想想办法。"这位老人每天要吃数种大小的药片，测量数次血压，基本生活都不能自理，但是，她放心不下的还是那些因为卖血而死去，留下的无辜可怜的孩子。她的爱就像天上那颗38980高耀洁行星，不停地闪亮着，永远挂在天空。

高妈妈希望我多住几天，我也希望能够，可是我得回去工作，照顾自己的家。她躺在床上，不能像以往那样推着扶椅送我到门口，目送着我离开。我俯下身脸贴住她的脸告别，我不曾有过这么亲密的举动。因为我害怕，因为我心揪，害怕再也没有机会贴住她的脸，心揪这是最后一次……

穿上鞋子，我仍不想离开，又返回她的卧室，又一次脸贴住她的脸，告诉她："高妈妈，我走了。"我又大声对着她的耳朵说："高妈妈，你好好的，我到秋天再来，给你送向日葵花。"脸又一次贴住她的脸对她说："高妈妈，你好好的，明年芍药开花了，我还要来送。"

世界上有一种感情会超越亲情。我爱我的高耀洁妈妈，那是因为她这一辈子，撒向人间的都是爱！

《纵览中国》首发——Tuesday，June 19，2018

君子之交淡如花

——我和高耀洁老妈妈的花缘

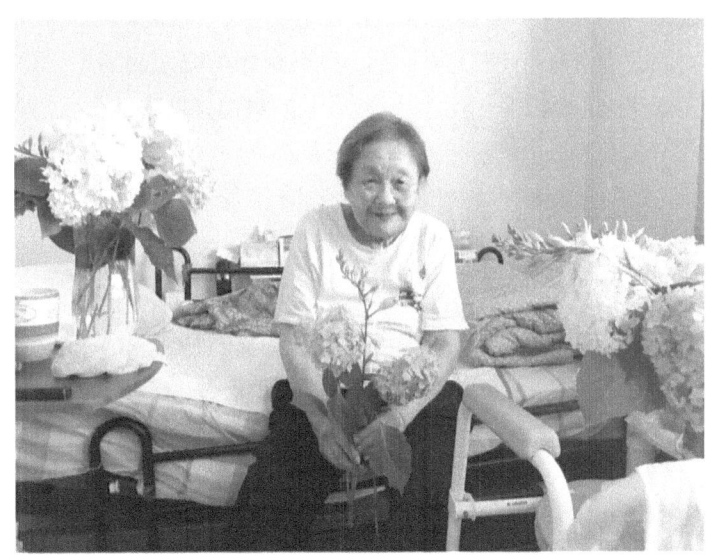

花美人美此景美

　　前两天，我刚刚从纽约看望九十三岁的高耀洁老妈妈回来。去的时候带去了一大束绣球花，回来的时候带回来一盆植物盆景，真可谓花来花往，一路芬芳。

　　让我比较遗憾的是五月杜鹃、六月芍药盛开得千娇百媚时，我却因为家事走不开，不能给高妈妈送去花，令我自责好久。当然，鲜花店里的玫瑰康乃馨一年四季花点钱就能够买到，但那种感觉不一样、心情不一样、味道不一样。我喜欢送给高妈妈我自己亲手种植的花，每天每日精心呵护的花，盼望着冒出苞蕾，吐出花瓣的花。这些花经过我手上的温度，会对她传达我的尊敬、爱意和心情。就像我从不从餐馆给高妈妈买放油过多和使用 MSG 的外卖，每次去我都会和面剁馅包饺子，或者做一锅简单的汤面片，全部手工……生活中，对爱戴的人，我喜欢花费一些时间，按步就班慢慢地做饭，享受这个过程，享受那个滋味。把自己的心意揉进面里，把自己的爱意煮进汤里。

我必须马上去看望高耀洁老妈妈。这些年以来，每隔两、三个月我都从波士顿去纽约看望她，不去，就心发慌，神不安。这到了七月，烈日炎炎，败了芍药，开了绣球，也粉也蓝也白，如青春芳华的女子，每一枝每一朵都毫不谦虚地展示自己的娇丽。我盘算着带给居住在八楼，因为身体不方便极少下楼，看不到绿树花园的高妈妈。我知道，这些年来，除了写作，她最喜欢做的事情，就是"伺候"花儿。去年我带去芍药，她都是自己操剪修整插瓶，"指挥"看护摆放在床前床头，她随时能够看到的地方，让花陪伴着睡觉、吸氧、吃饭、回忆往昔……"看到花，我心情好一点。"

从波士顿坐汽车到纽约需要五个小时左右，再加上前后的两个小时地铁，要在七个小时、九十度高温下携带鲜花不能不说是相当困难。我早晨起来，手持剪刀，在花园里"嚓！嚓！嚓！"地挑选最好看的、最大朵的、最新开的绣球花剪下二十几朵。并非我"心狠手辣，残酷无情"，我只是想让一位天天躺在病榻上、回不了自己的国家、时常见不到儿女亲人的老人高兴，在她手捧鲜花的那一刻，脸上会露出花朵般可掬的笑容。

我从一位有经验的插花师那里学到一招，用厨用纸巾浸透水，包住花的枝干，然后用塑料袋裹紧。又用包装纸将花朵保护住，免得让它晒着、吹着、碰着。上巴士的时候，检票员有点为难的说："这件有点大，不好放吧？"大件行李一般要求放进巴士舱底。我强调："是鲜花！"检票员马上网开一面同意我带上车，其实，放在舱底未必不安全，只是我自己不放心，我要看着它，呵护它。一路上，绣球花就在我的身边，散发出淡淡的清香。然后在纽约高温的地铁下穿行、倒车、登上公寓电梯……

"高妈妈，俺给你带花来了！"

我欣喜地站在高耀洁老妈妈卧室门口，心情忐忑的打开跟随我奔波了七个小时的花，担心它的状况。撕开包装纸，上帝呀！每一朵花儿都是鲜活的、水灵灵的、美丽动人，丝毫没有蔫的迹象。我在心里默默叫道："真是奇迹！当你诚心诚意地对待一个人、一种物、一件事情，奇迹就会出现！"

"真好看！真好看！你拿来这么多，把你家花园都破坏了。"

看到眼前一下子"盛开"出这么多鲜花，高妈妈一个劲儿夸赞，脸上也露出如花的笑靥，嘴张得好大。在纽约寂寞孤独的日子，花能够给她带来极大的慰藉和快乐。

看护找来三个大花瓶，盛满水。我们两个听高妈妈"发号施令"，按照她的意见插花，搭配颜色，错落有致。一瓶摆放在堆满各种药品、医疗仪器的床头，两瓶摆放在"门可落雀"的窗台上。我这么形容，是因为以前这里一尺多宽的窗台，繁荣昌盛美如花圃，有君子兰、兰花、绿萝、兰草等等，这些盆景的背后是哈德逊河上的大桥和曼哈顿的夜景。如今，窗台上只剩下今年三月十一日前美国国务卿希拉里女士看望她时送来的盆景，还有一位报社记者送来的花儿。

"赶紧照相，好花不常开，照相！"

高妈妈的看护提议。高妈妈坐在床上，鲜花环绕着她，她开心地笑着，花花们也开心地笑着，我连续按下几个镜头。看护又导演她手捧鲜花多照几张，我半蹲着，镜头里的老人笑得像个懵懂未知的孩子，满嘴没有一颗牙齿。这些花儿的到来，让没有一件像样家俱，基本上都是看护从街边捡来的二手货的家充满了生机和美丽。这些花儿恣意烂漫地捧在为中国艾滋病血祸抗争二十多年的耄耋老人手里，它们是这么的美，她是这么的美，她们在一起是这么的美，相互辉映。写到这里，我的眼睛湿润了，眼前又浮现出那幅最美好的画面。

"不知道能新鲜几天？"纽约持续高温，我担心花的前途。

"这么远带来，就是新鲜一天也值得，你看奶奶多高兴！我们三个多开心！哈哈哈！

看护这么说，言之有理。这么远带花儿来就是想让她高兴、让她愉悦、让她笑。高耀洁老妈妈是妇科专家，知名教授，在养花务草方面也能马马虎虎评定上半个专家。一五年夏天我第一次来拜访她，一眼就看见客厅、卧室的窗户上摆放满了盆盆罐罐，染绿了窗户。从聊天中得知，这些花大多数是世界各地慕名而来的粉丝们送来的，少部分是看护在路边捡回来被别人弃养的残花败枝。那时候高妈妈的身体还比较好，可以推着轮椅在屋子里自由走动，她给花换盆、添土、施肥、浇水。她说她爱养花，你对它好，它就长得好。高妈妈妙手回春，经过她一番精心的照顾，初来时那些萎靡不振、奄奄一息的花儿不久就发出新芽，蓬蓬勃勃，青翠欲滴地回报她的"救命之恩"。她说她爱孩子，她看不得那些艾滋孤儿受苦，她用自己的退休金、稿费、演讲费一百多万元供继这些孩子读书，改变了一个个孩子的命运。如今这些长大的孩子，能够自食其力的孩子会通过各种方式传递他们的思念、感激。救活一株花、帮助一个人，都是功德无量的美事。虽然花儿不会言语，孩子们也见不到他们的高奶奶，但是人所做，上苍都看见和记得……

我和高耀洁妈妈以文会友，更是以花会友。这些年来，每当高妈妈出版了新书，总是多送几本给我，一本我自己留下，其它送给曾经帮助过她的编辑朋友。我们经常交换彼此的最新文章，见面的时候一起讨论修改。高妈妈思维敏捷活跃，但是打字速度慢些，我就是她的手，她一边说，我一边打，她说这里错了，我就删去。因为我们已经是老熟人了，我也会经常提出修改意见，比如更加详细，比如列出实证，如果我说得有道理，高妈妈总是马上接受，不会拿一点架子，这让我非常开心。每次见面，只要她身体允许，我们都会坐在电脑前一起工作好几个小时。有时候我害怕她劳累，我说："不弄了，你休息。"她却说："不急，把这些弄完。弄好了我就安心了。"

每次来，我都想给高妈妈带花，带过君子兰、荷花令箭、兰草等等。每次走，高妈妈也非要让我带走一盆花，虽然花盆沉重，又要下地铁登巴士，但老人家的脾气是说一不二，再说，我带走了她的花儿她才高兴。我带回来过菊花、绿萝、玉树等等。渐渐的，她家有我家的花，我家有她家的花。君子兰开花的时候，高妈妈寄来照片，她说："你的君子兰在俺家生孩子了，孩子也长大了，还开了花，开得可好看。"我一看，这"孩子"和在我家的"妈妈"长得一样叶绿花娇，生机勃勃，真给我脸上争光。

但是前几次来看望高妈妈，她多年养育十多盆的花儿统统不翼而飞，床前一片空白。没有了花儿，房间里缺少了绿色缺少了生机，远处的曼哈顿高楼大厦灰溜溜的，也没有那么迷人了。

"花呢？"我惊讶地问。

"花都叫我送人了。我这次昏迷，打了 911 救护车，送医院紧急抢救了三天，我可是知道死是什么滋味了。我就想，我死了，花就被扔了，不如我活着的时候送人，让它们好好活着。你送我那盆君子兰，我送给 XXX 了，她经常来看我，总是带点蔬菜和豆腐，现在菜也很贵呀。那盆最大的绿萝，我让人捎带到华盛顿送给 XXX 主编，人家找钱给我出版书，我没有啥能感谢的，就送他盆花吧，绿萝放在家净化空气。我多移植了两盆荷花令箭，XXX 的小孩来，我送给他了，他可喜欢植物……"

面对空窗，我的心也有点失落，有点酸楚，特别是我曾经辛辛苦苦从波士顿带到纽约送给高耀洁妈妈的君子兰，如今被"送人"了，自然很不舍得。但是又想，我的花送给她就是她的花了，乐善好施，这是高妈妈喜欢做的。她喜欢给人送书，从不收取一分钱，每一本新书都送出数千本，花费好几千美元，她从不心疼。她喜欢给人送花，希望自己培养、浇灌、养大的花让老朋友大朋友小朋友带回去，有一个新的家，留下一份念想。留下老人家的慈爱、温暖、和祝福。在高妈妈眼里，花何止是不怎么值钱的植物，花既情，花既爱。赠人玫瑰，留香在手。这样想想，我也就释然了。她的花、我的花或者去了曼哈顿的高楼大厦；或者去了新泽西的森林小屋；或者进了哥伦比亚大学拥挤的学生宿舍；或者去了遥远外州一个学者的书房……我知道，高妈妈对底层人、对那些失去父母的孩子、对那些最贫苦的农民什么都舍得，但对自己很扣门，什么都不舍得。听看护说，因为生活费的降低，两个月以来，高妈妈天天吃最便宜的鸡肝，一盒一块多可以吃两顿。让我听得眼泪在眼眶里打转，她买书的钱稍微少一点，她的生活就不会这么清苦……

这次来，高耀洁妈妈精神颇好，我们又可以坐在电脑前修改她的书稿。她说我改，一工作就是三、四个小时，这是我们一起度过的最愉快的时光。有时候，我会替她回信，高妈妈的朋友特别多，只要她看到来信就马上回复，同时转去有关艾滋病的最新书籍信息和资料。她小小的家，好像一个不挂牌的交流中心，知名学者、艾滋病专家、NGO 负责人、记者、学生等等总是络绎不绝地来到这里，谈天说地。我突然觉得，她的家更像是一个小小的课堂，不但传播着医学知识，更是言传身教为医之德、为人之德！是的，我从不觉得我大老远跑来是件劳累的事情，我从她身上获益匪浅，她给予我很多很多其他师长不能够给予我的东西。能进到这个教室，能有这样一位老师，是我的幸运和福气。况且还包吃包住。

国务卿希拉里女士来看望高妈妈

更多的时候，高耀洁老妈妈躺在床上，二十四小时带着氧气。她翘起浮肿的小脚，大小便也需要在床边解决，然后由看护清洁。她不停地吐痰，因为肺部有问题。她每天要吃这样那样的药物，以维持正常的血压和对付身体其它毛病，当了一辈子医生救死扶伤的她，如今是个专业病人。我坐在她对面，看着她，常常她听不见我说什么，需要用纸笔写下来，她看看然后回答。我喜欢就这么陪伴着她，看着她。可惜我住得比较远，不然可以一个月来一次。年老体弱的她，最需要的就是陪伴……

"你来，让我很安慰。"高妈妈这么对我说，以前她从来没有对我这么说过这样的话。她又说："咱俩熟了，啥话都说，就像家里人一样。"她这么说，一时让我感动莫名，我上前搂住老妈妈，脸贴着她的脸。哎……！我是中国人，说不出美国人的那种"我爱你"，也叫不出口"妈妈"。但是在我心目中，她比我的母亲还重要、还亲近。我和母亲是血肉亲情。和她是精神的朋友、感情上的朋友、写作上的朋友，当然，还是爱花如命的花友。我想，我是一个多么幸运的人，在她的暮年走进她的生活，在她需要的时候陪伴着她，协助她整理宝贵的书稿。我想，我爱这个老妈妈，我就用文字说出来吧。写出来，她会看到的。老妈妈，我爱我的高耀洁老妈妈。

"你在我这多住些日子，我舍不得叫你走。""我把你的行李藏起来，不叫你走。"很多次，高耀洁老妈妈都这么说，就像需要人陪伴玩耍的儿童。我不敢看她期望的眼神，我知道她的孤独，她一个人要面对数不清寂寞无伴的时光。我何不想在她这里住一个月，给她买菜、做饭、聊天、修改文章、多陪伴她。但是我还有一份工作，有自己的家，自己的休假还要去做更重要的田野调查。每次来都是三天，我从不出去玩，虽然中央公园就在附近，四十街也不远，我都没有去过。不是高妈妈不让我出去，是我自己舍不得出去，尽量多和她在一起，那些游人如织的景点什么时候不能去呢？我内心充满了愧疚，又没有办法。

短短的三天瞬间就过去了，因为高妈妈不能使用空调，房间里比较闷热，绣球花萎缩了几朵，但大部分依然鲜艳。我又给高妈妈做了汤面片，用西红柿鸡蛋炝锅，撒上绿茵茵的香菜。"我取掉氧气，我出去咱俩一起吃。"一起吃顿便饭都是"奢侈"，从前年住过院，高妈妈需要二十四小时吸氧，睡觉也戴着。她去掉氧气，推着轮椅，一步一步走出卧室，费劲地坐在饭桌前。"真好吃！手工面比挂面好吃多了。"她说，对饭菜她从不讲究。我说："你爱吃，我就高兴。"我们面对面坐着，吃着面，我吃得快，已经吃第二碗了，她一碗饭还有半碗。"你会做饭，俺不会做。"我笑了，我知道这个能够给妇女摘除子宫肿瘤、治疗绒线细胞癌、在妇女难产时抢救母子生命、骑着毛驴到乡下给难产孕妇接生的大夫不会做饭、不会织毛衣、不会像普通母亲那么照顾她自己的儿女，她压根不是柴米油盐精打细算过日子的小女人。她是心里装着天下慈悲为怀的灵魂高洁的人。她是这个世纪中国尚在人世不多的小脚，如一位朋友形容，她是一位"小脚天使"。

一碗面高妈妈吃了半个小时，吃得很费劲。她说："我感觉我不行了，脊背可疼。如果我死了，你还怎么来呢？看谁呢？"我拍拍她，对着她的耳朵喊："按你的年龄你很好，你要活到一百岁！"我相信善人有后福，高妈妈会健康长寿。

"我说，你每次来，都要花钱，我也给你出不了路费，也没有啥送你的。"高耀洁老妈妈这一点完全像我在农村生活了一辈子的母亲，来个人，总不让人空手走，总能翻箱倒柜找点什么让人带走。高妈妈给我送过茶叶、红枣、河南烩面等，这些东西都是来人送给她吃的，她总分一点给我。虽然不好意思拿老人家的东西，但恭敬不如从命，我拿了，她才安心，觉得给予了我什么，是她微薄的心意。"我想了半天，你把希拉里送给我的花带走吧，一般人我还舍不得给。"我受宠若惊，怎么能接受这么珍贵的礼物呢？"你留下吧！"高妈妈手一摆很坚决地说："不！你带走，这花不是啥名贵花，但是送花的人不一般，有意义。你爱花，你把它照顾好。"

我顺从地点点头，老妈妈的心意我必须接受。

"你拿走，我就放心了。花长好了，你给我照个像寄来就行了。"

五年了，我已经非常了解高耀洁老妈妈的性格，甘脆利索，而且性格比较急。我小心翼翼地给花淋洒了一些水，装进环保袋，以准备长途跋涉。我还会要求把花提上巴士，免得在车仓里受热受挤受欺负……说真的，我一点儿也不在乎这盆花来自于一位曾经的美国国务卿希拉里，我只在乎它来自于我的老妈妈，她送花是一种对我的关爱、一种鼓励、一种寄托，希望我像她一样，多为中国的底层人发出声音，多干点踏踏实实的事情，多写几本书。

"高妈妈，我走了，过段时间再来看望你！"

"你走吧，我不送你了，我太累了，没有办法。你走，早点到家。"她躺在床上，扬起脸看我。我又一次俯下身搂住她的脖子，用脸贴贴她的脸，让她感觉到我的皮肤、我的不舍、我的爱……"你好好的，我再来看你！"我的鼻子一下子酸了，赶紧扭头就走……

如今，高耀洁老妈妈送我的盆景花就摆放在我的案头，我不时地抬头看看，浇浇水。有时转一下方向，让它均匀地晒到阳光。有时候，我看见高妈妈在花前咪咪笑着，对我说着话，一口河南口音。它陪伴着我，我陪伴着它……

世界上，有一种感情超越生死相许的爱情、超越血缘关系的亲情，就像我和我的高耀洁老妈妈一样，不是母女，胜似母女。感谢这些凡花俗草让我们的感情更加简单、温馨、美丽！寄托着我们对人、对世间无尽的爱！

《纵览中国》首发 Tuesday, July 23, 2019

补充：在整理这些文字的时候，我想说一下高妈妈给我赠送的那盆花。那盆花是希拉里女士探望高妈妈时送给她的，后来她转送给我。先是在我书桌上过了一个冬天，叶子掉落光了。来年春天，我移栽到大些的花盆里，不想几场春雨的浇灌，它长出了新的枝桠，蓬蓬勃勃。我知道，植物更喜欢土地，埋到土里，它才能生长的更加根深叶茂。就选择把它种植在路灯下，上班下班都能够看见。到2021年卖了房子，我左思右想后，还是不舍得把这丛花留下。就挖出来，栽移在新居的花园里……也没有怎么特别打理，四年下来，它已经不是当年的小苗苗，已经长成了枝多花繁的一大丛。是一种少见的绣球，花是复瓣白色的，美丽动人……

今天，我想告诉高妈妈，您送我的花长得可好了。我知道，它们会永远记得您。它们每年盛开的时候，您会观赏到它们的容颜，闻到沁鼻的花香。

每当我从花园走过，都能够看见您在鲜花丛中微笑……

2020 祝高耀洁妈妈母亲节快乐!

老妈妈，您在想什么？

昨夜睡不着，想着明天就是母亲节了，想着居住在纽约曼哈顿一座高楼中的高耀洁妈妈，想着今年的母亲节因为疫情把纽约折腾的"战火纷飞，死亡惨重"，谁也不敢出门，谁也不敢让亲朋好友到家里来。这个母亲节，九十三岁的老妈妈将孤独度过，没有人来庆贺，没有人送来鲜花，没有人拥抱病榻上的她。当然，我也知道，朋友众多的她，问候和祝贺信会"雪花般"地在邮件中飞来。

疫情期间，我最惦念的就是高耀洁老妈妈，虽然她可以做到足不出户，避免接触任何人。但是她有三个看护，轮流上班，是比较危险的因素。因为她们每天会乘坐地铁或者公共汽车，也会接触其他看护对象。如果她们把病毒带去，老人受到感染，后果不敢设想。这场世界灾难中，老人是最大的受灾群体。我在心里总是念叨："高妈妈，我们一定要熬过这一劫，一定。"

　　我和高妈妈的看护之一有微信联系，我常常问候高妈妈情况怎么样？一切可好？我们还视频了两次。看到镜头里的高妈妈精神不错，说话大声，而且思维清楚，我就放心了很多。比较可惜的是，她近年耳朵失聪，我说什么她也听不见，我们无法交谈。但是能够这样"见见面"，已经让我很开心，很满足。就像能够见面，就像能够闻到她身上特有的味道。

　　我最后一次去纽约看望高耀洁老妈妈是去年的十月份，说来已经是大半年没有去纽约了。年初天气寒冷，说等到三月天气暖和点就去。不想等来的是纽约封城；等来的是纽约演变成了美国武汉病毒感染的第一名；等来的是天天纽约死亡上千人的消息。从视频上看，曾经美丽的中央公园，已经成了一片停尸场。曾经的世界金融中心、繁华之都已经变成了戒备森严的疫区。从波士顿到纽约的巴士早已经停运，况且我不敢冒死去纽约，就是我敢，也不敢把病毒带给年老体弱的她，万一汽车上地铁上感染呢？病毒可不长眼睛，可不认人。没有办法，病毒阻隔了我们每三个月一次的见面。

　　"我想你了，我给你准备了两个大花盆，不知道你啥时候才能来拿？"高耀洁老妈妈对我这么说。说起来老人总是这么有心，她没有什么能力给予我什么，但总想点办法，她让看护到处找来别人丢弃的、比较好看的花盆，收拾干净，用塑料袋子装好，让我带回来种花。虽然上下地铁很麻烦，但我也带回来几个花盆，放在后院，种上各种花卉。每当我看到的时候，都感觉暖暖的，因为它们来自纽约，来自老妈妈的心意。

　　"你看，你上次带来的花都长大了。"从微信镜头里，我看到我去年带去的吊兰、螃蟹兰的确长得蓬勃旺盛，招人喜欢。虽然都不是什么名贵的花，但给这俭朴的卧室带来绿意，她说过看到花长嫩芽冒新枝会让她心情好一些。我捧着手机，捧着她，看到镜头里的高耀洁老妈妈向我微笑着，她嘴里没有一颗牙齿，假牙又不太合适，戴上不舒服，她也很少戴。虽然笑着，我心里生出莫名的酸楚，老人家来美国已经十一年了，儿子、女儿、孙辈都不在身边，她多么寂寞和孤独。谁能设身处地地体会到呢？

尤其是疫情以来，我几乎天天给我二十四岁的儿子打电话，问他吃了什么喝了什么做了什么，叮嘱他出门戴口罩手套，听到他的声音我就高兴。也去看望了我的儿子三次，给他送食品和日用品。虽然因为疫情我不能拥抱他，抚摸他，不能一起吃饭，但是我至少想看的时候能够看到儿子。天下母亲的心都是一样的，爱孩子的心都是一样的。虽然三位看护把高耀洁老妈妈衣食住行生活上照顾的很不错，但是作为一个母亲她一定想念自己的孩子，特别是这么大年纪，特别是人在异乡，特别是身体有恙的时候。想到这些，都让我更加心疼我的老妈妈，眼泪溢满在眼睛里。但是我还是笑着大声说："等着，过段时间就去看望你！"

"好！好！我等着你来。"镜头里的老人笑得像个孩子。

2009 年，我的高耀洁老妈妈来美国的那一年已经八十二岁，是个名副其实的老人了，也已经退休十几年了。以她主任医生、高级教授、还有绒细胞治疗的专利等等身份，完全可以生活的衣食无忧。全国各地高校、机关单位邀请讲座的劳酬也能让她挣的盆满钵满，腰缠万贯。但是她一双不大的脚选择走了另外一条路，就是不畏权势，只说真话，为受苦的底层百姓发声。做到了"但愿人皆健，何妨我独贫。"

高耀洁老妈妈在纽约的十年是怎么度过的？我最清楚。这五、六年来，一年当中，我会去纽约四次，有时候三次。每次去都是来回三天，住在高妈妈的客厅。有时候，我七点起来，捏手捏脚去上卫生间，不想路过高妈妈的卧室，她已经坐在电脑前。我进去向她问候早安，她会喜眉笑眼地说："半夜我睡不着，我想起来两句话，赶紧把它加进去，不然就忘了。老了，脑子不好了。"高耀洁老妈妈不会拼音输入，是用写字板一笔一划写上去的，进度非常缓慢。她是到了年近七十才开始学习和使用电脑，已经算是与时俱进了。

来纽约的十多年，高耀洁老妈妈已经出版了《血灾 10000 封信》《镜头下的真相》《高耀洁 忆往昔》《悲惨年代》等七本书，去年还出版了一本诗词集，够得上一位专业作家的产量了。她一辈子一共出版了三十本书，这是令她最值得骄傲的。她写作的内容除了她付出多年调查研究的艾滋病以外，还有几部回忆自己一生所经历的各个时期、各个运动，以个体的经历见证了毛泽东时代的光怪陆离和腥风血雨的历史。怪不得哥伦比亚著名汉学家黎安友教授总是说："你一生的经历就是历史，尽量多写，非常宝贵。"在孤单一人的时光，写作是她最大的安慰、最重要的寄托、最可依赖的精神支柱。她就像劳作了一辈子的农人，只要能动，就要下田，就要劳作。

大概八点钟，看护会端来早餐，一般都是麦片粥和两个鸡蛋。高耀洁老妈妈吃得很慢，因为肺不好，总是需要吐痰。她的床头摆放了一盒她自己折叠的纸巾，可以里里外外多用两次，这样比较节约，连看护都说她太节省了。有一次我看到厅里大窗口上面挂的裤子，补了三块不同颜色的布丁，是看护帮她补的，足可以拿去"忆苦思甜"。看护说："奶奶不肯丢呀，说补补还能穿。"高耀洁老妈妈在生活上是一分钱掰开两半花，夏天连个西瓜也舍不得买来吃。但是买书、送书上是从来也不会算账。每次有新书出版，她都购买数百本，赠送给来看望她的各界朋友，赠送给美国的一些大学图书馆，更花费昂贵的邮费寄去给国内的朋友。她的一点积蓄、一点稿费总被她花的一干二净。

高耀洁老妈妈是兜里搁不住钱的人，不花了就难受。去年我来，她很开心地告诉我："我这里有两千美金，是给刘倩出书的钱，为了艾滋病事业，我一定要把她这本书出了。"在高耀洁老妈妈的力荐下、经济资助下，刘倩的《中国艾滋》这本书顺利在纽约出版。要知道，现在出版书比上天摘星星还艰难，年轻的一代手不离机，出版社出书没有销路。想出版书都需要自费，两千美元对于一个富佬不算啥，但对高耀洁老妈妈来说是从嘴里节省出来的。她完全可以每天吃得好一些，丰富一些。但是她就是这么一个对自己舍不得，对别人总舍得的人。但是如果不了解情况的人，特别是国内的人会以为高耀洁老妈妈名气这么大，去年前国务卿希拉里女士都专程来看望她，她一定是手头富足，衣华食美。但是据我所知，希拉里女士来探望她就带了一盆花，连点蛋糕和水果都没有带。哈哈，美国人和我们中国人的习惯不一样吧。

第一次去看望高耀洁老妈妈，我在心里嘀咕："如果她不大愿意多说话，我就坐一个小时就走，如果她愿意说话，我就多坐坐。"我担心一个名声显赫的人摆架子，拒人于千里之外。但是我们一见如故，无话不说。记得到了中午吃饭时间，高妈妈说："在我这里吃饭，吃中国饭。"那顿吃的是韭菜鸡蛋粉丝包子，还有小鸡蔬菜汤，一顿简单的饭菜，让我唇齿留香到现在。因为从那天起，开始了我们忘年之交的来往。纽约，成了我常去的城市，高耀洁老妈妈，成了我经常见面、谈天说地的亲人。

说出来可能有人不相信，我和高耀洁老妈妈相处最多最愉快的时光是工作。每次见面，只要高妈妈身体允许，我们总是坐在电脑前看阅、修改书稿。她说，我做。因为我手脚麻利一点，那么书稿修订的速度也会快一点。有什么不同的意见，我们也会商量，谁说得有道理就听谁的。有时候我担心老妈妈坐太久太累，就用河南话对她说："你休息休息。"她总是坚持说再干一会。必定是年龄不饶人，实在累得干不动了，她不得不躺回床上。我坐在电脑前校对书稿，时不时回头看看熟睡的老人发出轻微的鼾声，看看窗外纽约清朗的天空，感念老天的安排，让我走进一位老人黄昏的时光，陪伴她，和她在一起。这个堆满书籍资料、医疗仪器、药品纸尿布、还有窗台上几盆花的房子我来过多少次了？那是多么美好的时光！

如果没有这个王八蛋病毒，我就会去纽约。从波士顿中国城到纽约中国城需要五个小时，我会在中国城的小摊子上购买白萝卜、大白菜、菠菜、小葱、豆腐，装进一个大大的购物袋。然后下地铁，坐到五十九街转一号车，到曼哈顿一百三十七街下车。钻出地铁口，就能够看到高妈妈所居住的红砖大楼。周围是很多西班牙人开的商店，其中有一个鲜花摊位，我会选购一束玫瑰捧在手里。拖着行李走过，许多黑人坐在屋檐下晒太阳，但从不打扰行人。就在那个街口，有一位黑人妇女，总是嘴里含着哨子，指挥来来往往的行人。我多次看到她，观察她，她不觉得她的工作无聊，刮风下雨她都是那么认真。那座建筑下是不大的运动场，总是听到孩子们叽叽喳喳欢闹的声音……每次按下电梯，我的心情总是有几分激动，因为，我和我的高耀洁妈妈又一次相见,又一次拥抱。见面就是我们的节日。

2020 年的母亲节,虽然郁金香开得灿烂,枫树正吐出新芽,天空如以往的碧蓝无云。但是我的心情却如此忧伤,为美国那些因新冠病毒而失去亲人、失去至爱的家庭,为那些在医院病床上痛苦挣扎的人们,为那些失去工作倒闭生意的人们,为那些天真烂漫不能回到学校上课的孩子们……

我的高耀洁老妈妈,对不起,我知道您会体谅我不能够去纽约看望你;不能够给你带去鲜花和蔬菜;不能够拥抱你;不能够和你一起坐在电脑前干活;不能够给你做碗面片汤;不能抚摸着你的手聊天……这个母亲节,我好难过,因为我不能够去纽约,不能够陪伴你一起度过。

没有鲜花,没有礼物,没有拥抱,今天用了好几个小时写了这些,就好像和你一直说话;就好像你在我的对面;就好像我能看见你。写到这儿,我不得不摘下老花镜擦去眼泪。我院子里的芍药已经打出肥壮的花苞,但是它们开放的时候,可能纽约还不会解封。前几天,我在门前种了两株玫瑰,粉红色的。在它们的周围种了一些大蒜,那么小虫子就不敢来侵犯它们。等夏天玫瑰娇艳绽放的时候,我希望我能"狠心"剪下几枝给您送去……

高耀洁妈妈,我要说句:祝福母亲节快乐!

高耀洁妈妈,我要说句:我们相见的日子不会太久远!

高耀洁妈妈,我要说句:我爱你!

(写不写这句,我也纠结半天,我们中国人就是说不出口这句话,觉得不好意思,觉得肉麻。但是我和在美国出生长大的儿子总是说我爱你,我爱你。思索三番,我还是下定决心说出来,让高耀洁妈妈看到。)

天佑美国!

天佑高耀洁老妈妈!

《纵览中国》首发 Sunday, May 10, 2020

今我来思　雨雪霏霏

——疫情两年之后去纽约看望 95 高龄的高耀洁老妈妈

三月了，窗外依然是冰天雪地的，但弯下腰仔细看秀球的根部还是冒出了豆粒大的绿芽儿，像掩着小嘴说："耐心点，春天就要来到了。"新春的嫩芽给人新的希望，希望席卷全球无辜死亡四百多万人的病毒尽快滚蛋，让人们的生活恢复正常。

因为疫情，两年半没有去看望高妈妈

"去纽约！这两天去纽约！"我终于下决心去一趟纽约，不管什么疫情尚未彻底结束，戴上口罩，一次性手套，消毒酒精，坐公共汽车去一趟纽约。我再也忍不住要去看望上次见面竟然是 2019 年 10 月，已经两年半没有见过面的高耀洁老妈妈……过去的七、八年间，我会每隔三、四个月去一趟纽约看望她。这从天而降打乱世界的病毒阻断了我们的见面，阻断了我们的拥抱，阻断了我们在一起闲聊谈笑……

不能见面的两年多时间里，因护工小 X 的好心帮助，我和高妈妈会过一段时间微信视频一次。（老人家没有智能手机，我想其中主要原因是节省费用。）可以见见面，彼此问候。因为老妈妈耳朵背，我说什么她都听不见。隔着小屏幕，我做出拥抱的动作，她咪咪笑了。一屏之隔，凝望着老妈妈，也让我觉得亲近，觉得温暖，觉得亲人般的彼此牵挂。

我也曾经几次小心翼翼地提出去看望高耀洁老妈妈，但得到的答复是："你千万不要来，纽约现在病毒传染很厉害，危险！"护工小 X 也说："我们现在也不让人来看奶奶，奶奶这么大年纪了，更害怕感染啊！"就在去年三月，照顾了高妈妈多年的小 X 一家竟有三个家

庭成员相继不幸去世，有病毒感染的原因，也有注射疫苗不适的原因。即使这样，小 X 在结束隔离期之后，依然回来照顾高妈妈的日常生活，真令人心疼不已。我只能在视频中安慰她："小 X，不要太难过，照顾好你自己，生活还得过下去。"看着心力交瘁的她，我知道面对这毫无准备的天塌地陷我的任何话都毫无意义。当然百分之百理解和尊重她对我这样一个探访者的"谢绝拜访。"

就在前几天，小 X 又拨通了我的微信视频说："奶奶说想你了，要看看你。给！你说吧！"

视频上露出高耀洁妈妈戴着眼镜慈祥的脸庞，她大声对我说："小宋，我不清亮了，我想找你，但咋都想不起来你的名字了。你看，是不是糊涂了？我快不行了。我给小 X 说找小胖他妈。她就知道找你。"多年前，高妈妈见过我的先生和儿子一面，就以"小胖老胖"称呼，我也顺着回信时说说小胖的学业工作和老胖的身体情况。

哎呀！才两年半没有见面，高妈妈竟然把我这个经常登门拜访的老熟人的名字都记不起来了，真让我有点吃惊和心慌。但我微笑着，不想流露出我的担心。

"小宋，我给你说，我有一对小手镯给你的小孙子当礼物。说不定我哪一天就死了，到年纪了。我给小 X 说好了，我一死，让她给你打电话。"

生命有开始就有终点。高耀洁老妈妈从来不忌讳谈论关于自己的死亡和后事安排，于 2017 年公开发表了遗言。过去我们见面的三十次左右的时间里，她也常常把"我快死了，这是最后一次见面了。""我死了，你来看谁？"这样的话挂在嘴边。但是这一次她这么说，好像给我脑袋上敲了一击大棒，我在心里暗暗说："老妈妈必定是 95 岁高龄的耄耋老人了，在她活着的时候，一定要去看看她，说说话，好过哪天她老人家去世后的哭天喊地，追悔莫及。看一次，少一次。"

我发信征求高耀洁老妈妈的意见，得到的答复是："好！好！好！我激动的哭了。"我知道，老妈妈的激动是因为自疫情爆发的两年多，亲戚朋友各路记者都不敢上门探视，因为身体的原因而不能打疫苗的老妈妈也成了高危人士，以往人出人进热热闹闹的家，如今可谓门可罗雀。高妈妈的哭，是哭自己无法言说的孤独和满腹委屈。疫情前，国内的儿子女儿都能够来看望她，在芝加哥的妹妹也能时不时过来陪伴老姐姐一段时间。这混账病毒让世界变得天翻地覆乱七八糟，让这位九旬老人住进了没有栅栏的"监狱"，自己不敢出门，还不敢接待亲朋好友。唯一的安慰是写作、电子邮件和网上阅读……

左手提蔬菜，右手捧玫瑰

平平常常的探望，却需要同意的入场券。这是一个什么时代？

来到波士顿南站，灯火通明，来往旅客说不上多，但已经有了些人气。路过站内麦当劳，散发出诱人的汉堡包和咖啡的味道。记得去年我路过南站时，平日里熙熙攘攘的波士顿最大中转站一片死寂，除了几个保安和保洁，看不到三五个旅客。站内的十几个小店只有一家中餐馆开着，却没有一个人买餐。披萨店、咖啡店都熄着灯，椅子放在桌面上……那一时，我看着眼前的景象感觉是在炮火连天的战区，人们都不敢出来，不敢见人，不敢旅行。仅一个南站，多少生意倒闭？多少人失去工作？附近中国城的生意可想而知。

波士顿去纽约的巴士，有美国公司也有中国公司，我们华人经营的大巴价格上便宜几乎一倍，挣的是辛苦钱。为了节省人工，华人的巴士站取消了售票处，司机自己售票。也砍去了一大半来往车次，就是这样，一辆大巴上也不过稀稀拉拉不到二十个乘客，每两位的座位上只坐一个人。算算这些收入除去工资、汽油、维修等，也就仅仅是维持生意运行。最近汽油价格又飙升，让每一个人叫苦连天。

如果不是来往的行人们还戴着白的黑的花的口罩，纽约的中国城真看不出有什么变化。刚吃过早茶的老人们心满意足地走出小茶楼，家庭主妇绣花般认真地在摊子上挑选蔬菜，送货员辛苦地从货车上卸货，街边的大娘殷勤地向顾客介绍自己做的糯米粽子……

在菜摊上，我买了高耀洁老妈妈爱吃的白菜、萝卜、菠菜、红薯、香菜等，行李里还有在家里做的酱牛肉。老人家文革时期做过胃切除手术，猪肉海鲜都不能吃，香蕉等一些水果也不能吃。坐地铁到曼哈顿高妈妈家附近，不用太费力地瞅见街角处一位西班牙男人的花摊，我挑选了一束粉红色的玫瑰，让摊主给我包起来。这些年来，如果是夏季，我就给高妈妈带来自己种植的花卉，比如芍药，比如绣球。既"节约"，又能表现一下我的绿手指。如果是冬天，就一定要买一束鲜花带去。食物有食物的语言，玫瑰有玫瑰的表达。我知道，我知道，节约了一辈子的老妈妈总是会说："买这干啥？浪费钱！"

两年多没有来过的熟悉的街道，熟悉的大楼，熟悉的电梯和楼层。护工小 X 开了门，高兴地说："奶奶中午都没有睡觉，等着你呢！"

我放下行李，探头往高耀洁老妈妈的卧室张望，还是坐在电脑前聚精会神看阅着什么的侧影，老人耳朵背得厉害，我进门她听不见，我和护工说话，她也听不见。真想一下子拥抱住她，但我不能，我需要先洗手先喷酒精消毒。

躺在病床上，高妈妈还是想念艾滋遗孤们

"高妈妈，俺来了。"

"哎呀！我不敢睡觉，等着你呢！"

我环抱住好久不见常常想念的老妈妈，用脸颊贴住她的脸颊。我闻到她身上熟悉的味道，脸上旁氏雪花膏的味道，灰白发间清爽的味道。当然还有酒精味，果然后来高妈妈说："我这两年就是靠酒精过的，到处喷，时时喷，和手术室一样的。"

令我惊讶的是眼前的两年多没有见面的高耀洁老妈妈没有我"预料中的变化"。

双眼亮亮的，发着光，一点没有老年人眼神的浑浊不清；面容上皮肤舒展，一点没有这个年纪老妇人的千沟万壑；声音宏亮，表情生动，更是没有暮年老人的有气无力奄奄一息。她还是照常看新闻，照常给各路朋友回信，可以说，高妈妈的精神状态和我上次见她时基本一样。有时候，老样子就是好样子。

"奶奶看上去很好啊，你们照顾得好，辛苦了。"我赶紧感谢护工小 X。

"奶奶很好。她自己成天说要死了，要死了。我告诉她妹妹，奶奶能吃能喝，吃得比我还多。性格还是那么急，要我做什么就必须马上做。头脑清楚得很，怎么会死呢？"

我找来一个花瓶，灌满水，把玫瑰花摆放在高妈妈床的对面。堆满书籍、各种医疗仪器、各种药盒药瓶药膏的小屋子顿时有了亮色有了生气。我以前多次带来的君子兰吊兰等，让高妈妈陆陆续续送了人，她的理由是如果不送人，自己一旦去世，那些翠绿蓬勃的植物就成了垃圾，不如早早过继给爱花的人家。玫瑰在她的床对面，她一睁开眼睛就看到了。看到花，人的心情会好一点。我不在的日子，让花多陪伴她几天。

"哎呀，你又带这干啥？"高耀洁老妈妈一如往常的"数落"。

"给你过情人节！"

我对着高妈妈的耳朵大喊，逗得她和护工都哈哈大笑了。是的，因为疫情，我不能够来纽约探望她的两年半，错过了她的生日、错过了春节、错过了中秋节、错过了无数的拥抱、无数的相视而笑、错过了无法计数的美好的相处……

这次见面，我们没有任何计划任何打算。不像以往花费很多时间一起看稿，一起修改。这次来就是看看她，说说话，陪陪她。让一位年老力衰身边没有家人陪伴的老人高兴。让她高兴我就高兴。一个老人就像一个孩子，最需要别人的陪伴，特别是亲近的人的陪伴。

我们有自己的老座位。高妈妈坐在书桌电脑前，我坐在侧面。她命令我打开书柜，让我自己拿取这两年最新出版的几本书。《高耀洁行医往事》《诗词札记 200 首》《我的防艾路》（再版）。这些年我早期购买的和高妈妈多次赠送的书已经有十几本之多，这些沉甸甸的书籍，记录着这位老人迈着缠过足的脚走过的崎岖坎坷的人生之路，更是真实准确地折射出中国近百年的腥风血雨的鲜活历史。泱泱大国，拥有医生教授千千万万，各路作家记者也多如牛毛。但这样跨医学和写作的两栖，都做出令人耀目成就的人士可能她是唯一的一位吧？"俺一辈子出版了三十一本书，其中关于艾滋病的十一本，医学方面的二十本。"说这些话的时候，高耀洁老妈妈总是非常骄傲，像辛苦了一辈子的老农在炫耀自己一垛垛丰收的庄稼。

一辈子爱孩子的她，送给我未来的孙子礼物

高耀洁老妈妈以揭露"血浆经济"造成艾滋病泛滥成灾、救助艾滋病患者艾滋病孤儿闻名于世。可能有些人尚不知道，高妈妈退休前是一位杰出的妇科专家，让许多患有疑难杂症凭临死亡的妇女活了下来，更是拯救过数不清的难产、早产儿的生命。作为一名医生，能够救治一个个生命，让几乎崩溃的家庭幸福的生活，是多么大的造化和恩德。

高妈妈虽然退休三十多年了，但一直对上门求助的各类病人"指点迷津"。翻看着邮件中一位七岁男孩的照片，高妈妈喜眉笑眼地向我解释："你看，这个小孩多可爱！可聪明！他们两口子得来这个孩子可不容易，结婚多少年了，也怀不上孩子，可苦恼了。美国医院多贵，检查一次几百上千。他们来看我，告诉我情况，我给他们说说，告诉他们一些方法，三个月以后来信报喜，怀上了，把两口子高兴坏了。两口子学历好，经济条件啥都好，就缺个孩子，这下好了。"

我对医学一窍不通，我认识的一位女士去做试管婴儿花费了数万美元。对高妈妈能够手到病除，能神奇的让多年不孕的妇女怀上孩子充满好奇。

"你咋让她怀上孩子的？"

"一般人不懂，其实很简单。就是怀孕激素低。吃点黄体酮，就可以了，花费不了三十块钱。在国内我就治了很多例，有经验。两口子没有个小孩，家庭难以幸福，吵吵闹闹，弄不好就离婚，男人找外面的女人生……你看！你看！他们给小孩过生日，这么大的蛋糕，把孩子宠得像个宝。"

另外一张照片上，一对看上去是读书人的中年夫妇一左一右拥着活泼可爱的儿子，来之不易，更加珍惜。作为一个女人和母亲，我能体会到多年不孕时的煎熬痛苦，四处求医打探秘方的焦急不安，更能感受到得知怀孕时的惊喜不已。十月怀胎，一朝分娩，捧到哇哇啼哭小宝贝为人父母的幸福。我知道，他们带着孩子回来是来说一句谢谢，是来感恩。或许，对高妈妈来说只是妇科几十年行医经验的几句指导，可是，对一个家庭却是收获了一个温暖、甜蜜、幸福的小太阳。

"你睡会觉吧，我害怕你累了。"

"我睡不着，说话多了，太高兴了。"

高妈妈躺在床上，毫无倦意。手指着让我"翻箱倒柜"。"你拉开，拉开，第二个抽屉，我给你孙子准备的礼物，早就准备好了。搁了两年了，我担心我死了，给不到你手里……你拿去！你拿去！我就不担心了，我的心意就到了。"

我按指示打开抽屉，拿出一包老人珍藏着的包裹。多年和高妈妈打交道的经验是恭敬不如从命，她要送什么都不要拒绝，不论贵贱，她送的你接受了她才高兴，才安心。

"这个给你小孙子，一对小手镯。"

"谢谢你！谢谢你！但是我孙子在哪里呢？"我接过一对银光闪闪的小镯子，爱不释手。可是我的儿子虽然已经二十五岁，失恋几次，目前还没有称得上"女朋友"的女孩，孙子更是没有影子啊。

"我给你说，你现在没有孙子，过几年就有了，但是我等不到。等你有孙子了，你给他戴上，我就知道了，就可高兴了。东西不贵，是我的心意。"

我点点头，无限感叹一位年迈体弱多病缠身的老人却这么爱操心，想着这个人那个人的小事情。我把一对可爱的小镯子捧在手上，作为一个母亲，我当然希望未来的某一天把这对小镯子亲手戴在他（她）胖呼呼的手上，一拍手就发出"丁当，丁当"的响声。我要告诉我的孙辈，它来自一辈子救治了多少母亲接生过多少新生命的医生老奶奶，是多大的福气，告诉下一代要向老奶奶学习，有一颗智慧、善良、充满爱的心。

"这个给你，这个给你孙子。"

高妈妈扯出两条丝巾，我接受下。

"这给你一块，一个留给你孙子。"老人又给我两块面值十元的人民币纪念币。

"衣橱里那件衣服你也拿走，我没有穿过，你不要嫌弃……"

高耀洁老妈妈给我什么我都一一接受，因为，这是她想给我的，能够给我的。因为，她知道自己来日无多，见一次少一次。她在做最后的给予，留个念想。她做了，心里头就舒服了，坦然了……这让我想起来，那是八十年代，养育我长大成人的姑妈最后的给予，她胃癌晚期，被病折磨地吃不下饭。也是翻箱倒柜，让我把多年舍不得用的手绢、毛巾、筷子，甚至棉布抹布一一送给几十年的左邻右舍。没有人嫌弃她的寒酸，大家都明白，这是她最后的心意和告别。如我，我知道这小手镯、丝巾、纪念币都是老妈妈藏在抽屉里两年多，多次来信念叨着，一位九十五岁老人沉甸甸的、温暖的、充满慈爱的心意。

写到这里，泪水在眼眶里打着转儿。我多么希望，在以后的很多年，我能够经常去纽约看望高耀洁老妈妈，多多得到她的小礼物，享受她温暖如阳的爱意……

只想给您包顿饺子

饺子，最普通不过的北方食品，高妈妈却不是常能够吃到。她的护工，多是广东人福建人，不善于制作面食，这两年，她妹妹也不能来探望。老人好久好久都没有吃过手工饺子了。来之前我就盘算好了，要给她做一顿饺子。

"高妈妈，中午我给你包饺子。"

我在纸条上写到，因为老人家耳朵背，我们时常需要手写交流。

"哎呀，我叫你来不是给我做饭的，就是给我带来点活力。"

"俺还年轻，俺有力气。"我捏着双拳，做出一个力可拔山的大力士动作，逗老人开心一笑。

"我说，冰箱里有速冻饺子。"

"速冻饺子不好吃，我去给咱做饭，你睡一会，休息一下。"

高妈妈这个年纪，一天需要睡几次小觉，才能保持体力。安顿好她。我先和了一些面，清洗了半个白菜，然后叮叮当当地在案板上剁起了牛肉和白菜。美国人的厨房和面绞肉都用机器，很少演奏出叮叮当当的交响乐吧。小时候，一听到楼上楼下刀剁菜板的声音，就知道这家的晚饭要吃饺子了，这声音散发出普通老百姓油盐酱醋日子的幸福和安乐。我没有问过高妈妈会不会包饺子，但我猜想，她至少不是烹调做菜，擀皮包饺子的好手。因为她在书中多次写到，家里来了上门求助的艾滋病人、艾滋孤儿，她总是领导样的安排："老头，去做点饭吧！"幸运的她，有一位任劳任怨、甘当无名英雄的丈夫郭明久医生，他已经离开她十七年了。他的骨灰在等待她的归来……

看护小 X 问我要不要帮忙，我不舍得让别人插手。我想一个皮一个皮的擀，一个饺子一个饺子的包。有时候人的愿望好简单，每次来，我就想给高耀洁妈妈亲手做顿家常饭，馒头、饺子、包子、汤面片，热乎乎的，香喷喷的。纽约不是她的家，没有家人时常的探望。但是在煮饺子下面条的氤氲里，会飘荡着一丝丝曾经的家的味道。多少给老人一点安慰。

饺子包好了，整整齐齐地摆放了一案板。我却不能向高妈妈展示我的手艺，她无法走到厨房。我用手机拍了照片，到床头得意扬扬地给她看。她高兴地喊道："哎呀！一堆，和小老鼠一样。"

我煮了一部分，冷冻起来一部分，叮嘱小 X 以后煮给高妈妈吃，真心疼老人吃超市买来的速冻饺子。如果我住得近，我会经常来给她做饺子，韭菜馅、芹菜馅、白菜馅，罗卜馅……

饺子煮好了，我给高妈妈盛一碗，给自己盛一碗，我要和她一起吃顿饭，一起吃才香。可是简陋的饭桌在客厅里，她又不方便出来。只能她坐在床头，我坐在她对面，没有饭桌，就这样一起吃饭。高妈妈尝了一个说："我承认，新鲜的饺子比买来的好吃。"看着老人吃我亲手做的饺子，我的心里就安然了。

第二天，小 X 要回家了，一位新来的护工来替班，不想却是一位七十多岁弯腰驼背的老妇人，还有哮喘病，不禁让人担心一个老人怎么照顾一个老人。高妈妈解释到："我不想换人了，这么大年纪，找个工作不容易，我同情她们。"唉呀！老妈妈总是体谅别人，委屈自己。以前一位护工上班时间跑出去捡空酒瓶卖钱，还拿回来分捡，招致房间里臭虫蟑螂横行霸道。我多次被咬的胳膊腿上"红豆冰。"但我没有出声，不想抱怨护工。不想，高妈妈以后被咬得受不了，花费人力物力杀虫。

昔我往矣，楊柳依依，今我來思，雨雪霏霏

高耀洁老妈妈常服的药瓶空了，我给她的家庭医生打电话联系，两个小时以后去附近的药店拿到了药，并给她购买了止痒的药膏。能为这位一辈子信奉"但愿人皆健，何妨我独贫"；为艾滋病宣传、艾滋病救助、艾滋孤儿读书付出百万积蓄；为在自己有生之年著书写作揭露血祸真相而出走他乡的耄耋老人，跑跑腿拿拿药是我的福气。这样的福气以后还有多少呢？

"我如果不是一个医生，不会活这么大年纪。人能活到八十就算高寿了，有几个人能够活到我这个年纪？九十五啊！"

"善有善报！"我在纸条上写到。

是呀，只有极少数的人能活到九十五高龄。和高耀洁老妈妈接触的这些年，我算是发现了老妈妈长寿的"秘诀"。首先是她不停地写作不停地记录不停地思考，这对一个人的精神和身体是有益的。出国十余载，出书十余本，从不让自己闲着。坚强乐观的性格，虽然身边没有儿女亲人，又体弱多病，经济不宽裕，想出门散散心也需要看护推着轮椅，但是很少看到老人家唉声叹气，怨天尤人，心直口快，不窝在心里。或许有人认为行医一辈子的她很会吃人参燕窝保养自己吧，错了，老人家一日三餐吃的不过是稀饭馒头鸡汤鸡蛋蔬菜而已，顶多吃点红枣鹌鹑蛋，从没有看过她吃什么补品。对病人孩子她出

手大方，对自己，她是一个吝啬抠门的人。

我年纪越大越相信善恶有报，因果互印。看到九十五岁仍然精神烁然，思维清晰，声音宏亮的高耀洁妈妈，我相信，她行医一生救助过的无数病人在保佑她；那些得到过她的药物资助方便面的艾滋病逝者在保佑她；那些她送过寒衣带着吃过烩面给过学费已经长大成人的艾滋孤儿在保佑她；我相信，上帝看到了她所做的一切、走过的每一步、为人间苦难留下的每一滴泪……上帝在保佑她！

"你要好好写，再多写几本书。你看，我年轻时候多厉害，现在站都站不起来了，动不了了。"老人鞭策我道。

"你现在也很厉害！"一个九十五岁的老人还在著书立说，担忧天下不厉害吗？我抱住老人，一下子有点伤感，这一抱等了两年多。我更是知道，有一天，我会拥抱不到她……我强作微笑说："我回去了，下半年再来看你。

"还有没有机会啊？说不定是最后一次了。"

"不会是最后一次，你好好的，我再来看你！"

三天的相伴一瞬间就过去了，心里百般不舍，但是我努力没有表现出来，就当是平平常常的一次见面，就当普普通通的一次告别，就当以后还有很多机会。

高妈妈摘下氧气管，手扶推椅坚持要送我到门口。这样的动作，对她来说已经是高难度动作，我又无法阻拦她的倔强。我收拾着东西，不忍心高妈妈站立，劝她坐下等我。她说："我不能坐，坐下起不来。我看着你走。"我实在心疼她吃力地站着，穿上大衣，提上行李出门，又扭过头来抱她一下，叮咛到："我还来呢！我还来呢！"

走出大厦的大门，是纽约春天漫天飞舞的雨雪，我扬起头，让雪花落在脸颊上，我不禁想起来走时高妈妈吟诵的几句《诗经·小雅》"昔我往矣，杨柳依依。今我来思，雨雪霏霏。行道迟迟，载渴载饥。我心伤悲，莫知我哀！"不就是这位世纪老人一生的真实写照吗？

啊！纽约的雨，纽约的雪，见证着高耀洁老妈妈流亡海外十多年的孤老病痛，青灯黄卷、追忆和思绪……

《纵览中国》首发，3月27日 2022年

天上那颗最明亮的星星

——回忆 2023 年和高耀洁妈妈的最后一面

2023 年 12 月 10 日早晨，我收到高耀洁妈妈护工小熊的留言，心里想着可能是老人家想念我了，想和我视频对话，像以往一样。可是我却听到：高妈妈今天上午九点走了。我瞬间泪如决堤，心痛如割。难以相信我不久前才看望过的老人走了；我拥抱过无数次的老人走了；我们在一起修改稿子、谈笑风生的老人走了……她是说过："如果我不在了，就让护工给你打电话。"但是，我总觉得这个"约定"还很遥远……

和她最后一次见面我早都纸笔写好了，但不敢翻开看，害怕心里疼得受不了。就这么放在书桌上一年多……直到 2024 年高妈妈去世一周年才输入电脑，才又一次回忆最后的见面……

但愿人皆健，
何妨我独贫。

高耀洁题

2017. 11. 27.

她用一生做到了清代名医范文莆这两句话

627

九月的美东，枫树毫不客气地燃烧如火，南瓜偷偷地金黄肥胖，月亮长着长着长圆长大了，皎洁地挂在天空。不知不觉，我们中国人吃月饼赏菊花的中秋节又到了。

终于安排好了工作，有了两天空闲，我要去纽约和我的高耀洁妈妈一起过中秋节。我经常来纽约看望她，但很少给她写信，因为她打字写信很困难。也没有给她打过电话，因为她耳朵失聪，什么都听不见……我内心经常忐忑不安，毕竟她已经九十六岁了，又多病缠身，谁也不知道，还有多久……我对自己说："尽量多去看望她，多陪伴她，多拉拉话……那么以后，我不会太自责、太遗憾。"

"你不要带月饼，我不能吃。什么都不要带。"

每次高耀洁妈妈都是这样叮嘱我，害怕我花钱。我知道她最喜欢花，我剪下自己种的玫瑰花、大理花、万寿菊扎成一束，姹紫嫣红，芬芳浓郁，用湿纸巾和塑料纸包装好，一路巴士、地铁好几个小时带到高妈妈的公寓，让她们盛开在老人的病榻前；让她们盛开在老人的怀里；让她们盛开在老人的一生皱纹的笑颜中。

"俺来了！"用酒精喷过手和衣服，我俯下身拥抱躺在床上的高耀洁妈妈……第一次来拜访，她坐在门口等我，害怕我找不到门。以后的很多次，她坐在书桌前等我。这两年，身体渐弱，她终于起不来了，大多数时间需要卧床，还需要吸氧……

"你一来，我又精神了。前几天迷迷糊糊的。"

坐在她的对面，我仔细打量高耀洁妈妈，她比之前消瘦了不少，面色灰黄，说吃不下饭。之前她饭量还是不错的，早晨鸡蛋麦片，中午面片汤，下午馒头炖鸡汤，睡觉前的九点还要再吃一个馒头，说不吃睡不着觉。她说话气短，不时咳出痰。

"我出版了《高耀洁行医往事》，是我的最后一本书，再不写了。我一辈子出版了三十二本书，可以了。"

从 2009 年流亡往到美国，每天高耀洁妈妈都不停地伏案写作，每一两年都有新著出版，让我这个作家都自愧弗如。她最喜欢做的事情是送书，她的数万美元奖金和稿费全部用来买书。谁来看望她，她就送书，如果人家说要掏钱买，她就"生气"了。"我的书不卖。"还花费昂贵的邮资往世界各地的大学图书馆邮寄，特别是中国大陆的图书馆。不认识高耀洁妈妈的人不知道她生活上有多节俭，几乎每条裤子、每件衬衣都打上了布丁，她说我老了，穿啥无所谓。她经常吃鸡的内脏，内脏比鸡肉便宜些，她说自己在美国没有工作过，不应该花那么多救济。让人看着既心酸。又敬重无比。

高耀洁妈妈被誉为中国民间防艾第一人，获奖无数，享誉中外，国际天文学会还将 38980 号小行星命名为"高耀洁星"。但在我眼里，她是一个耄耋衰老的生命，每天需要服药、需要吸氧、连洗澡、大小便都需要护工帮助。她更是一个为了书写艾滋真相远走它乡，远离儿女幼孙、缺乏亲情温暖的孤独老人。疫情期间，她除了被送进医院急救，已经两年多没有下楼，没有看到院里的树发芽，没有听到小鸟的啼鸣，没有晒到太阳……

"我的三个孩子，一个在加拿大，小女儿，因为我，被逼得丢了工作。两个在河南，身体都不太好。我大女儿刚做了手术，想来看我也来不了。我也顾不上他们了，你看我这个样子。我很伤心，但是我已经没有眼泪了，哭过太多了。过一天算一天，每天就面对着这个窗户，想着我的孩子，心里可难受，可受罪……"在海外十多年孤独的日子，高耀洁妈妈是以回忆和写作度过的。有谁能够体会她孤独和想念儿女的痛苦呢？是缺了又圆，圆了又缺的月亮吧？

"我大孙女生了一个小女孩，我曾孙女，都六岁了，我还没有见过面，也不可能见到了。他们经常给我发视频，让我看看。这小妮可好玩、聪明。她两岁的时候问她妈妈；'我是从哪里来的？'这是每一个小孩都问的问题。她妈妈说；'你是从天上掉下来的。掉到我们家了。'小妮又问：'我掉下来的时候穿衣服没有？'她妈妈说；'没有穿衣服，光溜溜的。'小妞不好意思了，吵闹起来了。'那么丑，不穿衣服太丑了。'她妈妈赶紧说；'我和你爸爸给你准备了新衣服、花裙子。你看你穿上多好看啊！'"

谈到曾孙女的时候，高耀洁妈妈难得的开怀大笑，像所有的慈祥老祖母一样。

　　我知道，几十年的从医工作，让她把医院当家，把病人当亲人，家反而成了旅店和食堂。对三个儿女疏于照顾和陪伴，以致孩子们对她有些不满。到了退休，本可以衣食无忧，含饴弄孙，享受晚年生活。但在她六十九岁时一次意外的会诊，把她绑上了调查艾滋发源、支援艾滋遗孤、呼吁防止艾滋的战车，政府刻意的谎言和掩盖又让她怒发冲冠，奋笔疾书。这一战就让她写出十多本关于中国艾滋病的书，这一战就让她到美国的各个大学演讲，这一战让她一个人住在纽约曼哈顿一顿居民楼上十多年……她只能亲吻照片上的小曾孙女。

　　"你看，我的脚不肿了。"

　　高耀洁妈妈用手摸自己的脚，是没有之前那么浮肿了。说真的，这双脚不美观，不好看，甚至有些畸形，五个指头被挤成三角形的粽子。它被残忍地缠裹过，又被倔强的小姑娘偷偷放开过。她是封建社会迫害无数女性的象征。

　　"我给你说，我考大学的时候，我害怕人家看出来我是小脚，不录取我。我穿了一双大些的鞋，前面塞了一团棉花，走路走得慢一点。谁也没有发现我是小脚，蒙混过关了……开学过了一段时间，发现了，但我学习成绩好，是班上的尖子，又没有犯错误，学校也不能因为我小脚开除我吧。不读四年医科大学，我能当上医生吗？你说滑稽不滑稽？"高耀洁老人抿嘴笑着，为自己当年的小聪明扬扬得意，我也舒了一口气。如果不是这两团棉花，就没有从医那么多年的救死扶伤，就没有发现和揭露中原卖血导致艾滋病泛滥的铁证，就没有给那些贫困孩子们送去书包、衣服学费的高奶奶……

　　"我退休以后，不想再反聘。忙了一辈子，老头有意见，回家陪伴老头。我是教授，评教授需要文凭和著作、实际能力。我退休以后河南医学院非要给我开课，我说开课可以，一个星期一节，两个班合一个班，六十多个学生。学生可喜欢上我的课，我经验多啊，都是课本上没有的东西。

　　但是医院这边也需要我。有时候正上着课呢，医院来急诊电话了，小车也等在校门口了，让我赶紧回去做手术，急症、难产，别人做不了。没有办法，停课，救人要紧。我赶紧坐车回到医院，换衣服、消毒、戴帽子口罩，进手术室……我的学生也呼啦啦地坐车跟着来了，他们跑上二楼，爬在有机玻璃天窗上观摩我做手术，这个机会可比我课堂上讲的理论知识宝贵。因此，每次一上课，有的学生就怪叫：等一下有手术。因此，我的病人多，学生也多。"想象一下老师坐小车在前面跑，一帮学生找车在后面追赶的景象，都是令人捧腹，又令人感叹。

其实，高耀洁妈妈在成为艾滋领域的名人之前，已经是有名望的妇科专家，并有治疗绒线细胞癌的专利，是主治医生。正因为她高超的医术，她才敢胆大包天地对医院院长发脾气、撂挑子。她回忆到："好奇怪，我们妇产科却常年住着一位男病人，谁也赶不走，他老婆还用医药费买营养品，桂元蜂王浆这些。普通来的产妇却没有床位，睡在走廊里。我到院长办公室，大吵大闹，让他出面赶人。院长很为难，说这个人是省委的什么厅长。我说：'他今天不出妇产科，我就不干了，另请高明。'院长左右为难，权衡之后，还是把那个厅长搬出去了。因为高主任不干了，那些难产的孕妇来了怎么办？"不要说院长，当年面对河南省委书记李克强，国务院副总理吴仪这样的高官她也是面无惧色，实话实说。

和高耀洁妈妈认识八年多了，我们不曾一起散步，不曾一起逛街，不曾一起在小店吃饭。唯一的一次出门，是我和护工推着她乘坐巴士去看医生。每次见面，都是呆在她陈设简陋的一室一厅里。前些年，她的精神比现在好很多。我们都是在电脑前度过，一起看、修改、整理她的书稿。她头脑灵活思维敏捷，但打字缓慢，所以她指挥，我行动，这样进度就快一点。有时候我累了，想休息，她却说："咱再干一点，我觉得我快不能写了，有时候啥都想不起来了……"她性格急，又说一不二。这两年，她都需要躺在床上，我坐在她对面，看着她吃饭、喝水、吃药、说话、打盹……

"上次抢救，我可是知道死的滋味了，啥都不知道了。我不行了，活不了太久了，我兄弟姐妹几个，有些活到七十多，有些活到八十多，我是活的时间最长的一个，有几个人能活到我这个岁数啊。如果不到美国，我活不了这么大岁数。我的后事我都安排好了，把我和我的几本书一起烧了，让我的儿子把我的骨灰带回中国，和老头的骨灰一起洒到黄河里去，就干净了。"每当谈到死亡，高妈妈总是毫不隐晦，坦然面对，并于前些年公开发表了遗愿。

我和了面，做了一锅蔬菜豆腐面片汤，每次来，我都要抢护工的工作，给高耀洁妈妈做一顿面片汤，她喜欢吃。她一边吃一边对我说："我吃不下多少，你多住住，多和我说说话，不知道还有没有下一次，还能不能见到你。你还年轻，尽量多写点。"

临走的时候，高耀洁老妈妈让我带走她窗台上养育多年的兰花和富贵竹，她担心有一天她不在了，这些植物会被扔进垃圾袋，太可惜了。我听话地收下，我知道她的固执，她要做什么一定要做，另外，我带走了她的心意，她才会特别高兴。那一天，我俯下身拥抱了她很久很久，脸贴着她的脸，舍不得，舍不得，舍不得……心里有隐隐约约的预感，但是又不相信这是最后一次见面……我还没有和她见面见够呢，我还没有和她拉话拉够呢，我还没有给她做饭做够呢……

高耀洁妈妈去世的日子，我这十年也不进一次医院的人竟然感染了病毒，高烧卧床，头晕作呕。我没有能够奔赴纽约参加高妈妈的追思会，没有送她最后一程。我委托中国妇权的张菁女士献上花圈。高妈妈躺在鲜花丛中，熟睡了一样。她跋涉了九十六年，她累了……

躺在床上，我断断续续哭了一天，心里充满了自责，责怪自己没有近期再去看望她一次，这成了我永远无法弥补的遗憾和愧疚……

天色黑暗下来，我扬起头来寻找，我知道，你已经变成了天上那颗最明亮一颗星星，在看望着我。

《纵览中国》首发 12 月 10 日 2024 年

高耀洁医生生平

中国"民间防艾滋病第一人"高耀洁医生于 2023 年 12 月 10 日去世，享年九十五岁。高医生因揭露中国当局"血浆经济"政策造成艾滋病大面积蔓延遭打压，被迫在八十二岁高龄流亡美国。体弱多病的高医生在异国他乡继续关注中国艾滋病病人的命运，著书立说，保留真相。高医生获奖无数，但奖金全部用于救助艾滋病人和防艾教育。2007 年 4 月 20 日，国际天文学会将 38980 号小行星命名为"高耀洁"。

简 介

高耀洁：1927 年 12 月 19 日，出生于山东曹县。1954 年毕业于河南大学医学院；妇科肿瘤专家，1990 年从河南省中医学院第一附属医院退休。退休后被许多单位邀请去讲座，主讲妇女保健、防止性骚扰和性病预防等知识。1996 年，首次接触到艾滋病患者，开始亲自走访村民，调查艾滋病如何进入河南。在调查期间多次向河南省各级政府反应艾滋病疫情的现状，并向国家卫生部反应艾滋病传播的严重性和真实情况，但都毫无音信。她编写并自费发放艾滋病预防资料和书籍，并为患病村民提供建议、食物、衣服和药物。她揭露艾滋病在中国传播的主要途径是采血和输血，这使她成为推行"血浆经济"的河南政府的打压对象，行动受到监视和限制。为了不让艾滋病人用鲜血和生命换来的资料在这个世界消失，2009 年 5 月 6 日她匆匆取出里面有她三本书稿电脑的硬盘，从小区后门离开了家，从此踏上一条不归路。辗转多地，于 2009 年 8 月 8 日抵达美国。2010 年 3 月，被哥伦比亚大学聘为访问学者，住在纽约一所公寓里。她深居简出，著书立说继续为中国的艾滋病人呐喊，直到生命的最后一刻。

主要荣誉

1999 年，被中国教育部评为"关心下一代先进个人"。

2001 年，获全球卫生理事会颁发的"乔纳森·曼恩世界健康与人权奖"。

2002 年，被《时代》周刊评为"亚洲英雄"；被美国《商业周刊》评为 25 位"亚洲之星"之一。

2003 年，获菲律宾政府颁发的"拉蒙·麦格塞塞公共服务奖"，马尼拉市市长赠送她金钥匙，并授予她荣誉市民称号。

2004 年，被评为中央电视台"感动中国 2003 年十大年度人物"之一。被《南方人物周刊》评为"影响中国的公共知识分子五十人"之一。其参与撰写的《鲜为人知的故事》获得十四届中国图书奖

2005 年，她编著的《一万封信》获得由《新京报》和《南方都市报》联合举办的首届"华语传媒图书大奖"的"2004 年度图书大奖"。

2007 年，获美国援助发展中国家妇女组织"生命之音"颁发的"妇女领导者奖"。

2007 年，国际天文学会将 38980 号小行星命名为"高耀洁"。

2007 年 9 月 20 日，与蒋彦永同时获得纽约科学院 2007 年度科学家人权奖。

2007 年 9 月 29 日，获中国民主教育基金会颁发的"中国杰出民主人士"奖。

2015 年 2 月 7 日，获"劉賓雁良知獎"

流亡后出版书籍

《血灾：10000 封信——中国艾滋病泛滥实录》，2009 年
《揭开中国艾滋疫情真面目》，2010 年
《高洁的灵魂——高耀洁的回忆录（增订版）》，2010 年
《我的防艾路》（原名《十年防艾路》）2011 年
《疫症病案一百例》，2011 年
《The Soul of Gao Yaojie：A Memoir》，2011

《镜头下的真相》2013 年

《高耀洁回忆与随想——高洁的灵魂续集》2015 年

《悲惨时代——高耀洁回忆》2017 年

《高耀洁忆往昔》2018 年

《诗词札记 200 首》2020 年

《高耀洁行医往事》2021 年

《我的防艾路》，2021 年

《人祸杂谈录》2024 年

王淑平医生生平

王淑平（1959 年 10 月 20 日—2019 年 9 月 21 日），河南扶沟人，中华人民共和国医生。在帮助曝光河南血祸之后的几年中失业、离婚，后移居美国。

王淑平，原河南省周口地区临床检验中心负责人。1995 年首次发现并报告河南农村献血员群体中的艾滋病感染情况，推动全国血浆采集行业整顿。

1994 年底组建周口地区临床检验中心并任负责人。1995 年 5 月起在献血员中检出多例 HIV 阳性样本，组织医护人员收集四百多份血样进行检测后发现显著感染数据。1996 年 1 月通过曾毅院士将调查报告转呈卫生部，促使河南省于同年 3 月 14 日实施打击非法采血的"3·14 案件"专项行动，全国随后取缔营利性血浆采集站。因调查结论未获河南省卫生厅认可，检验中心于 1996 年底关闭，1997 年初离开河南后赴美。2019 年以该事件为背景的舞台剧《地狱之王》获苏珊·史密斯·布莱克本奖。

主要成就 1995 年撰写首份河南农村献血员感染艾滋病报告并报卫生部。

人物经历

1994 年底，王淑平离开了血站，成立了周口地区临床检验中心，这是一家独立的机构，王淑平是负责人。

1995 年 3 月，王淑平参加一个卫生部门的会议时，听说一个曾经在太康县卖过血的献血员在昆明被检测出为 HIV 阳性（艾滋病毒携带者），这个献血员曾在昆明的血站有过卖血经历，王淑平提出对献血员进行 HIV 检测的建议，但是在献血员中检测出 HIV 病毒之后，"采血工厂"没有停止工作。

1995 年最后的几天，王淑平带着 62 份初筛的、来自河南省商水县西赵桥村的 HIV 阳性血样，来到了北京。中国预防医学科学院的鉴定结果很快出来了：15 份血样中有 13 份被确定为 HIV 阳性，2 份为疑似。这一结果让中国流行病学首席专家、中国科学院院士曾毅非常震惊。

1994 年，继上海莱氏生物制品公司反馈安徽省阜阳地区献浆员李某的血浆为"HIV+"后，卫生部的一个研究小组随后进入安徽阜阳地区调查，最终将感染途径锁定在当地的单采血浆站，这可能是第一份证明艾滋病与血浆站间存在关联的正式报告。王淑平也首次在献浆员中发现 HIV 感染者。但是，河南省卫生厅并未承认王淑平的调查结论，王淑平因此失去了工作。

1996 年底，临床检验中心被关闭。1997 年初，王淑平离开河南，到中国预防医学科学院学习和工作。后来又离开中国预防医学科学院病毒所，只身去往美国。

1996 年 12 月，卫生部有一个奖项准备颁给对艾滋病工作有功之人，曾毅提名了王淑平。

主要成就

从 1995 年 5 月到 9 月，王淑平等 4 人在周口地区的献血员中提取了 404 份血样，通过丁红的试验室初筛，发现了惊人的 HIV 阳性感染数字，她们担心结果不准确，接连用了几种不同的试剂，但结果都是一样的。

在曾毅的支持下，王淑平这位从偏远地区来的普通医生，在北京起草了上报卫生部的"关于单采浆献血员中 HCV 及 HIV 感染状况的调查报告"，1996 年 1 月 10 日，王淑平的报告经曾毅上报给了卫生部。河南省于 1996 年 3 月 14 日夜开始取缔血站，严厉打击非法采集、倒买倒卖人体血浆的犯罪行为（"3·14 案件"）。1996 年 3 月，全国开始取缔以采血浆营利（血浆经济）为目的的大小血站。

人物影响

高雅竹（Frances Ya-Chu Cowhig）编剧的以 1992-1998 年河南农村献血为背景的舞台剧《地狱之王》（The King of Hell's Place）在美国和英国上映并获 2019 年苏珊·史密斯·布莱克本奖。

在河南血祸事件后，王淑平被开除公职，并与丈夫离婚。2001 年与子女告别后独自一人移民美国。她后来与美国人盖瑞·克里斯滕森（Gary Christensen）结婚，居住于犹他州盐湖城，并在犹他大学担任研究员。

2019 年 9 月 21 日，王淑平家人对外宣布，王与丈夫在盐湖城附近的峡谷登山途中，因心脏病突发而逝世。

跋：您爱世人，让世人的爱永远围绕着您

依 娃

亲爱的高妈妈：

您好！

今天是美国感恩节的前夜，是大家合家团圆喜庆、围桌吃火鸡的节日。我忍不住把这两个月以来整理好的书稿《中国医生高耀洁》寄去给出版社——这是一份感恩生命中有您的特殊心意。

出版社社长刚刚回信说："出版这本书，是我们对高耀洁医生的最好纪念！她是民族的良心，时代的英雄！"

"这是最后一次见面了。如果我死了，我就让小熊给你打电话。"好几次，您都这么说。

2013 年 12 月 10 日早晨，是的，护工小熊及时给我打了电话，告诉了我最害怕听到的消息。我顿时泪飞如雨，我知道，我再也见不到您了，听您说话了……

我立即写信告诉给您的追随者和好友刘倩女士："她到有鲜花的地方去了。"是的，您的一生看到了太多的贫穷、黑暗，经历了太多的坎坷和苦难。您去的地方，一定天蓝云洁，鲜花盛开，蝴蝶和鸟儿都围绕着您跳舞唱歌，儿童们无忧无虑地玩耍嬉笑……

但我没有能奔赴纽约参加您的葬礼，送您最后一程。原因是我这从来不怎么得病的人那几天居然感染了病毒，发烧头晕，卧床不起。我含着热泪写下《高妈妈 让我们再见一次面》，照例是陈奎德先生的《纵览中国》给予发表，后来张菁女士主持的追思会请人替我念了这首不成样子的诗，后来自由亚洲电台也在报道中引用。

以书结缘。说起来，我"认识"您是从您的《血灾：10000封信》开始的，才对中国的艾滋病有了肤浅的了解。如果没有写作，我们不会认识。如果没有书，您不会那么信任我。您给我讲过一个笑话，说一个作家来看望您，您问："你的书呢？"作家说："还没有出版呢。"因为我给您带去三本采访大饥荒幸存者的书，您才会对我完全的信任。您说："你这三本书都是你跑去采访的，多有份量啊。"我们在一起总是谈写作谈书谈中国老百姓受的苦，有说不完的话。

最初去看望您，我的想法很简单。我没有条件去第一线帮助那些艾滋病人，帮助您就是帮助他们。替他们照顾您，报答您为艾滋病人提供药品、给艾滋病死者遗孤提供学费、给社会各界基层免费发送防艾书籍和材料。那句老话说"为众人抱薪者，不可使其冻毙于风雪"，您曾经给予艾滋病人那么多温暖，我就要给您能够做到的温暖，那怕做一顿饭，端一杯水。或许您没有注意，和您交往的过程中，我没有刻意采访过您，因为我想您自己已经写了那么多，又有那么多人写您。我只是想陪伴您，和您聊天，给您做些琐碎的事情。我也知道，您警惕心重。因为您接触过的骗子太多了。我也从来不要求您介绍我认识任何人。当然，也是我的迟钝，竟失去了认识王淑平医生的机会，没有机会好好了解并记录她的事迹，令我非常遗憾。

高妈妈，不认识您的人，想您名满天下、获奖无数，又是前美国第一夫人希拉里的朋友，一定过得富足滋润。但我知道您的生活水平还不如中国一般退休干部（医疗和住房除外——这是美国政府提供的福利）。您从不吃山珍海味，不穿绫罗绸缎，不补什么人参阿胶，更是从没有过大房子好车子。我亲眼看到，您的衣服烂得补丁摞补丁，为省钱吃便宜的鸡胗，五、六块一个的西瓜也舍不得买，一张纸巾翻来覆去地用……让我既心疼又生气，真想对您说："您能不能爱护自己一点？"但是，您一次捐书就是三百本，价值五、六千美元。我在您的住处看到登记本，谁拿书谁签名。您的书都是免费赠送，您的目的就是让人们知道艾滋病的真相。书是您的心血，书是您的骄傲，书更是您一生历尽风雨百折不挠的结晶。

作为喊了您八年"高妈妈"的人，您离世这两年，我没有为您做任何事情，好像有意躲避着伤痛。一年多忙于自己一本大饥荒题材小说集的写作、修改和出版。但是，我心里一直放不下每次和您见过面写下的那些文字。我曾经整理成 《我的高耀洁妈妈》，做成 PDF，请人免费下载。但是只有数万字，不足以成书。您生前也说："您再写点，出一本书。"我怎么舍得让您失望呢？反复思考斟酌后，我决定编辑一本纪念您的书，让众人的文字堆砌出一个丰满的、鲜活的、真实的您。虽然后来我觉得自己捅了一个"马蜂窝""骑虎难下"，自己的能力实在有限。但是逼迫着自己一天做一点。给自己鼓劲，您九十岁的老太太都不叫苦，我这点，差得远呢？

高妈妈，这本书中的作者，大多数您都认识。比如北明，她是您生前最好的朋友之一。我说感谢您给高妈妈购买电脑放大屏幕，这样令您写作方便很多。她回信解释：电脑放大屏幕不是我买的，是我们几个人的稿费，还有纽约的李进进律师（已故）加了一些钱。从这细小的事情能够看到一个人的人品，她的诚实令我感动。您还告诉过我，北明给您剪脚指甲——记得护工告诉我，她们不可以为被看护人剪脚指甲，以防出血。从没有打过交道，北明一口答应了我的请求，寄来自己的文章和马文龙等好友的佳作，还有很多珍贵的图片。并提了很多好的建议。我知道，人家是看您的面子也。我发现，她和您一个性格——直爽。

还有您女儿炎光的同学、您过去的同事傅莉著名的先生苏晓康寄来三篇文章，苏晓康先生说傅莉非常喜欢她的"高姨"，一直以"高姨"为榜样。并寄来你们在华盛顿见面时的珍贵合影。

重要的是，通过艾晓明教授，我收集进了五封艾滋病人和家属的来信，字字扎心，不忍阅读。但是，我想让十三岁就死去的小静亚陪伴着您，让九岁不幸感染艾滋病的田喜陪伴着您。我知道，您的翅翼会为他们遮挡风雨，您的微笑会慰藉他们千疮百孔的情感……更是请每一位读者听到艾滋病患者的呻吟和悲鸣。他们是和我们一样的人。

我尽量用信件、脸书、微信征得作者的同意。苏晓康、金钟、陈奎德、余杰、艾晓明、庞皎明、刘倩、燕子、罗四鸰、林海音、云帆等都是说"同意""没问题""我的荣幸"。没有一个人说 NO，让我由衷感动，由衷感谢。他们的支持我无以回报，能做的，就是每天早晨五、六点起床，冲一杯咖啡，坐在电脑前逐字逐句认真看阅每一篇文章。看这些文章的时候，我就感觉又见到了您，看到了您的音容笑貌，听到了您的河南话，（跟着您，俺都会说河南话了）闻到了您身上散发出的特有气息。看这些回忆、评论您的文章，让我感觉仿佛又和您在一起度过美好的时光。

　　我从各种不同的角度编辑成辑：比如在这些作家、评论家的笔下您是国难当头、匹夫有责、挺身而出的悲情英雄；比如家人的角度会让读者感觉亲切，看到生活中一个作为妻子、母亲的您的模样；比如从当年采访您的记者们和追随您帮助艾滋病志愿者们的记录中能够看到一个不停行走、不停呼吁、痛心疾首、时哭时喊的您；从年轻的留学生们的眼睛看您，又是一个慈祥的、操心小事、年老体弱的老奶奶……

　　我"私心颇重"地将自己写您的作品编出一辑《我的高耀洁妈妈》放在最后，从第一次见面到最后一次见面，一一书写。我希望没有见过您的读者通过阅读这些文字看到一个有血有肉、有悲有喜、有笑有泪的高耀洁。她不是钢铁打成的刘胡兰、江姐。您对儿女并非铁石心肠，提到丢失工作流亡加拿大小女儿的病，您老泪纵横地对我说："我不心疼吗？不是我身上掉下来的肉吗！"提到自己曾孙女，您又是慈爱无比，笑得脸上开花。您也有老年人的落伍和偏颇，比如您看见女孩染黄头发涂口红，会说："女流氓。"如果谁离婚了，有了新的配偶，您也会认为这个人有道德上的瑕疵。看到您不喜欢的人来访，您就假装病重，侧身睡觉，人家一走，您又"生龙活虎"了，小孩一般。自己没有什么钱，还操心着这样给谁那样给谁……从零九年流亡，漫漫十四年，年老多病，常年缺乏家人的陪伴，艰难而孤独，有一次您甚至对我说："我真想从这窗户上跳下去，一死了之。但是我不能这么做。我名气太大，影响不好。"闻者心碎。哭完、抱怨完，小眠一下，有点力气精力，又艰难地推着轮椅坐到电脑前费力地一个字一个字地写……一如辛勤了一辈子的农人，只要能动弹，就要下地劳作，不问收获几何……

关于书名《中国医生高耀洁》，我也是反复斟酌。医生是神圣的职业、救死扶伤的职业、令人尊敬的职业。可是在中国医疗产业化的今天，让人们心目中的白衣天使变成了"黑蛇白蛇眼睛蛇"（律师、医生、教师）之一的蛇，咬人伤人。今天的中国，还有骑着毛驴去乡下接生的医生吗？还有为救助贫穷的姑娘和院长吵架的医生吗？还有自己花钱给病人送药送食物的医生吗？还有见了高官、面对厚禄仍然说真话的医生吗……您无疑是那些不收红包就不动手术，把病患当成提款机的无良医生们的一面明镜。《中国医生高耀洁》这个书名的下面，我要请编辑再加上一行小字"王淑平 她为苍生吹过哨"，因为我觉得大家对这位做出杰出贡献、付出巨大代价的医生关注远远不够。我相信，您会同意我这么做，以此纪念。您们老姐妹也"做个伴儿"。

关于封面，我本来想用您和孩子们的，您妹妹的意见还是一个人的比较好。我最后选择了这张您凝视远方，灿烂微笑的照片。我是想，您活着的时候为艾滋病患者、艾滋病孤儿哭得太多太多。希望以后，您能够笑得多一些。

"你可能再见不到我了。"我们最后一次见面是 2023 年 9 月，脸颊贴着脸颊，久久地拥抱告别。您固执地让我带回来两盆绿植，我怎么也没有想到是永别。我很内疚，如果您请人告诉我您已临近最后大限，我会马上去的！可是，您从不会这么说，不麻烦别人。我很自责，最后的时刻，我没有陪伴您，没有牵着您的手，没有给您最后的拥抱。写到这里，哀伤不已，眼泪禁不住一串串涌泄而下……

我不是雕塑家，不能给您雕一座栩栩如生的铜像；我不是导演，不能给您拍一部流芳百世的传记片；我不是大富翁，不能捐助给您修一座伟岸的纪念馆……但我知道，您最喜欢书，只有书会让您高兴。

所以，我看阅了大量的文章，一再筛选，反复调整。我希望竭尽全力编辑出一本比较全面的、内容丰富的、有份量的、体现您真实精神风貌的纪念册。在您去世两周年的日子，在您即将九十八岁冥诞的日子，给您献上。这是我对您微薄的心意，是我对您缠绵的怀念。更是我们每一个人对您的爱！

如罗慰年先生序中所言："整本书像一座用很多人手搭起来的纪念碑，每一块石头都有姓名，有来历。"在这里要深深的感谢所有的作者！感谢罗慰年先生答应"邀请"，作出这个结实、有力又温情的序。让更多的人在这本书里与您重逢，与您相伴！

高妈妈，我还想对您说，您送我的花都长得可好了，绣球花每年都开几十朵花儿；绿萝爬了好几尺，能够折下送人。还有老胖（高妈妈这么称呼我丈夫）身体康复了，您放心。小胖（高妈妈这么称呼我儿子）工作挺好的。您放心吧。我更是记得您的叮嘱："你能写，尽量多写点。"

高妈妈，等着我。有一天我们终会在天堂见面，终会紧紧地拥抱。我还要当您的帮手打字，给你包饺子做面片，给您带去鲜花，领您去河边散步。我还要和您坐在一起，用河南话没完没了地拉话。

高妈妈，今天，我终于完成了编辑工作。我想告诉您：

高妈妈，俺给您编了一本书《中国医生高耀洁》，希望您喜欢。

您爱世人，让世人的爱永远围绕着您！

拥抱您！我的老妈妈！

小宋（依娃）

2025 年 11 月 26 日感恩节前夕

致 谢！

特别感谢高耀洁医生家人的支持！

感谢所有同意使用文字、图片作品的作者！

感谢少数未联系到的作者！

感谢北明女士慷慨贡献"刘宾雁良知奖"宝贵资料！

感谢艾晓明教授提供宝贵艾滋病患者第一手信件！

感谢陈维建先生书写书名！

感谢高伐林先生不厌其烦的指导！

感谢罗慰年先生应允作序！

感谢黎安友教授、护工小熊等对高耀洁医生的多年精心照顾！

感谢博登书屋鼎立出版这本书！

致 歉！

因为作者颇多，篇幅所限，有少数作者贡献的珍贵图片没有全部使用。因为需要文字的规整、统一等因素，在不修改作者原文的前提下，对标点符号、数字等有所删改。个别文章有一定的删节，个别文章更换了更贴切主题的标题。均请作者给予谅解。

经验、能力有限。书中有任何错误、失误、不准确。敬请批评！指正！

依 娃

2025 年 12 月 10 日

高耀洁医生去世两周年